KB114116

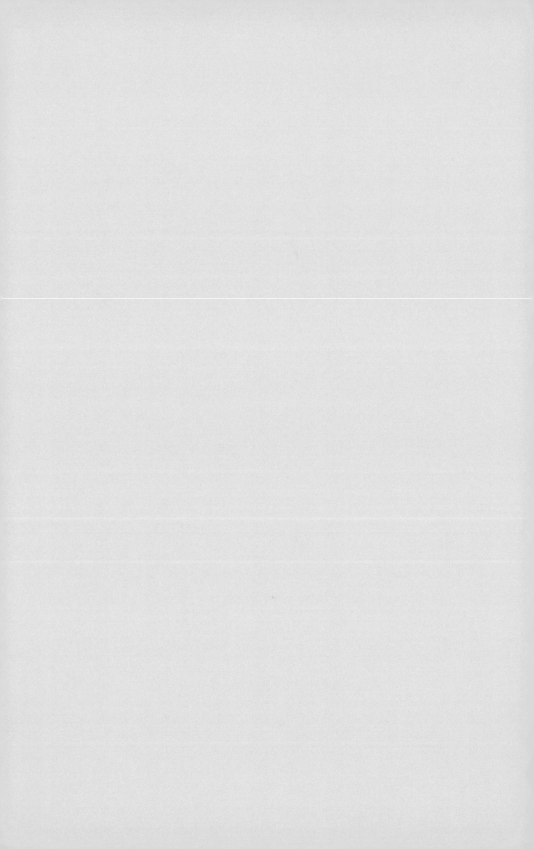

한국현대소설사

서연비람 신서 4

한국현대소설사

초판 1쇄 2024년 2월 15일
저자 송하춘
편집주간 김종성
편집장 이상기
펴낸이 윤진성
펴낸곳 서연비람
등록 2016년 6월 29일 제2016-000147호
주소 서울시 강남구 남부순환로 2909, 201-2호
전자주소 birambooks@daum.net

ⓒ 송하춘, 2024, Printed in Korea.

ISBN 979-11-89171-72-8 93910

값 32,000원

서연비람 신서 4

한국현대소설사

송하춘 지음

서연비람

차례

머리말

　대학에서 소설론 강의는, 해당 작가와 작품을 시간의 계기적 흐름에 따라 선별하고, 그들의 위상이 전체 맥락 속에서 어디쯤, 어떻게 자리매김하고 있는지를 늘 짚어가면서 진행하는 것이 좋다. 작품을 해설하다 보면, 해당 작가를 상기하지 않을 수 없고, 작가를 소개하다 보면 그의 작품을 언급하지 않을 수 없다. 이번 『한국현대소설사』는 그렇게 내 소설론 교실에서 얻어낸 강의의 축적물들이다. 또 한 가지, 대학에서는 강의 못지않게 중요한 자산이 논문 또는 저술이다. 일찍이 나는 소설사전 편찬을 계획하고, 정년퇴직과 동시에 『한국근대소설사전: 1890-1917』·『한국현대장편소설사전: 1917-1950』 두 권을 완성하였다. 그러자 소설사전을 엮던 경험은 곧 나로 하여금 『한국현대소설사』를 쓰도록 재촉하였다. 소설사전을 엮는 작업이 개별적인 작품을 모아 그것들을 한 줄로 꿰는 작업이라면, 소설사를 쓰는 작업은 해당 작품의 작가들을 불러 그들로 하여금 어떤 계기적 흐름에 따라 한 줄로 서게 하는 작업이었다.

　순서대로 호명하자면 이광수의 「무정」, 김동인, 전영택, 나도향, 현진건, 이익상, 최서해, 조명희, 염상섭, 채만식, 김남천, 이기영, 이상의 「날개」, 박태원, 김유정, 이효석, 이태준, 김동리, 황순원, 이회성, 김학철 등 21명의 작가 작품이다.

　그 가운데 맨 처음 『무정』과 중간의 「날개」가 개별 작품론이 되고 말았는데, 까닭은 무엇보다 이광수가 아니라 『무정』으로 현대소설사의 기점을 삼고 싶었고, 「날개」의 작가 이상이 시인이기 때문에 그

한 편으로 작가론을 대신할 수는 없었기 때문이다.

또 한 가지, 세 편의 작품론을 작성하여 1920년대와 30년대를 가름하고자 한 것도 이 책이 의도한 기획이다. 먼저 '근대 초기소설의 가정교사와 연애풍속'으로 1920년대 소설의 특징을 함축하였다. 다음 염상섭의 번역소설 『남방의 처녀』와 창작 장편 『이심』을 대비 고찰하여, 근대 초기 서구소설이 어떻게 우리 소설과 접목되었는지를 제시하였다.

끝으로 『삼대』, 『태평천하』, 『대하』 이상 세 편의 가족사 소설을 무산운동의 차원에서 대비 검토하고, 그 추이에 따라 1930년대 리얼리즘 소설이 어떻게 형성되고 전개되었는지를 확인하였다.

불황을 무릅쓰고 이번 『한국현대소설사』를 탄생시켜준 서연비람 윤진성 대표에게 깊이 감사드린다.

2023년 8월 15일
송 하 춘

제1장 현대소설사의 기점

1. 이광수와 시대 인식: 『무정』

1) 『무정』을 보는 시각

『무정』이 어떤 점에서 어느 정도 현대소설일까 하는 문제로부터 『한국현대소설사』는 시작된다. 이런 문제는 처음부터 확실한 대답을 얻기가 매우 어렵다는 점이 예상되면서도 『무정』을 논할 때만 두드러지게 나타나는 현상이다. 그만큼 『무정』은 현대적인 요소와 과거적인 요소를 동시에 갖고 있다는 뜻이 되기도 한다. 이때 다시 제기되는 문제가 현대성에 대한 기준이다. 『무정』은 현대소설이지만 아직 과거소설의 면모도 많이 갖고 있다. 그 때문에 그동안 『무정』을 논할 때는 그 현대성에 대한 인식 못지않게 회의도 많이 품어왔다. 특히, 작중인물의 편의적 배치, 방향감각이 석연찮아 보이는 주인공의 태도, 우연한 사건의 발생, 도덕적인 작가의 개입, 이런 것들은 단순한 기술론적 오류이기 전에 과거소설의 잔재로서 지적되기에 충분했던 것이다.1)

『무정』이 현대소설이냐 아니냐를 가름하려는 것처럼 무의미한 태도는 없다. 그것의 의의는 변화를 의식했다는 점에 있기 때문이다. 문제는 변화의 방향을 이해히는 것이다. 괴기소설로부터 그것이 어떤 식으로 얼마만큼 달라졌으며, 그것이 지향하고자 하는 방향이 무

---

1) 김동인, 「춘원연구」, 『동인전집』, 홍자출판사, 1968.에서 이런 지적은 시작되는데, 이로부터 『무정』을 비판적으로 보려는 견해에 대한 터전이 마련된다.

엇이기에 우리나라 현대소설의 기점이 될 수 있었던가를 이해하는 것이다.[2]

　『무정』을 우리나라 최초의 현대소설이라고 본 데에는 그것이 그만큼 서구적이라는 뜻을 내포하기도 하였다. 이런 견해는 자칫 우리 소설이 『무정』을 기점으로 과거소설의 전통을 단절하고 따로 서구식 소설 양식과 사고를 들여왔다는 착각을 빚을 수도 있었다. 그러나 그 이전에도 우리는 우리의 소설을 많이 가지고 있었다. 그것들을 우리는 시대와 성격에 따라 고소설 또는 신소설이라고 불러왔다. 그럼에도 불구하고 우리는 『무정』을 이러한 전대소설(前代小說)[3] 과의 관련 아래 검토해 본다는 생각보다는 막연하나마 서구식 소설로서의 현대성을 규명하기에 골몰했던 것이다. 얼마 전까지만 해도 이런 현상은 신소설 연구에서도 해당되는 문제였다. 신소설의 그 새로움(新)이 고소설과는 달리 따로 서구소설이나 일본소설로부터 이입된 것이라는 견해가 관심의 주류를 이루었던 것이다. 그러나 최근 연구의 관심은 우리나라 소설 쪽으로 쏠렸고, 그 결과 신소설은 전대소설로부터의 긍정적이면서도 부정적인 계승이었다는 사실이 밝혀졌다.[4] 신소설도 고소설과 마찬가지로 사건소설이기는 하지만 그럼에도 불구하고 그것은 전대소설의 전통을 시대적 요청에 맞도록 개조했고 또한 그것과는 다른 가치를 창조했다는 것이다. 고소설이나 신소설의 구조가

---

2) 조연현, 『한국현대문학사』, 성문각, 1969. pp.130-141에서는 『무정』의 근대문학적 특질을 문장의 산문성, 취재의 현실성, 자아의 각성, 심리추구와 성격창조 등으로 파악한 바 있다.
3) 여기서부터 우리나라의 고소설, 신소설을 그 이후의 소설에 대하여 전대소설이란 말로 표기한다.
4) 조동일, 『신소설의 문학사적 성격』, 서울대 한국문화연구소, 1973.

사건소설이라는 점에서 일치한다는 것은 따지고 보면 서구의 전대소설, 즉 로망스 또는 행동소설의 구조와 다를 바 없다는 말이 되고 말았지만 그럼에도 불구하고 그 결과가 우리나라 소설연구에 미친 영향은 컸다. 왜냐하면 그것은 서구소설의 독특한 양식에 대한 지금까지의 기대를 불식시키고 우리나라 소설을 서사문학의 전통이라는 대전제 아래 검토해 볼 수 있는 계기가 마련되리라 믿어지기 때문이다.

『무정』의 정당한 평가와 그 현대소설사적 의의를 규명하는데 있어서도 이와 같은 관점은 필요하다. 『무정』을 전대소설과의 관계 안에서 파악하는 일이란 그것을 전대소설 쪽으로 밀어붙이려는 작업이 아니라 그것이 전대소설을 어떻게 극복하여 현대소설로 변용되었는가를 이해하려는 것이다. 이런 경우, 『무정』이 전대의 사건소설적인 양식을 변용시키는 과정에서 파생시킨 여러 가지 현상들을 적절히 종합하여 그것들이 바로 『무정』의 현대소설적인 요소라고 말하기란 매우 어렵고도 무모한 일이다. 바람직한 문학의 양식이란 고정불변의 이상형이 따로 있는 것이 아니라, 시대적 문학적 상황에 따라 변화하는 것이기 때문이다. 로망스(Romance) 에 대하여 노벨(Novle)이라거나, 행동소설(novles of action)에 대하여 성격소설(novles of character)이라고 하는 개념은 변화라는 관점에서 파악한 상대적인 표현에 불과하지만 소설사의 흐름을 통해서 볼 때, 이상과 같은 두 가지 관점의 차이는 확실히 큰 변혁이있다. 신(善) · 익(惡)의 대립구조로써 믿을 수 없는 일에 대한 우리들의 호기심을 자극하고, 그로부터 인간 욕망의 환상도를 그리고자 했던 점에서는 행동소설이 그리고자 했던 욕망의 환상도와 근본적인 차이를 드러내는 것이다. 그것은 또한 집단적 이상에 대하여 개인의 의지와 삶을 중시했으며, 그 점에서 성격소설은 리얼리즘의 정신과도 통하는 것이다.

성격소설이 대두되면서 가장 중요하게 부각된 것은 주제다. 에드윈 뮈어(Edwin Muir)는 이 점을 강조하는 뜻으로 행동소설에는 주제가 없지만 성격소설에는 주제가 있다는 말을 하였다.[5] 이 말은 단순히 행동소설의 주제가 없다는 뜻이 아니라, 그것이 하나의 주제로 통일되어 있다는 의미를 내포한다. 행동소설의 주제는 권선징악이라는 점에서 천편일률적이었다. 그러나 성격소설은 권선징악의 이상을 배제시키고 싶어 한다. 그리고 그 대신 가능한 한 사회나 인간의 다양한 속성을 제시하려는 데 목적을 둔다. 성격소설의 주제가 다양하다는 말은 바로 이런 뜻을 내포한다. 행동소설에서는 미리 하나의 주제가 예견되기 때문에 우리는 그 안에서 주로 우리들의 호기심을 끌 만한 일들이 얼마나 많이 일어나는가에만 관심을 집중시킨다. 그러나 성격소설에서는 미리 결말을 예측할 수 없으므로 우리는 처음부터 작중인물 개개의 성격을 예의 주시할 수밖에 없는 것이다. 현대소설에서 주제를 파악하는 일은 이런 점에서 성격의 파악이라고 말할 수도 있으며, 주제의 제시 과정을 밝히는 일은 마찬가지로 작중인물 상호 간의 관계를 파악하는 작업이기도 한 것이다.

『무정』을 바라보는 우리들의 시각은 따라서 이 소설에 등장하는 작중인물의 상호관계를 파악하는 데에 초점을 맞출 것이다. 전대소설은 선인형과 악인형 인물을 구분 설정하고, 선인형 인물이 어떻게

---

5) Edwin Muir, The structure of the Novle, Harcourt brace & World. Inc. New York.

'고난-위기-극복'을 통하여 권선징악(勸善懲惡)의 행복한 결말을 맺는가가 관심거리였다. 이른바 영웅의 일생인 것이다. 『무정』은 이와 같은 영웅적 인물의 소멸 현상을 드러낸다. 그리고 그 대신 이 소설의 인물들은 각각 다른 저마다의 독특한 시대적 전형을 이루고 있다. 저마다의 등장인물이 제시하는 전형성은 쉽게 파악할 수 있다. 그러나 그것들이 상호관계를 유지하면서 하나의 의미로 통일되는 원리를 규명하는 데에는 좀 더 면밀한 검토를 요한다. 전대소설의 영웅적 인물의 소멸 현상을 드러낸 것은 『무정』이 겪은 가장 큰 변화였다. '이광수와 시대 인식: 『무정』'에서 그 변화를 통해서 제시된 작가의 의도가 무엇인가를 해명하고, 그럼에도 불구하고 『무정』이 현대소설사적인 측면에서 아직도 부정적인 공격대상이 되고 있는 요인이 무엇인가를 밝힐 것이다. 그것은 다만 전대소설과의 관계를 통해서만 이루어질 것이요, 그렇게 함으로써 『무정』의 정당한 현대소설사적 의의가 규명될 것이라고 믿는 것이다.

『무정』이 일제 식민지 시대의 토양에서 쓰여졌다는 점에 대한 관심은 이광수의 작가의식을 해명하려는 포괄적인 문제로부터 비롯되었다. 그러나 역시 이 점에 대해서는 비판의 여지가 많다. 『무정』의 과녁은 확실히 일제가 아니라 서구식 개화였다. 따라서 그 개화가 일제 식민지시대와 병행할 수밖에 없었던 현실 조건을 어떤 식으로 극복해 나가는가를 이해하는 것도 매우 의의 있는 일이라 생각된다. 『무정』의 시대가 내포하는 가장 중요한 특징은 그것이 이미 '개화된' 시대가 아니라 '개화를 요구하는' 시대라는 점이다. 이광수는 그 '개화가 요구되는' 시대의 지식인이었다. 이른바 선구자적 인물이라고 말할 수 있는 것이다. 그러나 작가가 선구자적 인물이라고 해서 그의 주인공이 반드시 선구자적 인물일 수는 없다. 너무나 지당한 말이 이 소설을 읽다 보면 문득 잊혀지게 되는 모양이었다. '이형식'을 이광수로 이광수를 '이형식'으로 단정해버린 결과, 그들은 마침내 현실감각도 없고 애정 감각도 없는 연애쟁이로 전락해 버렸거나 아니면 거꾸로 개화 계몽을 부르짖고 자유연애를 주장하는 도도한 웅변가로 변장시키는 결과를 초래했던 것이다. 『무정』을 바르게 이해하려면 이 소설을 하나의 독립된 세계로 간주하고 그 안에 존재하는 '이형식'의 작중 기능이 무엇인가를 추적해야 한다. 앞에서 시대적 전형성을 띠었다고 말한 것은 '이형식'이 아니라 오히려 그 밖의 인물들이었다. 그 전형적 인물들과 상호 긴밀한 관계를 유지하면서 하나의 통일된 의미를 형성해가는 역할을 '이형식'이 담당하고 있는 것이다. 그 결과 우리나라 현대소설 가운데 『무정』만큼 작가의 의도가 뚜렷하게 제시된 작품도 드물다. 그럼에도 불구하고 그것이 '이형식'의 직접적인 행동이나 웅변에 의하여 이루어진 것이 아니고, 다만 그의 어떤 기능에 의하여 이루어졌다는 사실이 중요한 것이다. 그 어떤 '기능'이 '이형식'으로 하여금 전대소설의 영웅적 인물과 유사한 계보 안에 설 수 있게 하였다. 그렇지만 그것은 다시 뚜렷한 변화였다. 영웅적 인물의 소멸과 함께 『무정』이 형성하는 우리나라 초기 현대소설의 성격을 소설사적 맥락 안에서 살펴보기로 한다.

2) 인물 관계

『무정』의 인물 구도는 이형식을 기점으로 다음과 같은 부챗살 모양을 이룬다.

제1장 현대소설사의 기점

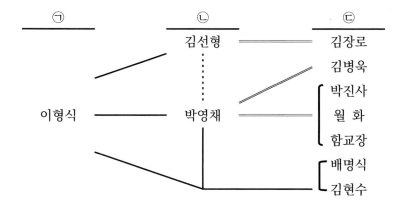

　이런 인물의 계보를 다시 가로 세로로 나누어 관찰해볼 필요가 있다. 가로선은 그 전형성에 따라 다음과 같은 네 개의 유형별 분류가 가능하다.

(1) 이형식 – 김선형 = 김장로와의 관계
(2) 이형식 – 박영채 = 박진사, 월화, 함교장과의 관계
(3) 이형식 – 박영채 = 배명식, 김현수와의 관계
(4) 이형식 – 박영채 = 김병욱과의 관계

　이 네 개의 항은 각각 다른 시대의 요구를 한 가지씩 대변함으로써 전형성을 띠는데, 그것들이 시로 유기적인 관계를 맺지 못하고 다만 이형식의 선택의지에만 의존하고 있다는 점이 이 소설의 특징이다. 요컨대 『무정』은 (1)항에서 말하고자 하는 의도와 (2) (3) (4)항을 통해서 말하고자 하는 의도가 각각 이질적이고도 선명하게 제시되어 있는데, 그것들은 어떤 식으로든지 이형식의 사고 또는 행위 안에 갇

혀 있었던 것이다.

이형식이 과연 어떤 식으로 그 각각 다른 전형성을 하나의 의미로 통일시킬 수 있었던가를 밝히는 일이 곧 이 소설의 구조를 해명하는 길이며, 나아가서 그가 전대소설의 인물과 비교해 볼 때 어느 정도의 변모양상을 나타내는가를 확인하게 될 것이다.

그리고 나서 다시 도표를 보면 세로선은 ㉠-이형식, ㉡-김선형, 박영채, ㉢-김장로, 김병욱, 박진사, 함교장, 월화, 배명식, 김현수 등 세 개의 인물군을 형성하고 있음을 보게 된다. 그것은 작중인물 상호 간의 관계를 통해서 본 작중 기능에 의한 분류인데 그로부터 우리는 다시 다음과 같은 세 개의 관계를 상정해 볼 수 있다.

(가) ㉠그룹과 ㉡그룹과의 관계

(나) ㉡그룹과 ㉢그룹과의 관계

(다) ㉠그룹과 ㉢그룹과의 관계

이 가운데 맨 먼저 우리들의 주목을 끄는 것은 (가)항이다. 그리고 그 관계를 통하여 우리는 『무정』이 사랑의 삼각관계를 이루고 있다는 점과 이형식을 그 주인물로 설정하고 있다는 생각을 하게 된다. 김선형과 박영채는 어떤 식으로든지 이형식의 사고 안에 갇혀 있는 것처럼 되어 있기 때문이다. 그러나 곧 관심이 (나)항으로 옮겨지면서 우리는 (가)항에서 품었던 생각이 너무 성급한 판단이었음을 깨닫는다. 『무정』이 단순한 연애소설이 아닐 수도 있다는 생각과 함께 여기서 이형식의 역할이 구체적으로 문제시되는 것이다. 그것은 ㉠그룹의 이형식이 ㉡그룹의 김선형이나 박영채를 사랑하는 것은 결국 그들을 ⓒ그룹의 인물과 동일시하는 과정에 지나지 않는다고 여겨졌기 때문이다.

그래서 끝으로 (다)항의 역할이 중요하게 여겨지기도 한다. 김장로, 박진사, 월화, 함교장, 김병욱의 긍정적인 측면, 그리고 김현수, 배명식 등의 부정적인 측면을 이 소설은 말하고자 하는 의미의 핵으로 제시하는데, 그들은 직접 이형식과 연결되지 않고 ⓒ그룹의 인물을 통해서만 파악하게 되어 있다. 『무정』의 주인물을 이형식이라고 상정했을 때, 그래서 ⓒ그룹의 인물들은 주인물에 대해 기능적이고, ⓒ그룹의 인물들은 다시 ⓒ그룹의 인물에 대해 기능적인 인물이 되는 것이다.

앞서 세로선의 전형성에 대한 검토를 통하여 『무정』이 '무엇을' 말하고자 하는가를 이해할 수 있다면, 이와 같은 기능별 분류에 의한 검토를 통해서는 그것들이 '어떻게' 제시되고 있는가를 이해하게 될 텐데 이와 같은 결과는 다시 전대소설과의 면밀한 대조를 통해 그 의미가 보다 확실해질 것으로 믿는다.

3) 영웅적 인물의 잔영

이제부터는 앞의 단원에서 파악한 인물들의 상호관계가 내포하는 의미를 파악하게 된다. 먼저, 인물 구도의 세로선에 드러난 전형성이 주목되는데 문제는 그것들이 누구로부터 비롯되며, 나아가서는 그것들이 어떻게 전체의 통일된 의미로 확대되는가 하는 구조의 원리를 밝히는 일일 것이다. 더 나아가서 이것은 앞서 파악한 바와 마찬가지로 가로선의 기능적 고찰을 병행하는 결과를 초래하는데, 그렇게 함으로써 우리는 『무정』의 인물이 전대 소설의 인물과 비교해 볼 때 어떻게 달라졌는가를 확실하게 이해할 것으로 믿는다.

(1) 시대의 요구

먼저, '이형식-김선형=김장로'의 관계를 보면 이렇다. 이형식과 김선형은 가르치고 배우는 관계다. 그러나 이형식은 가르치는 입장임에도 불구하고 김선형한테 심리적으로 열세다. 그것은 두 인물을 연애 감정의 차원에 세움으로써 생긴 현상인데, 다시 보면 그것은 이형식과 김선형과의 만남이 아니라 그 가족들과의 만남이었고, 그 결과 양쪽은 아르바이트 감정을 의식했던 것으로 나타난다. 그리고 그것은 현재의 시점에서 대비된 상호 이질적인 요소에 의해 더욱 심화되는데, 김선형의 미모와 재주와 장래의 미국 유학, 그리고 아버지 김장로의 현실적인 부와 명예는 이형식의 현실적 조건에 비추어 볼 때 선망의 대상이 될 수밖에 없었던 것이다. 그 결과 이형식은 서로 상반되는 두 개의 감정을 동시에 드러낸다. 하나는 비판의 감정이요, 하나는 호기심의 감정이다. 김선형의 가정에 대해서, 특히 김장로의 생활 태도에 대해서 그는 강한 호기심을 품고 있으면서도 또한 비판의 감정을 동시에 토로하는 것이다. 이와 같은 양면성은 애매한 이중 인격의 소유자라는 점에서 그동안 이형식을 궁지에 몰았고, 또한 그것은 이 작가의 의식이 불투명했기 때문이라는 점에서 매우 부정적인 공격대상이 되기도 하였다. 그러나 이런 공격이 이 소설의 존재와 우리나라 초기 현대소설사를 확인하는 데 얼마나 기여를 했는지는 한번 물어볼 일이다. 그보다는 오히려 그 존재를 인정하고 그것이 그렇게밖에 될 수 없었던 연역적 당위론을 규명하여 이 소설이 차지하는 소설사적 위치를 확립시켜 주는 일이 더 중요한 일이라 믿는다. 이런 점에서 볼 때, 최근 그것이 과도기 시대의 정신적 이중 구조가 낳은 특수 현상이라는 점에서 그 존재를 인정하고 그로부터 이 소설이 갖는 미적 효과를 추출하고자 하는 노력은 바람직하다고 본다.6) 요컨대 이형식의 정신적 양면성은 의식의 불투명한 작가의 실수가 아니라 상반되는 가치가 공존하는 정신적 이중 구조의 산물이요, 그것은 작가의 확고한 의도에 의해서 이루어졌다는 주장이다. 이런 견해는 비교적 최근에 대두된 연구의 결과였고 따라서 앞으로도 긍정적인 차원에서 구체적인 검토가 따라야 할 것이다.

김장로는 '일찍 국장도 지내고 감사도 지낸 양반'7)이었다. 그러나 서구문명이 도래하자 그는 곧 예수교회에 들어가 장로가 되고, 그럼으로써 개화기의 신사가 되어 현실적인 권위와 부와 명예를 얻을 수 있었던 것이다. 그 앞에 형식은 '수줍은 생각이 나서 얼굴이 확확 달며 고개가 저절로 숙어지는'(p.2.) 거라든지 '시골 사람이 처음 서울 와서 부르는 소리와 같이 어리고 떨리는 맛'(p.5.)을 느끼는 것은 그의 순진한 감정이 빚은 현실적인 힘에 대한 선망 때문이었다. 그 '수줍은 생각'이란 선형을 대할 때의 감정이요, '어리고 떨리는 맛'이란 김장로 앞에 섰을 때의 감정이다. 수줍은 생각은 언제나 선망과 호기심을 동반한다. 그리고 그것은 그가 싱취하고 싶은 궁극적 목표이기도 하다. 그러나 어리고 떨리는 맛이란 김장로에 대한 그의 선망에서 나

---

6) 한승옥, 「이광수 연구」, 고려대학교 대학원, 1980. pp.34-59의 '동일성' 이론 참조.
7) 이광수, 『무정』, 『신한국문학전집』 1, 어문각, 1973, p.5.

온 것이기도 하지만 그것은 곧 비판의 감정을 야기시킨다. 이형식이 김장로를 보는 관점은, 선형과의 관계 안에서 대할 때와 그를 독립시켜 바라볼 때가 각각 다르게 나타나는 것이다. 김장로는 선형과의 관계 안에서만 긍정적이었고 그 밖에는 비판적인 대상으로 제시되는 것이었다. 교회로부터의 권위와 명예 때문에 형식은 김장로를 우러러보면서도, 그 교회에 대해서 그는 '아무 지식도 없고 아무 덕행도 없는 아이들이 목사나 장로의 집에 자주 다니며 아른아른하는 덕에 집사도 되고 사찰도 되어 교회 내에서 잰 체하는 꼴'(p.5.)이 싫은 것이다. 김장로가 기생첩을 두었었다는 사실도 형식한테는 못마땅한 점이다. 그러나 그 기생이 바로 선형의 어머니라는 점에서 그것은 비판적이라기보다 오히려 선형의 미모를 증명하는 역할을 하기도 한다. 이와 같은 비판과 선망의 혼재 현상은 이 소설의 전편을 통해 두드러지게 나타나는데 특히 '이형식-김선형=김장로'의 관계에 있어서는 모든 비판적 요소가 결과적으로 시대의 요구라는 차원에서 긍정적인 호기심으로 받아들여지고 있다는 점이 특징이다. 이와 같은 현상은 김장로의 생활 태도에 직면했을 때 훨씬 더 심하게 나타난다. 김장로는 그의 일상생활에서 특히 미국식 방식을 택하고 있는데 그것은 선망적이면서도 한편 비판적이다. 벽에 걸린 종교화가 문제다. 종교화 외에 다른 서양화를 그는 아직 이해하지 못한다는 것이다. 이 점은 그가 참예술을 모른다는 뜻으로 해석된다. 그럼에도 불구하고 그가 진보한 문명 인사로 자처한다는 것은 도리어 진보되지 못한 인물이라는 견해다. 그가 말하는 진보한 문명인사란 과학과 철학과 예술은 물론 경제 산업까지도 완벽하게 아는 사람을 의미한다. 김장로는 물론 여기에 미치지 못할뿐더러 그가 예수교인을 자처하는 것조차도 비판적 대상이다. 그가 예수를 믿는다는 것은 진정한 신앙심에서가 아니라 서양을 본받기 위해서였다는 논리다.

요컨대 이 소설은 참된 의미의 속개화와 피상적인 겉개화를 구분 상정하고 있다는 데에 문제가 있다. 그리고 김장로의 개화는 겉개화에 해당한다는 것이다. 『무정』의 특징은 그것이 당대의 요구를 성취하려 했다는 점이었고, 또한 그것을 단계적으로 극복하려 했다는 점이다. 시대의 위기는 마땅히 속개화가 이룩됨으로써 극복되는 것이겠지만 그러나 우선 겉개화나마 그 개화에 대한 인식이 요구되어야 한다는 점이 이 소설의 현실인식이었다. 이형식은 김장로를 개화의 선구적 인물로서 중시한다. 진보한 문명인사라는 점에 비추어볼 때, 그는 아직 겉개화에 불과하지만 그나마 개화를 인식했다는 점에서 그는 시대의 요구에 상응하는 인물일 수 있다는 견해다.

　　다만 용서할 점은 김장로를 결코 경박하여 또는 일정한 주견이 없어서 또 다만 허영심으로 서양을 흉내 내는 것이 아니라, 진정으로 서양이 우리보다 우수함과 따라서 우리도 불가불 서양을 본받아야 할 줄을 믿음(깨달음이 아니요)이니 무식하여 그러는 것을 우리는 책망할 수가 없는 것이다.[8]

선망과 비판은 그 시내의 요구와 현실의 단계적 상황에 대한 인식이 교차되면서 나타나는 현상이다. 시대의 요구를 인식하고 있다는

---

8) 이광수, 앞의 책, p.145.

점에서 김장로는 선망적이었고, 개화의 현 단계에서 볼 때 그는 비판적일 수도 있었던 것이다. 따라서 단계적 상황에 따른 비판이 이 소설의 구조적 원리를 지배할 리는 만무하다. 그것은 다만 상황 심리일 뿐, '이형식-김선형=김장로'의 관계는 어디까지나 김장로에 대한 선망이 지배적이었던 것이다. 『무정』이 교훈적 계몽성이란 것도 따지고 보면 이와 같은 문제를 삶의 보편적 원리로 확대하지 못하고 다만 현실적 차원에서 단계적으로 극복하려 했다는 점을 말하는 것이다. 그럼에도 불구하고 그 극복의지가 '이형식-김장로'의 직접적인 관계에서 이뤄지지 못하고 김선형이라는 중간자적 인물을 통해서 제시되고 있다는 점이 주목된다. 여기서 다시 '이형식-김선형'의 관계를 보면 이렇다. 그들은 연애감정으로 만난다. 그것은 이형식의 일방적인 감정이다. 김선형의 행위 또는 감정이 전혀 나타나고 있지 않다는 점도 이 소설의 특징이다. 김선형은 행동하지 않고 다만 존재할 뿐이다. 그리고 그 존재는 이형식의 이상세계로서의 의미를 갖는다. 그는 김선형과 결혼함으로써 그 이상세계에 도달할 수 있다고 믿는다. 그러나 그 결혼은 완전한 사랑, 그것만을 의미하지 않는다는 점이 또한 중요한 특징이기도 하다. 그가 결혼을 한다는 것은 김선형의 미모와 재주를 획득하는 것이요, 나아가서 그녀의 미국 유학을 획득하는 것이기도 하다. 미국 유학은 물론, 그녀의 미모와 재질과 학력까지도, 이를테면 '시체 하이칼라적'인 의미를 내포하는데, 이형식은 그런 김선형과 결혼을 한다는 것은 바로 그와 같은 시체 하이칼라적인 요소를 성취한다는 의미였다.

선형과 나와 약혼한다는 말은 말만 들어도 기뻤다. 영채가 마침 죽은 것이 다행이다 하는 생각까지 난다. 게다가 미국유학! 형식의 마음이 아니 끌리고 어찌하랴. 사랑하던 여인과 일생에 원하던 서양유학! 이 중에 하나만이라도 형식의 마음을 끌만 하거든, 하물며 둘을 다! 형식의 마음속에는 내게 큰 복이 돌아왔구나 하는 소리가 아니 발할 수가 없었다.[9]

그러나 김선형의 시체 하이칼라적인 요소란 그녀의 사고 또는 행위에 의해서 이뤄지는 게 아니라 그녀의 아버지 김광현 장로에 의하여 제시되고 있음은 앞에서 이미 설명한 바 있다. 다시 말해서 이형식의 이상은 김선형과 결혼을 하는 것이지만 그것은 다시 보면 김장로의 개화의지와 일치하려는 욕구이기도 한 것이다. 이런 점에서 볼 때 김광현 장로의 역할은 중요한 의미를 지닌다. 요컨대, '이형식-김선형=김장로'의 관계에서 시대적 전형성을 띤 인물은 김장로였고, 그의 이상을 실현시키고자 하는 대상으로서의 김선형을 통해 다만 이형식은 당대의 요구가 무엇인가를 말하려는 데 지나지 않았던 것이다. 이런 관계는 따라서 시대의 전형성을 구체화한다는 점에서 볼 때 '김장로=김선형-이형식'의 역관계를 설정해 볼 수도 있는 것이다. 그렇게 됨으로써 이 소설은 단순한 연애소설이 아니라 시대의 요구에 상응하고자 한다는 논리적 근거를 획득할 수 있다고 믿는 것이다.

9) 이광수, 앞의 책, p.140.

(2) 전대소설의 수용과 변용

한편 '이형식-박영채=박진사'의 관계는 이렇다. 이형식은 박영채한테 심리적으로 우월하다. 이 점은 그가 김선형한테 열세였던 태도와는 대조적이다. 이형식과 김선형의 관계는 동질적인 요소보다 이질적인 요소가 더 많았다. 그것은 현재의 입장을 비교해 보았을 때 나타난 결과인데 이와 같이 그들은 현재적인 입장에서만 비교되고 있다는 점이 특징이기도 하다. 그러나 이형식과 박영채와의 관계는 이질적인 요소보다 동질적인 요소가 더 많다. 그리고 그것은 그들의 과거적인 요소에 비추어 보았을 때 나타난 현상인데 이와 같이 그들은 과거적인 입장에서만 비교되고 있다는 점이 또한 특징이기도 하다. 여기서 주목되는 것이 바로 이형식의 태도다. 그는 김선형과의 이질성을 극복하고 지향하려는 의지를 갖는 반면, 박영채와의 동질성을 탈피하고 지양하려 한다. 말하자면 그는 과거의 동질적인 요소를 지양하고 현대의 이질적인 요소를 지향함으로써 다시 새로운 동질성을 획득하고 하는 것이다. 그것이 바로 김장로의 서구적 개화에 대한 선망으로 제시된 바 있다. 과거의 동질성을 청산하고 다시 새로운 생활방식을 채택하고자 할 때 생기는 감정이 바로 그 과거적인 것에 대한 향수와 동정이었다. 이형식이 박영채를 대할 때 갖는 감정이 그것이다. 여기서 우리는 이형식이 박영채와 결혼을 하게 될지도 모른다는 가능성을 비로소 타진해 본다. 그리고 그 결과에 대하여 우리는 다음과 같은 물음을 던져 본다. 첫째, 박영채는 어떤 인물인가, 다시 말해서 그 여자는 어떤 시대적인 전형성을 띠는가 하는 것이다. 그로부터 둘째, 이형식은 왜 박영채와 결혼을 하지 않고 김선형과 결혼을 하는가의 물음이 발생한다. 이 물음에 대한 해답이 결과적으로 김선형의 시대적 전형성과 박영채의 시대적 전형성 가운데 그가 택한 시대의 인식을 해명하는 길이 될 것이다.

박영채가 어떤 인물인가를 파악하기 위해서는 먼저 '박영채=박진사'의 관계를 주목할 필요가 있다. 그리고 그것은 '김선형=김장로'의 관계와 대조적이라는 점에서 주목된다.

김장로와 박진사는 둘 다 구한말의 양반이요 유세력자였다. 그러나 시대가 변화를 요구하자 김장로는 재빠른 미국식 개화를 통해 당대의 재산과 명예와 권위를 유지·발전시킨다. 이와 같은 김장로의 행위를 이형식은 피상적이라는 이유로 비판을 가하기도 하지만, 그러나 시대의 요구라는 점에서 그것은 매우 긍정적으로 받아들이고 있었다. 대조적으로 박진사는 개화를 인식하기는 하지만 그것은 서구식이 아니라 청나라 문물을 통한 것이었고, 그나마 그것을 자력에 의하여 실천하려 하지만 결과는 실패다. 김장로와는 달리 당대의 재산과 명예와 권위를 모두 상실한 셈이 된 것이다. 그것은 구체적으로 박영채의 삶에 대해 영향을 끼치는데 그 결과 나타난 박영채의 생애는 다음과 같다.

① 양반이요 유세력자의 딸로 출생한다.
② 재주와 미모를 갖춘 여자로 성장한다.
③ 미래 청년 이형식과 약혼한다(구두).
④ 부모를 여의고 이형식과도 헤어져 고난이 시작된다.

여기서 잠깐, 고소설의 『사씨남정기』와 신소설의 『치악산』, 그리고

『무정』의 구조를 대조해 보면 이렇다. 편의상 『사씨남정기』를 ① ② ③ ④, 『치악산』을 ①′②′③′④′, 『무정』을 ①″②″③″④″로 표시하여 구분해 보기로 한다.

 ┌① 사씨는 강직한 선비 사급사(謝給事)의 딸이다.

A ├①′ 이씨는 개화인 이판서의 딸이다.

 └①″ 박영채는 민족정신이 강한 박진사의 딸이다.

 ┌② 사씨는 재주와 미모와 덕성이 뛰어났다.

B ├②′ 이씨는 재주와 미모와 덕성이 뛰어났다.

 └②″ 박영채는 재주와 미모와 덕성이 뛰어났다.

 ┌③ 사씨는 고귀한 혈통과 탁월한 재능인 유한림(劉翰林)의 부인
   이 되었다.

C ├③′ 이씨는 홍참의의 아들 홍철식의 아내가 되었다.

 └③″ 박영채는 재주 있고 촉망되는 이형식과 구두혼약을 하였다.

 ┌④ 사씨의 아버지는 간신을 규탄하다가 적소(謫所)에서 죽고, 사
   씨는 교씨의 모함을 입어 쫓겨난다.

D ├④′ 이씨는 계시모(繼媤母) 김씨의 모함을 입고 홍씨 가문에서 쫓
   겨난다.

 └④″ 박진사는 자력갱생의 민족운동을 부르짖다가 모함을 입어
   죽고, 박영채는 가족과 이형식을 한꺼번에 잃는다.

'행복-고난-행복'의 구조에서 볼 때 여기까지가 '행복-고난'의 단락소다. A, B, C항까지는 '행복'의 단락소에 해당하고, D항이 '고난'의 단락소에 해당하는 것이다. 여기서 드러난 현상을 다시 간추리면

이렇다. 첫째 그 출신성분이 당대의 이상적 인물로부터 비롯된다. 강직한 선비, 개화인, 민족주의자는 각각 그들의 시대가 요구하는 이상적 인물인 것이다. 둘째, 그들은 재주와 미모와 덕성이 뛰어나다는 점에서 천부적인 능력의 소유자다. 이런 인물은 전대소설(前代小說)의 영웅적 인물로서 이미 검토된 바 있지만 여기서 주의할 점은 박영채가 의식의 개화를 겪는다는 점이다. 셋째, 그들은 각각 천부적인 능력의 소유자와 결혼 또는 혼약을 한다. 미리 행복을 보장받게 되는 것이다. 넷째, 그러나 그들은 곧 악의 모함을 입어 불행해진다. 이상과 같은 현상은 이미 전대소설의 구조적 원리를 밝히는 과정에서 여러 차례 제시된 바 있다. 그리고 그 원리에 비추어 볼 때『무정』도 마찬가지로 전대소설의 유형구조와 동일한 단락소를 이룬다는 결론을 내릴 수가 있는 것이다.

『무정』이 전대소설의 구조와 유사한 유형을 갖고 있다는 사실은 주목해 볼 만한 것이긴 하지만 더욱 중요한 것은 그로부터 다음과 같은 몇 가지 사항을 묻는 일이다. 그것은 서로 유사함에도 불구하고 전대소설이 그것을 전체의 구조 원리로 채택하고 있는 반면에『무정』은 박영채의 구조에만 제한시켜 일종의 삽화적 원리로서 채택하고 있다는 점이다. 따라서 첫째, 그와 같은 유형이『무정』의 전체 구조 안에서 어떤 역할을 하는가를 물어야 한다. 이런 문제는『무정』이 전대소설의 구조를 이렇게 채택했는가라기보다 그것을 어떤 식으로 변용시킬 수 있는가를 파악케 할 것이다. 그렇게 함으로써 우리는 김선형과 대조적인 또 하나의 시대적 전형으로서 박영채의 역할을 해명하게 될 것이다. 따라서 둘째, 서로 대조적이라는 점에서 김선형과 박영채의 관계가 어떤 것인가를 물어야 한다. 미리 말하지만 그들 두 사람이 이형식을 정점으로 연애감정에 얽혀 있다고 보더라도 실지로는 두 사람 사이에 전혀 복합심리(갈등)가 작용하고 있지 않다는 점은 분명하다. 엄밀히 말해서 사랑의 삼각관계는 아니라는 말이다.10) 그들은 다만 이형식의 선택 의지에 종속되어 각각 독립된 전형성으로써만 그 존재 의의를 찾을 수밖에 없는 것이다. 이 점이 바로『무정』의 유형구조가 시도한 변용의 의의다. 전대소설의 경우, 사랑의 삼각관계는 권선징악으로서의 보편적 교훈주의를 실현하는 수단으로써 필요했다. 이때 갈등의 피사체(被使體)는 확실하다. 복합심리를 조장하는 인물과 당하는 인물이 확연하게 구분되어서 그들은 다만 인간이 보편적 심리로서의 선(善)·악(惡)을 대변할 뿐, 특별한 사회적 현상으로서의 전형성을 띠지는 못했던 것이다. 두 사람 사이에 복합심리가 작용하지 않는다는 말이나 그들의 관계가 사랑의 삼각관계가 아니라는 말이나 그래서 각각 독립된 개체로 존재한다는 말이 모두 이와 같은 현상에서 나온 결과라고 볼 수 있는 것이다. 이때 물어야 할 문제가 셋째, 이형식의 역할이다. '김선형-이형식-박영채'의 관계에서 이형식의 기능을 해명하는 일은 이 글이 도달하고자 하는 궁극적인 목표이기도 한데 편의상 '이형식-김선형'의 관계를 앞서 미리 검토했고, 이번에 다시 '이형식-박영채'의 관계를 분리시켜 보는 수밖에 없다.

여기서 우리는 다시 전대소설의 구조를 기억해 볼 필요가 있다. 유형의 구조는 물론 삽화의 구조까지도『무정』은 전대소설과 유사한

---

10) 윤홍로, 「춘원 작품 재평가」, 『한국문학의 해석학적 연구』, 일지사, 1976, p.209.에서는 이 관계를 '삼각관계'라고 표현한다.

현상을 드러내고 있는 것이다. 다시 말해서 그것은 '행복-고난-행복' 가운데 '고난'의 구조를 말한다. '고난'의 구조는 다시 '위기-구출'을 반복한다. 조동일은 전승적인 삽화의 구조를 이렇게 말한 바 있다.

전승적인 삽화는 작자와 독자 사이에 이루어진 약속이다. 죽게 된 사람은 구출되어야 하고, 악한에게 납치되어간 여자는 탈출할 수 있어야 한다. 강에 빠져 죽으려는 사람이 남긴 유서는 오해를 일으킬 수 있어야 한다. 이렇게 되어야 정상적이고, 이렇게 되어야 독자는 기대하던 결과에 이르고 흥미롭게 여긴다.[11]

한편 이와 같은 약속은 신소설까지도 그대로 지켜졌는데, 이 점에 대하여 그는 '전대소설의 작가와 신소설의 작가 사이에도 단층이 없이 전대 소설의 작가의식을 기반으로 하여 신소설의 작가의식이 이루어졌음을 의미한다'고 해석한다.

전승적인 삽화가 '위기-구출'의 반복을 당연한 구조로 받아들이는 데에는 선과 악의 대립에서 선이 패할 수 없다는 형식논리가 지배하고 있었기 때문이었다. '위기-구출'의 구조는 결국 선과 악의 대립구조다.

다시 『치악산』의 삽화를 보면 이렇다.

① 이씨부인이 서모의 모함을 입어 친정으로 쫓겨 가던 중 산속에

---

11) 조동일, 앞의 책, p.50.

서 최치운을 만나 욕을 당하는 위기.

①´ 장포수한테 구출.

② 다시 장포수의 욕심에 걸려드는 위기.

②´ 중한테 구출.

③ 다시 젊은 중의 모함을 입어 절에서 쫓겨나고 자살을 기도하는 위기.

③´ 홍참의에 의해 구출.

이와 같은 '위기-구출'의 계기는 우연성이 지배한다는 점이 특징이다. 여기서 또 『무정』의 삽화를 보면 이렇다.

① 박영채가 아버지를 잃고 외가에 가서 살면서 심한 노동과 구박을 받다가 마침내 도둑의 누명까지 쓴다.

①´ 도둑은 외갓집의 새서방의 짓이었음이 판명되고 그로부터 누명을 벗는다.

② 심야에 남장을 하고 도망쳐 문전걸식을 하다가 동네 아이들한테 위기를 당한다.

②´ 어떤 점잖은 어른이 나타나 구출해 준다.

③ 주막에 들었다가 음험한 사내한테 끌려가 겁탈을 당할뻔한 위기를 겪는다.

③´ 따라다니던 외갓집 개가 구출해 준다.

④ 아버지를 만나러 평양의 감옥에 갔다가 쫓겨난다.

④´ 어떤 사내의 호의로 기생이 되어 안주하게 된다.

박영채가 기생으로 안주하게 된 사실은『무정』의 전체 구조 안에서 볼 때 '고난'에 해당하지만 '고난'의 삽화 안에서 볼 때 그것은 '구출'에 해당한다. 그리고 그 계기는 모두 우연성에 지배되고 있었던 것이다. 이와 같이 삽화 구조까지도『무정』이 전대소설의 원리를 채택하고 있음에도 불구하고 여기서 다시 주의해야 할 점은 그 삽화가 전체의 구조 안에서 어떻게 변용되고 있으며 그 결과 어떤 현상이 나타나는가를 따지는 일이다. 또 말하지만 이런 구조는 전대소설의 경우 전체적 구조원리로서 채택되지만 이 소설은 다만 박영채의 제한된 구조에만 채택되었다는 점이 특징이다. 따라서 그것은 박영채가 이형식한테 과거 체험을 전달하는 방법으로 동원되고 있다. 그 결과 박영채는 이형식한테 구제되어야 할 동정의 대상이 된다. 그녀의 아버지 박진사에 대한 이형식의 감정은 향수였다. 그리고 박진사와 박영채가 동일한 과거체험으로 받아들여지면서 형식은 향수와 동정의 감정을 동시에 갖는 것이다. 여기서 제시되는 문제가 이형식의 선택 의지다. 이형식의 경우, 박영채에 대한 향수와 동정은 김선형에 대한 호기심과 선망 못지않게 중요하다. 이형식의 망설임이란 그래서 어느 쪽을 택할 것인가의 문제가 아니라 어떻게 하면 양쪽을 공평하게 옹호할 수 있을 것인가의 문제였다. 이와 같은 현상은 그가 시대의 전형으로써 대상을 파악하려 한 데서 나온 결과요, 또한 그것들을 연애의 대상으로만 파악하려는 것처럼 위장할 때 그와 같은 현상은 더욱 두드러지게 나타났던 것이다. 그러나 그는 마침내 김선형과 결혼을 하였고 그것은 두 사람 사이의 연애 감정이 문제가 아니라 오히려 시대적 요구에 상응하는 행위로써 이해되어야 마땅할 것이다. 그럼에도 불구하고 이 소설이 전대소설이 구조를 채택했다는 사실을 앞서 검토한 바 있는 '독자와의 약속'이라는 점에서 이해되어야 한다. 박영채는 이미 선의 편에 서 있었고, 그 여자가 고난을 겪는 것은 다만 악의 심술 때문이요, 반드시 구출될 것이라는 확신을 독자들은 이미 갖고 있었던 것이다. 그리고 작가는 이와 같은 독자와의 약속을 쉽게 배반할 수 없었다. 이 점에서 볼 때 작가와 독자는 이미 전대소설의 구조를 잘 기억하고 있었다는 사실을 짐작할 수 있는 것이다. 다만 그것을 전체의 구조원리로써 채택하지 않고 삽화의 구조로 변용시킴으로써 독자와의 약속을 크게 배반하지 않는 가운데 또 다른 의의를 거두고자 했던 것이다. 『무정』의 흥밋거리는 확실히 우연성이 지배하는 사건소설적인 요소와 연애감정으로 위장된 시대선택의 두 가지였다. 실지로 이 소설의 스토리는 '이형식-박영채=박진사'의 관계가 큰 몫을 차지하고 있다.

이상과 같은 현상을 염두에 두고 그들 관계의 결말을 좀 더 면밀하게 지켜볼 필요가 있다.

(3) 영웅적 인물의 행방

먼저 주목할 사항은 박영채가 이형식을 다시 만나고도 행복한 결말이 이루어지지 않는다는 점이다. 이형식이 선뜻 박영채를 받아들이지 않았기 때문이다. 따라서 박영채는 아직 이형식을 만나지 못한 셈이고, 그래서 그 여자의 '고난'은 계속되고 있다는 말이 된다. 이때 생기는 문제가 두 가지다. 하나는 이형식이 왜 박영채를 받아들이지 못하는가 하는 점이고 또 하나는, 그렇다면 박영채는 누구한테서 어떤 식으로 행복해질 수 있는가 하는 점이다. 이형식이 박영채를 선뜻 받아들이지 못하는 것은 피상적이나마 영채의 정조 때문인 것으로 나타나 있다. 그러나 이때 박영채의 정조가 진짜 훼손되지 않았다면 이형식이 선뜻 박영채와 결혼할 수 있었을까 하는 통속적인 질문을 해볼 수 있는데 이에 대하여 '그렇다'고 대답할 만한 근거를 『무정』은 그 스토리 가운데 아무 데도 갖고 있지 못하다. 이형식과 헤어져 있을 동안이나 다시 그를 만났을 때나 관계없이 박영채는 자신이 지향하는 바를 따로 갖고 있는 것이다. 여기서 다시 이형식이 박영채와 결혼할 것인가, 김선형과 결혼할 것인가가 문제의 결론이 될 수 없다는 사실을 확인하게 된다.

중요한 것은 박영채가 얼마나 더 '위기-구출'의 구조를 반복하다가 누구한테 어떤 식으로 행복한 결말을 맺을 것인가이다. 『무정』이 전대 소설의 삽화를 채택한 이유가 바로 여기 있다. 결과적으로 이형식이 박영채를 사랑할 수 있었던 것은 아버지 박진사 때문이었음이 드러났다. 박진사는 강직한 우국지사로서 이형식이 존경할 만한 은사인데 박영채는 그런 훌륭한 사람의 딸이라는 점에서 일치되는 것이다. 다시 말해서 이형식은 박영채를 통해서 박진사의 뜻을 미화시키고 있는데 그럼에도 불구하고 영채와 결혼하지 못하는 이유 또한 바로 그 점에서 찾아야 한다. 요컨대 박진사는 이형식의 과거 체험으로서 값지고 소중한 의미를 지니지만, 그러나 그것은 시대의 이상에 비추이 볼 때 그보다는 김장로의 가치와 일치되어야 한다는 의지가 앞섰던 것이다.

'박영채=월화·함교장'의 관계가 박영채의 이런 입장을 확실하게 말해 준다. 박영채가 기생이 된 사실은 삽화의 구조로 보면 '구출'이지만 유형의 구조로 보면 '고난'에 해당한다. 이형식과 헤어져 고난을 겪다가 의지처를 얻었다는 점에서 구출이요, 이형식을 만났어도 그녀가 기생이기 때문에 결혼할 수 없다는 점에서 고난이다. 영채의 신분이 기생이라는 사실은 이 소설에서 대단히 중요한 의미를 지닌다. 고난과 구출의 의미를 동시에 지니기 때문이다. 그것은 기생의 신분으로 시대가 극복해야 할 것과 극복되지 못한 것을 동시에 말하고자 한 작가의 의도로부터 비롯된다. 기생은 사회적 신분으로 볼 때 하층계급에 해당하였다. 그러나 그런 계층의식은 『무정』의 시대가 마땅히 극복해야 할 것이면서 아직 극복되지 못한 상태였다. 『무정』이 그 점들을 극복하고 싶었을 것임은 분명하다. 그러나 결과는 이런 정도다.

그 부인은 원래 평양 명기 부용이라는 인물 좋고 글 잘하고 가무에 뛰어나 평양 춘향이라는 별명 듣던 사람이었다. 이십여 년 전 김장로의 부친이 평양에 감사로 있을 때에 당시 이십 여세 풍류남이던 책방도령 이도령이……. 아니라 김도령의 눈에 들어 십여 년 김장로의 소실로 있다가 본부인이 별세하자 정실로 승차하였다. 양반의 가문에 기생정실이 망녕이어니와, 김장로가 예수를 믿은 후로 첩 둠을 후회하나 자녀까지 낳고 십여 년 동거하던 자를 버림도 도리어 그르다 하여 매우 양심에 괴롭게 지내다가 행인지 불행인지 정실이 별세하므로 재취하라는 일가와 붕우의 권유함도 물리치고 당연히 이 부인을 정실로 삼았음이다. 부인은 사십이 넘어서 눈꼬리에 가는 주름이 약간 보이건마는 옛날 장부의 간장을 녹이던 아리땁고 얌전한 모습을 지금도 볼 수 있다. 선형의 눈썹과 입 언저리는 그 모친과 추호 불차하니, 이 눈과 입만 가지고도 족히 미인 노릇을 할 수 있으리라.[12]

이 글은 원래 김선형의 미모를 돋보이기 위해서 쓰여졌다. 그러나 그 어조를 통해 기생의 신분에 대한 작가의 태도를 짐작해 볼 수 있다. 전에는 '양반'이었기 때문에, 그리고 지금은 '예수교인'이라는 점에서 김장로와 기생의 관계는 불륜으로 파악되었다. 그 불륜을 극복하려면 기생을 첩으로부터 정실로 승격시키는 길이라고 믿었다. 그러나 '양심에 괴로움'에도 불구하고 실행에 옮기지 못하다가 '행인지 불행인지 정실이 별세함으로' 비로소 기생은 정실로 승차할 수 있었던 것이다. 문맥으로 보아 김장로는 그 기생이 아무리 좋은 여자라 해도 그 여자를 정실로 맞아들일 수는 없는 인물이었다. 그 점은 다만 극복되어야 할 사항이었고 그렇게 되기 위해서 그는 '행인지 불행인지' 정실을 잃어야 할 만큼의 구차한 변명이 필요했던 것이다. 『무정』의 시대는 극복되어야 할 것들이 뚜렷이 요구되면서도 그것들이 극복되지 못한 채 공존하던 상황이었다. 이른바 가치의 혼재현상이다. 이와 같은 현상이 박영채한테는 더욱 두드러지게 나타난다. 박영채는 기생이 됨으로써 위기를 면했고 그 점에서 구출이지만 신분적으로는 훨씬 비참해져서 고난을 겪는다. 처음에 이형식은 그 여자가 기생이라는 이유로 결혼을 망설인다. 그러나 그것은 아버지 박진사의 훌륭한 인품과 함께 미화됨으로써 곧 극복된다. 그 대신 정조의 훼손 여부를 결혼 조건으로 삼는데 이 점은 시대의 요구를 염두에 둔 결과다. 기생이지만 그러나 박영채는 그 당시에 현존하는 기생이 아니라 그녀의 아버지가 추구하던 시대의 이상을 자각하는 인물이다.

---

12) 이광수, 앞의 책, p.7.

'박영채=월화, 함교장'의 관계가 그 점을 제시한다. 월화는 기생이지만 지사형 인물이다. 그리고 그 구체적 인간상은 오산학교 함교장과 일치되었다. 월화는 함교장을 선구자적 인물로서 존경하는데 그'선구자적'이란 그가 새로운 문명과 정신을 고취시키기 때문이다. 그 점에서 함교장은 박진사와 유사하다. 그것은 김장로와는 달리 서구적 개화가 아니라 민족적 자각을 부르짖는다는 점에서 일치한다. 그 점에서 그들은 훨씬 투쟁적이며 따라서 현실적으로는 불행하다.『무정』이 식민지 시대의 토양에서 탄생하여 시대의 위기를 자각한 점이 있다면 바로 이와 같은 행위에서 그 의의를 찾아야 할 것이다. 박영채는 그 아버지 박진사의 의로운 행위를 위하여 기생이 되었고, 기생이 되어서도 다시 그 의로운 행위를 본받고 있다. 그 선구자적 인물을 '참인간'으로 간주하고 동시에 '정든 님'이라고 믿는 것이다.

이 점이 바로『무정』에 나타난 '사랑'의 개념이다. 사랑의 의미는 '이형식-박영채'와 '이형식-김선형'의 관계에서 제시될 수도 있지만, '이형식-(김선형)-김장로', '이형식-(박영채)-박진사, 김병욱, 월화, 함교장, 배명식, 김현수'의 관계에서도 제시된다. 요컨대 이형식과 김선형, 박영채의 관계는 김선형과 박영채가 각각 김장로와 박진사(……) 등의 인물들과 연결된다는 조건을 갖출 때 성립하는 것이다. '박영채=박진사', '김선형=김장로'의 관계는 '이형식-박영채', '이형식-김선형'의 관계를 통해 '이형식-박진사', '이형식-김장로'의 관계로 미화된다. 다시 말해서 박영채는 박진사·월화·함교장과 같이 시대적 요구에 상응하려는 인물들을 미화시킨다는 점에서만 의의가 있는 것이다.

이렇게 볼 때 박진사, 월화, 함교장의 역할은 중요한 의미를 지닌다.

요컨대, '이형식-박영채=박진사' 또는 '이형식-박영채=월화, 함교장'의 관계에서 시대적 전형성을 띤 인물은 박진사, 월화, 함교장이었고 그 중간자적 인물인 박영채를 통해 다만 이형식은 당대의 요구가 무엇인가를 말하려는 데 지나지 않았던 것이다. 이런 관계는 따라서 그 전형성을 구체화시키는 과정으로 볼 때 '박진사=박영채-이형식' 또는 '함교장, 월화=박영채-이형식'의 역순서를 설정해 볼 수도 있는 것이다. 그렇게 됨으로써 이 소설이 단순한 연애소설이 아니라 시대의 요구에 상응하고자 한다는 말은 앞에서 이미 지적한 바와 같다.

(4) 또 다른 '행복한 결말'

지금까지의 검토 과정에서 우리는 다음과 같은 두 가지 문제를 유보해 둔 셈이다.

첫째, 이형식은 누구와 결혼하는가. 질문의 형태를 바꾼다면 이형식이 왜 김선형과 결혼을 해야 하는가의 문제로써 그 시대적 의의를 파악하자는 것이다.

둘째, 박영채는 누구한테 어떤 식으로 행복을 찾는가. 질문의 형태를 바꾼다면 이형식이 왜 박영채와 결혼을 하지 않는가의 문제로써 그 시대적 의미를 파악하자는 것이다.

이런 문제는 간접적으로나미 앞에서 이미 제기된 바 있고, 다만 결론을 유보해 두었을 뿐인데, 이 글의 의도는 결론보다 그 과정을 밝히려는 것이고, 그렇게 함으로써 이 글 전체의 마지막 목표인 영웅적 인물의 소멸 현상을 확인하려는 것이다. 그것은 따지고 보면 이형식의 역할이 무엇인가를 이해하려는 문제이기도 한데 다음 장에서 검토될 이 문제에 대한 해답은 이 글 전체의 결론이 될 것이다.

이형식이 김선형과 결혼을 하려는 전초 작업으로 『무정』은 '이형식
-박영채-배명식'의 관계를 설정한다. 이 관계는 다시 이 소설을 통속
적인 연애소설로서 사건소설의 구조와 일치된 결과는 낳는데, 그럼에
도 불구하고 '이형식-배명식'의 관계는 또 다른 문제를 제기한다.

배명식은 비양심적인 교육자, 비인간적인 인물로서 『무정』 전편을
통해 하나밖에 없는 부정적 인물이다. 교육자로서 화류계 출입을 하는
점, 학생 전체의 의사를 무시하거나 불공평한 점, 무식하다는 점, 그리
고 속물적인 출세주의·배금주의라는 점이 그를 부정적 인물로 드러내
는데, 특히 이형식을 괴롭힌다는 점에서 그는 악의 유형으로 제시된
다. 이런 악의 유형이 박영채를 위기로 몰아넣는 과정은 전대소설과
대조해 볼 때 삽화의 구조와 일치한다. 이름난 기생이라는 이유 하나
만으로 그 여자를 겁탈하려는 맹목성, 노파를 매수하여 돈으로 정조를
사려는 도식적 수법, 그러나 자신의 욕망이라기보다 교주인 김현수의
욕망 충족을 위한 아부 근성, 이것들이 서로 합리적인 계기를 마련하
지 못한 채 다만 박영채를 위기로 몰아넣기 위한 수단으로만 채택될
때 그들은 서로 선·악의 유형적 인물이 되는 것이다. '이형식-박영채
-배명식'의 관계는 결국 통속적인 사건소설의 구조를 채택했다는 점에
서 비난을 받아 마땅한데, 여기서 주목할 사항은 오히려 그 결과에 대
해서다. 그로부터 이형식과 박영채는 확실하게 헤어질 수가 있었기 때
문이다. 그리고 그들은 서로 헤어짐으로써 행복을 찾게 되는데 그 행
복의 의미를 '박영채-김병욱'의 관계가 설명해 준다.

박영채가 이형식한테 행복을 구하지 못하고 오히려 완전한 결별을
함으로써 행복을 구할 수 있었다는 점은 매우 중요한 의미를 갖는다.

여기서 문제되는 인물이 예기치 않던 김병욱이다. 원래 전대소설에서도 위기의 구출은 예기치 못한 인물한테서 이루어지기 마련이다. 그러나 그는 단 한 번의 임무를 수행하면 그만이고, 궁극적인 결말의 행복은 처음에 예기된 인물을 다시 만남으로써 이루어지는 것이다. 그러나 박영채는 처음에 예기된 인물로부터 행복을 얻지 못하고 전혀 예기치 못한 인물한테서 행복을 얻은 셈이다. 여기서부터 비로소 우리는 작가의 의도를 문제 삼기 시작하는데, 문제의 해결을 위해 편의상 순서를 바꿔 볼 필요가 있다.

먼저, 이형식이 김선형과 결혼하는 과정을 통해서 작가의 의도가 무엇인가를 이해하려는 것이다. 박영채가 죽었으니까 김선형과 결혼할 수밖에 없었다는 형식논리로서는 해명이 불가능한 작가의 의도가 그 속에 내재해 있기 때문이다. 선형의 아버지 감장로한테 청혼을 받는 순간 이형식의 심정은 대단히 기쁜 것이었는데, 그것은 다음과 같은 이유 때문이었다.

선형과 나와 약혼한다는 말은 말만 들어도 기뻤다. 영채가 마침 죽은 것이 다행이다, 하는 생각까지도 난다. 게다가 미국 유학! 형식의 마음이 아니 끌리고 어찌하랴, 사랑하던 미인과 일생에 원하던 서양유학! 이 중에 하나만이라도 형식의 마음을 끌만하거든, 하물며 둘을 다! 형식의 마음속에는 내게 큰 복이 돌아왔구나, 하는 소리가 아니 빌할 수가 없다.13)

---

13) 이광수, 앞의 책, p.140.

이형식과 김선형의 결혼은 사랑과 미국 유학의 획득이다. 그러나 이때의 사랑이란 앞에서 이미 검토된 바와 같이 김장로의 모든 것과 관견된 상태를 의미한다. 김장로의 서구식 개화는 이형식의 선망이었다. 그는 마침내 김선형과 결혼함으로써 김장로의 개화를 획득한 셈이 되었고, 그것은 결국 시대의 요구를 실현한 셈이 되는 것이다. 『무정』이 연애소설이라면 이야기는 너무 쉽게 끝난 셈이다. 그리고 김선형과 박영채 사이에 전혀 심리의 갈등을 체험하지 못했다는 점에서 구성의 허점을 지적받을 수도 있었다. 그러나 이런 문제를 내포하고 있지 않다는 점에서 이 소설은 단순한 연애소설이 아니며 그로부터 또 다른 관심을 불러일으키는 것이다.

다시 '박영채-김병욱'의 관계로 돌아가서 박영채를 보면 그 여자한테 새롭게 나타난 현상이 자각증세다.

김병욱은 이런 식으로 박영채를 깨우친다.

첫째, 영채 씨는 속아 살아 왔어요. 이형식이란 사람을 사랑하지도 아니하면서 공연히 정절을 지켜 왔어요. 부친께서 일시 농담 삼아 하신 말씀 한마디 때문에 영채 씨는 칠팔 년 헛된 절을 지킨 것이외다. 사랑하지 않는 사람을 위해서, 피차에 허락도 아니한 사람을 위해서 절을 지키는 것이 헛된 일이 아니야요?14)

여자도 사람이지요, 사람일진댄 사람의 직분이 많겠지요. 딸이 되고

14) 이광수, 앞의 책, p.163.

아내가 되고 어머니가 되는 것도 여자의 직분이지요. 또 혹은 종교로 혹은 과학으로 혹은 예술로 혹은 사회나 국가에 대한 일로 일생의 직분을 다할 길이 많겠지요. 그런데 고래로 우리나라에서는 남의 아내 되는 것만으로 여자의 직분을 삼았고, 남의 아내가 되는 것도 남의 뜻대로, 남의 말대로 되어왔어요. 지금까지 여자는 남자의 한 부속품, 한 소유물에 지나지 못하였어요. 영채 씨는 부친의 소유물이다가 이씨의 소유물이 되려 하였어요. 마치 어떤 물품이 이 사람의 손에서 저 사람의 손으로 옮겨가는 모양으로.[15]

두 인용문 가운데 앞의 것은 참사랑을, 다음 것은 참인간의 자각을 강조한다. 그리고 박영채는 변화와 자각증세를 일으킨다. 참사랑은 터득함으로써 이형식과 결별하였고, 참인간을 자각함으로써 기행의 신분을 극복했다. 참인간과 참사랑의 자각은 시대의 요구다. 그 시대의 이상을 실현함으로써 '행복-고난'의 박영채는 '고난-행복'의 결말을 맺을 수 있었던 것이다.

박영채가 이형식과 결별하고 예기치 못한 김병욱한테서 행복을 얻었다는 사실은 이 소설의 작가가 『무정』의 시대를 어떻게 파악했는가를 염두에 둘 때 흥미롭다. 과거 체험에 비추어 볼 때 이형식은 박영채와 같은 유형의 인물이었다. 이형식이 박영채한테 향수와 동정을 느끼는 것도 그 때문이었다. 그러나 이형식을 포함한 『무정』의 모든 인물은 가치지향적이라는 데 의의가 있다. 이형식의 방황은 김선

----

15) 이광수, 앞의 책, p.165.

형이나 박영채의 어느 한쪽을 택할 것인가가 아니라, 김장로와 박진사의 뜻을 모두 저버릴 수 없다는 데서 나온 것이다. 그럼에도 불구하고 이형식이 선형을 택했다는 사실은 시대의 요구에 비추어 볼 때 김장로 쪽에 역점을 두었다는 뜻으로 이해되었다. 이와 같은 작가의 시대인식에 비추어 볼 때 박영채의 행복한 결말까지도 이해가 가능하다. 이형식이 박영채와 과거체험이라는 점에서 동질의 인물이라고 볼 때 그들 두 사람의 결혼은 무의미한 연애감정의 결합에 불과하다. 그것은 또한 가치지향적이 못되고 다만 향수와 동정의 감상적인 행위에 불과하다는 뜻이기도 하다. 이런 점에서 볼 때 박영채한테도 시대의 요구에 상응할 만한 행위가 불가피했고 그렇게 됨으로써 그 여자는 존재의 의의를 부여받을 수 있었던 것이다.

2. 『무정』의 현대소설사적 의의

　지금까지의 검토 결과, 우리는 『무정』의 인물구도를 앞서 제시한
도표와는 달리 다시 다음과 같은 역순서를 제시해 볼 필요를 느낀다.

㉢		㉡		㉠
김장로	→	김선형 ⎫		
김병욱 ⎫			→	이형식
박진사 ⎬ →		박영채 ⎭		
함교장 · 월화 ⎭				

　이렇게 놓고 상호 역할을 보면 행위의 전이가 ㉢ → ㉡ → ㉠의 순
서로 진행됨을 알 수 있다. 앞의 인물구도와는 달리 『무정』의 구조가
이형식을 기점으로 부챗살 모양의 행동 양식을 전개한다는 점에 회
의를 품게 되는 것이다. 여기서 제기되는 문제가 이형식의 역할이다.
　성격묘사란 인물한테 이름을 붙여주는 것이며, 명명이란 일종의
생명을 부여하는 것, 정령화하는 것, 개성을 주는 것이다. 단순한 행
위자로서의 인물이 아니라 하나의 인간일 수 있는 요소를 갖춘 성격
체이기를 바란다. 인물이 하나의 성격체로서 인간의 모습을 지니지
못할 때, 그 인물은 단순히 작가의 이념을 전달하는 기능적 도구로
전락하고 말 것이다. 정도의 차이는 있을지언정 작가의 이념을 전달
한다는 점에서 등장인물 모두가 기능적일 수 있다. 그러나 작품을 하
나의 독립된 개체로 간주할 때 기능의 의미는 달라진다. 그때는 작가

와의 문제가 아니라 작중인물 상호 간의 관계를 중시한다. 어떤 인물은 직접 행동하고 어떤 인물은 방관자적 입장을 취하기도 하면서 작가의 이념을 전달하는데, 오늘날 우리들의 관심은 어떻게 이념을 전달하는가가 아니라 누가 더 살아 있는 성격체일 수 있는가에 쏠려 있다.

『무정』의 행동하는 인물은 ⓒ그룹의 인물들이었다. 김장로는 아직 서툴지만 교회에 투신하고 서구식 생활방식을 채택하고 김선형을 외국유학까지 시키면서 시대의 요구에 빨리 적응하는 인물이다. 한편 박진사는 청나라 문물을 통해서이긴 하지만 변화를 의식하고 그것을 자력갱생의 방법으로 극복하고자 애쓴다. 젊은 청년들을 모아 향학열을 고취시키고 민족정신을 북돋우는데 식민지 시대의 현실 조건 아래 실패한다. 오산학교 함교장은 김장로나 박진사보다 훨씬 심화된 행동을 보인다. 김장로의 겉개화와 박진사의 쇼비니즘(chauvinism)을 동시에 극복함으로써 그는 대중 앞에 시대의 위기를 호소하는 것이다. 김병욱도 이 점에서는 함교장과 일치한다. '참인간' '참사랑'의 자각을 호소하면서 그는 시대의 선구자적 역할을 수행하는 것이다. 이상과 같은 의지를 한마디로 집약하면 '개화'라는 말이 된다. 지금까지 『무정』을 사회적 관심의 미화라고 평가할 수 있었던 근거가 여기 있다. 한편 이와 같은 개화의 인식은 전대소설의 사회적 관심과 대조적이라는 점에서 현대소설적이라는 평가를 받기도 하였다.

그럼에도 불구하고 이런 시대적 요구가 인생 또는 사회의 실상도로 제시되지 못하고, 있어야 할 것에 대한 '욕망의 환상도'로 묘사되었다는 점이 『무정』의 특징이다. 이것은 한편 『무정』이 현대소설적인 변화를 추구하면서도 아직 극복하지 못한 전대소설적 요소로 지적되는 것들인데, 문제는 그것들이 답습이 아니라 발전적인 형태라는 점에서 이해되어야 할 것이며 그 점이 곧 이 소설의 현대소설사적 의의이다.

『무정』이 전대소설의 구조와 다른 점은 그 안에 ㉢그룹의 인물을 설정했다는 점이다. 하나의 예로, 『사씨남정기』는 유한림을 사이에 두고 선인형과 악인형의 두 인물군만 설정되어 있다. 사씨(謝氏)와 관련되는 인물로 설매와 두부인(杜夫人)이 있기는 하지만 그 성격상 같은 유형에 속한다. 사씨는 전형적이지 못하고 다만 선이라는 유형에 지나지 않았고, 설매와 두부인은 그에 종속된 인물인 것이다. 대조적으로 교씨(喬氏)는 악의 유형이다. 거기다가 납매와 동청은 다만 종속적인 인물에 불과한 것이다. 이처럼 고소설의 구조는 선(善)·악(惡)의 유형이 대립을 이룰 뿐인데, 『무정』은 바로 그 점을 극복하고 몇 가지 시대의 전형을 설정하고 있는 것이다. 『무정』은 선·악을 대립시키지 않고 시대의 전형을 모두 선의지로 채택했다는 점이 특징이다. 따라서 ㉡그룹의 김선형과 박영채가 상호 간에 심리적 갈등을 일으킬 리 없다는 점에 대해서는 앞에서 이미 검토된 바 있다. 결과적으로 『무정』이 말하고자 하는 바 의도는 ㉢그룹과 ㉡그룹의 인물들한테서 모두 제시되었다고 볼 수 있다. 그럼에도 불구하고 그들은 상호대립적이지 않고 각각 독립된 시대의 전형성만을 유지할 뿐이어서 그 가장 중요한 특징은 갈등이 없다는 점이었다. 스토리의 결구를 위해서 필요한 최소한의 갈등마저 없다면 서사구조의 성립은 불가능하다. 이 글의 마지막 목표인 이형식의 역할이 무엇인가를 우리는 바로 이 점에서 찾아야 할 것이다. 요컨대 ㉡ ㉢그룹에서 갈등이 생길 수 없는 관계를 이형식의 선택의지의 방황에 따라 최소한의 갈등을 조작함으로써 그로 하여금 하나의 통일된 의미를 규합하도록 하였던 것이다. 그 결과 『무정』은 욕망의 환상도가 된다. 이형식은 ⓛ ⓒ그룹의 인물들처럼 시대의 전형을 제시하지도 못하면서 다만 그것들을 선의지로 유형화하고 미래의지로 이상화할 뿐이었다. 『무정』은 전대소설의 보편적 선의지를 극복하고 인간 또는 사회의 전형을 자각했다는 점에서 현대소설이지만 그럼에도 불구하고 이형식의 또 다른 영웅적 특수성에 의해 욕망의 환상도를 그리고 있다는 점은 그것이 아직 전대소설의 면모를 탈피하지 못한 예다. 다시 그러나 이형식은 마지막 영웅이고 그것은 이미 전대소설의 영웅적 인물이 아니다.

제2장 '리얼'에 대한 인식과 개별화

1. '리얼'의 자각: 김동인

1) 《창조》의 문학관

우리 문학에 『무정』의 선의지가 극복되면서 '순문예'라는 말이 생긴다. 《창조》의 작가들은 '도덕과 통속을 거부한다'는 말로 그들의 순문예 이론을 개진해 나가는데, 확실히 문학의 현대성에 대한 중대한 인식이었다. 도덕이란 개념을 그들은 개인의 정서 또는 개인의 감정과 대치시켰다. 따라서 도덕이란, 개인의 감정을 묵살한 채 인간의 사회적 결속만을 위하여 존재하는 선의지로만 파악되었다. '도덕=선'의 의지가 지배할 때 문학은 불가피하게 악의 대립구조를 설정하지 않을 수 없었다. 권선징악의 교훈성을 목적으로 한 문학이 근본적으로 리얼리티를 확보하지 못하는 이유가 인간을 선·악의 개념으로 분리시켜 파악한 데 있다. 예를 들어 놀부는 작품 안에서 그의 이름으로 행동하는 개인이 아니라 세상의 악(惡)을 대표하는 하나의 유형적 인물이다. 그리고 흥부 또한 흥부라는 이름의 개인이 아니라 세상의 선(善)을 대표하는 유형적 인물인 것이다. 완벽한 하나의 악 덩어리나 선 덩어리를 인간의 실제라고 믿지 않는다. 그것들은 다만 어느 집단이 설정한 도덕의 수준을 향해 무사히 도달하도록 작용하는 유형으로서만 의의를 갖는 것이다.

영웅의 이상을 초극하고, 인간을 개인의 입장에서 파악할 때, 비로소 인간의 리얼리티(reality)가 제시될 수 있다는 생각을 갖게 된 것은 굉장한 변화였다. 선과 악을 각각 분리시켜 설정하지 않고 그것들이 하나의 인물한테 공존할 수도 있다는 생각이 가능해졌던 것이다.

결과는 엄청나게 달라졌다. 운명론적 세계관으로부터 사회적 결정론을 의식하기에 이르렀다. 인간은 선할 것도 악할 것도 없이 다만 그를 지배하는 환경이 불리하면 악해질 수도 있지만 환경이 호전되면 곧 선해질 수도 있다는 생각이다. 문제는 인간의 선·악이 아니라 그를 지배하는 환경이라는 자각을 한 것이다. 외부 환경의 변화에 따른 개인의 반응, 그것은 예측할 수 없는 것이라는 점에서 고정적이 아니라는 말이며 가변적이라는 점에서 복잡한 것이라는 뜻이 되기도 한다. 인간이나 사회를 고정된 어느 일면에서만 바라보려 하지 않고, 가변적이고도 복합적인 성격체로 파악할 수 있었던 점이야말로 문학의 리얼리티라는 점에서 매우 중요한 문제였던 것이다.

그 결과 나타난 현상이 영웅적 인물의 소멸임은 말할 것도 없다. 도덕적 가치 기준에서 옹호받아야 할 선을 하나의 전형으로 설정하고 있는 인물은 영웅적일 수밖에 없었다. 태어날 때부터 그는 좋은 가정에서 탁월한 용모와 재능을 갖춘 인물로 형성된다. 과거를 보면 장원급제를 할 터이고, 당대에 가장 좋은 배필을 만나 높은 벼슬자리에 오를 터이다. 일시적으로 불행한 위기에 처하지만 곧 극복된다. 그리고 마침내 그의 승리는 행복한 생애를 보장한다. 운명론이 지배하던 시대가 만든 영웅의 모습이었다. 그러나 개인과 상황과의 관계 그 자체를 중시하던 시대는 이미 영웅의 예정조화적 운명론에 깊은 회의와 반성을 갖는다. 산업혁명 이후, 서구 시민사회의 형성과 함께 출현한 개인의 확립이란 이렇다. 그들은 일단 집단의 우상을 거부하고 그 대신 개인의 이상과 신념을 내세운다. 그러나 결과는 비극적이다. 거대한 산업사회 구조 안에서의 보이지 않는 힘이 다시 그들 앞에 운명처럼 군림하기 시작했던 것이다. 그것은 워낙 크고 복잡해서 개인의 신념과 이상을 위협하는 힘이 어디서부터 비롯되는가를 파악하기란 그리 간단하지가 않다. 그것을 이해한다는 것은 결국 드러난 현상에 대한 언급이 아니라 드러나지 않은 구조의 유기적 원리를 해명하는 일이라고까지 생각하기에 이르렀다. 마침내 자연현상을 대하는 태도에 있어서 또 다른 방법을 모색하지 않을 수가 없었던 것이다. 여기서 인간은 거대한 자연의 일부분에 불과한 존재로 전락하고 만다. 그럼에도 불구하고 인간은 그 자연에 대하여 부단히 도전하고 극복함으로써 개인의 이상과 신념을 확립하고자 하는 의지를 보이는데, 그 점에서 또한 우리는 인간의 가치를 부여하기도 한다. 마침내 현대의 비극적 인간이 탄생되는 것이다.

영웅적 인물의 소멸과 함께 나타난 현상이 하강구조다. 그리고 그것은 비극적 인물의 형상이라는 점과 아울러 그런 인물을 산출한 외부상황을 제시하는 데에 또 다른 목적을 두기도 한다. 영웅적 운명론과 함께 귀결된 상승구조와는 달리 사회적 결정론에 입각한 개인의 비극적 삶을 파악하고 그로부터 개인을 포함한 사회전체의 모습을 그리고자 했던 것이 바로 현대소설이 추구하는 리얼리티의 이론적 바탕을 이룬다.

김동인을 비롯한 《창조》의 작가들이 『무정』의 도덕과 통속을 거부힘으로씨 이 땅에 순문학을 확립시키고자 한 데에는 다분히 이만큼의 이론적 토대를 확보하고 있었던 것이다. 이상과 같은 입론은 김동인뿐만 아니라 『무정』의 정당한 평가와 그 상호 접맥 관계를 찾는다는 점에서도 매우 의의 있는 일일 줄 믿는다. 만일에 그렇지 못할 경우, 『무정』의 서구식 개화라든가 민족정신, 또는 자유연애의 주창과 같은 시대적 요구가 한낱 비문학적인 요소로 오해받고 말 소지를 마련하게 될 것이기 때문이다. 『무정』의 근본정신은 그 시대의 요구에 비추어 볼 때 오히려 적확한 자각이었다. 그럼에도 불구하고 『무정』은 한때 혹심한 비판을 받는데 이때 김동인이 겨누었던 과녁은 『무정』의 그런 시대의식이 아니라 이광수 문학에 대한 인식의 결함이었다. 이형식의 영웅적 일생을 그리기 위하여 작가는 다시 시대의 요구 사항을 도덕적 선의지로 설정하고 말았다는 것이다. 김동인의 문학관은 근본적으로 이상과 같은 이광수의 운명론적 세계관에 대한 도전이었다. 요컨대 김동인은 이형식의 영웅적 권위와 같은 운명론을 거부함으로써 그 결과 개인의 이상과 신념이 어떤 식으로 외부로부터의 도전을 받는가, 그리고 그 상황에 대하여 개인은 어떤 반응을 나타내는가 하는 문제들을 제시함으로써 그로부터 이광수의 이상과는 달리 인간 또는 자연의 본체를 밝힐 수도 있다고 믿었던 것이다.

김동인의 이와 같은 문학관은 그의 『한국근대소설고』의 『귀(鬼)의 성(聲)』 조에 아주 간명하게 드러나 있다.

당시의 많은 작가들이 모두 작중 주인공을 재자가인(才子佳人)으로 하고 사건을 선인(善人) 피해에 두고 결말도 악인필망(惡人必亡)을 도모할 때에 이 작가만은 「귀의 성」으로써 학대받는 한 가련한 여성의 일대(一代)를 우리에게 보여주었다. 주인공 춘천댁은 왜 피살을 당하였느냐? 이는 재래의 작가에게 보지 못하던 새로운 결구다. 주인공의 행복을 축수(祝手)하려 하기에 소설이 존재할 가치가 있지 여주인공의 피살이라는 것은 '인생 사회'가 아닌 소설에는 있지 못할 잔혹한 일이었다. ······ 뿐

제2장 '리얼'에 대한 인식과 개별화

만 아니라 작자는 끝까지 냉정한 태도로 이 여주인공의 죽음에도 조그만 동정을 가하지 않았다.[1]

이런 이유로 『귀의 성』을 한국 근대소설의 원조라고 말할 때, 근대소설에 대한 김동인의 조건은 확실해진다. 첫째, 학대받는 한 가련한 여성의 일대기, 그 점은 다시 재자가인이 아니라는 말로써 전대소설의 영웅적 인물을 거부했다는 뜻으로 이해된다. 둘째, 여주인공의 피살, 그것은 전에 인생 사회에나 있는 일이고 소설에는 없던 일인데 그것이 소설에 도입됨으로 문학의 리얼리티를 확립했다는 뜻이다. 셋째, 그 죽음에 작가가 냉정했다는 점, 이 점이 바로 동인의 리얼리즘에 해당하는 것이다.[2] 이보다 훨씬 앞서 「소설에 대한 조선 사람의 사상」이란 글을 보면 김동인은 이미 1919년 당시부터 이와 같은 문학관을 확실하게 정립하고 있었던 것으로 나타난다.

그들은 소설 가운데서 소설의 생명, 소설의 예술적 가치, 소설의 내용의미, 소설의 조화된 정도, 작자의 사상, 작자의 정신, 작자의 요구, 작자의 독창, 작중의 인물의 사회에 대한 분투와 활동 등을 구하지 아니하고 한 흥미를 구하오, 기적에 근사한 사건의 출현을 구하오, 내용이 점점 미궁으로 들어가는 것을 구하오, 꼭 죽었든 줄 알았든 인물의 재생함을 구하오, 내용의 외부적 비를 구하오, 선악이 개인물의 경생을

<hr>

1) 김동인, 「한국근대소설고」, 『동인전집』 8권, 홍자출판사, 1968, p.584.
2) 이재선의 『한국현대소설사』 (p.14)는 이안 와트(Ian Watt)가 지적하는 근대소설의 최저 공분모로서의 이른바 '형식적 사실주의(formal realism)'을 채택하고 있는데, 여기서도 아마 그 정도의 의미로 받아들여져야 할 것이다.

1. '리얼'의 자각: 김동인

구하오, 위기일발의 찰나를 구하오, 선자필흥 악자필망(善者必興 惡者必亡)을 구하오, (이것도 일즉이는 선자가 악자에게 고생을 받다가 어떠한 일 기회…. 위기일발의 찰나…. 를 응용하여 장면을 일전시킨) 선자필재자가인, 악자필우남교녀(善者必才子佳人, 惡者必愚男嬌女)임을 구하오, 인생 사회에는 잇지 못할 로만스를 구하오.3)

이런 문학관은 한국소설사의 전체적인 흐름에 비추어 볼 때 중대한 관점의 변화요, 그로부터 실제 작품이 어떤 결과로 나타나고 있는가를 따지는 일은 우리 문학연구가 지닌 하나의 과제이기도 했다. 그 결과 김윤식의 「반역사주의 지향의 의미」는 김동인 문학을 이해하는 명쾌한 해답일 수 있다.4) 이른바 '인형 조종술'로 요약되고 있는 '생과 독립된 소설 즉 예술의 완결성'이 그것이다. 그 점은 김동인 소설의 특징임과 동시에 약점이기도 하다. 그러나 한편 김동인의 이러한 태도가 한국 현대소설 형성사의 관점에서 볼 때 하나의 발전적 변화였느냐 퇴행적이었느냐를 고려한다면 확실히 그 점은 긍정적으로 받아들여져야 할 줄 믿는다. 특히 이광수의 교훈주의적 태도와 비교해 볼 때 이 점은 확실하다. 김동인의 의도적인 반이광수적 태도를 우리는 이미 간파한 바 있다. 『한국근대소설고』에서 그가 이인직의 『귀의 성』을 한국 근대소설의 원조라고 딱 잘라 말할 수 있었던 것도 한편으로 이와 같은 반이광수적 대결의식이 작용한 결과라고 볼 수가 있는 것이다. 여기서 우리가 주목할 점

---

3) 김동인, 「소설에 대한 조선사람의 생각을」, 《학지광》 18호, 1919.8, p.45.
4) 김윤식, 「반역사주의 지향의 의미」, 『한국문학사론고』, 범문사, 1973.9, p.131.

은 김동인의 예술적 옹호가 아니라 리얼(real)에 대한 인식 태도로서의 영웅적 인물이 소멸되었다는 점이어야 한다. 이런 점에서 볼 때 김동인은 변혁기에 처한 실험 작가로서나마 의의를 획득할 것이며 그와 같은 실험적 과정을 면밀히 검토함으로써 우리나라 현대소설의 하나의 일관된 체계 안에서 파악하는 것도 매우 중요한 일이라고 믿는 것이다.

《창조》를 포함한 동인지와 순수 문예지가 주도하던 1920년대 초기 문학적 성격에 대해서는 이미 다각도로 검토된 바 있다. 그중에서도 이재선의 『한국현대소설사』(홍성사, 1979)의 다음과 같은 결론은 중요하다.5)

㉮ 문학의 계몽적인 교훈주의에 대한 공격이다.
㉯ 작가의 현실적인 경험 공간인 당대의 사회현실에 대한 깊은 관심이 조성되었다.
㉰ 자연주의를 포함한 사실주의의 결정론의 수용에 의해서 인간을 결정론의 희생으로서 해석하는 사고가 대두하였다.
㉱ 사회와 개인과의 상관관계 및 개인의 생활에 미치는 사회적인 힘의 위력에 대해서 크게 자각하였다.
㉲ 도딕싱과 교훈주의직인 가르침을 배제하려 힘으로씨 인긴이 현실적으로 지닌 본능적인 충동의 수성적 국면을 드러냈다.

---

5) 이재선, 『한국현대소설사』, 홍성사, 1979, pp.219-220.

㈐ 소설의 기법적인 면 내지는 수사학적인 면에도 많은 변화를 가져온 것으로 세계와 가치인식에 대한 객관적이고 중립적인 태도를 중시하게 됨으로써 시점에 있어서의 전지성과 논평이 많이 제어되었다.

이와 같은 견해는 '이 시기의 소설의 구조가 엄연히 사실주의(자연주의 포함)'라는 결론에 이르기에 충분한 근거를 마련하였고, 그 때문에 '여기서 사실주의 또는 리얼리즘이 어떠한 것이며 또 어떻게 연유된 것인가란 발생론에 대해서 굳이 자세한 언급을 늘어놓을 필요'를 느끼지 않았던 것도 사실이다.

그럼에도 불구하고 영웅적 인물을 배격하여 그 자리에 개인의 감정이나 인간의 보편적인 삶을 전개한 1920년대 초기소설이 각각 어느 정도 그들의 의지와 실제와의 거리를 벌릴 수밖에 없었는지는 일단 검토해 볼 만한 문제였다. 그것들 가운데에는 확실히 소아병적 감상적 취미라고 비난받을 만큼 아직 지적으로 통제되지 못한 작품들도 많이 있었다. 그러면서도 한편 그것들은 문학에 있어서의 새로움 또는 현대성에 의한 자각과 신념이 그 어느 때보다 강했던 것으로 여겨지기 때문에 이 글은 다시 그것들을 주워 모으고 분석 검토해 보고 싶은 것이다. 이 시기의 소설이 계몽적 교훈주의를 극복하고 개인과 사회와의 상관관계 및 개인의 생활에 미치는 외부의 힘을 자각했다고 말할 수 있는 근거가 어디 있는가를 실제 작품을 통해 확인하고, 다시 그것들이 각각 어떤 문제에 대하여 주된 관심을 보이고 있었던가를 확인해 봄으로써 초기 성격소설이 형성되어가는 과정을 구체적으로 이해하고자 하는 것이다.

이런 점에서 볼 때, 초기소설의 한 단계를 편의상 1923년까지로 제한시켜 보는 것도 하나의 방법이라고 생각한다. 이때의 이유는 이렇다. 첫째, 1924년부터는 가난이라는 문제가 근본적인 문학적 충동으로 소설 속에 제기되고 있어서 그 이전까지의 문학과는 다른 경향을 보였다. 이런 문제는 그 전해부터 이미 제기되기 시작했지만 그것이 실지로 작품 속에 드러나기 시작한 것은 1924년부터라고 볼 수 있다. 둘째, 김동인, 전영택, 김환, 나도향, 민태원, 박종화, 염상섭, 현진건 등 동인지로부터 출발한 작가들 외에 1924년부터는 상업적 성격을 띤 잡지를 통해 또 다른 작가들이 등장하기 시작하였다. 최서해, 채만식, 이익상, 박영희, 김기진 등 많은 새로운 작가들이 나와 이때부터 경향을 달리하는 것이다. 동인지로부터 출발한 작가들의 1923년까지의 경향은 알게 모르게 김동인 등의 일반적 리얼리즘에 입각한 감정 토로였다는 점에서 공통적이다. 그중에서도 특히 지속적으로 작품을 발표하여 자기 나름의 의지와 방향을 제시한 작가는 김동인, 전영택, 나도향, 염상섭, 현진건뿐이었다. 그로부터 각각 일반적 리얼리즘에 대한 인식이 어떻게 달라지고 있는가를 확인해 봄으로써 이 시기의 관심이 무엇인가를 이해하는 것도 매우 중요한 일이라고 믿는 것이다. 그중에서도 특히 1920년대 초기에 해당하는 동인의 문학적 태도를 미리 해명하는 일은 중요하게 여겨졌다. 그의 문학적 평가에 대해서는 잠깐 보류하고 일단 문학운동의 진파라는 점에서 그가 끼친 위력은 대단했으며 그의 이와 같은 태도가 미리 밝혀질 때 다른 작가를 이해하는 데 편리한 척도가 될 수도 있다고 믿어지기 때문이다. 김동인의 문학적 태도는 어느 정도 일관된 편이었다. 이에 비하면 나도향, 전영택, 염상섭, 현진건 등은 가난의 문제가 대두됨에 따라 어느 정도는 태도를 달리하였다. 1923년 전·후를 중요하게 여기는 까닭이 여기에 있다.

2) '약한 자'의 의미

「약한 자의 슬픔」은 《창조》에 처음 발표되면서부터 그것이 내거는 몇 가지 전제를 갖는다.

첫째, 현대인 또는 현대의 성격을 제시하겠다는 점이다.

> 강엘리자벳드, 자기로써 살지를 못하고 누리에 비최인 자기 기름자로
> 써 살고 강하여 보이고도 약한 강엘리자벳드, 그의 슬픔 그리고 엘리자
> 벳드로써 대표된 현대 사람의 약점-- 주위의 반동을 안밧고 스서로는 아
> 모 일도 못하는 점, 삶을 모르고 사는 점--에 머리를 한번 써주십시오.[6]

이런 전제는 우리나라 소설이 처음으로 현대적 인물로서의 주인공을 선언하고 나섰다는 점에서 주목할 만하다. 동인은 '현대'라는 말을 강조하여 쓰고 있다. 그것은 한편 과거적인 것이란 일단 계몽적 교훈주의 문학관을 의미한다고 볼 수 있는데, 문제는 그가 그 과거적인 것들로부터 극복되어야 할 사항들을 깨닫고 다시 그것들을 현대라는 이름으로 표방할 수 있는 근거를 확립했다는 점일 것이다. '자기'와 '누리'의 관계를 설정하여 그로부터 자기 아닌 자기의 그림자

---

6) 김동인, 「나믄말」, 《창조》, 창간호, 1919.2, p.81.

로서만 살 수밖에 없는 인간의 이면을 파악하고, '강함'과 '약함'의 관계를 설정하여 그로부터 나약한 인간의 슬픔을 확인하고자 했던 동인의 생각은 확실히 그 이전에 우리나라 소설에서는 볼 수 없었던 점이다. 가령, 「소년의 비애」에서 문호의 슬픔과 비교해 볼 때 이런 점은 뚜렷이 나타난다. 문호의 슬픔은 사촌 동생 혜란이 구시대의 희생물이 된다는 점에서부터 비롯되고 있다. 혜란이는 재주와 용모가 뛰어남에도 불구하고 구시대의 관례에 따라 혼인을 함으로써 일생의 불행을 초래한다는 것이다. 그러나 그것은 문호의 책임도 아니고 혜란의 책임도 아니므로 오직 구시대의 관례만이 개선되어야 한다는 의지를 내포하고 있다. 구시대의 관례가 개선될 때 인간의 불행이 해소된다는 논리가 원칙으로 통할 때, 문호의 슬픔은 슬픔일 수 있다. 그러나 그것을 원칙으로 받아들일 수 없다는 사실을 동인은 깨닫는다. 「소년의 비애」에서 문호가 울고 있을 때 동인은 어쩌면 터무니없는 웃음을 웃었을지도 모른다. 문호의 눈물이 전적으로 혜란에 대한 동정의 눈물일 뿐 그것이 독자의 아픔일 수 없다고 생각했을 것이기 때문이다. 동인은 그때 혜란이 진짜 울어야 할 사람임을 깨닫는다. 작가는 혜란으로 하여금 구시대의 요소를 극복하고자 하는 어떤 태도를 보여야 할 것이며, 그녀의 상황이 그래도 극복할 수 없을 만큼 곤란할 때 독자도 공감의 아픔을 느낄 수 있다고 동인은 믿었던 것이다. 김동인은 외부외의 관계 안에서 인간을 파악하고자 하였다. '주위의 반동'에 의해서만 작용할 수밖에 없는 인간은 약할 수밖에 없으며 그것은 개인적으로 볼 때 자기를 확립하지 못했다는 뜻이 되며 그래도 역시 자기를 확립하고자 하는 의지가 바로 인간의 비극임을 자각하였다.

둘째는 묘사법과 작법을 달리하겠다는 점이다.

여러분은 약한 자의 슬픔에서--아니, 엇던 작품에서든지, 지상에 흐
르는 글자를 보시지 말고, 한층 더 기피 조희 아레 감초여 잇는 글자,
작자가 쓰려 하면서도 쓰지 못한 말을 차저보셔야 합니다.
부대 페이쥐 뒤에 감초여 잇는 글자를 보아 주십시오.7)

작자가 하고 싶은 말은 작품 안에 직접 쓰지 않고 페이지 뒤에 감
춘다는 뜻은 소설이 목적에 얽매이지 않는다는 점에서 중대한 인식
이다. 그것은 또한 선·악의 대립구조를 갖는 행동소설로부터 상황과
심리 그 자체를 중시하는 성격소설로의 변모이기도 하다. 고소설이
나 신소설이 계몽적 교훈을 하나의 주제로 내걸 때, 그 주제를 받아
들이는 독자 편에서 보면 이해와 전달의 과정일 수도 있다. 그럼으로
써 소설이 주장하고자 하는 의미는 확실해진다. 대개의 경우 그것은
선자필승, 악자필망(善者必勝, 惡者必亡)의 구조에서 확실하게 꼬집어 잴
수 있으며 인물의 상호관계까지도 도표로 제시할 수가 있는 것이다.
그러나 현대소설의 의도는 그와 같은 이념적 전달에 의한 교훈에 있
지 않고, 삶 그 자체의 유기적 관계와 그를 통한 심리 상태를 추구하
는 데 의의가 있다. 인간이 외부환경과의 관계에서 어떻게 작용하고
대처하는가를 제시하는 데 목적을 두는 것이다. 따라서 현대소설의
구조는 하나의 도덕적 주제를 도출하기 위해 건너야 하는 다리의 역

---

7) 김동인, 「나믄말」, 앞의 책, p.81.

할이 아니라 다리를 건너는 과정, 그 자체로서 의의를 갖는 것이다. 내용과 형식을 각각 분리시켜 생각하지 않고, 하나의 완벽한 의미 덩어리가 바로 구조라고 보는 근거가 여기 있다. '페이지 뒤에 숨어 있는 글자를 보아달라'는 동인의 부탁은 결국 주제를 이념적으로 강조하지 않고, 그것을 글 속에 용해시키겠다는 말이었다. 그럼으로써 상황과 인물의 상호관계를 파악하고 그로 인한 인간의 의식과 심리상태를 확인하고자 하였던 것이다.

셋째는 예술에 대한 인식이다.

> 약한 자의 슬픔, 쪽 됴흔새 쪽 됴흔 '우리의 잡지'의 제가 정한 자리에 실리우는 제 약한 자의 슬픔이 중매자가 되어 독자인 여러분과 작자인 '저'를 '예술'의 선(線)으로 맛매엿습니다. 저는 이 연분에 대하여 예(禮)를 하옵니다.8)

김동인이 문학을 예술이라고 말할 때 그것은 『무정』을 포함한 고소설이나 신소설의 계몽성과 도덕성을 탈피하고 개인의 감정을 위주로 한 것임을 뜻한다. 외부 상황의 반동으로 일어나는 다양한 감정의 복합체, 그 점이 바로 현대의 속성이라고 그는 믿었다. 그리하여 '한낫 재미잇는 니야기쓰리'도 아니고 '저 통속소설의 평범한 도덕'도 아니고 그렇다고 '바람에 움직이는 갈대'도 아닌, 외부 상황(누리)에 대한 인간(사기)의 감정을 포착하는 것이 '귀한 예술의 쟝긔'라고 그는 믿었다.

---

8) 김동인, 「나믄말」, 앞의 책, p.81.

이상과 같은 사실은 《창조》 이전의 문학에 대한 반성을 통해 나왔고, 그 나름의 새로운 방향을 제시했다는 점에서 의의를 찾을 수 있는데, 거기에는 『무정』의 근대적 의식이 크게 작용한 것으로 짐작된다. 김동인의 문학이 반이광수적 태도로부터 시작되었다는 견해는 그동안 어느 정도 타당한 근거를 갖고 확인되었다.[9] 그것이 결국 김동인의 문학적 성과로 볼 때 어느 정도 결실을 이룬 것인가는 좀 더 구명해 보아야 할 문제이지만, 우리나라 현대소설의 형성 과정에서 보면 확실히 『무정』과는 다른 변모임이 분명한 것이다.

「약한 자의 슬픔」은 실지로 그 인물 설정에서부터 『무정』과는 의도적 대조 현상을 나타내고 있다. 작가가 미리 밝힌 제작 동기를 돌이키면서 작품의 실제를 확인해 보면 이렇다. 첫째, 주인공 '강엘리자벳드'는 가정교사다. 이 점은 『무정』의 이형식이 가정교사였던 점을 상기할 때 우연의 일치가 아니어서 매우 의도적임을 짐작할 수 있다. 개화기 지식인의 아르바이트 풍속을 나타내는 경우로서 가정교사인 이형식이 그 주인에 해당하는 김선형과 아버지 김장로를 대하는 태도는 이미 확인된 바 있다. 이형식이 김선형과 김장로를 바라보는 호기심과 선망, 김선형 그리고 김장로가 이형식을 대할 때의 우월감의 그 상반된 감정은 시대의 요구에 상응하고자 작가가 설정한 의도적인 배려요, 그 직접적인 동기가 가정교사라는 아르바이트 의식

---

9) 문덕수, 「관념론과 즉물체」, 《문학사상》 제2호, 1972.11.
　구인환, 「생명과 취미」, 『한국근대소설연구』, 삼영사, 1980, pp.185-203.
　정한숙, 「소년과 무지개--김동인론」, 『현대한국작가론』, 고대출판부, 1976, pp.31-52에서 '참(眞)에 대한 인식', '위선(反)의 첨예화', '역사소설의 경우' 등 세 가지에 걸쳐 반 이광수 문학적인 요소를 지적하고 있다.

으로부터 말미암은 것이다. 「약한 자의 슬픔」이 주인공을 가정교사로 설정한 것은 '이형식-김장로' 관계와 대조적이다. 다만 『무정』이 시대의 이상을 추구하고 있는 데에 비하여 「약한 자의 슬픔」은 개인의 감정을 중시하고 있다는 점이 다르다. 이런 점에서 볼 때, 한편 강엘리자벳드는 학생이며 여자라는 점이 이형식의 교사며 남자라는 점과 대조적이기도 하다.

둘째, 강엘리자벳드가 가정교사로 들어가 있는 집의 주인은 '조선의 선각자로 자임하는'[10] K남작이다. 이 점 또한 이형식의 가정교사 집 주인인 김장로가 '진보한 문명 인사'[11]라는 점과 우연의 일치가 아니다. 그러나 다시, 그 두 사람의 주인이 각각 강엘리자벳드나 이형식과 맺는 관계는 대조적이다. 요컨대, 김장로는 이형식한테 시대의 요구라는 점에서 선망의 대상이었고, 김장로는 마침내 이형식을 자신의 위치까지 끌어올리는 역할을 한 셈이다. 그러나 대조적으로 K남작은 강엘리자벳드를 파멸로 끌어내린 셈이다. 그들의 성적 관계가 애정의 결합도 되지 못하고, 그렇다고 선각자적 태도로서의 의미도 구현하지 못한 채 다만 본능적 행위에 불과한 성(性) 유희로써 강엘리자벳드를 타락시키고 말았기 때문이다.

이와 같은 대조적인 인물의 설정을 통해 일단 영웅적 인물을 인정하지 않으려는 동인의 새로운 태도가 역력히 드러난다. 동인의 그와 같은 태도에 대하여 우리는 다음과 같은 두 가지 물음을 던져볼 수 있는데, 결국 이 소설이 그 점에 대한 명쾌한 해답을 가지고 있지 못

---

10) 김동인, 「약한 자의 슬픔」, 《창조》 1호, 1919.2. p.57.
11) 이광수, 『무정』, 「신한국문학전집」 1, 어문각, 1970, p.145.

하다는 데에 김동인 문학의 한계가 있는 것이다. 먼저, 무엇이, 그리고 어떻게 그녀를 불행하게 만드는가, 라는 외부 상황에 대한 인식태도가 그 하나요, 그 외부 상황에 대하여 강엘리자벳드가 갖는 갖가지 반응에 대한 인식이 또 하나의 문제이다. 영웅적 인물을 그려내는 욕망의 환상도를 거부하고 그 대신 인생이나 사회의 실상도를 그리겠다던 초기 리얼리스트들의 사회적 결정론을 상기할 때 이와 같은 물음은 마땅히 김동인에게도 던져져야 할 줄 믿는다. 강엘리자벳드로 하여금 김동인이 '자기로써 살지를 못하고 누리에 비친 자기 그림자로써 사는 사람'을 그리겠다고 말했을 때, 이미 그는 개인(자기)과 외부 세계(누리)와의 필연적인 관계를 의식하였음이 분명하다. 그리하여 강엘리자벳드와 K남작을 대립시켰다고 생각할 때, K남작의 세계가 너무 작위적인 기능만을 수행한 결과를 초래하였던 것이다. 이때 K남작의 기능은 '조선의 선각자로 자임'하는 태도로서의 확산이 아니라 사랑의 진·위를 가름하고자 하는 작가의 의도에 편승된 '허위'적 유형에 불과하였다.

셋째, 이런 점에서 볼 때 '이환'은 또 하나의 중요한 인물이다. K남작의 거짓된 사랑과는 대조적으로 이환은 참연애의 감정을 불러일으키는 대상이다. 그 진실한 사랑의 감정을 다시 『무정』의 사랑과 비교할 때 김동인의 의도는 다시 드러난다. 이형식이 박영채와 김선형한테 갖는 사랑은 그 아버지 박진사와 김장로와의 강한 인연을 바탕으로 해서 비롯된 감정이었다. 따라서 그것은 한편으로 동정이나 열등의 감정을 배제할 수가 없었다는 점에서 김동인한테는 거짓 사랑으로밖에 여겨지지 않는 약점이 되기도 하였다. 그러나 이환은 우연히 통학길에서 마주친 상대다. 사랑의 조건이 시대와 사회의 공통적

이상으로부터 개인의 감정으로 변모된 것이다. 그럼에도 불구하고 강엘리자벳드가 사랑의 복합 심리(갈등)를 유발한다는 점은 흥미롭다. 이형식의 갈등은 양자택일(兩者擇一)의 선택적 고민이지만 강엘리자벳드는 하나의 대상에 대하여 완벽한 감정교류를 바라고 있다. 이런 논리는 이형식이 마침내 김선형과 행복한 결합을 했다는 사실에 비추어 강엘리자벳드와 이환이 끝내 감정을 소통시키지 못하는 예로까지 진전하는데, 그렇게 함으로써 이환과의 사랑은 훨씬 도달하기 어려운 상징적 대상이 된다고 생각했으며, 그 도달하기 어려운 지고한 사랑이 곧 진실한 사랑이라고 믿었던 것이다. 사랑의 문제를, 과거처럼 영웅한테 주어진 선택적 운명으로 파악하지 않고 개인의 의지가 통제할 수 없는 감정의 차원으로 바꾸어 생각하게 된 것은 「약한 자의 슬픔」에서 처음 시도된 중대한 변화가 아닐 수 없다.

'부인이 아르시면?' '앗차!' 그는, 속으로 고함을 쳤다. 부인이 모르면 엇지한단 말인가?……모르면?……이거시 허락의 의미가 아닐까?

'부인이 게시면서두?……' '앗차!' 그는 또 속으로 고함을 안 칠 수가 업섯다. '부인이 업스면 엇지한단 말인가? ……이거슨 허락의 의미가 아닐까?……'12)

이런 설명은 작위적이라고 비난을 받을 만하지만 그러므로 의도는

---

12) 김동인, 「약한 자의 슬픔」, 앞의 책, p.58.

더욱 확실하게 드러난다. 말하고자 하는 의도를 서사적 구조 안에 포함시키지 못하고 이와 같이 괄호로 묶어서 '지상에 흐르는 문자'로 드러내는 일은 원래 그것을 '종이 아래 감춘다'거나 '페이지 뒤에 감추겠'다던 작가의 의도와는 빗나간 결과였다. 그러나 종이 위에 흐르는 문자의 의미를 볼 때 그것은 도덕과 본능을 대치시키고 있음이 분명하다. 얼핏 보면 그녀가 도덕에 가리워 죄의식을 느끼는 것 같지만 사실은 그 반대다. 자신도 모르게 도덕을 묵살하고 본능적 욕구를 충족시켜가는 자신의 모습을 그녀는 신기한 듯 바라보는 것이다. 부인에 대하여 도덕적 자책을 느끼면서도, 그녀는 자신의 감정을 통제한다기보다 오히려 그 감정의 가변성에 스스로 호기심을 갖는다.

'조선의 선각자로 자임하는' 남작이 『무정』의 김장로처럼 시대적 이상을 대변하지 못하고 개인의 감정에만 충실하다는 점은 이미 밝힌 바 있다. 어떤 집단이나 그 시대적 이상을 지향하는 인물을 이와 같이 개인적이고도 본능적인 인물로 끌어내린 데에는 너무나 큰 고의성이 작용한 탓이다. 그 때문에 K남작은 다시 또 다른 악인형 인물이 되는데 이 점이 이 소설의 한계다. 작가는 K남작을 보이지 않는 곳에 숨겨 두었다가 필요할 때만 등장시켜 강엘리자벳드를 거꾸러뜨리곤 한다. K남작의 모습을 우리는 구체적으로 떠올릴 수 없다. 언제나 어둠 속에 숨어 있는 유령처럼 다만 존재할 뿐 실재를 확인할 수가 없다. 마찬가지로 K남작의 상대역인 이환 또한 구체성이 없다. 이환은 다만 사랑하지만 사랑한다고 말할 수 없을 만큼 지고한 대상으로서, K남작은 사랑 아닌 사랑을 가장하는 위선적인 대상으로서, 다만 상징적 의미로 존재한다. 따라서, K남작이나 이환의 실재가 불확실한 반면에 강엘리자벳드를 일방적으로 설명하고 있다는 점이 이

제2장 '리얼'에 대한 인식과 개별화

소설의 특징이기도 하다. 이 점은 「약한 자의 슬픔」이 김동인의 문학관을 강조하기 위한 또 다른 이념성에 지배되는 결과를 초래한다. 남작과의 육체적 관계가 본능적 행위로 미화되는 구조로부터 다시 정조를 유린당했다는 의미로서 패배의식을 야기시킨다. 김동인이 사회적 결정론을 과신하고, 그것을 강요하고자 한 데서 나온 현상임에 틀림없다. 가령, 강엘리자벳드가 남작을 상대로 제기한 법정소송이나 그로부터 다시 자신의 행위가 법에 의하여 묵살되고 마는 사태를 보면 확실하다. 과거의 소설에서 선이 옹호될 수 있는 길은 오직 맞서 싸우지 않고 참아냄으로써 운명의 심판을 기다리는 것이었다. 그리고 그 결과는 마땅히 또 다른 선에 의하여 보상을 받게 되어 있었다.13) 강엘리자벳드는 그러나 자신의 불행을 운명적인 심판에 호소하지 않고 법정투쟁에 의하여 극복하고자 하였다. 선·악의 대립개념이 이로부터 무너지기 시작한다. 그 여자는 자신이 선해야 한다고 생각하지도 않고 상대방이 악하다고 생각하지도 않는다. 자신을 불행하게 하는 것은 다만 그때 그 환경에서 발생한 하나의 계기 때문이라는 점을 그 여자는 믿는다. K남작에 대해 그녀의 애증이 엇갈리는 이유가 그 때문이다. K남작은 밉지만 사랑할 수도 있다고 그녀는 생각한다. 그러나 다시 재판의 결과가 그녀를 괴롭히는 걸 보면, 그것은 개인의 의지와 맞서 있는 외부의 힘을 의식하지 않을 수 없다는 비극적 인생관의 일면을 입증한다. 그 결과 인간은 한 마리의 '파리'

---

13) 사씨부인, 춘향, 장화·홍련 등 많은 고대소설의 주인공들로부터 신소설의 옥련, 정임, 이씨부인들까지도 여기에 해당하는데, 『무정』의 박영채는 같은 유형이면서도 이형식으로부터 행복을 찾지 못했다는 점이 다른 점이었다.

73

1. '리얼'의 자각: 김동인

처럼 왜소해지고, 상대적으로 그 외부의 힘을 우리는 주목하게 된다.

> 저 파리의 경우와…… 내 경우가---. 어듸가 다를가? 어듸가?……14)

인간의 약함을 느낀다는 건 상대적으로 외부상황의 힘을 의식했다는 결과요, 그 외부 상황에 대한 극복의지는 결국 인간의 비극일 수밖에 없다.

> 자기의 서름은 약한 자의 슬픔에 다름 업섯다. 약한 자긔는 누리의게 지고, 사회의게 지고, '삶'의게 져서 열패자의 지위에 니르지 아낫느냐?15)

열패자의 위치에서 깨달은 것은 '자기'다. 자기의 인식 또는 개인의 확립, 김동인이 제시하고자 했던 현대인이란 바로 이것이다.

결과적으로, 「약한 자의 슬픔」이 강엘리자벳드의 패배적 삶을 제시한 데에는 그것대로의 명백한 이유를 갖고 있다. 영웅적 인물을 거부한 대신 외부 상황에 대한 인식과 그에 따른 개인의 확립을 요구함으로써 문학의 리얼리티를 획득할 수 있다는 신념을 김동인은 제시하고 싶었던 것이다. 한편, 김동인의 이와 같은 태도는 이 진실한 사랑이나 인간을 확립했다기보다 그것을 다만 강조하고 있을 뿐이라는 비판의 여지도 없지 않다. 앞에서 언급한 바와 같이 작중인물의 심리

---

14) 김동인, 「약한 자의 슬픔」, 앞의 책, p.11.
15) 김동인, 「약한 자의 슬픔」, 앞의 책, p.11.

상태는 말할 것도 없거니와 이 소설이 주제까지도 직접 '종이 위에 흐르는 문자'로 드러냄으로써 그의 이론과 실제가 어긋나는 결과를 초래한다.

그렇지만 강한 자가 되려면?…… 그렇다! 강함을 배는 태(胎)는 사랑! 강함을 잣는 자는 사랑! 사랑은 강함을 나고 강함은 모든 아름다움을 낫는다. 여기 강하여지고 시픈 자는--아름다움을 보고 시픈 자는--삶의 진리를 알고 시픈 자는--인생을 맛보고 시픈 자는 다--참사랑을 아러야다.[16]

『무정』의 계몽적이고도 교훈적인 성격을 공리주의라 한다면, 「약한 자의 슬픔」이 내건 참사랑, 참인간의 강조 또한 공리주의일 수도 있다.[17] 그럼에도 불구하고 이와 같은 현상이 영웅적 인물의 이상론에 의거하지 않고 개인의 외부 상황에 대한 현실적 자각에 의해 이루어지고 있다는 점은 주목할 만하다. 『무정』을 포함한 그 이전의 소설에 비하여 「약한 자의 슬픔」이 갖는 의의를 찾는다면 바로 이상과 같은 현대성에 대한 자각이라고 할 수 있다.[18] 만일 그렇지 못할 때, 김동인의 문학적 진실은 이 땅에 설 자리를 찾지 못할 것이며 나아가

---

16) 김동인, 「약한 자의 슬픔」, 앞의 책, p.21.
17) 정한숙은 「소년과 무지개」, 앞의 책, p.40에서 「광염 소나타」를 예로 들어 김동인의 이런 면을 이미 지적하였다.
18) 이 작품에 대해서 김우창은 '삶 자체의 숨은 논리의 계시가 아니라 도식적 논리에 의하여 부과된 합리성'(「한국현대소설의 형성」, 앞의 책, p.108)이라 하여 비판했고, 신동욱은 여러 가지 수긍할 만한 약점을 갖고 있음에도 불구하고 그것이 권선징악의 문학의 타성적 기교를 탈피하려 한 점을 들어 인정하고 있다. (신동욱, 「김동인 문학에서 발견되는 미의식」, 《시문학》 73, 74호, 1977.)

서는 이광수 이후 오늘날까지 전개된 우리나라 소설의 역사적 흐름을 체계화할 때 반드시 딛고 지나가야 할 징검다리를 하나 빠뜨리는 셈이 되는 것이다. 「약한 자의 슬픔」이 설령, '참자기, 참사랑, 참인간, 참예술……' 등의 '참'을 첨예화시킴으로써 결과적으로 본능적인 행위만을 강조하는 단순성을 면치 못했다 할지라도 그것 또한 시대의 인식에 따른 필연적인 결과였고, 그것만은 오로지 김동인의 것일 수도 있는 것이다.

리얼의 자각이라는 점에서 볼 때 「약한 자의 슬픔」이 현대소설의 전개에 끼친 공은 크다. 《창조》, 《폐허》, 《백조》, 《금성》, 《영대》 등을 통하여 1919년부터 1923년경까지 3, 4년 동안에 걸쳐 발표된 소설이 대부분 그와 같은 자각에 힘을 입은 것으로 나타나는데, 그 점은 대개 다음과 같은 몇 가지 공통적인 특징으로 집약된다.

첫째, 그들은 순수한 연애감정을 중요한 테마 요소로 설정하고 있다. 이 점은 도덕과 형식을 중요시하던 과거의 문학을 거부하고 그 대신 인간의 본질 가운데 개인의 감정을 더 중요하게 여기는 태도인데, 초기소설의 이와 같은 면모를 낭만주의라는 관점에서 이해하려는 견해도 물론 없지는 않다. 그러나 우리나라 초기 현대소설을 이해하는데, 구태여 지식의 체계로 이미 고정된 문예사조의 틀을 사용할 필요는 없다. 더구나 그 틀을 여러 갈래로 세분하면 할수록 이해의 층은 다양해진다기보다 오히려 혼란과 무질서를 초래할 것이라는 점은 이미 밝혀진 바 있다.19) 이미 검토된 우리 문학사의 결론대로, 우

---

19) 『신문학사조사』(백철)의 자연주의(《창조》), 퇴폐주의(《폐허》), 낭만주의(《백조》)와 같은 견해나, 『한국현대문학사』(조연현)의 〈심리주의적 경향, 탐미주의적 혹은 낭만주의적 경향, 자연주

리 문학이 서구 문예사조를 한꺼번에 수용했다는 사실을 우리는 폭넓게 받아들여야 할 것이다. 그리고 그것들이 세분화된 각각의 특색을 유지하고 있다기보다는 대개 과거의 문학을 고전주의적 성격으로 간주하고 그것에 대한 대립 개념으로 모든 사조를 포괄하여 수용할 수밖에 없었다는 사실을 수긍하지 않으면 안 될 것이다.

둘째, 그들은 감정의 우위를 중요하게 여기는 대신 스토리가 약화되었다는 점을 들 수 있다. 이런 현상은 이미 자세하게 검토된 바 있다. 권선징악의 행복한 결말이 예상되는 행동소설은 우리 시대의 보편적인 가치를 확립하기 위해서라도 우선 선·악의 대립구조를 채택하지 않을 수 없다. 여기서 말하는 스토리란 그와 같은 '위기-구출'의 반복적 구조를 일컫는다. 그러나 영웅의 운명론적 생애가 다시 개인의 사회적 결정론을 인식하면서 그와 같은 스토리는 자연적으로 붕괴되지 않을 수가 없었다.

셋째, 그들은 사회적 결정론에 입각한 비극적 인생관에 의하여 패배적 인물을 형성하였다.[20] 소설이 자아와 세계의 대립을 통해 인물의 하강곡선을 그림으로써 외부세계의 구조를 파악할 수 있다고 믿었던 점은 확실히 동인의 성과다. 그러나 상황의 특수성과 유기적 상관성을 고려하지 못하고 다만 고정된 문학적 틀로 일관될 때 그것은 오히려 동인 소설의 약점이 되기도 하였다.

의적 경향, 인도주의적 경향, 민족주의적 경향(이상 김동인 작품경향을 분류한 것임))과 같은 견해가 그 예인데, 오늘날 많은 연구는 그것을 극복해야 한다는 이유로 이상의 예를 너무 반복해서 채택하고 있는 실정이다.
20) 김동인 소설의 하강구조에 관한 연구로는 김흥규, 「황폐한 사람과 영웅주의」, 《문학과 지성》 27호, 1977, 봄.

전체적인 문학사의 전개과정에 비추어 볼 때 동인은 그 시대의 어떤 다른 작가들보다 뚜렷한 한계를 드러내는데, 그것은 그가 자신의 발견을 다시 역사적인 시공 안에 환원시키지 못하고 스스로의 틀 안에 갇혀 있었기 때문이다. 그의 이런 태도는 그동안 고집이나 독선이라 점에서 아주 개성 있는 작가로 통하는 경우도 있었다.21) 그렇지만 그 고집은 변화와 발전을 포기하고 현상에 안주케 하는 폐단이 될 수도 있었다. 김동인의 틀은 확실히 그가 고안해 낸 새로운 발견이었다. 그러나 발견은 어디까지나 새로운 문학에 대한 시도로서 필요한 것이지 그것으로 고착될 성질의 것은 아니었다. 그럼에도 불구하고 동인은 그 틀을 믿었고, 그것이 오로지 자기 개인의 소유물인양 혼자 매만지며 즐겼다는 데 문제가 있다. 「감자」(1925년)나 「광염(狂炎) 소나타」(1931년)가 바로 「약한 자의 슬픔」과 동일한 틀을 유지하고 있음이 그 예다.

「약한 자의 슬픔」에 나타난 신념이 역사적인 시공 안에 다시 창조되지 못하고 「감자」와 같은 기교의 노련미만을 자랑하고자 할 때 그동안 그가 얼마나 안일하게 자신의 틀을 매만지며 혼자 자만하고 있었던가를 실감하게 되는 것이다.

---

21) 「문단 삼십 년의 자취」(김동인)를 비롯한 몇 편의 자전적인 글들로부터 추출된 견해로서 채훈의 「특이한 사생활과 작품활동」, 『1920년대 한국작가연구』 pp.17-23과 윤홍로의 「영웅주의적 오만 -그 패기」, 『한국문학의 해석학적 연구』 pp. 228~234 등을 그 예로 들 수 있다.

3) 김동인의 자연주의

《창조》의 역사적 출범이 비록 3·1운동이라는 비장한 민족적 의지가 충일하던 시기와 뜻을 같이했다 할지라도 일단 그와 같은 시련을 겪고 난 이후의 깨달음이 무엇이었던가 하는 물음은 김동인에게도 다시 던져져야 할 줄 믿는다. 그들 스스로가 밝힌 바와 같이《창조》가 설령 행동 아닌 문학으로서의 자각을 민족적 행위라고 내걸었을 때,[22] 3·1운동 이후에 나타난 그들의 문학은 어떤 식으로든지 그 시대를 대처하는 하나의 태도일 수 있기 때문이다. 그럼에도 불구하고 전혀 그의 틀이 와해될 기미를 보이지 않고 「감자」와 같은 더욱 견고한 고집이 나오는 걸 보면 그가 얼마나 당시의 정치적 현실에 무관했던가를 짐작할 수가 있는 것이다. 강엘리자벳드의 본능적 자각이 하나의 문학적 신념으로만 치닫다 보면 복녀와 같은 인생관을 형성하게 된다. 도덕과 본능 사이에서 뉘우침이 있는 강엘리자벳드로부터 도덕을 제거해 버린 인물이 복녀다. 도덕적인 위장을 팽개쳐 버림으로써 인간의 진실성을 획득할 수 있다고 믿었던 김동인의 단순 논리가 바로 복녀와 같은 인물을 탄생시켰다. 이럴 때 우리는 새삼스럽게 「감자」가 무엇을 의도하고 있는가를 묻게 된다.[23] 작가는 왜 멀

---

22) 김동인, 「문단 삼십 년의 자취」, 『동인전집』 8권, p.381 〈정치 운동은 그 방면 사람에게 맡기고 우리는 문학으로--〉.

23) 「감자」에 대한 연구는 그동안 〈1〉 자연주의 경향(조연현, 『한국현대문학사』 김우종, 「'감자'는 자연주의 작품인가」, 주종연, 「'감자'와 '무녀도'」 김동리, 「자연주의의 구경(究竟)」 등 다수), 〈2〉 가난과 죽음의 문제(이재선, 『한국현대소설사』), 〈3〉 식민지 시대의 현실(신동욱, 『우리 이야기 문학의 아름다움』, 이주형, 「'소낙비'와 '감자'의 거리' -식민지시대 작가의 현실인식의 두 유령」 등 다수), 이상 세 가지로 집약된다.

쩡한 양가집 규수를 내세워 타락시키고 죽음으로 인도하는가, 그리
고 복녀의 본능적 행위가 과연 스스로 떳떳할 만큼 타당성을 갖고 있
는가를 묻고 싶다.

　다음과 같은 복녀의 행동반경이 그런 문제를 안고 있다.

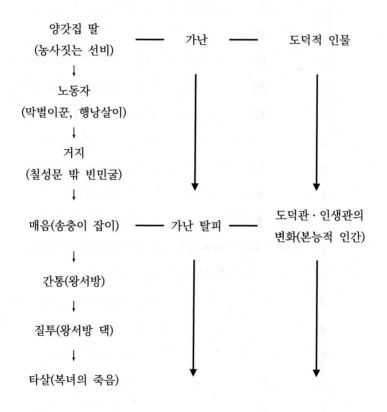

　이렇게 놓고 볼 때 가장 주목되는 현상은 이 소설이 '변화'를 의식
하고 있다는 점이다. 일거리에 따른 행동의 변화가 하나요, 그다음이
가난의 문제고, 또 그다음이 도덕관 내지 인생관의 변화다. 그리고
다시 이 소설에서 가난이라는 문제가 인물의 행동을 규제하는 모티

프(motivation)가 되고 있다는 점은 주목할 만하다. 이와 같은 사실은 특히 「약한 자의 슬픔」에서 특징적으로 지적되는 지식인들의 어설픈 몸짓을 거부하고 나섰다는 점에서 대조를 이루기도 하는데, 「감자」에서 그만큼 김동인의 문학적 관심이 달라져 있음을 말해 주기도 한다. 그럼에도 불구하고 그가 그의 문학 속에 가난을 끌어들이는 태도에 대해서는 일단 의문을 제기해 볼 만하다. 결과적으로 「감자」가 그려낸 세계는, 복녀를 에워싸고 그녀의 생활을 위협하는 외부환경이 아니라, 복녀의 본능적 행위에 따른 성격형성이었기 때문이다. 이 말은 다시 다음과 같은 표현을 인용함으로써 그 의미가 확실해질 수 있다.

그러나 1920년대의 한국의 자연주의 자체가 그러했던 것처럼 「감자」에 있어서의 자연주의도 매우 도식적이고 피상적이다. 빈곤이라는 환경조건과 그 속에 놓여 있는 인간(복녀) 사이에 긴밀한 유기적 관계가 맺어지지 못하고 있는 것이다. 빈곤이라는 부대의 씨가 「복녀」의 내부 속에서 어떻게 부식작용을 일으키며, 나아가서 「복녀」라는 유기체를 어떻게 변질시켜 버렸는가를 실증적으로 추적하고 있지 않다는 것이다.[24]

가난이라는 문제가 이처럼 삶의 근본적인 문제로 채택되지 못할 때, 우리는 다시 김동인의 문학적 태도를 의심하면서 그것이 어디서부터 연원된 것인가를 묻게 된다. 나아가서 그것은 1920년대 초에

---

24) 천이두, 「한국단편소설론」, 《현대문학》 130호, 1965.10, p.265.

등장한 프로문학과의 관계에서 김동인이 어떤 태도를 취하고 있었던 가를 확인하는 문제가 되기도 하는 것이다. 경향문학의 결과가 비록 이데올로기적인 폭력에 경도되는 약점을 내포하고 있음에도 불구하고 그들에 의하여 우리나라 신문학이 가난이라는 문제를 하나의 현실적인 문제로 수용할 수 있었다는 점은 확실히 중대한 변화가 아닐수 없다. 그러나 다시 그 가난이 민족적 현실로부터 제기된 거시적인 문제로 확대되지 못한 채 외부로부터 받아들여진 지식인의 이념적 대상으로만 강조되었다는 점은 이미 검토된 바 있지만, 김동인이 그것을 어떻게 받아들이고 대처했는지를 확인하는 것은 여기서 또 다른 문제가 되는 것이다. 동인이 설령 자연주의 문학관을 인식하고, 또한 그것이 이광수 문학에 대한 반대적 성격으로서 감정 위주의 예술만을 표방하게 되었다 하더라도, 실지로는 그 당시에 이미 막강한 설득력을 갖고 대두되기 시작한 가난의 문제를 그가 전적으로 외면할 수는 없었을 것이기 때문이다. 그것은 오히려 중대한 깨달음일 수도 있었고, 그리하여 「감자」와 같은 정도의 가난을 문학적 관심사로 끌어들였는지도 모른다. 「약한 자의 슬픔」에 나타난 배운 자들의 태도에 비하면 「감자」는 확실히 변모가 아닐 수 없다. 그러나 한편, 김동인이 수용한 가난이란 식민지 시대의 민족적 현실이라기보다 그즈음 경향작가들이 내건 문제로서의 문학적 관심에 지나지 않는다. 김동인의 가난은 확실히 그가 발견한 자신의 문제는 아니었다. 그것은 다만 그가 속한 한국 문단에 내재한 문학적 소재에 불과했고, 그래서 그것은 그의 원래의 문학적 틀을 고수하는 방편으로서 채택되곤 하는 정도에 지나지 않았다. 다시 위의 그림을 보면 복녀는 경제난을 극복하기 위하여 도덕관을 버린 것으로 되어 있다. 그리고 도덕관의

제2장 '리얼'에 대한 인식과 개별화

탈피가 인간의 본능적 행동을 가능하게 하고 그런 본능적 행위가 곧 인간의 진실일 수도 있다고 믿는다. 「감자」는 스토리가 진행됨에 따라 인물의 태도나 가치관의 변화가 일목요연하게 드러난다. 이런 현상은 작가 특유의 간결한 설명에 의존하게 되는데, 이와 같은 언어 절약과 전단적 설명은 작품 전체의 인상을 명료하게 해주는 반면, 한편으로 '작중인물의 액션을 직접 볼 수 없고, 그들에 관한 작가의 이야기를 듣지 않으면 안 되는'[25] 약점도 있다. 작중인물이 상호 유기적인 관계 안에서 행동을 전개하지 못하고 작가의 전단적 설명에 의해 사건이 제시될 때 우리는 훨씬 작가의 이념에 주목하게 되는데 그 결과 「감자」가 제시한 이념은 아직도 복녀의 본능적 행위를 벗어나지 못하고 있다. 김동인의 처음 의도가 '참인간'의 제시였던 것처럼, 「감자」도 그런 적나라한 인간을 제시하고 싶었을 것임은 짐작이 간다. 또한 그런 문학관이 한국 현대 소설사의 초기에 매우 중요한 문제였음은 말할 것도 없다. 그러나 그와 같은 문제를 가난한 복녀로 하여금 필연적인 관계 속에 얽어놓지 못하고 다만 작가의 전단적 설명에만 의존할 때, 가난이라는 문제는 제거된 채 본능적 행동만이 강조되고 있었다.

이 점에서도 김동인의 문학관은 이광수와 대조적이다. 이광수가 만일 복녀와 같은 가난한 인물을 설정했다면 그는 어떻게 해서든지 그녀를 가난으로부터 구제하는 일에 골몰했을 것이다. 반드시 잘 먹고 잘살아야 한다는 점이(행복한 결말) 이광수의 신념이었기 때문이다.

---

25) 천이두, 앞의 책, p.264.

그러나 그와 같은 행복한 결말은 따지고 보면 인간의 희망 사항이지 실제는 아니다. 김동인이 거부하고자 했던 것은 이광수의 그 고전적 이상이었다. 그로부터 문학의 리얼리티가 확립된다는 사실을 그는 믿었다.

4) 유희의 한계

리얼리티의 확립이라는 점에서 자연주의를 신봉한 결과 김동인 소설에 특징적으로 나타나고 있는 현상이 하강적 구조다. 「약한 자의 슬픔」, 「마음이 옅은 자여」에서부터 「목숨」, 「전제자」, 「배따라기」, 「태형」, 「이 잔을」, 「눈을 겨우 뜰 때」, 「거치른 터」, 「유서」, 「감자」, 「명문」, 「딸의 업을 이으려고」, 「송동이」 등의 그것이 자살이든 타살이든 간에 죽음의 결말은 김동인이 즐겨 채택하던 구조의 한 방편이었다. 그가 염상섭의 소설을 '끝막이가 서툴러 '미완' 혹은 '계속'이라고 달아야 할 작품의 꼬리에 '끝' 자를 놓는 사람'[26]이라고 말하는 까닭을 알 만하다.

이광수 소설의 상승적 구조를 원칙적으로 받아들일 수 없었던 김동인이 하물며 상승도 하강도 아닌 염상섭의 구조를 인정할 리 만무하다.[27] 이광수의 행복한 결말이 욕망의 환상도에 불과하다고 판단되었을 때 그 대신 인생이나 사회의 실상도를 그리기 위해서는 그 끝이

---

26) 김동인, 「문단 삼십 년의 자취」, 앞의 책, p.421.
27) 신동욱, 『우리 이야기 문학의 아름다움』, 한국연구원, 1981, pp.158-185. 신동욱은 염상섭 소설의 이와 같은 구조를 '평행적 행동구조'라는 말로 사용하였다.

비참할 수도 있다는 사실을 그는 믿었다. 이 점은 『귀의 성』이 『무정』보다 더 현대소설이라고 말할 때부터 이미 밝혀진 사실이다. 김동인의 경우, 이와 같은 원칙이 작가의 신념으로 굳어질 때 결과는 너무도 도식적이었다. 그런 고의성 탓인지 김동인 소설에 나타나는 결말의 죽음은 우발적인 경우가 많다. 「감자」의 복녀처럼 순간적으로 낫을 휘두르다 죽는 경우도 있지만 자살일 경우 그런 경향은 더 짙다. 탐미적인 죽음 외에 자살이 내적 필연성을 획득하기란 어렵다. 대개는 패배주의에 머물고 마는 것이다. 김동인 소설의 죽음은 탐미주의라기보다 패배주의 성향이 짙다. 그의 패배주의가 심리적으로 어디서부터 비롯된 것인가를 밝히기는 어렵지만 일단은 인생의 실상도를 그리겠다는 그의 리얼리즘론에 우리는 주목해 볼 필요가 있겠고, 그러나 그가 눈여겨 본 인간이나 사회가 식민지 사회의 정치적 현실이 아니라 전제와 봉건이 지배하는 개화기 현실로서의 의식의 문제였다는 점을 우리는 기억하고 있는 것이다. 김동인의 관심은 확실히 미개에 쏠려 있다. 개화해야 할 시기임에도 불구하고 아직 개화하지 못한 것들에 대하여 이광수가 쏟았던 정열과는 달리 동인은 그것들을 우롱하여 힐난하였다. 그 결과 김동인의 소설은 전제와 봉건으로부터 몰락해가는 잔재들이 피해의식에 사로잡힌 채 도사리고 있다. 「전제자」의 순애나 「약한 자의 슬픔」의 강엘리자벳드, 「눈을 겨우 뜰 때」의 금패나 「딸의 입을 이으리고」의 최화순, 「송동이」의 송서빙이나 「무능자의 아내」의 영숙이는 모두 방탕한 사내들 때문에 피해의식에 젖어 있다. 그리고 그들은 한결같이 여자 주인공이라는 점이 특징이다. 송동이는 예외지만 그나마 그도 하인의 신분으로서 다른 여자 주인공이나 같은 입장이다. 상대적으로 안타고니스트(antagonist)에 해당하는 남자들은 그들이 방탕해야 할 만큼의 모티프(motif)를 갖고 있지 못하다는 점이 또한 특징이다. 그들은 오직 전제와 봉건의 구시대 사고에 사로잡혀 있다. 그들은 항상 보이지 않는 유령처럼 숨어서 엄청난 힘으로 구시대의 잔재를 만끽하고 있다. 「약한 자의 슬픔」에서 K남작처럼 「전제자」의 순애 남편도 무책임하고 부도덕하다. 그들은 항상 베일 속에 숨어 있다가 필요한 때만 나타나서 그들의 욕망을 달성하곤 다시 숨어 버리곤 한다. 「딸의 업을 이으려고」의 화순이 남편이나 「무능자의 아내」의 영숙이 남편도 양반의 후예로서 성적 충동에만 사로잡힌 인물이라는 점이 같다. 동인의 소설에서 몰락해 가는 잔재들의 모습이란 이런 인물들이 아니라 그런 인물들 때문에 피해의식에 젖어 있는 여자 주인공들이다. 김동인의 관심은 그런 여자 주인공들이 전제와 봉건을 어떻게 극복하는가가 아니라 그것들로부터 어떤 식으로 좌절하고 침식되어 가는가에 쏠려 있다. 그러나 그 과정에서 가해자가 자신의 행위에 필연적인 동기를 부여받지 못한 채 다만 전근대성이 한 유형으로만 존재하고 피해자가 또한 그 가해자와 인간관계를 유지하지 못할 때 작가의 전단적인 의미 부여가 요구될 수밖에 없다. 따라서 인과관계가 불확실한 사건의 결말을 당연한 죽음으로 인도할 때 그 죽음은 우발적일 수도 있었다.

전제자…… 한참 뒤에 그가 겨우 얻은 해답은 이것이다. 일곱 색의 얽힌 실은 다 풀리지 않았으나 대부분은 이 한 구로 풀어졌다. 가정의 폭군 S를 두고 봐라, 아버지를 두고 봐라, P를 두고 봐라, 내가 아는 남자를 다 두고 봐라, 남자란 가정의 전제자가 아니고 무어냐, 그들의 눈에는 아내도 없고 자식도 없고 또는 손위에 동기도 없고 다만 있는

제2장 '리얼'에 대한 인식과 개별화

것은 뱀 뿐이다. 그들의 사랑은 다만 자기에게 만족을 줄 때만 나고 조금이라도 불만이 있을 때는 욕이라…… 매라…… 이혼이라 자기보다 약한 자를 업수이 여기며 자기는 가정에 대한 지식이 한 푼어치도 없는 꼴에 비단의복을 내라, 찬이 나쁘다, 하는 것으로 학대를 받아서 머리들 기운도 없은 사람에게 자기의 재간을 다하여서 덮어 누르니 이 가정의 전제자가 아니고 무엇이냐.28)

「전제자」의 주제절이다. 이런 식으로 주제절을 끌어낼 수 있는 점으로만 보아도 김동인이 얼마나 전단적인 설명에 의존하고 있는가를 알 수 있다. 따라서 그가 전단적인 설명에 의존할 수밖에 없었다는 사실은 한편 그의 작중인물들이 상호 필연적인 인과관계에 얽혀있지 못했음을 입증해 주기도 하는 것이다. 그런 인물이 다시 작가의 전단적인 설명에 의하여 죽게 될 때 그 심각성은 훨씬 약화될 수밖에 없음이 뻔하다. 동인의 이와 같은 틀은 하나의 원칙으로 굳어져 있었다. 「눈을 겨우 뜰 때」의 금패나 「딸의 업을 이으려고」의 최화순은 죽어야 할 만한 필연적인 이유도 없이 죽어갔다. 「전제자」의 순애처럼 그들도 작가의 전단적인 설명에 끌려가서 죽었다. 그 중요한 논거 중의 하나로 그들의 전근대적인 사고체계를 지적할 수 있다. 전제와 봉건의 잔재에 억울하게 피해를 받으면서도 그들은 전혀 그것을 극복할 만한 의지가 없다.

----

28) 김동인, 「전제자」, 『신한국문학전집』 2권, 어문각, 1970, p.417.

순애가 때때로 그를 위하여 거절을 할 때는, 그는 성을 내며 여자에게는 제일 큰 욕을 하며 이러하니까 내게 거절을 당한다고 이론을 붙이고 하였다. 순애도 물론 순애 자신의 품행이 정당한 줄 안다고는 믿었지만 이런 소리는 극도로 온화하고 가정적인 순애에게는 참기 어려운 욕이었다. 그는 때때로 몰래 울었다.[29]

그 가운데 그가 다만 하나 안 바는, 그는 결코 남에게 온전한 사람의 대접을 못 받고 있다는 심히 불유쾌한 점이었다. 손님은 그들(기생)을 '업신여길 수 있으므로 사랑스러운 동물'로 알았다. 부모는 '돈벌이하는 잡은 것'으로 대하였다. 예수교인은 마귀로 알았다. 도학자는 요물로 알았다. 어린애들은 '영문 앞의 도상'이라고 비웃어 줄 곱게 차린 동물로 알았다. 노동자는 '자기네 돈만 있으면 살 수 있는 물건'으로 알았다. 늙은이나 젊은이나 한결같이 그들을 다만 춘정을 파는 아름다운 동무로 알 뿐, 한 개의 인격을 가진 '사람'으로 보지 않았다.[30]

"화순, 나도 신문에서 보고 다 짐작했어, 얼마나 분했겠어? 그러나 잘 참았어, 용하도록 참았어."

이전 학생시대에, 이백여 명 생도가 교장에게 꾸지람을 듣고 울 때에 혼자서 눈을 말똥말똥 교장을 흘겨보고 있던 그였읍니다.

"제 삼자인 내가 보아도 분한 것을 잘 참았어, 그래도 그 때 왜 변명을 안 했소?"

---

29) 김동인, 「전제자」, 앞의 책, p.413.
30) 김동인, 「눈을 겨우 뜰 때」, 앞의 책 p.439.

"변명? 그런 일을 꾸며낸 사람에게 변명을 하면 무얼 합니까?"31)

극복할 만한 의지가 없다는 말은 처음부터 가해자와 피해자 사이에 대립적인 관계를 설정하고 있지 못하다는 뜻이 되기도 한다. 그리고 또 하나는 그들에게 새로운 가치관이 확립되어 있지 못하다는 뜻이기도 하다. 그들은 한결같이 운명에 순응하는 사람일 뿐이다. 동인의 패배주의가 이런 태도로부터 비롯된다.

「무능자의 아내」의 영숙이도 이런 점에서 운명에 순응하는 패배자이지만 작가의 전단적 설명은 억지 춘향으로 그를 노라로 만들었다. '방탕한 남편, 방종한 남편, 무능자. 그러면서도 아내에게 대하여는 지아비로서의 온갖 권리와 심지어는 정도 이상의 호의와 희생을 요구하는 남편, 아내의 무지를 저주하면서도 자기의 무지를 자각지 못하는 남편……'이라고 말할 때, 영숙의 가출은 이미 패배이거나 도피일 뿐 여성해방이나 인간해방일 수는 없다. 그럼에도 불구하고 작가는 영숙의 행위를 다음과 같이 옹호한다.

노라가 가정과 남편과 자식을 버리고 달아난 데 대하여 자세하고 완전한 이해를 못 가진 영숙이는, 자기를 그 유명한 문호 입센이 세상에 보여준 한 대표적 이상적 여성 노라와 같은 사람으로 믿은 것뿐이었다. 그의 동무들의 환영은 그로 하여금 이 신념을 더욱 굳게 하였나. 그리고 그는 거기서 자기에게 있는 영웅적 일면을 발견하고 스스로 오히려

---

31) 김동인, 「딸의 업을 이으려고」, 앞의 책 p.477.

기뻐하고 자랑스럽게 생각하였다. 「노라! 조선의 노라! 그는 때때로 혼
자서 뇌어보고는 만족한 듯이 빙그레 웃고 하였다. 아무런 후회나 자식
에 대한 미련을 느끼지 않았다.32)

「무능자의 아내」의 영숙으로 하여금 노라가 되게 하고 싶은 욕망
은 동인의 의지다. 그러나 영숙은 지면에 나타난 대로 '조선의 노라'
도 아니고, '인습을 때려 부신 용사'도 아니고, 다만 '가정과 남편을
뒷발로 차버린 투사'였는지도 모른다. 그러나 엄밀히 말해서 투사도
못되었다. 다만 가정과 남편과 자식을 뒷발로 차버린 것은 사실이지
만 그 행위의 근저에 새로운 가치관이라든지 방향이 제시되어 있지
못하기 때문에 그것은 다만 도피요 패배일 수밖에 없는 것이다. 방향
감각 없는 인물이 스스로 어떤 방향을 향해 걸어가는 척했다가 부딪
힌 자가당착 증세가 이런 경우에 생긴다.

그러면은, 자기라는 한 여성은, 후인(後人)을 경계하는 한 표본에 지
나지 못하나 할 때에, 그는 왼 몸을 떨었다. 그리고 제 장래를 위하여
마음은 늘 전전긍긍하였다.33)

이게 바로 한국판 노라의 최후라고 가정했을 때, 동인의 논리는 허
망하다. 집을 나간 노라가 자신의 행위에 정당성을 부여받지 못하고
다시 전제와 봉건의 굴레에 갇히는 경우가 그렇다. 그것은 아이러니

---

32) 김동인, 「무능자의 아내」, 『김동인 단편선』, 박문서관, 1939, p.33.
33) 김동인, 「무능자의 아내」, 앞의 책, p.39.

일 수도 없다. 아이러니란 원래 잘못된 대상에 대하여 말하되 자신의 잘못은 눈치채지 못하도록 작가와 독자가 내밀한 묵계 하에 이루어내는 지적인 작업의 하나다. 영숙이, 자기라는 한 여성이 후인을 경계하는 한 표본이 되어버린 사실을 깨달았을 때, 그것은 이미 영숙이 풍자의 대상일 수 없고 또한 작가와 독자와의 묵계랄 것도 없다. 김동인 소설에서 볼 수 있는 아이러니한 상황과 풍자적인 성격은 이와 같이 작가의 신념이 전단적인 설명에 의해 전개되는 가운데 파생되는 자가당착의 한 양상이다.

「문명」의 전주사는 김동인의 독선이 빚어낸 가장 개성 있는 기형아다. 이 소설의 모티브는 인간의 선이 얼마나 허무맹랑한 것인가를 주장하던 동인의 가장 평범한 진리로부터 출발한다. 반이광수적이라고 비난받을 정도로 선악의 개념을 부정해 오던 그는 약한 자의 슬픔에서부터 줄곧 그 점에서는 일관된 태도를 보였다. 가해자에 해당하는 K남작이 악하지 않다는 논리와 마찬가지로 피해자에 해당하는 엘리자벳드 또한 선할 리가 없다는 논리다. 철저하게 외부와의 관계를 중시했을 뿐이다. 이런 논리가 논리 그 자체를 중요하게 여기는 논리적 궤변에 빠지면 「문명」의 전주사와 같은 인물이 된다. 전주사의 문제는 '온갖 일을 덕이라는 안경으로 비추어 보고 행하'면서부터 야기된다. 그리고 그 덕을 세속이라는 말과 대치시킬 때 가장 숭고한 경지가 종교다. 문제는 세속적 인간이었던 그가 어느 날 갑사기 예수교인이 되면서부터였다. 예수를 믿는 것, 정직함, 겸손함, 이 세 가지를 겸한 '덕'이라는 안경을 썼을 때 우리가 본 그는 바보였다. 그러나 정작 그를 바보라고 여기고 그로부터 시정해야 할 것이 무엇인가를 찾아볼 때 그한테 아무것도 시정할 것이라고는 없다. 오히려 그 아버지

91

전성철이 잘못되어 있었고 그럼에도 불구하고 자신이 자신의 잘못을 모른다는 점에서 어쩌면 아버지 전성철이 풍자적 대상이었는지도 모른다. 김동인이 다른 소설의 경우 이만한 고통이면 전주사는 자살이라도 했어야 할 입장인데, 그때마다 기도와 믿음으로 상황을 극복하는 것은 해학이다. 선의 지극한 경지를 믿는 자에 대한 풍자다. 그러나 작가의 형식논리는 정작 그다음 장 어머니를 잠재우는 장면에서다. 어머니가 정신이 돌아서 이 세상에 쓸모가 없어졌으니까 빨리 쓸모없게 해 버리는 게 옳다는 논리다.

하느님이시여, 당신은 이 세상에 죄악이 너무 퍼졌을 때는 큰 홍수로써 세상을 박멸한 하느님이외다. 지금 제 어머니 때문에, 저는 어머니를 미워하는 역도의 죄를 지으며 어머님께서도 만날 고생으로 지내실 뿐만 아니라 집안 몇 식구가 그 때문에 잠시도 마음을 못 놓고 지내십니다. 제 이 어머니를 하느님 앞에 돌려보내는 것이 가장 착하고 옳은 일인 줄 저는 생각합니다.[34]

이쯤 되면 살인과 죽음의 한계가 흐려진다. 모든 것은 예수와 정직함과 겸손함을 포함한 덕으로 통한다. 그 결과 선의지가 극에 달하니까 악이 되는 셈이었다. 지선이 지덕이고 지덕이 지선이었다. 이 점이 동인의 형식논리다. 흔히 시대성, 당대성, 그리고 교정성을 풍자의 조건으로 삼고 있는 점에 비추어 볼 때 여기서는 방향을 찾을 수

---

34) 김동인, 「명문」, 『신한국문학전집』 2, 어문각, 1970, p.465.

가 없다. 드러난 것이라고는 다만 논리뿐이다. 그리고 그 논리의 밑바닥엔 선·악의 개념에 대한 근본적인 회의가 도사리고 있다.

「광염 소나타」의 경우에도 적용할 만한 논리는 같다. 백성수의 광폭성도 동인의 형식논리가 지배한 전단적 설명에 힘입고 있다. 「약한 자의 슬픔」을 통하여 작가와 독자가 예술의 감정으로 만나겠다던 그 예술이 논리적 궤변으로 주장되고 있다.

> 좀 급속도로 시작된 빈곤, 거기 연하여 주림, 꺼져가는 불꽃과 같은 목숨, 그러한 것을 지나서 한참 연속되는 완서조(緩徐調)의 압축된 감정, 갑자기 튀어져 나오는 광폭, 거기 연한 쾌미(快味), 홍소(哄笑)---35)

이것은 음악에 있어서의 아름다움을 나타낸 말이다. 그것은 작곡가의 저주받은 생애와 관련된 것이고, 그것들이 어떤 순간적인 계기를 통하여 아름다움으로 창조될 수 있다는 논리다. 이 말은 결국 극단적인 아름다움은 극단적인 추악함과 일치할 수 있다는 의미를 내포한다. 여기서 직접 아름다움을 느낄 리는 만무하다. 드러난 것이라고는 오직 아름다움 그 자체를 강조하는 논리의 궤변일 뿐이다. 「약한 자의 슬픔」의 K남작이나 「전제자」의 남편, 「눈을 겨우 뜰 때」의 남편, 또는 「감자」의 남편이나 송충이잡이 감독이나 왕서방, 「딸의 업을 이으려고」의 이혼한 남편, 이런 유형의 인물들을 오랜만에 그늘로부터 햇빛 속으로 끌어내 놓고 도덕과 상식의 수준에서 바라보면

---

35) 김동인, 「광염 소나타」, 앞의 책, p.485.

「발가락이 닮았다」의 M과 같은 인물이 된다. 김동인 소설의 남자들은 대개 어둠 속에 가려져 성적 방탕을 일삼는 패륜아들이었다. 그들은 대개 여자 주인공들의 상대역으로서 작중에서는 마이너 캐릭터의 역할을 한다. 이런 인물이 햇빛 속에 나왔었을 때 당황하고 나약해지는 모습을 김동인이 그런 인물들에 대하여 깊은 애정을 부여하지 않고 다만 기능적인 대상으로서만 파악했기 때문이기도 하다. 「발가락이 닮았다」의 M은 아주 오랜만에 동인이 자신의 타락한 인물을 눈여겨 바라봄으로써 생긴 유희 감정이다.

M은 학생시대부터 대단한 방탕생활을 하였읍니다. 방탕이래야 금전상의 여유가 부족한 그는, 가장 하류에 속하는 방탕을 하였읍니다.[36]

김동인의 유희 감정은 이런 방탕아의 내면에 도사리고 있는 양심과 수줍음과 진화론적인 종족 유지 본능을 엿보이면서부터 비롯된다.

"오늘 검사해 보자나?"
하니깐 그는 간단히 대답하였읍니다.
"벌써 했네."
"응? 어디서?"
"P 병원에서."
"그래서 결과는?"

---

36) 김동인, 「발가락이 닮았다」, 앞의 책, p.495.

"살았다네."

"?"37)

물론 검사를 하지는 않았다. 검사를 했다 하더라도 그의 생식기능이 살아있을 리는 만무하다. 그러니까 검사를 할 수가 없었던 것이고, 그럼에도 불구하고 생식기능이 살아 있다고 말하고 싶은 심정은 진실이다. 도덕과 상식의 수준에서 볼 때, 겉으로는 이런 진실을 유지하고 있는 것 같으면서도 실지로는 전혀 그런 것들을 가지지 못할 때 오히려 아이러니가 성립될 수 있다. 그러나 김동인의 경우는 그 반대다. 있는 것과 있어야 할 것에 대한 본말이 전도된 셈이다. 김동인의 아이러니가 유희 감정에 치우쳐 있다는 논거가 여기 있다.

이런 유희 감정은 「태형(笞刑)」과 같은 작품을 볼 때 극명하게 드러난다. 이 소설은 그것이 쓰인 시기와 그것이 설정하고 있는 공간을 염두에 둘 때 김동인의 한계를 단적으로 말해주는 작품이기도 하다. 그는 감옥에 갇혀 있으면서도 그를 그곳에 갇혀 있게 만든 그 어떤 요인이나 자신의 의지에 대해서는 전혀 관심이 없다. 그것이 비록 구체적으로 밝힐 수 없을 만큼 현실적인 제약을 받는 어떤 문제라 할지라도 작가가 유희 감정에 사로잡혀 있지만 않았다면 간접적으로나마 그 어떤 것을 암시할 수는 있었을 것이다. 그러나 그는 전혀 관계없이 감방 안에서 벌어지는 상황적 아이러니만을 유희 감정으로 즐기

---

37) 김동인, 「발가락이 닮았다」, 앞의 책, p.499.

고 있었다. 그가 '독립운동가'였다고 자신을 소개할 때 그 말이 장식품처럼 사치스럽게 들리는 까닭도 그 때문이다. 감방 안의 답답함과 바깥세상을 대조시키는 장면도 마찬가지다.

> "사람의 얼굴이 좀 보고 싶어서."
> "그래요. 정 사람의 얼굴이 보구파요."
> "종소리 나는 저 세상엔 물두 있을 테지, 바람도, 바람이 불 테지
> ……."38)

그를 거기 가두어 둔 근본적인 문제에 집착하지 않고 다만 갇힌 공간만을 자신의 상황으로 주목할 때 이런 센티멘탈한 감정은 유발된다. 이런 상황 심리가 다시 논리적으로 굳어질 때 그의 아이러니는 궤변이 될 수도 있다.

> 여보! 시끄럽소. 노망했소? 당신은 당신이 죽겠다고 걱정하지만, 그래 당신만 사람이란 말이오? 이방 사십여 명이 당신 하나 나가면 그만큼 자리가 넓어지는 건 생각하지 않소? 아들 둘 다 총에 맞아 죽은 다음에 뒤상 하나 살아 있으면 무얼 해? 여보!39)

항소를 해서 생명을 연장하느니보다 태형을 맞아 죽더라도 이 감방을 빨리 떠나는 게 좋다는 그의 생각은 「명문」의 전주사가 어머니

---

38) 김동인, 「태형」, 앞의 책 p.453.
39) 김동인, 「태형」, 앞의 책 p.459.

를 빨리 잠재워야 한다는 논리와 맞먹는다. 동인의 시야는 확실히 감방이라는 좁은 공간 안에 갇혀 있었다. 그 좁은 공간 속에서도 있을 수 있는 인간의 생존경쟁을 그가 목격했을 때 그것은 경악이 아니라 오락이었다. 사십여 명의 죄수들과 하룻밤이면 세 번씩 교대잠을 자야 하는 상황도 그 속에서 자신의 생명을 붙들고 몸부림치는 이기주의, 태형을 맞고 쓰러져가는 영월영감의 절규, 이것들은 차마 견디기 어려운 비참함이지만, 그것을 좁은 공간 안의 특수 상황 속에 조명할 때 가벼운 장난감이 되고 마는 것이다.

김동인의 문학적 대상은 그것이 일단 그의 소설 속에 채택되기만 하면 그 순간부터 완전히 주위와의 인연을 끊는다. 그리고는 현실감각이나 방향감각도 없는 멍텅구리가 되어버린다. 「명문」의 전주사는 인간이 아니라 멍텅구리 예수교도가 되어버렸고, 「광염 소나타」의 백성수는 미치광이 예술가가 되어버렸고, 「발가락이 닮았다」의 M은 생식에 급급한 동물이 되어버렸다. 확실히 동인의 태도는 비현실적인 경향이 짙다. 그의 문학은 인간의 보편적인 생각과 보편적인 삶에 의존하지 않는다. 오히려 그는 예술이라는 특수 공간을 스스로 설정하고 그것만이 예술이라고 혼자 외치고 있었다. 그러나 그의 외침이 우리들의 보편적인 생각과 보편적인 삶으로부터 우러나온 것이 아님을 깨달을 때 아무도 그를 따르고 믿으려 하지 않았다. 「명문」, 「발가락이 닮았다」, 「태형」, 「광염 소나타」 등에서 볼 수 있는 아이러니한 상황과 풍자적인 성격은 그 때문에 작가 자신의 외침이 당면한 자가당착의 기현상일 수밖에 없었다.

끝으로 「K박사의 연구」는 K박사가 당면한 자가당착이 김동인의 전문학적 생애를 입증하는 것이라고 보면 결론으로 적합할지도 모른다. '기하학급'으로 늘어나는 인구에 비하여 먹을 것은 '수학급(數學級)'으로 밖에 늘지 못하는 현실에서 인류를 위하여 위대한 발명을 한다는 것까지는 좋았다. 그러나 똥을 분해하여 떡을 만든다는 생각은 어떤가, 그리고 그는 실지로 떡을 만들어냈다. 뿐만 아니라 그 떡을 온 인류에게 보급시키기 위하여 먼저 떠들썩하게 저명인사들을 불러다가 시식회를 가졌다. 그 자리에서 그 떡은 떡이 아니라 똥이었음이 밝혀졌고, 그것은 다만 실패한 정도가 아니라 크게 망신을 당하고 만다. K박사는 김동인의 지적인 노력에 의하여 만들어진 풍자적인 인물이 아니라 다만 똥을 가지고 떡을 만들겠다고 나선 그 무모함이 그를 자극했던 것이다.

고소설, 신소설, 그리고 무력하게나마 이광수 소설에서까지 명맥을 유지하던 영웅적 인물을 거부한 점은 김동인의 업적이다. 그것은 리얼리티의 획득이라는 점에서 자연주의 정신과도 상통한다. 그러나 한편, 반이광수적인 단순한 문학 태도와 자연주의 소설이론에 대한 도식적인 적용으로 말미암아 그의 문학은 이광수와는 또 다른 점에서 다시 약점을 초래하기도 하였다. 사회적 결정론에 대한 피상적인 적용과 패배주의의 하강적 구조를 도식적으로 적용한 경우가 그 예다. 한편 동인의 도식적인 인물은 그의 전단적인 설명에 의하여 요소요소 아이러니한 상황과 풍자적인 요소를 드러내기도 하는데, 이 점은 작가의 비판력에 의한 지적인 소산이 아니라 그의 독선과 아집이 당면한 자가당착 현상으로부터 야기된 기형적 현상이다.

확실히 김동인의 초기 업적은 리얼리티의 획득이라는 점에서 의의가 크다. 그러나 이와 같은 바람직한 출발에도 불구하고 그것들이 보

편적인 인간의 삶 속에 투영되지 못하고 다만 그가 설정한 예술이라
는 특수 공간 속에 갇혀 혼자 큰 소리를 칠 때 그의 문학은 도리어
기형적일 수밖에 없었다.

2. 휴머니테리어니즘: 전영택

1) 전영택의 '약한 자'들

전영택의 「혜선(惠善)의 사(死)」도 '시대가 낳은 불쌍한 여성의 가련한 죽음'[40]을 보아달라고 전하는 것을 보면 「약한 자의 슬픔」과 마찬가지로 개인의 삶과 외부환경과의 관계를 설정하고 있음이 짐작된다. 《창조》를 처음 계획할 때 전영택도 김동인과 함께 이런 정도의 자연주의론을 토론하고, 인식했을 것이라는 점은 짐작이 간다. 그러나 이 작가가 훨씬 훗날 기억해 낸 소설의 제작 과정을 돌이켜 보면 그때부터 이미 그는 이 점에 대하여 김동인만큼 의욕적이지는 못하다.

"나도 소설을 하나 써보겠다"하는 열심은 대단하나 정말 쓰려고 붓을 드니까 무엇을 썼으면 좋을지 졸연히 정할 수가 없다. 이것을 정하기에 2, 3일은 지났다. 그러다가 방학 때에 본국에 돌아와서 어떤 여학교 기숙사에 내 친척되는 학생을 찾아갔던 인상이 생각나서 그것으로 힌트를 얻어가지고 거기에다 그때부터 남녀청춘 간의 큰 번민거리 말성거리이든 이혼 문제를 가미하야 쓴 것인데, 마음에는 대강 계획은 있으나 어떻게 어떤 절차로 써야 될른지 그 결구가 퍽 힘들었다. 그리고 묘사에도 퍽 애를 썼다.[41]

---

40) 전영택, 「나믄말」, 《창조》, 2호, 1919.
41) 전영택, 「처녀작 발표 당시의 감상」, 《조선문단》 6호, 1925.3, pp.73-74.

김동인의 확고한 신념과 원칙에 비하면 전영택은 훨씬 소극적이었음을 알 수 있다. 그 결과 실지로 작품에 나타난 작가의 의도 또한 동인과는 대조적이다. 리얼리티의 확립이라는 점에서 자연주의 소설의 하강적 구조를 채택한 그들의 소설이 패배주의 성향을 드러내고 있다는 점에서는 오히려 공통적일 수도 있다. 그러나 김동인 소설의 죽음이 개인의 입장을 왜소하게 축소시킴으로써 상대적으로 외부 환경의 가혹한 힘을 의식하도록 하는 반면, 전영택의 죽음은 외부의 힘에 의하여 죽어가는 것들을 오히려 미화시켜 주고 있다. 이런 점에서 볼 때 전영택을 김동인의 자연주의와는 달리 인간의 죽음을 신비롭게 지켜본 작가로만 이해하려는 경우도 있지만, 결과는 마찬가지다. 리얼(real)에 대한 인식이라는 점에서는 그 연원이 같은 것이다.[42]

「혜선의 사(死)」를 '시대가 낳은 불쌍한 여성의 가련한 죽음'이라고 말했을 때 김동인이 의도했던 바와 마찬가지로 그것은 불쌍한 여성의 가련한 죽음을 낳은 '시대'에 착안되었음이 사실이다. 그러나 그와 같은 예측과는 달리 이 소설은 '죽음'에 훨씬 더 많은 관심을 기울이고 있었다. 죽음에 이르는 과정을 보면 또 김동인과 대조적이다. 혜선은 아직 구시대의 사고 안에 갇혀 있었다. 표면적으로는 신식 학교에 다니는 신여성이지만 그녀는 이미 구식 결혼을 했다. 그녀 자신의 자의가 아니겠지만, 여기서는 그 짐에 대한 길등이 전혀 문제시되지 않는다. 남편한테 사랑을 받지 못하고 그럼에도 불구하고 이혼을

---

42) 송하춘, 「전영택 문학의 특질」, 『국문학논문선』 10, 민중서관, 1977, pp.225-247.

해서는 안 된다는 생각에 젖어 있다. 아직 구도덕의 질서에 순응함으로써 선의 옹호를 받을 수 있다고 믿는 것이다. 이런 점은 강엘리자 벳드의 패배적인 삶과 유사한 일면을 보이면서도 근본적인 차이를 갖는다. 그녀는 끊임없이 자기 개인의 감정을 옹호한다. 김동인 소설의 죽음은 어느 정도 이와 같은 개인의 감정 옹호가 한계에 부딪힐 때 생기는 자각증세로 말미암는다. 그러나 혜선의 죽음은 도피와 위안의 성격을 띤다. 외부 상황에 대하여 개인의 극복의지를 개진하지 못하고 도덕적 선의 옹호를 기대할 때, 이미 상관관계를 이루지 못하고 다만 신비와 호기심의 대상에 지나지 않는다고 말할 수 있는 근거가 여기 있다. 그럼에도 불구하고 그는 자신이 무슨 '비극적 사상'을 가졌기 때문이 아니라 '인생 그것을 그대로 표현'하기 위해서 죽음을 관심 있게 다룬다고 말하는데,[43] 이런 점에서 볼 때, 그도 이 시기의 리얼(real)에 대한 어느 정도의 관심을 항상 저버리지는 않고 있었다는 사실을 다시 주목하게 되는 것이다.

전통적인 가치 체제의 붕괴와 우리나라 신문학 초기에 집중적으로 나타난 죽음과의 문제는 어느 정도 상관관계를 이루는 것일까. 1920년대 우리나라 사회 변동 요인 가운데 가장 격심했던 것 중의 하나가 애정윤리임은 말할 것도 없다. 그것은 개인의 자존심과도 일치하는 것이며 그 자존심이 내·외의 상호관계에 의하여 통제되지 못할 경우 죽음을 자초할 우려까지도 있다. 특히 소설일 경우 죽음은 우연일 수 없다. 낭만적 죽음이라는 것도 따지고 보면 외부 상황에 대한 개

---

43) 전영택, 「나믄말」, 《창조》 2호, 1919.3.

인의 옹호에 해당한다. 혜선의 죽음은 현실로부터 도피하려는 듯한 일종의 낭만적 변명의 요소가 짙은데, 이 점은 전영택의 자연주의 문학관과는 상당한 거리가 있다.

컴컴하던 강물에 달이 비쳐서 버얼건 것이 흐늑흐늑하다. 여기저기 휘언한 것이 얼린얼린한다. 혜선에게는 그것이 퍽 아름답게 보인다. "좃타!"하였다. 마치 저 속에 용궁이 있고 산호와 진주로 단장한 선녀들이 춤을 추며 반기는 듯하다. 그리고 정신이 깨끗하다.[44]

이와 같은 결말의 감정과 처음에 의도한 '시대가 낳은 불쌍한 여성의 가련한 죽음'과는 상당한 거리가 있다. 그 거리는 어둠과 밝음이라는 의미로 대치될 수 있다. 시대가 낳은 불쌍한 여성의 가련한 죽음을 의도했던 처음은 어둠이지만 결말 부분의 낭만적 감정은 밝음이다. 동인의 경우는 어둠에서 시작되어 어둠으로 끝난다. 그러나 어둠에서 어둠으로 끝나는 작품의 내적인 논리가 그의 자연주의 문학관을 개진하는 데는 상당한 설득력을 지녔다. 대조적으로 전영택의 소설에서 이런 점을 요구하기는 여간 어려운 일이 아니다.

김동인의 죽음이 사회적 결정론에 의거한 현실적 패배를 인정하고 있었던 점과는 달리 전영택의 죽음은 그 죽음 자체에 의하여 또 다른 의의를 거둘 수 있다고 믿는 점이 다르다. 죽음 그 자체를 인정하려는 데서 나온 탐미적인 사고와 그것이 현실적인 문제와 결부될 때 생

---

44) 전영택, 「혜선의 사」, 《창조》 5호, 1919, p.51.

기는 도피적인 심리가 작용할 때 그 감정의 밑바닥엔 짙은 허무주의
를 깔게 되는 것이다.

　한강의 강면은 다시 잔잔해지고, 아무 것도 없어지고, 엠타(허무)로
　돌아갔다. 헛되다! 헛되다!45)

　그러나 이와 같은 경우, 전영택의 허무주의는 절망과 좌절로 이어
지는 데카다니즘은 아니다. 평화와 안식을 가져다준다는 의미에서
다분히 현실도피적인 성격을 지니면서도 그것은 한편 현실의 어둠에
대하여 작가가 설정한 밝음의 의미를 던져준다. 이 점은 이광수나 김
동인과는 달리 전영택이 시도한 또 하나의 의의다. 과도기의 주요 관
심거리 중의 하나였던 애정의 문제는 신문학 초기부터 여러 가지 관
점에서 각각 달리 처리되었다. 이광수는 그것을 사회현상적인 시각
에서 문제시하였고, 김동인은 그것을 인간의 자각이란 점에서 중요
시했던 점에 비하여 전영택은 그것을 미학적인 면에서 이해하고자
노력한 흔적을 엿볼 수 있다. 그래서 그런지 전영택이 착안한 미적
관점은 오히려 이광수나 김동인보다 비현실적이다. 그의 신비주의적
관점이 그 예다. 그것은 또한 대상을 객관적으로 바라보지 못하고 주
관적인 호기심과 연민의 정이 임의로 작용한 때문이기도 하다. 전영
택의 경우, 약한 것에 대한 연민의 정과 그것들이 도달해야 할 죽음
의 세계에 대한 호기심은 가장 중요한 문학적 관심거리였다.

---

45) 전영택, 「혜선의 사」, 앞의 책, p.52.

「천치? 천재?」, 「생명의 봄」, 「K와 그 어머니의 죽음」, 「백련과 홍련」, 「흰닭」, 「사진」, 「바람 부는 저녁」과 같은 작품이 그것인데, 이것들은 죽음이라는 문제와 관련되어 죽어가는 대상에 대한 호기심과 연민의 정이 지배적인 감정을 이루면서도, 결국은 인간의 운명에 대한 신비감을 문제시했다는 점이 특징이다. 《창조》와 《조선문단》에 발표된 그의 초기작을 보면 특히 '죽음'의 문제와 관련된 소설이 많다. 이럴 때 죽음의 양상은 허무와 신비가 근저를 이룬 탐미주의적 입장에서 비롯되지만 그것은 곧 인간의 생명에 대한 애착과 존엄성을 인식케 하는 원동력이 되고, 다시 그것은 '약한 자'에 대한 동정과 인간애를 불러일으키는 요소로서 작용하고 있다.

죽음이 사건 해결을 위한 하나의 방편이라는 태도를 버리고, 죽음의 문제, 그 자체에 주목하기 시작한 것은 그다음부터다. 그것은 역시 인간의 생명에 대한 애착으로부터 비롯됨을 알 수 있다.

어떤 사람은 살고 어떤 사람은 죽고! 한 방에서 같은 병으로 자리를 가지런히 하고 누웠다가? 그러시니 말이지, 참 이상해요, 암만해도 하나님의 섭리가 있는 것이 분명해요.46)

「생명의 봄」의 일절이다. 이 소설은 《창조》 통권 4, 6, 7호에 걸쳐 언재된 중편소설로서 죽음을 통하여 인간의 의미가 한층 더 깊이 확인된다. 늘 가까이 대하던 목사의 갑작스러운 죽음이 주는 충격은 산

---

46) 전영택, 「생명의 봄」, 《창조》 7호, 1920.7. p.8.

사람의 생명이 얼마나 귀중한 것인가를 알게 하고 감옥에 있는 아내를 찾아가게 한다. 이 점은 「천치? 천재?」에서 제시한 죽음에의 호기심을 벗어나 한층 생명의 근원을 따지고 드는 경향을 보인다.

전영택의 연보는 비교적 간단하다. 그는 신학도로서 문학을 시작했고 훗날까지도 그는 문학가이기 전에 목사임을 내세웠다. 일본과 미국에서 각각 신학교를 마치고 돌아와서도, 줄곧 감리교신학대 교수, 기독교신문 주간, 기독교 문학 클럽 회장 등을 역임함으로써 목사직과 함께 일생을 교회사업에 바친 사람이다. 인간을 파악하는 태도 역시 그의 신앙과 밀착되어 있음은 물론이다.

……그런데 사람이 죽으면 어떻게 되는고, 살과 뼈는 변해서 도로 물과 흙이 되겠지. 청년남녀가 사랑에 취하고 미쳐서 서로 안고 뜨거운 키스를 하던 그 입술도 몹시 뛰놀던 그 심장도 반가움에 반짝이며 설움에 붉어지고 눈물 내며 남모르게 정 깊고 뜻 많은 말을 하던 그 눈도 마침내는 스러져서 물이 되고 흙이 되겠지! 주먹으로 강도상을 두드리며 발로 강단을 구르며 죄악을 저주하고 정의 인도를 부르짖던 P목사도 이제는 공동묘지에서 슬금슬금 썩기를 시작하겠지. 몇 십 년 지나면 흔적도 없어지겠지. 나도 언젠가 장차는 그렇게 되겠지 사랑하는 영선도, 은순도…… 아, 그것이 인생의 최종일까? 그러면 사람의 정신은, 그 아름다운 마음은, 울고 웃고 성내며 반기든 마음은, 영혼은 어떻게 될까. 연기처럼 사방으로 흩어지나? ……모르겠다.[47]

---

47) 전영택, 「생명의 봄」, 앞의 책, p.12.

그러면서 루터가 어느 날 갑작스런 친구의 죽음을 보고 수도원으로 들어간 것을 생각하며 자신도 수도원을 생각하는 것이다. 내세에 관한 인식 과정이다. 현실적인 인생의 의미 일체를 일시적인 것으로 간주할 때, 그것은 허무로 귀착된다.

전영택의 문학이 김동인과 다른 점이 여기 있다. 김동인의 탐미주의가 비일상적이요, 반윤리적인 성격을 주로 한 데 비하여 전영택은 현상에 대한 짙은 허무와 내세의 신비가 주를 이룬다.

한편 신앙생활이 두터워짐에 따라 그의 생활 가운데 차지하는 문학의 위치는 초창기 얼마 동안 상당한 방황을 하게 되었던 것으로 보인다. 그러나 이때 전영택의 갈등은 문학이냐 종교냐의 양자택일의 문제가 아니라 문학가로서의 종교인이 될 것이냐 종교인으로서의 문학가가 될 것이냐의 문제였던 것으로 받아들여진다. 결국 그는 문학도 종교도 어느 한쪽도 포기하지 않았다. 초기의 이런 태도는 결국 늘봄 문학을 형성하는 데에 중요한 역할을 한 것이다.

다시 「생명의 봄」을 관찰하면 이러한 종교와 예술의 혼합된 감정이 함께 일고 있음을 보게 된다.

주인공 영순이 수도원으로 가는 루터를 생각하며 걷다가 문득 장엄하고도 미려한 석양의 노을을 보게 되는데 이때 그는 다음과 같은 충동을 일으킨다. 과연 언제 보든지 몹시도 아름다운 그 자연미에 견딜 수 없는 동심과 애착을 느끼어 한참이나 황홀경(ecstasy) 가운데 들어갔다. 그리고 그 순간의 영상을, 자연을 어떻게든지 자기 손으로 표현하고 싶은 유혹이 무럭무럭 일어나는 예술적 충동을 깨닫고 따라서 전신의 피가 한번 새로 뒤끓어 돌아가는 듯한 힘과 참예술가가 홀로 맛본

것 같은 기쁨과 만족을 홀로 느꼈다.[48]

이때 그의 감정은 예술적인 감동과 함께 표현 욕구에 사로잡힌다. 종교와 예술을 병행할 수 없다는 이유로 문학을 포기하도록 하는 부인의 강력한 만류에도 불구하고 미적 충동은 그에게서 떠날 수 없는 존재가치였다. 죽음에 대한 공포는 그를 종교적인 영생으로 구원받게 하고 그 위에 예술적 감흥을 느낄 수도 있게 되는 것이다.

2) 휴머니테리어니즘(Humanitarianism)

《창조》에 7편의 소설을 발표하고 난 뒤, 1921년 다시 도일하여 청산학원 신학부에 복학하면서부터 전영택은 2년 동안 아무 데도 작품을 발표하지 않았다. 1923년 신학부를 마치고 다시 귀국하는데 1924년 《조선문단》 창간호에 단편 「흰닭」을 2년 만에 처음으로 발표한다. 그 2년 동안의 공백기에 대하여 채훈은 두 가지의 이유를 표시한 바 있다.[49] 그 하나는 아내의 강력한 만류로 문학을 포기하고 신학에만 몰두했다는 점이며, 또 하나는 방인근이 논과 밭을 팔아서 시작하는 《조선문단》을 도와주기 위하여 다시 소설을 쓰기 시작했다는 점이다. 그러나 그 이유를 그의 문학 자체로부터 관찰한 김동인의 견해도 그냥 지나칠 수 없는 문제로 여겨진다. 그 2년 동안의 공백이 어쩌면 문학적인 방황일 수도 있었음이 짐작되기 때문이다. 1924년

---

48) 전영택, 「생명의 봄」, 앞의 책, p.12.
49) 채훈, 「전영택의 초기문학고」, 《낙산어문》 2집, 서울대국어국문학회, 1970, p.8.

부터 《조선문단》과 《영대》에 연이어 발표한 「사진」, 「흰닭」, 「바람 부는 저녁」, 「화수분」과 같은 의의를 김동인은 '소생(甦生)'이라는 말로 표현할 정도였다.

> 도향(稻香)이 죽기 일 년 반쯤 전하여 늘봄이 소생(甦生)하였다. 자연주의, 낭만주의, 상징주의, 심지어는 따따이즘에까지 추파를 던져보다가 마침내 실패하고, 침묵 몇 해 후에 그는 마침내 자기의 길을 발견하여 가지고 일어났다.[50]

이 점은 타당한 관찰이었다. 그렇게 보면, 전영택은 초기의 불확실한 자연주의의 신봉을 그 2년간의 공백 기간 동안에 어느 정도 안정시키는, 사물을 보는 하나의 눈을 정립할 수 있었던 것이 아닌가 하고 생각해보는 것이다.

초기 《창조》에 게재된 소설들이 허무와 신비의 눈으로 죽음을 생각하거나 내세를 인정하는 경향이 짙은 데 비하여 이후 《조선문단》에 발표된 작품들은 약자에 대한 동정과 그들이 보여주는 따뜻한 인간미를 나타내고 있다.

연약한 닭 한 마리의 목숨에 대한 애착과 그 살생에서 느끼는 죄책감을 나타낸 「흰닭」이나, 못생기고 푸대접받는 여학생을 보며 까닭 모를 연민의 정을 쏟는 「사진」이나, 「화수분」에서 보여주는 기난한 사람들 간의 인간미 또는 그들을 보는 동정, 이것들은 한결같이 단순

---

50) 김동인, 『한국근대소설고』, 앞의 책, p.596.

한 기독교적 사랑으로 출발한 휴머니즘이라고만 보아넘길 수는 없다고 본다.

전영택의 문학을 기독교 정신에 입각한 인도주의라고 보는 사람은 많다. 백철은 단편 「흰닭」의 일절을 인용하면서 그 기독교 정신을 지적한 바 있다.

> 보다시피 그 인간적인 면이 직접은 유교적인 것과 관련되어 있지만 작자의 종교적인 신분과 더불어 그의 작가생활의 전후관계를 두고 볼 때는 여기에서 인도주의적인 것은 더 많이 기독교적인 것이 아닌가 한다.[51]

확실히 「흰닭」이나 「홍련과 백련」과 같은 작품은 종교적인 착안이다. 그러나 설령, 「흰닭」이 기독교적 인도주의라 하더라도, 그것이 종교적이기 때문에 인도주의라고 말하기는 어렵다. 그의 종교는 일종을 원죄의식 같은 것이었다.

> 나는 퍽 섭섭하였다. 나는 "운명"을 생각하고, 그리고 이번 석왕사에서 들은 설교가 생각났다. 살생한 사람이 가는 끔찍한 지옥 이야기---[52]

1925년 9월, 《조선문단》을 통해 늘봄이 춘원한테 보낸 서신 「석왕

51) 백철, 「현대소설에 미친 기독교적 영향」, 《중앙대논문집》 4집, 1959, p.10.
52) 전영택, 「흰닭」, 《조선문단》 1호, 1924.10, p.39.

사에서」53)를 보면 이미 「흰닭」을 쓰기 전에 또 한 번 석왕사엘 다녀왔음이 분명하다. 이런 데만 집착하여 해석을 내린다면 오히려 「흰닭」은 불교적인 색채가 더 짙다고 볼 수 있다. 「홍련과 백련」도 그런 점에서는 마찬가지다. 그럼에도 불구하고 작자의 신분적 선입견에 의하여 기독교적 인도주의 운운하는 것은 피상적인 감이 없지 않다. 이것들이 불교적인 색채를 띠었거나 하는 건 별 문제가 아니다. 그것들이 비록 그의 소설을 이루는 배경적 요소는 될 수 있을지언정, 그 이상의 어떤 종교적인 구원의 문제와는 거리가 먼 것이기 때문이다. 이 시기에 쏟은 전영택의 문학적 정열은 이 세상에 존재하는 모든 약한 것들에 대하여 따뜻한 인정을 부여하는 일이었다.

따라서 전영택은 이 시기의 일련의 작품에서 주로 연약한 짐승이나 마음씨 바르고 가난한 인물을 설정함으로써 이들에게 베푸는 따스한 인정으로 하여금 독자들을 공감시킬 수 있었던 것이다.

「흰닭」의 연약한 닭, 「사진」의 못나고 푸대접받는 여학생, 「홍련과 백련」의 사춘기적 감성을 제약받는 수도승 백련, 「바람 부는 저녁」의 무식하고 순박한 할머니들이 만일 작가의 따스한 인정이 주어지지 않았더라면 하나같이 폐품처럼 보잘것없는 것들에 지나지 않을 것이었지만 그의 따뜻한 손길로 말미암아 그것들은 오히려 싱싱하게 생명력을 지니게 되는 것이다. 이런 점에서 볼 때, 전영택의 문학을 휴머니즘에 귀착시키려던 견해는 재고해 봄직하나. 휴머니즘(humanism)과 휴머니테리어니즘(humanitarianism)은 엄밀한 의미에서 구분되어야

---

53) 전영택, 「석왕사에서」, 《조선문단》 1호, 1925, 9, p.97.

하며, 특히 한국 현대소설사 상 그와 같은 개념이 어떻게 부여될 수 있는가 하는 문제는 고려되어야 할 것이기 때문이다.

최재희의 다음과 같은 글을 인용해 본다.

> 인간의 정당한 생명, 사람의 사람다운 가치, 인간의 창조적 능력을 존중하고 이것들을 현재보다도 더 풍요하게 육성하기 위해서, 인간을 비인간화 혹은 반인간화 하는 일체에 대한 항쟁을 서슴지 않는 주체적 정신이요, 또 이런 정신에 항거하는 행동이다. 휴머니즘의 본질은 인간을 진정으로 보다 더 인간답게 만들려는 것이다. 인간을 만사에 참여할 수 있도록 함에 의해서(이런 일이 인간으로 하여금 자연과 역사에서 풍요하게 할 수 있지만) 인간이 근원적 존엄성을 현현(顯現)하고자 하는 것이다. 휴머니즘은 인간이 그의 능력, 창조적 정력, 이성의 생활을 발전시키기를 요구한다. 이와 동시에 자연계의 세력을 인간 자유의 도구로만 삼기에 노력하려는 것이다.54)

휴머니즘에 관한 이러한 규정은 인간 행위의 항쟁에 의한 주체적 정신과 참여에 의한 존엄성의 현현을 바탕으로 한다. 그러나 다시 다음과 같은 내용을 보면 휴머니즘의 개념도 휴머니테리어니즘과는 마땅히 구분되어야 함을 알 것이다.

사람은 휴머니즘과 휴머니테리어니즘(humanitarianism)을 흔히 혼동

---

54) 최재희, 『휴머니스트의 인간상』, 한국휴머니스트회, 1973, pp. 24-26.

하거니와, 후자(後者)는 사실 인도주의, 박애주의, 사해동포주의 내지는 무저항주의를 의미한다. 휴머니테리어니즘은 근세에 먼저 영국에서 사형폐지, 면수(免囚) 보호, 빈민 구조, 동물 애호 등의 실지 운동도 일으킨 것이다.[55]

휴머니테리어니즘이 대타적인 관계에서 상대방을 위주로 한 설명임은 말할 것도 없다. 휴머니즘의 인간성 해방이라는 문제와 대조할 때 그것은 더욱 뚜렷하게 구분된다.

그동안 전영택의 문학적 성격을 휴머니즘의 일각에서 조응하던 견해는 일종의 휴머니테리어니즘에 해당한다. 이 말은 다시 말하면 인도주의(Humanitarianism)와 인간주의(Humanism)를 엄격하게 구분하여 쓰자는 말이다. 인도주의가 박애사상, 사해동포정신, 무저항주의를 표방한다면, 인간주의란 다분히 자기방어 또는 저항정신을 내포하는데, 전영택의 경우 인간주의 쪽이라기보다는 인도주의 쪽에 해당되는데, 두 개념을 구분하지 않고 혼동하여 쓰다 보니, 전영택이 휴머니즘으로 굳어졌다는 말이다. 이런 논리는 이광수의 경우도 마찬가지다. 넓은 의미의 박애주의에 해당하는 그들의 태도가 바로 인간의 해방 또는 비인간화, 반인간화 현상에 대한 항쟁일 수는 없기 때문이다.

이런 경우, 「천치? 천재?」는 주인공 칠성의 대도가 주목할 만하다. 소박한 인정주의에 경도되지 않고 인간의 해방 또는 비인간화, 반인

---

55) 최재희, 앞의 책, p.26.

간화 현상에 대한 반발의 의미를 어느 정도 내포하기 때문이다. 「천치? 천재?」는 바보같이 공부도 못하고, 부모님이나 선생님의 말도 듣지 않고, 남의 물건을 훔치거나 하는 상식 이하의 천치인 칠성이가 마침내는 자기의 개성대로 살 수 없는 괴로운 현실을 피해 죽음으로써 인간성을 수호한다는 이야기다. 이 작품은 일본 작가 구니키다 돗포(國木田獨步)의 「춘의 도(春の島)」에서 차용된 것이라는 비교문학적인 관점에서의 견해도 있기는 했었지만,[56] 이 점은 앞으로 좀 더 신중히 검토해 보아야 할 문제이겠고, 어쨌든 칠성이 발명왕 에디슨의 집념에 찬 행위와 흡사한 걸 보면 그로부터 착상되었음은 사실인 것 같다.

　　장난을 해도 별하게 해요, 무엇이든지 눈에 보이는 대로 깨뜨리고 찢고 뜯어 놓아요. 그래서 저의 외삼춘한테 늘 매를 맞군 합니다가레. 또 어떤 때는 무엇을 제법 만들어 놓아요. 한번은 칼을 가지고 무엇을 자꾸 깍더니 총을 만들었는데 모양은 제법 되었어요. 또 한번은 무자위래는 것을 맨드누라고 눈만 뜨면 부슬부슬 애를 쓰다가레. 남들은 공부하는데 공부는 아니하고 장난만 하는 것이 너머 송화가 나서, 하루는 밤에 그것을 감초앗디요. 그랬더니 아침에 그것을 찾다가 없으니까 밥도 안 먹고 자꾸 울어요. 그래서 하는 수없이 도루 내 주었디요. 그리고 또 별한 버릇이 있어요. 무엇이든지 네모난 함이나 곽이 있으면 그것은 한사코 모아들였다가 방에 그득하게 쌓아 놓아요.[57]

56) 김송현, 「천치냐, 천재냐의 원천탐색」, 《현대문학》 100호, 1963.4. pp.429-437.
57) 전영택, 「천치? 천재?」, 《창조》 2호, 1919.3. pp.26-27.

이 대목을 보면 '발명= 창조= 개성= 인간성'이라는 등식을 염두에
둔 작가의 의도가 확실하다. 가장 비상식적이었던 에디슨이 가장 창
조적인 인간일 수 있었다는 역논리를 이 소설은 채택하고 있다. 이럴
때 문제 되는 점이 칠성을 에워싸고 있는 외부 환경이다. 그는 상식
의 테두리 안에 갇혀 있었다. 그 상식의 굴레를 벗어버리고자 칠성은
몸부림쳤고, 그 몸부림을 바라보는 건전한 눈의 소유자가 화자인
'나'다.

> 나뿐 아니라 주위에 있는 사람은 모두 칠성의 하는 일을 방해하였읍
> 니다. 그런 동네를 칠성은 떠났읍니다. ……가련한 칠성은 지금 자기 하
> 는 일을 방해하는 어머니도 없고 자기를 때리는 외삼촌이나 훈장도 없
> 고, 자기를 놀려먹는 동무도 없는 곳으로 저 구름 위로 별 위로 올라가
> 서 마음대로 하고 싶은 것 하고 평안히 있을까 하나이다.58)

전영택의 소설에서 채택되고 있는 죽음은 그것이 패배가 아니라
승리의 길이라고 믿는 점이 주목된다. 이 점은 김동인의 경우와 비교
할 때 명백하게 구분된다. 이때까지만 해도 우리나라 소설이 채택하
고 있는 죽음은 그 자체에 대한 문제의식으로부터 비롯된 것이 아니
라 다만 사건의 결론에 이르는 하나의 방편에 불과하였다. 그 사건은
개인과 외부와의 관계에 의한 것이었으며, 결괴는 패배직인 도피서
나 아니면 신비로운 승리거나, 어느 한 가지였다. 이 점에서 「천치?

---

58) 전영택, 「천치? 천재?」, 앞의 책, p.30.

천재?」도 개인과 외부와의 대립을 통한 개인의 확립이라는 문제가 근본적인 요소를 이룬다고 볼 수 있다. 그리고 그것은 비록 죽음을 통한 승리이긴 하지만 개인의 의지가 관철될 수 있었다는 데에 다른 작품과는 다른 의미를 갖는다. 「천치? 천재?」가 이만큼이나마 인간의 해방이라는 문제와 결부될 수 있었던 중요한 이유는 칠성을 바라보는 화자의 태도가 인정적이라기보다 과학을 믿었던 데 있다고 본다. '나'가 칠성이를 주목하는 점은 죽어가는 칠성이의 약한 존재가 아니라, 오히려 죽음을 무릅쓰고 자기를 지킨다는 점이었다. '나'의 시각에 의해서 칠성이의 인간성을 확인하고, 그것을 함께 지킬 수 있었던 태도가 바로 이 소설을 휴머니즘의 일각에 서게 할 수도 있었다고 보는 것이다.

이와 같은 성격을 형성하는 데에는 항상 전영택이 채택하는 특수한 방법이 문제가 되는데 이 점에서 그의 관점은 중요한 의의를 갖는다.

그의 소설은 작중 관찰자와 주인물과의 상관관계에 의하여 이뤄지고 있다. 브룩스(C.Brooks)와 워렌(R.P. Warren)이 규정한 1인칭 관찰자 서술 형식이다. 이런 경우, 주제는 관찰자에 의해서 표출되는 게 보통이다. 1인칭이나 3인칭 서술의 경우, 그때는 주인물과 상대역과의 상호관계 밖에서 작중화자가 전단적인 판단이나 해석을 내림으로써 주제를 설명하였다. 그러나 이번에는 화자가 인물들의 상호관계 안에 있다. 화자는 작가 자신이라는 느낌을 주는 '나'가 되고, '나'가 관찰하는 피설명체가 따로 있다. 이때의 행위자는 물론 피설명체다. 피설명체의 행위에 대하여 '나'는 국외자가 아니라 직접 관심을 쏟고 그에 따라 심리적인 변화를 겪기도 하고, 인생관의 변화조차 겪기도 한다. 이점이 다른 서술형식과 구분되는 점이다.

예를 들어, 「화수분」의 행위자 '화수분'은 가난한 인물이고, 관찰자 '나'는 가난하지 않은 인물이지만 전자나 후자나 다 같이 '온순하고 다정한' 성격의 소유자라는 점에서 동일한 인물이다. 좀 더 자세히 관찰하자면, 「화수분」은 '나'가 본 '화수분 일가'의 이야기다. 화수분 일가는 '나'의 행랑채에 사는 인물이다. 가난에 시달리다가 귀여운 딸을 남의 집에 보내고, 불쌍해서 울고, 마침내는 눈밭에 얼어 죽는 참상을 빚는다. 그렇다고 해서 화수분 내외는 전혀 분노하거나 남을 미워한 적이 없다. 서로 위로하고 슬퍼할 따름이다. 한편 주인댁인 '나'는 이런 인물을 관찰하는 데 그친다. 그러면서도 우리가 이 소설에서 최종적으로 얻어낸 효과는 '화수분'의 비참한 일생에 있지 않고 관찰자인 '나'의 인정 어린 눈에 있음을 알 수 있는 것이다.

또 한 가지 전영택 소설의 경우, 관찰자의 구체적 관심은 인정에 바탕을 두고 있다. 그의 눈은 항상 고정적이다. 그 대항이 어떤 성격을 지니는가에 따라 문제가 발생하는 게 아니라, 일단 관찰자의 고정된 태도에 의하여 대상이 투시된다. 따라서 관찰자는 인정을 쏟기에 충분할 만큼 그 신분이나 태도에 있어서 우월한 위치를 점하고 있다. 「천치? 천재?」의 '나'나 「흰닭」의 '나'처럼 관찰자는 교사이거나, 학생이거나, 성직자거나, 아니면 그와 대등한 인격의 소유자다.

그에 따른 대처로 관찰 대상 인물은 동정이나 연민의 대상이 되기에 알맞은 약자로 설정되는 경우가 많다. '칠성이'와 같은 천치적 행위, '흰닭'이나 'Y'와 같은 선량하며 나약한 인물이다.

따라서 이런 연약한 인물은 또한 비인간적인 외부 환경으로부터 언제나 피해를 받는다. 그 결과 죽음이라는 문제가 따르기도 하는데,

그것이 단순한 패배 의식으로 처리되지 않고, 또 다른 미의식으로 승화되고 있음은 관찰자의 해석에 힘입은 것이다.

이런 점에서 볼 때, 전영택 소설의 인물은 도식적이라고 할 수 있을 정도로 비슷한 유형의 인물이 많았다. 피해자와 가해자, 그리고 그 피해자를 연민의 정으로 보는 인정의 소유자, 이런 도식적 인물 설정에 따른 1인칭 관찰자 서술형식에 의하여 주제가 표출되었던 것이다.

3. 예술로서의 문학: 나도향

1) 원초적 감정

나도향은 문학을 의미구현의 수단으로만 이해하지는 않았다. 그에게 있어서 문학은 감정의 덩어리 그 자체였고, 문학 행위는 그래서 감정의 향유였다. 최소한 나도향의 초기, 경향소설이 나타나기 전까지는 그랬다. 24살에 요절한 작가이긴 하지만, 그의 세계는 《백조》 어름의 것들과 1924년 이후 작고할 때까지의 몇 편이 확연하게 그 경향을 달리하기 때문에 이런 표현은 가능하다. 이와 같은 현상으로 말미암아 나도향의 작품 경향은 그동안 적어도 두 가지 또는 세 가지로 나뉘어 검토되곤 하였다.[59] 그 결과 나도향의 문학이 초기에는 소아병적인 센티멘탈리즘이고, 후기에는 현실에 착안한 리얼리즘이었다는 점에 어느 정도 의견을 같이할 수도 있었다. 그리고 그것은 그의 문학이 초기에는 미숙했지만 차차 성숙되어 갔다는 의미로도 받아들여졌다. 센티멘탈리즘의 극복, 이성의 발달이라는 점에서 그런 표현은 어느 정도 가능했다. 가령, 「젊은이의 시절」, 「별을 안거든 우지나 말 걸」, 「옛날 꿈은 창백하더이다」에서와 같은 감상으로부터 「벙어리 삼룡이」, 「물레방아」, 「뽕」에서와 같은 그것의 극복이 그 점

---

59) 크게 두 경향으로 나누어 보는 견해가 많은데, 김영화, 「20년대 애정의 풍속 -나도향론」, 『현대한국소설의 구조』, 태광문화사, 1977에서는 세 경향으로 A군(群): 「젊은이의 시절」 계열 (이하 열거 작품은 생략). B군(群): 「춘성」·「여이발사」 계열, C군(群): 「벙어리 삼룡이」 계열로 구분하였다. 두 가지 경향으로 나누는 경우는 주로 A군과 C군을 구분하고 있다.

을 뒷받침해 주고 있다. 그러나 한편, 비교적 짧은 문학적 생애를 통해서나마 획연히 다른 두 개의 세계를 가름하고 있는 나도향의 경우, 초기에 대한 후기의 변화가 과연 성장을 의미하는 변화일 수만 있었던가는 문제였다. 센티맨탈리즘의 극복이 곧 리얼리즘으로 통해 오는 나도향에 대한 그동안의 이해가 이런 문제를 내포하고 있는 것이다. 문학에 있어서의 변화란 어떤 것인가. 1920년대 초기의 우리나라 소설은 서구문학에 대한 호기심과 특히 새로움에 대한 충격파가 그 어느 때보다도 컸다. 비록 짧은 생애를 통해서나마, 작가가 그의 경향을 급선회 내지 다양한 탈바꿈을 해 보이던 것도 이런 역사적 추이와 깊이 관련되고 있음은 말할 것도 없다. 이와 같은 변화의 과정에서 발견되는 현상이 성장이라는 문제였다. 성장이란 이를테면 미숙한 상태로부터 성숙한 상태로의 변화를 의미하는 것이겠는데, 이런 변화를 곧 성장이라고 단정할 수만은 없는 문제가 문학 그 자체에 내포되어 있었던 것이다. 이 문제는 예컨대, '어린아이'와 '어른'이 겪은 변화와도 같다. 그 변화는 성장일 수도 있었다. 지금까지 대체로 그렇게 받아들여져 왔다. 그러나 그것을 '어린아이의 감정'과 '어른의 감정'이라는 점에서 생각할 때, 그 성장의 의미는 바람직하지 못할 수도 있다. 메마른 감정, 혹은 타락한 감정이란 어른의 대명사처럼 되어 있는 형편이고, 그것은 바로 성장한 어린이의 잘못 성장한 면임에 틀림없다. 초기작의 미숙함, 그리고 후기작의 성숙함, 지금까지의 나도향에 대한 관심이 얻어 낸 일반적 견해가 극복해야 할 문제는 이 점이었다. 나도향의 경우, 성숙이라는 의미의 이면에 내포되어 있는 몇 가지 문제를 이 글은 확인해 보고자 한다. 이광수 등의 교조주의 문학을 극복하는 과정에서, 이 땅에 서구문학의 인간정신과 함께 전개된 개인의 정서 또는 감정 위주의 문학은 매우 당연한 요구였음에도 불구하고 한편 그것은 다시 극복되어야 할 문제를 내포하기도 하였다. 그리고 그것은 자체 내의 자각에 의한 발전적 변화에 의해서 극복되었다기보다 이질적인 프로문학의 공격에 밀려 흡수되었거나 소멸되었다는 점, 또한 우리는 잘 알고 있다. 나도향은 이와 같은 문단적 추이와 그 궤를 같이한다는 점에서 주목되었다. 그의 문학의 달라진 경향, 그로부터 귀결된 현상으로 보이는 성숙의 의미, 그럼에도 불구하고 그 이면에 포함된 몇 가지 문제는 주목해 볼 만한 사항이었다. 초기 신문학의 전개 과정에서 필연적으로 대두된 개인 감정의 옹호가 어떤 것이었으며, 그로부터 다시 어떤 식으로 변화 또는 소멸되었는가를 해명하기 위해서 이 글은 나도향을 주목해 보는 것이다.

(1) 예술과 순수

나도향이 문학을 통하여 가장 순수한 감정의 향유, 그 자체를 노렸다는 말의 근거는 그의 작품을 바탕으로 다음과 같이 해명될 수 있다. 순결이라거나, 고독이라거나, 그리움이라거나, 이런 원초적인 감정 그 자체를 예술이라고 믿고, 나도향은 그 안에 충일하고 싶어 했다. 그때, 그가 믿는 예술로서의 구체적인 대상은 음악과 미술과 문학인데, 그것들은 다 같이 정서적 분위기를 위주로 하기 때문이다. 실지로, 예술과 예술가와 그 예술에 대한 태도를 그는 이렇게 언급하고 있다.

"음악가가 되었으면! 세상에 가장 크고 극치의 예술은 음악이다. 나는 음악가가 될 터이다." 그는 한참 있다가 다시 "아니, 아니 '음악가가 될 터이야'가 아니다. 내가 나를 음악가라 이름 짓는 것은 못난이 짓이다. 아직 세상을 초탈하지 못한 까닭이다. 그렇다. 다만 내 속에 음악을 놓고 내가 음악 속에 들 뿐이다."[60]

저는 문학가, 문사(文士)라는 칭호를 원치 않아요. 다만 참사람이 되기 위하여 글을 봅니다. 그리고 느끼는 바를 견딜 수 없었습니다. 그리고 나와 같은 느낌과 깨달음이 우리 인생을 위하여 조금이라도 보탬이 될까 하였습니다.[61]

두 개의 인용문에 공통적으로 드러난 의미는 예술과 예술가를 따로 구분하지 않는다는 점이다. 엄밀히 말해서, 이 세상에 예술은 존재하지만 예술가가 따로 존재할 수는 없다. 존재하는 것은 다만 예술이다. 음악이나 문학은 인간의 힘으로 창조되는 게 아니라 본래 존재하는 것이며 우리는 다만 그 안에 포함되어 있다는 생각을 그는 갖고 있다. 따라서 인간에 의해서 고안된 사회제도라거나 조작된 형식 같은 것은 일단 거부하고 싶었다. 예컨대, 「별을 안거든 우지나 말 걸」에서 '나'와 MP와의 관계, '나'와 R과의 관계를 구태여 형식이나 제도에 얽어매고 싶어 하지 않는 '나'의 태도는 무작위적이다.

---

60) 나도향, 「젊은이의 시절」, 《백조》 1호, 문화사, 1922, p.26.
61) 나도향, 「별을 안거든 우지나 말 걸」, 《백조》 2호, 1922, 문화사, pp.19-20.

'날더러 형님이라고 하게' 하고 조금 있다가 다시, '나는 DH를 얼마간 이해하고 또한 어디까지 인정하는데,' 하였나이다.[62]

R의 태도가 작위적이어서 싫다는 뜻이다. 그 말에 대하여 '나'는 다음과 같은 반응을 나타내는데, 이 점이 '나'의 무작위성이다.

좋은 말이요. 우리 두 사람이 어떠한 공통선상에 서서 서로 인정하고 서로 이해함을 서로 받고 주면 그만큼 더 행복스러운 일이 없지. 그러나 형이라 부르거나 아우라 부르지 않고라도 될 수 있는 일이 아닐까? 도리어 형이라 아우라는 형식을 만들 것이 없지 아니하냐?[63]

형제간의 의는 좋은 것이지만, 그렇다고 그 관계를 '형제'라는 제도나 어떤 틀 속에 묶어 둘 필요는 없다는 생각이다. 나도향이 추구하는 세계는 확실히 본질적이고도 원초적인 감정, 그 자체였다. 그리고 그는 자신의 그런 감정을 믿었다. 이와 같이 원초적인 감정 그 자체만을 본질이라고 여길 때 나타나는 현상은 우선 성의 구분이 없어진다는 점이었다. R(남자)에 대한 '나'의 태도나 MP(여자)에 대한 '나'의 태도가 '형제'의 형식을 무시하고 '오누이'의 관계를 무시할 때, 결국 인간과 인간과의 관계에서 원초적으로 존재하는 '정' 그것만 남있다. 작중인물 상호 산의 관계에서 볼 때 안타고니스트의 환경이나 신분, 또는 그에 따라 형성되는 성격을 개의치 않고, 다만 프로타고

62) 나도향, 「별을 안거든 우지나 말 걸」, 앞의 책, p.4.
63) 나도향, 「별을 안거든 우지나 말 걸」, 앞의 책, p.5.

니스트의 감정만이 충일할 때 서사적 골격은 약화되기 마련이다. 「젊은이의 시절」, 「별을 안거든 우지나 말 걸」, 「옛날 꿈은 창백하더이다」와 같은 초기작에 드러난 약점이 바로 이런 현상이다. 또 하나의 현상으로 나도향의 소설은 거의 시적인 발상으로부터 비롯되고 있다는 점을 지적할 수 있다. 그에게 있어서, 인간의 원초적인 예술감정이 외부의 제도나 어떤 형식에 의해 차단되고 있다는 문제는 그가 소설을 쓸 수밖에 없는 중요한 단서가 되고 있었다. 그의 소설이 출발하는 지점은 바로 그 차단된 상태에서부터다. 그러나 그가 노리는 것은 그의 예술을 차단하는 외부상황에 대한 도전이 아니라, 이미 차단된 상태에서 갇힌 자의 감정을 토로하는 일이었다. 그의 소설이 외부세계에 대한 관찰이 아니라, 내면의 감정 토로에 불과한 까닭이 여기 있다.

「젊은이의 시절」의 서사적 장치를 통해 이런 문제는 좀 더 구체적인 해명이 가능해진다. 이 소설은 전체가 '눈물' 또는 '울음', 아니면 이와 유사한 낱말들이 어울려 하나의 감정 덩어리를 만들고 있다는 점이 특징이다. 따라서 이 점은 작중인물이 다만 혼자서 울었을 뿐, 독자를 울리지는 못했다는 이유로 비난을 면치 못하는데, 그 때문에 여기서 '눈물'의 단서가 무엇인가를 포착해 볼 일이다. 그로부터 나도향의 문학적 충동이 무엇이었던가를 알게 될 것이며, 그럼에도 불구하고 서사적 골격이 약화될 수밖에 없었던 구조론적 해명이 가능해질 것이기 때문이다.

주인공 조철하의 '눈물'은 맨 처음 그의 예술적 감흥으로부터 비롯된다. 이 경우 예술이란 구체적으로 음악을 일컫는데, 어렸을 때부터 그는 '자연의 미묘한 소리에 한없는 감화'(p.25.)를 받았고, '홀로 저녁 종소리를 듣고 눈물'을 씻었다. 주인공의 성품의 바탕을 제시하는 표현으로서 원초적인 감정을 말하는데, 일종의 감동의 눈물이다. 이광수의 지사적인 눈물이나, 김동인·전영택 등의 패배적인 눈물과는 달리, 정서적인 감동의 눈물이 우리나라 현대소설에 등장하기는 처음이다. 자연과 인간의 정서적 감정을 그는 서사구조의 한 모티프로 설정하였다. 앞서 지적한 시적인 발상이라는 말의 근거가 여기 있다.

조철하의 이상은 '내 속에 음악을 놓고, 내가 음악 속에' 들고 싶은, 예술 그 자체이고 싶은 것이었다. 그러나 그 이상은 부모님에 의해서 좌절된다. '실업가의 아드님은 부모에게 정신 유전을 받는 것같이 직업이나 학업도 유전적으로 해야 한다고 당당한 다윈의 학설을 주장'하기 때문이다. 아름다운 자연이 그때 '눈물이 날 듯한 우수와 전신이 사라지는 듯한 감상'의 대상으로 바뀐다. 이때도 그는 눈물을 흘리는데, 그것은 일종의 좌절의 눈물이다.

마침내 그는 그의 예술적 감흥을 저해하는 모든 요소로부터 초월할 것을 결심한다.

에, 가정이란 다 무엇이냐. 깨뜨려 버려야지. 가정이란 사랑의 형식이다. 사랑 없는 가정은 생명 없는 시체다. 아아, 이 세상에는 목숨 없는 송장 같은 가정이 얼마나 될까? 불쌍한 아버지와 애처로운 어머니는 왜 나를 나셨소. 참 진리와 인생의 극치를 바라보고 가려는 나를 왜 못 나가게 하셔요.[64]

---

64) 나도향, 「별을 안거든 우지나 말 걸」, 앞의 책, p.26.

그가 초월해야 할 대상은 가정이다. 그에 있어서의 가정은 사랑의 형식에 불과하다고 파악되었기 때문이다. 가정이란 평화와 사랑이 안주하는 곳이라는 일반적인 통념을 깨고, 그가 가정을 벗어나고 싶어 하던 점은 특이하다. 이 점은 특히 나이 어린 주인공의 정서를 감안할 때 그러한데, 이런 경우, 「도향나빈소전(稻香羅彬小傳)」을 보면 이 소설의 배지(背地)에 깔린 심경을 이해하는 데 다소 참고가 될 수도 있다.

군의 가(家)는 세세로 의(醫)를 업(業)하니, 그 조부(祖父)는 한방(韓方)의 명의(名醫)로 세(世)에 문(聞)하였고 그 엄부(嚴父) 또한 의사의 업(業)을 종(從)하니 군은 그 장남이러라. 유(幼)하야 공옥학교(攻玉學校)에 업(業)을 필(畢)하고 배재학당(培材學堂)에 입학하야 배재고보(培材高普)를 졸업하니 초일(超逸)한 재지(才智)와 탁출한 천품은 일찍이 사우(師友)의 경애하던 바러라. 외(外)로는 문운이 난숙하려는 일본 문단에 자극을 애(受)하고 내(內)로는 조선 문단의 금일을 배태케 한 최육당 이춘원의 대풍을 모(慕)하여 암연(暗然)히 지(志)를 문학에 류(留)하였으나 세세(世世)로 의(醫)를 업(業)하는 가풍을 민면하여 경성의전(京城醫專)에 입학하니 의중에 무(無)한 학구 그 어찌 구할 수 있으랴. 미기(未幾)에 단연(斷然)히 의(意)를 결(決)하고 조부의 명(命)을 거(拒)하야 의전(醫專)을 퇴(退)한 후(後) 급(笈)을 부(負)하고 동도(東渡)하니 오호(嗚呼) 소년의 초보(初步)는 벌써 간난하도다. 주위의 사세(事勢) 또한 그로 하여금 오래 동경에 있게 할 여유를 여(與)치 아니하니 의(意)를 득(得)치 못한 소년의 심회 얼마나 울울하였으랴.[65]

제2장 '리얼'에 대한 인식과 개별화

여기서 주목되는 사항은 그가 그의 가정을 닫힌 상태로 파악하고 있다는 점이다. 그의 가정은 그의 감정과 개성을 가둬 두었다. 그리고 그는 그 닫힌 가정을 열고 밖으로 나왔다. "단연(斷然)히 의(意)를 결(決)하고 조부의 명(命)을 거(拒)하야 의전(醫專)을 퇴(退)한 후(後) 급(笈)을 부(負)하고 동도(東渡)하여" 본격적으로 문학에 전념하던 때를 일컫는다. 「젊은이의 시절」은 동도(東渡) 직전의 닫힌 감정에 해당한다. 그가 말하고 있는 모든 것은 다만 갇힌 상태에서 갖는 비애뿐이었다. 그는 열린 세계와 닫힌 세계를 대립시키고 있지는 않았다. 다만 닫힌 세계에서의 시체와 같은 무의미함과 불쌍함과 애처러움을 느끼면서도 그는 그냥 갇혀 있을 뿐이었다. 닫힌 세계에서 뒤끓어 넘치는 감정의 덩어리, 그것이 바로 나도향의 초기소설의 특징이다.

다시 「젊은이의 시절」에서 누님과 그녀의 애인인 영빈에 대해서도 조철하는 눈물을 흘린다. 누님은 참사랑을 알고, 참예술을 안다. 더구나 누님은 그의 예술, 즉 음악에 대한 열정까지도 알아준다. 그 '아지랑이같이 부드러운 마음'과 '바람결같이 가벼운 목소리'가 다시 그로 하여금 눈물을 흘리도록 종용하는 것이다. 다시 감동의 눈물이다.

그런 누님이 영빈과 육체적 쾌락을 즐겼다는 사실이 밝혀졌을 때도 그는 눈물을 흘리는데, 그것은 죄악의 눈물이라고 표현되고 있다. 그것이 죄악이기 때문에 누님은 자기한테 그 사실을 숨겼을 테고, 자기를 속인 그 점 때문에 그는 배반감을 느낀다. 그래서 그는 부모로부터 외롭고, 누님으로부터 외롭고, 마지막으로 신한테 의존할 수밖

---

65) -----, 「도향 나빈소전」, 《신민》 제18호, 1926.10.

에 없는데, 신은 보이지 않는 것이라 믿어도 소용이 없으니, 그는 다시 외로움의 눈물을 흘릴 수밖에 없다는 것이다.

그러나 다시 영빈은 누님을 배반하고, 그때도 조철하는 분노의 눈물을 흘린다. 영빈이 예술을 하는 사람이기 때문에 누님은 그를 사랑했고 누님은 사랑을 아는 사람이기 때문에 예술가라고 할 수 있었는데, 영빈이 잘못된 점은 자기 누님을 배반해서가 아니라, 바로 예술을 배반했기 때문이라는 논리로 비약한다. 이번에도 예술을 배반당한 데서 나온 분노의 눈물이었던 것이다.

그 결과, 그는 '술의 마왕'의 힘을 빌어 이성을 마비시켰고, 이성이 마비된 상태에서 '뜨거운 정욕'을 느꼈고, 그 정욕을 충족시키는 동안 '초자연'의 환상세계로 몰입하게 된다. 그 순간에도 그는 눈물을 감추지 못하는데, 그것은 환희의 눈물이요, 그 눈물의 의미가 바로 그가 도달하고자 하는 예술의 경지였던 것이다.

지금까지의 검토 결과 「젊은이의 시절」은 모두 일곱 차례의 감정 변화를 거듭하고 있음이 확인되었다. 예술적 감흥을 느꼈을 때도, 그것이 좌절됐을 때도, 남의 동정을 받았을 때도, 외로움을 느낄 때도, 분노가 치밀 때도, 초자연의 환상세계로 몰입했을 때도, 그는 그때마다의 감정을 '눈물'로 표현했다. 각각 다른 감정을 하나의 통일된 언어로 대치시켰을 때, 합리적이고도 인과적이어야 할 감정의 유발이나 또는 감정의 전환이 매우 불합리하고도 통속적일 수밖에 없이 되고 말았다. '기쁨= 슬픔= 동정= 고독= 분노= 환상= 눈물'이 곧 '아름다움'의 등식으로 성립될 수가 없었던 것이다. 요컨대, 닫힌 상태에서의 '눈물= 아름다움'의 관계가 열린 상태에서의 개성적인 감정으로 전환되지 못하고 여전히 닫혀진 그대로의 감정에 충일하고 있었던

제2장 '리얼'에 대한 인식과 개별화

것이다. 이 점은 다시 말하면 이 소설이 닫힌 세계와 열린 세계를 대립시키지 못하고 있다는 뜻이 되기도 한다. 두 개의 다른 세계를 대립시키지 못했다는 말은 그것들이 서로 맞닿을 수 있는 통로를 마련하지 못했다는 뜻이기도 한데, 따라서 그가 아직 닫힌 세계에 갇혀 있었다는 뜻이 되고 마는 것이다.

이런 상태에서 「젊은이의 시절」이 마련하고 있는 서사적 장치를 다시 눈여겨보게 되는데, 그것은 다음과 같은 세 가지의 서로 상반되는 감정을 대립시킴으로써 대신 가능했다고 본다. 첫째, 어른의 감정과 어린아이의 감정 둘째, 육체적 사랑과 정신적 사랑 셋째, 현실적 세계와 환상적 세계. 이와 같은 대립구조를 통하여 이 소설은 어린아이의 감정과 정신적 사랑과 환상의 세계만을 예술이라고 믿었던 것이다. 어른의 감정과 육체적 사랑과, 현실세계가 실재로써 파악되지 못하고 다만 어린이의 감정과 정신적 사랑과 환상적 세계를 파괴하는 대립 개념으로만 채택되고 말 때 그것이 합리적 구성을 상실함은 물론이거니와 옹호하려던 순수마저 정작 '어리고 환상적'인 상태에 머물고 만다. 나도향의 초기작이 미숙하다는 말의 근거가 여기서 비롯된 것이며, 그럼에도 불구하고 그가 믿었던 문학의 가장 중요한 대상으로서의 원초적인 감정은 그의 문학을 충동질하는 원동력이 되었던 것이다.

우리 인생에게는 두 가지 큰 문제가 있습니다. 그것은 열정과 이지입니다. 이 세상의 역사는 이 두 가지의 싸움입니다. 그리고 모든 불행의 근원은 이 열병과 이지가 서로 용납하지 않는 곳에 있는 것입니다. 그리운 이성을 보고 자기 마음을 피력치 못하고 혼자 의심하고 오뇌하는 것도 이 이지로 인함이지요. 저는 어떻게 하면 이 이지를 몰각한 열정만의 인물이 되려 하나, 그 이지를 몰각한 열정의 인물이 되겠다는 것까지도 이지의 부르짖음이지요.[66)

완전한 감정 그 자체를 향유하고자 할 때 그는 이지의 작용까지도 매우 불편한 대상으로 여겼다. 사랑이라는 문제에서도 그는 육체적인 욕정을 거부한다. 우정과 마찬가지로 그는 순수한 감정이라는 점에서만 이성 간의 사랑을 설정한다. 이 점에서 나도향의 경우, 우정과 사랑과 문학과 예술은 동일 선상에 놓는다. 그리고 그것이 수줍음과 외로움과 그리움과 같은 원초적인 감정과 통하는 것이다.

그를 일컬어 '미숙한 문사요, 일개 부르주아(Bourgeois)에 지나지 못하는 사람'이라고 비난하는 까닭도 그 때문이다.

우리나라 신문학 초기에 나타난 여러 가지 문학적 관심 가운데, 사랑의 감정은 가장 중요하면서도 다루기 어려운 대상이었다. 이광수는 그것을 시대적 요청에 따른 자각증세의 한 대상으로 채택하였고, 김동인은 그것을 인간 행위의 본질로 파악하여 육체적 행위로까지 확대하려 하였다. 물론 전영택이나 현진건의 경우에도 사랑을 신·구의 교체 시기에 겪을 수밖에 없는 비극의 모티프로 채택한 점에서는 이광수나 김동인에서 다를 것이 없다. 그러나 나도향은 사랑이 순연한 원초적 감정으로 향유되기를 바랐다. 결과적으로 그의 원초적인 감정은 닫힌 세계 안에 갇힌 어린 감정에 불과했지만, 그럼에도 불구하고

----

66) 나도향, 「별을 안거든 우지나 말 걸」, 앞의 책, p.18.

그의 순수한 문학적 정열은 귀중한 것이었다. 그를 일컬어 '장차 천재적인 작가의 재질' 운운하던 것도 어쩌면 이와 같은 순수한 열정을 두고 나온 말인지도 모른다. 그의 소설이 비록 자아와 세계와의 팽팽한 대립이라는 점에서 서사적 골격을 견실하게 유지하고 있지는 못할지언정 뒤에 그 점은 차츰 극복되어가는 기미를 보이기도 한다.

「옛날 꿈은 창백하더이다」는 오도된 신앙으로 말미암아 피폐해 가는 가정을 지켜보는 어린 눈에 맡겨져 있다. 물론 그 시각이 아직 감상과 비탄에 갇혀 있다는 점에서는 「젊은이의 시절」이나 「별을 안거든 우지나 말 걸」과 마찬가지다. 이 점은 소설의 도입부에 자연의 정경을 깔고 싶어 하는 작가의 초기 습벽이기도 한데, 이 시기의 그런 점은 나도향의 개성이기도 하다. 나도향은 초기작의 거의 모든 작품에 그와 같은 정경 묘사를 도입한다.

① 아침 이슬이 겨우 풀끝에서 사라지려 하는 봄날 아침이었다. 부드러운 공기는 온 우주의 향기를 다 모아다가 은하 같은 맑은 물에 씻어 그윽하고도 달콤한 내음새를 가는 바람에 실어다 주는 듯하였다. 꽃다운 풀내음새는 사면에서 난다. 작은 여신의 젖가슴 같은 부드러운 풀포기 위에 다리를 뻗고 사람의 혼을 최면제의 마약으로 마비시키는 듯한 봄날의 보이지 않는 기운에 취하여 멀거니 앉아 있는 조철하는 그의 핏기 있고 타는 듯한 청년다운 얼굴을 보이지 않고 어디인지 찾아낼 수 없는 우수의 빛이 보인다.[67]

---

67) 나도향, 「젊은이의 시절」, 《백조》 1호, p.24.

② 우리가 SC강을 건널 때에는 참으로 유쾌하였지요. 회오리바람만이 귀퉁이에서 저 귀퉁으로 저 귀퉁이에서 이 귀퉁으로 휙휙 불어갈 때에 발이 빠지는 눈 위로 더벅더벅 걸어갈 제 은싸라기 같은 눈가루가 이리로 사르락 저리로 사르락 바람에 불려가는 것을 참으로 끼어안을 듯이 깜찍하게 귀여웠나이다. 우리는 그 눈 덮인 모래톱으로 두 손을 마주잡고 하나, 둘을 부르며 달음질을 하였나이다. 그리고 또다시 SP강에 다다랐을 때에는 보기에는 무서워 보이는 푸른 물결이 음녀의 남치마자락이 바람에 불리어 그의 구김살이 울멍줄멍하는 것같이 움실움실 출렁출렁하고 있었읍니다.[68]

③ 쓸쓸스러운 붉은 감잎이 죽어가는 생물처럼 여기저기 휘둘러서 휘날릴 때 말없이 오는 가을바람이 따뜻한 나의 가슴을 간지르고 지나감에 나도 모르는 쓸쓸한 비애가 나의 두 눈을 공연히 울먹이고 싶게 하였다. 이웃집 감나무서 감을 따는 늙은이가 나뭇가지를 흔들 때마다 떼지어 구경하는 떠꺼머리 아이들과 나이어린 처녀들의 침 생키는 고개들이 일제히 위로 향하여지며 붉고 연한 커다란 연감이 힘없이 떨어진다.[69]

이런 정경이 작중인물의 심경을 제시하는 데 어느 정도 효과적인 기여를 하고 있는가가 문제다. ①의 봄 정경이나 ②의 겨울 정경, ③의 가을 정경은 각각 다르다. 그러나 각각 다른 계절 감각의 차이

---

68) 나도향, 「별을 안거든 우지나 말 걸」, 《백조》 2호, p.3.
69) 나도향, 「옛날 꿈은 창백하더이다」, 『신한국문학전집』 5, 어문각, 1970, p.475.

에도 불구하고 그것들이 감상적인 서정을 기조로 하고 있다는 점에서는 다를 것이 없다. 더구나 그 정경 속에 투영된 작중인물의 심경을 볼 때 ①의 '우수의 빛'이나 ②의 '유쾌함', ③의 '쓸쓸한 비애'는 어떤가. 나도향은 계절에 관계없이 토로한 자연과 쓸쓸한 감정을 대치시킨다. ②의 '유쾌함'이란 것도 곧 비탄에 빠져들기 직전에 맛본 대치감정에 불과하다. 그의 비탄은 예술이 피폐된 현실로부터 유발되며, 그 피폐한 감정에 대한 보상으로 자연의 정경을 설정한다. 그럼에도 불구하고 그 정경이 감상적이라는 점이 공통적이라는 데는 문제가 있다. 다시 말해서 나도향 소설의 자연정경은 아직 작중인물의 심경을 제시하는 데 기여하고 있지도 못하며, 그나마도 아직 서정적인 분위기에 도취되어 다만 감정의 우위에 도취되고 만 것이다.

「옛날 꿈은 창백하더이다」의 경우, '나'의 감정이 쓸쓸하고 우울하고 슬프기는 다른 초기 작품에서와 같다.

그러나 이 경우 여타 작품과 다른 점은 '나'가 바라보는 대상이 확실하다는 점이다. 그 대상은 신앙에 오도된 할머니와 그 할머니를 바라보는 아버지와의 관계다. 이처럼 관점을 확실하게 설정하는 일은 중요하였다. 「젊은이의 시절」이나 「별을 안거든 우지나 말 걸」은 '내'가 자신을 바라보는 형식을 취하고 있는데 그때의 관점은 뚜렷하지 못하였다. 자신을 냉정하게 비판하지 못하고 다만 자신이 모든 것에 도취되어 있었다. 자아의 과잉 상태다. 「옛날 꿈은 창백하더이다」는 관점의 객관화라는 점에서 한걸음 발전된 형태다.

이 소설은 전통적인 가족제도가 붕괴되어 가는 모습을 주목한다. '나'의 시작은 전통적인 가족 사회가 붕괴될 수밖에 없는 요인이 무엇인가에 우선 착안하였다. 나도향의 경우 가족의 윤리와 개인의 이상이 얼마나 거리가 먼 것이었던가는 이미 그의 환경에서 검토한 바 있다. 그의 소설은 따라서 전통적인 가족제도에 바탕을 두면서도 그것에 대한 전혀 새로운 시각을 투영하고 있다는 점이 특징이다.

가령, 할머니의 갈등이 집안에서의 윤리적 측면에서가 아니고 교회의 성금 문제로 옮겨졌다는 점도 전대소설에 비하면 문제의 시각이 변한 점이다. 물론 그것은 신앙 소설은 아니지만, 인간이 접근하지 못하고 허위로 살 때 그것이 얼마나 큰 죄악인가를 문제 삼는다. '머리가 허연 이가 구두짝을 신고 다니는' 할머니가 문제다. 가족사회를 배경으로 한 많은 소설 가운데, 이와 같은 할머니상을 제시한 것은 여기서 처음이다. 따라서 이와 맞서는 아버지의 모습도 전대의 윤리적인 갈등 관계를 탈피하고 있다는 점에서 보면 상당한 변화다. 아버지의 갈등 또한 신앙의 본질론으로부터 야기된 것은 아니다. 다만 전통적인 가족사회를 이탈하는 할머니가 못마땅할 뿐이다. 그런 할머니와 아버지가 조화를 이루지 못하는 시대에 '나'는 문제의 시각을 던지고 있다. 내가 슬픈 까닭은 거기 있다.

아버지는 전근대적인 남편들의 방종한 유형에 속하는 인물이다. 철화 어머니가 고수하는 전래적인 여인상은 이 소설의 시각을 잘 말해준다.

"너 할머니나 할아버지께 어제저녁에 아버지가 술 먹고 야단했다는 말은 하지 말아라."70)

오도된 신앙으로 말미암아 전통적인 가족사회가 붕괴되어 가는 과정을 지켜보던 '나'의 시각이 전래부터 미덕으로 여겨온 전통적인 어머니상을 포착함으로써 이 서사구조는 하나의 의미체를 형성하였다.

그러나 이와 같은 서사 구조의 진전에도 불구하고, 여기서 '나'의 슬픔이 어디에 귀착되는가 하는 점은 문제다. 잘못된 할머니와 잘못된 아버지를 비난하지 못하고 다시 잘못된 가족사회를 호도해 가고 있는 어머니의 인종은 나를 비탄에 젖게 만드는데, 그것은 문제 제기로서가 아니라, 한 시대의 모습을 제시한 데서 의의가 있다.

나도향의 작가적 모티프는 전래적인 가족제도에 대한 탈출 의지로부터 비롯되고 있다. 도덕과 형식이 지배하는 가정윤리로부터 벗어나 개인의 감정을 위주로 할 때, 비로소 예술과 사랑이 존립할 수 있다고 믿었다. 전자의 닫힌 상태로부터 후자의 열린 상태로 가는 과정에서 나도향은 아직 닫힌 상태에 머물고 있었다는 점이 다만 문제일 뿐이다. 「옛날 꿈은 창백하더이다」가 안고 있는 문제도 바로 여기 있다.

그때 그에게는 자기의 부모가 유일한 하느님이며 위안자이었다. 약한 신정을 부칠 만한 신앙을 갖지 못힌 우리 어머니는 사애의 나라보 달음질하면 거기에 자기를 위로하여 주고 자기의 애소의 기도를 들어

---

70) 나도향, 「옛날 꿈은 창백하더이다」, 앞의 책, p.483.

줄 아버지 어머니가 계실 것을 믿음이었었다. 명명한 대공(大空)과 막막한 천애(天涯) 저편에 위안 나라를 건설치 못하고 적은 가슴 속과 보이지 않는 심상(心床) 위에 천당과 낙원을 짓지 못한 우리 어머니는 다만 자애(慈愛)의 동산을 찾아가시었다.[71]

신앙의 문제로부터 야기된 가정의 파괴를 다시 그 가정의 윤리 안에 안주시킬 수밖에 없었던 점은 나도향의 한계다. 열린 세계를 향한 그의 비탄과 울분의 노래는 아직 닫힌 상태에서 가둔 자의 보호 안에 있다는 점을 스스로 인정할 수밖에 없었기 때문이다. 그의 문학이 아직 어리고 감상적일 수밖에 없는 이유가 여기 있다.

장편 『환희』를 가지고 다시 그가 그의 세계를 열고자 했을 때, 얻은 결과는 무엇일까. 나도향의 경우, 아직 나이 어린 감상성이라고 지적된 그의 문학적 바탕에는 그 원초적인 인간의 순수감정이 깔려 있었다. 이제 우리가 주목할 또 하나의 사항은 이와 같은 원초적 감정이 어떻게 변모되었는가 하는 문제다. 「젊은이의 시절」 이후 나도향의 문학은 경향을 달리하고 있음이 사실이다. 그 하나가 『환희』의 통속적 감정이요, 또 하나가 「물레방아」, 「뽕」, 「벙어리 삼룡이」에 나타난 가난과 본능적 애욕의 세계다. 『환희』의 통속적 감정이 원초적 감정의 타락 현상이라면 「물레방아」 등은 경향문학의 등장 이후에 겪은 문학적 체험으로서의 또 다른 변화라 할 수 있는데, 이제 그 구체적인 양상을 확인해 보면 이러하다.

---

71) 나도향, 「옛날 꿈은 창백하더이다」, 앞의 책, p.483.

(2) 통속과 예술

『환희』는 1922년 11월 21일부터 다음 해 3월 21일까지 〈동아일보〉에 연재된 나도향의 첫 장편소설이다. 『무정』을 통해 새로운 소설에 흥미를 갖기 시작한 신문학의 독자들한테는 또 한 차례 관심을 끌 것이 예상되어서 더욱 주목되던 신문 연재소설이기도 하였다. 그러나 그것은 다음과 같은 몇 가지 점에서 『무정』과는 성격이 달랐다. 『무정』의 민족적 계몽이나 교훈성을 거부하고 개인의 사랑 감정을 위주로 한 점이 우선 다르고, 그 때문에 『무정』의 영웅적 인물이 소멸되었다는 점이 또한 다르다. 요컨대, 『환희』는 김동인 등이 리얼(real)에 대한 인식을 표방한 이래 처음으로 쓰인 장편소설이라는 점이 주목되었다. 그렇다고 해서 이 소설이 당시의 새로운 선언에 부응할 만한 요소를 갖추고 있다는 말은 물론 아니다. 오히려 그와 같은 요구를 배반하는 몇 가지 약점을 이 소설은 내포하고 있는데, 이미 검토된 다음과 같은 견해가 그 점에 대한 적절한 지적이다.

……그 이미지에는 그림자가 없어 보인다. 원근법이 없는 그림이라고나 할까…… 소녀잡지의 삽화라고나 할까…… 음영을 느낄 수 없는 평면적 아름다움이다. 그러므로 이 문장에서도 구상적인 어떤 소녀의 이미지가 제대로 느껴지는 것은 아니다. 디만 감상적인 시신에 의하여 채색되어진 미인도 같은 것으로 보여질 따름이다.[72]

---

72) 김교선, 「자기 증명의 소설」, 《현대문학》 209호, 1972.5.

물론 이런 지적이 이 소설을 혹평하고자 마련된 것은 아니고, 뒤에 나도향의 진면을 돋보이게 하기 위한 전제 조건으로 채택된 것이긴 하지만, 역시 그의 초기소설이 드러낸 미숙성을 함축하고 있음은 말할 것도 없다.

『환희』를 이해하려 할 때, 우리는 먼저 이 소설이 내포하고 있는 두 개의 삼각형 구조를 주목하게 된다. '혜숙'이라는 신여성을 정점으로 한 '김선용'과 '백우영'의 관계가 그 하나요, '설화'라는 기생을 정점으로 한 '이영철'과 '백우영'의 관계가 또 하나다. 물론, 두 개의 삼각형 구조가 하나의 구조적 원리로 통일될 수 있는 채널로서 '혜숙'과 '이영철' 남매의 역할은 중요하다.

먼저, 혜숙을 정점으로 한 삼각형 구조를 보면 이렇다.

혜숙은 다음과 같은 세 가지 점에서 문제를 내포한다. 첫째, 그 여자는 신여성이다. 그 여자는 신식 학교를 다니고 있으며, 앞으로도 신식 남자와 신식 결혼을 해서 신식 생활을 하겠다고 설계를 하는 것이다. 그러나 이때 그들의 신식이란 전혀 가치 판단에 의한 통찰을 수반하고 있지 못하다는 점이 또한 문제였다. 그 여자는 다만 피상적인 신식만을 가장한 욕망의 포로에 불과했던 것이다. 둘째, 그 여자는 돈이 많다. 그 여자는 서울 장안의 재산가 이상국의 딸이다. 그러나 셋째, 그 여자는 서출이다. 혜숙이라는 인물의 설정이 1920년대 당시, 이미 근대화의 파장이 어느 정도 보급된 그 시대에 조명해 볼 때 그것이 얼마나 상투적인 도식성에 치우치고 있는가는 쉽게 짐작된다.

혜숙과 관련되어 있는 두 사람의 대조적인 인물 설정 또한 마찬가지다. 김선용은 학식이 많고, 재주 있고 진실하다. 그러나 그는 돈이 없다. 돈이 많고 적음, 둘 사이의 갈등은 그 점으로 표상된다. 대조적으로 백우영은 잘 생기고, 돈이 많고, 학력이 좋다. 그러나 실제로는 그런 외형적인 조건에 비해 훨씬 불성실한 인물이다. 이에 작가의 선택 결정은 이미 간파된 셈이다. 독자가 미리 결말을 예견했다는 말과 같다. 부자이긴 하지만 방탕스러운 백우영보다는 가난하지만 성실한 김선용을 선택할 것이 당연하기 때문이다. 결말이 예측된 스토리가 걸어가야 할 도정은 욕망의 호기심에 호소하는 일뿐이다. 소설이 호기심의 환상에 사로잡힐 때, '고난- 위기- 극복'의 구조는 불가피하다. 이런 경우, 스토리의 도식적 작위성과 주인공의 판별력은 반비례한다. 스토리텔러의 작위적 기능이 커지는 반면 주인공의 판단 기능은 거의 마비되고 마는 것이다. 그로부터 야기되는 엄청난 실수와 혼돈이 로망스 구조의 근간을 이루는 우연이요, 운명이기도 하다. 현대소설은 그와 같은 우연과 숙명을 거부한다. 그가 믿는 것은 사건의 인과성이다. 합리성을 상실한 사건은 사건일 수 없다. 사건이 합리성과 필연성을 수반하지 못할 때 그것은 통속에 빠져버리고 만다.

『환희』도 이런 예에서 벗어나지 못하고 있음을 지적하고 싶은 것이다. 혜숙이 김선용한테 제시하는 사랑의 태도가 우선 피상적이다. 오빠의 추천에 힘입어 다만 그가 좋은 사람이라는 점을 알고 있을 뿐이다. 그러나 그는 혜숙의 현실적인 욕망의 기대치와는 거리가 멀다. 그는 성실되고 보람찬 인간이긴 하지만 가난하기 때문이다. 혜숙이 백우영의 그늘을 벗어나지 못하는 까닭이 여기 있다. 김선용한테서 충족시킬 수 없는 현실적 욕망을 그 여자는 백우영한테서 보충하며, 그녀는 그것도 또한 일종의 가치라고 인정하는 것이다. 혜숙의 갈등은 대체로 이런 것이었다. 자아의 성찰이라거나, 아니면 그것을 극복하고자 하는 데서 비롯된 내면적인 갈등에 의하여 스토리가 진전되지 못하고, 다만 욕망과 호기심의 환상에 이끌리고 있을 때, 『환희』의 통속성은 심각한 것이었다.

2) 경향소설과의 상관관계

감상의 극복이라고 흔히 일컬어져 오는 1925년 이후의 나도향의 세계는, 그의 짧은 문학적 생애에 비하면 한마디로 급선회였다. 「벙어리 삼룡이」, 「물레방아」, 「뽕」에 나타난 가난과 애욕의 세계를 예로 들 수 있다. 이런 변화는 감상의 극복이라는 점에서 작가가 성숙한 결과라고 단정할 수 있지만, 한편 이와 같은 현상이 필연적으로 대두하게 된 소설사적 배경에 대해서도 우리는 이미 어느 정도 알고 있는 형편이다.

1924년 이후, 우리 문단은 프로문학과 민족주의 문학이라는 이원적 문학을 설정하지 않을 수 없었다. 양자를 포괄하여 민족문학이라는 말로 지칭할 때, 프로문학의 조직적이고도 목적적인 성격에 비하여 민족주의 문학은 그 성격을 한마디로 규정하기 어려울 정도로 비조직적이고 또한 다양했다. 물론, 민족주의 문학이라는 말 자체가 프로문학에 대한 상대적인 의미로 채택된 데 불과하다는 점은 말할 것도 없다.

이 시기에 우리가 주목해야 할 사항으로 몇 가지 문제를 지적할 수 있는데, 그것은 다음과 같다.

첫째, 1920년대 초기 작가들 예컨대, 이광수 · 김동인 · 전영택 · 나도향 · 현진건 · 염상섭 등의 문학적 출발이 그로부터 어떻게 변모, 굴절되었는가를 확인하는 일이다. 따라서 이 점은 그들의 초기의 성격과 맥을 같이하는 연장선상에서 해명되어야 할 문제들이기도 하다. 가령, 이광수는 초기작『무정』으로부터「거룩한 이의 죽음」,『선도자』,「혈서」,「H군을 생각하고」,『금십자가』,「어떤 아침」 등과 같이 주로 애국 청년의 지사적인 성격을 드러내고 있었다. 이들의 주인공은 대개 남성이요, 그 스토리가 남·녀 간의 사랑을 모티브로 하고 있다는 점에서 공통적이라 할 수 있는데, 이 점에서 이광수도 1920년대 초기 신세대 인물들의 감상적인 사랑 이야기를 형성하고 있다고 말할 수 있다.『무정』의 이형식,「혈서」의 나,「H군을 생각하고」의 H,「어떤 아침」의 Z가 모두 남성이요, 그들은 서로 신세대가 주장하던 사랑의 관계에 얽혀 있다. 따라서 이들의 상대역으로 설정된 인물이 신여성 내지 그와 유사한 인물들임은 말할 것도 없다. 이형식에 대한 박영채와 김선형,「혈서」의 나에 대한 일본 여자 노부꼬,「H군을 생각하고」의 H에 대한 C 등이 그렇다. 그들은 서로 사랑하지만 만남의 또 다른 목적이 각각 있다. 이광수의 문학이 계몽적이고 민족적이라는 특징을 드러내는 이유가 여기 있다. 그러나 1920년대 후기의 이광수는『일설 춘향전』,「천안기(天眼記)」,『마의태자』,『단종애사』 등의 역사소설이나 고전소설을 변형시키는 일을 한다. 그것은 이광수에게 있어 커다란 변화일 수 있으며 한편 그 이유가 어디에 있는지를 우리는 의심하지 않을 수 없는 것이다.

　김동인은「감자」,「시골 황서방」,「원보부처」,「송동이」 등에서 그 변화를 인식할 만하다. 이 점에 대해서는 앞 장에서 이미 검토한 바 있지만 특히「약한 자의 슬픔」이나「배따라기」류의 성격에 비추어 볼 때 프로문학 이후의 가난이라는 문제가 어떻게 영향을 미치고 있었던가가 흥미롭다. 전영택의 경우에도「화수분」과 같이 가난을 관심

있게 주시하기 시작한 것은 1925년 이후다. 그것은 이전에 작가가 주로 흥미롭게 다루던 인간운명이나 죽음의 신비 같은 문제와는 확실히 다른 것이었다.

현진건도 「운수 좋은 날」이나 「불」 또는 「고향」 같은, 인텔리겐챠(Intelligentsia)의 시각이 배제된 소설을 이때부터 썼다. 그들은 전혀 지식인다운 생활이나 비판적 관점을 배제하고 가난한 서민들의 생활에 눈을 돌리고 있었던 것이다. 염상섭의 변화도 이 시기에 지식인다운 관찰을 배제하고 서민들의 애환에 밀착되어 있었다는 점에서는 마찬가지다. 「표본실의 청개구리」, 「암야」, 「제야(除夜)」, 『만세전』(묘지), 『신혼기』(해바라기) 등의 지식인다운 시각에서 「전화」, 「밤」, 「난 어머니」, 「조그만 일」 등의 일상으로 그의 세계를 바꾼 것이다.

「젊은이의 시절」, 「별을 안거든 우지나 말걸」, 『환희』, 「옛날 꿈은 창백하더이다」 등에서의 감상성을 나도향이 완전히 탈피할 수 있었던 시기가 바로 1925년 이후부터였다. 그 결과가 곧 「물레방아」, 「뽕」, 「벙어리 삼룡이」 등인데, 이것들은 단지 가난이라는 문제에 대한 관심 외에도 김동인 등의 애욕의 세계, 경향소설의 계급문학적 요소들이 어느 정도 두드러져 있기도 하다.

그럼에도 불구하고 1920년대 초기 작가들은 각각 나름대로의 독특한 개성과 방향을 설정하고는 있지만, 그것들을 다시 프로문학 이후의 결실이라는 소설사적 맥락에서 재조명해 보면, 그들은 분명히 하나의 공통적인 현상을 드러내고 있음이 사실이다. 그리고 또한 그것들은 프로문학이 내건 몇 가지 문제들을 이념적으로는 거부하면서도, 한편으로는 전혀 타의적으로나마 그런 문제들을 하나의 변수 요인으로 받아들이지 않을 수가 없었다는 사실을 우리는 인정하게 되는 것이다. 둘째, 이와 같은 기성작가들의 변모 현상 이외에도 우리는 1920년대 후기에 등장한 새로운 작가들을 주목해야 한다는 점이다. 계용묵, 방인근, 심훈, 유진오, 이무영, 이익상, 이주홍, 이태준, 이효석, 임영빈, 주요섭, 채만식, 최독견, 최승일 등을 예로 꼽을 수 있는데, 그들은 대개 프로문학의 성격을 어느 정도 유지 확대시키고자 한 점에서 초기의 공통적인 특징을 갖고 있다. 이 시기에 그들은 다만 카프라는 조직체에 가담하지 않았거나 아니면 미온적인 태도로 관망하다가 1930년으로 접어들면서 카프가 약화되자 쉽게 경향을 탈바꿈해 버린 경우가 많은데, 엄밀히 말하면 그들의 문학은 경향소설의 관점에서 검토되어어 마땅하다.

이 점에 유의할 때, 1920년대 후기 소설은 그것이 비록 프로문학과의 적극적인 대립이든, 소극적인 대립이든 간에 상호 긴밀한 관계에 얽혀있었음이 반증 되는데, 그 결과 나타난 민족주의 문학에 있어서의 변화라는 것도 대개 다음과 같은 두 가지 점에서는 피할 수가 없는 문제였던 것 같다.

첫째, 가난이라는 문제가 삶의 중요한 인식 대상으로서 대두되었다. 이들은 프로문학의 이념적 목적성까지를 인정하지는 않았다고 하더라도 예를 들어, 「감자」(김동인)·「물레방아」·「벙어리 삼룡이」·「뽕」(나도향), 「오몽녀」(이태준)와 같은 작품을 보면, 그것들은 가난의 문제를 어떤 식으로든지 다루고 있음을 발견할 수 있다.

둘째, 가난이라는 문제가 삶의 인식 대상으로 대두하면서부터 과거의 지식인다운 시각을 배제하고 그 대신 가난한 서민들의 생활에 밀착되기 시작했다. 무식하고 가난한 사람들이 문학적 대상으로 부각된 것은 이 시기 소설이 겪은 가장 큰 변화이기도 하다. 김동인의 「감자」(1925.1), 나도향의 「벙어리 삼룡이」(1925.7)·「물레방아」(1925. 7)·「뽕」(1925.12)·「오몽녀」(1925.7) 같은 소설의 출현은 이와 같이 1925년에 우리나라 소설사가 겪은 매우 의의 깊은 변화라는 점에서 주목할 만하다.

　이들의 주인공 '복녀'와 '계집', '안협집', '삼룡이', '오몽녀'는 가난하고 무식하다. 그리고 자유분방하여 본능적 행동양식을 취한다는 점이 공통적이다. 신문학 초기에 주된 관심거리 중의 하나인 신여성들의 애정관에 비하면 이들은 처음부터 윤리관을 고려하지 않았기 때문에 또한 패배의식에 사로잡히지도 않는다는 점이 다른 점이기도 하다. 복녀는 경제난을 극복하려다가 도덕관 내지 인생관이 변모된 것으로 설명되어 있기는 하다. 도덕관의 탈피가 곧 인간의 본능적 행동을 가능케 했고, 그런 본능적 행위가 곧 인간의 진실임을 믿었다. 이런 논리는 따지고 보면 허망하다. 경제난을 타개하기 위하여 도덕을 버렸다면 그것은 타락이다. 그러나 그 논리는 차츰 '일 안하고 돈많이 받고 재미도 보는 삼박자' 재미 때문에 인생관마저 변한 것으로 발전한다. 「감자」는 경제와 본능과 도덕을 동시에 고려하고 있다. 그 중에서도 특히 도덕의 변화를 주목한다. 돈과 쾌락 사이에 도덕이 차지하는 비중을 가늠해 본다. 그리고는 마침내 도덕의 불편을 선언한다. 김동인이 애당초 부르짖던 '참인간'의 모습이 「감자」에 와서 이렇게 나타난 것이다. '참인간'의 제시란 현대소설사에 있어서 김동인 등이 거둔 의의였다. 그럼에도 불구하고, 복녀가 도덕관을 탈피했을 때 곧 진실한 인간일 수 있다고 믿는 작가의 태도는 약점이다.

　「물레방아」와 「뽕」에 나오는 계집과 안현집도 복녀와 유사하다.

그들은 다 같이 가난하고, 본능적 쾌락을 쫓고, 목적을 위해서는 어떤 일도 강행하는 단순형 인물이라는 점에서 공통적이다. 그러나 나도향의 경우, 본능적 쾌락을 유도하는 방편으로서, 도덕을 설정하고 있지는 않다는 점이 다르다. 그 대신 경제와 신분적 계급을 설정하고 있다.

「감자」의 경우, 복녀는 도덕적 윤리에 갇힌 인물이었다. 그러나 빈곤에 쪼들리고, 그것을 해결해야 한다는 문제에만 집착하다 보니 어느덧 빈곤 이외의 문제는 모두 무가치하게 여겨졌다. 경제적 인간이 겪는 도덕적 윤리관의 붕괴 현상이다. '변화'란 「감자」가 주목한 가장 중요한 시각이었다. 그러나 이와 같은 변화를 작중인물의 상호관계에 의해서 제시하지 못하고, 다만 작가의 전단적인 설명에 의존하고 있는 점은, 아직도 김동인이 문학을 이념의 전달 기능으로서만 파악하고 있다는 하나의 예증이 될 수도 있는 것이다. 그 때문에 「감자」의 작중인물은 복녀 하나로 족한 셈이었다. 복녀의 남편, 송충이 잡이 감독, 왕서방과 같은 복녀의 상대적인 인물이 있음에도 불구하고, 그들은 모두 베일 속에 가려져 있는 거나 마찬가지며, 필요할 때마다 적절히 꺼내어 작가가 설명하면 그만인 것이다.

그러나 「물레방아」와 「뽕」은 작가의 설명 대신 작중인물의 상호관계가 훨씬 두드러지게 나타난다. 가령, 「물레방아」의 이방원은 「감자」의 복녀 남편에 해당되는 인물인데, 그의 행동과 성격은 두드러시다. 그는 머슴이지만 선량하고, 무식하지만 다감하다. 무력한 양반의 후예로서 아무런 행동의지가 없던 복녀 남편과는 다르다. 복녀가 비록 타락을 해도 일단 돈만 벌어오면 그는 '누워서 벌심벌심 웃는다'. 그들의 부부 관계는 상호 방관자적이어서, 인간적이라거나 윤리적인

145

연관성이 전혀 배제되어 있다. 그러나 이방원은 그렇지 않다. 온순하지만, 지주인 신치규의 불의와 맞서 대항하고, 아내의 불륜에 채찍을 가함으로써 자신의 아내에 대한 사랑을 표현한다. 이방원은 마침내 머슴으로서, 남편으로서, 잘못된 대상에 대한 비판적 양심을 지킴으로써 인간적인 태도를 내포하고자 하는 것이다.

그러나 한편, 이와 같은 행위의 준거가 어디서부터 비롯된 것인가를 따지는 일은 흥미로운 일이다.

> 어려서부터 오늘날까지 남을 섬겨보기만 한 그의 마음은 상전이라면 모두 두려워하는 성질을 깊이 뿌리박아 놓았다. 그러나 오늘부터는 신치규가 자기의 상전이 아니요, 자기가 신치규의 종도 아니다. 다만 똑같은 사람으로 마주 섰을 뿐이다. 아니다, 지금부터는 신치규도 방원의 원수였다.[73]

이와 같은 자각은 당시 유행하던 경향소설의 풍조다. 빈부의 대립, 소작인과 지주와의 대립, 머슴과 주인과의 대립, 이와 같은 대립을 통해서 경향소설은 그들의 자각을 이념화하고자 하였다. 「물레방아」에서 주인 신치규와 머슴 이방원의 설정은 이 점에서 주목을 끈다. 그러나, 이 소설이 그런 이념에 경도되지 않고 순수성을 유지할 수 있었던 까닭은, 말하고자 하는 내용의 초점을 이방원과 계집의 본능적 욕구와 인간적 고뇌에 맞추었기 때문이다. '지금부터는 신치규도

---

73) 나도향, 「물레방아」, 『신한국문학전집』, 어문각, 1970, p.438.

방원의 원수였다'에서, 원수라는 말은 주인과 머슴과의 계급의식이 아니라, 계집을 사이에 둔 애정의 적대자를 의미하는 것이다. 지주와 머슴과의 관계, 머슴 아내에 대한 지주의 불륜, 이런 작중현실을 설정해 놓고도 당대의 도시적인 빈궁소설이나 또는 계급소설에 경도되지 않고, 인간의 본질을 추구했다는 점에서 「감자」와 「물레방아」는 또 하나의 의의를 거둔 셈이다.

그럼에도 불구하고, 복녀 부부와 이방원 부부가 겪는 결말의 죽음은 이 소설이 제기하는 또 다른 문제다. 그 죽음이 정당성을 갖지 못한 타살이기 때문이다. 복녀의 경우, 왕서방이 색시를 맞아들인 데 대한 질투로 낫을 휘두르다가 순간적인 역습을 당했다는 점에서 어느 정도 합리성을 갖기는 한다. 그러나 「물레방아」의 경우, 계집이 막무가내로 이방원을 버리고 신치규를 따르겠다는 태도와, 그 이유로 아내를 죽이고 이방원 자신도 죽어야 하는 까닭은 석연치 않다. 스토리가 합리적 근거를 상실할 때 필연적으로 소설은 통속적 위험에 빠질 수밖에 없다. 경향소설에서 흔히 도식적이라고 지적되어온 죽음의 결말은 지주계급에 대하여 소작인이, 주인에 대하여 머슴이, 부자에 대하여 가난한 자가 가하는 보복행위였다. 다분히 목적적이다. 그러나 이방원 부부의 죽음은 마땅히 신치규한테 가해져야 할 죽음의 화살이 자신들한테 꽂혔다는 점에서 경향소설의 목적성과는 구분될 수밖에 없다. 「물레방아」가 경향소설이 도식성을 그대로 채택하지 않으려 애쓰면서도 한편으론 통속성을 면치 못하던 경위가 이런 것이었다.

1924년 이후, 나도향이 어떤 식으로든지 프로문학의 영향권 안에 있었던 흔적은 역력하다. 그렇다고 그것이 그의 자발적인 받아들임이었다거나, 소극적이나마 그것을 인정했다는 뜻은 아니다. 다만 당시의 문단적 상황이 워낙 적극적인 프로문학의 공격에 밀려, 비록 타의에 의한 것이라고는 할망정, 어느새 빈궁과 계급의식을 중대한 문학적 이슈로 인정하고 있었음을 우리는 수긍하지 않을 수가 없는 것이다. 「물레방아」의 빈궁과 계급의식에서 그 점은 확인된다. 그럼에도 불구하고 「물레방아」가 프로문학의 도식성을 탈피하려는 노력을 우리는 간파할 수 있고, 다시 그럼에도 불구하고 이 소설의 통속적 결말은 「감자」와 함께 또 하나의 패배주의로 지적되어 마땅한 것이다.

같은 시기의 소설로, 비슷한 유형의 인물이면서도 이런 패배주의를 극복한 예로 「벙어리 삼룡이」를 들 수 있다.

「감자」의 복녀와 「물레방아」의 계집, 그리고 「뽕」의 안협집까지도 그들의 욕정적인 행위가 인간의 순수한 본능적 행위로 수긍될 수 있었던 요인이 무엇일까 하는 점을 고려할 때, 그들이 모두 여자 주인공이라는 점은 하나의 단서가 된다. 본능적 욕구의 제한 또는 발산이라는 점에서 윤리적인 문제가 적용될 수 있는 범위를 우리는 먼저 떠올리기 때문이다.

이보다 앞서, 같은 예에 해당하는 작품으로 이태준의 「오몽녀」를 잠깐 검토해 보는 것도 좋겠다. 오몽녀는 여자 주인공이지만 복녀와는 달리 패배주의에 몰락한 인물은 아니다.

「오몽녀」는 1925년, 〈조선일보〉에 당선되었던 것인데, '부득이한 사정이 있어' 1925년 7월 13일자 〈시대일보〉에 발표된 이태준의 데뷔작이다. 그 '부득이한 사정'이 무엇이었는지는 알 바가 없으나, 이 소설이 발표되자 일단 관심이 집중되었던 것만은 사실이다. 같은 합평회 자리에서 나도향은 '김동인 군의 「감자」가 생각난다'면서 '구상과 기교가 그리 완숙하였다고 할 수는 없으나 서투른 점을 별로이 찾아낼 수 없다'고 했고, 양백화는 '이러한 방면에서 취재를 한 것도 현하 우리 문단에서는 한 특색'이며 '그 구상도 좋거니와 그 필치도 비교적 유창하여 성공한 작'이라 칭찬했으며, 또한 방인근도 '건실한 필치, 치밀한 묘사 구상, 현실을 예술화하는 실감을 주는 작자의 수완과 정신이 어떤 점으로 보든지 성공한 작품'이라고 입을 모아 극찬했다. 이런 칭찬의 근저를 자세히 보건대 「오몽녀」는 확실히 그 구성과 문장의 기술적인 면에 초점을 모았던 것으로 보인다.

오몽녀도 복녀와 흡사한 인물이다. 가난하고 늙은 소경인 남편 지참봉은 게으른 복녀의 남편처럼 무기력한 인물로 대비되며, 생선과 백합을 훔치러 갔다가 발각되어 정을 통한 총각 김돌은 감자를 훔치러 갔다가 발각되어 정을 통한 왕서방과 대비될 만하다. 오몽녀의 복녀와 같은 본능적 행각은 여기서부터 시작된다. 그러나 복녀의 본능적 행위가 정당성 없이 패배한 데 반하여 오몽녀는 정당성을 가진다는 점이 이 소설의 장점이다.

여기서는 오몽녀 대신 남편 지참봉이 죽는다. 「감자」에서 왕서방이 복녀 남편을 죽이지 않고 복녀를 죽인 것은 두 인물을 다 약화시킨 결과를 초래했다. 남편은 전혀 복녀의 행위에 대해서 인간적인 분노를 느껴 보지도 못하고 결국 살해 묶인을 위한 비인간적인 음모에 끌려 들어갔으니 무의미한 인간이었고, 복녀는 복녀대로 자신의 욕망을 불태우지도 못하고 죽어갔으니 무의미해져 버리고 말았다. 그러나 오몽녀는 다르다. 소경인 남편 지참봉은 남순사를 향해 분노의 화살을 쏘고, 그 분노의 화살이 두려워 남순사는 지참봉을 죽임으로써 지참봉의 질투에 관계없이 젊은 총각 김돌을 선택함으로써 자신의 본능에 정당성을 부여한 것이다.

'남순사의 첩 노릇보다는 금돌의 안해 노릇이 이름부터도 나은 것이요, 정에 들어서도 그랬다'는 오몽녀의 본능은 너무 타산적일 만큼 생생하게 살아 있음을 볼 수 있다.

「벙어리 삼룡이」의 삼룡이는 남성이다. 이 경우에도 우리는 인간의 본능적 행위로부터 순수한 미의식을 느끼는데, 그 까닭이 무엇일까 하는 점을 고려하면 다음과 같은 두 개의 요인이 작용하고 있음을 알게 된다. 그것은 그가 현실적으로 제약을 받는 인물이라는 점에서부터 비롯되는데, 그 제약이란, 다시 말하면 정상인과는 다르다는 점을 일컫는다.

첫째, 그는 육체적으로 불구자다. 말을 못하는 벙어리일 뿐 아니라, 그는 땅딸보요, 얽음뱅이요, 못생겼다. '키가 본시 크지 못하여 땅딸보로 되었고, 고개가 빼지 못하여 몸뚱이에 대강이를 갖다가 붙인 것 같다'. 걷는 모습은 마치 '옴두꺼비가 서서 다니는 것같이 숨차 보이고 더디다'.

둘째, 그는 머슴이다. 머슴이긴 하지만 경향소설의 계급의식과는 달리 주종의 대립이나 반목이 없다. 그는 진실하고, 충성스럽고, 부지런하고 세차다. 아울러 슬기롭고 조심성 있어, 행동에 실수가 없다. 그리하여 주인댁과도 화목하다는 점이 특징이다.

이와 같이 두 가지 점에서 제한된 인물이 주인댁 새색시의 아름다움을 대하자 곧 정상인과 마찬가지로 가슴 속에 살아 움직이는 감정을 이 소설은 주목하고 있다.

주인색시를 생각하면 공중에 있는 달보다도 더 곱고, 별들보다도 더 깨끗하였다. 주인색시를 생각하면 달이 보이고 별이 보이었다. 삼라만 상을 씻어내는 은빛보다도 더 흰달이나 별의 광채보다도 그의 마음이 아름답고 부드러운 듯하였다. 마치 달이나 별이 땅에 떨어져 주인 새아 씨가 된 것도 같고 주인 새아씨가 하늘에 올라가며 달이 되고 별이 될 것 같았다.74)

주인댁 색시에 대한 아름다운 환상은 삼룡이의 절대가치다. 그러 나, 문제는 그의 절대가치가 무엇인가가 아니라, 그의 감정이 제한된 상황에 갇혀 있지 않고 본능적인 자각증세를 일으켰다는 점에 있다. 그로부터 삼룡이의 타오르는 정열은 생명력을 갖는다. 일단 본능적 인 자각증세가 일어나자 벙어리요 머슴이던 사람도 주인댁 서방님의 비인간적인 요소를 깨닫게 되고, 또한 그의 아름다운 환상을 억압하 는 모든 요소에 대한 극복 의지도 생겨나게 된 것이다. 이런 의미에 서 그의 방화와 죽음의 결말은 복녀나 이방원 부부의 죽음과는 달리 정당성을 갖는다.

그는 비로소 믿고 바라던 모든 것이 자기의 원수란 것을 알았다. 그 는 그 모든 것을 없애버리고 자기도 또한 없어지는 것이 나은 것을 알 았다.75)

---

74) 나도향, 「벙어리 삼룡이」, 『신한국문학전집』, 어문각, 1972, p.458.
75) 나도향, 「벙어리 삼룡이」, 앞의 책, p.460.

여기서, '원수'라는 말도 물론 계급적 의미로서의 주인댁에 제한되어 있지는 않다. 그의 아름다운 환상의 세계를 차단하는 모든 것으로서, 이 말은 어쩌면 그가 추구하는 미적 대상을 한층 더 지고하게 만들어 주는 말인지도 모른다. 삼룡이는 그 원수를 불태웠다. 그렇게 함으로써만 그는 미적 대상을 자기 품에 끌어안을 수 있기 때문이다. 그 길은 또한 자기 자신도 불타 없어지는 길이기도 하다. 이 점에서 「벙어리 삼룡이」의 방화는 프로문학의 반항적 의미로서가 아니라 낭만주의의 환상적 의미로서의 의의를 가지는 것이다. 벙어리의 죽음이 패배로서의 소멸이 아니라, 죽음을 통한 환상의 구현이요, 인간의 획득이라고 말하는 까닭이 여기 있다.

3) 예술과 현실

김동인의 「감자」(1925.1), 나도향의 「벙어리 삼룡이」(1925.7)·「물레방아」(1925.7)·「뽕」(1925.12), 이태준의 「오몽녀」(1925.7)와 같은 소설이 서로 유사한 성격을 가지고 같은 해에 집중적으로 발표되었다는 점은 주목해 볼 만한 사항이었다. 그들이 발표된 1925년은 이 땅에 경향소설이 대두되고, 카프의 조직과 함께 프로문학의 정착으로 말미암아, 그동안 서구적 자유주의와 참인간, 참문학을 추구하던 이른바 민족주의 문학도 어느 정도 변화를 겪지 않을 수 없었는데, 그것은 다음과 같은 두 가지 현상으로 요약될 수 있었다. 첫째, 가난이라는 문제가 삶의 중요한 인식 대상으로써 대두되었다. 물론, 그들이 프로문학의 이념적 목적성까지를 인정하지는 않았다 하더라도 가난의 문제가 그들의 중요한 문학적 대상이 되었다는 점은 확실한 것이다. 둘째, 가난이라는 문제가 삶의 인식 대상으로 부각된 것은 이 시기 소설이 겪은 가장 큰 변화 중의 하나다. 앞에 열거한 작품들은 바로 이와 같은 두 가지 현상을 내포하고 있어서 더욱 주목을 끌었던 것이다.

그중에서도 특히, 나도향의 경우는 괄목할 만한 작품 경향의 변화여서 이 글은 그 점에 유의하였다. 비교적 단명한 작가이긴 하지만, 나도향의 세계는 《백조》 어름의 작품과 1924년 이후 작고할 때까지의 몇 편이 확연하게 그 경향을 달리하였다. 초기의 소아병적인 센티멘탈리즘, 후기의 현실에 착안한 리얼리즘이라고 일컬어져 온 그동안의 평가가 이 때문에 나온 결과다. 이와 같은 센티멘탈리즘의 극복은 한편, 초기의 미숙함, 후기의 성숙함이라는 말로도 대치되었는데, 이 글은 그의 성숙의 의미를 변화라는 점에서 확인해 보고자 하였다. 그로부터, 초기 신문학의 전개 과정에서 필연적으로 대두된 개인감정의 옹호가 어떤 것이었으며, 그것들이 다시 어떤 식으로 변화 또는 극복되었는가를 해명하게 될 것이기 때문이다.

검토한 바와 같이, 나도향은 문학을 통하여 가장 순수한 감정의 향유 그 자체를 노렸다. 순결이라거나, 고독이라거나, 그리움이라거나, 이런 원초적인 감정 그 자체를 예술이라고 믿고, 그는 그 안에 충일하고 싶어 했다. 「젊은이의 시절」, 「별을 안거든 우지나 말 걸」, 「옛날 꿈은 창백하더이다」와 같은 초기작을 예로 들 수 있는데, 이늘은 인간의 원초적인 예술 감정이 외부의 어떤 제도나 형식에 의해 차단되고 있다는 데서부터 비롯된 것이다. 여기서 그는, 그의 예술을 차단하는 외부 상황에 대한 도전이 아니라, 이미 차단된 상태에서 갇힌 자의 감정을 토로하는 일에만 열중하였다. 그의 초기소설이 외부 세

153

계에 대한 관찰이 아니라. 내면의 감정 토로에 불과하다고 말하는 까닭이 여기 있다. 순수만을 고집하던 그가 끝내 외부 세계와의 조화를 이루지 못할 때, 『환희』의 통속적 감정을 면할 수 없었던 것도 어쩌면 당연한 추이가 아니었던가 하고 생각한다.

그러나 곧 그의 관심은 외부 세계의 관찰로 변모된다. 「벙어리 삼룡이」, 「물레방아」, 「뽕」과 같은 빈궁과, 계급과 애욕의 세계가 그 예다. 이들은 1924년 이후, 나도향이 비록 자발적인 참여가 아니었더라도 그 시기 민족주의 문학이 어떤 식으로든지 프로문학의 영향권 안에 있었던 흔적이다. 그들은 어느새 빈궁과 계급의식을 중대한 문학적 이슈로 인정하였고 그럼에도 불구하고, 프로문학의 도식적 이념화 경향을 탈피하려는 노력이 역력했음을 주목할 만하였다.

나도향의 소설이 내면의 감정 토로를 지양하고 외부 세계를 관찰할 수 있기까지의 변화는 확실히 성장이었다. 그러나, 한편 이와 같은 변화가 프로문학의 강한 공세에 밀려 불가피한 방어적 형태로 탈바꿈했을 뿐, 그의 본래의 믿음이었던 감정 향유로서의 예술이 완전 소멸되었다는 점에서 보면, 그의 성장은 정당한 의미로서의 성숙이라 할 수가 없는 것이다. 이 점 또한, 이광수의 교조주의 문학을 극복하는 과정에서, 이 땅에 서구문학의 인간 정신과 함께 전개된 개인의 정서 또는 감정 위주의 문학이 다시 극복해야 할 문제들을 자체 내의 자각에 의거하여 처리하지 못하고 이질적인 프로문학의 공격에 밀릴 수밖에 없었던 당시 문단의 상황을 확인해 준 셈이기도 하다. 나도향의 문학적 변모를 통해 이 글은 바로 이와 같은 문학의 현상을 주목한 것이다.

4. 반어와 기교: 현진건

1) 신세대의 윤리

순수한 사랑의 감정을 표현한다는 문제는 우리나라 초기 현대문학이 당면한 가장 큰 관심거리였다. 신세대 청년들한테 그것은 서구식 자유연애라는 형태로 받아들여져서, 『혈의 누』를 비롯한 신소설의 일부로부터 『무정』까지 이미 강조된 바 있지만, 특히 1920년대 작가들한테 그것은 인간의 해방과도 같은 의미로 채택되었다. 이 시기의 소설이 아직 서사적 골격을 짜임새 있게 갖추고 있지 못한 약점은 이미 확인된 사실이다. 그러나 그런 약점에도 불구하고 한편 높이 평가하지 않을 수 없는 점은 그 시기에 팽배했던 왕성한 감정이다. 그 감정을 그들은 곧 예술이라고 믿었다.

「약한 자의 설움」(김동인), 「희생화」(현진건), 「혜선의 사」(전영택), 「유산」(이익상), 「제야」(염상섭), 「유린」(현진건), 「음악회」(민태원), 「천당과 지옥」(방인근), 「살인」(방인근), 「연의 서곡」(이익상), 「피의 무대」(박영희), 「몽영의 비애」(이동원), 「결혼전일」(박영희), 「과부」(백주), 「봉희」(최승일), 「피아노의 울림」(이동원), 「책략」(최독견), 「신혼기」(염상섭), 「해뜨는 지평선」(현진건) 등의 서툴지만 자부심 넘치는 사랑의 몸짓들이 그 예다.

이상은 그나마 신세대의 사랑 감정을 채택하고 있는 소설 가운데 여자 주인공으로 설정된 경우를 따로 구분해서 간추린 것이다. 그 가운데 염상섭은 순수한 사랑의 감정을 제시하고자 했다기보다는 오히려 그 감정을 잘못 발산하는 그 시대 청년들의 방종을 힐책하는 쪽이었고, 이익상, 박영희, 최승일의 경우는 다소 경향소설의 의도를 엿볼 수 있지만, 그 밖에 거의 모두가 이상의 범주에서 크게 벗어나지 않는다.

그것들은 주인공(protagonist)과 상대역(antagonist)의 관계에 따라 서로 얽혀있는 사건과 그로부터 파악되는 의미를 몇 가지로 대별될 수도 있다.

첫째, 여자 주인공들은 학생이거나 신여성이라는 신분을 가지고 적극적으로 자유연애를 실천하는 인물이다. '신여성'이라는 개념이 하나의 신분으로 사용되던 점도 역시 그 시기 소설의 특징일 수 있다. 자유연애는 인간 감정의 해방이요, 시대의 요구라는 명분을 지니며, 그 명분은 마침내 육체적 개방이라는 데까지 문제가 확대된다.

둘째, 그들의 상대역인 남성들은 작품 안에서 그림자와 같은 존재로서 개인의 의사나 판단이 있을 수 없다. 그들은 일단 여자 주인공들의 육체적 개방이라는 문제를 해결하기 위해 일회성의 단역을 마치고 나면 무책임하거나 방종하여 불륜이라고 지적받을 만하다. 아펠레이션(appellation)에 있어서, 그들이 특정한 이름을 부여받지 못하고 다만 영어의 이니셜(initial)로 통하곤 했던 이유도 여기 있는 것 같다. 이와 같이 상대역의 기능이 약화됨으로써 서사적 골격이 약해질 수밖에 없었던 결과는 당연하다. 스토리를 목적으로 전환시키지 못하고 평면적인 구성에 의하여 작가의 의도를 미리 화자의 입장에서 진술해 버린 점은 이들의 약점이다.

셋째, 고백체 요설이 작품의 전체를 지배할 수밖에 없는 현상이 그 때문에 생긴다. 혹은 절망의 넋두리일 수도 있고, 분연히 일어서는

제2장 '리얼'에 대한 인식과 개별화

개인의 자각일 수도 있고, 시대의 원망일 수도 있는 것들이 혹은 편지로 혹은 일기로 장광설을 펴고 있는 것이다. 이 시기의 일련의 소설을 그동안 소아병적 감상이라고 비난하던 이유가 바로 이런 장광설의 표면에 드러난 무절제한 감정 때문이었음은 말할 것도 없다.

넷째, 그 결과 여자 주인공들은 패배 의식에 사로잡히지 않을 수가 없었다. 그들 스스로가 패배를 인정할 수밖에 없는 이유는 자신의 행위가 스스로 부도덕했다고 생각하면서부터 비롯된다. 사랑하지도 않는 남자와의 연애 행위에 대한 자책(「약한 자의 슬픔」, 「유린」, 「유산」), 사랑하면서도 사랑을 고백하지 못하고 망설인 데 대한 자책(「음악회」), 구시대의 전근대적 사고에 대한 패배(「희생화」), 부르주아(bourgeois)로부터의 패배(「피의 무대」), 이런 것들이 결국은 스스로 자신의 정조를 지키지 못한 데서 나온 결과라는 것이고 그것은 마침내 부도덕이라는 점에서 극심한 자책감을 불러일으키곤 하는 것이다. 그것은 아직 그들이 진실한 사랑을 터득하지도 못한 채 신시대의 이념을 실천한다는 문제에만 급급한 데서 나온 결과였다. 진실한 사랑이 밑받침되지 못한 육체의 개방에는 언제나 윤리적인 자책이 따르기 마련이었다. 따라서 이와 같은 인물은 진정한 의미의 개인이 확립이라기보다 한낱 구시대의 윤리에 반기를 들었다는 데 의의를 부여할 수밖에 없었던 것이다.

한편, 신세대 청년들의 사랑 이야기 가운데 남자 주인공의 경우를 따로 추려냄으로써 그것들이 다시 어떤 구조적 원리를 채택하고 있는가를 확인하고, 앞서 여자 주인공의 경우와 대조해 보는 방법도 있다. 이런 유형의 소설로는 춘원의 초기 단편들을 먼저 꼽을 수도 있지만, 그것들은 또 다른 사회적 관심의 추구라는 이유로 여기서 제외

한다면 대개 다음과 같은 것들이 있다.

「오빠의 비밀편지」(이기영), 「세길로」(채만식), 「그날밤」(한병도), 「동경」(한병도), 「저승」(홍사용), 「사랑에 주렸던 이들」(이광수), 「가상의 불량소녀」(이익상), 「타락자」(현진건), 「지새는 안개」(현진건), 「까막잡기」(현진건), 「젊은이의 시절」(나도향), 「별을 안거든 우지나 말 걸」(나도향), 『환희』(나도향), 「춘성」(나도향), 「첫사랑 값」(주요섭), 「애의 만가」(박영희) 등이 그 예다. 이것들이 드러내는 공통적인 특징을 보면 다시 다음과 같은 몇 가지 조항으로 집약된다.

첫째, 그들은 학생이거나 또는 일정한 직분이 없는 지식 청년들이다. 일정한 직분이 없으면서도 신세대 지식 청년이라는 조건만으로 하나의 신분이 될 수 있는 점 또한 그 시대소설의 특징이라 할 수 있다. 그들은 '감상적'이거나 '순진'해서 '비현실적'이라고 말할 수 있을 정도로 일상적인 삶과는 거리가 먼 인물들이다.

둘째, 그들은 문학이나 미술에 뜻을 둔 예술적 감정의 소유자다. 그러나 그들이 직업인으로서의 문학가나 미술가의 어떤 면모를 보여주는 것은 물론 아니다. 다만 문학이나 미술이 공유하는 감정의 차원을 그들은 예술이라는 이름으로 옹호할 뿐이다.

셋째, 그들의 상대는 물론 신여성이나 기생이다. 그러나 그들은 앞서 살핀 주인공으로서의 여자들과는 달리 역할이 거의 정적이다. 그들은 남자 주인공들로 하여금 갈등을 일으키게 하는 행동을 전혀 행하지 않고도 다만 '여자'라는 조건 하나만으로 그 기능을 수행하는, '순진'하거나 '냉담'하거나 또는 '구시대적'이라고 말할 수 있을 만큼 그들은 수동적이다. 이와 같은 무반응의 상대역한테 품는 순진한 남성의 사랑 감정을 토로하는 내용이 이들 소설의 대부분이다.

넷째, 이런 소설이 가장 두드러지게 갖고 있는 약점은 물론 서사적 골격이 약하다는 점이다. 작중인물의 행위에 의해 스토리가 전개되지 못하고 화자의 설명에 의해 의미가 도출되는 것이다. 일기체, 고백체, 또는 편지 형식을 통하여 화자의 일방적인 감정 토로가 진행될 뿐이다. 서사적 골격이 약하고 그 대신 감정의 토로가 범람한다는 점은, 여자 주인공의 경우와 함께 이 시기 소설의 전반적인 특징이 된다고 볼 수 있다.

현진건의 소설을 검토하고자 할 때, 이와 같은 우리나라 초기소설의 일면을 간단하게나마 정리해 보는 일은 필요하다고 생각된다. 신세대 청년들의 사랑 감정은 현진건한테서도 매우 관심 있게 다루어지고 있지만 그의 경우 서사적 골격이 비교적 갖추어져 있기 때문이다. 그의 탁월한 기교를 '한국 단편소설의 조(祖)'라는 점에서 인정하려는 견해나, 그 때문에 오히려 내용이 빈약하다는 이유로 그것을 부인하려는 견해나 다 같이 이와 같은 서사적 골격을 두고 나온 말임은 물론이다.76) 현진건은 문학을 새로운 사실의 발견이라는 점에 착안하고 있지는 않다. 다만 평범한 사실들을 요령 있게 이야기할 줄 아

---

76) 많은 현진건론이 그의 기교의 우수성을 지적하고 있지만 특히 백철의 『조선신문학 사조사』(수선사, 1948, p.360.)와, 김동인의 『조선근대문학소설고』(앞의 책, p.595.)와 정한숙의 「양면의식의 허약성」, 『현대한국작가론』(고려대 출판부, 1976, p.82.)은 그 점을 수긍하면서도 한편 그것을 약점으로 지적히고 있음을 알 수 있다. 또한 그의 기교에 대한 관심은 그것이 사실주의냐 자연주의냐 하는 문제를 야기시키기도 하였는데, 조연현이 백철의 자연주의론적 견해를 비판하고 '자연주의의 전형적인 방법인 실험주의적인 해부적, 실증적 요소는 오히려 미약했던 것이며, 현실주의적인 객관적 묘사력만이 그의 세련된 기교력과 함께 뚜렷한 점을 들어 사실주의라는 결론을 내렸다. (「현진건문학의 특성과 문학사적 위치」, 『현진건의 소설과 그 시대인식』, 새문사, 1981, p.97.), 그러나 그의 사실주의적인 면을 인정하면서도 오늘날 그의 기교에 대한 연구의 방향은 오히려 반어적 구조에 더 많이 쏠리고 있는 형편이다. 김인환, 「'B사감과 러브레터'의 구조해명」, 앞의 책, 새문사, pp.90~115.), 이재철, 「교섭 전개의 반어적 구조-'운수 좋은 날'의 구조」, 앞의 책, 새문사, pp.116~121.)가 그 예다.

4. 반어와 기교: 현진건

는 기술이 그를 새롭게 탄생시켰다. 특히 결말에서의 전복적 경이적 반복이 단편소설로서의 탁월한 효과를 얻고 있음은 빙허의 새로운 발견이다. 박종화가 경탄해 마지않던 그의 '재필(才筆)'이란 것도 물론 그 타구어한 묘사력에 기인된 것이지만 따지고 보면 결말의 반전을 뭐라고 결론지어 말해야 좋을지를 모른 데서 나온 말이다.

> 그의 작풍은 어디까지든지 안상(安詳)하고 섬세하다. 그리고 또 유려하고 농염하다. 한번 어떤 물건을 붙들어 그리게 되면 속속들이까지 들추어내어 가장 핍진하게 리얼리스트의 본분을 발휘한다. 그러나 그것을 그대로 평범하게 사진 박듯 그리는 게 아니라, 예의 그 재필(才筆)을 흔들어 독자로 하여금 어느 결에 마취되었는지 모르게 그대로 "잘 지었다!" 소리를 발하게 하고야 만다.77)

현진건은 그의 문학 초창기부터 상당히 많은 관심을 끌었는데, 그 관심의 대부분이 이와 같은 표현과 묘사의 특이함에 집중되어 있었던 것이다. 따라서 그 내용도 물론 함께 주목을 끌었을 것임에 분명하지만 역시 신세대 청년들의 사랑에 대한 관심을 그도 소홀히 하지는 않았던 것 같다. 그의 첫 작품 「희생화」가 그 예다. 나이 어린 소년의 관찰자 시점으로 되어 있는 이 소설은 신세대 청년들이 진심으로 사랑하고 결혼을 약속했으나 부모의 반대로 뜻을 이루지 못하여 죽고 만다는 이야기다. 이 작품은 신세대의 진실한 사랑이 구시대의 전근

---

77) 박종화, 「문인상호인상기」, 《개벽》 44호, p.101.

대적인 사고에 의하여 차단될 수밖에 없는 시대적 비극을 다룸으로써 한층 더 절실한 사랑의 문제에 접근하고 있는 셈이다. 한편, 이 소설은 견실한 서사적 구조와 의미에 접근하고 있는 셈이다. 한편, 이 소설은 견실한 서사적 구조와 의미를 내포하고 있음에도 불구하고 '하등의 예술 양식을 갖추지 아니한……일개 무명의 산문'[78]이라고 그것을 평한 황석우의 견해가 흥미를 끈다. 그래서 그런지 현진건의 연구자들은 이 소설을 거의 도외시해 왔다. 이 작품으로 그의 작가적 위치를 말한다는 건 지극히 무의미해서 차라리 「빈처」를 그의 데뷔작으로 보는 게 옳다는 견해까지 있었다.[79] 「희생화」도 그의 작가적 위치를 알리는 데 있어서는 지극히 무의미한 것이다. 그러므로 그의 최초의 데뷔작은 차라리 「빈처」로 보는 것이 옳을 것이다. 그러나 그 뒤에 발표된 「빈처」나 「술 권하는 사회」, 「타락자」 등 많은 작품을 열거해 볼 때, 「희생화」도 같은 맥락 안에서 파악될 수 있었다. 그로부터 드러나고 있는 작가의 태도가 그 뒤에도 일관되어 나타나기 때문이다. 그 대신 「희생화」는 구태여 선·악의 대립구조는 아니지만, 『춘향전』의 사랑 이야기와 유사한 전대소설의 서사적 골격을 갖고 있다. 이 소설을 소설이 아니라고 비난한 황석우의 논리적 근거가 여기 있다.

그러나 아무리 예술형식을 갖추지 아니한 초보의 무명의 산문이라 하더라도 사실의 기록으로서는 너무 히위와 과징이 많다.[80]

---

78) 황석우, 「'희생화'와 신시를 읽고」, 《개벽》, 1920.12월호, p.88.
79) 김우종, 「'빈처'의 분석적 연구」, 『현진건의 소설과 그 시대인식』, 새문사, 1981, p.9.
80) 황석우, 앞의 책, p.88.

작가의 신변 체험기와 같이 느껴질 만큼 '사실의 기록'에 충실하면서도, '허위와 과장'을 또 지적하지 않을 수 없을 만큼 허구성을 지니고 있는 이 소설의 특징을 황석우는 이렇게 말했음이 분명하다. 장회(章回)에 따라 발단-전개-절정-대단원의 단계적 스토리를 설정하고 있는 점이 우선 황석우한테는 불만이었는지 모른다. 그것은 뚜렷한 약점으로 지적될 만큼 두드러져 나타나지도 않으면서 전체적인 분위기를 고전적인 바탕 위에 세우고 있기 때문이다.

인물의 설정에서도 그 외면묘사가 고전적이라 할 만하다. '공부를 썩 잘하고' '재조(才操)가 비범'하고, '얼굴이 잘 생긴' 남자는 그동안 춘원 이후에 배격해 온, 현대소설 주인공으로서 거부되던 인물이다. 게다가 다음과 같은 여자 주인공의 외모를 보면 얼마나 구태의연한 것인가를 짐작게 한다.

어리인 우유에 분홍물을 들인 듯한 두 뺨은 부풀어 오른 듯하고 장미 꽃빛 같은 입술이 방실 벌어지며 보일 듯 말듯이 흰 이빨이 번쩍거린다. 춘산(春山)을 그린 듯한 눈썹은 살짝 위로 치어 오른 듯하며, 그 밑에서 추수(秋水)가 맑은 눈이 웃음의 가는 물결을 친다.[81]

그들은 물론 신식교육을 받으며 자유연애를 하는 신세대 청년들이다. 그럼에도 불구하고 그 가운데 선남선녀를 채택하여 결합시키고, 시대의 역류가 그들의 사랑을 방해하여 결국 불행한 결말을 맺는다

---

81) 현진건, 「희생화」, 『신한국문학전집』 5, 어문각, 1970, p.240.

는 스토리가 고전적 형태일 수밖에 없었던 것이다. 빙허를 보는 월탄의 견해와 황석우의 견해는 이만큼 차이가 컸다.

2) 반어의 한계

그러나 곧 현진건은 「빈처」, 「술 권하는 사회」, 「타락자」, 「지새는 안개」, 「할머니의 죽음」, 「운수 좋은 날」, 「불」, 「B사감과 러브레터」 등을 발표하면서 다양한 변모를 시도한다. 그의 연보와 생애를 통해 지금까지의 작가 연구가 밝힌 그의 문학에 대한 결론은 대개 다음과 같은 것들이다.

단편 20편과 미완성 작품을 포함한 장편 4편, 한국 사실주의 작가의 전형, 한국 단편소설의 조(祖), 기교의 천재, 묘사의 절미…….82)이런 견해는 그동안 여러 차례에 걸쳐 구체적인 검토가 요구되었고, 그 결과 가장 관심 있게 다루어진 현상이 반어적 구조인데83) 이 점에서만 보아도 빙허의 문학은 내용면에서보다 기법에 치중했던 것을 알 수 있다.

실지로 김동인의 다음과 같은 지적은 그것이 무엇을 의미하는가를 다시 한번 일깨워 준다.

몹시두 아름다운(도뎌저 이미외) 경치를 보는 느낌을 우리는 빙허 진

---

82) 정한숙, 「빙허 현진건론」, 『현대한국작가론』, 고려대 출판부, 1976, pp.81-83.
83) 이재선 『한국현대소설사』, 홍익사, 1979. 「교차전개의 반어적 구조」, 『현진건의 소설과 그 시대인식』, 새문사, 1981. 김인환, 「희극적 소설의 구조원리」, 고려대 대학원, 1981.

체에서 느낀다. 조화의 극치, 묘사의 절미(絶美)-과연 기교의 절정이다.[84]

이 글은 현진건에 대한 최초의 정확한 평가로 주목되어 있다. 그 후 많은 서지적 분석적 연구가 현진건에 대한 새로운 이해를 위해 노력한 결과 그의 소설의 짜여진 틀에 관심이 집중되었고, 그 점은 역시 동인의 견해가 강력한 받침이 되어 주었음을 알 수 있다. 글의 태도로 보아 동인은 현진건한테 찬사를 삼가하고 있는 것 같다. 내용의 빈곤을 탓하는 대신 형식의 우수성을 드러내 주는 정도에 지나지 않았다. 다시 그 뒷부분을 본다.

그는 '사람'을 보고 '사건'을 보았지만 '인생'을 못보고 '생활'을 못보았다. 그는 유동하는 인생을 그리려 하지 못하고 정적 사건과 정적 인물을 그리려 하였다. 그의 인물에는 성격의 발달이 없다. 사람으로서의 감정과 흥분이 없다.[85]

김동인이 일찍이 선언했던 '인생', '생활'에 대한 자각은 이미 검토한 바 있다. 사람으로서의 감정과 흥분을 그는 가장 살아 있는 인간으로 간주했다. 그리고 그 공격 대상을 그는 이광수로 삼았었다. 인간으로서의 감정과 흥분과 개성과 같은 것들을 통제할 수 있었던 고전주의적 인물을 그는 춘원한테서 발견하고, 김동인은 그로부터 투

---

84) 김동인, 『한국근대소설고』, 『동인전집』 8권. 홍자출판사, p.595.
85) 김동인, 앞의 책, p.595.

쟁적인 문학적 태도를 발휘하였다. 그 결과 자신을 포함한 도향까지의 문학에서 새삼 빈혀를 발견했을 때, 그는 어쩌면 한국 현대소설의 역사가 흐름을 거꾸로 하고 있다는 느낌을 받았을지도 모른다.

「빈처」, 「술 권하는 사회」, 「타락자」와 같은 작품 안에 설정된 고전주의적 작은 영웅들을 대할 때 동인으로서는 당연한 평가일 수 있다.

첫째, 그들은 지적인 우월감에 차 있는 남편과 무식한 아내를 대조시킴으로써 보수적인 가정의 소영웅주의를 채택하는데, 이 점은 확실히 김동인이 그동안 이룩해 놓고 자부하던 업적에 역행하는 태도 중의 하나다.

막벌이꾼한테 시집을 갈 것이지, 누가 내게 시집을 오랬소! 저따위가 예술가의 처가 다 뭐야![86]

아아, 유위유망(有爲有望)한 머리를 '알코올'로 마비 아니 시킬 수 없게 하는 그것이 무엇이란 말이오.[87]

나도 공부할 적에는 모범적 학생, 유망한 청년이란 칭찬을 들었었다. 기실 그것이 허예(虛譽)는 아니었다. 남들은 '히비야' 운동장에서 뛰고 천초구(淺草區) 놀이터에서 정신을 잃을 때에도 나는 한 자라도 알려 히며 두 자라도 배우려 하였다. 나는 공일도 모르고 휴일에도 쉬지 않았

---

86) 현진건, 「빈처」, 앞의 책, p.159.
87) 현진건, 「술 권하는 사회」, 앞의 책, p.172.

었다. 나의 유일의 벗은 저 책뿐이었다.88)

　이상의 인용문에서 주목되는 것은 전대의 선비와 오늘의 예술가를 동일시하고 있다는 것이다. 동인 이후의 한국 현대소설은 어떤 점에서 선비 의식을 배제하고 예술정신을 일깨우는 일이었다고 말해도 과언은 아닐 것이다. 동인의 오만이란 것도 어디까지나 예술가적 태도에 기인되었음은 말할 것도 없다. 이런 점에서 볼 때, 빙허는 이와 같은 의미의 현대소설에 어느 정도 정열을 가지고 있었던가가 의문이고, 나아가서 그의 문학적 발상이 전적으로 자국적 또는 보수적이라고까지 지적해 두고 싶은 것이다.

　둘째, 그의 가정으로부터의 소영웅주의는 다시 사회 속의 소영웅주의로 이어지고 있다. 그 결과, 자국적이고도 보수적인 선비 의식은 빈곤과 역경을 당면한 현실문제로 바라보지 못하고 일종의 미덕으로 간주하려는 태도를 드러내기도 하는데, 그 점은 다시 빈부(貧夫)로서의 선비, 부자로서의 속물과 같은 등식을 설정할 수밖에 없었던 것이다. 그의 괴로움은 항상 나 외에 다른 사람들이 잘못을 저지르기 때문에 생긴 것이라고 그는 생각한다. 그리고 그 잘못된 사람들을 내려다보는 위치에 서 있을 때 나는 언제나 작은 영웅이 되곤 한다. 그 점은 서로 상대적인 성격을 대립시킴으로써 이뤄진다. 학식이 많은 남편에 대하여 전혀 학식이 없는 아내의 대조, 전혀 세상 물정을 모르는 선비에 대하여 이해타산이 밝은 속물의 대조, 조국과 민족을 위

---

88) 현진건, 「타락자」, 앞의 책, p.176.

해 고민하는 청년지사에 대하여 파당과 사리사욕만을 노리는 반민족 주의자의 대조, 이런 상대적인 의미들이 반어적 구조를 이룸으로써 그는 적절한 효과를 얻어낼 수 있다고 믿는 것이다.

T는 따라 들어와 물가 폭등에 대한 이야기며, 자기의 월급이 오른 이야기며, 주권(株券)을 몇 주 사두었더니 꽤 이익이 남았다든가, 각 은 행 사무원 경기회에서 자기가 우월한 성적을 얻었다든가, 이런 것 저런 것 한참 이야기하다가 돌아갔었다.[89]

나는 보수(報酬) 없는 독서와 가치(價値) 없는 창작으로 해가 지며, 날 이 새며 쌀이 있는지 나무가 있는지 망연케 몰랐다.[90]

윗글에 나타난 내용으로만 보면 T는 대단히 변변한 인물이고 나는 변변치 못한 인물이다. 그러나 다시 진정한 행복이 어디에 있는가를 물을 때, 나와 T의 위치는 정반대로 역전이 되어버리고 만다.

처형의 남편이 이번 그 돈을 딴 뒤로는 주야 요리점과 기생집에 돌아 다니더니 일전에 어떤 기생을 얻어가지고 미쳐 날뛰며 집에만 들면 집 안사람을 들볶고 걸핏하면 처형을 친다 한다. 이번에도 별로 대단치 않 은 일에 처형에게 밥상으로 냅다 갈겨 바로 눈 위에 그렇게 멍이 들었 다 한다.

89) 현진건, 「빈처」, 앞의 책, pp.158-159.
90) 현진건, 「빈처」, 앞의 책, p.160.

"그것 보아, 돈푼이나 있으면 다 그런 것이야."

"정말 그래요. 없으면 없는 대로 살아도 의좋게 지내는 것이 행복이야요."

아내는 충심으로 공명해 주었다. 이 말을 들으매 내 마음은 말할 수 없이 만족해지면서 무슨 승리나 한 듯이 득의양양하였다. 그리고 마음 속으로 '옳다, 그렇다. 이렇게 지내는 것이 행복이다.' 하였다.91)

물질적인 행복이 얼마나 허망한 것인가를 제시함으로써 상대적으로 물질적 빈곤이 보상받을 수 있는 위안의 통로를 마련하고 있는 이런 반전의 기교는 빙허 소설의 특징이다. 그럼에도 불구하고, 이와 같은 시각이 어느 정도 시대와 사회의 변동에 보조를 같이하고 있느냐를 따질 때 「빈처」는 비판적일 수밖에 없는 것이다.

「술 권하는 사회」에서도 이런 선비 의식 권위의식은 당면한 현실 문제를 사회적 공동관심사로 확대하지 못하고 다만 고전주의의 권위와 자만에 빠져 있게 한다.

적이 정신이 바루 박힌 놈은 피를 토하고 죽을 수밖에 없지. 그렇지 않으면 술 밖에 먹을 게 도무지 없지. 나도 전자에는 무엇을 좀 해보겠다고 애도 써보았어. 그것이 모다 수포야. 내가 어리석은 놈이었지. 내가 술을 먹고 싶어 먹는 게 아니야. 요사이는 좀 낫지마는 처음 배울 때는 마누라도 알다시피 죽을 애를 썼지. 그 먹고 난 뒤에 괴로운 것이

---

91) 현진건, 「빈처」, 앞의 책, p.165.

야 겪어본 사람이 아니면 알 수 없지. 머리가 지끈지끈 아프고 먹은 것이 다 돌아 올라오고-그래도 아니 먹은 것보담 나았어. 몸은 괴로워도 마음은 괴롭지 않았으니까. 그저 이 사회에서 할 것은 주정꾼 노릇밖에 없어.[92]

술에 관한 논리는 그 술이 갖는 속성만큼의 아이러니를 내포한다. 현진건이 채택한 술의 속성 가운데 하나는 망각이라는 점이다. 절대 망각이 필요할 정도로 심각한 문제이면서도 망각되어 지지 않는 당면문제를 사회가 안고 있다는 역논리와 끝내 술을 마실 수밖에 없는 이 소설의 결말이 역논리에 의해서 정당성을 확립하는데, 이 점에 착안한 빙허 소설의 반어적 구조는 주목할 만하다. 그러나 그의 반어는 인생이나 사회의 근본문제로부터 야기된 역논리의 발견이 아니라, 작품의 내적 질서를 확립하는 수단으로 채택된 구조적 방편이라는 데 한계가 있다. 그 결과 「운수 좋은 날」·「불」·「B사감과 러브레터」 등, 비교적 후기의 허구적 요소가 짙은 작품에서 아이러니는 더욱 심하게 나타나는데 그 기미는 초기 「빈처」·「술 권하는 사회」에서부터 이미 나타나기 시작한다. 아이러니가 거두는 결말의 경이적 반전 현상을 두고, 기술만 눈여겨본 박종화는 경탄을 하였으며, 그 속에 인생과 생활이 들어 있기를 바라던 김동인은 비난을 하였다.

그러나 이와 같은 일련의 반어적 형태는 이 땅에 경향문학이 확립되어 가던 시기와 때를 같이하면서 나타났다는 점에 유의할 때, 더욱

....
92) 현진건, 「술 권하는 사회」, 앞의 책, p.173.

의의가 크다. 빙허의 소설은 그 성격에 따라 그동안 다음과 같은 세 가지 계열로 구분되어 검토된 바 있다. 「희생화」·「빈처」·「술 권하는 사회」·「타락자」 등과 같이 작자 자신의 신변체험적인 색채가 짙게 나타나는 작품과, 「운수 좋은 날」·「불」·「피아노」·「B사감과 러브레터」 등과 같이 허구적인 요소가 짙은 작품과, 그리고 『적도』·『무영탑』·『흑치상지』 등과 같은 신문연재 장편소설들인데, 그 가운데 두 번째 계열의 작품을 우리는 주목할 필요가 있다. 천이두와 윤병로는 신변체험소설, 순객관소설, 간접적 현실소설이라는 뜻으로 3계열을 구분하고 있다.93) 요컨대 신변 체험기를 주로 쓰던 초기로부터 이 시기엔 타인의 체험을 주목하고 그것을 자기의 소설 안에 끌어들이기 시작했던 것이다. 그리고 그 체험은 가난과 노동과 힘겨운 삶에 바탕을 두고 있다는 점에서 초기소설의 지식인다운 체험과는 성격을 달리한다. 그 결과 작중인물의 신분은 아주 사소하고 버림받은 계층으로 변모해 가고 있음은 물론이다. 가난과 병마에 시달리면서도 당장 살아남기 위하여 죽어가는 생명을 보살피지 못하는 「운수 좋은 날」의 김첨지나, 육체적 노동과 전근대적 시집살이를 견디지 못하여 마침내 자기 방에 불을 질러 버리고 마는 「불」의 순이가 대표적인 예에 해당하지만, 「피아노」의 젊은 부부나 「B사감과 러브레터」의 B사감도 지식인에 대한 시각이 전도되었다는 점에서는 같은 유형의 인물이다. 「피아노」의 젊은 부부는 신식교육을 받은 인텔리다. 결혼을 해서 새 가정을 꾸미는데, 그들은 젊은 인텔리답게 피아노가 있어

---

93) 천이두, 「음산하고 비참한 조선의 얼굴」, 『현진건의 소설과 그 시대인식』, 새문사, 1981, p.48. 윤병로, 「현진건론」, 《현대문학》, 1956.3.

야겠다고 생각한다. 비싼 돈을 들여 피아노를 사지만, 그들은 아무도 피아노를 칠 줄 모른다. 「빈처」나 「술 권하는 사회」의 나처럼 지적인 우월감이 작용하던 초기소설의 주인공들과는 달리 젊은 지식인들이 안고 있는 허영심의 일면을 비판적으로 주목하던 점이 큰 변모로 지적된다. B사감도 마찬가지로 표면에 드러난 사감다움과는 달리 못나고 비겁하고 열등감에 차 있다. 인간의 우월한 면에 주목하던 초기의 눈이 인간의 작고도 사소한 면에 쏠리고 있음은 주목할 만하다. 그의 우월감이 형식적이고도 위선적이라고 지적되던 데 비해 훨씬 진실에 접근하고 있다고 말할 수 있는 것이다. 특히 이즈음의 일련의 소설은 기법에 있어서 적극적인 반어적 수법을 채택하고 있는데, 이 경우 아이러니가 과연 효과적이었던가 하는 점에 대해서는 검토해 볼 여지가 많다. 가령, 「운수 좋은 날」의 가난과 그 가난 때문에 죽어가는 마누라와 그것을 건져내야 할 처지에 있는 인력거꾼 김첨지의 상황과 행동을 대조해 볼 때 특히 그러하다.

조밥도 굶기를 먹다시피 하는 형편이니 물론 약 한 첩 써본 일이 없다. <u>구태여 쓰려면 못 쓸 바도 아니로되 그는 병이란 놈에게 약을 주어 보내면 재미를 붙여서 자꾸 온다는 자기의 신조에 어디까지 충실하였다.</u>[94]

밑줄 친 부분의 농담은 그의 심각한 상황에 비추어 볼 때 전혀 심

[94) 현진건, 「운수 좋은 날」, 앞의 책, p.217.

각성을 상실하고 만다. 이 점은 앞에서 살핀 작가 특유의 아이러니적 문장심리가 습관적으로 토로된 데 불과할 뿐, 그가 현실과는 전혀 밀착되어 있지 못하다는 점을 입증한다. 「운수 좋은 날」이 결국 운수 나쁜 날이 되고 마는 역논리는 경쾌한 아이러니. 현진건의 문학세계를 대표할 만한 이 아이러니 수법은 이와 같이 경이적인 전복적 결말에 의존한다. 그러나 그것은 앞에서 지적한 바와 같이 생활의 본질에 밀착되어 우러나지 못하고 다만 작품의 내적 질서를 순간적으로 전복시킨 데에 불과하기 때문에 「피아노」나 「B사감과 러브레터」와 같이 순간적인 감정을 포착하는 데엔 효과적이지만, 「운수 좋은 날」과 같이 어둡고 무거운 삶의 이야기엔 걸맞지 않다는 결론을 내릴 수도 있는 것이다.

비록 아이러니가 아니라도, 그의 재기를 믿는 데서 나온 '빛나는 문장과 섬세한 묘사'는 때로 이 무거운 삶의 소재를 다룰 때마다 걸맞지 않은 경우가 많다.

「불」의 순이를 보면 더구나 그렇다. 순이는 나이 어린 소녀로서, 맏며느리로 시집을 갔고, 심한 노동과 시어머니로부터의 시집살이와 남편으로부터의 성욕에 시달림을 받는, 요컨대 삶의 현장을 다룬 소설이다. 이런 생활 속에 펼쳐지는 작가 특유의 '치밀한 묘사'는 오히려 전체의 균형을 깨뜨리는 결과가 되기도 하였다.

이런 가운데 저 혼자 깨었다는 듯이 시내는 똘똘 소리를 치며 흘러간다. 과연 가까이 앉아서 들여다보니 새말간 그 얼굴은 잠 하나 없는 눈동자와 같다. 순이는 퐁하며 바가지를 넣었다. 상처가 난 데를 매우려는 듯이 사방에서 모여든 물이 바가지 들어갔던 자리를 둥글게 에워싸며 한동안 야료를 치다가 그리 중상은 아니라고 안심한 것같이 너르게 너르게 둘레를 그리며 물러나갔다. 순이는 자꾸 물을 퍼내었다.[95]

초기소설에서 흔히 기교의 우수성으로 인정되던 현진건의 장면 묘사에 대한 관심은 후기까지 그것이 변모되지 않고 이어질 때 한편 약점이 될 수도 있다. 앞에서 인용한 「불」의 경우가 그 예다. 1920년대 당시의 조혼이 빚는 인간성의 침해는 이 작품이 포착한 중대한 문제였다. 나이 어린 소녀를 억압하는 시집살이의 제도와 심한 육체노동과 위압적인 성욕은 인간의 순수를 침해하는 전근대적인 요소임에 틀림없었다. 그 점에 착안하여 작가의 사회적 관심을 확대해 나가던 가운데, 불쑥불쑥 감상적인 장면의 묘사가 개입하곤 하는 점은 아무래도 초기의 습관이 잔재한 결과로써 그의 약점으로 지적되지 않을 수 없는 것이다.

그럼에도 불구하고 현진건의 관심 가운데 1920년대 사회의 전근대적 요소를 어떻게 주목하고 있었던가 하는 점은 가장 큰 문제라고 할 수 있다.

제 불행은 제 손으로 맨든 것입니다. 그러나 우리가 오늘날 이렇게 된 것이 당신의 잘못도 아니고, 저의 잘못도 아니야요. 그 묵고 썩은 관습이 우리를 이렇게 맨든 것입니다.[96]

---

95) 현진건, 「불」, 앞의 책, p.225.
96) 현진건, 「희생화」, 앞의 책, p.249.

「희생화」의 일절이다. '묵고 썩은 관습'이 잔존해 있는 현실을 보기 시작한 것은 이미 「희생화」에서부터이다. 그로부터 「불」에 이르기까지 그는 반어적인 구조를 보다 확실하게 채택해 가면서 시대와 사회의 모순된 점을 지적하기에 열심이었던 것이다.

3) 『무영탑』의 미학

『무영탑(無影塔)』은 빼앗긴 조국으로부터 민족혼을 불러일으키고, 이 땅의 참예술을 진작시키기 위하여 현진건이 고심참담하여 쓴 장편소설이다. 그것은 일제 말기인 1930년대 후반에 발표되지만, 작가인 현진건은 1920년대 초에 이미 한국 사실주의 문학의 선구자로 널리 알려진 바다.

불국사의 석가탑을 조성할 당시, 석공(石工) 아사달을 중심으로 벌어졌던 슬프고도 아름다운 사랑 이야기가 그 안에 담겨 있으며, 그를 통한 예술적 감흥과 민족적 정기를 고취시키고 있다.

신라 경덕왕 때 일이다. 아사달이라는 가난한 석공이 백제 땅에 살고 있었다. 경주 불국사에 삼층석탑을 조성한다는 말을 듣고, 그는 사랑스런 아내와 헤어져 신라로 건너간다. 아내 아사녀는 그가 존경하는 스승의 딸이다. 경주에는 이찬(伊飡) 유종(庾宗)의 딸인 주만이라는 아가씨가 있었다. 주만은 아사달의 인간과 예술에 탐닉하게 되고, 그들은 사랑에 빠져버리고 만다.

주만 아가씨를 사랑하는 두 사내가 있었다. 당나라 유학생으로 세도가 당당한 금성, 그는 주만과 결혼하고 싶어 하지만 당학파(唐學派)라는 이유로 주만의 부모가 반대한다. 국선도(화랑도)를 숭상하는 경신, 주만의 부모는 주만이 장차 이 청년과 결혼하기를 바란다. 그러나 주만의 아사달에 대한 사랑은 예술적이고도 세속을 초월한 것이다. 경신이 그 점을 알고 주만의 모든 것을 이해하기에 이른다.

당학파와 국선도와의 대립은 통일신라시대의 사회상이다. 그 당학파를 배격하고 국선도를 옹호한 점은 작가의 민족주의 정신을 반영한 사례다. 마침내 아사녀가 아사달을 찾아 신라로 건너간다. 불국사에 가서 아사달과 만나 줄 것을 간청하지만, 신성한 일에 아녀자가 나타날 수 없다는 이유로 거절을 당하고 만다.

'그림자못(影池)'이라는 전설적인 연못이 있었다. 이 세상에 그리운 것은 모두 그 물 위에 비친다고 전한다. 아사녀는 그 물가에 가서 아사달의 그림자를 보기로 한다. 오래 기다렸지만 그림자는 나타나지 않았고, 아사녀는 연못 속에 몸을 던져 죽는다. 뒤늦게 아사달이 알고 물가로 달려간다. 아사녀는 죽은 지 오래였고, 다만 아사녀의 아름다운 환영이 떠오를 뿐이다. 그 아름다운 환영을 돌에 새기니, 그것이 곧 사랑이요, 인간이요, 예술인 것이다.

아사달의 내면세계는 원불(願佛)이었다. 아사달을 향한 주만의 구애도 원불이었다. 그 원불을 통한 예술적 감흥과 인간의 고결한 사랑과 민족적 정기를 이 소설은 구현하고자 한 것이다.

현진건은 『무영탑』에서 우리 정서의 공간적 배경을 발견, 역사적 상황과 개인적 상황의 이이리니 속에서 길등했던 한 석공의 삶 속에 불교와 무속적 신념이 응어리진 우리의 민족적 정서를 담은 것이다.

5. 근대 초기소설의 가정교사와 연애풍속

1) 가정교사라는 직업

한국 현대소설의 작중인물에 나타난 맨 처음 직업은 가정교사였다.『무정』의 이형식을 두고 하는 말이기는 하지만, 그 앞뒤 사오 년간을 곰곰이 살펴보아도 그 밖에 다른 직업은 발견되지 않는다. 학생, 가난한 선비, 예술가 지망생 혹은 무직 등 근대문학 초기에 나타난 작중인물들은 어떤 식으로든지 자신의 신분증을 갖고는 있었다. 그러나 이들 신분은 사용자와 피사용자 사이에 맺어진 어떤 계약 관계가 아니기 때문에 엄밀한 의미에서 직업은 아니었다. 그들은 말하자면 직업으로부터 자유로운 인물들이다. 이 가운데 가정교사는 사용자와 피사용자의 관계가 형성되었으며, 따라서 이 일은 하나의 직업이라 말할 수 있다. 이와 같은 계약 관계에 의한 직업이 맨 처음『무정』에서 시작되었고, 그것이 가정교사라는 형태로 나타났다는 점에 착안하여 이 글은 가정교사를 주목하기로 한다. 더구나 이 가정교사는 이광수에 이어 김동인의 첫 번째 소설「약한 자의 슬픔」에 다시 나타난다. 그 해가 1919년이니까,『무정』의 1917년으로부터 2년 뒤의 일이다.『무정』에다가「약한 자의 슬픔」까지를 함께 아울러 한국 현대소설에 나타난 가정교사 생활의 풍속을 살펴보기로 한다.

『무정』에서 이형식의 정업(正業)은 경성학교 영어교사였다. 교사로서 김장로의 딸 선형에게 매일 한 시간씩 영어를 가르치는 일을 하는데, 그의 가정교사란 이 때문에 생긴 부업으로서의 직업이었다. 요즘 시속의 말대로라면 '아르바이트'인 셈인데, 그래도 한국 현대소설에 나타난 최초의 직업을 교사라고 하지 않고 가정교사라고 말하는 까닭은 『무정』의 전체 스토리가 교사 아닌 가정교사로서 진행되는 내용이기 때문이다. 『무정』은 원래 두 개의 주된 스토리 라인으로 구성되어 있다. 하나는 '이형식-김선형-김장로'로 이어지는 인물 구도이고, 또 하나는 '이형식-박영채-박진사'의 인물구도이다. 이밖에 '김병욱-박영채', '이형식-배명식 · 김현수', '박영채-함교장 · 월화'와 같은 삽입구조가 들어있기는 하지만 그래도 그 주된 이야기는 단연 앞의 두 라인이며, 가정교사 이야기는 그중에서도 '이형식-김선형-김장로'와의 관계에서만 이루어진다. 그 관계란 아르바이트생과 학생과의 관계이며, 그 때문에 『무정』의 주된 스토리는 아르바이트생의 이야기라고 할 수 있다. 이형식이 교사이니까 무정도 교사 이야기일 것 아니냐 하면 그건 아니다. 이형식은 경성학교 영어교사이면서 아르바이트생인데, 무정은 그 가운데 아르바이트생으로서의 이야기인 것이다.

김동인의 「약한 자의 슬픔」에서도 이 점은 마찬가지였다.

'가정교사 강 엘리자벳드는 가르침을 끝낸 다음에 자기 방으로 돌아왔다.'(p.320)[97]로 시작되는 「약한 자의 슬픔」도 보다시피 작중인물이 하는 일은 '가정교사'였다. 그러나 그녀의 경우도 가정교사는 부업이다. 원래 그녀는 R학당에 재학 중인 여학생이있다. 그러니까 본업은 학생이고, 가정교사는 부업인 셈인데, 더구나 이 소설의 내용

---

[97] 김동인, 「약한 자의 슬픔」, 『신한국문학전집』 2, 어문각, 1973. 이후 인용문은 괄호 안에 쪽수만 표기함.

은 전체가 부업인 가정교사의 상황을 중심으로 전개되는 것이다. 강 (이하 엘리자벳드 생략)은 지금 R학당에 재학 중인 학생으로서 'K남작의 집에 유(留)하면서 오후에는 그 집 아이들에게 학과의 복습을 시키고 있었다.'(p.320) 요즘 세태에 비추어 말한다면 그는 시간제가 아니라 입주형(入住型) 아르바이트인 셈이다. 강의 입주형은 이형식의 시간제와 비교해볼 때 모든 면에서 확연히 구분된다. 정해진 시간 동안에만 가르치고 배우는 행위가 이루어지고, 가르친 만큼만 보수를 받고(금전적인 보수를 받았다는 기록은 없지만, 그만큼의 인격적 대우를 받은 건 확실하다), 마치고 집으로 돌아오면 그뿐인 이형식의 시간제와 달리, 강의 입주형은 그 집에서 식사를 하고 잠을 자면서 아이들을 돌보아야하기 때문에 그 위상이 보다 종속적이었다. K남작이 강과 벌이는 일련의 연애행위도 말하자면 이와 같은 주종 개념의 관계가 야기한 불륜에 해당된다고 볼 수가 있다.

가정교사 다음으로, 한국 현대소설에 나타난 계약 관계로서의 직업은 머슴이었다. 이 말은 1925년의 「벙어리 삼룡이」를 두고 하는 말인데, 그전까지 가정교사를 제외하고는 이렇다 할 직업이 없는 상태에서 처음 나오는 직업이기 때문에 그를 일단 주목하지 않을 수 없었다. 사실 머슴이라는 직업은 고전소설에서나 신소설에서 우리 눈에 많이 익숙한 직업이기는 하다. 그러나 그들은 대부분 선·악의 유형적 인물 가운데 주로 주인에게 종속된 기능적 인물로만 등장했을 뿐, 정작 현대소설의 작중인물로서는 '삼룡이'가 처음이었다. 확실히 「벙어리 삼룡이」는 머슴과 주인집 새아씨와의 신분을 뛰어넘는 아름다운 사랑 이야기를 통하여 근대 초기소설이 의도하는 연애문제를 성실히 수행하였다. 머슴은 그것이 비록 현대소설의 직업으로 재등장했다 하더라도 예로부터 전해 내려오는 농경사회의 전통적인 직업이었음은 분명하다. 그것이 현대소설에서 새로운 시대의 머슴으로 재등장하는 것과 마찬가지로 가정교사도 어쩌면 새로운 시대에 다시 태어나는 지식노동자의 모습이 아닐까, 우리는 그 가정교사에게서 옛 농경시대의 머슴의 면모를 보게 되는 것이다. 『무정』에서 가정교사 이형식이 벌이는 연애, 「약한 자의 슬픔」에서 가정교사 강엘리자벳드가 벌이는 연애, 그리고 「벙어리 삼룡이」에서 머슴 삼룡이가 벌이는 연애를 볼 때 그런 생각은 더욱 분명해진다. 그들은 가르치는 일보다 연애에 더 열중하였다. 그렇지만 가르치는 일이 없었다면 연애도 불가능하였다. 가르치는 일 가운데 연애가 있었다. 지식을 가르치는 일과 연애, 노동과 연애, 그리고 그 상관관계를 우리는 주목할 필요가 있다.

2) 연애와 풍속도

『무정』에서, 이형식이 가정교사 수당으로 얼마를 받았는지, 그 흔적은 아무 데도 없었다. 그렇다고 수당을 받지 않았다든가, 받지 않기로 했다는 근거라도 있느냐 하면 그것도 아닌데, 이 말은 그의 가정교사가 처음부터 경제수단의 차원에서 시작된 일이 아니라, 다른 목적을 갖고 시작된 일이었음을 시사한다.

먼저, 이형식이 처음 김선형을 만나러 갈 때를 보면 그것은 교사가 학생을 가르치러 가는 모습이 아니다. 그는 '독신'이고, 더구나 '남의 여자와 가까이 교제하여본 적이 없는' '순결한 청년'이고, '그래서 젊은 여자를 대하면 자연 수줍은 생각이 나서 얼굴이 확확 달며 고개가 저절로 숙어진다.'[98])는 말을 유난히 강조하는 것만 보아도 이 점은 분명하다. 그는 '개인교수'를 하러 가지만 '교제'를 염두에 두고 있음이 뻔하다. '나는 가르치는 자요, 너는 배우는 자라. (중략) 그것은 그러려니와 교수하는 방법은 어떻게나 할는지.' 이런 염려는 가정교사의 일면이다. 그러나 그 '교수하는 방법'이란 것도 알고 보면 가르치는 '내용'이 아니라 두 사람 '관계'를 어떻게 설정할 것인가 하는 문제라는 걸 곧 알게 되는데, 이것으로써 우리는 그의 가정교사가 연애 쪽에 많이 치우쳐 있음을 실감한다. '가운데 책상을 하나 놓고, 거기 앉아서 가르치는' 건 가정교사이지만, 그러면 '입김과 입김이 마주칠' 것이고, '저편 히사시가미가 내 이마에 스칠' 것이고, '무릎과 무릎이 가만히 마주 닿기도 할' 거라는 그것은 분명한 연애감정이다.

다음, 이형식의 가정교사가 개인교수가 목적이 아니라 연애가 목적이었다는 사실은 이형식이 신우선과 만났을 때 또 한 차례 밝혀진다. '어떤 사람인데 개인교수를 받어?'라고 신우선이 묻는 말에 이형식이 준 대답은 뜻밖에도 '여자야.'였다. '허허, 그가 유명한 미인이라데. 자네 힘에 웬걸 되겠나마는 잘 얼러보게.'라는 신우선의 조크도 조크려니와 '미인이란 말도 듣기 싫지 아니하거니와, 약혼이라 인게이지먼트라는 말이 이상하게 기쁘게 들린다.'던 이형식은 더구나 연애감정이다. 이후 두 사람의 연애는 스토리 전개에서 보는 바와 같다. 중간에 라이벌 박영채가 등장함으로써 그들의 연애는 몇 차례 우여곡절을 겪지만 끝내 결혼하여 행복한 결말을 맺는 것이다.

---

98) 이광수, 『무정』, 『신한국문학전집』 1, 어문각; 1973. p.2. 이후 인용문은 괄호 안에 같은 책 쪽수만 기록함.

제2장 '리얼'에 대한 인식과 개별화

가정교사이면서 연애에 열중하기는 「약한 자의 슬픔」의 강엘리자벳드도 마찬가지였다. 강의 연애는 두 가지 형태로 나타난다. 하나는 K와의 본능적인 성애(性愛), 또 하나는 이환과의 순수한 동경(憧憬), 강의 연애는 이 두 개의 서로 다른 형태가 교차하는 지점에 서 있는데, 그 가운데 강의 운명을 좌우하는 연애는 K와의 성애였다. 이때 강은 이환과의 순수한 동경이 진짜 사랑이고, K와의 성애는 거짓 사랑이라고 믿었다. 그럼에도 불구하고 강은 언제나 거짓 사랑에 몰두하였고, 그 결과 그녀의 운명은 파국으로 끝이 났다. 「약한 자의 슬픔」은 결국 거짓 사랑을 한 사람들의 파국적인 연애였다. 강이 가정교사로서 아이들과 함께하는 장면은 전편을 통해 딱 두 번밖에 제시되지 않는다. 그 밖에 그녀의 모든 사고와 행동은 연애와 연결되어 있었다. 방안에서는 늘 '혼자 있는 것 같아' '무한한 적막'을 느꼈고, 밖에 나가면 '여학생 간에 유행하는 보법(步法)으로 팔과 궁둥이를 전후좌우로 저으면서' 걸었고, 생김새도 그녀는 '그리스 조각을 연상시키는 뺨과 목의 윤곽'을 가진 미인으로 묘사되었다. 그런 그녀의 일과는 '아침 깨어서는 학교에 가고, 하학 후에는 아이들과 마주 놀고, 자고, 다만 전보다 변한 것은 평균 일주 이회의 남작의 방문을 받는 것이었다.' 이후 두 사람 연애는 스토리 전개에서 보는 바와 같다. 『무정』과 달리 「약한 자의 슬픔」은 사랑이 없는 환락과 애욕으로 가득 차 있었고, 이형식과 달리 강엘리자벳드느 이상이 없는 본능의 길을 걸었으며, 『무정』의 해피엔딩과 달리 이 소설의 결말은 결국 파국으로 치닫고 만 것이다.

「벙어리 삼룡이」의 머슴도 연애에 열중하였다. 그의 연애는 머슴과 주인집 새아씨 사이에 걸쳐 있었다. 머슴과 주인은 원래 짐승과 사람으로 비유될 만큼 접점(接點)을 찾을 수 없는 먼 거리의 관계였다. 그럼에도 불구하고 이 소설은 그 '짐승'과 '사람'이 하나의 접점을 찾아가는 아름다운 사랑 이야기가 되었다. 그것은 「약한 자의 슬픔」에서 사랑하지만 서로 사랑한다는 말을 못 한 채 짝사랑으로 끝나버린 강의 파국과 대조적이라는 점에 큰 특징이 있다. 그가 사랑에 눈뜰 때를 보면 이형식이 처음 김선형을 만나러 갈 때와 흡사하다. '스물세 살이 될 때까지 그는 이성과 접촉할 기회가 없었으며' '결코 사랑으로써 어떠한 여자를 대해본 일은 없었다.'[99] 그런데 그해 주인의 아들이 장가를 들고, 그 색시로부터 머슴은 아름다운 사랑을 발견한다.

주인 색시를 생각하면 공중에 있는 달보다도 더 곱고 별들보다도 더 깨끗하였다. 주인 색시를 생각하면 달이 보이고 별이 보이었다. 삼라만상을 씻어내는 은빛보다도 더 흰 달이나 별의 광채보다도, 그의 마음이 아름답고 부드러운 듯하였다. 마치 달이나 별이 땅에 떨어져 주인 새아씨가 된 것도 같고, 주인 새아씨가 하늘에 올라가면 달이 되고 별이 될 것 같았다.[100]

그러나 새아씨의 이와 같은 아름다움이 새서방한테 훼손되고, 그 아름다움이 훼손당하는 것을 바라보는 벙어리는 세상에 대해 어떤

---

99) 나도향, 「벙어리 삼룡이」, 『신한국문학전집』 5, 어문각, 1978. 이후 인용문은 같은 책 쪽수만 기록함.
100) 나도향, 「벙어리 삼룡이」, 앞의 책, p.458.

제2장 '리얼'에 대한 인식과 개별화

알지 못할 의혹을 품게 되는데, 그것이 곧 새아씨에 대한 사랑이었다. '감히 손도 대지 못할 만큼 선녀 같은 색시를 때리는 것'은 '도저히 풀 수 없는 의심'이었고, '보기에도 황홀하고 건드리기도 황송할 만큼 숭고한 여자를 그렇게 학대한다는 것'은 '세상에 있지 못할 일'이었고, '선녀와 짐승의 차이가 있는 색시가 자기와 똑같이 얻어맞는 것'은 '너무 무서운 일'이었다. 그 '선녀'와 '짐승'은 원래 서로 만날 수 없는 동떨어진 세계에 살고 있었다. 그러나 새서방의 학대와 훼손이 뜻밖에 두 사람의 접점을 마련하였다. 세상에 있을 수 없는 일이 벌어지는 그 당혹과 공포로 그는 어느덧 아름다움과 만나고 있었으며, 그것은 사랑이었다. 이후 두 사람 연애는 스토리 전개에서 보는 바와 같다. 새서방이 새아씨를 훼손하면 할수록 새아씨에 대한 벙어리의 사랑은 깊어져 가고, 그 사랑은 마침내 벙어리에 대한 학대로 이어지며, 끝내는 죽음으로써 두 사람이 만나는 아름다운 결말을 보게 되는 것이다.

(1) 고용자로부터 사용자로

이형식과 김선형은 개인교수로 만나는 관계이다. 그러니까 둘이는 가르치고 배우는 관계임에도 불구하고 우리는 그들로부터 연애감정을 읽게 된다. 연애감정으로만 볼 때 이형식은 김선형 앞에 심리적인 열세를 보인다. 그것은 교사로서 올바른 태도는 아니다. 교사는 교사이되 다분히 아르바이트 의식이 작용했기 때문이라고 본다. 나아가 이형식과 김선형의 만남은 단순히 둘만의 만남이 아니라 그 가족들과의 만남이기도 하였다. 그가 심리적인 열세를 보인 것도 김선형보다는 그의 부친인 김장로와 비교되었을 때 더 심하였다. 김선형의 미모와 재주와 장래의 미국유학, 그리고 아버지 김장로의 현실적인 부와 명예는 이형식의 현실적 조건에 비추어 볼 때 모두가 선망의 대상이 아닐 수 없었던 것이다. 이형식의 이와 같은 심리적 열세는 결국두 개의 상반되는 감정을 야기하는데, 그 하나가 비판의 감정이고,또 하나는 호기심의 감정이다. 선형의 가정에 대해서, 특히 김장로의생활방식에 대해서 그는 강한 호기심을 품고 있으면서도 또한 비판의 감정을 동시에 토로하기도 한다. 김장로는 '일찍 국장도 지내고감사도 지낸 양반'이었다. 그러나 서구 문명이 도래하자 그는 곧 예수교회에 들어가 장로가 되고, 그럼으로써 개화기의 신사가 되어 현실적인 권위와 부와 명예를 얻을 수 있었던 것이다. 그 앞에 이형식은 '수줍은 생각이 나서 얼굴이 확확 달며 고개가 저절로 숙어지는'거라든지 '시골 사람이 처음 서울 와서 부르는 소리와 같이 어리고떨리는 맛'을 느끼는 것은 그의 순진한 마음에서 우러나는 현실적인힘에 대한 선망 때문이었다. 그 '수줍은 생각'이란 선형을 대할 때의감정이고, '어리고 떨리는 맛'이란 김장로 앞에 섰을 때의 감정을 말한다. 그의 '수줍은 생각'은 언제나 선망과 호기심을 동반한다. 그리고 그것은 그가 성취하고 싶은 궁극적 목표이기도 하였다. 그러나 그의 '어리고 떨리는 맛'이란 김장로에 대한 선망에서 나온 것이기는하지만, 그것은 곧 비판적 태도로 환치된다. 이형식이 김장로를 바라보는 관점은, 김선형과의 관계 안에서 대할 때와 그를 독립시켜 바라볼 때가 각각 다르게 나타나는 것이다. 김장로는 김선형과의 관계 안에서만 긍정적으로 제시되고, 그 밖에는 모두 비판적으로 제시되었다. 교회 안에서의 권위와 명예 때문에 이형식은 김장로를 우러러보면서도, 그 교회에 대해서 그는 '아무 지식도 없고 아무 덕행도 없는 아이들이 목사나 장로의 집에 자주 다니며 아른아른하는 덕에 집사도 되고 사찰도 되어 교회 내에서 잰 체하는 꼴'이 싫은 것이다. 김장로가 기생첩을 두었었다는 사실도 이형식한테는 못마땅한 처사였다. 그러나 그 기생이 바로 김선형의 모친이라는 점에서 그것은 비판적이라기보다 오히려 김선형의 미모를 반증하는 요인이 되기도 하였다. 이와 같은 비판과 선망의 혼재 현상은 이 소설의 전편을 통해 두드러지게 나타나는데, 특히 '이형식-김선형=김장로'의 관계에 있어서는 모든 비판적 요인들이 결과적으로 시대의 요구라는 차원에서 긍정적인 호기심으로 받아들여지고 있다는 점이 특징이다. 이와 같은 현상은 김장로의 생활 방식에 직면했을 때 훨씬 더 심하게 나타난다. 김장로는 그의 일상에서 특히 미국식 생활방식을 택하고 있는데 그것은 선망적이면서도 한편 비판적이다. 벽에 걸린 종교화가 문제였다. 종교화 외에 다른 서양화를 그는 아직 이해하지 못한다는 것이다. 이 점은 그가 참예술을 모른다는 뜻으로 해석되었다. 그럼에도 불구하고 그가 진보한 문명 인사로 자처한다는 것은 도리어 진보되지 못한 인물이라는 견해다. 그가 말하는 진보한 문명인사란 과학과 철학과 예술은 물론 경제 산업까지도 완벽하게 아는 사람을 의미하였다. 김장로는 물론 여기에 미치지 못할뿐더러 그가 예수교인을 자처하는 것조차도 비판적 대상이다. 그가 예수를 믿는다는 것은 진정한 신앙심에서가 아니라 서양을 본받기 위해서였다는 논리다.

요컨대 『무정』은 참된 의미의 '속개화'와 피상적인 '겉개화'를 구분하여 상정하고 있다는 데에 문제가 있었다. 그 결과 김장로의 개화는 아직 참된 개화에 이르지 못하고 다만 겉개화에 해당한다는 것인데, 그럼에도 불구하고 『무정』은 그것이 시대의 요구를 얼마나 성취했느냐가 문제가 아니라 앞으로 성취하고자 하는 의도가 엿보인다는 것이고, 또한 그것들을 단계적으로 극복하려 했다는 점에 주목해야 한다는 것이다. 그 당시 '시대의 위기'는 마땅히 속개화가 이룩됨으로써 극복되는 것이겠지만 그러나 우선 겉개화나마 그 개화에 대한 인식이 요구되어야 한다는 것이 이 소설의 현실인식이었다. 이형식은 김장로를 서구식 개화의 선구적 인물로서 중시하였다. 진보한 문명 인사라는 점에 비추어 볼 때, 그의 개화는 아직 겉개화에 불과하지만 그나마 개화를 인식했다는 점에서 그는 시대의 요구에 상응하는 인물일 수 있다는 견해였다.

　　다만 용서할 점은 김장로를 결코 경박하여 또는 일정한 주견이 없어서 또 다만 허영심으로 서양을 흉내 내는 것이 아니라, 진정으로 서양이 우리보다 우수함과 따라서 우리도 불가불 서양을 본받아야 할 줄을 믿음(깨달음이 아니요)이니 무식하여 그러는 것을 우리는 책망할 수가 없는 것이다.101)

　　선망과 비판은 그 시대의 요구와 현실의 단계적 상황에 대한 인식이 교차되면서 나타나는 현상이다. 시대의 요구를 인식하고 있다는 점에서 김장로는 선망의 대상이었고, 개화의 현 단계에서 볼 때 그는 비판의 대상일 수도 있었다. 따라서 『무정』은 상황이 전개되는 단계

---

101) 이광수, 『무정』, 앞의 책, p.145.

마다 이따금씩 혹심한 비판이 따르지만, 그렇다고 그 비판 자체가 이 소설의 구조 원리를 지배하지는 않았다. 그것은 다만 상황심리일 뿐, '이형식-김선형=김장로'의 관계는 어디까지나 김장로에 대한 선망이 지배적으로 나타나 있었다. 「무정」의 교훈적 계몽성이란 것도 따지고 보면 이와 같은 문제를 삶의 보편적 원리로 확대하지 못하고 다만 현실적 차원에서 단계적으로 극복하려 했다는 점을 말하는 것이다. 그럼에도 불구하고 그 극복의지가 '이형식-김장로'의 직접적인 관계에서 이뤄지지 못하고, 김선형이라는 중간자적 인물을 통해서 제시되고 있다는 점은 주목할 만하다.

여기서 다시 '이형식-김선형'의 관계를 보면 그들은 일단 연애감정으로 만나지만, 그러나 그것은 이형식의 일방적인 소통이었을 뿐 김선형의 어떤 감정이나 행위도 제시되어 있지 않다는 점이 특징이다. 김선형은 행동하지 않고 다만 존재할 뿐이다. 그래도 이형식에게는 그 존재 자체가 이상 세계의 의미를 갖는다. 그는 김선형과 결혼함으로써 그 이상 세계에 도달할 수 있다고 믿는다. 그러나 한편 그 결혼은 완전한 사랑, 그것만을 의미하지 않는다는 점 또한 이 소설의 특징이기도 하다. 그가 결혼을 한다는 것은 김선형의 미모와 재주를 획득하는 것이요, 나아가서 그녀의 미국유학을 획득하는 것이다. 미국유학은 물론, 그녀의 미모와 재주와 학력까지도, 이를테면 '시체 하이칼라저'인 모든 것을 의미하는데, 이형식이 그런 김선형과 결혼한다는 것은 바로 그와 같은 '시체 하이칼라'를 성취한다는 의미였다.

선형과 나와 약혼한다는 말은 말만 들어도 기뻤다. 영채가 마침 죽은 것이 다행이다 하는 생각까지 난다. 게다가 미국유학! 형식의 마음이 아니 끌리고 어찌하랴. 사랑하던 여인과 일생에 원하던 서양유학! 이 중에 하나만이라도 형식의 마음을 끌 만하거든, 하물며 둘을 다! 형식의 마음속에는 내게 큰 복이 돌아왔구나 하는 소리가 아니 발할 수가 없었다.[102]

그러나 김선형의 시체 하이칼라란 그녀의 사고 또는 행위에 의해서 이뤄지는 것이 아니라 그녀의 아버지 김광현 장로에 의하여 제시되고 있음을 우리는 앞에서 이미 확인하였다. 다시 말해서 이형식의 이상은 김선형과 결혼을 하는 것이지만, 그것은 다시 보면 김장로의 서구식 개화에 가 닿고자 하는 노력이기도 한 것이다. 이런 점에서 볼 때 김광현 장로의 역할은 중요한 의미를 갖는다. 요컨대, '이형식-김선형=김장로'의 관계에서 시대적 전형성을 띤 인물은 김장로였고, 김선형은 그의 이상을 실현하기 위한 기능적 인물에 지나지 않았다. 그럼으로써 이 소설은 단순한 연애소설이 아니라 시대의 요구에 상응하는 소설이 되는 것이다.

(2) 사용자로부터 고용자로

「약한 자의 슬픔」의 '강엘리자벳드'도 가정교사였다. 이 점은 「무정」의 이형식이 가정교사였던 점을 상기할 때 결코 우연의 일치가 아님을 짐작하게 한다. 개화기 지식인의 아르바이트 풍속으로서 가정

---

102) 이광수, 『무정』, 앞의 책, p.140.

교사인 이형식이 그 주인과의 관계에서 보여준 호기심과 선망, 거꾸로 김장로가 보여준 우월감과의 그 상반된 거리는 정확히 시대의 요구에 상응하려고 하는 작가의 의도였으며, 그 의도를 실현하기 위하여 작가는 아르바이트 의식을 배려하였다. 이때 '강엘리자벳드-K남작'의 관계는 '이형식-김장로' 관계와 대조해볼 만한 것으로 파악된다. 다만 『무정』이 시대의 이상을 추구하는 소설인 데에 비하여 「약한 자의 슬픔」은 개인의 감정을 중시하는 소설인 점을 염두에 둘 필요는 있다. 이런 점에서 볼 때, 강엘리자벳드는 학생이며 여자라는 점이 이형식의 교사며 남자라는 점과 대조적이다.

또한, 강엘리자벳드가 가정교사로 들어가 있는 집의 주인은 '조선의 선각자로 자임하는' K남작이었다. 이 점 또한 이형식의 가정교사집 주인인 김장로가 '진보한 문명인사'라는 점과 우연의 일치가 아니다. 그러나 다시, 그 두 주인이 각각 강엘리자벳드나 이형식과 관계를 맺는 형식은 아주 대조적이었다. 요컨대, 김장로는 이형식한테 시대의 요구라는 점에서 선망의 대상이었고, 김장로는 마침내 이형식을 자신의 위치까지 끌어올리는 역할을 한 셈이다. 그러나 대조적으로 K남작은 강엘리자벳드를 파멸로 끌어내린 셈이다. 그들의 성적 관계가 애정의 결합도 되지 못하고, 그렇다고 선각자적 의미도 구현하지 못한 채 다만 본능적 행위에 불과한 성(性)유희로써 강엘리자벳드를 타락시기고 말았기 때문이다.

이와 같은 대조적인 인물을 통하여 김동인이 일단 영웅적 인물을 인정하지 않으려고 한다는 어떤 태도는 밝혀진 셈이다. 김동인의 이와 같은 태도에 대하여 우리는 다음과 같은 두 가지 물음을 던져볼 수가 있는데, 결국 이 소설이 그 점에 대한 명쾌한 해답을 내리지는 못한 것 같았다. 먼저, 무엇이, 그리고 어떻게 그녀를 불행하게 만드는가, 라는 외부 상황에 대한 인식이 부족하다는 점이 그 하나요, 그 외부상황에 대하여 강엘리자벳드가 반응하는 갖가지 태도가 또 문제였다. 흔히 영웅적 인물들이 그려내는 욕망의 환상도를 거부하고, 그 대신 인생이나 사회의 실상도를 그려내겠다던 초기 리얼리스트들의 사회적 결정론을 상기할 때 이와 같은 물음은 마땅히 김동인에게도 던져야 할 줄 믿는다. 강엘리자벳드로 하여금 김동인이 '자기로써 살지를 못하고 누리에 비친 자기 그림자로써 사는 사람'[103]을 그리겠다고 말했을 때, 이미 그는 개인(자기)과 외부세계(누리)와의 필연적인 관계를 의식하였음이 분명하다. 강엘리자벳드와 K남작은 바로 그와 같은 관계인데, 이때 K남작의 기능은 '조선의 선각자로 자임'하는 태도가 아니라, 거짓 사랑에 도취된 허위적 인물의 유형에 불과하였다.

'조선의 선각자로 자임하는' K남작이 『무정』의 김장로처럼 시대적 이상을 대변하지 못하고 개인의 감정에만 충실하다는 점은 이상 설명한 바와 같다. 어떤 집단이나 그 시대적 이상을 지향하는 인물을 이와 같이 개인적이고도 본능적인 인물로 끌어내린 데에는 작가의 너무나 큰 고의성이 작용한 탓이라고 보는데, 그 고의성이 다름 아닌 영웅적 인물의 거부이고, 사실적 인물의 제시라고는 하지만, 그러나 한편 이와 같은 의도 때문에 K남작은 다시 또 다른 악인형 인물이 되고, 강엘리자벳드는 어쩔 수 없는 선인형 인물로 조작되고 마는 것이다.

---

103) 김동인, 「약한 자의 슬픔」, 앞의 책, p.327.

제2장 '리얼'에 대한 인식과 개별화

「약한 자의 슬픔」은 강엘리자벳드가 잉태하면서부터 파국으로 치
닫는데, 거기서부터 오히려 작가의 무이념(無理念) 무이상(無理想)은 드
러난다.

> 잉태! 엘리자벳드에게 대하여서는 이것이 죽으라, 는 명령보다도 혹
> 독하였다. 그는 잉태가 무섭지는 않았다. 그렇지만, 그의 미래--- 희미
> 하고 껌껌한 그의 생(生) 가운데 다만 한 줄기의 반짝반짝하게 보이는
> 가는(細) 광선--- 이러한 미래를 향하고 미끄러져서 나아가던 그는 잉
> 태로 인하여 그 미래를 잃어버렸다. 기(其) 미래는 없어졌다.104)

보다시피, 작가가 파국적 인물을 그리겠다는 의도는 분명히 읽을
수 있다. 그리고 그 파국적 인물이 영웅적 인물을 거부하고자 하는
의도에서 나왔다는 점은 앞서 이미 살핀 바 있다. 의도는 알겠는데,
그러나 왜 '잉태'가 무섭지 않고 자신의 '미래'가 무서운지, 합리적인
이유가 전혀 제시되어 있지 않다. 그는 아직 구시대 연애 풍속에 얽
매어있었으며, 그것을 어겼다고 생각할 때 자신의 잉태는 여지없이
불륜의 씨앗이 되고 만 것이다. 이와 같은 무이념 무이상은 작가의
현실 인식에서도 드러난다.

> 모르겠어요. 몰라요. 지 아무레도 상것이니깐.105)

---

104) 《창조》1, 「나믄 말」참조, 창조사, 1919.
105) 김동인, 「약한 자의 슬픔」, 앞의 책, p.330.

임신을 했으니까 낙태를 해야 하고, 낙태제를 먹는다고 먹은 것이 건강제였고, 그래서 가정교사 집으로부터 방출당하고, 소송을 걸어 재판을 하고, 기각당하고, 이와 같은 파국은 오로지 소설의 진행을 위한 하나의 과정일 뿐 작가의 이념이나 이상과는 무관한 것이었다. 이때 '상것'이라는 말은 더구나 작가의 진정한 사회적 인식에 근거한 발언이 아니며, 한낱 작가의 허황된 현실인식을 말해주는 것이다.

> 그래도 재판은 못 한다. 우리는 상것이고 저편은 양반이 아니냐?
> 재판에도 양반 상놈이 있나요?
> 그래도 지금은 주먹 천지란다.[106]

이상은 과도기를 사는 작가로서 마땅히 해야 할 현실 발언인 것 같지만, 그렇다고 이 소설이 현실소설이 되는 건 아니다. 「약한 자의 슬픔」은 처음부터 현실 인식은 없었다. 연애를 통하여 파국적 인물을 그리고자 하는 것이 작가의 의도였지만, 그 가운데 이와 같은 현실 발언이 돌출한 것뿐이다. 이 점은 「약한 자의 슬픔」이 동인의 문학관을 강조하기 위한 또 다른 이념에 지배되는 결과를 초래한다. K남작과의 육체적 관계가 본능적 행위로 미화되는 구조로부터 다시 정조를 유린당했다는 불장난으로 역전되는 그것은 김동인이 사회적 결정론을 과신하고, 그것을 강요하고자 한 데서 생긴 하나의 잘못된 결과일 뿐이다. 가령, 엘리자벳드가 남작을 상대로 제기한 법정소송이나

---

106) 김동인, 「약한 자의 슬픔」, 앞의 책, p.341.

그로부터 다시 자신의 행위가 법에 의하여 묵살되고 마는 사태를 보면 확실하다. 과거의 소설에서 선이 옹호될 수 있는 길은 오직 맞서 싸우지 않고 참아냄으로써 운명의 심판을 기다리는 것이었다. 그리고 그 결과는 마땅히 또 다른 선에 의하여 보상을 받게 되어 있었다. 강엘리자벳드는 그러나 자신의 불행을 운명적인 심판에 호소하지 않고 법정투쟁에 의하여 극복하고자 하였다. 선·악의 대립개념이 이로부터 무너지기 시작한다. 그 여자는 자신이 선해야 한다고 생각하지도 않고 상대방이 악하다고 생각하지도 않는다. 자신을 불행하게 하는 것은 다만 그때 그 환경에서 발생한 하나의 계기 때문이라는 점을 그 여자는 믿는다. K남작에 대해 그녀의 애증이 엇갈리는 이유가 그 때문이다. K남작은 밉지만 사랑할 수도 있다고 그녀는 생각한다. 작가의 무이념 무이상이 낳은 순수한 연애란 이렇듯 허망한 통속극이 되고 마는 것이다.

(3) 사용자와 고용자

삼룡이와 새서방과의 관계는 머슴과 주인의 관계였다. 그 당시 머슴과 주인의 위상은 사람 아닌 짐승과 사람과의 차이만큼이나 컸다. 그래서 그들은 서로 범접할 수 없는 거리 밖에 서 있었다. 그러나 이러한 관계는 사회적 신분에 의거한 비교일 뿐, 인간적인 사람 됨됨이로 보면 그 위상을 금방 역전된다. 머슴인 삼룡이는 '진실하고 충성스러우며 부지런하고 세차다.' '벙어리지마는 말하고 듣는 사람보다 슬기로운 적이 있고, 평생 조심성이 있어서 결코 실수하는 적이 없다.' 그런가 하면 주인은 '열일곱 살이지만 열네 살도 못 되게' 어려

보이고, '버릇이 없고 어리광을 부리며' '사람에게나 짐승에게나 포악한 짓'을 많이 한다. 인간적인 면에서 보면 주인이 어느덧 사람 아닌 짐승이 되고, 머슴이 어느새 사람이 되어 있는 것이다. 「벙어리 삼룡이」는 이와 같은 사람 아닌 짐승과 사람으로 되어가고, 사람이 사람 아닌 짐승으로 바뀌어가는 이야기인 것이다.

한편 벙어리 삼룡이와 새아씨와의 관계는 가장 못난 병신과 가장 완벽한 인간과의 관계였다. 가장 못난 병신과 가장 완벽한 인간의 위상은 짐승과 천사만큼이나 차이가 컸다. 그래서 그들은 서로 범접할 수 없는 거리에 서 있었다. 삼룡이는 '땅딸보'였고, 얼굴이 몹시 '얽었고' 머리가 '불밤송이'였고, '옴두꺼비'처럼 걸어 다녔고, 무엇보다 '벙어리'였다. 이런 삼룡이에 비하면 색시는 '달'보다도 '별'보다도 깨끗하였고, '마치 달이나 별이 땅에 떨어져 주인 새아씨가 된 것도 같고, 주인 새아씨가 하늘에 올라가면 달이 되고 별이 될 것 같았다.'(이상 p.458) 「벙어리 삼룡이」는 다시 이와 같은 못난 병신이 완벽한 인간과 하나로 일치되는 이야기인 것이다.

이상 세 사람의 위상을 보건대, 삼룡이의 내면적인 아름다움과 외형적인 추악함, 새서방의 흉악한 짐승성과 새아씨의 지고지순한 아름다움, 그 극단적인 간극 때문에 삼룡이는 새서방과도, 새아씨와도 격리될 수밖에 없었는데, 시간이 지나면서 삼룡이의 내면의 아름다움이 새아씨의 완벽한 아름다움과 만나고, 삼룡이의 외형적 추악함이 새서방의 짐승성과 만나는 이야기가 바로 「벙어리 삼룡이」의 주된 내용이었다. 그 범접할 수 없는 간극이 상호 아름다운 접점을 찾아가는 논리의 전개는 이러하다.

먼저, 벙어리는 개와 같은 존재니까 마음대로 새댁의 안방을 출입

할 수 있다. 술에 취해 죽을 뻔한 새서방을 어느 날 벙어리가 구해준다. 그 고마움으로 새아씨가 벙어리에게 부시쌈지를 만들어 준다. 그 이유로 새서방이 벙어리를 물푸레로 내리친다. 이때 처음으로 벙어리 가슴에 정의감(正義感)이 생긴다. 그러나 그는 안방 출입이 금지된다. 안방출입이 금지되자 새아씨에 대한 궁금증이 생긴다. 궁금증은 '주인아씨를 뵈옵고 싶은 심정'으로 변한다. 그것이 새아씨에 대한 벙어리의 사랑이다. 사랑은 그로 하여금 밥을 먹지도, 잠을 자지도 못하게 하고, 그 집 가장자리를 맴돌게 만든다.

다음, 새아씨가 목을 매 자살하려고 한다. 사랑을 이기지 못하여 그 집을 맴돌던 벙어리가 위험을 발견하고 구출한다. 두 사람 연애한다고 오해를 받는다. 벙어리 새서방한테 죽도록 얻어맞고 그 집에서 쫓겨난다. 벙어리 그 집에 배반감을 갖는다.

　　그는 비로소 믿고 바라던 모든 것이 자기의 원수란 것을 알았다. 그
　　는 모든 것을 없애버리고 자기도 또한 없어지는 것이 나을 것을 알았
　　다.107)

세상을 모두 불태워 없애버리고 자기도 없어질 것을 결심한 것이다. 마침내 집을 불태우고, '색시를 자기 가슴에 안았을 때' 그는 처음으로 '살아난 듯' '즐거운 쾌감'을 가슴에 느꼈다.

정의가 불의를 이기고, 추악함이 아름다움을 성취한 것이다.

---

107) 나도향, 「벙어리 삼룡이」, 앞의 책, p.460.

3) 신세대 최초의 직업

지금까지 근대 초기소설에 가정교사들의 연애풍속을 살펴보았다. 근대 초기 한국소설에 나타난 맨 처음 직업은 가정교사였다. 초기 소설의 목표가 교훈적 계몽이었다면, 그 교훈적 계몽의 역할을 하필이면 왜 가정교사들로 하여금 떠맡게 하였을까, 이 점은 흥미로운 물음이었다. 계몽기 시대의 가정교사는 농경시대의 머슴과도 같았다. 학교에 교사가 엄연히 있었음에도 불구하고 이들을 작중인물로 부리지 않은 까닭은 학교가 집단의 의미를 갖고 있기 때문이다. 이러한 집단의 의미에 비하면 가정교사는 한층 사유(私有)의 의미일 수밖에 없다. 시대는 어느덧 옛 농경사회로부터 지식사회로 빠르게 전환하였다. 지식사회의 작가들이 자신의 지식사회 풍속도를 그리고자 할 때 옛 농경사회의 문학적 관습대로 사용자와 피사용자의 관계를 설정한다면 그들의 머슴은 자연스럽게 가정교사로 옮겨졌을 것은 당연하다. 머슴을 통하여 주인을 말하게 하듯이, 교사를 통하여 교장을 말하게 하지 않고, 가정교사를 통하여 주인을 말하게 하였던 것이다. 가정교사를 통하여 지식사회를 진단하고, 가정교사를 통하여 미래를 내다보게 한 것은 곧 머슴을 통하여 주인을 말하게 하는 농경시대 풍속 그대로인 것이다.

농경사회 소설들은 연애에 열중하였다. 주인이 머슴의 가족을 학대하기도 하고, 머슴이 주인의 가족을 훼손하기도 하고, 둘 중의 하나였다. 지식사회의 소설들도 연애에 열중하였다. 가정교사가 주인의 가족을 접촉하기도 하고, 주인이 가정교사를 접촉하기도 하고, 둘 중의 하나였다. 그 가운데 『무정』은 가정교사가 주인을 접촉한 경우이고, 「약한 자의 슬픔」은 주인이 가정교사를 접촉한 경우였다. 「벙어리 삼룡이」는 물론 머슴이 주인을 접촉한 경우이지만, 여기서 다루지 않은 「물레방아」, 「뽕」은 주인이 머슴을 접촉한 경우였다.

가정교사는 지식인이 주인에게 어떤 지식을 보완해주는 일이었다. 그리고 머슴은 노동자가 주인에게 어떤 노동력을 보완해주는 일이었다. 이때 사용자와 피사용자의 관계가 성립되는데, 그 사용자와 피사용자가 어떤 식으로든지 연애를 할 때 경우에 따라 연애의 기능이 달라지는 것을 보게 된다. 『무정』에서 가정교사가 주인을 접촉한 연애는 행복한 결말로 상승곡선을 그렸지만, 「약한 자의 슬픔」에서 주인이 가정교사를 접촉한 연애는 파국적인 결말로 하향곡선을 그렸고, 마지막 「벙어리 삼룡이」에서 머슴과 새아씨가 접촉한 연애는 강자로부터 약자들이 사랑을 성취했다는 점에서 행복도 파국도 아닌 평행선을 그렸다. 근대 초기, 농경사회로부터 지식사회로 넘어가는 과도기 지식 청년들의 연애가 그들의 사회적 기능을 그렇게 말해 주었다.

제3장 경향소설의 등장

1. 자연발생기의 가난: 최서해

1) 가난한 농촌의 열혈 청년

1924년을 즈음하여 다시 새롭게 주목되는 작가가 최서해다. 문학적 체험이라는 점에서 볼 때, 그 이전의 문학이 지적인 체험의 소산이었다면 최서해는 생활의 체험에 바탕을 둔 셈이다. 그 결과 과거 신세대 청년들의 감정이나 그에 준하는 지식인들이 한국 현대소설 주인공의 주류를 이뤘던 데 비하여, 최서해 소설의 주인공들이 삶의 현장에서 최소한의 생명 유지를 위해 몸부림치는 노동자, 하층민들이라는 점은 이미 여러 논거가 지적해 온 사실이기도 하다. 아울러, 이와 같은 점은 최서해 자신의 현실적으로 비참했던 환경과 결부되어 작가 자신을 반지성적이고, 비지식인적인 인물로 낙인찍고 마는 예로까지 번졌다. 실지로 그는 가난과 글로 말미암은 낮은 학력과, 떠도는 삶과 노동과 같은 비교적 하층민의 생활을 겪었다는 사실도 이미 그의 전기적 고찰에서 확실하게 밝혀진 바 있다.[1]

이상과 같이 최서해의 전기적 사실을 사전 지식으로 받아들일 때 한 가지 궁금한 점은 남는다. 비록 개인의 체험이 그 이전의 작가들의 깃과 다른 것이긴 했지만, 그것을 문학으로 믿고 그 이전에는 없던 새로운 세계를 개척할 수 있었던 문학적 신념이 어떻게 해서 형성

---

[1] 신춘호, 「최서해 소설연구」, 『논문집』 2집, 건국대 중원연구소, 1983.7.

될 수 있었겠는가 하는 점이다. 그것은 분명히 과거에는 없었던 문학이요, 그렇다고 그 뒤에 곧 이어질 프로문학과의 깊은 관계도 물론 없었다. "신흥하는 계급문예의 평가들이 그의 작품을 프롤레타리아 문단 건설의 지표로 삼았다"[2]고 말하던 그 의미도 사실은 최서해가 프로문학 이론을 적용시켜 작품을 썼다기보다, 프로문학 측에서 최서해의 작품을 이용하여 그들의 이론을 전개했음은 말할 것도 없는 것이다.

최서해 소설 발생론에 대한 이와 같은 궁금증은 그의 수필로서는 가장 처음이라고 할 수 있는 「우후정원(雨後庭園)에 월광(月光)」 3제(三題)를 볼 때 더욱 심하다. 이광수의 추천을 받아 실렸고, 이게 그의 최초의 글이라고 작가 자신이 회고하고 있는 이 수필은 ① 「우후정원에 월광」 ② 「추교(秋郊)의 모색(暮色)」 ③ 「반도 청년(半島靑年)에게」라는 각각 다른 내용의 수필인데, 작가는 그것을 산문시라고 할 만큼 서정적이고 시경이 넘쳐 있기도 하다. 특히 제3편 「반도 청년에게」는 그의 견실한 야망과 영웅적 기상이 넘친다.

낮은 학력과 가난과 노동으로 연상되어 반지성, 비지성적이라고 생각되던 그로서는 매우 이질적이고도 수준 높은 내용이다. 이런 서정과 미문을 쓸 줄 알던 그가 1924년 「고국」·「탈출기」 등을 발표하던 태도를 보이기까지는 그동안 개인적인 방황과 민족적인 환경이 어떤 영향을 미쳤는가를 가히 짐작게 하는 것이다. 이 점에 대한 간단한 해명을 위해 최서해와 이광수가 서로 어떤 연결을 갖고 있는가

---

2) 김동환, 「생전의 서해 사후의 서해」, 《신동아》 제47호, 1935.9.

를 보는 것은 중요하다.

최서해는 『무정』의 애독자였던 것으로 나타난다. 그로부터 그들은 서신을 교환한다. 그 결과, 「우후정원에 월광」 3제(三題)가 《학지광》에 실린다. 이 사실은 최서해한테 가장 귀중한 문학적 출발의 계기가 되었던 것 같다. 그 후 최서해는 간도 지방으로 유랑을 시작하는데, 그것은 단순히 그의 가정의 파산에 의한 뿌리 뽑힘 만이 아니라 제3편 「반도 청년에게」에서 '반도 청년에게' 주던 의지의 실천 행위에 따른 태도로 보인다.

청년청년(靑年靑年)아, ……대양(大洋)보다도 넓으니라. 너의 사상(思想)이여 지구(地球)보다도 무거우니라. 너의 책임(責任)이여……태산(泰山)을 끼고 북해(北海)를 뛸 용기(勇氣)도 너에게 있으며 역발산기개세(力拔山氣蓋世)하던 항우(項羽)의 기운도 너에게 있느니라. 청년은 유위(有爲), 다망(多忙), 활동시대(活動時代)니라. 저 컴컴한 방 한구석에 드러박혀서 오줌똥이나 싸며 심심하면 가련(可憐)한 담배나 먹고 있을 시대가 아니다. 월백풍청(月白風淸)커든 양서(良書)를 읽어 신지식(新知識) 배움도 가(可)하며 동서양사(東西洋史)를 평론(評論)하여, 왕고금래(往古今來)에 영웅을 명상함도 역가야(亦可也)오, 망망한 대양에 일엽편주(一葉片舟)를 용장(勇壯)함이 저어 컬럼버스의 장쾌(壯快)한 사상(思想)을 양(養)함도 장부(丈夫)의 행사(行事)요, 인적(人跡)이 미급(未及)한 처(處)를 답파하여 모차트의 무험적(冒險的) 사상(思想)과 인내력(忍耐力)을 양(養)함도 또한 가(可)하며, 고산준령(高山峻嶺)에 등립(登立)하여 한니발의 용장(勇壯)한 알프스 월(越)과 저 코르시카 풍운아(風雲兒) 나폴레옹의 고상(高尙)한 기상(氣象)을 양(養)함도 가(可)하니라.

그러나 초목(草木)의 무성시(茂盛時)도 삼하일시(三夏一時)에 불과(不過)하나니 너의 청년(靑年)도 그와 같이 죽백단청(竹帛丹靑)에 혁혁(赫赫)한 위명(偉名)을 후세(後世)에 전(傳)한 대사업(大事業)을 이루며 풍(風)을 문하면서 일세를 비예하여 간웅(姦雄)의 심담(心膽)을 한(寒)케 하며 격검분투(擊釼奮鬪)하여 기력을 단련하며, 유영(遊泳)으로 심담(深潭)의 교룡(蛟龍)의 몽(夢)을 경(驚)케 하며 과학공예(科學工藝)를 연구하여 한토천하(韓土天下)의 부원(富源)을 척(拓)함도 오직 청년시대니, 대(大)히 득(得)하며, 대(大)히 遊하여 대(大)히 비(費)하라. 그리하여 좋은 열매를 맺을지어다. 불연(不然)히 주사청루(酒肆靑樓)에 출입하여 신성혜민(神聖慧敏)한 너의 뇌(腦)를 「알콜」로 어즈러이며 정결무죄(精潔無罪)한 네 몸을 다시 벗어나지 못한 마혈(魔穴)에 넣으면 피삼하(彼三夏)의 우로(雨露)에 퍼지던 초목이 폭풍독충(暴風毒蟲)으로 인(因)하여 자라지 못하고 여름내 신고(辛苦)타가 마침내 추풍(秋風)을 만나면 결실치 못하고 만지황엽(滿地黃葉)되는 세음(細音)으로 패가망신(敗家亡身)하고 모경(暮境)에 입(入)하여 후회(後悔)에 혈루(血淚)를 뿌리며, 비통(悲痛)에 가슴을 끓인들 어이하리오!

아아! 기묘(奇妙)하고도 용장(勇壯)한 청년(靑年)들아, 너이는 인내향상(忍耐向上), 분투(奮鬪), 자활(自活)의 사상(思想)을 양(養)하라. 연이(然而), 삼하(三夏)의 호시절(好時節)을 헛되이 송(送)하여 금풍상하(金風霜下)에 백발탄(白髮嘆)을 발(發)치 말고 육대주(六大洲)를 무대(舞臺)로 삼아 대대적 위인(大大的 偉人)이 되어 혁혁(赫赫)한 위공(偉功)을 세울지어다. 청년청년(靑年靑年)아!3)

---

3) 최서해, 「우후정원에 월광」 3제(題),《학지광》 15호, 1919.2. pp.78-79.

그는 열일곱 살 때 간도(間島)로 간다. 뒷날 함께 《조선문단》을 만들던 친구 박상엽은 '음울한 가정의 분위기' 속에서 '어린 마음을 태우든 남어지에 위험적이오, 로맨틱한 성격을 가진 그로 하여금 집으로부터 탈출을 결행'케 했을 것이라고 추측하는데, 타당한 생각으로 믿어진다. 그가 다시 서울에 발을 들여놓은 것은 그로부터 6년 뒤인 스물세 살 때다. 그때 다시 이광수를 만나 방인근을 소개받고 《조선문단》에 근무를 하게 된 것이다.

2) 「고국」·「탈출기」의 만주 체험

「고국」과 「탈출기」는 바로 그 「반도 청년에게」와 같은 연장선에서 이해할 수 있다. 물론 그 대부분을 차지하고 있는 내용은 그가 간도에서 겪은 비참한 생활들이기는 하지만, 그럼에도 불구하고 「반도 청년에게」에서 보인 모험적이고 로맨틱한 정신이 타락하지 않고 살아 있는 것이다.

「고국」과 「탈출기」는 분명히 패배와 절망의 토로이면서도 그 안에 아직 때 묻지 않은 갈망의 숨결이 살아 있다는 데에 그 의의가 있는 것이다.

발표된 순서로 보면 「고국」(《조선문단》1호, 1924.10)이 「탈출기」(《조선문단》6호, 1925.3)보다 먼저나, 그 시간적 연계성을 따진다면 전자는 후자의 행동에 이어질 것이다. "「탈출기」는 내가 불우한 환경을 한탄하고 있다가 한번 뛰기로 결심했다. 그때의 심정을 일호 가차도 없이 그려 놓은 것이니, 이 한 편은 나의 과거를 사랑하는 만치 내가 가장 사랑하는 작품이다"라고 말할 만큼 이 소설은 작가의 체험과 부합하는 것임을 짐작할 수 있는 것이다.

　'너무도 절박한 생활, 시들은 몸이 새 힘을 얻을까 하여 새 희망을 품고 새 세계를 동경하여 떠난 것'⁴⁾은 「탈출기」의 박군이 출가한 구체적인 이유다. 이 점은 「반도 청년에게」의 정신과도 통하는 것이다. 이 점으로 미루어 그의 간도행은 단순히 가정의 파산 때문이기도 하지만, 그럼에도 불구하고 아직은 의욕에 넘치는 정신활동의 소산임을 짐작할 수 있는 것이다. '깨끗한 초가나 지어 놓고 글도 읽고 무지한 농민들을 가르쳐서 이상촌(utopia)을 건설하고' 싶어 '가슴은 이상의 불길에 탔으며' 그리고 '기쁘고 활기로왔다'고 말할 만큼 의욕적이었다.

　그러나 실지로 그가 꿈의 간도에 가서 보고 느낀 것은 그의 꿈을 배반했다. 간도에서 그를 괴롭힌 것은 물론 굶주림과 견딜 수 없는 육체노동이었다. 이런 점은 이미 누차 지적된 바다. 그러나 그것은 오히려 현상적인 삶의 실제에 불과했고, 그로부터 그가 절실하게 부딪힌 체험은 민족적인 이질감이었던 것 같다. 그의 노동은 가난을 극복하기 위한 당연한 자세였고 그런 행위는 '세상에 대하여 충실'했다는 생각까지 가질 수 있다. 그러나 그 충실에도 불구하고 정작 그를 아프게 하는 것은 그것을 호소할 곳이 없다는 데 있었고, 그로부터 그가 깨달은 것은 "우리로서 살아온 것이 아니라 어떤 험악한 제도의 희생자로서 살아왔다"는 데 있었다.

　「탈출기」는 편지 형식으로 고백체 문장을 채택하여 철저히 사적인

---

4) 최학송, 「탈출기」, 『신한국문학전집』, 어문각, 1972, p.421.

체험을 토로하고 있는 것처럼 보이지만, 사적인 체험으로부터 시대의 문제를 자각해 가는 과정이 제시되고 있다는 데에 의의가 있다. 간도에서 그가 겪은 체험은 가난과 노동의 아픔이 아니라 결국 고향을 잃은 아픔이요, 고향을 앗아간 제도에 대한 자각이었던 것이다. 그 결과 고향을 상실한 자가 당도하는 논리적인 귀결점은 다시 가족을 버려야 한다는 역논리를 낳게 된다. 소아적인 의미의 가정을 버리고 대아적인 의미의 개인을 택할 때 그것을 결국 소아적인 의미의 가정을 구할 수 있다는 논리다.

> 김군! 나는 더 참을 수 없었다. 나는 나부터 살려고 한다. 이때까지는 최면술에 걸린 송장이었다. 제가 죽은 송장으로 남(식구들)을 어찌 살리랴. 그러려면 나는 나에게 최면술을 걸려는 무리들, 험악한 이 공기의 원류를 쳐부수어야 하는 것이다.
> 나는 이것을 인간의 생의 충동(衝動)이며 확충(擴充)이라고 본다. 나는 여기서 무상의 법열(法悅)을 느끼려고 한다. 아니 벌써부터 느껴진다. 이 사상이 나로 하여금 집을 탈출케 하였으며, XX단에 가입케 하였으며, 비바람 밤낮을 헤아리지 않고 벼랑 끝보다 더 험한 X선에 서게 한 것이다.[5]

이것으로써 탈출의 이미는 단순한 생활의 타개책으로서의 출가가 아니라, 반도 청년이 가져야 할 시대적 인식의 실천임을 알게 된다.

----

5) 최서해, 「탈출기」, 앞의 책 p.426.

나는 이러다가 성공 없이 죽는다 하더라도 원한이 없겠다. 이 시대 이 민중의 의무를 이행한 까닭이다.6)

이와 같은 행동이 「고국」으로 다시 옮겨질 때, 그의 의식은 보다 확실해진다.

'큰 뜻을 품고' 고국을 떠났던 운심이 다시 조선 땅에 나타난 것은 계해년(1924) 삼월 중순이다. 이와 같은 소설의 내용은 실지로 서해가 간도로부터 귀국한 '계해년(1924)'과 일치한다는 점에서도 이 소설이 그의 사적인 체험에 다분히 의존하고 있다는 점을 알게 된다. 그러나 그의 귀국은 '패자라는 부끄러운 느낌'을 안겨 준다. 그 이유로 그는 간도에서의 심각한 가난과 노동과, 독립군 활동을 들고 있는데, 이 점은 역시 「탈출기」에서 구체적으로 제시한 바와 일치한다. 이와 같은 패배감은 그러나 고국에서만 느낄 수 있는 강렬한 희망을 불러 일으키는 어떤 모티브 역할을 한다는 점에 의의가 있다.

내가 찾아갈 곳도 없고 나를 기다려 주는 이도 없건마는 나도 고국으로 돌아왔다. 알 수 없는 무엇이 나를 이리로 이끈 것이다.7)

「고국」과 「탈출기」는 결국 최서해 자신이 겪은 간도 체험이라는 점에서 동일한 모티브를 갖는다. 이때 두 소설에서 똑같이 나타나는 고국이라는 의미는 대단히 주목된다. 고국은 그한테 패배의 현실이

---

6) 최학송, 「탈출기」, 앞의 책 p.426.
7) 최학송, 「고국」, 앞의 책, p.461.

면서도 그러나 항상 욕망과 이상을 불러일으킨다는 점에서 일치한다. 간도로 떠날 때도 그랬고, 돌아와서도 마찬가지였다. 짙은 패배감과 욕망이 동시에 존재하는 곳이었던 것이다. 이 두 작품을 단순히 '간도에서의 비참한 민족적 현실'이라고만 초점을 맞춘다면, 그것은 무의미하다. 그 현실과 대조되는 어떤 '힘'이 「반도 청년에게」에서와 같은 심경으로 살아 있다는 점을 우리는 주목해야 되는 것이다. 만일 그렇지 못하고, '간도에서의 비참한 현실'이라는 데에만 초점을 맞출 때 최서해는 마땅히 신경향파 문학론자들의 편에 설 수밖에 없을 것이다. 그러나 그는 이 점에 대해서만은 불확실하다. 그는 확실히 카프 회원이면서도 미온적이었다. 이 말은 민족주의 문학 측에도 해당되었다. 그는 민족주의 문학가들 편이면서도 미온적이었다. 이 말은 다시 말하면, 그는 민족주의 문학이건 프로문학이건 관계치 않았다는 뜻이 되기도 한다. 그 당시 그의 입장에서는 어느 편에서고 그를 인정하고 작품을 실릴 기회만 주면 그뿐이라고 생각했다. 그리고 그 기회를 이용하여 그는 자신의 체험을 원래의 문학적 이상 속에 용해시키는 계기로 삼았다. 이런 점에서 볼 때 확실히 「고국」이나 「탈출기」는 신경향파 문학적인 성격이 강하게 나타나면서도 실지로는 그와 관계없이 자생한 견실한 민족문학의 한 변모라고 할 수 있다. 프로문학이고 민족주의 문학이고 할 것 없이 그는 통속문학도 거부하지 않았으며 심지어는 '권번이 기생잡지 간행이 일'[8]까지 도운 일이 있다. 최서해의 이와 같은 문학을 놓고 그 어느 편에

---

8) 김동인, 「문단 삼십 년의 자취」, 『동인전집』 8권, 홍자출판사, 1964, p.436.

서든지 자기들이 유리할 대로 그들은 그들의 편에 설 수 있는 요소를 들춰내곤 했는데, 그런 최서해를 보는 김동인의 지적은 예리하고도 적중한 데가 많다. 그중에서도 주목할 사항이 최서해와 프로문학과의 관계다. 그 요지는 최서해가 프로문학의 영향을 받은 게 아니라 프로문학 작가들이 최서해의 영향을 받았다는 점이다. 그리고 그것을 김동인은 악영향이라고 표현한다. 그럼에도 불구하고 최서해는 바람직한 작가이며, 프로문학 작가가 아니라고 보는데 그 논지는 다음과 같다.

> 자기는 작가이지 결코 프로작가가 아니다. 자기의 경험은 방랑과 빈곤뿐이었으니 자기의 작품의 주제가 그 방면으로 될 것은 물론이다. 자기는 결코 프로작가라는 의식 아래서 창작하지를 않는다-이것이 서해의 주장이었다.[9]

최서해를 '신경향파가 가진 최대의 작가'[10]라고 말할 수 있는 만큼 김동인과 같이 '프로작가가 아니다'고 말할 수도 있을 정도로 그는 폭넓은 당대의 문제를 포용하고 있었음은 사실이다. 그러나 곧 카프가 결성되고, '작가가 프로의식을 가지고 작품을 제작하느냐 아니냐가 근본 문제'라고 주장하는 본질적인 프로 문학론에 비추어 본다면 초기 최서해는 확실히 프로작가일 수는 없었던 것이다. 그러나 곧 이와 같은 한계를 최서해는 스스로 부수고 도식화된 프로문학의 길을

---

9) 김동인, 『한국근대소설고』, 앞의 책, p.598.
10) 임화, 「조선신문학사론서설」, 〈조선중앙일보〉 1935.11.12.

택한다는 데 우리는 다시 주목하지 않을 수 없다. 빈궁, 살인, 방화, 빈자와 부자와의 관계를 선과 악으로 대치시키는 일 등을 프로문학의 도식화된 골격이라고 볼 때, 최서해의 소설은 스스로 이 길을 택하여 아주 모범적인 실천을 보이고 있었던 것이다.

「홍염」의 줄거리를 요약하면 그 도식성은 금방 드러난다.

문서방은 경기도에서 소작인 노릇을 하다가 딸을 하나 앞세우고 서간도로 나왔다. 거기서 중국인 지주 은가(殷哥)의 소작농을 하는데 해마다 흉년이 겹쳐서 가난이 극심하다. 은가는 문서방의 딸 용례를 욕심내어 더욱 횡포가 심하다. 소작료를 갚지 못한 죄로 아내를 빼앗길 뻔하다가 대신 딸 용례를 빼앗긴다. 아내는 딸을 그리워하다가 죽는다. 아내가 죽자 문서방은 울분을 참지 못하여 은가네 집에 불을 지르고 용례를 찾아온다.

소작인을 선(善)으로, 지주를 악(惡)으로 대치시킨 구조는 매우 의도적인 것으로, 이 점은 프로문학의 기본 구조이기도 하다. 지주의 악행이 소작료 문제에 국한되지 않고 애욕적인 비리로 변질됨으로써 그 의도는 더욱 분명해진다. 이런 대립구조는 결과적으로 방화를 호도하고, 그럼으로써 폭력은 그들의 문학에 중대한 몫으로 등장한다.

김동인의 지적처럼 이런 현상이 최서해의 악영향이라고 보아야 할 것인지는 모르지만, 하여튼 이와 유사한 구조는 많다.

「기아와 살육」(최서해), 「큰물진 뒤」(최서해), 「홍염」(최서해), 「최서방」(계용묵), 「농촌 사람들」(조명희), 「유모」(최독견), 「바보의 진노(震怒)」(최독견), 「그믐밤」(최서해), 「이향(移鄕)」(이익상), 「죄」(최승일), 「인력거꾼」(주요섭), 「운수좋은 날」(현진건), 「광란(狂亂)」(이익상), 「망령의 난무」(이익상) 등의 주인공은 남자들이고, 「정순의 죽음」(박영희), 「추석전

야」(박화성), 「살인(殺人)」(주요섭), 「소작인의 딸」(최독견) 등은 주인공이
여자이다.

그리고 이런 작품에 나타난 등장인물들의 상호관계를 검토해 보면
대개 다음과 같은 몇 가지 특징을 발견할 수 있다.

첫째, 남자 주인공으로 된 작품과 여자 주인공으로 된 작품을 따로
구분해 보았는데, 전자는 대개 소작인 또는 머슴들이고 후자는 대개
천대받는 위치의 인물이었으며, 그들은 모두 다 선천적으로 온순하
거나 또는 마지못해서라도 고분고분한 순종형들이었다.

둘째, 그 상대역은 반대로 지주 또는 주인계급이었으며, 그들은 대
개 포악하거나 또는 불륜의 성격이었다.

셋째, 따라서 그들 상호 간의 관계는 일방적으로 가해자가 되고 또
한쪽은 일방적으로 피해자가 된다.

넷째, 그 결과는 언제나 피해자 측에서 울분을 터뜨림으로써 강한
패배의식과 함께 주제의식을 표출하는 것이다.

이런 점에서는 천편일률적으로 도식적이라 할 수 있다.

비교적 짧은 기간에 많은 양의 작품을 써낸 최서해의 작품 연보를
놓고 볼 때, 「고국」·「탈출기」의 자연발생적인 가난과, 「홍염」·「박
돌의 죽음」·「기아와 살육」의 목적적인 가난과의 거리는 멀다. 후자
의 짜임새 있는 구성과 강렬한 인상에도 불구하고 전자에서 믿었던
건강한 힘에 비교하면 그것들은 훨씬 건강미를 상실한 목적적인 도
식성에 지나지 않는다. '거기는 왕년의 그와 같이 새로운 시대에 기
여하려는 아무 야심도 명일에로 향하여 움직이려는 아무 열도 발견
할 수가 없어서' '여명(黎明)의 하늘을 붉게 태우는 적극적 의지로서의
홍염이 아니고 작자의 회고의 세계 속에서 고요히 타오르는 향수와

추억의 홍염(紅焰)'11) 이라고 지적한 김기림의 뜻이 매우 타당하게 여겨지는 것도 그 때문이다.

최서해가 죽은 지 삼 년 뒤에, 그의 죽음을 애도하던 김동환의 아이러니한 발언은, 최서해의 문학은 물론 프로문학 그 자체에 대해서까지도 매우 시사하는 바 많다. 그의 아이러니한 논지에 따르면, 최서해는 비교적 초기에 해당하는 「고국」, 「탈출기」, 「홍염」, 「그믐밤」, 「큰물진 뒤」 등을 쓸 때까지만 살았어야지 그 뒤에 절개를 잃어가면서까지 그의 육체적 생명을 몇 년 더 연장한 데서 작품의 질이 떨어졌다는 말이다. 비교적 초기에 가난한 현실 체험을 실토함으로써 '인민의 속'에 설 수 있었던 최서해가 다시 그 가난한 현실 때문에 절개를 잃고 그럼으로써 민중 관심의 권외에 설 수밖에 없었다는 논리다. 덧붙여서 김동환은, 최서해를 죽인 것은 그 가난한 현실이 아니라 바로 '도시 생활'이라고 비난한다.

> 그래서 차라리 출세(出世) 이전(以前)과 같이 두만강 변 호지(胡地)에 파묻혀 감자 농사나 지으면서 천분을 기우려 순(純)되고 전실(典實)한 그 작품을 계속해 내었더라면 그의 수명도 삼십 년에 그쳤을 리 만무하겠고 작가로서의 민중의 총애는 여전히 받았을 것이다.12)

이런 논리는 민중 속에 서기를 바라는 최서해에 대한 깊은 애정에서 나온 말인데, 카프의 조직이 날로 성해감에 따라, 그 문학적 질감

---

11) 김기림, 「문예시평-「홍염」에 나타난 '의식'의 흐름」, 《삼천리》 제19호, 1931.9.
12) 김동환, 「생전의 서해 사후의 서해」, 《신동아》 제47호, 1935.9.

1. 자연발생기의 가난: 최서해

은 현격히 쇠퇴해가던 프로문학의 운명을 여기에 대치시켜 보면 마찬가지로 애정이 쏠리게 됨을 느끼는 것이다. 프로문학의 퇴조는 확실히 그 주조가 도회생활 속의 지식인들이 경직되어 가는 이념 속에 과격해진 때문이었다. 그들의 초기 현실관 내지 현실 감각이 삶의 현장 속에 뿌리내리고 그로부터 얻어진 열매를 노렸어야지, 그처럼 도회 지식인들의 이념적인 투쟁방법으로만 확대될 때, 그 분열과 결실 없음이란 당연한 귀추가 아닐 수 없었던 것이다.

2. 자연발생기의 도시 지식청년: 이익상

1) 도시 체험

초기 자연발생적인 경향소설은 이익상과 최서해에서 찾아볼 수 있다. 이익상의 경우, 우리가 먼저 유의해야 할 사항은 일반화된 프로문학의 입장이다. 1921년 《학지광》 22호에 단편 「번민(煩悶)의 밤」을 발표하면서부터 1930년 작고할 때까지 10년간의 창작활동을 한 그는 다음과 같은 몇 가지 이유로 지금까지 신경향파 또는 프로문학 작가라고 알려져 왔다.

첫째, 그는 1923년에 박영희, 안석영, 김형원, 김기진, 김복진, 연학년 등과 함께 장차 카프의 모태가 된 파스큘라(PASKYULA)를 조직한 바 있다. 그리고 또한 카프 결성 이후에도 그는 계속해서 그 구성인원으로 활동했다고 나타난다.

둘째, 그는 이러한 문학 외적 활동뿐만 아니라 직접 논문을 통하여 프로문학적 이론을 주장한 바도 있다. 「예술적 양심이 결여한 우리 문단」(《개벽》11호, 1921.5.), 「문학과 계급의식」(《신생활》 1923.), 「사상문예에 대한 단상」(《개벽》46호, 1925.) 등이 그런 논문인데, 그 내용으로 보아서 어느 정두 적극적이었는지는 앞으로 검토하여 볼 여지가 있다고 본다.

셋째, 그의 작품이 실지로 프로문학적 입장에서 쓰였다는 점이다. 작가 연구에 있어서, 무엇보다도 우선 작품 그 자체가 연구대상이 되어야 한다는 사실은 더 말할 필요도 없겠다. 그러므로 그의 작품이 실제로 프로문학적 입장에서 쓰였다고 한다면 이상과 같은 이익상의 문학에 대한 기존 평가는 정당하게 받아들여도 된다. 그러나 그러한 평가가 작품 그 자체의 검토에 의해서라기보다 오히려 작가의 문학 외적인 활동에 의한 것이었다면 마땅히 재고되어야 한다고 믿는다.

이익상의 작품이 실지로 프로문학적 성격을 띠었다는 견해가 나온 데 대한 근거를 우리는 찾아볼 수 있는데, 그것은 아주 단순한 계기로부터 비롯된 것으로서, 보다 신중한 검토를 요구한다. 1925년《개벽》57호에 발표된「광란(狂亂)」이 그 좋은 예다. 이 작품은 비교적 그의 초기작으로서 발표 당시의 월평이나 합평회에서 언급된 내용을 간추리면 불행하게도 "아직 미숙하다"는 의견들이 많았다. 심지어 박종화는 "소설인지 만담인지 희필(戲筆)인지 알 수 없다"며 한마디로 "소설이 안 됐다"는 혹평조차도 내린 적이 있었다.[13] 이러한 평가는 말할 것도 없이 소설기술론적인 역부족을 지적한 것임에 틀림없다.

그러나 이런 혹평과는 정반대로「광란」이 이익상 문학의 특질을 가름하는 중요한 작품으로 지적된 적이 있다. 바로 그해 12월, 한 해의 문학을 정리하는 자리에서 박영희는 이 작품을 그해에 거둔 신경향파 소설의 대표작 가운데 하나로 열거했던 것이다.[14] 박종화의 혹평도 잡지 월평을 통한 언급이라 구체적인 근거 제시는 없었지만, 박영희도 역시 구체적인 근거를 제시하지도 아니한 채, 다만 김기진의「붉은 쥐」, 조명희의「땅속으로」, 이기영의「가난한 사람들」, 주요섭의「살인」, 최서해의「기아(飢餓)와 살육(殺戮)」등 기억할 만한 작품들

13) 박종화,「삼월 창작평」,《개벽》58호, 1925.4.
14) 박영희,「신경향파의 문학과 그 문단적 지위」,《개벽》64호, 1925.12.

제3장 경향소설의 등장

과 함께 경향적 작품으로 열거했을 뿐인데, 이후 많은 문학사가들한테는 이익상을 프로문학작가 계열로 결론짓는 데에 아주 결정적인 역할을 했던 것이다. 이른바 「광란」은 소설 기술적인 면에서 아주 형편없는 작품으로 초기 이익상의 문학적 실력을 폄하(貶下)하는 데에 주요 역할을 했으면서도, 한편으로 그의 문학사적 위치를 프로문학작가의 위치에 머물게 한 결정적인 역할을 했던 것이다. 이런 피상적인 이익상의 인상을 구체화하기 위하여 채훈과 신춘호는 본격적인 작가, 작품 연구를 통해 지금까지 일반화된 프로문학의 허실을 입증하고자 노력한 바 있다.

그 결과, 채훈은 이익상을 '범상한 쇄말사를 사실적인 객관묘사로 그리는 데도 뛰어나지 못했을뿐더러, 소위 신경향파적 작가로서도 내세울 만한 업적을 남기지 못하고만 영원히 미완성의 작가'[15]라는 부정적인 평가를 내린 바 있고, 신춘호는 '역사를 직시하며 운명 앞에 희생되어 가는 식민지 사회의 불행하고 서글픈 패배자를 옹호하는 휴머니즘을 기조로 한 현실참여의 문학'이었으나 '가혹한 시대고에 이기지 못하여 초지일관하지 못하고 후퇴, 전향의 기미를 보인 문학'[16]이라고 다소 긍정적인 평가를 내리고 있다.

이 두 연구가 얻은 주요 성과는 공통적으로 지금까지 일반화된 프로문학적 견해에 대한 반성이라는 점이다. 그러나 여기서 우리가 주의해야 할 점은 이상의 두 연구가 다 같이 프로문학적 입장을 염두에 두고 진행했다는 점일 것이다.

15) 채훈, 「이익상론」, 『1920년대 한국작가 연구』, 일지사, 1976, p.128-129.
16) 신춘호, 「이익상론」, 《어문논집》, 고려대국어문학연구회, 1977, p.168.

우리는 지금 이익상이 프로문학 작가인가 아닌가 알기를 원하지 않는다. 프로문학이란 이미 문학사적으로나 또는 프로문학 주창자들 스스로의 회의 전향으로 말미암아 그 허점이 드러난 지 오래기 때문이다. 일찍이 우리 문단에 프로문학론이 성행하던 시기에 대두된 '계급문학 시비론'을 기억해 보자.17) 이 자리에서 김팔봉, 김석송, 김동인, 박종화, 박영희, 염상섭, 나도향, 이광수 등이 답한 설문을 보면, 그 찬반이 뚜렷이 나타나는데, 이 가운데 계급문학을 반대한 사람은 김동인, 염상섭, 이광수 세 사람뿐이다. 이 중에서도 특히 김동인은은 "브르죠아 이야기를 쓰면 브르죠아 소설이고 프로 이야기를 쓰면 프로 문학일 때, 짐승 이야기를 쓰면 금수(禽獸)문학이냐, 계급 공기, 계급 음료수가 없듯 계급 문학도 없다"고 적극 반대했고, 염상섭은 "예술은 독립적인 것이다. 프로 계급이 이를 이용하지 말라"고 하여 순수성을 옹호했던 것이다.

여기서 특히 우리가 주목해야 할 사실은 1920년대 우리 문단에 프로문학이 있었다는 사실이 중요한 게 아니라, 그렇게 프로문학이 판을 치는 문단에 순수문학예술을 옹호하려는 사람이 있었다는 점이다.

따라서, 우리가 이익상의 소설을 검토함에 있어서도 그가 얼마나 프로문학적 현실을 성실하게 살았느냐보다는 그런 상황에서 그가 어느 정도로 문학예술성을 옹호하고자 고민했는가의 흔적을 찾는 노력이 선행되어야 할 것이다. 그리고 나아가서는 그렇게 해서 이룩한 그

---

17) 박영희, 설문, 「계급문학시비론」, 《개벽》 56호, 1925.2.

의 문학적 성과가 그 후 얼마나 바람직한 방향으로 계승될 수 있었던 가를 한 번 생각해 보는 것이다.

2) 가난과 이향

이익상의 창작활동은 동경에서의 대학 시절부터 시작하여 작고할 때까지의 도시체험이다. 그의 작품들을 주제와 등장인물들의 양상에 따라 구분하여 묶어 보면 대개 다음과 같은 논의가 가능하다.

먼저, 여기서는 최서해의 가난보다 젊은 청춘들의 애정이 애정이다. 「번뇌의 밤」은 이익상의 처녀작이다. 조혼한 여자(숙경)가 남편을 일본에 공부하러 보내놓고 남편의 사랑이 변할까 봐 혼자 번민하는 이야기다. 스토리는 일방적인 설명에 의하여 진행된다. 따라서 등장 인물들의 행위는 거의 없다. 남편이 일본에 가 있다는 사실 외에는 아무 일도 없는 셈이다. 그럼에도 불구하고 숙경의 마음이 불안하다 는 점 때문에 이 소설은 성립한다. 일본에 가 있는 남편이나 바로 곁에 앉아 있는 시어머니 또는 시누이까지도 아무런 설명이 없어서 전혀 드러나지 않는 인물이지만 사실은 숙경과 보이지 않는 연관을 맺고 있어 매개체 역할을 하는 것이다. 이때 숙경한테 유일한 사건 하나가 발생한다. 밤에 시어미니와 함께 오붓이 앉아 있는데 마침 동네에 사는 노파가 와서 숙경이 염려하는 바와 같이 일본에 유학 가서 변심한 남자의 실제담을 들려주는 것이다. 이런 이야기는 실지로 숙경의 남편이 변심한 것보다도 더 효과적이다. 자칫하면 신소설적인 인상을 풍길 뻔한 스토리를 현대소설적으로 구제할 수 있었기 때문이다. 결과적으로 「번뇌의 밤」은 숙경이라는 한 구시대적 인물을 설정해 놓고도 속되지 않게 심적 갈등을 잘 정제시킴으로써 현대소설적인 효과를 이룩한 셈이다. 여기서 나타난 인물은 그러나 아직 인습을 굴레를 벗지 못한 피해자요, 그 피해 때문에 함부로 분노하거나 절망하지 않고 오히려 조용히 안으로 되새김질함으로써 우리들의 인간적 동정을 불러일으키는 면모를 보이고 있다.

「연(戀)의 서곡」에 나오는 여주인공 K양도 숙경과 동궤의 인물이다. K양은 경제적 궁핍 때문에 어쩔 수 없이 남학생들한테 받는 사랑의 오해로 되어 있다. 이때 K양이 갖는 패배의식이 나타난다. 남학생들의 공격적인 사랑을 피해 귀국해 버리려는 태도가 그렇고 이 소설의 주인공격인 나에 대한 맹목적인 의타심이 또한 그렇다. 「연의 서곡」은 표면적으로는 애정의 문제를 취급한 것으로 되어 있다. K양에 대한 C군의 열렬한 짝사랑, C군을 빙자한 K양의 나에 대한 접근, 그 사이에 끼어드는 R군의 개입 등의 복잡한 관계는 바로 그런 점을 뒷받침해 주고 있다. 그러나 좀 더 주의를 기울여 보면 나와 K양이 주고받는 문제의 대화는 그 근본적인 갈등이 애정에 있지 않고 가난에 있음을 알 수 있다. 이 점은 복잡한 얽힘이 아니라 주제의식의 혼선이다. 채훈은 바로 이런 점에 대하여 "전개한 대화 정도가 이익상의 이 방면에 대한 지식의 전부라면 소위 신경향파 문학운동에 참여한 그의 교양도 대단치 않은 것이라고 할 수밖에 없다"[18]면서 이 작품

---

18) 채 훈, 앞의 책, p.112.

을 프로문학적 가치 기준으로 평가하려 한 바 있다. 앞서 언급한 바와 같이 이 작품은 대학생들 사이에 오가는 애정의 문제를 다루었으면서도 군데군데 가난에 대한 패배의식이 깔려 있긴 하지만 그런 점 때문에 프로문학적 실패, 나아가서는 문학적 실패를 따질 수는 없는 것이다. 이 작품은 구태여 그런 관점에서가 아니더라도 무질서한 인물의 등장, 주제 설정의 혼류, 스토리 전개상의 일방적 설명 등의 이유로 성공한 작품은 못 된다. 그의 고민이 가난이든 애정이든 관계없이 주위환경에 대하여 일종의 패배감을 주고 있다. 이런 패배의식은 그의 후기작품 「가상의 불량소녀」에 나오는 병주와 순영도 마찬가진데 「번뇌의 밤」에 나오는 숙경과 함께 몹시 불확실한 인물들이다.

같은 애정의 문제를 다루었으면서도 특히 어린아이를 출산하는 과정에서 겪는 아빠의 신비한 호기심과 또 다른 인간의 애정의 문제를 취급한 작품이 있는데, 이런 작품들도 역시 애매한 상태에 머물렀다. 「구속의 첫날」, 「다시는 안 본다」, 「유산」 등이 바로 그런 작품인데 그 가운데서도 특히 「유산」의 경숙은 앞서 지적한 패배적 유형을 두드러지게 나타낸다. 전문학교까지 나온 신여성 경숙이 기호와의 불륜의 관계에서 임신을 하고, 결국 버림을 받는 이야기다. 신여성이면서도 전혀 신여성으로서의 면모를 보여주지 못하고 기호한테 쩔쩔매는 모습은 그녀를 하나의 패배적 인물로 나타내면서 나아가서는 작품 전체의 균형을 깨뜨리고 만다.

애정의 문제를 취급하면서도 명확한 문제를 제시하지 못하고 방황하는 패배적 인물, 이것이 이상의 검토에서 얻은 결론이다.

다음엔 가난의 문제를 다룬 이야기로써 「광란」, 「망령의 난무」, 「흙의 세례」, 「그믐날」, 「위협의 채찍」, 「쫓기어 가는 이들」에 나타난 공통적 특질을 살펴보기로 하자. 이 점에 대해서도 우리는 두 가지 유형으로 구분하여 볼 수가 있었는데 먼저 「광란」, 「망령의 난무」, 「흙의 세례」, 「그믐날」을 중심으로 검토하겠다. 이들은 비교적 학식이 있는 도시형 인텔리들의 이야기가 많다.

「흙의 세례」는 지식청년 명호와 그의 아내 혜정이 무슨 이유 때문인지 도회를 떠나 농촌으로 내려와 농촌 생활에 적응해 가는 이야기다. 병호 부부는 자기들의 입장을 다음과 같이 말한다.

자신이 이 사회에 대해 조그마한 불평, 또는 여러 사람 가운데에 뜻을 얻지 못하였다는 시랑, 그것만으로 온 인생에 대한 자기의 인생관이 변하여 이러한 농촌을 찾게 된 것은 냉정한 생각이 그를 에워쌀 때에는 그러한 소극적인 행위를 그의 양심은 부인하였다. 그리고 또는 자신으로……어떠한 개념생활에 열중하였던 그로서 한편 호주머니에 폭탄을 넣고 다니는 테러리스트가 되지 못한 것은 큰 유감이었다. 그의 천연의 유약한 성격이 그것을 허락지 아니하였다. 그의 항상 혼돈한 사회에서 몹시 자극을 받을 때에는 어떠한 테러리스트가 되든지 그렇지 않으면 극단이라 할 만한 은둔적 생활을 하는 것이 자신에 배태한 생명력을 신장시킴이라 하였다. 명호는 이 두 가지를 두고 오랫동안 생각한 결과 결국 T라는 남쪽나라의 따뜻한 지방으로 돌아오게 된 것이었다. 길에서 퇴(退)를 취한 그로서도 오히려 다른 사람의 직업 모독이라는 데에서 그동안 오래 괭이 잡기를 주저하게 된 것이었다.[19]

19) 이익상, 「흙의 세례(洗禮)」, 『현대한국단편문학전집』, 문원각, 1974, pp.176-177.

이상에서 우리는 당대의 험악했던 현실을 엿볼 수 있다. 그리고 또한 그 험악한 사회를 대처해가는 사람들의 태도를 짐작한다. 이 작품의 주인공 명호는 마땅히 테러리스트가 판을 치는 세상에 테러리스트가 되지 못하고 물러난 사람이다. 그렇다고 물러난 것으로 문제가 해결되었다고는 생각하지 않는다. 물러나 시골 사람이 되지 못하는 도시적인 일면을 지니고 있기 때문이다. 명호의 갈등은 여기에 있다. 그리고 그 갈등은 인간으로서 바람직한 것이다. 도회의 인텔리적 생활을 반성하고 내려온 시골에서 다시 완전한 농민이 될 수 있음을 깨닫는 명호의 태도는 무능과 오만이라는 점에서가 아니라 진실로 자신의 인간적 자세가 무엇인지를 생각해 본다는 점에서 매우 성실한 인물로 그려져 있는 것이다.

　그러나 이 작품도 또한 이런 바람직한 인물을 설정해 놓고도 몇 가지 약점을 노출한다. 명호 내외는 본래 지식청년으로 등장한다. 그들은 세상을 비판할 줄 알고 자신이 가야 할 길을 안다. 그래서 도회를 떠나 농촌으로 물러났고 농촌에 와서도 완전한 농민이 될 수 없음을 부끄럽게 생각한다. 그러나 이러한 작품의 초반부와는 달리 시간이 지남에 따라 그들은 일상적 생활에 만족하게 되고 나중에는 감상적 센티멘탈리즘에 빠지는 것을 볼 수 있다. 결국 「흙의 세례」는 불투명한 사회의식과 안일한 자기만족 사이에서 방향이 흐려졌다고 불 수 있는 것이다.

　「그믐날」도 같은 결과를 초래한다.

　이 작품의 성호는 신문사에 근무한다. 매달 월급이 제대로 나와도 생활이 빠듯한데 그나마 최근 몇 달은 월급이 나오지 않아 극심한 가난에 시달린다는 이야기다. 아침 끼니를 끓일 식량이 없음은 물론 외상값을 갚지 못하여 떳떳하게 집안에 앉아 버틸 수도 없고, 그렇다고 밖에 나가자니 마음대로 돌아다닐 차비도 없다. 그러나 작가는 이러한 가난을 하나의 사회적인 문제를 던져 놓고도 그냥 소시민들의 평범한 하루살이 이야기로 끝내버리고 만다. 성호는 아내를 위로하고 아내는 조강지처의 모습으로 가난을 얼버무린다. 성호가 돈을 벌어 온다. 식구들은 그동안 먹지 못하고 즐기지 못한 현실적인 불만을 대번에 충족시켜 버리고 만다.

「흙의 세례」의 명호 부부가 당대의 테러리스트적 상황에서 밀려난 인물이라면 「그믐날」의 성호 부부는 가난에 쫓기는 인물이다. 그렇다고 그들은 자기들을 밀어낸 현실에 대해서 함부로 분노하거나 도전하지 않는다. 오히려 선량하게 운명을 감수하며 스스로 위로할 줄 안다. 이 점에서 그들은 일단 패배적이라고 해도 좋다.

이번에는 「위협의 채찍」, 「어촌」, 「쫓기어 가는 이들」과 같은 비교적 배우지 못한 농어촌들의 생활을 다룬 이야기들을 중심으로 하여 검토해 보자.

「쫓기어 가는 이들」은 원래 1926년 《개벽》 65호에 발표된 작품인데 그 후 1938년 『현대조선문학전집』에 재수록하면서 「이향(離鄕)」이라고 제목을 바꾸고 결말 부분의 11행을 삭제하였다.

이 작품의 주인공 득춘은 서해안에 있는 어느 어촌에서 태어나 정상적 교육은 받지 못했지만 똑똑한 인물이다. 그 똑똑함이란 비리와 타협하지 않고 이치에 맞게 따질 줄을 안다는 점이지만 바로 그 똑똑함 때문에 득춘의 고통은 시작된다. 돈푼이나 있는 사람, 땅마지기나 가진 사람, 관리 양반들, 이와 같이 주로 돈 많은 자와 배운 사람들이 그를 괴롭힌다. 여기서 밀려난 득춘은 결국 어촌을 떠나 평야 지대의 농촌으로 이사를 한다. 밀려나면서도 타협하지 않고 버티었다는 점 때문에 그는 정의감 있는 인물로 부각된다. C촌에 와서 득춘은 한동안 생활이 펴진다. 마름인 8촌형의 도움 때문이었다. 그러나 8촌형이 마름에서 밀려남으로써 득춘은 다시 생활이 어려워진다. 할 수 없이 몰래 도망쳐 나와 T역 근처에 술 가게를 차린다. 어촌에서 농촌으로, 농촌에서 도시생활로 흘러 다닌 것이다. 도시생활은 경제적인 면에서는 괜찮았는데 이번엔 부도덕한 사내들이 또 그를 괴롭힌다. 돈 있는 집 건달 녀석이 아내를 집적거리는 것이다. 득춘은 이에 정면으로 대결한다. 살펴본 바와 같이 「쫓기어 가는 이들」의 득춘은 지금까지 거론된 인물들과는 그 궤가 다르다. 일단 현실에 밀려난 인물이면서도 끝내 패배하지 않고 인간적인 정의감과 용기를 지켜나가는 의지형 인물로 나타난 것이다. 따라서 이 작품은 지금까지 검토한 작품들이 안일한 소시민의 생활 태도로 방향을 바꾸어 처음 제기했던 문제성과 비교할 때 상당한 거리감과 함께 실망감을 불러일으킨 데 대해, 선명한 주제와 뚜렷한 성격을 제시하였다.

「어촌」은 또 다른 점에서 주목할 만한 작품이다.

「쫓기어 가는 이들」이 한 사람의 뚜렷한 의지형 인물을 설정하여 선명한 주제표출을 해낸 작품이라면 「어촌」은 분위기를 살린 점에 득색이 있다. 이 작품의 주요인물은 성팔이의 어린 아들 점동이와 성팔이의 아내다. 그러나 이 세 사람 가운데 어느 누구도 일방적으로 부각시키지는 않았다. 이 세 사람에 관한 이야기긴 하지만 엄격히 말해서 이 작품의 주인공은 '거칠은 바람 성낸 파도 가운데에 자기의 가족을 보낸 젊은 아내, 늙은 어머니, 어린 아이

225

들'20)인 바로 이 T어촌 주민들인 것이다. 여기서 벌어지는 이야기는 가난에 대한 불평이나 저항도 아니요, 비리와 부도덕을 청소하고자 하는 용기도 아니요, 그렇다고 그것들을 포근히 감싸주는 휴머니즘도 아니다. 가난하지만 거기엔 사람이 있고 운명이 있고, 그리고 인간의 삶이 있다. 이 작품의 첫머리를 한번 보자.

> T어촌 앞 해변에는 십여 척 되는 어선이 닻을 언덕 위에 높이 던져두고 수풀처럼 늘어졌다. 이 어선들은 고기 잡으러 앞바다 먼 곳을 향하여 나아가려고 만조를 기다리고 있다. 이 마을 바로 앞에 끝없이 보이는 황해는 봄날 아지랑이 속에서 깊이 잠든 것 같이 고요해 보였다.21)

도입부는 이처럼 평화의 서기가 서려 있다. 앞으로 무슨 일이 일어날지는 아무도 예측할 수 없다. 그러나 그 평화는 도입부를 지나자 곧 깨지고 만다. 성팔을 포함한 동네 아빠들이 바다로 떠나고, 떠나는 아빠의 안녕을 비는 뜻으로 아내는 아빠의 품 안에 부적을 넣어 준다.

그다음엔 비바람과 함께 풍랑이 일어난다. 전개 부분은 동네 사람들을 공포의 분위기 속으로 몰아넣는다.

> "엄마! 왜 이렇게 바람이 많이 분다우?"
> 어머니는 아들의 이런 묻는 말에 어느 아픈 상처를 주물린 것처럼 깜짝 놀라는 빛으로 대답하였다.

---

20) 이익상, 「어촌」, 앞의 책, p.163.
21) 이익상, 「어촌」, 앞의 책, p.160.

"하나님 조화니까 별수 있느냐."

"이렇게 바람이 불어도 아빠 배는 괜찮을까?"

"괜찮지 어째."

이렇게 어머니는 대답을 하기는 하였으나 실상은 남편의 안부를 몰라 태우는 가슴에 어린 점동의 물음이 불을 더 붙이었다.

"날이 언제 들까?"

"그야 알 수 있나, 하나님의 하시는 일이라, 그렇지만 내일쯤은 깨이겠지."[22]

자연의 위협 아래 그들은 아무런 힘도 없다. 오직 신의 가호를 비는 마음으로 인간의 정성이 있을 뿐이다. 그럼에도 불구하고 마침내 그들 앞에 비극은 다가온다. 인간의 운명을 실감있게 제시하는 클라이막스다. 클라이맥스를 지난 결말부에는 다시 죽음의 고요가 도사리고 있을 뿐이다.

이튿날 석양에는 해가 비치고 바람이 잤다. 비바람이 어촌의 모든 오예(汚穢)를 하룻밤 동안에 다 씻어 간 것 같이 들과 집과 바닷가 모래까지가 더욱 깨끗하여 보였다. 뒷산은 청초한 얼굴을 공중에 잔 듯이 들도 황해의 저편을 바라보는 듯하였다.[23]

생명을 앗아간 누리가 무서우리만큼 고요한 침묵 속에 잠긴 것이

22) 이익상, 「어촌」, 앞의 책, p.163.
23) 이익상, 「어촌」, 앞의 책, p.165.

2. 자연발생기의 도시 지식청년: 이익상

다. 사랑과 평화와 죽음이 공존하는 이 조그만 어촌에서 살아남는 사
람들이 다시 할 일이라고는 끝내 돌아오지 못할 생명을 그래도 기다
리는 영원한 소망이 있을 뿐이다.

> 그의 집에는 으례히 끼니마다 성팔이의 밥그릇이 그 방 아랫목에 처
> 박히어 있었다. 이것은 성팔이가 행방불명이 된 뒤로 그 생사를 점하기
> 위하여 그러함이었다. 이 마을에는 이러한 미신이 전부터 있었다.
> 성팔이와 같이 행방불명된 사람으로 밥 담은 식기의 뚜껑에서 물방
> 울이 떨어지면 그 식기의 임자는 아직도 살아있는 것을 표하는 것이요,
> 그렇지 않고 물기가 없으면 그 사람은 죽은 것으로 판단한다는 것이었
> 다. 그리하여 그들은 식기를 방 아랫목에 묻어두고 밥을 바꾸어 담을
> 때마다 뚜껑을 열고 물이 떨어지는 그것을 살펴보던 터이었다.[24]

결말부의 민속적 처리는 이 작품에 생명력을 불어넣는다. 평화로
운 어촌에 비바람이 불고 풍랑이 일어 죽음을 휩쓸고 간 폐허에 따스
한 생명력을 불어넣을 수 있는 것은 그들에게 바로 이런 소박한 염원
이 있기 때문이다. 결국 성팔은 돌아오지 않았다. 그러나 밥그릇 뚜
껑에서는 언제나 물방울이 떨어지고 있었다.

「어촌」은 이익상의 다른 작품에서처럼 드러난 주제의식도 없고 뚜
렷한 인물의 제시도 없지만 그런 가운데에서도 인간의 다양한 삶을
실감 나게 제시해 줌으로써 성공을 거둔 셈이다. 이른바 주제의 내면

---

24) 이익상, 「어촌」, 앞의 책, p.168.

화로서 분위기 있는 성공조차 아울러 거둘 수 있었던 것이다.

지금까지의 검토를 통해서 얻은 결론은 대개 다음과 같은 것들이 있다.

첫째, 등장인물들은 모두 가난해서 상대적으로 돈 있는 사람에 대한 원망 아니면 동경이라도 어떤 식의 반응을 보인다. 애정의 문제를 다룬 「가상의 불량소녀」, 「연의 서곡」, 「유산」의 등장인물도 어떤 식으로든지 가난한 양상을 띠고 있는 것이다.

둘째, 그러나 그들은 돈 있는 사람들한테 함부로 분노하거나 저항하는 이른바 그 당시의 프로문학적 성격을 띠지 않고, 오히려 나약한 패배의식과 함께 자위와 안일을 구가하는 소시민들이었다. 유일하게 이런 범주에 들지 않는 인물이 「쫓기어 가는 이들」의 득춘이다.

셋째, 이들 등장인물은 다시 비교적 학식이 있는 인물과 전혀 교육을 받지 못한 농어촌민 그대로의 인물, 두 가지 유형으로 나눌 수 있었다.

넷째, 이들 가운데 비교적 학식이 있는 인물들보다는 오히려 농어촌민 그대로가 등장하는 작품들이 더 성공적이었다고 본다.

이상의 결론을 통하여 우리는 이익상의 문학적 특질을 좀 더 깊이 관찰하고 나아가서는 그의 문학사적 위치를 검토해야 하겠다.

사회과 출신인 그가 소설을 쓰기까지에는 과연 어떤 계기가 있었으며 어떤 경로를 밟아 문학수업을 했는지에 대해서는 아직 뚜렷하게 조사된 바가 적지만, 앞서 살펴본 바와 같이 한때 일본작가 구라타 하쿠조(倉田百三)나 투르게네프, 톨스토이, 도스토옙스키를 읽으면서 '인도주의적 미온론'을 폈다는 근거는 그의 문학을 이해하는 데 많은 참고가 된다. 사실상 이런 유엽의 증언이 아니더라도 그의 작품

전반에는 미온적 인도주의가 짙게 깔려 있다. 지금까지 살펴본 그의 패배적 인간형들에서 나타나는 운명의 감수와 인간적인 갈등이 바로 그런 점이다.

이런 그의 미온적 태도가 당시의 프로문학적 풍토와 합류했을 때 나타난 결과는 뻔한 것이었다. 그가 어떤 경로를 밟아 프로문학 운동의 조직체에 가담했는지에 대해서는 앞으로 더 많이 밝혀져야 할 것이지만, 그가 문학을 처음 시작할 무렵에 한창 번성하던 프로문학적 기운을 외면할 수 없었을 것임엔 분명하다. 그의 미온적 문학관으로 프로문학과 맞설 수도 없었을 테고 그렇다고 무작정 프로문학에 전력하자니 그도 또한 신념을 불어 넣을 만한 문학이 못됨을 알았을 것이다. 이로 인하여 다시 프로문학적 입장에서 보더라도 그는 미온적일 수밖에 없었던 것 같다. 이런 점은 그가 초기에 프로문학적 입장에서 내놓은 몇 편의 논문에서도 나타난다. 그 어느 편에서 보아도 미온적인 태도였던 것이다.

그 결과 그는 언제나 당시 문학의 조류였던 프롤레타리아적 주제를 설정해 놓고도 결말에 가서는 엉거주춤한 성격 제시의 혼선을 빚어 결정적인 효과를 얻지 못한 예가 많았던 것이다. 그의 소설 27편 가운데 거의 전부가 가난이라는 소재를 택한 점과 작중인물들이 모두 패배와 자위 속에서 안일을 일삼는 소시민으로 나타난 점을 보면 알 수 있다.

그러나 「어촌」과 「쫓기어 가는 이들」은 주목할 만한 작품이다. 이런 작품에 등장하는 인물들은 비교적 정상적인 교육을 받지 못한 무식쟁이들이었다. 그렇지만 그들은 선량하고 그들한테는 본능적인 순수성이 있다. 「어촌」에서의 마을 사람들은 인간을 위협하는 환경을

제3장 경향소설의 등장

극복할 수 있는 민속신앙을 가졌고 「쫓기어 가는 이들」의 득춘은 본능적인 정의감과 양심을 가졌다. 그들은 처음부터 교육으로 수양된 이성의 지배를 받지 않는다. 살아가는 동안에 어떤 어려움이 닥쳐도 그들은 본능적인 인간성에 호소하면 그만이다. 이때 제시되는 인간의 순수성과 삶의 현장 그대로가 우리들의 가슴에 와닿을 때 우리는 진실한 쾌감을 맛보게 되는 것이다.

「어촌」과 「쫓기어 가는 이들」은 이익상의 대표작이라고 할 수 있다. 이런 작품이 성공할 수 있었던 근거는 주의 주장에 편협된 주제 표출을 노리지 않고 삶 그 자체를 리얼하게 묘사함으로써 주제의 내면화를 기했던 점에 있다. 그는 주로 설명적 방법을 택하고 있다. 그러나 설명 과정에서 불필요한 작가의 인생관이 개입되는 예가 많아서 작중인물의 완전한 성격제시가 불가능했다. 결과적으로 그의 작품이 성공한 예는 도시형 인텔리적인 안목이 작중에서 완전히 배제되고 무식한 농어촌민들의 본능에 따른 순수한 삶이 표현되었을 경우였다.

이런 점에서 볼 때 이익상의 문학은 지금까지 일방적으로 프로문학적 관점에서만 그 승패를 판가름하려던 연구 태도를 지양해야 한다.

전혀 프로문학적 입장을 떠나서 참다운 리얼리즘문학을 이룰 수 있었던 이익상의 소수의 작품이 우리 1930년대 순수문학의 길을 여는데 미약하게나마 바람직한 역할을 했다고 보는 게 옳을 것이다.

이 조그마한 역할이 곧 이익상이 거둔 문학사적 의의요, 문학적 성과라 할 수 있는 것이다.

2. 자연발생기의 도시 지식청년: 이익상

3. 목적의식기의 투쟁: 조명희

1) 카프의 제2차 방향전환

1925년 8월 23일, 카프의 결성은 한국 현대문학사가 겪은 또 하나의 중대한 변화다. 엄밀히 말하면 그것은 박종화, 박영희, 김기진 등이 '역(力)의 예술론'을 개진하던 1923년부터였으며, 그것이 무르익어 조직으로 결성되기 전 해인 1924년에는 이미 작품의 경향도 많이 달라지고 있었던 것이다.

1924년 이전의 한국소설은 다음과 같은 두 가지 사항으로 집약되었다. 1920년대 초기를 정신적 과도기로 파악하고 서구식 개화를 포함한 문학의 개화를 부르짖었다는 사실이 그 하나요, 또 하나는 이시기를 식민지 시대라는 시공으로 파악한 점이다. 그러나 다시 이것들은 그 어느 것이나 지식인의 관점에 서 있던 점이 공통적 특징으로 귀일된다. 이 시기 소설의 작중인물은 모두 신세대 청춘이거나 그와 유사한 지식인이었다.

이와는 달리, 경향문학의 대두와 함께 한국 현대소설이 겪은 변화도 주목할 만하다. "프로문예는 창작보다 비평이 승한 입장에 있었다"[25]거나 "소설이 그들의 득의의 수단이 될 수 없음을 깨닫고 평론으로 정착했다"[26]는 결론이 나올 만큼 그들의 창작은 미흡했지만, 그

---

25) 김윤식, 『한국근대문예비평사연구』, 한얼문고, 1973, p.23.
26) 김윤식, 앞의 책, p.33.

럼에도 불구하고 프로문학이 대두하면서 우리 문학이 겪은 변화는 심각하게 나타난다. 그것은 크게 두 가지 방향으로 나누어 검토해 볼 수 있는데, 하나는 프로문학 그 자체가 이룩한 문학적 성격 및 결실 이요, 또 하나는 그런 프로문학에 대응해서 우리 민족주의 문학이 어 떤 식으로 변모했는지를 알아보는 일이다.

처음에 프로문학을 주도하던 김기진과 박영희는 그 이론과 실제를 겸하였다. 따라서 우리나라 최초의 경향소설은 비평에게서 나온 셈 인데, 그 이론과 실제가 서로 어떻게 비교되는지는 검토해 볼 필요가 있다. 김기진은 「클라르테 운동의 세계화」(《개벽》, 1923.9-10), 「지배 계급 교화, 피지배계급 교화」(《개벽》, 1924.1), 「지식계급의 임무와 신 흥문학의 사명」(《매일신보》, 1924.12.14)과 같은 글을 통해 부르주아 계 급의 미의식과 프롤레타리아 계급의 미의식을 분리하고자 하였다. 무산계급자만 프롤레타리아가 아니라, 온 세계의 학대받는 인구가 모두 프롤레타리아라는 점에서 문학도 공리적인 신흥문학이 요구되 며, 이로써 민중 속으로 파고들어야 할 지식계급의 윤리관을 역설하 였는데, 이른바 예술의 운동화가 그것이다. 이에 비하면 실지로 그가 쓴 소설은 오히려 주장이 약한 편이다. 「붉은 쥐」(《개벽》, 1924.11)는 자본주의를 비판하고, 더러운 현실에 대한 환멸과 빙충맞은 자기를 학대하는 것으로써 세상을 보는 시각이 무기력해졌는가 하면, 「젊은 이상주의자의 사(死)」(《개벽》, 1925.6-7)는 인류의 진화를 촉진하는 이 상 세계를 겨냥하면서도 현실과 이상의 괴리를 극복하지 못하고 결 국 자살하고 마는 패배주의다. 같은 시기에 박영희도 「조선을 지나가 는 비너스」(《개벽》, 1924.12), 「자연주의에서 신이상주의에 기울어지는 조선문단의 최근 경향」(《개벽》, 1924.2)에서 외적 생활이 문학에 미치는 영향을 기술하고, 그래서 문예가 우리의 생활을 창조한다기보다 생활이 문예를 창조한다는 점을 강조하였다. 그의 소설 「산양개」는 수전노의 불안한 심리를 통해 자본주의에 대한 증오심을 일깨우고, 「정순이의 죽음」은 종이라는 신분의 전락을 통해 계급사회의 어떤 점을 지적하려 하였다. 그러나 그들의 이론에 비해 실제 소설이 빈약했던 점은 그 후 이른바 '내용 형식논쟁'을 자초하는 예가 된다. 박영희의 소설 「철야」와 「지옥순례」에 대해 김기진이 지적한 「문예시평」(《조선지광》, 1926.12)은 온당한 소설이론으로 받아들여졌어야 한다. 김기진의 이른바 '소설 건축론'이란 내용을 위한 형식의 주장이었는데, 다만 논쟁을 위한 논쟁을 하다 보니 그것이 형식론 위주로 파악되었을 뿐이다. 박영희가 「투쟁기에 있는 문예비평가의 태도」(《조선문예》,1927.1)에서 내세운 '치륜설(齒輪說)'이란 아무래도 소설논의는 아니다. 사회운동일 뿐이다.

소설이 그 자체로 하나의 완성된 세계일 수 없고, 다만 전체 운동의 일환이어야 한다는 박영희의 주장은 상대적으로 김기진이 소설을 하나의 완성된 세계로 간주한다는 말과 다르다. 이때 박영희의 「문예운동의 방향전환」(《조선지광》 66호)은, 김기진의 문학주의에 비해 한층 사회과학적이다. 이로써 프로문학은 경제투쟁에서 정치투쟁으로, 자연발생적 가난에서 운동 차원의 목적의식기로 방향을 전환한 것이다.

이후 경향소설은 이익상, 최서해의 초기작에 비해 한층 더 투쟁적이고 목적적이다. 가난한 농촌과 농민의 현실 그 자체가 아니라, 지주와 소작인의 반목이 심하고, 도시의 지식계급이나 공장 노동자들의 이념이 앞서 있다. 이 시기 경향소설은 그만큼 이념과 도식주의에 빠져 지금까지 추구해 온 인간과 문학과는 거리가 멀어져 갔는데, 그 가운데 카프의 이념과 문학에 충실한 작가가 조명희이다.

2) 「낙동강」의 투쟁

조명희 대표작으로, 《조선지광》(1927.7)에 발표된 단편소설 「낙동강」을 꼽는다. 「낙동강」은 신경향 소설사 가운데 제1기 자연발생기와, 제2기 목적의식기의 전환을 보여주는 작품으로 평가받고 있다.

> 낙동강 칠백 리, 길이길이 흐르는 물은 이곳에 이르러 곁가지 강물을 한몸에 뭉쳐서 바다로 향하여 나간다. 강을 따라 바둑판같은 들이 바다를 향하여 아득하게 열려 있다. 그 넓은 들 품 안에는 무덤 무덤의 마을이 여기저기 안겨 있다.[27]

서두가 이렇게 시작하는 「낙동강」은 낙동강 어부의 손자인 박성운이 사회주의 운동을 하다 잡혀 고문을 당하다 병보석으로 풀려나 고향으로 돌아오는 배 위의 장면으로부터 시작된다.

과거의 이력과 활동상이 회고되는 구성을 통해 중국 대륙으로 건너가 독립운동에 참여하면서 사상 변화를 겪고 20년대 후반기 국내에서 이루어졌던 신간회운동 등 대중운동에 직접 참여하는 과정을 보여준다.

---

27) 조명희, 「낙동강」, 김성수 편, 『카프대표소설선Ⅰ』, 사계절, 1988, p.264.

박성운은 민족주의자에서 사회주의자로 변모한 인물이며 박성운 곁에서 자리를 지키고 있는 로사는 형평사원(衡平社員)의 딸로 교원이라는 안정된 직업을 버리고 사회주의 운동에 동참하게 된 인물이다.

서북간도로 이사해가는 무리 틈에서 지어 부르던 '낙동강 노래'를 다시 부르며 낙동강을 건너 고향에 도착한 박성운은 며칠 후 눈을 감게 되고 그의 장례식을 가득 메운 인파들을 통해 휘날리는 만장 속에서 그의 투쟁 의지를 계승하겠다는 것을 엿볼 수 있게 된다.

박성운의 일대기와 활동상이 극히 추상적으로 처리되고 있어 생동감이 부족한 것이 사실이지만 장편소설로 그려질 만한 내용을 서정적 묘사와 이를 통한 시적 환기력으로 인해 압축적으로 전달해주고 있다. 또한 주인공 박성운의 형상인 지식인 운동가의 형상화라는 점에서 볼셰비키화 제창기에 주장되었던 '전위의 형상'에 값하는 본격 프로소설의 한 전형을 이룩했다는 점에서 의의를 갖는다.

조명희의 「낙동강」을 두고 김기진이 조중곤에게 당한 또 한 차례의 반격은 이 시기 문학 논쟁이 얼마나 목적적이었는지를 극명히 보여준다.

「낙동강」의 박성운은 평범한 농부의 아들로 태어나 군 농업조수가 되고, 거기서 독립운동을 하다가 투옥되고, 감옥에서 나오자 서간도로 가서 사회주의자가 되고, 귀향하여 농민운동을 하지만 갈밭사건을 계기로 다시 투옥되는 일제 식민지시대 지식인의 한 전형이다.

형평사원과 장꾼들의 싸움에서 로사를 만나 사랑하게 된다. 로사 또한 그 당시 여자고등보통학교와 사범학교를 나와 여훈도가 되고, 그러자 여성동맹원이 됨은 당연하다. 독립운동과 사회투쟁은 이 소설의 기본 방침이요 삶의 목표이다. 중간에 박성운이 사망하고, 로사가 그 뒤를 이어 박성운의 뜻을 실현한다는 내용으로, 「낙동강」은 그 안에 인간과 사랑이 스며 있고 나아가 일제의 수탈에 대한 항거와 민족해방과 계급투쟁이 생생하게 살아 있는 대표작이다. 이런 내용과 형식을 두고 김기진은 프로문학운동의 목적에 적합한 작품으로 평가한다.

> 이만큼 감격으로 가득 찬 소설이—문학이 있었던가. 이만큼 인상적으로 우리들의 눈앞에 모든 것을 보여준 눈물겨운 소설이 있었던가. 이것은 어떤 개인의 생활 기록이 아니다. 이것은 현재 조선—1920년 이후 조선 대중의 거짓 없는 인생 기록이다.[28]

「시감(時感) 2편(二篇) 낙동강」의 내용을 요약하면 첫째, 종래의 빈궁소설에서 새로운 목적의식으로 발전하였다. 둘째, 그들의 삶이 절망의 인생이 아니라, 열망에 빛나는 인생이다. 셋째, 작가의 목적이 개인의 감정이나 욕망에 치우치지 않고 다수의 조직과 성취도에 기여할 만하다. 그러나 김기진의 평가는 조중곤에 의해 곧 심한 반격을 당한다.

> 제2기란 무엇이며 제2기 작품이란 무엇인가? 그것은 김군이 말한 '감격으로 가득한 소설'도 아니며 '인상적으로 표현된 눈물겨운 소설'도 아니다. 또한 '조선 대중의 거짓 없는 인생 기록'이라고 제2기 작품이

---

28) 김기진, 「시감 2편 낙동강」, 《조선지광》 70호, 1927.8.

될 수 있느냐 하면 그렇지도 않으며 '절망의 인생이 아니고 열망에 빛나는 인생의 여명'을 그렸더라도 제2기 작품은 될 수 없는 것이다.[29]

그러나 조중곤의 「낙동강과 제2기 작품」은 대체로 「낙동강」 그 자체에 대한 언급이라기보다 제2기 작품으로써 갖춰야 할 조건들을 더 많이 요구하는 형편이다. 그것은 현 단계를 정확히 인식한 것으로써 마르크스주의적 목적의식에 투철할 것과 정치 투쟁적 무산계급운동을 사실적 내용으로 할 것 등을 내세워 「낙동강」이 자연발생기의 작품으로는 성공했는지 모르지만 제2기 목적의식기의 작품이라고 볼 수는 없다는 것이다. 조중곤의 이런 주장은 사실상 문학을 인정하지 않는 입장이며, 오히려 「낙동강」이 문학적으로 좋은 작품임을 반증한 셈이기도 하다. 「낙동강」은 이 땅의 역사를 깊이 성찰하면서도 그로부터 다시 새로운 변화를 갈구하는 내용이다. 가난과 시대고에 쫓겨 서북간도로 몰려가는 사람들을 보면 민족의 수난사를 읽는 듯하다. 이와 같은 민족의 역사가 마치 낙동강의 물결을 보는 듯한 서정적 분위기로 가득할 때 그것은 흡사 영웅적 기개를 보는 듯하다. 이런 점에서 「낙동강」은 확실히 논란의 대상이 될 만하며, 나아가 이념과 투쟁만을 우선으로 하던 이 시기에 거둔 문학적 결실이 아닐 수 없다.

이 시기에 나온 김기진의 통속소설론 또는 대중문학론도 위기의 소설을 타개하기 위한 것으로는 주목할 만하다. 「통속소설 소고」(《조선일보》, 1928.11.9-20), 「프로문예의 대중화 문제」(《문예공론》 1호,

---

29) 조중곤, 「낙동강과 제2기 작품」, 《조선지광》 72호, 1927.10.

1929.5), 「예술운동의 일년간」(《조선지광》, 1930.1)에서 보인 그의 문학론이란 주로 프로문학의 대중화를 위한 것인데, 요약하면 대충 이런 내용이다.

지금까지 나온 경향소설은 주로 지식인 주인공, 지식인의 갈등에만 초점을 맞춘 것이어서 이른바 대중(노동자, 농민)들의 실질적이고도 구체적인 관심과 유리된 것이었다. 그들의 운동이 노동자, 농민들 속으로 파고들자면, 대중들이 즐겨 읽는 전래의 이야기책을 본받아 상층 대중에서 하층 대중으로 파고들 수 있는 소설이 요구된다. 그 예로 『숙향전』이나 『춘향전』을 들면서 그는 고대소설의 구조를 채택하자는 것인데, 이는 일제의 검열에 대한 대응책으로도 좋다는 것이다. 단순히 통속적인 흥미 본위의 소설을 써서 돈을 벌자는 말이 아니라, 민중 속으로 파고들기 위해 고전소설의 이야기 구조를 채택하자는 김기진의 주장은 온당한 면이 없지 않다. 선과 악의 대립구조를 설정하고, 악의 편에 지주를, 선의 편에 노동자, 농민을 세우고, 악이 괴롭히고, 선이 괴롭힘을 당하면, 그렇게 하는 사이에 어느덧 스토리도 박진감이 넘칠 것이며, 박진감은 흥미를 더할 것이며, 그 결과 권선징악의 이념적 교훈성까지도 획득하는 일거양득의 효과가 있다는 것이다.

그러나 이런 주장도 임화에게 곧 반격을 당한다. 임화는 「탁류에 항하여」(《조선지광》, 1929.8), 「김기진군에게 답함」(《조선지광》, 1929.11)에서, 그것은 합법성의 진취가 아니고 의식적인 퇴각이다, 그리고 원칙의 치명적 훼손이고 무장 해제의 오류라고 강경한 입장이다. 김기진에게 그것은 무장 해제가 아니다. 객관적 정세가 열악하니까, 그렇다고 붓을 꺾을 수도 없고, 그래서 대중소설이면서도 통속이 아닌 소설을 쓰면 될 것 아니냐는 의도가 숨어 있었던 것이다. 이런 김기진

의 태도는 어쨌든 투쟁 일변도의 목적의식기에 그나마 완급 조절의
한 방법이 될 만하다.

「낙동강」의 일반론에 대해서는 조연현이 다음과 같이 평가했다.

초기(初期) 프로문학(文學)의 불철저한 자연발생적인 반항적 요소를 의
식적 전투적인 계급문학으로 전환시킨 기점(起點)을 이룬 프로문학사상
(文學史上) 중요한 위치를 가진 작가(作家)다. 즉 프로문학이 전기(前記)한
최학송(崔鶴松), 이익상(李益相) 등(等)의 자연발생적 문학으로부터 이른바
목적의식적(目的意識的) 문학(文學)으로 그 방향전환이 논의(論議)될 무렵,
가장 많이 문제가 된 작가(作家)가 포석(抱石)이었다. …… 「낙동강(洛東
江)」은 그의 대표작(代表作)으로서 자연발생적(自然發生的)인 프로문학(文
學)이 의식적(意識的) 목적주의적(目的主義的)인 방향(方向)에로의 전환을
보여준 당시의 프로문학(文學)의 대표적인 작품(作品)이기도 하다.[30]

먼 옛날 이 고장은 평화로운 마을이었다. 이 마을에 계급사회가 형
성되고, 놀고먹는 계급과 일하며 먹여주는 계급의 차등이 생기고, 다
스려지는 계급과 다스리는 계급이 생겼다. 그 예로 갑오동학과 을미
운동이 펼쳐진다. 마침내 사회주의 운동이 시작된다. 박성운은 사회
주의 운동을 하다 잡혀 고문을 당하다가 병보석으로 풀려나 고향으
로 돌아온다. 그는 소작농의 아들로 태어난다. 서당에서 글공부를 시
작하고, 향리에서 보통학교를 마치고, 간이 농업학교를 다니고, 군청

---

30) 조연현, 『한국현대문학사』, 성문각, 1969. p.425.

농업조수가 되고, 독립운동에 가담하고, 감옥에 투옥되고, 모친이 사망하고, 부친과 함께 서북간도로 유랑한다. 부친이 사망하고, 가족이 해체되고, 만주에서 5년 동안 독립운동 활동을 하다가, 귀국한다. 박성운은 민족주의자에서 사회주의자로 전환하지만 국내 사회운동단체의 갈등을 피할 수 없었고, 5년 전에 비해, 마을은 초가집에서 함석집으로 일체화되었고, 중농은 소농으로, 소농은 소작농으로, 소작농은 풍비박산으로 변모했다. 그는 혁명가로 변신하여 사회운동단체를 조직한다. 그의 운동계획은 선전·조직·투쟁, 갈밭 사건으로 확대된다. 낙동강 기슭에 여러 만 평 되는 갈밭이 있었다. 평화롭던 옛 터전의 상징이다. 국유지로 편입되어, 일본인 가토(加藤)에게로 넘어간다. 그러나 그 갈밭을 되찾자고 갈을 베다가 충돌한다, 박성운은 감옥에 간다. 고문을 당하고 병을 얻는다. 장꾼이 형평사원을 무시하는 말을 한 까닭에 형평사원들과 장꾼이 싸움을 한다. 박성운이 청년회의, 소작인조합원, 여성동맹원을 동원하여 앞장서서 외친다.

"백정이나 우리나 다 같은 사람이다…… 다만 직업의 구별만 있을 따름이다…… 무릇 무슨 직업이든지, 직업이 다르다고 사람의 귀천이 있는 것은 결코 아니다. 그것은 옛날 봉건시대 사람들이 하는 말이다…… 더구나 우리 무산계급은 형평사원과 같이 손을 맞붙잡고 일을 하여 나가지 않으면 아니 된다. ……그러므로 형평사원을 우리 무산계급은 한 형제요 동무로 알고 나아가야 한다."[31]

---

31) 조명희, 「낙동강」, 앞의 책, p.274.

3. 목적의식기의 투쟁: 조명희

박성운의 투쟁은 마침내 그의 애인 로사의 생애로 이어진다. 로사는 형평사원의 딸이었다. 서울의 여자고등보통학교를 졸업한 뒤 사범학교를 졸업했다. 함경도의 보통학교 여훈도가 되지만 박성운의 뜻에 따라 형평사 운동, '참사람'의 길을 걸어간다.

"당신은 최하층에서 터져 나오는 폭발탄 같아야 합니다. 가정에 대하여, 사회에 대하여, 같은 여성에 대하여, 남성에 대하여, 모든 것에 대하여 반항하여야 합니다."[32]라고 로사를 격려하여주던 박성운이 병사한다.

박성운은 민족주의자에서 사회주의자로 변모한 인물이며 그의 곁에서 자리를 지키고 있는 로사는 형평사원의 딸로 교원이라는 안정된 직업을 버리고 사회주의 운동에 동참하게 된 인물이다. 각 단체가 검정테를 두른 깃발을 들고 앞장서고, 그 뒤로 수많은 만장이 따른다.

그 가운데는 "그대는 평시에 날더러 너는 최하층에서 터져 나오는 폭발탄이 되라, 하였나이다. 옳소이다. 나는 폭발탄이 되겠나이다."[33] 라고 긴 시구같이 이렇게 벌려서 쓴 것도 있었다. 박성운의 장례식을 가득 메운 인파들은 휘날리는 만장 속에서 그의 투쟁의지의 계승을 엿볼 수 있게 된다. 로사는 만주로 가기 위해 구포역을 출발한다.

「낙동강」은 과거의 이력과 활동상이 회고되는 구성을 통해 만주로 건너가 독립운동에 참여하면서 사상 변화를 겪고, 국내에서 이루어

---

32) 조명희, 「낙동강」, 앞의 책, p.276.
33) 조명희, 「낙동강」, 앞의 책, p.277.

제3장 경향소설의 등장

졌던 신간회운동 등 대중운동에 직접 참여하는 과정을 보여준다. 또한 주인공 박성운이라는 지식인 운동가의 형상화라는 점에서 볼셰비키화 제창기에 주창되었던 '전위의 형상'에 값하는 본격 프로소설의 한 전형을 이룩했다는 점에서 의의를 갖는다. 예를 들어 조명희가 소설 속에서 풀어내는 낙동강의 역사란, 처음엔 평화로운 마을이었다. 그러나 곧 계급사회가 형성되어 놀고먹는 계급과 일하며 먹여주는 계급이 생기고, 다스려지는 계급과 다스리는 계급이 생긴다. 갑오동학농민운동과 을미운동이 그것이며, 사회주의 운동이 그렇게 시작된 것이다.

3. 목적의식기의 투쟁: 조명희

제4장 리얼리즘 소설의 전개

1. 사실주의 소설: 염상섭

1) 햄릿형 인물: 「표본실의 청개구리」

염상섭 소설에 대한 김동인의 다음과 같은 언급은 흥미롭다.

> 염상섭은 그 풍부한 어휘와 아기자기한 필치는 당대 독보지만 끝막
> 이가 서툴러 '미완' 혹은 '계속'이라고 달아야 할 작품의 꼬리에 '끝' 자
> 를 놓은 사람이요.[1]

염상섭의 소설이 아직 끝나지 않은 데에서 '끝' 자를 붙였다고 말
한 데에는, 그런 지적을 하는 김동인의 소설구조론과 상당한 차이가
있음을 뜻한다.

김동인은 하나의 독립된 허구의 세계를 믿었다. 그리고 그 안에 처
음과 중간과 끝이 있기를 바랐다. 이런 소설일수록 프로타고니스트
와 안타고니스트의 팽팽한 긴장이 요구됨은 말할 것도 없다. 그러나,
그런 긴장은 스토리를 끌어가기 위한 장치일 뿐, 그것 자체가 의미를
내포하는 경우는 드물다. 작가가 말하고자 하는 의도는 결말에나 가
야 알 수 있다. 김동인이 이런 소설의 구조를 믿을 때 염상섭의 소설
에 낯설었을 것은 당연하다.

---

[1] 김동인, 『동인전집』 8권, 홍자출판사, 1967, p.421.

염상섭은 김동인이 믿는 허구의 세계를 손수 무너뜨렸다. 그 결과, 그의 소설은 독자 앞에 던져진 하나의 독립된 세계가 아니라, 이미 독자에게 설정된 세계 속으로 들어가 독자들과 그 속을 함께 걸어 다니고 있는 것이다. 이때 서로 대립되는 인물을 설정할 필요는 없어졌다. 독자들과 함께 걸어가면서 경험하는 모든 환경적 요소들이 이미 그 안에서 팽팽한 긴장과 대립을 유지하고 있기 때문이다. 이런 구조는 처음부터 그 결말에 최종 목표를 두지 않는다. 결말이 아니라 과정을 걸어가는 동안, 그는 어느덧 보고 느낀 것, 말해야 할 것을 모두 그 안에 제시하는 것이다. 김윤식이 「표본실의 청개구리」를 이해하는 기본항으로서 시간의 문제를 설정한 것도 이 점에서 주목할 만하다. '소설이 자아와 세계의 균열로 특정지어질 때, 이념과 현실 간의 최대의 불일치는 시간'[2]이라고 그는 믿었다. 그 시간이 「표본실의 청개구리」의 여로란 말로 대치될 때, 이 소설의 의미는 여행 과정에 따른 시간 속의 모든 것을 말해 준다는 것이다.

> 「표본실의 청개구리」의 소설적 달성의 근거가 바로 형식과 시간의
> 병치관계에 있고 병치관계로 인해 형상화가 가능했던 것으로 파악된다.
> 그렇지 않으면 내면세계가 시로 응고되든가 아니면 객관세계와 단절되
> 고 말았을 것이다.[3]

이런 수법은 김동인 등의 소설과는 방법을 달리한 것인데, 그것은

---

2) 김윤식, 「염상섭의 소설구조」, 김윤식 편, 『염상섭』, 1981, 문학과지성사, p.35.
3) 김윤식, 「염상섭의 소설구조」, 앞의 책, p.35.

극적인 결말로 단편소설의 묘미를 살린다든가 하는 수법을 일단 무시한 셈이다.

김동인은 처음부터 화자의 전단적인 설명에 의하여 사건을 풀어나가고 있다. 그리하여 독자는 작가의 설명에 따라 프로타고니스트와 안타고니스트의 상관관계를 주목하게 된다. 그러나 상섭은 사건을 풀어나간다기보다 오히려 독자들로 하여금 미궁에 빠져들도록 한다.

장회소설로 되어 있는 「표본실의 청개구리」는 모두 10장회다. 각 장이 바뀔 때마다 등장하는 인물과 장소가 다양한 변화를 겪는데, 그때 독자가 주목하는 사항은 주인공의 심의 경향이다. 그리고 그것은 작가의 전단적인 설명에 의해서가 아니라, 독자들의 유추에 더 많이 의존하고 있다는 점이 특징이다. 요컨대, 문제의 해결이라기보다 문제의 제기라고 볼 수 있다.

제1장의 침체된 분위기로부터 이 점은 비롯된다. '무거운 기분의 침체', '한없이 늘어진 생의 권태', '불규칙한 생활', '해면(海綿)같이 짓두들겨진 전신(全身)', '두식된 혼백', '알코올과 니코틴의 독취', '식은땀', '무섭게 팽창 앙분(昂奮)한 신경', '불면증', 이런 것들에다가 중학교 때 박물실험실에서 있었던 청개구리의 해부, 진저리를 치는 개구리들의 시체들이 겹칠 때, 독자들은 우선 그 분위기나 감징을 이해하고 즐긴다기보디 왜 그럴까 하는 물음을 먼저 던지게 된다. 그 프로타고니스트에 대하여 안티(Anti)적인 요소를 독자들은 궁금하게 여기는 것이다. 그러나 그런 궁금증이 금방 풀리지는 않는다. 다만, 왜 그럴까? 하는 물음에 대하여 나름대로 여러 가지 추측을 가해 보기까지 하는 것이다. 이 문제에 대해서는 '과도기의 청

년이 받는 불안과 공포와 번민'[4]이라거나 '3·1운동을 전후한 시기의 암울하고 절망적인 사회현실'[5] 때문이라는 추측이 그동안 가장 유력한 근거를 확보하고 있었던 것도 사실이다. 이와 같은 추측이 과연 옳은가 그른가에 대해서는 별문제가 안 된다. 문제는 그와 같은 기본사항을 지면에서 생략하고, 그 대신 독자의 상상력을 동원시킬 수 있었다는 데에 있다. 그리고 그 추측이 개인의 문제에 중단되지 않고, 시대와 사회의 문제로 제기되고 있다는 데에 더욱 이 소설의 의의가 있는 것이다.

「표본실의 청개구리」가 드러낸 구성상의 약점에 대해서는 이미 여러 차례에 걸쳐 지적된 바 있다. 주인공 격인 X로부터의 시점이 김창억으로 바뀌었다든가, 김창억의 발광의 요인이 원인 모를 감옥생활을 하는 동안에 아내가 가출했다는 이유로 너무 멜로드라마틱하다든가, 김창억의 방화로서의 결말이 너무 탐미주의적인 수법이라든가, 하는 점들이 그것인데, 이 점에 대한 부정적인 반응은 모두 자연주의 문학의 성격에 일치하지 않는다는 데서 귀결된 문제이다. 그럼에도 불구하고 그것이 자연주의 소설의 한 탄생을 알리는 예광탄일 수 있다는 점에 대해서는 이미 의견을 일치한 바 있다.

이 소설이 비록 '나'나 김창억이 왜 미쳤는가를 물을 수는 없다 하더라도 그 광증(狂症)을 통해서 그들이 무엇을 어떻게 고민하여 문제시하고 있는지에 대해서는 충분히 짐작해 볼 만한 것이기 때문이다.

---

4) 김동인, 앞의 책, p.191.
5) 채훈, 『1920년대 한국작가 연구』, 일지사, 1976, p.71.

극도의 신경쇠약과 불안증을 가진 '나'가 김창억의 광증에 심리적인 일치현상을 보일 때 김창억의 병증을 검토해 보는 일은 의의 깊은 일이다. 먼저, 김창억의 한자식 사고가 볼 만하다. 예수교의 '아멘(Amen)'이 '아맹(啞孟)'에서 '아면(我免)'으로 풀이된다. 성풀이 또는 천자풀이 같은 터무니없는 말놀음도 그렇다. 이런 사고는 그가 전래의 선비 후예로서 한자문화로 대표되는 동양적 사고를 엿볼 수 있는데, 이와 같은 동양적 사고가 퇴색하는 시기에 범람해 들어오는 서양문화에 대한 심리적인 교착상태를 이룬 것이라고 볼 수 있다. 그것은 무너져 가는 재래 문화에 대한 향수와 범람해 들어오는 서양문화에 대한 선망이 뒤얽혀서 일어나는 일종의 반발 심리이다.

서양사람의 집을 보니까 위생에도 좋고 사람 사는 것 같기에 우리 조선사람도 팔자 좋게 못 사는 법이 어디 있겠소? 기왕이면 삼 층쯤 높직이 지어 볼까 해서…… 우리가 그들만 못할 것이 무엇이오.6)

스토오브는 서양놈들만 만들 줄 알고 나는 못 만든답니까. …… 그놈들이 하루에 하는 일이면 나는 한 반나절이면 만들 수 있소이다. 이 집이 며칠이나 걸린 줄 아슈? …… 단 한날 하고도 열사흘! 서양놈들은 십삼이란 수가 흉하답디다마는 나는 양옥을 지으면서도 꼭 한 달 열사흘에 지었디오.7)

6) 염상섭, 「표본실의 청개구리」, 『신한국문학전집』 3권, 어문각, 1972, p.356.
7) 염상섭, 「표본실의 청개구리」, 앞의 책, p.359.

글쎄 말이오, 세상놈들이야말로 동으로 가라면 서로만 달아나는 빙퉁그러진 놈들이외다. …… 조선이 있고 조선글이 있어도 한문이나 서양놈들의 혀 꼬부라진 말을 해야 사람의 구실을 하는 쌍놈의 세상이 아닙니까.8)

이상 세 인용문은 모두 김창억의 광증에서 나온 말이다. 그럼에도 불구하고 그 언어구조의 비논리성을 접어둔 채, 광증의 저변에 흐르는 심리적 경향을 보면 그것은 동서양의 이질적인 문화 교착상태가 얼마나 심각한 것인가를 짐작할 수가 있는 것이다.

「표본실의 청개구리」의 문명비평은 한국 현대소설사가 겪은 가장 큰 변화로 지적될 만하다. 그것은 이질적인 문화의 접착 과정에서, 또는 전쟁을 통해서, 과도기의 지식인이 겪은 가장 통렬한 체험이었는지 모른다.

아까 말씀한 것 같이 성경에 가르치신바 불의 심판이 끝나지 않았읍니까. 구주대전의 그 참혹한 포연탄우가 즉 불의 심판이외다그려. 그러나 이번 전쟁이 왜 일어났나요. …… 이 세상은 물질만능, 금전만능의 시대라 인의예지(仁義禮智)도 없고, 오륜(五倫)도 없고, 애(愛)도 없는 것은 이 물질 때문에 사람의 마음이 욕에 더럽혀진 까닭이 아닙니까. …… 부자, 형제가 서로 반목질시하고 부부가 불화하며 이웃과 이웃이, 한 마을과 마을이 …… 그리하여 한 나라와 나라가 서로 다투는 것은

---

8) 염상섭, 「표본실의 청개구리」, 앞의 책, p.356.

결국 물욕에 사람의 마음이 가리웠기 때문이 아니오니까…9)

이렇게 볼 때, 이 소설의 프로타고니스트에 대한 안티(Anti)적인 요소가 무엇인지는 자명해진다. 그리고 염상섭의 경우, 그 안티적인 요소로 안타고니스트를 따로 설정하지 않고 다만 시간의 변화에 따라 독자들로 하여금 느끼도록 제시하고 있다는 점이 특징이다. 이런 소설일수록 결말보다 과정이 중요한 이유가 여기 있다. 처음에 살펴본 바와 같이, 이 소설이 '괴롭다', '우울하다'로 시작되었다면, 이광수는 '기쁘다', '행복하다'로 끝을 맺었을 것이고, 김동인은 어쩌면 괴롭고 우울해서 결국 '죽었다'라고 끝을 맺었을지도 모른다. 그러나 상섭의 경우, 그것은 행복해질 수도, 죽어야 할 까닭도 없다. 처음부터 그는 괴롭고 우울했지만, 끝내 괴롭고 우울한 채 이 소설의 끝을 맺을 수밖에 없는 것이다. 그 이유는, 이광수나 김동인이 작품을 하나의 허구세계로 믿고 있었던 점과는 달리 염상섭은 그것을 오로지 시대와 사회의 굴절 현상이라고만 믿었기 때문이다. 따라서 염상섭 소설의 안타고니스트는 시대와 사회 현상 그 자체다. 마치 「표본실의 청개구리」의 안타고니스트가 동서양의 이질 문화가 교체하는 바로 그 순간의 문명현상인 것과 같다. 김창억의 광증을 요약해서 제시하고 있는 '나'의 표현이 이런 점을 명백히 증명하고 있다.

---

9) 염상섭, 「표본실의 청개구리」, 앞의 책, p.355.

동서친목회장……세계평화론자……기이한 운명의 순난자(殉難者)……
몽현(夢現)의 세계에서 상상과 환영의 감주(甘酒)에 취한 성신(聖神)의 총
아(寵兒)……오욕육구(五慾六垢), 칠난팔고(七難八苦)에서 해탈하고 부세(浮
世)의 제연(諸緣)을 저버린 불타(佛陀)의 성도(聖徒)[10]

이런 한자식 사고는 과도기의 문화 현상이 빚은 불행한 결과다. 그
리고 그런 인물은, 그 시대의 사회 현상을 정확히 간파하고, 거기에
지적인 비판을 부여할 수 있을 때 나타난다. 시대와 사회 현상에 대
해서 지성적인 비판을 버리지 않을 때, 그의 갈등은 해소될 수가 없
을 것임은 분명하다. 그의 소설이 상승적 결말도 아니고, 하강적 결
말도 아닌, 영원한 불안일 수밖에 없는 이유가 여기 있다. 그리고 또
한, 「표본실의 청개구리」가 발표되면서 김동인이 놀라움을 금치 못하
던 이 소설의 기본정신이나, 끝나지 않을 곳에서 '끝' 자를 붙인다고
비난하던 그 논거가 일면 부당하면서도 그 논리적인 타당성을 갖게
되는 이유가 여기 있다.

염상섭의 소설에 대한 김동인의 견해는 긍정적인 면과 부정적인
면이 반반이었던 것 같다. 김동인의 성격상 염상섭은 아무리 밉게
보려고 해도 그의 탁월한 면을 인정하지 않을 수 없고, 아무리 좋게
보려고 해도 또한 크나큰 약점을 지적하지 않을 수가 없었던 것으로
보인다. 이때 탁월한 점이란 염상섭의 고뇌스러운 삶의 인식 태도일
것이며, 약점으로 지적하고 싶은 것은 그의 소설기법일 것이다.

---

10) 염상섭, 「표본실의 청개구리」, 앞의 책, p.358.

(전략) 상섭(想涉)이 「표본실의 청개구리」라는 소설을 썼다. 이 사람이 소설을 썼구나. 나는 이런 마음으로 그 작품을 보았다. 그러나 연재물의 제1회를 볼 때 나는 큰 불안을 느꼈다. 강적이 나타났다는 것을 직감하였다. 이인직(국초)의 독무대 시대를 지나서 이광수(춘원)의 독무대, 그 뒤 2, 3년은 또한 나의 독무대 시대에 다름없었다. (중략) 과도기의 청년이 받은 불안과 공포-〈실험실의 청개구리〉에 나타난 것은 그것이었다. 나는 상섭의 출현에 몹시 불안을 느끼면서도 이 새로운 '하믈레트'의 출현에 통쾌감을 금할 수 없었다.11)

한국소설에 갈등형 인물이 출현하기 시작한 것은 큰 변화가 아닐 수 없다. 그것은 사회적 갈등에 값하는 인물이라는 점에서 최초의 사회적 인물이 등장한 것이고, 이 점에서 「표본실의 청개구리」는 진정한 근대소설의 시작이기도 하다.

그의 '묵직하고 괴로운 느낌'이 드는 특징이 '내면화된 생의 고민'을 형상화하고 있다는 점에서 한국 근대소설의 형성을 논의하는 기본항으로 설정하고 있는 김윤식의 「염상섭의 소설구조」는 특히 주목할 만하다.

그런데 문제의 중요성은 '햄릿식'에 놓여 있다. 김동인 자신은 한국의 소설관에 의서, 혹은 톨스도이를 빙지한 인형조종술을 내세위 작품을 썼으나 "이런 것은 진정한 근대소설일 수 없다"고 그 자신이 생각하

---

11) 김동인, 앞의 책, p.415.

기에 이른 것이야말로 염상섭의 소설사적 의미망(意味網)이자 김동인의 한계인 것이다. 소위 근대소설이란 서구적인 근대소설을 지칭한다. 그것은 '내면화된 생(生)의 고민'을 형상화하는 것이며 이를 '햄릿식'이라고 김동인이 주장할 때, 그리고 이를 승인할 때, 김동인 자신은 서구적 의미의 근대 소설가가 아닌 것으로 된다. 반대로 염상섭은 서구적 근대 소설가의 자격을 갖는 셈이다.12)

이 글의 의의는 무엇보다도 염상섭의 문학적 특질을 김동인과 구분 지을 수 있었다는 데에 있다. 염상섭 소설의 인물을 '햄릿식'이라고 간파한 사람은 원래 김동인 자신이었다. 김동인이 염상섭의 '햄릿식'에 매우 긍정적인 의미의 충격을 받을 수밖에 없었던 점을 간파하고, 그것이 동인 자신의 운명론에 입각한 것임을 대조시킨 김윤식의 논거는 매우 의의가 큰 것이다. '내면화된 생(生)의 고민'을 형상화한다고 해서 마땅히 서구적인 의미의 현대소설이라고 말할 수 있겠는가는 아직도 검토해 볼 일이지만 그것이 러시아 문학, 특히 도스토예프스키와의 긴밀한 상관관계를 맺고 있다는 점이나 한국인의 운명론과는 전적으로 태도를 달리한다는 점에서는 확실히 주목할 만한 가치가 있는 것이다.

---

12) 김윤식, 앞의 책, p.22.

2) 열린 구조: 「만세전」

「표본실의 청개구리」의 문명비평 의식이 일제 식민지시대를 주목하다 보면 「만세전(萬歲前)」과 같은 갈등을 면치 못한다. 「만세전」의 시야는 훨씬 뚜렷한 시·공안에 제한되어 있다. 따라서 이 소설은 프로타고니스트의 의식과, 안티적인 요소가 확실하게 전달되고 있다는 점이 특징이다. 비교적 확실하게 드러나 있는 「만세전」의 시간과 공간을 간추리면 다음과 같다.

① 동경(東京)

서촌정자(西村精子)를 만난다.

서촌정자는 일본사람으로, 냉정하고 애수에 가득 찬 시선을 가지고 있을뿐더러 자기의 감정을 제약, 압축, 은휘할 만한 교양이 있고, 다소 신선하게 느껴지는 언동 등이 '나'를 매료시킨다. '나'가 정자네 빠아 같은 델 자주 드나드는 이유는 '이런 자유의 세계에서만도 얼마쯤 무차별이요, 노골적 멸시를 안 받는 데에 감정이 눅어지고 마음이 솔깃하여지기'13) 때문이다.

② 신호(神戶)

을나를 만닌다.

을나는 한국 여자로, 그곳 음악학교에 유학 중이다. '나'가 그녀를

---

13) 염상섭, 「만세전」, 『신한국문학전집』 3권, 어문각, 1972, p.176.

만나는 이유는 단순히 전에 안면이 있고, 친구나 자기한테 사랑의 감정이 개입될 수도 있었던 동포라는 점뿐이다.

③ 배(船) 안

목욕탕에 들어가 전혀 낯선 일본사람들의 대화를 듣는다.

여기서부터 '나'는 관찰자가 된다. 「만세전」이 1인칭 소설이면서 1인칭 관찰자 서술시점인 것처럼 보이는 이유가 여기 있다. 이때 '나'의 행위는 없다. 행위자는 일본사람 거간꾼들이오, '나'는 다만 보고 듣고 느낄 뿐이다. 그들은 이른바 노동자 모집원으로서, 그들이 하는 일이란 한국의 농촌 농민들을 빼내다가 일본 각지의 공장과 광산에 팔아넘기는 일종의 노예 매매와 같은 것이다. 그들의 언어태도는 저속하고 경멸적이다.

여기서 '나'는 망국민으로서 심한 모욕감과 분노를 느끼면서 일차적인 의식의 변모를 겪는다. '우국지사는 아니나 자기가 망국 백성이라는 것은 어느 때나 잊지 않고 있기는'(p.191.) 하지만, 그러나 스물두셋쯤 된 책상도련님으로서, 자신의 공상과 값싼 로맨티시즘이 도리어 부끄러웠던 것이다. 설상가상 격으로 그는 일제 헌병에 의해서 이유 없는 검문조차 받게 되는데 이 점은 이 소설의 전편에 깔린 분위기를 좌우한다.

④ 부산

부산에서 본 것은 일본화한 우리나라의 모습이었다.

거리마다 '이층집이 쭉 늘어섰을 뿐이요, 조선사람의 집이라고는 하나도 눈에 띄는 것이 없었다.'(p.203.) 다음과 같은 구절을 보자.

'우리 고을엔 전등도 달게 되고 전차도 개통되었네. 구경 오게. 얌전한 요릿집도 두서넛 생겼네…… 자네 왜갈보 구경했나? 한번 보여줌세.' 몇 천 년 몇백 년 동안 가문에 없고 족보에 없던 일이 생기었다. 있는 대로 까불릴 시절이 돌아왔다. 편리해 좋아, 놀기가 좋아서 편해, 하며 한 섬지기 파는가 하면 한편에서는, '우리겐 이층집도 꽤 늘고 양옥도 몇 채 생겼다네. 아닌 게 아니라 여름엔 다다미가 편리해. 위생에도 매우 좋은 거야.' 하고 두 섬지기 깝잘일 수밖에 없게 된다. 누구의 이층이요, 누구를 위한 위생이냐? 양복장이가 문전야뇨를 하고, 요리장사가 고소를 한다고 위협을 하고 전등값에 졸리고 신문대금이 두 달 석 달 밀리고, 담배가 있어야 친구 방문을 하지, 원 찻삯이 있어야 출입을 하지며 눈살을 찌푸리는 동안에 집문서는 식산은행의 금고로 돌아 들어가서 새 임자를 만난다. 그리하여 또 백 가구 줄어지고 또 이백 가구 줄었다.14)

이런 관찰은 논리적이요, 비판적이기까지 하다. 현대적 생활을 영위할 수단 방법도 없고, 생산화식(生産貨殖)에도 어둡고, 그렇다고 안빈낙도(安貧樂道)의 생활철학에도 철저하지 못한 우리나라 사람들의 엉거주춤한 사고방식은 일본화의 새로운 것에 대한 막연한 호기심에 사로잡히고, 그 막연한 호기심은 결국 식민지화의 속도를 한층 가속화시켜 나갔던 것이다. 이런 점은 가해자로서의 일제에 대한 규탄이나 고발이 아니다. 도리어 피해를 받는 우리 민족의 입장에 서서 자책과 분발을 도모하는 형식을 취한다.

---

14) 염상섭, 「만세전」, 앞의 책, p.204.

⑤ 김천

형님을 만난다.

형님은 '나'와는 달리 보수적이요, 전형적인 국민학교 교사인데도 어느덧 일본화가 되어 금테 모자에 만또를 둘렀다. 여기서 형님은 몇 가지 중요한 행동양식을 드러내는데, 이 점이 「만세전」을 하나의 통일된 소설의 형식으로 끌고 가는 데에 결정적인 역할을 한다.

첫째, 형님은 앞서 부산 거리에서 느낀 일본화 과정의 우리 민족 근성을 대표적으로 나타내 주었다. 그것은 형님을 따라 본가로 들어서면서 주고받는 다음과 같은 대화를 보면 알 수 있다.

"거진 쓰러지게 되었는데 문간이나 좀 고치시지……."

"얼마나 살라구! 여기두 좀 있으면 일본사람 거리가 될 테니까 이대로 붙들고 있다가, 내년쯤 상당한 값에 팔아버리련다. 이래 뵈두 지금 시세루 여기가 제일 비싸단다."[15]

이때 '나'의 속물음은 '고향을 버리구 어데로 갈 텐가?' 하는 것이었다. 형님은 당장 현실적인, 개인적인 이익만 생각하고 장차 일본이 그런 식으로 밀고 들어와 갈 곳 없이 거리에 내버려질 것은 모른다. 이런 점에서 형님은 식민지 정책에 간접적인 방조자가 된다.

이때 화자로서 나는 독자들에게 그래서는 안 된다는 점을 시사해 주는 기능을 갖는다.

---

15) 염상섭, 「만세전」, 앞의 책, p.210.

둘째, 형님은 후처를 들여앉힘으로써 가족적으로도 전근대적 행동 체계를 보인다. 표면적인 이유로는 후사를 얻기 위해서라지만, 신학문을 배우고 망국민으로서의 명백한 자각을 하고 있는 나한테 그것은 이해할 수 없는 일이요, 더욱이 '세 식구가 구순하게 사는 것이 희한한 일'로 여겨지면서 '시들어가는 강국 같다는 생각'조차 드는 정도다. 이런 출생의 문제는 다음 죽음의 문제에 부딪치면서 소설의 중요한 맥을 형성한다.

셋째, 형님은 새로 생긴 공동묘지법에 대해서 격분하고 있다. 곧 죽어가는 계수나, 장차 돌아가실 부모님을 공동묘지에 묻는다는 것은 인간의 도리로 있을 수 없다는 것이다. 형님의 선산에 대한 애착은 이 점에서 시대에 뒤떨어진다. 다음과 같은 구절을 보자.

나의 귀에는 좀 이상하게 들리었다.

내 처가 죽을 것은 기정의 사실이라 치더라도 죽기도 전에 들어갈 구멍부터 염려들을 하고 있는 것은, 아들을 낳지 못하여서 성화가 난 것보다도 구성없는 것이요, 일없는 사람의 헛공사라고 생각 아니할 수 없다.16)

'낳지도 못하는 아들을 낳기 위한 성화', '죽지도 아니한 사람을 묻기 위한 성화', 이렇듯 비인간적이고 낙후된 행동에 대한 불만, 이 점이 곧 이 소설을 쓰게 된 구체적인 동기였다.

---

16) 염상섭, 「만세전」, 앞의 책, p.215

공동묘지다! 공동묘지 속에서 살면서 죽어서 공동묘지에 갈까 봐 애가 말라하는 갸륵한 백성들이다![17)

이런 외침은 한층 더 그런 생각을 강요한다. 「만세전」의 원제가 「묘지」였다는 사실은 이미 알려진 바다. 그것은 원래 「묘지」라는 제목으로 1923년 《신생활》지에 연재하다가 다시 〈시대일보〉로 옮겼는데, 1948년 단행본으로 출간하면서 「만세전」으로 게재한 것이다. 만세 전의 무덤 속과 같은 세상을 살면서, 그 무덤으로부터 헤어날 생각들을 못하고 자꾸만 무덤 속으로 파고들려는 아이러니한 우리 민족의 운명, 그것이 바로 이 소설의 창작동기요 주제였다.

⑥ 서울

아내가 죽음에 직면해 있다.

죽어가는 자 앞에서 어머니는, 나의 아내에 대한 정보다 더 깊은 인정으로 안타까워한다. 그러나 아버지의 생활은 그와 정반대로 몰지각이다. 친일주의자요 속물근성의 소유자인 김의관의 협잡에 동조하여 동우회를 조직하고, 밤낮으로 술과 마작과 협잡을 일삼으며, '기생 연주회의 후원이나, 소위 지명지사(知名之士)가 죽으면 호상차지나 하는 일'을 사업이랍시고 하고 다니며 가정은 물론 죽어가는 며느리한테는 관심조차 없는 것이다.

지금까지 우리는 「만세전」의 공간 변화와 그 공간에서 발생한 사

---

17) 염상섭, 「만세전」, 앞의 책, p.226.

항들을 검토하였다. 그것들은 화자인 '나'의 관찰을 통해서 나타나는 사항들이기 때문에 여기 도표로 제시해 보면 오히려 '나'는 없어져 버리고 다음과 같은 장소와 인물이 대신 나타남을 볼 수 있다. 이런 점은 「만세전」이 갖는 독특한 기술적 방법으로서, 1인칭 서술이면서도 1인칭 관찰자 서술시점과 같은 양상을 빚는 것이다.

① 동경: 서촌정자……이국여성과의 이지적 감정……계속적인 미행과 검문

↓

② 신호: 을라……동포끼리의 감정적 인정 ……………………… 〃

↓

③ 배(船) 안: 노동자 거간꾼들. 조선 노동자들에 대한 노동착취 〃

↓

④ 부산: 거리, 요정……일본화된 조선의 모습 ……………………… 〃

↓

⑤ 김천: 형님……우리 민족의 전근대성, 타락상 …………………… 〃

↓

⑥ 서울: 아내, 아버지와 가족들……우리 민족의 타락상 ………… 〃

↓

⑦ 다시 동경을 생각하며: 정지에게 상호 간의 자유롭고 진실된 생활을 통한 우정을 약속

일찍이 김현은 이 「만세전」과 관련된 염상섭의 소설을 발자크의 소설과 대비시켜 다음과 같은 점을 지적한 바 있다.

그 두 작가가 관심을 갖고 있는 것은 전형적인 인간보다는 전형을 만들 수 있는 정열 수난이, 다시 말하자면 한 시대의 문제가 어떻게 모든 인물들에게 확산해 들어가느냐 하는 점이다.[18]

이런 점을 지적하여 소위 '전형을 창조하지 않고 한 뭉텅이의 인물을 창조했다'고 하였다. 이때 '전형적인 인물'이란 그가 추구하는 정열과 수난을 의미하며, 그는 그가 추구하는 문제를 요약하고 그 문제로서 산다고 하였다. 전형적인 인물은 그리하여 한 사회가 추구하는 이념을 자신의 핏속에 육화시키는 인물이라고 한다.

그러나 여기서 '한 뭉텅이의 인물'이란 다시 말해서 한 시대의 문제가 어떻게 모든 인물들에게 확산해 들어가느냐 하는 점에 더 관심을 기울인다는 것이다. 그래서 전형을 창조하지 않고 '한 뭉텅이의 인물'을 창조하려 할 때에는 ① 평행을 이루는 여러 세팅의 복합 ② 인물의 다양함 ③ 도덕적 의미에서의 절대적인 것의 부정이라는 여러 측면을 종합하지 않을 수 없게 된다고 그 기술적인 양상을 밝히기도 하였다.[19] 앞의 도식을 보면 이 세 가지 양상은 뚜렷하게 설명된다. 동경 → 신호 → 부산 → 김천 → 서울은 첫째 항목의 '평행을 이루는 여러 세팅의 복합' 현상이고, 정자 → 을라 → 배(船)안의 사람들 → 부산의 거리 → 형님 → 아버지의 가족들은 둘째 항목의 '인물의 다양'한 현상이고, 그들에게서 보고 느낀 일본화 과정 속의 조선에 대한 비판과 울분은 셋째 항목의 '도덕적 의미에서의 절대적인 것

---

18) 김현, 「염상섭과 발자크」, 『사회와 윤리』, 일지사, 1974, p.53.
19) 김현, 앞의 책, p.54.

의 부정' 현상을 나타낸다.

이 점에서 본다면 「만세전」도 소설의 '발전'보다는 영역의 '확대'에 중점을 둔 작품이라고 볼 수 있다. 임화는 그의 「현대소설의 주인공」을 언급하는 짤막한 글에서 다음과 같은 몇 가지 견해를 피력한 바 있다.[20] 그것은, 인물과 인물과의 관계가 소설의 영역(넓이-공간)이라면, 인물과 인물과의 관계의 지속과 연장은 소설의 발전(길이-시간)이 되는 것이라 보고, 이 소설의 발전 가운데 인물들의 성쇠와 생애가 나타나고, 인물들의 성쇠와 생애 가운데 인간의 운명이 표현된다면서 이런 인물이 현대소설의 바람직한 인물이라는 것이다. 확실히 「만세전」은 주인공의 운명을 중심으로 소설이 구성되어 있지는 않다. 이 소설은 1인칭 소설로서, '나'가 주인공이지만 '나'가 전형이 되지 못하고 '나'의 사회가 전형이 되고 있다. 「만세전」의 주인공을 사회라고 보는 김현의 지적도 이 점에서 나온 결과다.

이렇게 설명하다 보면, 자칫하다가는 임화가 밝힌 세태소설론의 입장과 혼동할 여지가 있겠는데, 「만세전」은 그렇지는 않다. 이 소설은 적어도 세태소설인 면을 벗어나 본격 소설로서의 몇 가지 중요한 특징을 갖고 있다.

첫째, 화자요 관찰자인 '나'는 고도화된 지적 비판력을 지니고 있다. 그는 그가 겪은 모든 사람과 사회에 대하여 냉철한 비판과 질책을 가한다. 그러니 그 비판은 긍정적인 애정이 깔린 것이었다. 이 소설이 주인공의 운명을 중심으로 구성되어 있지 않았더라도 그가 겪

---

20) 임화, 「현대소설의 주인공」, 『문학의 논리』, 학예사, 1940, p.411.

은 모든 대상과 분리되지 않고 밀접한 유기성을 유지할 수 있었던 근거가 바로 이 애정 때문이었다고 볼 수 있다.

둘째, 장면의 파노라마적 교체에 따른 일방적인 관찰과 비판 외에도 이 작품을 내밀히 맥락지을 수 있는 또 다른 구성요소가 있다. 그것은 '죽음'이라는 문제로부터 시작되는데, 그 구체적인 구성은 다음과 같다.

① 아내의 위독 전보: 이 점은 '나'의 행동을 유발시키는 첫째 원인이지만, 작품의 근본적인 갈등요인이기도 하다.

② 형님의 공동묘지 건에 대한 망상: 이 점은 단순한 아내의 죽음이 사회적인 문제 제기로 확대되게 하는 구실을 한다. 아내가 죽어간다는 생각, 죽으면 무덤 속에 묻혀야 한다는 생각밖에 하지 못하던 그가 문득 이 세상을 민족전체가 묻힌 무덤 같다는 생각으로 확대 발전시킬 수 있었던 계기가 바로 형님의 어처구니없는 행위 때문이었다.

③ 그러나 그는 끝내 무덤 속에 갇히기를 거부한다. 현실적으로 죽어간 아내를 무덤 속에 묻어버리긴 했어도, 살아남은 자까지 무덤 속에 묻혀 지낼 수 없다는 강렬한 인간의지가 제시되고 있다. 이 소설이 생명력을 지닐 수 있는 요소는 바로 이런 점에 있다고 하겠다. 이 소설 끝부분의 '나'가 다시 정자에게 보내는 편지의 내용은 매우 의미심장하다.

……생활력을 잃은 백의(白衣)의 백성과, 백주에 횡행하는 이매망량 같은 존재가 뒤덮은 이 무덤 속에 들어앉은 나로서 어찌 '꽃의 서울'에 호흡하고 춤추기를 바라겠읍니까……우선 이 질식에서 벗어나야 하겠

읍니다. …… 소학교 선생님이 쎄이버 '환도'를 차고 교단에 오르는 나라가 있는 것을 보셨읍니까? 나는 그런 나라 백성이외다. ……우리 문학의 도(徒)는 자유롭고 진실된 생활을 찾아가고 이것을 세우는 것이 그 본령인가 합니다. 우리의 교유, 우리의 우정이 이것으로 맺어지지 않는다면 거짓말입니다. 이 나라 백성의, 그리고 당신의 동포의, 진실된 생활을 찾아나가는 자각과 발분을 위하여 싸우는 신념 없이는 우리의 우정도 헛소리입니다.[21]

질식할 것 같은 무덤 속의 조선사회를 일본인의 책임으로 돌리고, 그 일본인과의 감정을 악감정으로 표시하지 않는 너그러움과, 그 너그러움을 바탕으로 자유롭고 진실된 생활을 희망하는 나의 태도는 단순한 사회적인 문제점을 초월하여 진실한 인간의 모습을 제시하기까지 한다. 「만세전」은 처음 개인의 문제로부터 출발하여 사회적인 문제로 확대되었다가 다시 그 사회의 문제가 정상적으로 심회되어 참된 시대적 인간의 모습을 창출했다고 볼 수 있다.

이 때의 시대적 인간이라 함은, 한 시대를 살다 간 영웅을 의미하는 것이 아니라, 사회의 변화과정에 따라 파생되는 모순에 대하여 마찰되는 인간 양심의 고뇌를 말한다. 「만세전」의 나는 이런 점에서 볼 때, 본능적인 인간추구로서의 성격이 아니라 사회적인 인간으로서의 가치를 추구한다고 볼 수 있다. 그 인간 가치의 추구를 위한 번민이 그를 하나의 성격체로 존립시킬 수 있는 근거가 되었다.

---

21) 염상섭, 「만세전」, 앞의 책, p.242.

이광수 소설이 개화기 시대의 지식인다운 양심의 근거를 선구자적 기능에 두었다면, 염상섭은 식민지시대의 현실인식 그 자체를 인간 양심의 근거로 삼았다. 「표본실의 청개구리」「암야」, 「만세전」, 「E선생」, 「숙박기」 등 대부분이 이런 유형에 속하는데, 심지어는 신여성을 주인공으로 한 것들까지도 그의 사회적 관심이라는 점에서는 이들과 동일한 궤(軌)를 이룬다.

「표본실의 청개구리」에 나오는 '나'나 '김창억'과 같이 병적인 염세와 도피심리에 사로잡힌 인물이나, 「암야」의 '그'와 같이 현실에 적응하지 못하여 고뇌하는 인물, 또는 「만세전」의 '나'와 같이 한 시대와 사회의 잘못되어 가는 과정에 분개하는 인물, 「E선생」의 'E선생'과 같이 사회적 모순에 비판과 투쟁을 일삼는 의로운 인물, 「숙박기」의 '변창길'과 같이 일본사회에서 겪는 조선인 유학생의 민족적인 수난, 이들 모두는 식민지 시대라는 특수한 시대가 낳은 지식인들의 모습이다. 이들은 각각 절망적인 패배심리에 사로잡혀 무기력한 증세를 보이기도 하고, 불의에 맞서 비분강개하는 정의감을 보이기도 함으로써 한 시대를 살아가는 지식인들의 어려움을 나타내고 있다.

한편, 「너희들은 무엇을 얻었느냐」, 「진주는 주웠으나」, 「고독」, 「검사국 대합실」, 「윤전기」, 「밥」, 「두 출발」, 「악몽」 등도 각각 양상은 다르지만 잘못되어 가는 사회 현상들에 대한 비판과 질책으로 되어 있기는 마찬가지다. 혹은 신여성의 자유분방한 타락상에 대한 비난, 혹은 고용자에 대한 고용주의 횡포, 혹은 프롤레타리아 운동자들에 대한 충고, 이런 것들이 모두 따지고 보면 당대에 판을 치던 잘못된 문제들이었고, 그것들은 어떤 식으로든지 비판의 대상이 되고 있음을 보게 된다.

이상은 염상섭의 초기소설, 특히 「표본실의 청개구리」와 「만세전」을 포함한 중·단편소설의 성격이다. 염상섭 소설은 개인의 운명이라기보다 사회적 성찰이 중심이다. 그 결과, 그의 소설은 작중인물의 운명이 어떻게 귀결되는가에 목적을 두지 않고, 그것들이 진행되는 과정을 더 중요시하였다.

염상섭의 장편소설을 이해하려고 할 때 이상의 이해는 필요하다. 염상섭은 1923년, 「묘지」(후에 「만세전」으로 개제)부터 1958년 『대를 물려서』까지 무려 28편의 장편소설을 발표하였다. 그러나, 처음의 「묘지」, 「너희들은 무엇을 얻었느냐」, 「진주는 주웠으나」는 중편소설에 해당하고, 본격적인 장편소설로는 1927년의 『사랑과 죄』부터라고 되어 있다.

『이심(二心)』은 그가 『사랑과 죄』로써 장편소설에 자신감을 얻고 곧이어 욕심을 부린 최초의 본격적인 장편소설이며, 『삼대(三代)』는 그의 대표작이자 1930년대 한국 사실주의 문학의 대표로 꼽히는 작품이고, 『취우(驟雨)』는 6·25전쟁 직후 그러니까 해방 전후의 공백과 전쟁을 체험한 뒤 다시 창작활동을 재개한 작품으로써 주목된다.

세 장편소설을 중심으로, 초기에 그가 드러낸 문학적 성격들이 어떻게 변모되어 나타났는가, 혹은 유지되고 있는가, 그리고 그런 결과를 낳기까지 그의 소설은 어떤 구조를 형성해야 했는가, 이 점에 대한 구체적인 검토를 하게 될 것이다.

3) 통속적 구조: 『이심』

『이심』은 1928년 10월 22일부터 1929년 4월 24일까지 〈매일신보)에 연재된 작품이다. 이 소설을 구조적으로 해명하자면 먼저 인물의 상호관계를 파악하는 것이 순서라고 생각한다.

이 소설은, 박춘경-이창호-좌야(일본인), 박춘경-이창호-강찬규(한국인), 박춘경-좌야-커닝햄(미국인), 그리고 좌야-강찬규-커닝햄, 이런 인물 상호관계로 이뤄져 있다. 이렇게 볼 때, 박춘경은 사건의 발단이자 결말로 이어지는 중심인물로서, 그 여자를 중심으로 전개되는 모든 사건과 인물의 관계를 파악할 때 이 소설의 의미해석은 가능해진다.

첫째, 박춘경-창호의 관계다.

가장 진실한 사랑으로부터 시작되어 증오와 복수로 끝나는 이들 부부의 관계는 이 소설의 모든 사건을 맺고 푸는 구심점이기도 하다. 이때 우리는 그들이 그런 식으로 불행하게 끝날 수밖에 없는 이유를 묻게 되는데, 그것은 환경과 오해라는 두 가지 점에서 찾을 수 있다. 여기서 환경이란, 그들의 사랑을 불륜이라고밖에 받아들이지 못하는 가정과 학교의 전근대성을 말한다. 이런 전근대적 교육지침 때문에 그들은 학교로부터 퇴교를 당하고 가정으로부터 축출을 당하는데, 그 결과 청춘남녀의 사랑이 불륜이라는 매우 불행한 사태를 초래한다. 이런 불행한 오해는 그들을 음지에 서게 하고, 가난을 야기하면서, 결국 파멸로 이끄는 단서가 된다. 얼핏 보면 그녀의 불행은 이창호가 투옥되면서 시작되었고, 그것은 사회주의 운동 때문인 것으로 나타나 있지만, 그럼에도 불구하고 사회주의가 이 소설의 기본구조를 엮는 흔적은 찾아볼 수 없다. 신여성들의 연애감정은 원래 염상섭의 초기소설이 즐겨 채택하던 문젯거리의 하나였다. 그러나, 염상섭의 경우 이런 문제는 개화기 시대의 긍정적인 추세로 옹호되기보다 오히려 그들의 무질서한 감정 놀음을 부정적으로 보는 경향이 더 짙

제4장 리얼리즘 소설의 전개

었다. 박춘경도 그와 같은 염상섭의 도덕적 시각이 빚어낸 불행한 인물 가운데 하나다. 다음, 오해라는 말은 박춘경과 이창호의 관계를 파국으로 이끄는 많은 모함들을 의미하는데, 그것을 박춘경의 입장에서 보면 사실과는 다르기 때문에 오해라고 말할 수 있다. 소설이 사실에 입각한 인과관계를 설정하지 못하고 수많은 오해로 사건을 맺고 풀려고 할 때 그것은 통속성을 면치 못할 것이 뻔하다. 『이심』의 통속적 구조를 지적하지 않을 수 없는 까닭이 바로 여기 있다.

둘째, 박춘경-좌야(일본인)의 관계다.

박춘경이 좌야를 만나야 하는 통로는 경제적인 문제다. 이창호가 투옥되자 박춘경에게 다가온 현실은 경제난이었다. 이 문제해결을 위해 설정된 인물이 일본인이었다는 점은 암시적이다. 박춘경이 좌야의 호텔에 취직을 한 것은 그의 경제난을 해결하기 위하여 택한 정상적인 관계였다. 그러나, 좌야는 그 정상적인 관계를 무너뜨렸다. 좌야는 경제적인 원조를 마치 박춘경과의 애욕을 얻기 위한 방편으로 채택하였다. 경제적인 관계가 본래의 목적을 이탈했을 때 그들은 어느덧 가해자와 피해자가 되었다. 여기서 가해자인 일본인과 피해자인 한국인과의 관계는 한층 암시적이었다. 좌야의 가해 행위는 박춘경의 전생활을 지배한다. 경제적인 구속은 말할 것도 없거니와 이창호를 투옥시켜 그들의 가정을 파괴하고, 그 결과 박춘경을 장악하는 가히 모멸적인 행위었다.

그러나 한편, 정상적이어야 할 경제적 관계가 치정어린 애욕의 세계로 타락할 때, 이 소설은 구조적 허점을 드러낸다. 여기서 우리는 피해자인 박춘경의 태도를 주목하게 되는데, 그것은 비판적 갈등 혹은 극복의 의지가 아니라, 어느덧 욕망의 노예 또는 상황과의 타협이다. 그래서, 좌야-박춘경의 관계는 함정 속으로 끌어들이기-끌려들어 가기의 관계가 되고 말았는데, 이 관계가 사실상 『이심』의 대표구조 라는 점을 감안할 때 다시 한번 이 소설의 통속성을 지적하지 않을 수 없다.

셋째, 박춘경-좌야-강찬규(한국인)의 관계다.

강찬규는 천전상회라는 무역상회에 다니고 또 천전이나 좌야가 가 까운 사이이기 때문에 좌야의 술잔도 얻어먹고 틈틈이 병정 노릇도 하여 주는 위인이다. 이런 설명을 일제 식민지시대라는 특수 상황 속 에서 읽을 때 강찬규는 훨씬 더 상황적 인물로 풀이된다. 그는 교묘 한 방법으로 일본인들과의 관계를 유지하면서 자신의 영리를 추구하 는 악질적 소시민의 한 사람이다. 박춘경과는 남편의 친구라는 이유 로 인연을 맺지만 이창호가 투옥되자 친구의 의리를 저버리고 좌야 의 하수인이 되어 박춘경을 괴롭힌다. 이민족의 하수인이 되어 서로 비정상적인 관계에 끼어들 때 같은 민족끼리도 가해자와 피해자는 생길 수 있었다. 좌야의 하수인이 되어 좌야와 박춘경의 불합리한 관 계에 끼어들 때 박춘경이 강찬규한테 받는 피해는 엄청났다.

넷째, 박춘경-커닝햄(미국인)의 관계다.

이 관계는 『이심』의 전편에 걸쳐 클라이막스에 해당하는 부분이어 서 주목되지만 특히 미국인을 설정한 점은 의미심장하다. 여기서 우 리는 열강의 각축장이던 개항기 이후의 민족적 현실을 생각하게 된 다. 개항은 단순히 일본과 우리나라와의 일방적 통로를 여는 일이 아 니었다. 그리고 그것은 비록 타의에 의한 것이긴 했지만 어떤 식으로 든지 우리에게 서구식 개화를 재촉하는 전환점이 된 것은 사실이다. 그 결과, 우리 민족이 겪어야 했던 열강들의 각축이라든지, 우리가 저들을 보는 호기심이라든지, 혹은 저들이 어떻게 우리를 체험했겠는지, 하는 것들은 중대한 관심사가 아닐 수 없었다. 박춘경-강찬규-좌야-커닝햄이 벌이는 한판의 멜로드라마가 바로 이 점을 말해 주고 있다.

먼저, 좌야가 박춘경을 미끼로 커닝햄에게서 돈을 뜯어보겠다는 이 촌극은 그냥 웃어넘길 수 없는 역사의 축약이다. 이 역사적 촌극은 과연 누구를 위하여 벌이는 일일까.

커닝햄, 조선 총영사의 아들. "우리 아버지께서는 일본으로 조선으로 —— 말하자면 동양 천지에서 늙으셨지요. 내가 조선 우로(雨露)에 젖인 것이 햇수로 열 해나 됩니다"(p.123.)라고 말하는 이 미국 청년은 세계주의를 표방하면서 박춘경과 결혼할 것을 희망한다. 그것은 사랑의 완전주의라는 점에서 볼 때 서구식 사고방식의 한반도 착륙을 의미한다.

이때 박춘경은 호기심과 저항심리가 반반으로 작용한다. "양인이 석유회사 사무원 따위의 몰취미한 비지니스맨인 줄만 알고 좀 천시도 하는 동시에 무슨 무례한 짓이나 없을까 하는 염려도 없지 않았으나 자기 남편과 같이 문학 취미가 있다는 말을 듣고는 다소간 교양있는 청년이거니 하는 생각이 들어서 이때껏 경계하던 마음이 느꾸어지는 것을 깨달았다"(p.122.)는 예가 호기심에 해당한다면, "그러나 또 다시 생각하면 나도 남만큼 길려!내인 사람이다. 현재 우리 오라범들은 사회에 상당한 지위도 가지고 있고 재산으로 보아도 영사쯤 다닌 사람만큼은 없지 않다. 회사 지점의 서기장쯤이 항상 무어냐 —— 하는 생각을 하면 마음으로라도 그렇게 굽죄일 것은 없었다"(p.124.)와 같은 예는 저항심리로써 일종의 민족적 자존심이다. 박춘경의 이런 상황은 오랜 시간을 두고 냉철한 생각 끝에 아주 신중하게 결정을 내려야 할 문제였다.

그러나 이때 커닝햄이나 박춘경의 의사와 관계없이 자신의 이익만을 위하여 가장 야비한 방법을 채택한 사람이 일본인 좌야였다. 좌야는 정상적인 관계에 의한 사랑의 가교를 원하지 않는다. 박춘경을 팔아넘기자는 속셈이었으며, 그렇게 함으로써 경제적 이익을 추구하자는 계교에 지나지 않는다. 그 결과, 박춘경은 경제적으로도 이익을 보지 못한 채 다만 계획된 조작극에 의하여 미국 청년한테 떠넘겨진 상태가 되었으며 그런 그녀의 삶은 불행한 파국으로 이어질 수밖에 없다.

지금까지 검토한 인물의 상호관계는 사실상 박춘경을 축으로 하여 복잡하게 얽힌 하나의 입방체였다. 그리고 그 입방체는 좌야로 축약된 일본인들의 경제권과 간교와 음모와 야욕이 지배하는 세계였다. 『이심』이 이런 역사적 현실을 소설의 기본구조로 삼고 있는 점은 염상섭의 초기소설을 염두에 둘 때 당연한 이음점이었으며, 이 소설이 거둔 의의이다. 간교와 음모와 야욕이 지배하는 사회에서 우리나라 지식인들이 지식인답게 살지 못하고 소시민으로 전락할 수밖에 없는 역사적 현실을 우리는 보게 된다. 여기서는 다만 일본인들과의 관계뿐이 아니다. 커닝햄으로 대표되는 미국과의 암거래가 있고, 또한 같은 민족끼리도 서로 모략하고 음모하는 야비한 사람들의 현실적 타협이 그 안에는 있다. 그런 열강의 각축 현장이 되어버린 이 땅에서 박춘경·이창호 부부가 겪은 불행은 염상섭이 지켜본 1920년대 당시의 민족적 현실이었다.

한편, 『이심』은 이와 같은 역사적 현실을 내면에 깔고 있음에도 불구하고, 그 안에서 전개되는 인물들의 갈등구조와는 어느 정도 간극이 벌어져 있다는 점도 지적하지 않을 수 없다. 그들의 행동구조란 일본인과 미국인, 그리고 일부 몰지각한 한국인들의 음모와 계략이 얽혀 박춘경의 삶을 어떻게 침해하고 파국으로 몰아넣는가 하는 점인데, 이런 이야기가 실질적으로 『이심』을 지배하는 전체적 구조라는 점을 감안할 때 그것들이 어느 정도 통속성을 면치 못한 것은 사실이다. 다시 말해서, 앞의 민족적 현실을 바탕으로 한 하나의 구조와 뒤의 사건 전개에서 드러낸 야욕의 세계를 또 하나의 구조라고 볼 때, 그것들이 전체 구조 속에 용해되지 못한 사실을 말하는데, 그거야말로 어쩌면 그 당시로서는 불가피한 시대의 대응책이 아니었던가, 생각된다. 절박한 이야기를 절박하게 끌어가지 못할 때 그것은 결국 통속이라는 우회의 길을 갈 수밖에 없었다.

4) 사실주의 소설 『삼대』

『삼대』는 할아버지 조의관을 가부장으로 모시는 조씨 일가의 삼대에 걸친 집안 이야기이다. 이 때문에 이 소설을 '가족사 소설'의 범주 안에 넣고 이해하려고 하던 연구 태도는 우리가 흔히 보아 온 터다. '가족사 소설'이란 원래 그 안에 가족원들이 벌이는 역사적 삶을 통하여 그 시대와 사회의 의미를 확대시켜 나가자는데 의도가 있다. 『삼대』가 할아버지 조의관의 가부장적 권위로 이어지는 아들, 손자간의 세대 차이와 그 대립, 갈등을 묘사하면서도 1930년대 당시의 사회를 문제 삼을 수 있었던 것은 바로 이 때문이다.

『삼대』의 인물 설정은 당시 급변하는 사회에서 가치관이 서로 다른 세대들끼리 공존할 수밖에 없었던 상황에 대한 정확한 진단이다. 할아버지 조의관, 그는 서울의 중류 가정의 완고한 가부장으로서, 전근대적이고 봉건적인 구세대를 대표하는 인물이다. 그는 자신의 향락과 영달만을 위하여 돈을 모으고, 벼슬을 사들이고, 족보를 고치고, 처첩을 거느렸다. 그것은 그의 인생의 가치요, 목표였다. 조씨 일가는 바로 이와 같은 구세대 인물에 의해 통솔되고 또 앞으로도 그런 삶의 방식이 지속되기를 강요당한다는 점이 문제인데, 이 문제를 당시 사회 상황에 비추어 볼 때 작가의 의도는 한층 선명해진다.

아들 조상훈, 그는 부잣집 아들로서 일찍이 2년 동안이나 미국유학을 다녀왔으면서도, 그러나 완고한 아버지 세대에 밀려 자신의 이상을 펴지 못한 채 좌절과 방황을 거듭하는 근대적 개화기 세대를 대표하는 인물이다. 구세대의 생활방식을 거부했지만, 그러나 아직 자신의 새로운 삶의 방식을 수립하지 못한 그는 결국 정상적인 가족관계에서 이탈할 수밖에 없었고, 이후 교회 강단에서, 혹은 독립운동가의 유가족에 대한 후원자로서 자신의 사회적 활동을 대신하지만, 그 또한 곧 위선과 패륜으로 전락하고 만다.

조상훈이 처음 홍경애를 사귈 때만 해도 그는 개화의 선구자요, 당대의 지식인이었다. 불우한 독립운동가의 유족을 돕는다는 것만으로도 조상훈과 홍경애의 만남은 떳떳한 것이었고, 민족주의가 요구되는 시대의 젊은이로서 하나의 욕구 충족이 될 수도 있었다. 그러나 상훈의 시대는 아직 '봉건시대에서 지금 시대로 건너오는 외나무다리의 중턱'쯤 되었고, 또한 식민지 지배 권력이 전횡하던 시대였다. 이런 외부 상황에 밀려 그의 열정은 식어가고, 다만 과도기 세대로서의 방황하는 지식인 상을 그리고 마는 것이다.

276

손자 조덕기, 그는 장차 조씨 일가의 재산과 가문을 고스란히 이어받고, 한편으론 새롭게 시대를 열어가야 할 임무를 띠고, 현재 일본에 유학 중인 젊은 지식청년으로서, 그는 현대적 신세대의 대표적인 인물이다. 그는 서로 가치관이 다른 가족관계 안에서 무엇이 문제인가를 정확히 진단하고 이해할 줄 아는 합리주의자다. 조씨 일가의 세대 간의 갈등은 심각하다. 부자지간의 갈등, 고부간의 갈등, 처첩간의 갈등, 그것들은 모두 가부장격인 할아버지 세대가 빚어낸 불씨들이었고, 조덕기는 이처럼 이해가 엇갈린 조씨 집안의 갈등관계를 푸는 일종의 해결사였다. 이 점은 전근대와 근대와 현대가 공존할 수밖에 없었던 1930년대의 전망에 대한 작가의 현재적 관점이기도 하다.

할아버지 조의관이 아들 세대를 건너뛰어 손자 덕기한테 열쇠꾸러미를 넘겨주는 결말 처리법은 흥미롭다. 열쇠꾸러미란 '금고'와 '사당'의 열쇠를 말한다. 그것들은 조의관이 일생을 두고 지켜온 가치의 전부이자, 목적이다. 그 열쇠꾸러미를 손자 세대가 물려받았을 때 염상섭이 당대의 의미를 얼마나 중요하게 여기는지를 쉽게 알 수 있다. 이제 닥쳐올 모든 일은 덕기 세대의 몫인 것이다.

『삼대』가 조씨 일가의 삼대에 걸친 가족사 소설인 것은 틀림없지만, 그렇다고 이 소설을 너무 가족관계 안에서만 파악하고 만다면 결국 반쪽밖에 보지 못한 결과가 되고 만다. 가족사 소설의 원래 의도가 그렇듯이 이 소설도 가족관계를 통한 사회적 의미로의 학대를 의도하고 있으니까, 우리는 그 점을 주목해야 한다. 지금까지 설명한 것들은 말하자면 조덕기의 집안 이야기였던 셈이다. 이제부터는 조덕기가 그의 집 밖에서 무슨 일을 겪고, 또 그것들을 어떻게 처리하였는지를 살펴보아야 한다. 미리 말하자면, 그것은 친구 김병화들과 얽힌 부분이고, 나아가서 당시 사회에서 언급되지 않을 수 없었던 프롤레타리아 계급운동에 관한 관심이 되는 것이다.

『삼대』는 맨 처음 김병화가 조덕기를 방문하는 데서부터 시작되어 다시 조덕기가 김병화의 사건 현장을 찾아가는 것으로 끝이 난다. 그것은 이 소설이 표면적으로 가족사 소설을 표방하면서, 실지로는 덕기와 병화와의 대립을 이야기 축으로 삼고 있음을 말해 준다.

덕기는 1930년대 당시 서울의 중산 계급 출신으로서, 자신의 환경을 유지, 발전시켜야 할 인물로 되어 있다. 그런가 하면, 병화는 무산 계급운동가로서, 오히려 덕기의 그것을 타파하고, 극복해야 할 인물이다. 앞서 조씨 일가의 전통을 손자인 덕기가 물려받는 점에 대해 설명하였는데, 바로 그런 유산계급의 인물과, 무산계급 운동자인 병화를 이 소설의 축으로 삼고 있다는 사실이 또한 우리의 주목을 끈다.

병화는 원래 목사의 아들로서, 덕기와는 비슷비슷한 가정환경에서 자랐지만, 그러나 '세상은 움직인다'는 믿음을 갖고 변화를 추구하는 이상적 인물이다. 그는 자신의 이데올로기를 위하여 아버지가 바라는 신학을 버렸고, 아버지와의 인륜을 끊었고, 따라서 가정을 뛰쳐나와 지금은 가난하게 살면서 무산계급운동을 하는, 말하자면 당대의 진보적 인물에 해당한다. 할아버지와 아버지가 어떻게 잘못되었는지를 알면서도 그것들을 비판하기는커녕 오히려 감싸주고, 또 할아버지의 희망에 따라 장차 변호사가 될 것을 약속하고 심지어는 할아버지의 열쇠꾸러미를 받아 조씨 일가를 지켜가겠다는 덕기와 비교해 볼 때 무척 대조적이다. 그런 병화는 친구 덕기에 대해서도 부단한 비판과 변화를 강권하는 쪽이다. 덕기가 하는 일이라면, 얼굴도 보지

제4장 리얼리즘 소설의 전개

못한 조상한테 제사를 드리는 것도 못마땅했고, '미구에 할아버님이 그 유산과 함께 물려주실 시대의 꼬리에 매달려 갈' 또는 '그 시대의 꼬리를 붙들고 늘어붙어 앉을' 것도 못마땅했고, 나아가서는 자기와의 오랜 우정을 동지애로 바꾸어 주지 않는 것까지도 그는 불만이었다. 새로운 시대를 향한 병화의 주장은 전통 단절론이다. 전통과 인륜을 단절하고, 우정을 동지애로 바꾸지 않는 한 그가 바라는 변화란 불가능하다는 것이다.

이러한 병화에 비하여, 덕기의 시각은 훨씬 우호적이고 동정적이다. 그는 병화의 생각이 틀렸다는 것이 아니라, 도리어 옳다는 쪽이다. 그러나 변화를 하되 단절과 투쟁으로써가 아니라, 유지와 타협으로써 해야 한다는 것이고, 급진적인 개혁이 아니라 점진적인 개혁을 주장하는 쪽이었다. 그 점은 그가 자신의 직업을 선택하는 데서도 잘 설명되고 있다. 그는 장차 형법을 전공하여 변호사가 되겠다고 한다. 당시 '조선의 형편으로서는 그것이 자기 사업으로 알맞을 것' 같아서라는 게 그 이유인데, 일제 식민지 치하에서 억압받는 민족의 고통을 대변해 줄 수 있다는 미덕에서도 그렇거니와, 자신의 부와 명예와 권력을 동시에 획득할 수 있다는 점에서도 그만한 직업이 없다는 점을 감안할 때, 과연 그가 추구하는 변화라는 것이 얼마나 안정된 가운데 이룩되어야 할 성질의 것인지를 쉽게 짐작하게 한다.

병화의 밀마따나 여기서 본문 그대로 인용하자면 '어쨌든 덕기는 무산운동에 대하여 무관심으로 냉담히 방관할 수 없고, 그렇다고 제일선에 나서서 싸울 성격도 아니요, 처지도 아니니까 차라리 일 간호졸(看護卒) 격으로 변호사가 되어서 뒷일이나 보면 좋겠다는 생각'인데, 문제는 『삼대』의 무산계급 운동이 병화에 의해 진행되는 것 같으면서도 실지로는 덕기의 이상과 같은 시각에서 조명되고 있다는 점이 특징이다.

이와 같이, 무산계급 운동에 대한 조덕기의 원칙적인 찬성은 관념화된 의욕의 수준에 머물러 있으며, 또 식민지 치하의 대 사회투쟁이 갖는 시대적 의미를 적극적으로 수용하지 못하고 있다는 한계를 지닌다. 따라서 덕기의 시각은 실천과는 무관한 동정주의적 차원에 머물게 된다.

조덕기의 이와 같은 동정주의가 필순의 가족과 연결되는 과정은 자연스러운 일이다. 필순의 부친은 젊은 시절에 학교 교사였고, 삼일 독립운동 당시 만세를 부르다가 해직되었고, '지금은 표면에 나선 운동자는 아니나, 병화들의 선배 격이요, 한때는 칠팔 년 전에 제 일기생 격으로 감옥에도 다녀온' 사람으로, '이런 세상에서 맑은 정신, 제 정신으로 살자면, 그럴 수밖에' 없는 길을 걸어온, 일제 식민지 시대의 지식인들이 무산계급 운동자로 변신되는 과정을 대변한다.

필순은 그런 집의 딸이었고, 덕기의 무산운동에 대한 동정주의가 그와 같은 필순에게로 쏠린 것은 당연한 귀결이었다. '남편은 감옥살이나 하고, 아내는 학교에서 떨려나고 나면 집 팔아먹고 자식까지 공장에 내세워 벌어먹는 수밖에 없는' 처지에서 마침 필순이 아버지마저도 '딸자식은 자기가 밟은 길을 밟히지 않고 그대로 평범히 길러서 시집가기 전까지는 아들 겸 앞에 두고 벌어먹다가 몇 해 후에 시집이나 잘 보내자는 작정'을 하던 처지였다.

그러나, 필순에 대한 덕기의 행동은 동정주의 이상의 운동으로 확대되지 못하는 점이 한계인데, 그것은 또한 아버지 조상훈의 실패한 사회적 성격에서 크게 벗어나지 못하는 점과 맥락을 같이 한다. 덕기

제4장 리얼리즘 소설의 전개

가 기본적으로 무산계급운동에 동조하는 것 같으면서도 정작 그것을 적극적으로 추진해 나가지 못할 때, 필순에 대한 그의 동정주의는 결국 아버지 조상훈이 홍경애와의 사이에서 밟았던 불륜과도 같은 의미가 될 것이기 때문이다. 무산계급운동에 접근하는 덕기의 태도는 내내 이런 식이다. 『삼대』가 처음부터 조씨 일가의 삼대에 걸친 가족 관계 이야기라는 것은 이미 설명한 대로다. 전근대적 가부장으로 군림하기를 고집하는 할아버지와, 그 봉건을 벗어나 새로운 시대를 열고자 하는 아버지 상훈과, 그리고 이미 조금은 열린 시대의 어지러운 상황들을 추슬러야 할 손자 덕기 등의 갈등은, 어차피 세 세대가 공존할 수밖에 없었던 1930년대 현실의 풍속도였다.

그런가 하면, 『삼대』는 또한 처음부터 끝까지 무산계급운동의 문제를 놓치지 않고 다룬 소설이다. 다만, 그 진행이 중산계층의 집안인 조씨 일가를 중심으로 이루어졌을 뿐이며, 바로 그 중산층의 시각으로 무산계급운동을 조명하고, 시대의 변화를 추구한 점이 특징이다. 무산운동까지를 포함한 1930년대의 입체적 풍속도, 그것은 한편 가치가 혼재된 그 시대 지식인들의 참모습이기도 하다.

다시 김동인의 염상섭론을 기억한다. 염상섭의 소설이 아직 '미완' 혹은 '계속'이라고 달아야 할 작품의 꼬리에 '끝' 자를 놓았다는 이 말은 얼핏 보면 염상섭을 비난하는 말처럼 보이지만 그렇지 않다. 오히려 염상섭의 소설을 가장 정확히게 보았다는 증거이기도 하다. 김동인이 염상섭의 의도를 모를 리 없기 때문이다.

김동인은 개인의 운명을 중심으로 사건이 맺고 풀리는 것을 소설의 구조원리로 채택한 쪽이다. 그러나 염상섭의 소설은 상황의 답파(踏破)였다. 그래서 그의 소설은 쉽게 끝나기를 바라지 않는다. 가능한

281

1. 사실주의 소설: 염상섭

한 그 안에서 많은 것을 보고 느끼고 말하기를 희망한다.

그의 상황은 역사적 현실이었다. 그것은 구체적으로 일제강점기라는 식민지 현실이었고, 전근대적인 봉건적 질서가 서서히 붕괴되면서 아직은 미만해 있는 현실이었다. 「표본실의 청개구리」, 「만세전」의 지식인적 태도와, 「제야(除夜)」, 「암야(暗夜)」, 『너희들은 무엇을 얻었느냐』의 패배적인 신여성들은 모두 이상과 같은 상황적 인물로 보아 마땅하다. 특히, 그의 대표적 장편소설로 꼽히는 『삼대』는 앞에서 지적한 상황이 잘 전형화된 예로 우리는 기억할 만하다.

염상섭의 장편소설은 그의 초기작에서 보여준 구조의 원리를 그대로 채택하면서도 어느덧 꽤 많은 변화를 겪고 있다. 역사적 현실을 소설의 상황적 구조로 설정하는 점은 초기에나 후기에나 마찬가지였다. 그러나, 무엇보다도 큰 변화는 그의 장편소설이 개인의 운명을 구조의 원리로 채택했다는 점이다. 이것은 그가 즐겨 채택하던 상황의 구조를 포기했다는 말이 아니다. 본래의 원리대로 그는 그의 역사적 현실을 설정해 놓고 그 위에 다시 개인의 운명을 중심으로 한 갈등구조를 설정함으로써 개인과 사회의 결정적 상관관계를 제시하고자 하였다.

2. 서구소설의 수용과 변용:『남방의처녀』와『이심』

1) 유럽의 탐정소설 『남방의 처녀』

『남방의 처녀』[22] 는 국보 도난 사건과 공주의 은밀한 연애라는 두 사건이 결합되어 하나의 큰 이야기로 형성된 소설이다. 두 이야기를 하나의 이야기로 결합하는 역할을 탐정이 맡고 있어서 그런지 이 소설은 탐정소설로 분류되어있다. 다시 말하면 이 소설은, 영국 사람들이 프랑스 식민지 치하의 캄포챠에 가서 몰래 캄포챠 공주를 훔쳐오고 또 캄포챠 왕실의 국보를 빼내온다는 이야기인데, 그 두 사건을 모두 영국인 탐정이 해결하는 것이다. 이야기가 결합되는 순서에 따라 내용을 정리해보면 다음과 같다. ① 영국의 여행문학가 구레상이 캄포챠 공주와 몰래 사랑을 약속한다. ② 런던으로 돌아온 구레상이 캄포챠 궁전의 보물을 자랑하다가 국제범죄단인 우익소의 덫에 걸려 피격당하고, 우익소 일행은 범행을 계획한다. ③ 구레상이 다시 공주와 결혼하기 위해 캄포챠로 잠입해 들어가고, 우익소는 벌써 캄포챠 왕실의 국보를 훔쳐 달아난다. ④ 두 사건을 모두 윤탐정이 수습하여 잃어버린 국보를 되찾고 또 구레상은 공주와 결혼한다. 이상,『남방의 처녀』는 첫째, 영국-프랑스-캄포챠가 식민지와 피시민지 관계 또는 그와 관련된 제 삼국과의 관계로 복잡하게 얽힌 국제 범죄 소설이

---

22) 염상섭 역술, 『남방의 처녀』, 평문관, 1924, 현재 유일하게 고려대학교 중앙도서관에 소장되어 있다.

다. 이 세 나라 외에도 태국, 인도, 베트남 등 주변 국가들을 의도적으로 배치시켜 이 소설의 다양한 국제 관계를 표방하고 있다. 둘째, 이 소설은 사랑과 범죄를 다룬 탐정소설이다. 이때 사랑과 범죄는 각각 분리 독립된 두 사건이지만 그것들을 처음부터 끝까지 탐정이 주관함으로써 탐정소설의 면모를 갖추게 되는 것이다.

염상섭이 '역술'한 것으로 되어있는 이 소설은 내용이나 문장 면에서 꽤 조악한 편이다. 원작이 누구의 어떤 작품인지를 밝혀두지도 않았고, 아직까지 그 원작은 확인조차 되지 않은 상태이다. 지금까지 검토된 대로라면 '당대 셜록 홈스의 인기에 편승해 발표된 모작으로 보인다'는 추측[23]이 나온 적은 있다. 더구나 염상섭이 직접 밝힌 '역자의 말'[24]에서 "활동사진을 별로 즐겨하지 않는 나는 활동사진과 인연이 깊은 탐정소설이나 연애소설, 혹은 가정소설과도 자연히 인연이 멀었습니다"고 말하는 걸 보면 이 소설은 어쩌면 당시 인기 있는 어떤 영화를 소설화한 것일지도 모른다. 어쨌든 작품의 배경으로 보아 원작이 영국 소설인 것은 사실인 것 같다. 그리고 그것을 염상섭이 번역했다면 그 대본은 원래 영어로 된 원작이 아니라 일본어로 번역된 것이었을 텐데, 그 번역과 중역(重譯)을 거치는 동안에 생겼음직한 허술함에 대해서도 우리는 어느 정도 감안해야 할 것이다.

다시 '역자의 말'을 빌면, 『남방의 처녀』는 '문예소설'도 아니고, 그래서 '문예에 대한 정성으로 역술한 것'도 아니라고 한다. 그럼에도 불구하고 '재미있었다. 유쾌하였다'는 이유와 '물리치기 어려운

---

23) 김경수, 「염상섭 소설과 번역」,《어문연구》134호, 2007, p.230, 각주13 참조.
24) 염상섭 역술, '역자의 말', 앞의 책, pp.1-2.

부탁' 때문에 이 작품을 역술했다고 하는데, "자기의 붓끝이 이러한 데에 적당할지 스스로 헤아리지도 않고 감히 이를 시험하여 보게 되었다"는 대목에서는 역술자의 어떤 의도조차 간파되기도 한다. 말하자면, 염상섭 본인은 본래 문예소설을 지향한다, 그러나 그의 문예소설이란 재미가 없는 것이 사실이다, 그런데 『남방의 처녀』는 재미있었다. 유쾌하였다. 그렇다고 그것이 그가 지향하는 문예소설이 아닌 것도 잘 안다. 여기에 '물리치기 어려운 부탁'을 받자 그는 '이러한 데'에 적성이 맞는지 헤아려보지도 않고 '이를' 감히 시험해봤다는 뜻인데, 그 '이러한 데' '이것'이 곧 소설의 '재미, 유쾌'였고, 또 '그 어떤 숨겨진 의도'란 염상섭이 자신의 문예소설에다가 어떻게 하면 '재미, 유쾌'를 첨가할 수 있을까, 『남방의 처녀』를 통하여 그 방법을 터득해보자는 시도가 아니었을까, 짐작해보는 것이다. 이 글은 곧 이상과 같은 가설로부터 시작된다. 결론부터 말하자면 염상섭의 장편소설 『이심(二心)』에 그와 같은 징후들이 많이 발견된다.

2) 염상섭의 『이심』

『남방의 처녀』는 1924년에 출간된 염상섭의 번역소설이다. 그러나 '역자의 말'에 의하면 그것은 1923년 겨울에[25] 이미 번역이 완성되었음을 알 수 있다. 그리고 4년 뒤인 1928년 10월 22일 『이심』은 연재되기 시작한다. 그 1923년과 1928년 사이에 염상섭은 「만세전」

---

25) '계해 첫겨울 역자'라고 쓰여 있다.

(1923), 『너희들은 무엇을 얻었느냐』(1923), 『진주는 주었으나』(1925), 『사랑과 죄』(1927) 등의 중·장편소설을 발표하는데, 보다시피 『남방의 처녀』는 1923년 염상섭이 첫 장편소설을 쓸 무렵의 다양한 독서체험 가운데 하나였음을 짐작하게 된다. 여기다가 『이심』의 구조가 『남방의 처녀』의 그것과 매우 유사하다는 점을 감안할 때 1928년의 『이심』은 어떤 식으로든지 1923년 『남방의 처녀』와 무관하지 않다는 가설을 가능하게 하는 것이다.

「표본실의 청개구리」를 시작으로 「암야」, 「제야」 등 염상섭의 초기 작들은 대부분 '생활인으로서 의욕을 상실하여 무기력증에 사로잡혀 있는 것 같으면서도 사회와 인간을 해부 비판하는 지식인적 시각'[26]을 드러냈었다. 그리고 이런 소설들은 대부분 서술자의 비판적 시각이 지배적이라는 데 그 특징이 있다. 그런가 하면 「제야」를 포함한 『해바라기』, 『너희들은 무엇을 얻었느냐』와 같은 작품들은 즐겨 신세대 연애풍속을 다루었는데, 이 경우 염상섭의 연애는 신세대 연애를 옹호한다기보다 오히려 동시대 연애지상주의가 불러일으킨 천박스러운 세태풍속을 문제 삼는 쪽이 더 많았다. 따라서 이 경우에도 작가의 신념을 일관되게 몰고 갈만한 서술자는 강력했다. 이와 같이 강력한 서술자가 일방적으로 스토리를 끌고 갈 때, 서술자의 목소리가 높아진 만큼 서사구조가 허약해질 것은 당연한데, 흥미 또는 유쾌라는 점에서 염상섭의 초기소설들이 대부분 그와 같은 약점을 노정하고 있는 것이다. 염상섭이 『남방의 처녀』를 주목한 것도 바로 이 지점이

---

26) 김종균, 『염상섭 연구』, 고려대학교출판부, 1974, p.87. 이후 대부분의 연구가 이와 유사한 견해를 갖고 있다.

었을 것이라고 판단된다. 서술자의 목소리를 훨씬 낮추고 그 대신 작중인물의 행동을 강화하는 방식, 그렇게 하면 스토리의 골격도 훨씬 튼튼해질 것이고, '재미, 유쾌'도 생길 것이라고 그는 판단한 것이다.

『남방의 처녀』는 문예소설은 아니지만 '재미, 유쾌'가 있다, 그러나 염상섭 자신의 소설은 문예소설이지만 '재미, 유쾌'가 없다, 그렇다면 자신의 소설이 문예소설이면서도 '재미, 유쾌'가 있는 소설이 되려면 어떻게 할 것인가. 염상섭이 이 두 마리 토끼를 잡기 위해 새로운 창작방법론을 강구했다고 가정할 때 우리는 다시 『남방의 처녀』의 국제관계와 식민지 치하 캄포챠의 현실인식을 주목하지 않을 수 없다. 그것은 염상섭의 현실인식과 그의 시대와도 밀접하게 관련되는 문제인데, 『이심』의 시대가 바로 일제 식민지 치하라는 점과, 그것을 염상섭이 한-미-일 국제관계에 착안하고 있기 때문이다. 염상섭의 문학적 관심은 언제나 당대문제에 치중하였다. 그의 소설은 모두가 그 작품이 탄생한 해당 시기를 반영하였다. 그래서 그런지 염상섭의 소설 목록 가운데에는 역사소설류가 보이지 않는다. 그것은 말하자면 염상섭이 추구하는 문예소설이란, 그것이 곧 작가의 현실인식이라는 말에 대한 방증이기도 할 것이다. 염상섭이 재미있고도 유익한 문예소설을 쓰겠다고 마음먹었을 때, 그 '재미'가 『남방의 처녀』의 구조를 발견한 데서 나온 말이라면, 그 '문예'는 작가의 현실인식에 기반을 두고 하는 말임에 틀림없다.

『남방의 처녀』가 프랑스 식민지 치하의 캄포챠에서 벌어진 이야기라는 점에 대해서는 앞서 이미 설명하였다. 이 말은 『이심』이 일제 식민지 치하의 한국에서 벌어진 이야기라는 말과 같은 맥락으로 풀이될 수 있다. 여기에, '캄포챠 프놈펜시의 짤단 여관에서 라순희 공주를 생각하느라고 황홀경에 빠져있는 영국 신사 구레상'은 '한국 서울시의 헤밀톤 호텔에서 박춘경을 생각하느라고 황홀경에 빠져있는 미국신사 커닝헴'과 직결된다. 혹은 일본인 좌야와도 직결된다. 혹은 한국인 강찬규와도 직결될 수 있다. 이와 같이 『남방의 처녀』의 연애관계는 '추안-공주-구레상'의 삼각관계 하나뿐인데, 『이심』에서 그것은 최소한 세 개 이상 나타난다. 그 대신 『이심』은 『남방의 처녀』의 중심사건 중 하나이던 '국보 도난 사건'이 없어진 셈이다. 『이심』은 온통 연애사건 뿐이다. 『이심』은 말하자면 일제 식민지 치하 한국에서 벌어진 국제 연애소설이 되어버린 것이다. 1928년의 한국 소설에 '호텔'이 처음 등장한 것도 『이심』이 국제적이고 연애 관계 소설이라는 말에 대한 증거가 될 만하다. 『남방의 처녀』에서 '쨀단여관'이나 '싸픽여관'은 범죄소설인 이 소설 전체를 특징짓는 주요 무대였다. 그 '여관'이 『이심』에서는 어느덧 '호텔'로 바뀐 것이다. 헤밀톤 호텔은 박춘경을 둘러싸고 일본인 좌야(佐野)와 미국인 커닝헴과 한국인 강찬규가 벌이는 온갖 추태와 욕망의 난투장이었다. 이 점에서 『남방의 처녀』가 프랑스 식민지 치하의 캄포챠에서 벌어진 국제 범죄소설이라면 『이심』은 일제 식민지 치하의 한국에서 벌어진 국제 애정소설이 되는 셈인데, 그렇다면 첫째 프랑스 식민지 치하의 캄포챠와 일제 식민지 치하의 한국을 통해 두 소설은 각각 무엇을 말하고자 하는가, 둘째 두 소설이 표방한 국제관계란 각각 어떤 것인가. 그리고 셋째 범죄소설이 애정소설로 바뀌었을 때 그 차이는 무엇인가, 하는 문제들을 이제 면밀하게 검토해보기로 한다.

3) 탐정의 등장

(1) 공주 도난사건

먼저, 『남방의 처녀』의 영국인 구레상과 캄포챠 공주의 '사랑이야기'.[27] 이들 사랑의 적대자는 공주의 사촌오라버니인 추안친왕이다. 공주와 추안은 국왕의 의사에 따라 약혼한 사이이며, 그래서 공주를 둘러싼 '추안-공주-구레상'의 삼각관계는 이 소설의 제1 스토리라인이 된다. 또한 이들 삼각관계는 사랑의 갈등구조이지만 민족의 갈등구조라고도 볼 수 있다. 공주는 약혼자 추안보다도 구레상을 더 사랑하지만, 그러나 구레상은 서로 민족이 같은 캄포챠인이 아니라 각각 다른 영국 사람이다. 사랑하는 사람과 결혼하고 싶지만 민족이 달라서 결혼할 수 없는, 말하자면 사랑이냐, 민족이냐를 선택해야 하는 문제로 비유되는 것이다.

『이심』의 박춘경·이창호 부부의 사랑 이야기도 이와 유사하다. 이들 사랑의 적대자는 어느 한 사람이 아니다. 일본인 좌야, 미국인 커닝햄, 같은 민족인 강찬규, 혹은 그 이상이다. 따라서 박춘경을 둘러싼 삼각관계도 세 개 이상 나타난다. '창호-춘경-좌야', '창호-춘경-커닝햄', '좌야-춘경-강찬규', '좌야-춘경-커닝햄', '창호-춘경-커닝햄' 등 7들의 연애 삼각형도 최소한 세 개 이상일 수 있다. 『이심』의 스토리가 그만큼 연애관계에 치중하고 있음을 의미하는데, 그럼에도

---

27) 국왕 몰래 공주를 훔쳐 가는 사건이고, 그 사건을 탐정이 해결하기 때문에 또 하나 '국보 도난 사건'에 맞추어 이 이야기를 '공주 도난 사건'이라 칭한다.

불구하고 이들 삼각관계는 민족의 갈등구조이기도 하다. 『이심』의 민족적 갈등구조는 '한·미·일' 삼각관계로 얽혀있는데, 그것은 『남방의 처녀』가 '캄포챠-프랑스-영국'이던 것과 유사한 성격이다. 캄포챠와 프랑스의 식민지 관계에 영국이 개입한 것과 같이, 한국과 일본의 식민지 관계에 미국이 개입되어 있는 점이 그러하다. 두 소설이 단지 사랑 이야기뿐만 아니라 그 이상의 어떤 가치를 갖고 있다면 그것은 바로 이 민족문제일 것이다.

『남방의 처녀』는 '연애사건'과 '도난사건'의 두 스토리라인 가운데 먼저 이 연애 스토리로 시작된다. 그러나 그 연애 사건은 제 1장에서만 잠시 시작되고, 제 2장부터는 곧 '국보 도난 사건'으로 이어지는데, 그 스토리 라인이 전체 15장 가운데 13장까지 계속되기 때문에 공주의 사랑이야기는 고작 결말 부분의 14장, 15장 두 장에 걸쳐있을 뿐이다. 그럼에도 불구하고 두 스토리의 비중이 대등하게 차지하고 있는 것처럼 보이는데, 그 까닭이 전적으로 탐정의 역할 때문이라고 보는 것이다. 탐정은 연애 사건과 도난 사건을 모두 책임진다. 그리고 그 두 사건을 하나의 작품으로 연결하는 고리 역할까지도 한다.

(2) 국보 도난사건

다음, 『남방의 처녀』의 국보 도난 사건과 관련된 윤탐정의 역할을 검토해보기로 한다. 원래 이 소설은 '국보 도난 사건'과 '공주의 사랑 이야기'라는 두 개의 스토리 라인으로 각각 분리되어 진행되지만, 결말에 가서 결국 하나의 이야기로 결합되는데, 그 과정을 탐정이 어떻게 책임지는지, 다음은 그 내용의 요약이다.

캄포챠 공주와 사랑을 약속한 구레상은 일단 영국으로 귀국한다. 런던 투르카픠로 카페에서 친구 하도연을 만나 캄포챠를 자랑하는 사이에 국제 절도단 우익소 일행이 비밀을 엿듣는다. 궁전에 숨겨있는 신비하고 괴상한 보배 이야기, 프놈펜 고성 안에 있는 은으로 만든 탑 이야기 등이 우익소의 도심(盜心)을 자극하고, 그는 정보를 빼앗기 위해 구레상을 폭행한다. 윤탐정의 등장은 이때부터이다. 먼저, 우익소가 범인임을 밝혀내고, 은닉처를 급습하고, 놓치는 등 범인들과 쫓고 쫓기는 사건을 벌인다. 이때 구레상은 공주와 결혼하기 위해 몰래 캄보챠로 잠입해 들어가고, 캄보챠 왕궁에서는 이미 도난사건이 벌어졌고, 윤탐정은 즉각 캄포챠로 달려간다. 그로부터 캄포챠 삼림지대에서는 프랑스총독부가 지원하는 기병과 함께 공중전 또는 지상전을 벌이고, 같은 시각 공주의 연애 사건을 두고 구레상과 국왕 사이에 또한 쫓고 쫓기는 사건이 벌어진다. 우익소는 비행기 추락 사고를 당하고, 공주는 몰래 도망쳐 왕실을 빠져나가고, 국왕은 구레상을 처형하겠다고 분노하고, 국보도 찾아야겠고, 온갖 사건을 벌인 끝에 윤탐정은 마침내 도난당한 국보를 되찾게 된다는 내용이다.

이 소설이 다른 일반소설과 다른 점은 사건의 중심에 탐정이 서 있다는 점이다. 매 사건마다 사건의 현장에 탐정이 서 있고, 탐정이 그 사선을 해결한다. 그래시 이런 이야기는 누군가가 뭔가를 훔치고 잃어버렸다는 내용이 아니라, 그 범인을 탐정이 어떻게 추리하고 붙잡는가 하는 내용이 주가 된다. 우익소가 국보를 훔치고 왕실에서 국보를 도난당한 내용이 아니라, 그 우익소를 윤탐정이 어떻게 추리하고 붙잡는지를 이야기하는 내용이다. 도둑이 물건을 어떻게 훔쳤는지,

잃어버린 물건이 얼마나 소중한지를 말해주는 것이 아니라, 결국 탐정의 사건 해결 방식을 보여주는 내용이 되는 것이다. 이 점에서 탐정소설은 흔히 추리소설 혹은 범죄소설이기도 하다. 결국 탐정과 범인이 대립하는 가운데, 범인이 악의 편에 서 있는 인물이라면 탐정은 선의 편에 서 있는 인물이어서 결국 이 소설도 선악의 대립구조로 설정된 행동소설의 범주가 됨은 말할 것도 없다.

행동소설은 그 구조의 패턴이 대부분 '행복-고난-행복'이다. 그리고 그 고난은 다시 '위기-극복'의 반복으로 이어진다. 그것은 말하자면 영웅의 일생을 풀어가는 권선징악의 구조와도 같은데, 따라서 이런 소설은 선과 악이 어떻게 대립하는가, 하는 데에 흥미의 초점이 맞추어진다. 악이 어떻게 선을 괴롭히고, 선이 어떻게 악의 운명으로부터 벗어날 수 있는가, 그것은 곧 선의 위기이자 극복을 의미한다. '위기-극복'의 반복은 곧 행동소설이 추구하는 흥미의 원천이다.[28] 국보 도난 사건의 흥미도 윤탐정과 우익소의 쫓고 쫓기는 행위의 반복에서 나온다. 그것은 탐정과 범인 사이에 벌어지는 '위기-극복'의 반복에 해당되는데, 이때 탐정이 선의 편에 서 있는 인물이라면 범인은 악의 편에 서 있는 인물이 된다.

공주의 사랑 이야기에서도 윤탐정은 여전히 선의 편에 서 있었다. 그러나 사랑을 훔친 쪽과 빼앗긴 쪽에 대해 어느 쪽이 선이고 악인지를 설정한 점에서는 그 해석이 약간 다르게 나타난다. 앞서 국보도난

---

28) 탐정소설은 대개 '행동의 플롯'에 해당된다. 행동의 플롯은 일종의 '퍼즐의 플롯'으로 관객은 긴박감(suspense), 놀라움(surprise), 기대감(expectation) 등의 과정을 통해 이 미스터리를 풀어가게 된다. -로널드 B, 토비아스, 김석만 역, 『인간의 마음을 사로잡은 스무 가지 플롯』, 풀빛, 1997, p.75; 참조.

사건에서는 물건을 훔친 쪽이 악이고, 물건을 찾아주는 탐정 쪽이 선이었는데, 이번 공주의 사랑 이야기에서는 탐정이 선인 것은 그대로이지만 사랑을 훔친 쪽과 빼앗긴 쪽에 대한 해석이 달라진 것이다. 구레상과 국왕, 그들은 어쨌든 공주의 사랑을 훔친 쪽과 빼앗긴 쪽이다. 그래서 앞의 도난 사건대로라면 공주를 훔친 구레상이 악의 편이 되고, 공주를 빼앗긴 국왕이 선의 편이 되었을 것이다. 그런데 여기서는 뜻밖에도 구레상이 선의 편에 서고, 국왕이 악의 편에 서 있었다. 이와 같이 탐정과 국왕이 대립각을 세우고, 윤탐정과 구레상이 함께 선의 편에 서 있다는 것은, 구레상의 연애가 그만큼 진실한 사랑이었음을 말해준다 하겠다. 그리고 그 진실한 사랑을 민족주의에 입각해서 쟁취하게 한 것도 『남방의 처녀』가 결국 그들의 민족주의를 선악의 대립구조에서 가능한 선의 논리로 파악했다는 증거일 것이다.

『남방의 처녀』는 이와 같이 탐정으로서의 선과 '국보 도난 사건'이라는 악이 대립하는 스토리 라인 하나와, 또 하나 탐정으로서의 선과 '공주 도난 사건'이라는 악이 대립하는 스토리 라인 하나, 그렇게 두 개의 각각 다른 선악의 대립구조가 결합하여 한 편의 소설을 형성한다. 그러나 두 '도난 사건'은 각각 훔친 쪽과 빼앗긴 쪽을 가름하는 선악의 유형이 뒤바뀌어 있는데, 그럼에도 불구하고 그것들이 한 편의 소설로 결합될 수 있도록 작용한 것이 바로 탐정의 역할인 것이다.

4) 욕망의 구도

『남방의 처녀』는 국제관계를 표방한 탐정소설이다. 그리고 염상섭의 『이심』 또한 국제관계를 표방하고 있음은 앞서 설명한 바 있다.

『이심』을 전후해서 나온 염상섭의 소설들 가운데 이러한 국제관계는 보기 드문 장면인데, 그것이 『남방의 처녀』를 번역한 직후라는 점을 감안할 때, 두 작품의 상호작용이 서로 무관하지 않다는 판단을 하게 되는 것이다. 그렇다고 『이심』이 『남방의 처녀』와 같이 국제관계를 표방한 탐정소설이냐 하면 그렇지는 않다. 『이심』의 그것은 오히려 통속적인 애정소설 쪽에 가깝다고 해야 할 것이다. 이와 같이 두 소설이 함께 국제관계를 표방하고, 그 국제관계가 민족주의에 대한 어떤 태도라는 점에서는 일단 유사성을 인정하지만 『남방의 처녀』가 탐정소설의 형식을 취한 데 비해 『이심』이 그것을 포기한 사실은 더 큰 변화로 주목해야 할 것이다. 이렇듯 『이심』을 애정소설이라고 가정했을 때, 그렇다면 『남방의 처녀』를 주관하던 탐정의 역할은 어디로 사라졌는가, 탐정이 사라진 그 자리에 애정이 들어섰다면 그 애정이란 무엇인가, 그 탐정과 애정과의 거리를 한 번쯤은 검토해봐야 할 것이다. 그러고 나서 『이심』이 표방한 국제관계와, 결말에서 보여준 민족주의에 대해서도 확인해볼 것이다. 그것은 곧 서구소설의 일종인 탐정소설이 우리 문학에 유입되는 과정에서 어떻게 변모되고 재창조되었는지를 밝히는 문제이며, 그 변화와 창조를 염상섭이 『남방의 처녀』와 『이심』을 통해 시도했다고 보기 때문이다.

(1) 통속과 욕망

전체 35장으로 구성된 『이심』은 제 1장에서부터 한·일 양국의 욕망의 구도를 형성하면서 시작된다. 춘경을 중심으로 일본인 좌야가 형성하는 욕망의 삼각구도 '창호-춘경-좌야'의 관계는 일제 식민지 치하 우리 민족과 일본과의 관계를 가장 통속적으로 압축시킨 구조라 할 수 있다. 일본인 좌야가 춘경의 사랑을 돈으로 매수하고, 남편 창호는 좌야를 폭력으로 복수하고, 좌야는 다시 창호를 구치소에 가두고, 이런 식으로 사랑을 가장한 금전과 폭력 앞에 무기력한 우리 민족의 입장을 반영한 것이다.

이런 통속의 구조는 4년 전 순수한 청춘남녀의 사랑과 대조되면서 극대화된다. 18세 여학생 춘경과 21세 창호와의 연애사건, 그것은 아직 러브레터를 주고받는 정도의 순수 그 자체였다. 그러나 학교와 사회에 비친 그들의 연애는 금지된 장난이었고, 그래서 그들의 사랑은 낡은 시대의 희생양이 된다. '퇴학-가출'로 이어지는 생활고는 가난을 야기하고, 그 가난이 빌미가 되어 통속적인 욕망을 초래하는 구조는 그나마 이 소설의 현실성을 드러낸 결과라고 볼 수 있다. 젊은 순수가 낡은 시대와 사회의 편견으로부터 오해를 받고, 그것이 곧 가난과 애욕의 세계로 전락하는 과정에 통속의 구조가 개입한 사실을 보여주는 것이다. 신여성의 연애는 원래 염상섭이 즐겨 다루던 소재 중의 하나였다. 그러나 그의 연애는 대부분 근대 이후 성행한 자유연애가 아니라 그것이 초래한 사회적인 병폐를 힐난하는 시각이 주를 이루었다. 『해바라기』, 『너희들은 무엇을 얻었느냐』 등이 대표적인 예이다. 춘경의 타락한 운명도 염상섭의 그런 시각에서 나온 연애의 변종이라고 할 수 있는데, 『이심』은 결국 그 순수를 버텨내는 긴장된 힘이 아니라, 그 순수를 파괴시킨 통속에 관한 이야기인 것이다.

『남방의 처녀』의 탐정을 거론하다가 갑자기 『이심』의 통속을 거론하는 까닭은, 『이심』의 탐정을 거론할 자리에 엉뚱하게도 통속이 자리 잡고 있다는 뜻을 의미한다. 『남방의 처녀』가 탐정과 범인이 대결하는 선악의 대립구조를 통해 흥미를 유발하던 것과 달리 『이심』은 순수와 통속이 대결하는 선악의 대립구조를 통해 흥미를 유발하고 있다. 그 결과 『남방의 처녀』의 흥미의 초점이 탐정의 지략에 모아졌다면, 『이심』의 그것은 물욕과 애욕의 통속성에 집중되었다고 볼 수 있다. 두 소설이 함께 국제관계를 표방하고, 또 식민지 치하의 사건들을 다루었으면서도, 하나는 탐정이 스토리를 주관하고, 또 하나는 통속구조가 스토리를 주관한다. 선악의 개념으로 볼 때 하나는 선이 스토리를 주도하고, 또 하나는 악이 그것을 주도한 셈이다. 선이 스토리를 주도할 때 그 결말이 해피엔딩일 것은 당연하다. 그러나 악이 스토리를 주도할 때 결말은 당연히 파국이다. 『이심』에서 춘경이 파국적인 운명을 맞기까지 악이 주관하는 스토리 전개가 대표적인 예라 할 수 있다.

『이심』에서 제 1의 선악의 대립은 춘경과 일본인 좌야로부터 시작된다. 이때 춘경이 선의 유형이라면 좌야는 악의 유형이 되겠는데, 이와 같이 춘경을 둘러싼 악의 유형은 일본인 좌야 외에도, 한국인 강찬규, 미국인 커닝햄 등이 있었다. 이들은 각각 춘경과 어떤 욕망의 고리를 연결하면서 제2, 제3의 대립관계를 형성한다. 그리고 이때의 욕망이란 구체적으로 물욕과 애욕을 일컫는데 그것들은 춘경의 순수를 파괴하는 통속적 관계이면서 또한 다양한 국제관계를 표방하는 것이 된다. 『이심』은 결국 우리 민족의 순수를 일본이 훼손하고, 같은 민족이 훼손하고, 미국이 훼손하는 국제관계 이야기이며, 나아가 이들 욕망과 순수의 대결이기도 하다. 이런 대결은 다시 여러 개 욕망의 삼각형으로 압축되어 제시되는데, 예컨대 '창호-박춘경-좌야(일본인)', '좌야-박춘경-강찬규(한국인)', '창호-박춘경-커닝햄(미국인)',

'좌야(일본인)-박춘경-커닝햄(미국인)'의 삼각관계가 그것들이다. 그들은 다시 여러 차례 춘경과 창호의 순수한 사랑에 도전함으로써 '위기-극복'의 통속구조를 형성하는데, 이 점에서 『이심』은 박춘경-강찬규-좌야-커닝햄이 벌이는 한판의 멜로드라마가 되는 것이다.

(2) 부재 인물의 역할

『이심』의 인물관계에서 특히 주목할 사항은 창호의 '부재'이다. 『이심』에서 창호는 첫 장면 춘경과의 자유연애와 마지막 복수하는 장면에서만 잠깐 등장할 뿐 작품 안에서 내내 '구속 중'으로 되어있는 인물이다. 이는 말하자면 작중인물이 '부재'하면서도 그 '부재'가 어떤 중요한 역할을 담당한다는 점에서 매우 중요한 의미를 갖는다. '창호-춘경-좌야'의 삼각관계가 식민지 시대 한일관계를 통속적으로 압축한 욕망의 구도라고 볼 때, 좌야가 고의적으로 창호를 구속하고, 창호가 구속됨으로써 춘경이 어떤 위기를 맞는다는 것은 원래 하나로 맺어진 춘경과 창호 부부를 좌야가 훼손시켰다는 뜻이기 때문이다. 그것은 말하자면 일본의 욕망에 의해 와해된 두 개의 한국적 상황, 그러니까 그것은 첫째 잃어버린 조국, 둘째 조국을 잃어버린 사람들의 고통스런 삶을 말한다고 보겠는데, 이때 창호가 '잃어버린 조국'을 상징하는 인물이라면 춘경은 그 잃어버린 조국의 고통스런 '식민지민'이 되는 것이다. 일본인 좌야는 창호를 구속함으로서 '잃어버린 조국'처럼 부재중인 인물을 만들었으며, 춘경으로 하여금 여러 가지 면에서 시달리게 함으로써 조국을 상실한 고통스런 식민지민이 되게 하였다. 그렇게 춘경은 '가난한 식민지민'처럼 일본인 좌야로부터 수모를 당하는 것이다. 이때 좌야가 춘경을 수탈하고, 춘경이 좌야로부터 수탈을 당하지 않을 수 없게 하는 원인제공이 바로 창호의 '부재중'인 것이다. 창호가 부재함으로서 '창호-춘경-좌야'의 삼각관계는 가능해진다. 작중인물이 부재함으로써 사건 전개에 도움을 주는 그것은 말하자면 아리스토텔레스가 정의한 '비극적 결함(Hamartia)'[29]에 해당되는 경우일 것이다. 오이디푸스는 천하에 대적할 자가 없을 만큼 현명하지만 그 사건 전개를 위해서는 가끔씩 아무것도 판단할 수 없는 바보 멍텅구리가 되기도 한다. 스핑크스의 수수께끼를 풀 수 있을 만큼 현명하지만, 때로 그는 방금 자기가 살해한 사람이 자기 아버지라는 것도, 함께 결혼하여 살고 있는 사람이 자기 어머니라는 것도, 알아서는 안 될 경우가 있다. 그렇지 않으면 그는 운명의 덫에 걸려들지도 않을 것이고, 그래서 비극적 사건도 발생하지 않을 것이다. 『오이디푸스 왕』은 소포클레스가 지었지만, 그 스토리는 오이디푸스의 우매함이 이어간다. 『오이디푸스 왕』의 스토리는 결국 오이디푸스의 현명한 판단과 우매한 바보가 함께 만들어낸 사건의 연속이다. 그 현명한 바보가 곧 그리스 비극을 끌어가는 위대한 힘, 비극적 결함인 것이다.

행동소설의 결말은 어차피 권선징악이다. 결말이 뻔히 내다뵈는 소설에서 독자의 흥미를 끌고 갈만한 힘은 어차피 '위기-극복'의 반복을 통해 노릴 수밖에 없다. 행동소설이 의미 없이 사건에만 치중하는 이유가 바로 그 때문인데, 탐정소설도 그 점에서는 비슷한 유형일

---

29) 아리스토텔레스 저, 손명현 역주, 『시학』, 박영사, 1960, pp.77-78, 이 책에서 하마르티아는 '결점'으로 번역되었지만, 여기서는 '비극의 결함'이라는 말로 대체한다.

수 있다. 탐정소설의 결말은 어차피 범인이 잡히는 데까지이다. 범인이 어차피 잡히도록 되어있다면, 그 다음 독자들의 관심은 단연 범인이 어떻게 잡히는가, 혹은 탐정이 어떻게 범인을 잡는가, 그 쫓고 쫓기는 '위기-극복'에 쏠릴 수밖에 없다. 탐정과 범인이 서로 쫓고 쫓기는 '위기-극복'의 반복, 그것이 탐정소설의 흥미의 원천이다. 소설이 결말의 의미를 포기하고 흥미로운 과정만을 노릴 때 그것은 곧 통속으로 전락하고 마는 것이다.

『이심』의 통속구조는 사실상 '좌야-춘경-커닝햄'의 관계에서 본격화된다. 좌야가 춘경을 미끼로 돈을 뜯어보겠다는 이 촌극은, 사랑의 세계주의를 표방하는 커닝햄과 복잡하게 얽히면서 또 한 차례 역사의 축약도를 형성한다. 그 결과, 박춘경은 경제적인 이익도 챙기지 못한 채 파국으로 치닫게 되는데, 그것은 좌야로 축약된 일본인들의 경제적 야욕을 우회적으로 설명하는 부분이다. 그리고 그것은 미국인 커닝햄에게도 해당되고 또한 같은 민족끼리도 나타나는데, 그런 열강의 각축 현장이 되어버린 이 땅에서 박춘경 · 이창호 부부가 겪는 불행은 곧 염상섭이 파악한 1920년대 당시 우리 민족의 자화상이기도 한 것이다. 『이심』은 이와 같이 우리의 역사적 현실을 주목하면서도, 인물들의 갈등관계를 개인적인 욕망의 차원에서만 엮어 가는데, 그 점에서 이 소설은 통속소설이라는 오명을 벗지 못한다. 요컨대 이 말은 앞의 민족적 현실을 바탕으로 한 하나의 의미구조와, 뒤의 사건전개에서 드러낸 야욕의 세계를 다른 하나의 유희구조라고 볼 때, 그것들이 전체 구조 속에 하나로 용해되지 못하고 각각 분리된 채 통속성을 노정하고 말았다는 뜻인데, 그것이 그렇게 된 까닭이 곧 『남방의 처녀』를 통해 새로운 창작방법론을 시도하다 보니 거기서 그런 서툰 결과가 나왔다고 보는 것이다.

이상, 『남방의 처녀』는 두 개의 이야기가 각각 하나의 탐정을 통해 긴장과 흥미를 유발하는 이중구조로 되어있음을 확인하였다. 먼저, 런던에서 '구레상-윤탐정-우익소'의 쫓고 쫓기는 사건을 통해 '공주의 사랑'과 '국보 도난 사건'이 문제로 제기되더니 다음, 캄포챠에서 윤탐정과 우익소의 쫓고 쫓기는 '국보 도난 사건'으로 이어졌다. 두 사건을 주관하는 중심인물은 물론 탐정이다. 사건은 언제나 구레상과 우익소가 벌려놓고, 그러면 윤탐정은 지략을 발휘하여 그 사건을 해결한다. 그러나 한편, 이때 윤탐정의 추리와 지략이 그다지 과학적이지 못했던 점도 지적하지 않을 수 없다. 그의 추리력은 어설픈 상상에 지나지 않았고, 그의 지략은 그저 평범한 상식 정도였다. 탐정의 추리는 과학적이지 못한 채, 그 대신 우연한 위기와 안일한 구출이 꼬리에 꼬리를 물고 이어진다. 탐정이 과학적인 지략을 발휘하지 못하고 안일한 상식에만 의존하여 우연한 '위기- 극복'만을 반복할 때 그것은 진정한 탐정소설이 아니라, 탐정소설을 빙자한 통속소설이 되고 마는 것이다.

5) 식민지 상황과 민족주의

『남방의 처녀』는 마지막으로 국보 도난 사건이 해결됨과 동시에 다시 자연스럽게 공주의 연애 사건으로 연결된다. 국보를 잃어버리고 되찾는 하나의 사건이 해결되자 다시 공주를 잃어버리고 되찾아야 하는 새로운 사건이 시작되는 것이다. '위기-극복-위기-극복'의 반복이다. 『남방의 처녀』를 하나의 전체 구조로 볼 때 그것은 자연스럽게 두 개의 사건이 하나로 통합되는 과정이며, 독자들은 아직도 탐정의 지략을 즐기고 있다는 뜻이 된다. 사건은 달라졌지만 독자들의 관심은 아직 그대로 탐정에게 쏠려있는 것이다. 공주가 누구와 결혼하는지가 문제가 아니라, 탐정이 과연 어떻게 공주를 결혼시킬 것인지가 흥미의 초점이다. 공주와 구레상과의 결혼은 이미 예정된 사실이었다. 그렇게 결말이 뻔한 소설이 그 뻔한 목적지까지 독자를 끌고 가기 위해서는 어쨌든 그 목적지까지 가는 동안 탐정이 어떻게 사건을 수습하는가, 범인이 어떻게 사건에 휘말리지 않으려고 애쓰는가, 그와 같은 우여곡절이 반드시 필요했을 것이다. 이제, 그동안 국보 도난사건에만 치중되어 있던 스토리가 어떻게 다시 공주의 사랑이야기로 자연스럽게 연결되었는지, 그 과정을 짧게 요약해보면 다음과 같다.

잃어버린 국보를 되찾고 국왕이 윤탐정을 신뢰하게 된 그 순간, 구레상은 국왕에게 처형될 위기를 맞이한다. 윤탐정은 구레상을 살려달라고 간청하지만 국왕은 냉혹하게 거절한다. '외국사람이 누구든지 우리 왕족과 결혼을 하고자 하는 사람은 사형에 처한다.'는 것이 거절의 이유였다. 윤탐정은 이 민족주의에 착안하고, 지략을 펴기 시작한다. "폐하는 위대한 주권자이지만 그 위에 프랑스 총독이 있고, 또 영국 정부도 있습니다." "라순희 이기씨는 토인의 피가 한 방울도 섞이지 않았다. 그 점을 증명하자." 윤탐정은 마침내 국왕에게 보복할 것을 선언한다.

위 요약은 크게 두 가지 점에서 명백한 작가의 의도를 파악하게 한

2. 서구소설의 수용과 변용: 『남방의 처녀』와 『이심』

다. 첫째 공주가 구례상과 결혼할 수 없는 이유로 민족주의를 제시하고 있다는 점, 둘째 이에 대항하여 구례상이 국왕에게 복수하겠다는 증거로 그때가 식민지 치하임을 선언한 점, 이 두 가지 사항은 단지 이 작품을 흥미 위주의 탐정소설에 머물게 하지 않고, 대신 작가의 엄숙한 현실인식을 표방했다는 점에서, 이 소설의 가치를 인정하게 하는 중요한 대목이 아닐 수 없다.

『남방의 처녀』가 사건 해결의 방법을 민족주의 혹은 혈통주의에 착안한 점은 의외의 발상이라고 할 수 있다. 그것은 이 소설을 어떤 의미 있는 소설로 만들고자 하는 작가의 의도가 숨겨진 장면으로써 독자들의 예상을 뒤엎는 전복적 결말의 효과조차 거둔다. 이 소설이 캄포챠의 프랑스 식민지 시대를 배경으로 삼고 있다는 점은 앞서 설명한 바 있다. 식민지 시대 통치국 프랑스의 위력과 피식민지 국가인 캄포챠의 불리한 입장, 그리고 그 인접국가 영국의 역할까지도, 여기다가 이 소설이 국제관계를 표방하고 나선 점까지를 더하면, 이런 관계설정은 처음부터 매우 의도적이라 아니할 수 없겠다. 이후 윤탐정의 민족주의에 입각한 해결방법까지를 감안하면 더욱 그러하다.

공주는 십구 년 전 군사고문으로 왔던 프랑스 군인 두륜소장의 딸이었다. 태어나자 곧 엄마가 죽고, 그러자 아빠는 귀국하면서 캄포챠 국왕에게 어린 딸을 맡기고 간다. 공주는 그렇게 길러진 딸이다. 그 때문에 공주는 폐하의 혈통이 아니니까 설령 구례상이 공주와 결혼한다 하더라도 캄포차 왕실의 성법에 저촉되지 않는다는 뜻이다. 이 말은 이 소설이 전적으로 혈통주의 혹은 민족주의에 의거하고 있음을 말해준다. 그리고 이 사실을 불란서 총독에게 보고했을 때 그것은 프랑스가 조치하도록 되어있다고 한다. 이 부분은 식민지 시대 총독부와 피식민지민의 적대적인 상황을 반영한다. 예정대로 불란서 총독이란 말에 캄포챠 국왕은 기가 꺾이고, 윤탐정은 풀려난다. 그렇게 불란서 총독은 캄포챠 국왕을 징벌하고, 구레상과 라순희 공주는 결혼하여 함께 영국으로 건너간다.

『이심』에서 춘경은 커닝햄과 결혼한다. 이 점은 『남방의 처녀』에서 공주가 영국인 구레상과 결혼하는 점을 상기할 때 어떤 유사성을 갖는다고 볼 수 있다. 식민지 시대 통치 국가인 프랑스와 결혼하지 않고, 자국민 추안친왕과도 결혼하지 않고 인접 강대국인 영국과 결혼한다는 점에서 그것은, 춘경이 일본도 아니고 자국민도 아닌 미국과 결혼하는 점과 같은 맥락의 의미를 지닌다. 커닝햄은 좌야의 욕망과 달리 원래 순수한 사랑으로 접근한 사이였는데, 그럼에도 불구하고 커닝 햄의 사랑이 통속적으로 비쳐진 까닭은 그것을 좌야의 욕망과 동일한 차원에서 처리했기 때문이다. 좌야의 음모와 사기와 욕망에도 불구하고 커닝햄의 사랑이 진실하다고 한 것은 미국에 대한 신뢰를 말해주는 대목이다. 그것은 어쩌면 『남방의 처녀』의 구레상을 통해 보여주는 영국에 대한 신뢰와도 같을 수 있다. 그러나 이와 같은 사랑의 신뢰를 좌야의 욕망과 동일시 한 것은 이 작품을 통속으로 놓고 간 결정석인 이유가 되었다. 그 때문인지 춘경과 커닝햄은 결혼을 하고도 끝내 행복한 결말을 보지 못하였다. 고베에 가서 신혼살림을 차리게 하고, 아들 영근을 죽게 만들고, 창호로 하여금 출옥하여 복수를 하게 만들었다. 그것은 커닝햄의 사랑을 순수한 사랑으로만 여기지 않고, 좌야와 강찬규와 커닝 햄과 함께 모두 식민지시대 우리

303

민족의 난맥상으로만 파악한 데서 나온 결과이다. 『이심』이 아직도 『남방의 처녀』의 통속으로부터 헤어나지 못하고 있음을 입증하는 대목이 아닐 수 없다.

1928년에 발표된 염상섭의 장편소설 『이심』은 구조의 통속성이나 작중인물의 국제적 관계가 작가의 동시대 작품에 비해 상궤를 벗어난 작품이라고 평가되어 왔다. 이 점에 착안하여 이 글은 그의 번역소설 『남방의 처녀』를 소개하고, 다시 그것을 『이심』과 대조함으로써, 염상섭이 초기에 어떤 방식으로 외국소설과 접목하고 또 재창조하였는지, 그의 창작과정을 검토해 보았다. 물론, 이 글은 두 작품이 1924년과 1928년이라는 선후관계를 갖고 있다는 점, 국제관계와 식민지 치하라는 유사한 상황에서 벌어진 이야기라는 점, 이 밖에도 유사한 징후들이 많다는 가설로부터 시작되었음을 미리 밝혀둔다. 그러나 한편 이와 같이 많은 유사점을 발견할 수 있음에도 불구하고, 『남방의 처녀』가 탐정소설인데 비해 『이심』이 탐정소설이 아닌 것은 너무도 큰 차이였다. 『이심』은 탐정소설이 아닌 대신 애정소설 쪽에 가깝다고 볼 수 있는데, 따라서 이 글은 탐정이 사라진 그 자리에 애욕이 어떻게 들어서 있을까, 하는 문제를 가장 주목하였다. 염상섭이 『남방의 처녀』에서 얻은 것은 소설의 '흥미'였다. 그리고 자기 소설을 쓸 때 바로 그 '흥미'를 『이심』에서 구하고자 했던 것이다. 『남방의 처녀』가 갖고 있는 흥미의 원천은 탐정을 중심으로 펼쳐지는 행동소설의 구조였다. 염상섭이 『이심』에서 그 흥미의 원천인 탐정을 제외시켰을 때, 그의 행동소설은 당연히 욕망의 삼각관계를 수반하지 않을 수 없었다.

염상섭의 초기소설 가운데 돌출이라고밖에 할 수 없는 『이심』의 통속성은 바로 이 점에 기인했다고 보는 것이다. 염상섭이 원래 『남방의 처녀』에서 착안한 소설적인 문제는 국제관계와 식민지 치하 피식민지민의 상황이었을지도 모른다. 이 시기 염상섭이 추구한 현실인식과, 그것이 약간은 변질된 상태로나마 『이심』에 반영되고 있다는 점을 감안할 때 이와 같은 판단은 가능하다고 본다. 그러나 그때가 아직은 염상섭 문학의 초기이고 또 외국소설을 접목하는 과정이라, 소설의 흥미도 구하고 동시에 작가의 현실인식도 살리는 두 마리 토끼를 잡기에는 아직 그만큼 미흡했을 것이다. 염상섭의 초기 창작과정을 보여주는 대목이 아닐 수 없다.

3. 풍자소설: 채만식

1) 역설의 시대 상황

채만식은 단편소설 「세 길로」를 《조선문단》 3호(1924)에 처음 발표하면서 문단에 나왔다. 이후 1934년까지 10년 동안 40여 편에 달하는 작품을 발표하지만, 그것들은 대부분 짤막한 소품에 지나지 않았다. 단편소설, 장편소설(掌篇小說), 희곡, 대화소설, 촌극 등 장르도 다양하다. 그 가운데 1934년의 「인테리와 빈대떡」, 「레디메이드 인생」이 주목할 만하거니와 또한 그 당시 독자들의 관심을 끌었다. 그러나 「레디메이드 인생」을 끝으로 그는 한 때 창작활동을 중단한다.

그가 다시 단편소설 「명일」을 발표한 것은 2년 뒤인 1936년이다. 짧은 기간이지만, 「레디메이드 인생」으로 그가 소설을 포기하던 것과, 「명일(明日)」로 다시 소설을 쓰기 시작하던 것과는, 그 안에 작가의 복잡한 심경 변화가 있었다.

다른 사정도 없는 게 아니었으나 무엇보다도 나의 문학하던 태도를 돌아보아 이것을 하느니 차라리 그만둘까보다고 스스로 제작을 중단한 것이 지금으로부터 6년 전인 갑술(필자 주:1934), 하고서 침음으로 2년을 보냈고, 그랬다가 다시 무슨 바람이 불었던지 (아마 애착이 무던했던 모양이다) 에라, 이럴 일이 아니라고 노둔한 머리와 병약한 5척 단구를 통채로 내매껴 성패간(成敗間)에 한바탕 문학이란 자와 단판씨름을 하리

라는 비장(?)한 결심을 한 것이 병자년 벽두(필자 주:1936년 봄) 마침 조
선일보를 물러나오던 기회다.[30]

「명일」은 그러니까 채만식이 일단 창작활동을 중단했다가 다시 시
작한 작품이라는 점에서 재출발의 의미도 갖는다. 그래서 그런지 작
가 자신도 「명일」에 대단한 애착을 갖는데, 그것은 「인테리와 빈대
떡」, 「레디메이드 인생」과 함께 자기 문학의 한 특징을 형성한다고
믿었기 때문이다.

실제로 「명일」은 「인테리와 빈대떡」이나 「레디메이드 인생」과 같
은 '방향의 한 가드락'이자 '발전'인데, 그것들은 다 같이 가난한
1930년대 지식인들을 다룬 점에서 공통적이다.

> 안해: 두끼 굶더니 정말 미쳤네!
>
> 종식: 흥! 미치기나 했으면 속이나 편하지!
>
> 안해: 미치기가 그렇게 소원이면 한번 미쳐보지.
>
> 종식: 미치고 싶어도 미치지도 안하니까 더 속이 상하네.
>
> 안해: 속상할 일도 야숙이 없는 거지! 미치지 못해서 속이 상해!
>
> 종식: 되지 못하게 저 따우가 무얼 남의 속을 안다구 종알거려?
>
> 안해: 잘난 당신도 별수 없읍듸다.[31]

채만식은 1930년대 현실을 일단 '미칠 지경'이라고 표현한다. 인

---

30) 채만식, 「자작 안내」, 『청색지』 5집, 1939, p.74.
31) 채만식, 「인테리와 빈대떡」, 《신동아》 4권 4호, 1934, 4, p.169.

용문에서 아내는 그것을 가난 때문이라 말하고, 남편은 "저 따우가 무얼 무얼 남의 속을 안다구 종알거려?" 하면서 그 이상의 어떤 이유가 있음을 암시한다. 여기서는 구체적으로 제시되어 있지 않지만, 그것은 가난을 야기한 역사적 현실이다. 그것은 현실에 대한 근원적인 물음이자, 혹독한 비판이다. 채만식은 자신의 현실과 역사를 동시에 주목한다. 그리고 그는 역사적 시간과 현실적 시간이 교차하는 한 가운데 지점에 서 있다.

중도 속도 못되는 얼간 …… 요절마(腰折馬), 차라리 실업학교나 한 삼 년 다녀서 손끝에 기술이나 배워 두지! 건방지게 중학교니 대학이니, 흥! 놈들! 신문으로 잡지로 강연으로 어수룩한 시골 사람들더러 '배워라' '가르쳐라' 하고 꼬였지! 그래 전답 파러서 배우고 가르친 것이 요지경이니 그래 어떻단 마리야? 배우고 가르치고 해서 대학까지 마치고 나왔어도 직업은 주잖고.32)

오늘의 자기를 놓고, 그 자기를 만들어 낸 역사적 오류를 추궁한다. 현재 자기는 '얼간이' '요절마(腰折馬)'요, 그것은 배움을 강조한 세상이 다시 배운 사람을 수용하지 못한 탓이라는 것이다.

사건은 '종식'을 중심으로 일어나고 또 마무리된다. 종식이 서 있는 지점은 현재적 사건과 역사적 사건이 교차되는 중간 지점이다. 그 시점이 1930년대 현실이고, 그것은 역사적 맥락 속의 한 시점이다.

---

32) 채만식, 「인테리와 빈대떡」, 앞의 책, p.168.

역사적으로, 종식은 그 조상과 아들의 중간 지점에 서 있다. 그리고 그 조상이 자기한테 불필요한 교육을 시켰으니까, 자기는 아들한테 교육을 시키지 않겠다는 것이다. 이런 논리는 역설적이지만, 역사에 대한 반란이다.

현재적 사건의 전개에서도 그는 '의사'와 '걸인'의 중간 지점에 놓여 있다. 의사는 부를 상징하고 걸인은 가난을 상징한다. 굶주린 종식 앞에 어느 날 친구인 의사가 빈대떡을 사다 준다. 종식은 기뻤지만, 그 순간 거지가 들이닥친다. 종식은 그것을 거지한테 빼앗기지 않을 수 없다. 그것이 지식인의 양심이고 체면이다. 그것은 당시 지식인의 굶주림과 무력함에 대한 표현이다. 이때 거지와 지식인을 대조시킨 논리가 또한 역설적인데, 여기서 제기된 것이 교육 무용론이다.

'부모-자기'로 이어지던 역사가 아들에 와서 반전되고, '의사-지식인'으로 이어지던 현실이 거지에 이르러 반전된다. 반전의 효과는 심각하다. 실제로 아들을 교육시키지 않겠다는 것이 아니라, 교육시킬 필요가 없을 만큼 자신의 지식이 무력해졌다는 뜻이고, 실제로 거지가 부럽다는 것이 아니라, 거지가 부러울 만큼 자신의 가난이 심각하다는 뜻이기 때문이다. 「인테리와 빈대떡」에서 채만식이 주목한 것은 다름 아닌 가난한 1930년대 지식인의 현실이다.

「레디메이드 인생」의 역사아 현실은 이보다 훨씬 구체적이다. 내용과 구조가 「인테리와 빈대떡」과 흡사하지만, 그 역사는 사실성을 확보하고, 가난은 사회적인 문제로 확대된다. p를 중심으로 현재적 사건과 역사적 사건이 교차된다. 다만, 「인테리와 빈대떡」의 부모가 여기서는 대원군으로 바뀌고, 거지가 창녀로 대치되었을 뿐이다. 그

309

러나 이런 변화는 단순한 인물의 자리바꿈이 아니다. 정치적으로 사회적으로 문제가 확대 심화된 상태를 의미하기 때문에 역설적인 효과를 노린 반전의 구조도 「인테리와 빈대떡」과 다를 바 없다. 다만, 자기 정조를 내놓고 '이십 전도 좋다'는 창녀의 현실이 심도 있게 추궁되고, 부모 대신 '대원군'이라는 역사적 인물로 구체화된 점이 역사 인식의 폭을 넓혀 주고 있다.

아이러니(Irony)에 의한 인물 형성이나 주제 표현 방식은 채만식의 탁월한 발견이다. 겉으로는 자기모순이나 혹은 서로 상반되는 것처럼 표현되면서도 자세히 보면 그 안에 진실을 함축하고 있는 것이 역설이다. 그것은 소설기술상의 한 방법이다. 기술의 형태와 실제의 내용 사이에 대조가 있기 때문에 역설은 아이러니와 밀접히 관련되어 있다. 결국 역설이란 '외형'과 '내실'이 뚜렷한 대립개념을 가지면서 하나의 '진실'을 강조하는 기술방법이다. 아이러니가 진실과 모순의 이중구조를 갖는 이유도 그 때문이다. 진실은 언제나 내면에 감추어져 있다. 그리고 우리가 읽는 것은 외형의 모순뿐이다. 외형의 모순을 읽으면서 내면의 진실을 파악할 때 작가의 의도는 역설적으로 강조되는 것이다.

「명일」의 인물도 가난한 지식인이다. 그는 '사상과 행동이 유리된 자기 생활을 반성하여 자신을 학대하는 데서 오는 오뇌'로 항상 폐칩되어 있다. 채만식의 초기소설은 이와 같이 무기력한 지식인의 현실이다. 그들은 일단 생활의 패배자다. 그렇다고, 반항하여 투쟁하는 인물이 아니라, 그들은 일상의 주변을 어정거릴 뿐이다.

그의 현실은 지금 '일 원을 건사하기가 어려워 일 원짜리 지갑을 샀더니 이젠 일 원이 없어서 사용할 수 없는 돈지갑'처럼 무용하다.

그것은, 잘 살기 위해서 배웠더니 배웠기 때문에 더 못 살게 된 지식인의 입장을 표현하는 말에 대한 명징한 비유다.

그런가 하면 그의 역사는 '「명일」보다는 「오늘」이 더 아득해서' 침울한 시간의 연속이다. 「인테리와 빈대떡」, 「레디메이드 인생」에서, 작가는 최악의 경우를 창녀나 거지에 두고 그들과 인테리를 대비시켜 더욱 비참한 자기를 역설한 바 있다. 「명일」에서는 '도심(盜心)'을 들어 그것을 지식인의 양심과 대조시킨다. 문득문득 치솟는 '도심' 앞에 그는 지탱하기 어려운 양심의 위기를 느낀다. '보통학교부터 쳐서 대학까지 16년이나 공부를 한 것이 조그마한 금비녀 한 개 감쪽같이 숨기는 기술을 배우니만도 못하다'고 역설하지만, 사실은 '그러한 재치도 없고 기술도 없으려니와 또는 담보의 단련도 없는' 것이 지식인의 현실이다.

「명일」의 반전은 형태가 약간 다르다. 아버지의 도심을 아들이 직접 실천에 옮겨 버렸기 때문이다. 그것은 양심의 붕괴를 의미한다. 교육 무용론에 대한 역설적 표현이 현실적인 결과로 나타났을 때, 그 '승어부(勝於父)'는 자못 노골적이고 자학적이기까지 하다. 자기를 일단 부정하고 나선 일련의 이야기가 결국 승어부의 사태를 빚었다는 건 아버지의 잘못이 아들에 와서 더욱 악화했다는 뜻이요, 결국 시대는 그 순리에 역류하고 있음을 의미한다.

여기서 다시 교육 무용론이 대두되는 것은 「레디메이드 인생」과 같은 반전의 효과다. 큰아들은 아버지의 뜻대로 공장에 가게 되지만, 둘째는 엄마의 뜻대로 교육을 받게 된다. "두구 보자. 네가 잘하는 짓인지…… 내가 잘하는 짓인지. 흥!" 그것은 이 소설이 처음부터 제기한 역사에 대한 물음이요 질책의 연장이다. 이 점에 대해서 최재서는

3. 풍자소설: 채만식

다음과 같이 「명일」의 교훈성을 지적한 바 있다.

　자기 과거에 쓰라린 경험을 가진 주인공은 어린애를 학교에 널 필요
가 없다고 여태까지나 고집하는 것이다. 이것은 좀 극단한 처사이나 그
의 원통한 심사를 생각하면 일면 당연한 듯도 싶다. 그리고 또 아무리
가난하기로서니 자기애에게 초등교육조차 시키지 못한다는 것은 참을
수 없다는 어머니의 진정도 순탄히 수긍되는 바이다. 이리하야 서로 필
연적 동기를 가지고 있는 두 의견이 대립되고 투쟁하는 곳에 이 작품의
교훈, ―업는 놈은 그 공부가 출세의 길이 아니라 몰락에의 박차가 된
다는 교훈이 힘 있게 강조된다.[33]

　최재서의 지적대로 '네가 잘한 짓인지' '내가 잘한 짓인지'는 여기
서 문제가 아니다. 그것들은 어차피 둘 다 타당한 물음이면서 서로
대립될 수밖에 없는 견해다. "없는 놈은 그 공부가 출세의 길이 아니
라, 몰락에의 박차가 된다"는 점에서 그것은 어차피 하나의 역설일
수밖에 없기 때문이다.
　「인테리와 빈대떡」, 「레디메이드 인생」 그리고 「명일」은 채만식
의 초기소설 가운데 대표작으로, 공통적 특징을 형성한다. 그것은
1930년대 가난한 지식인의 현실이며, 역사에 대한 비판적 인식이
다.

---

33) 최재서, 「빈곤의 문학」, 〈조선일보〉, 1937.2.27.-3.1,3.

2) 민족과 역사

「제향날」과 「어머니(여자의 일생)」에서, 채만식의 방황하는 지식인들은 훨씬 의지의 인물로 바뀐다. 그 대신 그들은 현실과 어느 정도 거리를 유지한 채 역사 속에 머물러 있다. 이때의 현실이란, 「인테리와 빈대떡」, 「레디메이드 인생」, 「명일」처럼 역사적 사건과 현실적 사건의 교차점이 아니다. 「제향날」, 「어머니」는 역사적 시간과 현실적 시간이 각각 분리되어 있다. 시간적 차원이 다른 만큼 인물도 다르다. 초기소설처럼 하나의 인물의 역사와 현실을 동시에 파악하는 것이 아니라, 여기서는 역사적 인물과 현실적 인물이 분리되어 있다. 역사적 인물들은 역사 속으로 물러나 있는 만큼 현실성이 희박하다. 그들은 역사적으로 의로운 인물이거나 진리의 수호자로 이상화된다. 그것은 1930년대 지식인들의 또 다른 변형이다. 지식인들이 역사적 시간으로 물러난 대신 그 현실적인 자리에는 여성형 인물들이나 어린아이로 대치되어 있다. 그들은 어머니거나 아내거나 혹은 할머니 같은 인고의 여인들이다. 그들은 현실적으로 외롭고 굶주렸다. 그것은 1930년대의 가난한 현실과 지식인의 문제를 각각 분리 강화한 경우다. 두 가지 문제가 각각 분리되자 우선 지식인의 자세가 달라졌다. 그들은 현실 앞에 함부로 방황하거나 절망하지 않는다. 그대신 의지의 인물이 된다. 역사 앞에 외연하고, 불의 앞에 굽힐 줄을 모른다. 그 점은 여성형 인물들도 마찬가지다. 아내와 어머니와 할머니는 모두 외롭고 가난하지만 그 외로움과 가난 앞에 의연하다. 불의 앞에 의를 알고, 허위 앞에 진실을 안다. 채만식의 인물들은 이만큼 이상화된 것이다.

「제향날」은 '성배'와 '영수'와 '상인'이 삼대가 겪은 역사적 사건을 오늘의 시점에서 이야기한다. 조부 성배는 동학농민혁명의 주역이고, 부친 영수는 3·1운동의 주역이고, 손자 상인은 일제 식민지시대를 살아가는 현재의 인물이다. 그러니까 성배와 영수는 역사적 시간 속으로 물러나 있고, 현실적 시간 위에는 할머니와 손자가 서 있는 것이다. 그들은 모두 역사의 희생자들이다. 그 이야기를 할머니가 손자인 상인에게 들려준다. 할아버지-아버지-손자로 이어지는 삼대의 역사와 그 역사가 끼친 할머니의 현실이 겹칠 때 '가난'과 '지식인'의 문제는 동시에 제기된다. 역사와 현실에 대한 동시 파악이다. 가난은 현실적인 문제로서 할머니의 몫이다. 할머니는 성배의 아내이자, 영수의 어머니다. 말하자면 동학농민혁명과 3·1운동으로 남편과 아들을 동시에 잃은 역사의 희생자다. 이때 성배와 영수는 물론 그 할머니까지도 민족의 속죄양이 되고, 프로메테우스(Prometheus)적 의로움을 대변하는 인물이 되는데, 그것을 손자인 상인으로 하여금 깨닫게 한 점이 흥미롭다.

의를 향한 보과품(報果)! 의를 이룬 보가품은 영겁의 고초, 죽지 아니하고 영겁토록 받는 고초! 사나운 수리가 살을 쪼아 먹고 까막까치는 눈을 파먹고 귀를 떼어 먹고, 그러고도 끊이지 아니하는 극형!⋯⋯ 오오, 그래도 나는 의를 이루었노라, 뉘우치지 아니하노라.[34]

---

34) 채만식, 『제향날』, 박문출판사, 1946, p.217.

프로메테우스는 외친다. '오오! 그래도 나는 의를 이루었노라. 뉘우치지 아니하노라.' 그는 지금 결박된 채 눈을 파먹히고 귀를 떼이고, 그래도 그는 자신의 행위를 후회하지 않는다. 그것은 동학농민혁명의 성배와 3·1운동의 영수가 처형되고, 오늘을 사는 최씨 부인과 상인에게 고난이 밀어닥치지만 후회하지 않는다는 의미로 귀착된다. 방황하던 지식인상은 여기서 의지의 인간상, 진리의 수호자로 바뀐다. 이런 인물은 채만식이 민족적 현실을 주목했을 때 가능하다.

그의 현실은 어디까지나 역사적 맥락에서 파악된 것이기 때문이다.

1884년의 위로부터의 정치개혁운동이 실패로 돌아간 이후로도 내정의 근본적인 혁신을 볼 수가 없었다. 그 반면에 외세의 정치적, 경제적 침투는 국민의 생활을 훨씬 더 심각하게 위협하는 것이었다. 관리의 탐학과 일본 상인의 도량(跳梁)이 가장 심했던 전라도에서 일어난 동학군과 정부에 대해 요구한 것은 탐관오리의 숙청과 일본상인의 축출이었다.35)

간단한 인용문이지만 여기서 동학군의 개혁 요구 조건은 두 가지로 요약된다. 안으로 탐관오리를 숙청하여 폐정을 쇄신하고자 함이 그 하나요, 밖으로 일본상인을 축출하여 우리 국권을 수호하고자 함이 또 하나 목적이다. 채만식이 동학농민혁명을 민족적 의로

---

35) 한우근, 「한국통사」, 을유문화사, 1971, p.460.

움으로 파악할 수 있었던 근거가 바로 이 점이다. 3·1운동이 동학 농민혁명의 연장선상에서는 또 어떻게 파악되고 있는지를 보면 이 렇다.

일본에 대한 항쟁은 1876년의 불평등조약 체결 당초부터 유생의 항 병으로 시작되어, 1882년의 군졸의 저항을 거쳐 1894년의 동학농민 군의 항일무력투쟁에 이르고, 다시 유생의 무력투쟁과 의병의 봉속적 인 투쟁과정 속에서 근대한국의 민족주의의 성장을 보게 된 것이었 다.[36)]

채만식은 '동학농민혁명'과 '3·1운동'을 통해 민족적 '의로움'을 파악한다. 의로움을 실천하다 죽어 간 성배와 영수는 그래서 '의인' 이고, 진리의 수호자이다. 현실적 지식인의 또 다른 모습이다. 그들 은 민족운동에 실패했기 때문에 고난이 따르고, 고통스러움에도 불 구하고 그것을 극복해야 한다. 그것이 채만식의 지식인 상이다. 채만 식 소설의 지식인 상은 프로메테우스적 고통을 수반한다. 그들은 역 사적 현실을 통해 형성된 인물이고, 다시 인고의 여인상과 일치될 때 그것은 현실적인 문제로 심화 확대된다. 「제향날」은 성배와 영수의 민족적 희생을 프로메테우스적 고통으로 승화시킴으로써 의로운 지 식인상을 형성한다.

『어머니』는 1934년 3월부터 6회에 걸쳐 《조광》에 연재된 장편소

---

36) 한우근, 앞의 책, p.547.

설이다. 검열에 걸려 완성을 보지 못하지만, 훗날 『여자의 일생』37)으로 제목을 바꾸어 단행본으로 발간된다.

18세 여인이 열두 살 난 신랑을 맞아 시집살이를 겪는 이야기다. 그러나 철부지 신랑의 성장과 함께 근대화 과정을 펼쳐 보이자는 것이 원래 작가의 의도이다. 조혼의 비극은 근대화 문제와 관련시켜 채만식 소설의 문제적 사건 가운데 하나로 정착한다. 「과도기」, 「인형의 집을 나와서」, 「아름다운 새벽」, 「용동댁」 등에서 조혼에 실패한 비극을 목격하게 되는데, 이 점은 앞서 살펴본 작가의 개인적 체험과 관련된 것이기도 하다. 「제향날」과 마찬가지로 『어머니』도 여인의 수난사다. 친정 할머니와 친정어머니가 겪는 고난의 역사는 혁명가인 남편들의 고난사와 일치한다. 『어머니』는 근대성과 전근대성이 혼재한 역사의 현장이다. 아내인 '진주'는 전근대적 조혼에 의한 희생양이고, 남편인 '준호'는 근대적 자각으로 인한 속죄양이다. 잠깐 준호의 근대성에 대한 자각 과정을 주목해 본다. 열두 살 난 신랑 준호는 개화의 물결을 타고 신식학교에 나간다. 그러나 아직 어머니의 달초를 면치 못하고 서당방 훈장의 예법을 익혀야 한다. 추석을 맞아 어머니 몰래 읍내 장거리로 초라니패 구경을 나선다. 협률회 선전마당에서 준호는 기생의 요사스런 유혹을 받기도 하고, 개화파인 학교 원선생을 만나기도 하고, 난장판의 투전, 윷놀이, 싸움판, 춤판 등, 책상물림인 안방도령에겐 턱도 없이 불량스럽기 만한 사건들과 접하여 애꾸눈이 부랑배한테 봉변을 당하기도 한다.

---

37) 채만식, 『제1부 혁명가의 후예』, 『조선대표작가전집』 8권, 서울 타임스사, 1947.

물론 창피하였고 망신인 것이야 이를 나위가 없었다. 그러나 그것은 바야흐로 그늘에서 자란 순에게 대한 강한 일광이요 비바람이었다. 되약는 시련인 것이었다. 소년은 이때 속으로 이를 갈아 붙였다. —죽드래도, 모친에게 매를 맞아 죽드래도 이 야속스런 상투를 잘라 버리리라고.38)

그 '불량스럽기만 한' 사실들 앞에 준호가 오히려 힘을 얻는 것은 주목할 사항이다. 그것은 새로운 것에 대한 자각이요, 새로움을 추구하고자 하는 의지이기 때문이다. 그 명절, 하루가 준호한테는 '운명의 날'이 된다. 그것은 변천하는 조류와 처음 접하는 모든 것이 희화화되면서 독자들에게 강한 불빛을 던져 준다.

채만식의 근대화에 대한 의지는 자못 무모하기조차 하다. 그만큼 전근대적 보수의 벽이 두텁다는 사실에 대한 인식 때문이다. 채만식의 근대적 인물이 희화화 되어 나타나는 이유가 거기 있다. 채만식은 근대성을 강조하기 위하여 상대적으로 전근대의 두터운 벽을 제시한다. 그 두터운 벽 안에 갇힌 근대적 자각은 그만큼 무모하거나 희화화될 수밖에 없다. 무모한 남편의 희생자가 아내 '진주'다. 진주는 근대화의 속죄양이 되면서 곧 혁명가의 셜록 홈스로 이어진다. 일제 식민지시대 민족운동과 근대적 자각은 1930년대가 처한 시대적 요구 사항이다. 이 점에서 남편 '준호'는 채만식의 또 다른 지식인의 변형이다. 『어머니』의 '진주'는 「제향날」의 최씨 부인과 같다. 진주의 혈족은 친정 할머니뿐이다. 할아버지 남진사는 김옥균의 일파로 갑신

---

38) 채만식, 『여자의 일생』, 앞의 책, p.97.

년 우정국 사건에 가담한 개화파 인물이다. 이때 채만식은 개화파 인물을 혁명가와 동일시한다. 근대 민족주의의 일환이다.

근대적인 문호개방과 민족자립, 그것은 우리민족이 당면한 과제이면서 당대 지식인의 역할이었다. 남진사가 조정을 떠나 곧 동학난에 가담한 것도 이와 같은 민족적 현실과 맥락을 같이한다. 그러나 남진사는 곧 죽는다. 그것은 혁명의 실패를 의미한다. 혁명가의 후예로서 진주가 겪는 고통은 「제향날」의 성배와 영수로 인한 할머니의 고통과 일치한다. 그런가 하면 남진사의 아들이자, 진주의 친정아버지인 '병수'는 독립협회에 가담했다가 죽음을 당한다.

> 나랏일에 몸을 바치는 남편을 섬기고 아들을 받들고 하는 안해였으며 어머니였으므로 하여 이런 파란과 곡절을 치르면서 생애가 상심으로 일관한 강씨부인(친정할머니=필자 주)이었다.[39]

개화파 혁명가의 집안에서 진주를 그토록 보수적인 집안으로 시집보내야만했던 점은, 그동안 혁명가들이 겪었던 특히 혁명가의 아내로서 겪어야 했던 프로메테우스적 고통을 역설적으로 말해 주는 것이다. 남편과 아들을 나라에 바치고 홀로 길러 온 손녀를 위해 손자사윗감을 고를 때 '다만 보아 허니 숫기 많고 얌전스런 것이 집안을 지키며 살림에 착실한 재목인 것 같어서' 정혼을 해 버렸다는 이유가 그것인데, 이 순박한 혼사가 결국 혁명가의 후예로서 겪는 고난을 피

---

39) 채만식, 『여자의 일생』, 앞의 책, p.239.

할 수 없었던 것은 그 혁명적 근대화의 당위성을 간접적으로 말해 주는 것이기도 하다.

갑신정변은 1884년 12월 당시, 조정에 미만해 있던 민씨 일파의 수구파를 몰아내고 새로운 조정을 세우고자 했던 개화파 일당의 정변이었다.[40] 그것은 결국 실패하고 말았지만, 채만식은 이 정변을 '양반 내의 알력이며 당쟁이요, 거기에 외세 일본이 간여한 것'이라는 불명예를 씻고 '봉건적 인습과 관념에 얽매여 자신들의 운명을 스스로 개척한다는 국민적 자각과 용기'라는 의의에서 갑신정변을 판단하고 주인공 병수를 가담시킨 것이다.

「제향날」, 『어머니』의 지식인은 결국 민족적 자각과 근대적 각성으로 귀착된다. 그들은 또한 1876년 불평등조약 체결 이후 갑신정변, 동학농민혁명, 독립협회사건, 3·1운동으로 이어지는 민족적 지도자 또는 민중봉기자들로 구체화 되는데, 그들은 마치 하느님을 배반하고 인류를 구원하다가 결박된 프로메테우스의 의로운 행위와 동일시되면서 민중을 일깨우려 했던 진보적 지식인으로 부각된다.

3) 사실주의: 『탁류』

『탁류』는 금강 줄기에 자리 잡은 항구 군산을 무대로, 그곳에서 벌어지는 탁류만큼이나 혼탁한세상 이야기다.

---

40) 이선근, 『한국사: 최근세편』, 진단학회 편, 『한국사』, 을유문화사, 1980, pp.663-664 참조.

여기까지가 백마강(白馬江)이라고, 이를테면 금강의 색동이다. 여자로 치면 흐린 세태에 찌들지 안한 처녓적이라고 하겠다. 백마강은 공주 곰나루(熊津)에서부터 시작하여 백제(百濟) 흥망의 꿈자취를 더듬어 흐른다. 풍월도 좋거니와 물도 맑다. 그러나 그것도 부여 전후가 한참이지, 강경에 다다르면 장꾼들의 흥정하는 소리와 생선 비린내에 고요하던 수면의 꿈은 깨어진다. 물은 탁하다. 예서부터 옳게 금강이다.41)

『탁류』는 서두에서부터 꿈같은 역사와 비린내 나는 현실이 교차한다. 백마강이며, 백제의 흥망이며 꿈같은 역사가 있는가 하면, 곧 장꾼들의 흥정이며 생선 비린내가 나는 현실이 펼쳐진다. '탁류'는 꿈과 현실이 공존하는 상징적인 강이다. 금강이라는 실제의 강이 아니라, 인간의 꿈과 미래를 송두리째 실어다가 바다에 쏟아붓는 절대적인 현실이다. 그 탁류는 역사적인 현장이며, 동시에 삶의 현장이다. 그것은 낭만이 아니다.

이처럼 순정파 스토리를 거부한 『탁류』는 인물부터 우선 삶의 현장에 세워놓는다. 그 삶은 각박하고 막연하다.

이런 가난뱅이는 채만식 소설에서 늘 보던 인물이다. 「명일」의 '범수'가 그렇고 「레디메이드 인생」의 'P'가 그렇다. 「명일」의 범위를 확대하면 『탁류』가 된다. '생활의 명일'에 동화 같은 본능을 가지고 오늘을 실아가던 「명일」의 '범수'가 『타류』에서는 '정주사'다.

이 비슷한 점에 대하여 홍이섭은 논리적인 설명을 한 적이 있다.

---

41) 채만식, 『탁류』, 『신한국문학전집』, 어문각, 1972. p.5.

『탁류』의 정주사를 군산까지 끌어들인 작가의 의도는 농촌에서 몰락, 축출당하는 농민의 예로써 그리고 지방에서 몰려 도시로 이주하여 도시 월급쟁이로 몰락하는 과정, 또한 그를 미두장(米豆場)으로 끌어들여 완전 몰락을 기도하고, 일가 파산의 이야기 구성을 위해 두 딸을 등장시킨 점, 「레디메이드 인생」에서는 바로 그 무렵의 사회 실정의 비판, 분석이었으나 『탁류』에 오면 바로 그 무렵이 아니라 피식민지민의 몰락을 일제침략의 전 과정으로 보려했고, 그 핵심적인 정책의 하나이던 '미두취인(米豆取引)'의 문제로 제시된다[42]는 것이다.

　『탁류』에서, 정주사의 생애를 통해 그 역사의 몰락을 미루어 보면 다음과 같다. "일찍이 정주사는 겨우 굶지나 않는 부모의 덕에 선비네 집안의 가도대로, 하늘천 따아지의 천자를 비롯하여 사서니 삼경이니를 다아 읽었다. 그리고 나서 세태가 바뀌니 '신학문'도 해야 한다고 보통학교도 졸업을 했다" "미상불 이십사오 년 전, 한일합방 그 뒤만 해도 한 문장이나 읽었으며, 사 년짜리 보통학교만 마치고도 군서기(郡雇員) 노릇은 넉넉히 해 먹을 때다." 여기에 맞추어 23세에 군청에 들어가서 35세까지 13년간 군서기로 있던 정주사는 13년 만에 도태를 당한다.

　그래서 닿은 곳이 군산이라는 항구요, 이야기는 여기서부터 실마리가 풀린다.

　연애소설이나 낭만적인 소설이 아니라, 처음부터 각박한 삶을 살아가는 우리 민족의 현실을 그리겠다는 것이 이 작가의 명백한 의도

---

42) 홍이섭, 「채만식의 '탁류'」, 『창작과 비평』 27호, 1973 봄, p.61.

제4장 리얼리즘 소설의 전개

다. 우리 민족의 현실을 그는 '명일이 없는 사람들'이란 말로 압축하고 있다. 내일이 없는 사람들과 함께 그도 내일이 없는 사람 가운데 하나로 살면서 그 역사적 배경과 시대적 조건을 조명하고 밝은 내일을 기약해 보는 것이다.

빈곤과 무지는 채만식 소설에 일관되어 나타나는 관심거리다. 그것들을 우리 민족에게 드러난 당면문제로 파악하고, 때로는 일제식민지 상황이라는 특수상황에 조응하고, 때로는 개화라는 시대적 요구에 대응시키기도 하는데, 그에 따라 그의 문학적 태도는 비판적이기도 하고 풍자적이기도 하고, 때로는 고발의 형태가 되기도 한다. 「인텔리와 빈대떡」, 「레디메이드 인생」, 「명일」 등은 이 무지한 가난을 일제시대라는 특수상황 속에 비추어 낸 작품이다. 그런가 하면 「치숙」과 「소망」 같은 작품은 풍자성을 강하게 노출하고, 해방 이후의 「잘난 사람들」, 「미스터 방」, 「도야지」 등은 비판 고발적이다.

『탁류』는 이상과 같은 채만식 문학의 특징들을 골고루 갖추고 있다. 같은 시기에 『태평천하』와 같은 작품도 있지만, 그것은 유난히 풍자적 성격을 강하게 드러낸다. 그러나 『탁류』는 그 시대의 빈곤과 무지를 비판적 성찰로 파악하면서, 그것들을 시대와 역사 속에 조명함으로써 탄력 있는 이야기와 개성 있는 인물을 창조하였다. 그 결과, '봉건체제의 해체에 따라 시민지로 전락하는 과정과 식민치하에서 조선 사람이 어떻게 몰락하고 있는가'를 보여준다는 점에서 그것은 '역사의 탁류'가 되기도 하고, 때로 '식민지 시대의 뿌리 뽑힌 자들의 삶을 그리고 있다'는 그것은 '현실의 탁류'가 되기도 하는데, 그만큼 '탁류'라는 제목의 함축적 의미는 크다.

그 뿐만이 아니다. 이 소설은 '인간 기념물' '생활제일과' '신판흥보전' '생애는 방안지라' 등과 같이 흥미롭고도 함축적인 소제목들을 18개나 갖고 있는데, 이런 제목들은 특히 각 장의 인물이나 주제를 아주 효과적으로 설명하고 있어 주목할 만하다. 『탁류』의 올바른 이해를 돕기 위해 우선 이 제목을 따라 설명해 보면 다음과 같다.

첫 장의 '인간 기념물'은 이 소설의 주인공인 정주사를 두고 붙인 이름이다. '입만 가졌지 손발이 없는 사람' 그래서 그는 '인간 기념물'이라는 뜻인데, 그만큼 가난하다는 것이다. 먹여 살려야 할 식구들은 많고, 그러나 그는 할 일이 없다. 일제 식민지 시대가 배출한 고급 룸펜들의 비참한, 삶, 그것은 일찍이 「인테리와 빈대떡」, 「레디메이드 인생」, 「명일」 등에서 채만식이 파악한 현실의 전형이었다. 정주사가 그 대표적 인물이다. 그도 어려서는 "선비네 집안의 가도대로 하늘천 따아지의 천자를 비롯하여 사서(四書)니 삼경(三經)이니를 읽었다. 그리고 나서 세태가 바뀌니 신학문도 해야 한다고 보통학교도 졸업은 했다." 그 덕에 그는 군서기가 되지만 '청춘을 그렇게 늙힌 덕에 노후라는 반갑잖은 이름으로 도태'를 당하고, 그리고 보니 "처진 것은 누구 없이 월급쟁이에게는 두억시니같이 붙어 다니는 빚뿐이었다." 이후 정주사는 가산을 정리하고 고향인 서천을 떠나 군산으로 나온다.

정주사의 몰락 과정은 이렇다. 농경 시대의 가난한 선비로부터 공무원으로, 월급 세민층으로, 미두꾼으로, 하바꾼으로, 그것이 바로 도시 하층민의 몰락과정인 것이다. '봉건체제의 해체에 따라 식민지로 전락하는 과정과 식민지하에서 조선 사람이 어떻게 몰락하고 있는가'란 바로 이 점을 말하는 것이요, 또 '식민지시대의 뿌리 뽑힌 자들의 삶'은 여기서부터 시작되는 것이다.

두 번째 장의 '생활제일과'에서는 이야기가 초봉이 쪽으로 바뀐다. 초봉이는 정주사의 맏딸이요, 이 집안의 생계를 사실상 이 여자가 꾸려나간다. 정주사는 "스물한 살 먹은 맏딸 초봉이를 우두머리로, 열일곱 살 먹은 작은 딸 계봉이, 그 아래로 큰아들 형주, 이 애가 열네 살이요, 훨씬 떨어져서 여섯 살 먹은 병주, 이렇게 사남매에, 정주사 자기네 내외해서 옹근 여섯 식구다."『탁류』는 이 정주사네 가족을 중심으로 벌어지는 삶이요, 그 집안을 사실상 초봉이가 책임지고 있다.

세 번째 장의 '신판흥보전'은 그 때문에 붙여진 소제목이다. '입만 있고 손발이 없는' 아버지가 딸의 몸을 팔아 살아간다는 뜻이다. "정거장에서 들어오자면 영정으로 갈려드는 세거리 바른편 귀퉁이에 있는 제중당이라는 양약국이 있다" 초봉이는 바로 그 집에서 일을 돌보고 있다.

『탁류』를 종종 『심청전』의 패러디로 보고자 하는 견해들은 바로 이 점에 의거한 탓이다. 앞의 세 번째 장에서 작가가 그 소제목을 '신판흥보전'이라고 붙인 것과, 여기서 『탁류』를 『심청전』의 패러디로 보고자 한 견해는 흥미로운 대조를 이룬다. 『흥보전』이 정주사의 가난 때문에 붙여진 이름이라면, 『심청전』은 초봉이의 효심에서 생긴 이름이겠는데, 그만큼 이 소설이 갖는 빈곤의 의미가 크다는 것을 의미한다.

그러나 안타깝게도 고태수와의 결혼과 함께 초봉이의 불행은 시작된다. 초봉이를 진실로 사랑하는 남자로는 남승재라는 인물이 있다.

그는 병원의 조수로서 장차 의사가 될 것을 희망하며, 가난한 사람들을 위해 무료로 봉사하는 마음처럼 무조건 초봉이를 연모하는 것만으로도 행복을 느끼는 인물이다. 그런가 하면 초봉이의 주위에는 장형보라는 사악한 인물도 있다. 꼽추인 그는 원래 고태수의 친구였는데, 고태수가 초봉이와 결혼하자 그는 곧 고태수를 없애 버리고 자기가 초봉이와 살 것을 결심한 것이다.

이보다 앞서 '생애는 방안지라'와 같은 네 번째 장의 소제목은 자못 엄숙해야 할 삶을 희화화한 것으로써, 도박에 미친 정주사의 허술한 인생을 한층 실감케 한다.

> 조금치라도 관계나 관심을 가진 사람은 시장이라고 부르고, 속한은 미두장이라고 부르고, 그리고 간판은 '군산미곡취인소'라고 써 붙인 XX도박장, 집이야 낡은 목제의 이층으로 협수룩하니 보잘것없어도 이곳이 군산의 심장임에는 갈 데 없다.[43]

당장 끼니를 못 때울 정도로 생활이 어려운 정주사가 바로 이곳에서 미두에 미쳤고, 그러다가 젊은 사람한테 멱살을 잡히기도 한 것이다. 그것은 다만 정주사 개인의 상황이 아니다. 일제시대 우리 민족이 처한 현실이 바로 그것이다. 사실, 미두장을 소설의 심장부로 다룬 것만으로도 『탁류』가 거둔 의미는 크다. 그것은 이 소설의 무대인 군산항이 호남평야의 관문이고, 그 관문을 통해 빠져나가는 곡물을 통해

---

43) 채만식, 『탁류』, 앞의 책, p.6.

일제식민지 수탈의 현장을 그대로 조명하고 있기 때문이다. 『탁류』가, 금강의 물줄기를 따라가다가 끝나는 마지막 도시 군산, 그중에서도 특히 희망과 좌절이 들끓는 미두장을 소설의 심장부로 택하였다는 점은 채만식의 투철한 현실인식을 입증하고도 남는다.

『탁류』를 읽다보면 이야기의 중심인물이 중간에 바뀌는 현상을 발견하게 된다. 초반부의 정주사 중심 스토리가 중반 어느 때부터 초봉이를 중심으로 전개되는 것을 말하는데, 결국 이 소설은 초봉이로 끝나는 점을 주목할 필요가 있다. 이점을 두고 『탁류』를 평가하는 많은 논자들이 비판적 견해를 제시한 것도 사실이다. 예컨대, 그것은 '초봉이가 결혼을 하고, 고태수가 탑삭부리 영감한테 김씨와 함께 몽둥이찜을 맞고 죽어 뻐드러지는 날'부터 소설적 감흥을 잃었다고 보는 견해인데, 그렇다면 그 분기점은 열째 장인 '태풍'에 해당하는 장면이 된다.

채만식의 『탁류』를 대하면 결혼식 이전까지의 세태묘사의 아름다움은 실로 그것이 어느 정도까지 이론적 모럴이 풍속과 융합된 결과라고 볼 수 있을 것이며, 하반에서 그의 예술성이 점차로 감소된 것은 저조에 빠진 세태풍속의 지나친 과잉에 비하여 이론적 모럴이 영자(影姿)를 감추어 그것이야말로 글자 그대로의 탁류가 범람한 탓이라고 나는 생각하고 있다.[44]

---

44) 김남천, 「세태 풍속묘사 기타」, 『비판』 1938.6.

윗글의 핵심은 물론 '이론적 모럴과 풍속의 완전한 융합'이다. 이보다 앞서 김남천은 「치숙」, 「이런 처지」, 「제향날」의 인물이 풍속을 외면한 채 이데를 앞세웠기 때문에 실패했다는 말을 한 적이 있었다. 그 말과 지금 『탁류』의 뒷부분이 저조한 세태풍속을 과잉되게 나타내고, 그 대신 이론적 모럴을 약화시켰기 때문에 또한 실패했다는 말을 관련지어 본다면, 이때의 '이론적 모럴'이란 작가의 정신 혹은 이념이 될 것이고, '풍속'은 그것을 감싸는 소설의 상황 혹은 터전이 될 것이다. 이렇게 볼 때 정주사를 중심으로 한 전반부가 살아 있는 역사요, 현실이라면, 초봉을 중심으로 한 후반부는 그 점이 생략된 단순한 통속적 이야기에 불과하다는 말도 틀리지 않는다. 채만식한테는 역사를 추진할 만한 적극적인 성격이 부족하다"는 김남천의 결론적인 지적 또한 우리는 기억할 만하다고 보는 것이다.

여기서 잠깐 초봉이를 중심으로 한 후반부의 이야기를 요약하면 다음과 같다.

탑삭부리 한참봉한테 고태수가 맞아 죽는 그 순간, 꼽추인 장형보는 초봉이를 겁탈한다. 남편을 잃고 뜻밖에 몸마저 더럽혀진 초봉은 정처 없이 서울로 떠난다. 기회를 엿보던 박제호가 그 틈을 타서 초봉을 낚아챈다. 결국, 박제호의 첩이 된 초봉은 서울 가서 살림을 차리고, 누구의 씨앗인지도 모를 아이를 갖게 된다. 그러던 어느 날 장형보가 나타나 그 어린애가 자기의 딸이라고 주장한다. 그러자 박제호는 기다렸다는 듯 장형보에게 아이와 초봉을 떠맡긴 채 훌쩍 떠나버린다. 이제 할 수 없이 장형보와 살 수밖에 없는 초봉은 극심한 좌절과 분노를 갖기 시작한다. 자신이 죽어버릴 것인가, 장형보를 죽이고 원수를 갚을 것인가, 로 고민 끝에 초봉은 마침내 장형보를 죽이고 만다.

초봉을 중심으로 한 이야기는 이것이 전부다. 이점을 예로 들어 또한 탁류에 휩쓸리는 민족적 삶을 조명하고자 하는 견해가 없지 않지만, 그러나 전반부 정주사의 생애와 비교해 볼 때 그것은 분명히 '상투적인 수법' 혹은 통속성을 면치 못한다.

이상 『탁류』의 문학성과 통속성을 동시에 파악하고 나서도, 우리는 이 소설의 결말을 주목하지 않을 수 없다.

초봉이 장형보를 죽이고 극도의 위기 상황에 처해 있을 때 남승재와 계봉이 현장에 나타난다. 남승재는 처음부터 헌신적으로 초봉을 사랑한 남자요, 계봉은 언니 초봉과 달리 현실을 적극적이고도 긍정적으로 극복해 가는 인물이다. 그들은 초봉이 감옥생활을 마치고 나올 때까지 아이를 맡아 기르기로 하고, 초봉으로 하여금 새로운 삶을 살 수 있도록 내일을 기약해 준다. 시대와 역사의 탁류에 휩쓸리면서도 끝내 이 소설이 건전한 두 젊은 남녀로 하여금 모든 것을 해결하도록 한 결말은 『탁류』 전체를 살아 움직이게 하는 생명력일 수 있다. 그래서 그런지, 이 소설의 마지막 장은 아이러니컬하게도 '서곡'이란 소제목을 달고 있다.

4) 풍자소설: 『태평천하』

지금까지 채만식이 구축한 인물은 당대 지식인상이다. 「인테리와 빈대떡」, 「레디메이드 인생」, 「명일」에서 그는 현실적으로 가난한 지식인을 주목하였고, 「제향날」, 『어머니』에서 그는 역사적으로 의로운 인물을 제시하였다. 현실적으로 가난한 지식인에 대해서는 반드시 그것을 야기한 역사를 추궁하고, 역사적으로 의로운 지식인에 대해서는 반드시 그것을 요구하는 현실을 제시한다. 채만식의 시각은 언제나 역사와 현실을 동시에 파악하는 겹시각이다. 그리고 그 겹시각은 다시 이중의 역사와 이중의 현실을 설정한다. 그의 역사는 근대와 전근대가 겹쳐 있고, 그의 현실은 진실과 허위가 겹쳐 있다. 지금까지 가난한 지식인과 의로운 인물들은 그 가운데 진실과 근대성을 추구하는 인물들이다. 진실의 토대 위에서 그 가난한 지식인은 허위를 발견한다. 근대성의 토대 위에서 그 의로운 인물은 전근대성을 포착한다. 그 진실과 허위가 상충되는 현실로부터 채만식은 진실을 추구하는 인물을 그리고, 그 근대성과 전근대성이 혼재된 역사로부터 채만식은 근대적인 인물을 그린다. 그의 인물들이 바로 채만식의 지식인이자, 의로운 인물들이다.

그러나, 『태평천하』, 「치숙」에 와서 채만식의 시각은 바뀐다. 지금까지처럼 지식인상이나 의로운 인물들을 그리겠다고 그는 섣불리 덤벼들지 않는다. 이제 그는 작중인물들한테 지적인 판단력이나 의로움을 부여하는 게 아니라, 작가 자신이 그 지적 판단 능력을 고수한다. 그리고 대신 작중인물들의 허위와 전근대성을 질타한다. 이제 진실과 근대성과 의로움을 지키는 일은 작가의 몫이다. 그 대신 그의 작중인물은 허위와 전근대성에서 헤어나지 못하는 속물 덩어리가 된다.

『태평천하』의 윤직원이 그런 인물이다. 그는 지금까지 보던 채만식의 가난한 지식인이나 의로운 인물들이 아니다. 그는 무식하고 욕심 많고 이기적인 바보 멍텅구리이다.

『태평천하』는 1938년 《조광》 1월호부터 9월호까지 연재된 장편소설이다. 발표 당시에는 『천하태평춘』이었는데, 그 후 단행본으로 출간할 때 『태평천하』로 바꾸었다. 초판의 서문에서 작자 자신이 밝혔

듯이 이 소설은 1930년대의 시간성 위에 지주계급의 유한층 가정을 설정함으로써 그 허위와 이기주의를 풍자한다.

풍자 대상은 주인공 윤두섭의 역사와 현실에 대한 무지다. 윤두섭의 시대판단 착오적 행위와 현실 만족이 모두 무지로부터 연유된 것이다. 채만식의 지식인 소설에서, 무지와 지성은 그가 늘 겹시각으로 파악하던 문제의 개념이다. 「인테리와 빈대떡」, 「명일」에서 아내와 남편의 갈등이 그렇고, 「치숙」, 「소망」에서 비루한 노복 근성의 소유자와 무식한 아낙네를 보는 지적 태도가 그랬다. 다만, 거기서는 지성인의 시각이 전면에 드러나던 것이 『태평천하』에 와서 뒤로 물러났을 뿐이다.

『태평천하』는 구한말의 어지러운 사회로부터 일제시대에 이르기까지, 그 역사적 현실이 걸쳐있다. 그것은 민족주의와 근대화의 문제를 동시에 내포한다. 윤두섭은 그 시대를 보는 시각이 너무 무식하고 이기적이다.

> 윤두꺼비(윤직원=필자주)는 피에 물들어 참혹히 죽어 넘어진 부친의 시체를 안고서 땅을 치면서, "이놈의 세상이 어느날에 망하려느냐?"고 통곡을 했습니다. 그리고 울음을 진정하고는, 불끈 일어서 이를 부드득 갈면서 "오오냐 우리만 빼놓고 어서 망해라!"고 부르짖었습니다.[45]

구한말은 윤두섭한테 아버지의 시대다. 폐정과 악습으로 인한 아

---

45) 채만식, 『태평천하』, 『신한국문학전집』 7권, 어문각, 1972, p.30.

버지의 몰락을 보면서, 그의 망국적인 시각은 혼자 살아남기였다. '우리만 빼놓고 어서 망해라' 식의 살아남기는 민족주의가 화적패와의 싸움일 뿐이다. 그런 이기주의는 일제 치하 자신의 삶에서 극단화된다. 나라가 망하고 일본에 예속되어도 그는 민족적인 불행과 무관하다. 다행스런 것은 그가 죽지 않고 살았다는 사실이며 더구나 재-산이 날로 번창해 간다는 사실이다. "아무튼 윤직원 영감은 그처럼 육친의 피로써 물들인 재산더미 위에 올라앉아 옛날 그다지도 수난 많던 시절과는 딴판이요 도무지 태평한 이 시절을 생각하면 안심되고 만족한 웃음이 절로 솟아날 때가 많았다." 그는 대지주로써 작인들로부터 소작료를 받고 사채놀이를 함으로써 자신의 안락을 추구하기에 성공한다. 민족을 외면하고 자신의 이기주의에 탐닉할 때 그는 다음과 같은 역사적 오류를 범한다. 첫째, 족보에다 도금을 한다. 이른바 족보상의 양반가문을 만드는 일이다. 둘째, 향교의 직원 벼슬을 사서 자신의 명예를 획득한다. 셋째, 아들딸들을 양반의 자녀와 결혼시켜 상대적인 양반의 위치를 확보한다. 넷째, 두 아들 종식, 종학을 군수와 경찰서장으로 출세시켜 현실적인 권세를 누리고자 한다.

그러나 이러한 일들은 1930년의 이상과는 무관하며, 오히려 시대에 역행하는 일이 된다. 채만식의 반민족주의 전근대성에 대한 통렬한 비판이 그것이다.

『태평천하』는 '조(祖)-부(孫)-손(孫)'의 삼대가 확실하게 구분되어 있으면서도 그 역할이 전적으로 조부한테만 집중되어 있는 점이 특징이다. 말하자면, 이 소설에서 표면에 드러난 인물은 조부 윤두섭뿐이다. 그리고 특히 사회주의 운동을 하는 손자 종학은 일본에서 공부하는 것으로만 되어 있을 뿐 철저히 가려져 있는 인물이다. 더구나 조

제4장 리얼리즘 소설의 전개

부 윤두섭은 시대의 변화를 감지할 줄 모르는 인물이요, 민족의 위기를 외면하고 자신의 이기심만을 채우는 퇴행적 인물이다. 그럼에도 불구하고 우리가 주목할 점은 『태평천하』의 일가가 이런 부정적 인물에 의한 가부장적 권위로만 지배되고 있다는 점이다.

원래, 풍자소설이란 작가와 독자와의 철저한 약속을 전제로 했을 때만 가능한 창작방법이다. 윤두섭의 개인주의와 시대적 착각은 처음부터 작가가 알고 독자가 아는 것이지 윤두섭 자신은 모르는 법이다. 자신의 잘못을 그가 알면 그는 그 잘못을 고치거나 처음부터 그런 잘못을 저지르지 않을 것이다. 그러면 그 때는 전혀 우습지 않다. 그러나 그는 모르기 때문에 그것이 아주 옳은 일인 듯 잘못을 저지른다. 잘못이 잘못인 줄을 모르고 옳은 일처럼 자행될 때 그것은 상대방에게 웃기는 일이 된다. 이때 웃기는 일이 되도록 하기 위해서 작가는 절대로 윤두섭을 현명하게 깨우쳐 주지 않는다. 멍청한 상태로 고스란히 행동하게 할 뿐이다. 그것을 독자가 모르면 안 된다. 작가가 지금 윤두섭의 무엇이 잘못 되었는지를 알고 있는 만큼 독자도 그것을 확실하게 알고 있어야 한다. 이때 무엇이 잘못되었는가를 안다는 것은 무엇이 잘 되어야 할 것인가를 안다는 뜻이다. 작가는 그 잘 되어야 할 것을 제시하기 위하여 잘못된 것을 표면에 드러내는 것이다. 그것이 풍자가 의도하는 교훈성이고, 작가의 지성이다.

빙법직으로 보면, 풍자(Satire)는 아이러니(Irony)를 사이에 두고 유머(Humor)와 대조적인 위치에 있다. 유머의 애타적 성격에 비교하면 풍자는 공격적(타의 부정) 성격이 강하다.

그래서 풍자는 웃음을 수반하지만 그 웃음은 '날카로운 공격성'을 내포한다. 그 '공격성'은 '비판'과 같은 개념이다. 그러므로 풍자는 반드시 관찰자와 피관찰자로 구분되며, 그 대립은 아이러니의 관계를 형성한다. 풍자문학이 목표로 해 온 대상은 지금까지 '인생'과 '사회' 두 가지로 압축된다. 스위프트(J. Swift)가 추상적인 인간 일반을 대상으로 하고 있는 점이나 포우프(Pope), 드라이든(Dryden)의 풍자시가 실제 인물을 대상으로 하는 것이 '인생'에 대한 경우라면, 19세기 영국의 사무엘 버틀러(Samuel Butlar)는 당시의 '사회'를 예의 주시하고 빅토리아 시대의 위선·배신·농습(弄習)을 대상으로 삼았고, 20세기의 버나드·쇼우(Geoge Bernard Shaw)는 법률·습관·종교·연애 등을 대상으로 하였음을 본다. 말하자면 풍자는 문학상의 한 장르로써 희랍시대의 '아리스토파네스'부터 현대에 이르기까지 역사적 전환기에는 반드시 왕성했던 역사적 사실이기도 하다.46)

현대에 와서 풍자는 '자아'를 대상으로 하는 경향이 짙다.

　　과거에 있어 풍자가는 어떤 개인에 대하여 혹은 사회에 대하여 혹은 어떤 정치권력에 대하여 혹은 인류 전체에 대하여 이지적으로 복수하였다. 그러나 그것은 인류나 사회가 아직도 비평의 대상이 될 만한 가치가 있다고 생각하거나 혹은 개선의 여지가 있다고 보았기 때문에 가능하였던 것이다. 만일에 인생이나 사회에 대하여 완전히 허무와 무가치를 느끼든가 혹은 개선에 관하여 아주 절망한 사람이 있다면 그는 벌써 풍자의 대상으로써 인류나 사회를 들지 않을 것이다. 그 대신 풍자의 메스를 자기 자신으로 돌린다.47)

---

46) 한식, 「풍자문학에 대하여」, 〈동아일보〉, 1936.2.21.
47) 최재서, 『최재서 평론집』, 청운출판사, 1961, p.196.

인용문의 '과거……'는 17, 18세기 유럽을 말한다. 그 과거를 최재서는 1930년대 우리나라 현실에 적용하고 있다. 풍자의 목적은 대상의 파괴에 있는 것이 아니라 비판과 개선의 여지가 있을 때 가능하다. 따라서 풍자는 대상에 대한 긍정과 애착 없이는 성립될 수 없다.

최재서의 「풍자문학론」은 우리나라 문학사에서는 거의 최초의 풍자문학론이다. 그는 '현대와 같은 과도기에 있어서 예술적 작가가 가질 수 있는 최후의 태도는 비평적 태도'임을 인정하고, 이러한 태도를 표명하는 문학이 곧 풍자문학이라고 규정한다. 이어 그가 말하는 비평적 태도란 ① 현재성, ② 비판성, ③ 현실성 이상 세 가지 방면에 걸쳐 있는데, '수용과 파괴의 중간에 낀 온건한 태도'라는 것이다. 같은 시기에 나온 한식의 「풍자문학에 대하여」도 참고해 볼 만하다.

풍자라고 말하는 것은 더 말할 것 없이 모순에 싸인 현실에 대하야 그 현실을 양기(揚棄)할 수 있는 자로써 그 현실이 가지고 있는 모순과 불합리를 정면으로 공격할 수 없는 때에 배후 혹은 측면으로부터 그를 적발하야 그에 저항하며 그와 격투하는 문학상의 한 방법을 말함이다.[48]

한식의 풍자이론은 한층 공격적이다. 그는 풍자의 조건으로 ① 비판력, ② 극복에의 이상, ③ 사회성, ④ 시대성 이상 네 가지를 요구하는데, 그 가운데 특히 '극복에의 이상'을 강조한 점은 그 시대를 계

---

48) 한식, 「풍자문학에 대하여」, 〈동아일보〉 1936.2.21.

급의 시대로 파악하고 이데올로기 투쟁을 역설하겠다는 의도로 파악된다. 최재서의 '현실성'은 한식에 와서 '사회성'이란 말로 대치되고, 그 '사회성'은 곧 리얼리즘을 뜻한다. 또한 그것은 '풍자가 리얼리즘의 발전의 길에서만 그 진면목을 발휘할 수 있다'고 파악함으로써 풍자문학을 프롤레타리아 문학 운동의 전유물로 도구화하려는 의도를 노출하게 되는 것이다.

그즈음 풍자문학에 대한 견해를 피력한 비평가로 또한 백철이 있다.

> 이 시기와 같이 작가가 적극적으로 현실을 비판하고 항의할 수 없을 때에 소극적으로나마 그 시대에 다한 부정한 면을 폭로하는 수법으로써 풍자적인 문학이 등장하게 된 것을 볼 수 있다.[49]

백철의 '이 시기'란 1936년을 전후한 일본 제국주의의 위기와 한반도의 현실을 가리킨다. 과거 민족주의 사상이라든가 계급혁명의 사조 같은 자유로운 문학활동이 봉쇄되자 문단은 현실을 외면하고 전원으로 혹은 신변으로 역사 속으로 도피하게 되는데, 이런 도피수단의 일종으로 풍자소설이 유행하게 되었다는 것이 백철의 견해다.

최재서가 풍자문학의 특성을 문학이론의 보편성에 비추어 이해하고 특징짓던 것에 비추어, 한식이 그것을 계급문학운동의 도구로 삼으려 했다면, 백철은 그것을 시대와 관련시켜 현실도피의 한 수단으

---

49) 백철, 「풍자문학의 시대성」, 『백철문학전집4: 신문학사조사』, 신구문화사, 1972, p.490.

제4장 리얼리즘 소설의 전개

로 간주한 점이 특징이다.

『태평천하』는 그것이 말하고자 하는 내용보다 그것을 말하려는 작가의 태도가 더 강조된 소설이다. 주인공 윤두섭이 구한말 자기 조상의 시대를 '저주받은 시대'로 보고 자신의 일제 식민지시대를 '태평천하'로 여기는 것도 작가의 입장에서 보면 잘못을 잘못이라고 지적하지 않고 그 잘못을 사실대로 보여줌으로써 옳은 것을 깨닫게 하려는 작가의 태도가 더 강조된 예다.

『태평천하』의 위기 상황은 보수와 반민족주의가 혼재된 1930년대 한반도 사회다. 건전한 전통의 계승과 함께 보수주의를 극복하고 올바른 민족주의의 확립을 통하여 위기의 식민지 상황을 극복해야 함은 말할 것도 없는 그때 윤두섭의 이기주의는 반민족적 행위로 직결된다.

1930년대는 일제 군국주의의 횡포가 극에 달했던 시기다. 만주 사변을 도발한 일본의 군국주의가 1937년에는 중국과 전면전을 일으키고 1939년에는 태평양전쟁을 일으키어 전시체제는 한층 더 강화되었고 한국은 철저한 계엄체제 속에 갇혔다. 일본의 전쟁 수행 때문에 한국의 농업은 소작농과 일본인 지주만 늘었을 뿐 경제 상태는 악화일로에 있었고 중국과의 전면전이 일어나자 한국은 한층 더 비참한 모습으로 일본에 예속될 수밖에 없었던 것이 바로 이 작품의 시대상이다. 채만식의 소설들이 이러한 암흑기를 배경으로 한 것들로서 대부분 두 개의 서로 상반된 계층이나 사상의 대립 갈등에 의한 역설이지만 『태평천하』는 하나의 인물을 그 시대적 상황 속에 투영시킴으로써 발생하는 자기모순의 풍자를 노린 점에서 독특하다. 이때 손자 종학의 사회주의가 할아버지의 퇴행성을 풍자하며 긍정적 가치

준거로 부상되는 것을 우리는 주목하지 않을 수 없다. 손자 종학이 조부의 열망을 배반하고 사회주의 운동을 한 것은 여태까지 조부의 퇴행성을 지적한 점에 비추어 작가가 그 대안으로 제시한 시대의 상승을 역설적으로 강조한 예다. 그것은 지금까지 작가가 보여준 모든 죄악을 대신하여 새로운 시대의 요구가 무엇인지를 구체적으로 제시한 맨 처음이요 마지막이다.

5) 폭로와 고발: 해방기 소설들

1945. 8. 15. 해방이 되었다. 해방 이후 1950년 6월 11일 작고할 때까지는 그의 창작활동 가운데 후기에 해당된다. 이 기간에 그는 장편소설 『아름다운 새벽』, 『옥랑사』, 중편소설 「허생전」, 「소년은 자란다」, 그리고 단편소설 「맹순사」, 「역로」, 「미스터 방(方)」, 「논 이야기」, 「낙조」, 「도야지」, 「민족의 죄인」 등을 발표하는데, 이 단편들은 단편집 『잘난 사람들』(민중서관, 1948)에 수록되었다.

장편소설은 주로 역사소설이고, 단편소설들이 해방공간의 사회를 폭로, 고발하는데 그의 작가정신을 『잘난 사람들』의 '후기'에서 그는 다음과 같이 적고 있다.

역사는 같은 것을 되풀이 하지 않느니라고 일러왔다. 그러하건만 세상은 바야흐로 옛 그 「치숙(癡叔)」의 시절을 방불케 함이 없지가 못하다. 저 무력이 강하고 문화가 앞서고 물화가 풍성 화려한 침략외세를 승인하고 그를 숭배하고 찬미하고 그에 자진 굴복 아부하고 그에 동화되고 함으로써 일신의 영달을 꾀하고 하는 것이 당당히 신념화하였고 한 「치숙」의 주인공 '나'가 '나'류의 인물이 위로는 일부 지도자라는 사람네로부터 아래로는 주둔외군의 심부름꾼에 이르기까지 1948년의 오늘에 또다시 이 땅에 충만하여 있음을 무엇으로 설명하여야 할 것인가. 생각건대 역사는 같은 것을 되풀이하지 않는다는 말이 빈말이기 아니면 역사가 정녕 아직도 「치숙」의 시간에서 벗어나지 못하였음이리라.[50]

윗글에서 다시 채만식은 뚜렷하게 역사의 변화를 규지(窺知)하고 있음을 본다. 그 역사 속에서 그는 일단 침략외세에 대한 아부세력을 보았고, 우리는 「치숙」과 같은 작품에서 그들의 행위를 풍자한 바 있다. 그러나 다시 해방이 된 1945년 이후에도 역시 그의 눈은 역사의 흐름 속에 머물러 있고 또한 주둔외군에 대한 아부파들을 향해 분노하고 있다. 말하자면 그의 눈은 시대가 바뀌어도 개선되지 않은 역사에의 불의와 무식이 횡행하고 있음을 풍자, 고발하고자 항상 주시하고 있었던 것이다.

「치숙」의 '나'는 '내지 여자한테 장가만 드는 게 아니라 성명도 내지인 성명으로 갈고 집도 내지인 집에서 살고 옷도 내지 옷을 입고 밥도 내지 식으로 먹고 아이들도 내지인 이름을 지어서 내지인 학교에 보내고…'할 만큼 시세편승형(時勢便乘型)이오, 역사 안맹자(眼盲者)로 1930년대 채만식 문학의 한 고발, 풍자의 대상이 되었다.

『잘난 사람들』의 인물로 「치숙」의 '나'와 같은 유형의 풍자 대상이 있다. 「이런 남매」의 '영섭', 「맹순사」의 '서분이', 「미스터 방」의 '방

---

50) 채만식, 「후기」, 『잘난 사람들』, 민중서관, 1948.

삼복이', 「도야지」의 '문영환'이나 '최부인'이나 '명자', 「낙조」의 '황주아주머니'나 '재춘'은 모두가 이른바 엉터리 '잘난 사람들'이다. 「낙조」의 황주아주머니는 일제강점기엔 일제에 맞춰 살고, 미군정치 하엔 미군을 찬양하고 이승만이 대통령으로 당선되니까 재빠르게 이 정권을 좋아하는 시세편승형이다. 이러한 인물의 설정은 처음부터 진실과 허위, 의와 불의, 악과 선 등의 뚜렷한 이중개념 중 허위와 불의와 악의 만행을 즐겨 클로즈업시키는 작자의 소설기법상 일환이다. 원개념보다는 모순개념을 표면상 노출확대시킴으로써 독자로 하여금 공감을 불러일으키게 하는 역의 효과다.

황주아주머니의 시퍼런 기세와 아들 재춘의 치부는 당시 핍박(逼迫)한 일제 식민지시대에서 있을 수 없는 풍요한 생활이었다. 그는 그때 순사요, 창씨개명자요, 별명이 이완용 서자였다. 천주짜리 사과밭에다, 동생 영춘을 일본인 중학에 보내는 적극 친일이었다. 그러나 세상은 그들로 하여금 그렇게 안이한 일생만을 허락하지는 않는다. 드디어 해방이 된다. 8·15 해방이 되고 38선이 생기고 그리고 재춘은 비참하게 죽음을 당한다. 재춘의 죽음과 재산의 몰수는 황주댁으로 하여금 엉뚱한 오해를 빚게 한다. 기뻐야 할 해방이 오히려 가족의 참살, 가난, 피난 등의 역경을 초래한 것이다. 이러한 참경이 황주댁의 과거를 조금도 회개시키지 못하고 오히려 동족상잔(同族相殘)이라는 원한만 끼치게 하고 말았으니 작자의 의도적인 아이러니가 바로 이 점이다. 채만식은 시대착오적 인물로써 황주아주머니의 무식과 시대편승형 아부를 풍자한다.

그런가 하면 채만식은 무사안일주의의 이기적 민족성을 비판, 고발한다. 그것은 황주댁과 막내아들 영춘과의 사이에서 볼 수 있다.

위대한 아들 재춘의 죽음과 재산의 몰수에서 생긴 황주댁의 함분(含憤)을 풀어줄 수 있는 희망은 이승만 대통령의 국방경비대라고 믿었다. 국방경비대가 언제든지 북쪽을 치기만 하다면 황주댁은 옛날의 그 큰 재산과 영화를 되찾을 수 있다고 믿었기 때문이다. 그러나 문제는 막내아들 영춘이 바로 그 국방경비대의 일원이라는 점이다. 작자의 의도는 바로 이 아이러니한 상황설정에 있다.

영춘은 비록 어머니 황주댁과 같은 터무니없는 부귀영화에의 꿈은 아니지만 마땅히 싸워야 한다는 각오가 서 있는 건실한 민족주의자다. 황주댁이 기세 좋게 떠벌이는 것도 당연한 처사다.

그러나 본질적으로 두 모자간의 생각은 다르다. 영춘의 민족주의와는 달리 편협하고 이기적인 어머니는 한편 불안하기 이를 데 없다. 그것은 이승만 박사가 국방경비대로 하여금 반드시 북쪽을 치도록 명령할 텐데 치는 건 좋지만 아들 영춘이 죽을 염려가 있기 때문이다. 그래서 황주댁은 은밀히 영춘의 국방경비대 탈피를 사주하는 것이다. 채만식이 비판 고발하고자 하는 점은 바로 이와 같은 반민족주의에 닿아 있다. 큰아들 재춘이 때와는 달리 영춘의 입을 통해서 황주댁의 이기주의는 신랄하게 비판되고 있다.

끝으로, 시세편승형인 춘자의 개인주의를 보자. 황주댁의 둘째 딸 춘자는 해방이 되자 미군과 연애를 함으로써 일단 외세편향주의 성격을 노출시킨다. 춘자의 타락은 표면상 두 가지 이유로 나타난다 첫째, 주인공인 '나'와의 애정을 이루지 못한 불행에 대한 반응으로 둘째 평양 청년과의 혼담이 실패로 돌아간 데서 나온 충격 때문이다. 이때 춘자는 '아무면 어떻냐? 이것이 안 되니까 외국인과 붙어 있지 않은가?'하는 식의 남도 북도 아닌 제3국을 택한 것이다. 춘자의 만삭이 된 배와 그 배를 보는 주인공 '나'와의 사이에서 생기는 심리반응은 당시의 외세 편향주의가 얼마나 비겁한 것인가를 암시적으로 설명한다.

서로가 이제 애정도 질투도 아닌 묘한 감정에서 '나'의 춘자에 대한 연민과 혐오감이 노출되지만, 춘자의 '나'에 대한 혐오감은 한층 더 심하다. '나'의 눈을 통해 황주댁 일가의 무식과 이기심과 아부가 비판되는가 하면, 다시 그들의 눈을 통해 '나'의 민족적 타락이 지적됨으로써 가히 채만식의 '잘난 사람들'은 모두 엉터리 잘난 사람이 되는 것이다.

해방 후 무식한 사람들이 판을 치는 세태를 대표하는 인물로 「미스터 방」을 들 수 있다. 시골 농투산이 아들이오 일자무식의 방삼복이 제목에서 보이는 바와 같이 미스터라는 외국제의 이름을 붙인 것부터 이 소설은 희화(戱畫)화라고 할 수 있다. 채만식은 해방을 우리 민족사의 전환기로 인식하고 해방 이후의 현실을 주목하였다. 해방이 되고 아직 대한민국 정부가 수립되기 직전의 임정치하에서 우리나라 사람들이 미군에 붙어사는 양상을 그는 면밀히 관찰한 것이다. 선조 때부터 아전이요, 애비가 짚신장수요, 머슴살이로 전전하던 코찌뚜리 방삼복이 해방이 되자 S라는 미국 주둔군 소위의 통역이 되어 하루아침에 '미스터 방(方)'으로 승격한다. 그것은 일제 식민지시대가 끝났어도 외세 의존은 아직 끝나지 않았음을 개탄하기에 충분한 증거다.

처음으로 미국인들에게 소개되는 우리나라가 방삼복이와 같은 무식한 인물들에게 기댈 수밖에 없었던 비참한 현실을 채만식은 분개한다.

방삼복이 S소위한테 소개하는 통역이란 대충 이렇다. 탑골공원의 사리탑이 얼마나 오래된 것이냐는 질문을 받았을 땐 2천년이라 답했고, 경회루가 무엇 하던 곳이냐고 물었을 땐 옛날 임금이 기생 데리고 술 마시고, 춤추고 노래 부르고 하던 집이라 했고, 조선 여자가 양장하는 이유가 뭐냐고 물었을 땐 서슴지 않고 서양 사람한테 시집가고 싶어서라고 대답했으며, 썩 좋은 그림을 한 장 갖고 싶다고 부탁받았을 땐 문지방 위에다 흔히들 붙이는 사슴이 불로초를 물고 신선이 앉은 그림을 사줬고, 유명한 소설책을 읽고 싶다고 할 땐, 추월색을 권하기도 했다.

「미스터 방」의 첫머리에서 방삼복이가 피지배 민족이 피지배자임을 알지 못하고 지배자의 위력을 그늘삼아 우쭐대는 외침이야말로 그동안 굶주린 함념(含念)을 기껏 동족에게 대고 화풀이하는 못난이의 행위이다. 이들의 못난 행위가 이른바 채만식의 표현으로는 잘난 사람들이 되고 만다. 그것은 과거 일본이 미국으로 바뀌었을 뿐, 달라지지 않은 세상에 대한 비난이요, 개탄이다.

「논 이야기」는 토지에 얽힌 우리 농민의 수탈의 역사다. 해방이 되었어도 달라진 것이 없기는 「논 이야기」에서도 마찬가지다.

한생원의 역설적인 논리는 이렇다. 농민들은 밥 먹고 살 수만 있으면 국가고 원님이고 상관이 없다. 그저 고맙기 짝이 없다. 그러나 이 날까지 국가는 한생원을 편안하게 먹여 살려 본 적이 있기는커녕, 오히려 있는 땅마저 빼앗아 가는 악당이었다. 이제 국가란 그에게 증오의 대상일 뿐이다. 그 점은 해방 이후까지도 계속된다. 농민들에게 해방이 되었다는 건 오히려 전쟁이 끝났으므로 공출이 없어서 좋고 손자놈 징용 안 가서 좋은 거지 결코 조국이 생겨서 좋은 건 아니다.

그게 바로 한생원의 논에 얽힌 역사다. 그 역사는 한생원의 아버지 때부터 겪은 이야기다. 구한말(舊韓末)에 한생원네는 아버지의 부지런함으로 장만한 열서 마지기와 일곱 마지기의 두 자리 논이 있었다. 그러나 열서 마지기짜리 논을 구한말에 고을 원님한테 뺏기고 말았다. 그것도 억울하게 멀쩡한 사람을 동학에 가담했다는 누명으로 감옥에 넣고, 옥살이를 면제시켜 준다는 미명 아래 착취해 버린 것이다. 그렇기 때문에 나라가 일본에 망했을 때도 그들은 망국의 설움을 못 느꼈다.

일제의 경제 침략은 이런 때 마수를 뻗는다. 무한정 사들이는 토지와 고리대금정책에 우리 농민은 자기도 모르게 일제의 마수에 휩쓸리고 만다. 우리 농민의 궁핍화, 또는 식민지화 과정을 제시하는 대목이다.

「낙조」는 일제와 미군정 치하를 살아가는 시세편승적, 이기적, 반민족적 이기주의를 비난하고, 「미스터 방」은 과도기에 우쭐대는 무식한 사람들의 생태를, 「논 이야기」는 해방 후 농민들이 겪는 토지에 얽힌 비극을, 「도야지」는 부정부패가 성행하는 선거풍토를 각각 들춰냄으로써 당시의 사회와 그 구조의 모순을 폭로한 그것은 1930년대의 「치숙」, 『태평천하』에서 보여준 비판정신과 일맥상통하면서 그 표현은 훨씬 노골적이다.

「치숙」에서 모순개념의 '나'가 원개념의 아저씨를 일컬어 '치숙'이라 하던 때에 비해 이제는 원개념의 인물들이 직접 모순개념의 인물을 향해 '잘난 사람들'이라 지적할 수 있을 만큼의 방향전환은 작가의 표현상의 변화를 잘 설명했다고 본다.

6) 해방 정국의 혼란: 「소년은 자란다」

「소년은 자란다」는 채만식의 미발표 유고작이다. 그런가 하면 『탁류』는 1937년부터 1938년까지 〈조선일보〉에 연재된 장편으로 그동안 채만식의 대표작으로 꼽혀 왔다. 창작 시기가 십 년이나 차이가 나는 두 작품을 비교 검토함으로써 마지막 채만식 문학의 특질을 말한다.

　「소년은 자란다」는 채만식 선생이 타계하기 전전해인 1948년 초엽, 와병요양 중이었던 이리시 고현동 백씨댁에서 착수하여 일개 성상을 헤아리는 투병 기간에 병상에서 집필한 200자 원고지 665장에 달하는 전작 중편소설이며 또한 선생의 최후의 절품(絶品)이기도 하다. 선생이 말미에 기록해 둔 바와 같이 탈고 일자는 1949년 2월 25일. 이 작품은 선생의 차남인 채계열 씨가 한 장의 낙장과 파손됨도 없이 23년간을 소중히 보관해 온 것으로 밝혀졌다.[51]

　산 좋고 물 좋은 고국, 농사하기 꼬옥 알맞은 고국, 건 땅에 벼농사 지어, 기름 자르르 흐르는 입쌀밥 먹으면서 딱따거리고 따귀 올려붙이는 순사 꼴 아니 보면서 농사한 것을 송두리째 뺏아가는 공출, 물론 없을 것이매 또한 면소로 주재소로 붙들려 디닐 염려 없을 터, 자식을 공부시키기 좋고 일가와 친척이 있고, 선산이 있고 죽으면 고향 땅에 묻

---

51) 채만식, 「소년은 자란다」, 『월간문학』 5권 5호, 1972, p.123.

히고. 줄이고 줄여 잡아도, 이렇게는 살 수가 있는 고국이었다.52)

패배와 좌절 속에서 명일 없는 오늘을 살아가던 우리 민족이 해방을 맞이하였다. 「소년은 자란다」는 그 해방과 함께 태어난 소설이다. 빈궁과 병마에 시달리던 임종의 마당에 채만식이 '소년'을 생각하고 또한 그 소년은 '자란다'고 표현한 점이 특이하다. 그것은 해방 후 역사와 현실의 어둠만을 주시하던 작가의 새로운 시각이다. 그러나 여기서도 채만식은 해방 그 자체를 기뻐할지언정, 그렇다고 해방 이후의 현실을 방심하지는 않는다. 살아있는 작가정신을 보게 된다.

조국을 빼앗기고 만주 대리수구(大梨樹溝)로 넘어가 살던 영호네 가족이 해방과 함께 그려보던 조국관이다. 그것은 과거 일제의 악랄한 학대와 식민지 시대의 참상을 거꾸로 말해 주기도 한다. 그러나 해방이 되고 미처 이러한 기쁨을 맛보기도 전에 영호 일가는 다시 비참해진다. 형 영만의 공산당 가입과 아울러 고국으로 오는 길에 호족(胡族)들한테 어머니를 잃고 만다.

별빛조차 없는 어둔 밤이었다. 20년, 이 삭막한 호지(胡地)에서 더불어 고생을 하다가 해방된 조국에서 기다리는 호강을 꿈꾸면서 길 떠나려던 길에 뜻도 아니한 변사를 한 마누라를 마포 한 필 쓰지도 못하고 헌 누더기 입힌 채 거적으로 싸 끝끝내 이 호지에다 묻고 있는 윤서 오서방의 눈물은 말 그대로의 창자가 녹는 눈물이었다.53)

52) 채만식, 「소년은 자란다」, 앞의 책, p.48.
53) 채만식, 「소년은 자란다」, 앞의 책, p.70.

해방의 귀국길에서 영호 일가는 기쁨 대신 어머니를 잃는다. 그것은 아버지 오윤서가 겪는 불행으로, 우리 민족이 겪는 연속적 불행에 대한 명징한 비유다. 해방이 영원한 기쁨일 수 없음은 약소민족이 처한 민족적 현실을 말해 주고도 남는다. 아내를 잃고 조국에 돌아온 현실은 이렇다.

그러나 가서 안락히 잘 사는 대신, 15년을 강낭이 조밥과 일본사람 만주사람의 핍박과 모진 추위와 이것으로 살았고 어미 없이 기른 영만은 집을 나가서 잃었고 아낙은 그 원통한 죽음을 하여 그곳에다 시체를 묻었고 또 하나의 자식을 날렸고 그리고 이미 늙어 흰머리를 휘날리면서 다시금 어미 없는 어린것의 손목을 이끌고 이 남대문 정거장에 내려서는 윤서 오서방은 문득 가슴이 메이면서 한줄기 눈물이 흐르지 아니치 못하였다.[54]

서울에 닿는다. 그러나 서울은 가는 곳마다 전재민에 대한 푸대접이고, 길거리마다 즐비한 똥덩어리, 눈에 띄는 빈부의 격차, 해방만 되면 없어질 줄 알았던 악질 순사의 존재, '제엔장 마질! 이거 해방 잘못됐어, 잘못돼…. 어서 해방을 곤쳐 해야지'하는 소리가 절로 나온다. 여기까지가 오윤서의 생애다.

이제 이야기는 어린 영호와 영자의 삶으로 비낀다. 그것은 우리 민족의 장래가 될 것이다.

---

54) 채만식, 「소년은 자란다」, 앞의 책, p.70.

오윤서 일가는 서울을 떠나 전라도로 간다. 그러나 차 속에서 오윤서는 아들 영호와 딸 영자를 잃는다. 채만식은 일본인들이 휩쓸다간 폐허 위에 그 어린 남매를 설정한다. 그리고, 세상을 올바르고 강인하게 살아가도록 하나의 건전한 인간형을 제시한다. 『탁류』의 마지막 장 '서곡(序曲)'에서, 채만식이 탁류 속의 패배와 좌절을 느끼기보다 밝은 내일을 예감할 수 있었던 것처럼, 「소년은 자란다」의 마지막 장도 「소년은 자란다」이고, 그것은 해방 후의 무질서와 냉대 속에서 항상 새롭게 성장하는 소년의 모습을 제시한다.

제4장 리얼리즘 소설의 전개

4. 풍속소설: 김남천

1) 창작방법론 모색

『대하』(인문사, 1939년)는 김남천의 첫 번째 장편소설이다. 밝혀진 대로라면, 그것은 당시 인문사가 기획한 전작 장편 가운데 맨 처음 펴낸 소설로써, 그 기획 또한 1938년부터 제기된 김남천 자신의 로만개조론에 힘입은 것이라고 되어 있다. 1935년 이후 프로문학이 퇴조의 기미를 보이자, 김남천은 새로운 소설의 활로를 찾기 위해 몇 가지 창작방법론을 제시하였는데, 이 로만개조론이 그중의 하나다. 물론 여러가지 관점이 있겠지만, 로만개조론의 골자는 "풍속을 들고 가족사로 들어가되 그 가운데 연대기를 현현시켜 보자"[55]는 데 있었다. 이 점을 확인해 주기라도 하듯, 실지로 『대하』가 많은 풍속묘사로 이루어졌고, 또한 가족사 형식으로 되어 있는 점은 주목할 만한 일이었다. 이처럼 창작의 이론과 실제가 서로 깊은 관련을 맺고 있는 점에 대해서는, 작가 자신도 이미 『대하』의 창작과정을 밝히는 글에서 분명히 언급한 바 있었다. 따라서 이상 몇 가지 사항은 『대하』를 풍속소설 또는 가족사소설의 관점에서 검토해 볼 만한 충분한 단서가 되있고, 그러니 검토 결과, 실제 창작이 이론만큼 성공을 거두지 못했다는 지적을 피할 수 없었던 것도 사실이다. 이유는 '풍속을 인

---

55) 김남천, 「현대조선소설의 이념-'로만' 개조에 대한 한 작가의 각서」, 〈조선일보〉, 1938.9.10.
 -18.

물의 삶과 깊이 연관시키지 못했기 때문'56)이라는 것인데, 말하자면 그 안에 풍속을 너무 과도하게 또는 공식적으로 배치시킴으로써, 그것들이 『대하』의 주제를 산만하게 흐트려놓기는 했을지언정, 주제와 성격을 형성하는 데 큰 도움을 주지 못했다는 지적이다. 그러나 이런 지적은 풍속을 너무 구조적인 관점에서만 관찰한 데서 생긴 결과라고 판단된다. 『대하』를 구조적인 관점에서만 관찰하려 할 때, 그것은 원래 '구성이 약하다', '성격이 약하다'는 비난을 피할 수 없게 되어 있었다. 더구나, 『대하』는 아직 끝나지 않은 미완의 제1부로 되어 있다. 그 때문에 이 소설은 앞으로 계속 검토해 볼 만한 가치가 있는지 없는지의 여부에 대해서조차 그동안 견해가 엇갈려 왔음이 사실이다. 그럼에도 불구하고, 『대하』는 아직 미완인 채로나마 그 의미가 무엇인지, 그것을 처음 시작할 때의 의도가 무엇인지, 그 의도와 그의 시대는 서로 어떤 관계가 있는지를 해명할 가치가 있다고 생각한다. 그것은, 이 소설이 불의의 사고로 어느날 갑자기 쓰다 만 것이 아니라, 작가의 의도에 따라 일단은 제 1부 작으로 끝을 낸 것이어서, 그 안에 충분한 의미와 의도가 살아 있다고 보기 때문이다.

지금까지 김남천은 크게 두 가지 점에서 주목을 받아 온 것으로 알려져 있다. 첫째 그는 탁월한 비평가로서, 1930년대 우리나라 프로문학을 주도하였음은 물론, 그것이 외부의 힘에 의해 좌절된 뒤까지도 새로운 소설의 활로를 찾아 끊임없이 창작방법론을 제시하였다는 점이다. 이 점은 위기의 시대와 지배 이데올로기로부터의 과감한 자

---

56) 안함광, 「문학의 주장과 실험의 세계-'대하'의 작가의 걸어온 길」, 《비판》, 1939.7.

기성찰이라는 점에서 그를 의식 있는 지식인의 자리에 서게 했다. 또한 가지, 그는 비평 못지않게 실제 창작에서도 두드러진 업적을 남긴 작가라는 점이다. 그의 소설 또한 위기의 시대를 살아가는 지식인의 과감한 자기성찰로써 내용과 형식의 방법적 조화를 시도했었는데, 아직 미완인 채로나마 『대하』는 그의 본격적인 소설의 면모를 보여주는 작품이었다. 이런 김남천을 두고, 그동안 그의 창작방법론에 관한 연구와 소설 작품에 관한 연구는 자주 병행되어, 서로 이론과 실제와의 관계를 확인해 보고자 하는 경우가 많았는데, 그러는 가운데 어느덧 창작방법론에 관한 연구는 상당한 축적을 이루었으면서도, 소설 작품론에 있어서는 아직 검토의 여지가 많은 것으로 알려져 있다.

김남천의 소설 논의들을 읽다 보면, 몇몇 까다로운 낱말들과 마주치어 당황하게 되는 경우가 있다. 가령, '풍속의 발견'이라든가, '인물로 된 이데아', '양심적 인간의 타입', '적극적인 인물의 창조', '소설성', '풍속을 들고 가족사로 들어가되 그 가운데 연대기를 현현시킨다', '모럴의 확립', '정황의 전형적 묘사', '생기발랄한 인물의 창조'와 같은 것들이 그 예인데, 이번에 그와 같이 까다롭고도 애매해 보이는 개념들이 보다 면밀히 검토되어 『대하』를 이해하는 데 적극 도움을 주어야 할 것이라고 믿는다. 그 결과, 『대하』가 설령 미완이라 하더라도, 그리고 좀 구조적으로 엉성하다 하더라도, 그 의미와, 처음의 의도와, 또한 그것들이 얽혀 있는 시대와의 관계를 밝히면, 그로부터 김남천이 모색한 새로운 소설이 어떤 것인지를 알게 될 것이며, 나아가서 30년대 후기 문학의 열망이 무엇인지까지도 해명이 가능해질 것이다.

351

2) 풍속론 비판

최초의 『대하』론은 1939년 당시 안함광으로부터 시작되었다. 『대하』를 풍속론과 결부시켜 검토하기 시작한 것도 물론 이때부터다. 그렇다고 그가 풍속론 자체를 옹호했던 것은 아니다. 풍속론은, 풍속과 세태와의 관계, 풍속과 모럴과의 관계가 모호해서, 개념 자체로써 미흡한 점이 많다는 이유로 그 점에는 오히려 반대하는 입장이었다. 그럼에도 불구하고 『대하』는 작가의 미흡한 풍속이론에 관계없이 작품 자체로써 만족스럽다는 것인데, 그것은 이 소설이 시기적으로 상승기, 즉 초기 상업주의가 대두하는 역사적 상승기를 택했기 때문이라는 것이다. 안함광은 이 소설을 '봉건체제의 붕괴와 초기 상업자본주의의 대두'라는 점에서 '풍속보다는 과도기 시대의 특질을 포착한 작가의 정신'에 더 가치를 두고 있었다.

여기서 우리는 안함광이 김남천을 비평가로서보다, 오히려 작가로서 더 인정하고 있다는 것을 알 수 있다. 이 말은 결국 김남천의 창작방법론이 단순하게 비평가의 입장에서 제시한 문단 타개책이 아니라, 자신의 창작세계를 향한 끊임없는 실험과 추구였음을 의미하는데, 당시 프로비평가들이 이론뿐만 아니라 창작까지도 직접 실천해보겠다는 생각들을 가졌던 추세에 비추어 볼 때, 이와 같은 김남천의 창작정신은 매우 소중했다고 볼 수 있다. 김기진, 박영희 등은 말할 것도 없거니와 임화, 한설야까지도, 그들은 창작과 이론을 겸했었고, 그렇게 함으로써 그들은 창작문단까지도 주도할 수 있다고 믿었던 것이 사실이다. 그 결과 김기진, 박영희의 '내용. 형식논쟁'과 같은 비문학적 문학논쟁이 발생한 예도 있었다. 따지고 보면, 내용. 형식논쟁이란, 문학을 위한 논쟁이라기보다, 어떻게 하면 투쟁을 더 잘할수 있을까에 대한 대결이었다고 볼 수 있다. 그 대결을 통하여 문단의 주도권이 박영희한테 넘어갔던 사실을 상기할 때 그 점은 분명하다. 농민문학의 방향을 놓고 안함광과 백철이 벌인 논쟁도 비슷한 경우였다. 농민문학이 농민의 요구에 맞추는 문학이어야 할 것인가, 사회의 이념에 맞추는 문학이어야 할 것인가는, 처음부터 문학과 투쟁가운데 누가 어느 편에 서느냐에 따라 결론이 자명한 문제였다. 그럼에도 불구하고 끊임없이 논쟁의 여지가 생길 수밖에 없었던 것은, 당시 프로문학이 당면한 선명성이 얼마나 시급한 문제였던가를 충분히말해 주는 것이다.

이런 점에서 볼 때, 김남천의 창작방법론이 자신의 실제 창작을 위한 주장과 실험이었다는 점은 매우 의미 있는 작업으로 평가된다. 그는 고발문학론-모럴론-풍속론-관찰문학론으로 이어지는 일련의 창작방법론을 제시하는데, 그중에서도 특히 풍속이론은 앞서 말한 프로문학의 내용과 형식을 포괄하고자 하는 노력이었다는 점에서 주목할 만하다.

김남천의 풍속이론은 풍속묘사 그 자체에 목적이 있는 것이 아니라, 풍속묘사를 통하여 그가 원하고 바라던 어떤 새로운 소설을 만들어 보이겠다는 탐구의 정신이었다. '풍속의 발견'이란 말이 바로 거기서 나온 말이나. 그러나 실령 안함광이 지직한 '봉긴체제의 붕괴와 초기 상업자본주의의 대두'가 『대하』에서 김남천이 표현하고자 한 생각이었다 하더라도, 그가 그것을 표현하기 위하여 풍속을 발견해 냈다는 말은 아니다. 꼭이 '봉건체제의 붕괴와 초기 상업자본주의의 대두'가 아니라도, 그는 새로운 소설로서의 '모럴'과 '정황'과 '생기발랄한 인물의 창조'를 위하여 풍속을 채택하지 않을 수 없었던 것이다.

원래 김남천이 사용한 풍속이란 말은 이런 뜻으로 쓰였었다.

> 도덕. 모럴이란 완전히 주체화되어 일신상의 근육으로 감각화된 사상이나 세계관의 형상이다. 그러므로 모럴이란 풍속. 세태 속에서 나타나고 복장과 취미에까지 나타나야 할 것이다. 인정. 인륜. 도덕. 사상이 가장 감각적으로 물적으로 표현된 것이 풍속이기 때문이다.57)

안함광이 김남천의 풍속이론을 비판할 때도 바로 이 부분을 지적했었는데, 그는 그 때 발자크의 '풍습은 국민의 위선'이란 말을 논지의 근거로 삼았다. 풍속은 관습을 기반으로 해서만 나타날 수 있는 것이요, 관습은 질서와 호응하는 생활 태도의 표현이기 때문에 풍속과 세태는 결국 같은 말이 되고 만다, 풍속이 세태와 같은 의미로 귀착될 때 인간의 진실한 자태를 표현하겠다는 의도와는 거리가 멀어진다, 그래서 결국 풍속은 관습처럼 생활의 거죽일 뿐 인간의 본질일 수는 없다, 안함광이 풍속론을 부정하는 논리는 대충 이렇게 요약되었다.

안함광이 풍속을 인간의 본질론에 비추어 비판하고자 한 것은, 문학의 역사주의 혹은 리얼리즘의 당대성을 고려하지 않고, 너무나 보편적인 문학의 일반론에 의존한 느낌이 없지 않다. 아리스토텔레스

---

57) 김남천, 「세태 풍속묘사 기타」, 《비판》, 1938.6.

가 '예술은 자연의 모방'이라고 말할 때, 그것은 자연 그 자체를 베낀다는 말이 아니라, 자연의 생성 원리, 즉 패토스(Pathos)를 모방한다는 말이었다. 이때 자연이 패토스의 개념이라면, 관습은 에토스(Ethos)의 개념이다. 에토스는 자체 안에 생성의 힘을 갖고 있지 못하다. 그것은 인간에 의해서 만들어진, 말하자면 한 사회, 국가 제도의 기풍, 정신, 또는 풍속 따위에 해당한다. 김남천이 발견한 창작방법론으로서의 풍속과 그것을 비판하기 위하여 안함광이 제시한 에토스 개념으로서의 풍속은 원래 이만큼의 거리가 있었다. 문제는, 안함광이 김남천의 풍속론을 인정하지 않으면서도 『대하』의 우수성을 인정하고 있다는 점인데, 특히 그것이 '봉건체제의 붕괴와 초기 상업자본주의의 대두'라는 점에 착안하고 있음을 볼 때, 그것은 『대하』의 전체적 특징을 이루고 있는 풍속묘사가 아직도 구조적인 관점에서만 검토되었을 뿐, 발견으로서의 의미가 전혀 해명되고 있지 못하다는 점을 입증하는 것이다.

발견으로서의 풍속이란, 원래 내용 형식 가운데 형식의 개조를 위한 방법으로써의 발견은 아니었다. 그것은, 그가 표현하려는 인정과 도덕과 사상 모두를 포괄하는, 말하자면 내용과 형식의 조화를 위한 창작 원리였다. 구조적으로 좀 산만함에도 불구하고, 『대하』의 풍속이 차지하는 의미를 주목하자는 이유가 바로 여기 있다.

3) 예술적 경향소설론

김남천 자신의 글 가운데, 풍속이론을 중점적으로 개진한 글은 「현대 조선소설의 이념」, 「세태, 풍속묘사 기타」, 그리고 「세태와 풍속-

장편소설 개조론에 기함」, 이상 세 편이다. 그가 쓴 창작노트를 보면,
『대하』의 제작의도가 바로 그 안에 들어 있다고 하는데, 그것과는 별
도로 또한 '연대기를 가족사의 가운데 현현시킨다'는 내용과 함께
'서도의 어느 신흥 부호의 가족사(흥망기)'를 통해 '삼십 년 전부터 현
대까지의 연대기(흥망기)'를 쓴 것이 바로 「대하」라는 말도 밝혔었
다.58) 그러나, 그의 풍속이론이 어떻게 가족의 흥망기를 통해서 연대
의 흥망기를 나타낼 수 있는지, 그 점에 대해서는 물론 자세한 설명
이 없었다. 다만, 그와 같은 이론의 실제가 곧 『대하』라는 점을 감안
할 때, 거꾸로 『대하』의 풍속들이 그 점을 해명해 줄 수 있다고 믿는
것이다.

　「현대 조선소설의 이념」에서 원래 그가 개진한 장편소설 개조론의
일단은 '인물로 된 이데'란 말이었다. 그것은 물론 발자크가 스탕달
론에서 썼던 "인물로 된 이데아는 높은 예술이다"라는 말을 원용한
것인데, 말하자면, 사상과 이념과 세계관이 그대로 인물속에 포괄되
어야 한다는 뜻으로써, 그것은 직접 채만식을 예로 들어 설명할 때
다음과 같이 이해가 가능하였다. 채만식한테는 '역사를 추진할 만한
적극적인 성격'이 부족하다, 그러니까 '상투적인 수법'에 의하여 '이
데아를 인물에다 덥쳐 부치지' 말고, '긍정적 인물로서의 육체나 두
뇌를 구비한 인물이 작품 안에서 직접 행동하게 함으로써' 예컨대,
'이데아로 덮어 씌어진 인물'이 아니라, '인물속에 녹아 흐르는 이데
아를 창조해야 한다, 요약하면 이상과 같은 내용이다. 이런 생각은

---

58) 김남천, 「작품의 제작과정」, 《조광》, 1939.6.

그가 『탁류』를 예로 들어 설명할 때 훨씬 명쾌하게 드러났다. 예컨대, 『탁류』는 '초봉이가 결혼을 하고, 고태수가 탑삭부리 영감한테 김씨와 함께 몽둥이찜을 맞고 죽어 버드러지는 날'부터 소설적 감흥을 잃었다고 보는 견해인데, 김남천은 그 이유를 다음과 같이 설명한 바 있다.

리알리스트가 가지는 로만에 대한 이상적 원망은 무엇일까? (생략) 과학이 가진 이론의 합리적 핵심 -바꾸어 말하면 이론적 모럴이 심리를 통하여 논리를 통하여 성격을 통하여 풍속에까지 침윤될 것으로 표상화되기를 우리들은 항상 희망하고 있는 것은 아닐까. 실로 주체화가 이외의 별다른 것이 아니었고, 다시 과학적 방법과 예술적 방법의 상호침투나 세계관과 창작방법의 성찰이 이것을 토구한 것임에 틀림없다. 이자리에서 우리는 엥겔스가 경향소설에 대해서 말한 바 예술작품 가운데는 작가의 의도나 사상이 명백하게 나타나지 않으면 않을수록 더욱 아름답다는 의미의 말을 연상할 필요가 있다. 이 말은 이론적 모럴이 완전히 감성화하여 풍속에까지 풀어져 나오기를 희망한 말 이외의 별다른 것이 아니다. 그러므로 그것은 결코 모럴에는 이론적 핵심이 없어도 좋다든가 또는 없어야 한다는 것을 의미하지 않음은 물론이다. 사상이 주체화 되기를 다시 말하면 세계관이 일신화한 것으로 되기를 또 다시 바꾸이 말하면 이론적 모럴과 풍속이 안전히 융합되기를 희망한 것뿐이다. (생략) 이러한 고찰을 가지고 채만식의 탁류를 대하면 결혼식 이전까지의 세태묘사의 아름다움은 실로 그것이 어느 정도까지 이론적 모랄이 풍속과 융합된 결과라고 볼 수 있을 것이며 하반에서 그의 예술성이 점차로 감퇴된 것은 저조에 빠진 세태풍속의 지나친 과잉에 비하여 이론적 모럴이 영자를 감추어 그것이야말로 글자 그대로의 탁류가 범람한 탓이라고 나는 생각하고 있다.[59]

이 말의 핵심은 '이론적 모럴과 풍속의 완전한 융합'에 있다. 이보다 앞서 그는 「치숙」, 「이런 처지」, 「제향날」의 인물이 풍속을 외면한 채 '이데'를 앞세웠기 때문에 실패했다는 말을 한 적이 있었다. 이제, 그 말과 지금 『탁류』의 뒷부분이 저조한 세태풍속을 과잉되게 나타내고, 그 대신 이론적 모럴을 약화시켰기 때문에 또한 실패했다는 말을 연관시켜 볼 때, 여기서 '이론적 모랄'이 작가의 이념 혹은 정신이라면, '풍속'은 그것을 녹아 흐르게 하는 소설의 바탕 혹은 터전임을 우리는 유추해 볼 수 있다. 이 말은 물론 '예술작품 가운데는 작가의 의도나 사상이 명백하게 나타나지 않으면 않을수록 아름답다'는 엥겔스의 경향소설론을 참조한 것인데, 김남천은 이 말을 이론적 모럴이 완전히 감성화되어 풍속에까지 풀어져 나와야 한다는, 이른바 예술문학으로서의 경향소설론으로 풀이했던 것이다. 이런 점으로 미루어 볼 때 김남천의 풍속론이란 단순히 풍속묘사의 중요성을 강조한 것뿐이 아니라, 이념이 녹아 흐를 수 있는 터전을 마련하기 위한 것으로써, 그것은 내용 형식논쟁으로 평행선을 달리던 우리나라 프로문학 논쟁사에서 또한 내용과 형식의 융합을 시도한 최초의 본격 경향소설론으로써의 의의를 갖는다.

이 말은, 그의 '양심적 인간의 타입'이란 말에서도 또한 비슷하게

---

59) 김남천, 「세태 풍속묘사 기타」, 《비판》, 1938.6.

제4장 리얼리즘 소설의 전개

입증될 수 있다. 김남천은 그가 추구하는 '긍정적 인물'이 이른바 풍속과 융합되는 '인물로 된 이데'로까지 완성되지 못한 점을 지적하기 위하여, 그즈음의 소설 속에 비친 많은 '양심적 인물'들을 비판적으로 검토한 적이 있었다. 예를 들면, 「화관」의 '박인철', 「청춘기」의 주인공 '나', 「명일의 포도」의 두 청년, 「수난의 기록」의 대학조수 등이 그것인데, 그들은 모두 지식 청년들로써 양심적인 인물처럼 보이지만, 그러나 이런 인물들이 과연 시대의 추진력이 될 만한 인물이라는 점에서 양심적인 인물이라고 말할 수 있을지, 의심스럽다는 것이다.

> 그것은 생기도 없고 발랄한 데도 없고 다분히 관념적 조작에 의하여 염색된 기계적인 인물들이었다. 사상을 말하고, 계급을 운위하고, 세계관을 지껄이나, 발작크의 소위 인물로 된 이데아는 아니다. 덧붙였던가, 빌려왔던가, 억지로 떠넘긴 이데다.[60]

김남천이 인물을 창조함에 있어 '관념적 조작'이라든가, '기계적 인물'을 얼마나 경계했는지는 이 글에서도 잘 나타난다. '역사를 추진할 만한 적극적인 성격'으로서의 '양심적 인물'은 원래 그가 추구하는 '긍정적 인물'이었다. 그러나 그런 인물이 다만 조작과 염색에 의하여 사상을 밀고 계급을 운위하고 세계관을 지껄일 때 그것은 이상적 인물일 수 없다는 논리인데, 그 이상적 인물로서의 대응책이

---

60) 김남천, 「현대 조선소설의 이념」, 《조광》, 1939.6.

바로 풍속의 발견이었다. 그것은 다시, 『고향』의 '희준'과 「서화(鼠火)」의 '돌쇠'를 비견하는 데서보다 확실하게 설명되고 있다. '희준'은 사상을 말하고, 고민도 하고, 사회적으로 좋은 일도 한다는 점에서 누구보다도 투철한 양심적 지식인의 전형일 수 있었다. 그러나 작가가 폭로한 관념성과 도식성 때문에 생기도 없고 발랄성도 없이 되었음을 그는 지적하고 있다. 그것은 배운 사상이고, 얻어들은 사상이고, 입술만의 사상이어서, 살아 있는 인물이 될 수 없다는 논리인데, 여기 비하면 '돌쇠'는 사상도 지껄이지 않고, 도박만 일삼고, 술만 먹고 다니는, 아주 하찮은 인물이지만, 그러나 관념에 의해서 조작되지 않고, 현장에 살아 움직이는 인물이기 때문에, 훨씬 생채가 있고 살이 있는 인물이 될 수 있다는 것이다. 이것이 그가 말하는 '인물로 된 이데'요, '모럴과 풍속의 융합'이었다.

이쯤에서 김남천이 추구하는 풍속소설의 모습은 한결 가시화되는 듯하고, 나아가서 『대하』의 실제를 어느 정도 수긍할 수 있을 것 같기도 하다.

4) 『대하』의 실제

(1) 가족사 소설의 변형

지금까지 『대하』를 가족사 소설의 관점에서 다룰 수 있었던 것은 '연대기를 가족사의 가운데 현현시킨다'는 작가의 의도와 이 소설이 박성권을 가장으로 하는 그의 가정사를 다루고 있다는 점 때문이었다. 이때 "연대기를 가족사의 가운데 현현시킨다"는 말은 일반적으로 가족사 소설이 갖는 의의이기도 하다. 그러나, 우리가 『대하』를 가족사 소설의 관점에서 검토하고자 할 때 주의할 점은, 그것이 『삼대』나 『태평천하』의 가족 관계와는 다르다는 점이다. 그 점을 확인하기 위하여 『삼대』와 『태평천하』를 염두에 두고 「대하」의 인물 관계를 간추리면 다음과 같다.

① 『대하』는 한 마을에서 벌어지는 씨족 간의 대립을 이야기의 축으로 삼고 있다. 이 점은 『삼대』와 『태평천하』의 대립이 한 가정을 중심으로 하여 벌이는 세대 간의 갈등인 점과 대조를 이룬다. 『대하』의 박리균 형제와 박성권은 같은 마을에 사는 밀양박씨 동성이지만, 그 마을의 세력을 주도하는 문제를 놓고 대립적이었다. 박리균 형제는 이 마을 토박이로써 국수장사나 마방을 하는 가난뱅이지만, 그럼에도 불구하고 양반임을 자처하는 구시대의 유물이었다. 그러나 박성권은 이 마을 토박이가 아닌 유랑민이라는 점에서 우선 박리균 형제와 대조를 이루었다. 뿐만 아니라, 그는 갑오년 이후 군수품 장사를 해서 돈을 벌었고, 부도덕하나마 고리대금업을 통하여 축재를 하였는데, 그 점에서도 붙박이 양반 자랑이나 내세우며 가난하게 사는 박리균 형제와는 다르다. 돈을 주고 참봉 벼슬을 사는 거나, 처첩을 거느리는 등, 박성권도 구시대의 유물이기는 마찬가지지만, 마을을 중심으로 벌이는 유랑민 가족과 붙박이 가족과의 대립 외에도, 하나는 새로운 상업주의가 대두하는 시기의 상승적 인물이라는 점과 또 하나는 같은 시기의 퇴행적 인물이라는 점에서 몹시 대립적이었다. 그럼에도 불구하고 『대하』는 이와 같은 대립적 관계들이 결국 화합으로 끝을 맺는다는 점이 특징이다. 박성권은 박리균 형제한테 장리

변을 주어 신식 여관을 차리게 하고, 따라서 박리균 형제가 박성권한 테 경제적 원조를 받는 결말은, 그동안 마을에서 벌이던 씨족 간의 주도권 싸움이 상업주의의 승리로 끝남을 의미하거니와, 그것은 봉건 농경사회의 몰락을 의미하기도 한다. 더 나아가서 그것이 단옷날의 대운동회 행사를 통하여 범 마을의 단합을 가져오게 될 때, 그것은 새로운 상업주의의 대두와 함께 존속되어야 할 공동체 사회의 미덕을 제시하는 것이기도 하였다.

　② 『대하』는 박성권 일가의 가족사가 전개되면서도, 그 갈등관계가 가부장적 권위로만 야기되거나 국한되어 있지는 않다는 점이 또한 특징이다. 그것은 『삼대』와 『태평천하』가 각각 조의관과 윤직원 영감의 가부장적 권위에 의해서만 지배되던 것과 비교해 볼 때 대조적이다. 『삼대』의 아들 상훈과 손자 덕기가 아무리 각각 다른 가치관을 가지고 할아버지한테 맞선다 하더라도, 그것들은 결국 가부장적 권위 안에서 충돌하고 화해하는 정도였다. 결국 상훈은 인정을 못 받았고, 덕기는 인정을 받았다는 점이 다를 뿐인데, 그 인정하고 인정하지 않는 것이 다 가부장적 권위 안에 있다는 말이다. 『삼대』의 결말은 손자 덕기의 시대로 새롭게 열리면서 끝나지만, 그것도 할아버지가 열어 준 것이지 손자 스스로가 연 것은 아니었다. 『태평천하』는 『삼대』와 달리 비극적 결말로 끝나지만, 가부장적 권위라는 점에서는 마찬가지다. 손자 종학의 사회주의는 원래 할아버지 윤직원이 기대했던 바가 아니다. 그래도 손자는 손수 자신의 시대를 열고자 할아버지를 배반할 수밖에 없었거니와, 할아버지 또한 그로부터 '만리장성'이 무너지는 듯한 아픔을 겪지 않을 수 없었다. 그 배반과 아픔 모두

제4장 리얼리즘 소설의 전개

가 할아버지 세대의 만리장성 같은 가부장적 권위로부터 나온 것임은 말할 것도 없다.

여기에 비하면, 『대하』에서 박성권의 가부장적 권위는 훨씬 약화되어 있는 편이다. 『대하』의 박성권도 물론 조의관이나 윤두섭처럼 구시대의 인물로서, 자신의 시대를 열고 나갈 만한 새로운 가치관을 갖지 못하기는 마찬가지였다. 그러나 그는 자신의 잘못된 가치관 때문에 가족들과 충돌하거나 그들을 구속하지는 않는데, 그 대신 주요 인물의 기능이 가부장 중심의 아버지로부터 아들 세대로 넘어가 있다는 점이 특징이었다. 그리고 나서 가족원들 각자가 '역사적 상승기'를 따라 점진적으로 변해 가는 모습을 볼 수 있는데, 그것들을 간추리면 다음과 같다.

첫째, 맏아들 형준의 농경사회 생활 방식이 부정적으로 묘사되고 있는 점이다. 박성권은 원래 자신의 아이들을 모두 신식 학교에 보내면서도, 맏아들인 형준한테만은 집안에서 한문공부를 시켰고, 경주김씨 양반의 딸과 결혼시켰고, 돈놀이하는 법, 추수하는 법, 집안일 감독하는 법, 그리고 사람 부리는 기술만을 가르쳤는데, 그것은 지금까지 박성권 자신이 지켜온 농경사회 생활방식 그대로였다. 말하자면, 아버지 박성권은 어느덧 초기 상업주의 시대를 살면서도 아직은 그것을 아들한테까지 물려줌으로써 두 가지 생활방식을 병행시기려고 한 것이다. 이러한 형준의 삶에 균열이 생겼는데, 그것은 아버지 세대의 전근대적 경제 수단과 새로운 상업주의 경제수단과의 마찰 때문이었다. 형준은 장사를 하고 싶었다. 그러나 그것을 반대하는 아버지 박성권의 생각은 다음과 같았다.

장사라는 게 우리의 못할 업이라고는 생각지 않는다. 그러하나 건넌 집 칠성이나 나까니시와 어울려서 가게를 벌리기에는 이모저모로 시기가 안즉 일러. 또 칠성이에게 돈 융통해 준 게 있으니 그 애 하는 걸 당분간 보아가는 것이 위선 상책이야.[61]

박성권의 시대 적응방식은 이 만큼 기회주의였다. 자신은 봉건 농경생활 방식으로, 아이들은 농경사회와 상업사회 생활방식을 반반으로, 그렇게 변화하는 시기를 두 개의 생활방식으로 병행시켜 나갈 때, 그의 가계는 보다 안전할 것이라고 그는 믿었을 것이다. 그러나 시대는 이미 상업주의 경제사회로 열리고 있었다. 따라서 장리변에만 의존하던 박성권의 봉건적 농업 경제수단은 새로운 상업주의 앞에 무기력할 수밖에 없었다. 다시 그 무기력한 삶의 방식을 택한 형준이 스스로 자신의 시대를 대처하지 못하고 아버지 박성권의 주장에 의해 차단될 때, 오락 장기와 부도덕한 애욕의 길로 타락할 수밖에 없었던 것은 당연한 귀결이었다.

둘째, 형선과 보부의 결혼을 통해 그동안 전근대적 가족형태를 유지하던 박성권의 일가가 개화로 접맥되는 새로운 통로를 마련하고 있다는 점이다. 이때 봉건과 개화가 마찰 없이 하나의 아름다운 풍속으로 자연스럽게 묘사되고 있는 점이 특징인데, 그것은 초기 상업주의가 반봉건주의라는 점에서 이미 개화의 의미를 갖고 있기 때문에 가능했던 것이다. 박성권은 고스란히 구시대적 혼례법을 준수하면서

---

61) 김남천, 『대하』, 인문사, 1939, p.176.

제4장 리얼리즘 소설의 전개

도, 거기 혼주 격으로 앞장서는 양가의 대표는 어느덧 천도교식 개화를 대표하는 최관술과, 예수교식 개화를 주도하는 정봉석으로 바뀌어 있었다. 이 점에서만 보아도 박성권은 『삼대』의 조의관이나 『태평천하』의 윤직원뿐만 아니라, 같은 『대하』에서의 박리균 형제와도 다른 인물이다. 박성권은 구시대의 봉건적 인물이면서도 어느덧 신흥 상업주의의 개화바람을 탄 상승적 인물이었다.

셋째, 형선과 보부의 결혼을 계기로 『대하』의 스토리 라인이 자연스럽게 형걸한테로 넘어오는 점이다. 그것은 이 소설이 역사를 추진시킨다는 점에서 훨씬 적극적으로 대처하고 있음을 말해 주었다.

『대하』의 제작 의도는 그 안에 전형적 인물을 만드는 일이 아니라, 오히려 그것을 파괴하는 일이었다. 앞서 말한 '인물로 된 이데'나 '풍속'이나 또한 로만개조론에서 말한 '모럴의 확립' '정황의 전형적 묘사' '생기발랄한 인물의 창조' '지적 관심' 등이 바로 그와 같은 방법의 일환인데, 그 점에 대해서는 이미 앞에서 설명한 바와 같다. 그것은 전형적 인물로서의 문제적 표출이 아니라, 풍속과 정황의 전형적 묘사를 통하여 그 안에 생기발랄한 인물이 뛰어놀게 하면 그로부터 인물로 된 '이데'가 창출될 수 있다는 논리인데, 『대하』의 인물들이 전형이라는 점에서 훨씬 약화되고, 그로부터 구성까지도 성긴 감이 없지 않은 이유가 바로 여기 있다.

(2) 발견으로서의 풍속

『대하』는 사건을 행동의 인과관계에 의한 축으로 엮어 가지 않고, 그 대신 풍속 묘사로서 대치시킨 점이 특징이다. 이 점은 그동안 『대하』를 논한 사람들로 하여금 그것을 폄하게 하는 직접적인 원인이 되기도 하였으며, 나아가서는 김남천이 그것을 집필하기 전에 창작방법론으로써 제시한 풍속이론 자체를 의심하는 결과를 낳기도 하였다. 1930년대 당시 『대하』를 높이 평가한 안함광 조차도, 그것이 너무 풍속 묘사에만 집착한 나머지 전체적 구성이 약해졌음을 지적하고, 그 점을 아쉬워했는데, 『삼대』나 『태평천하』를 보던 구성적 시각으로만 『대하』를 관찰한다면 당연히 그렇게밖에 결론지을 수 없을 것이다. 그러나, 김남천의 풍속은 원래 구성의 도구로만 채택된 삽화 개념은 아니다. 그것들은 어디까지나 이념을 표출하기 위한 원리요, 방법으로써의 발견이었다. 그동안 창작방법론으로서의 풍속은 중요하게 여기고 많이 정리했으면서도, 정작 『대하』의 풍속묘사에 대해서는 이와 같이 비판적인 견해를 보이는 예가 많았는데, 그것은 작가의 원래 의도를 외면한 채 너무 구태의연한 구조적 관찰 방법에만 의존한 결과라고 판단된다. 『대하』의 풍속묘사가 창작방법의 원리로써 이해되고, 작가의 의도라는 관점에서 파악되어야 필요성이 바로 여기서 생기는데, 이와 같은 결론에 도달하기 위하여 먼저 『대하』에 묘사된 풍속의 내용과 그것들이 서술된 방법을 요약하면 다음과 같다.

① 제1장에서, 박리균 형제와 박성권 일가의 가계가 소개되는데, 그 가운데 문득 박리균 형제의 여자들이 박성권의 첩집을 염탐하러 가는 장면이 묘사되고 있었다. 그것은 사실을 확인하는 데 목적이 있다기보다, 오히려 소문과 감정으로 이어진 농경 사회의 생활사를 풍속 그 자체로써 묘사하자는데 목적이 있는 것으로써, 씨족 간의 갈등이 내면화되는 모습이기도 하였다. 이와는 상관없이, 제1장에서 묘사

된 또 하나의 풍속이 박성권의 다섯 아들딸에 대한 이름짓기였다. 박성권은 자기 아버지가 도박과 아편과 주색잡기로 탕진한 재산을 다시 모아 일으키고, 그러자 자기 고향 은산을 떠나 이곳으로 삶의 터전을 옮겼다. 『대하』에는, 이와 같이 조상의 터전을 버리고 어디론가 멀리 떠나서 새로운 삶을 시작하는 인물들이 많이 등장하는데, 이 점은 전통의 단절과 계승이라는 문제에서 앞으로 눈여겨볼 사항이었다. 박성권이 마을에 이사 와서 차츰 자리가 잡히고, 참봉 벼슬을 사고, 양반 혼인을 하고, 그리하여 가족으로서의 체계가 갖추어지자, 그는 아이들에게 정식으로 이름을 붙여 주기 시작하였다. 말하자면 큰놈, 은산놈, 자산놈, 셋째, 제석네라고만 편의대로 부르던 것을, 항렬과 음양오행에 맞춰 정식으로 이름을 지어 준 것이다. 그것은 초기의 원시적인 가족 형태로부터 가부장적 가족사회로 그 형태와 질서를 정비해 가던 시기에나 있을 수 있는 현상을 풍속화 한 것으로써, 특히 이들 풍속들이 통일된 전체를 향해 의미의 고리로써 연결되지 못하고, 각각 독립되어 묘사되고 있는 점은 주목해 볼 만한 사항이었다.

② 제2장에서는 형선과 보부의 결혼식 절차가 풍속적으로 묘사되고 있었다. 특히, 이 장에서는 신랑 편에서의 결혼 풍속이 상세하게 묘사되고 있는데, 이때 개화기의 구습과 개화 풍속이 비판 없이 혼재되어 나타나고 있음은 또 하나의 특징이었다. 신랑의 차림새, 잔치상, 단자, 신랑 구경, 아들 낳게 하는 풍습 등은 벌써 개화기임에도 불구하고 아직 우리 민족 고유의 미풍양속인 채로 고스란히 유지되고 있었다. 그런가 하면 구습(舊習)이 아름답게 재현되고 있는 그 자리

에, 어느덧 최관술의 동학식 개화와 정봉석의 예수교식 개화가 함께 자리 잡고 있는 것이다. 이때 최관술의 개화란 어느덧 일본식 개화를 의미하는데, 그럼에도 불구하고 그것들이 아무 비판 없이 묘사되고 있는 점은 특이하다. '개화=일본식의 차림새'로 이어지는 풍속묘사들이 단적으로 그것을 말해 주는데, 금테 개화경, 구두, 국자보시, 개화장을 구비한 최관술의 차림새가 그렇거니와, 입담배-히로, 부싯돌-대팻밥(입성냥), 모자-삽포(학생모) 또는 국자보시(성인용)나, 구시대와 개화와 일본식이 함께 사는 거리로써, 박참봉 이웃에 사탕장사와 일본인 중서상점이 그것들이다.

③ 제3장에서도 결혼풍속이 계속되는데, 여기서는 신부 측의 풍속이 상세하게 묘사되어 있었다. 결혼 전야에 신부가 친척 집에서 자는 풍습은 말할 것도 없거니와, 신부 단장하기에서부터 용모, 패물, 신방꾸미기, 첫날밤 신방 엿보기 등이 그것인데, 이와 같은 풍속묘사를 통해 생길 수 있는 가능한 사건이 신랑 바뀌기였다. 신랑 신부가 결혼 전에 서로 얼굴을 보지 못하고 다만 중매를 통하여 결혼할 경우, 형선과 형걸이 바뀐 예가 그것이다. 신부가 원래 알고 있는 박성권의 아들은 형걸이었다. 그는 사촌오빠 정영근의 동명학교 제자로서 전에 한 번 본 적이 있는 터라, 그녀의 가슴 속에 그는 개화된 멋쟁이의 이미지로 부각되어 있었다. 첫날 밤 그 형걸에 대한 기대와 형선에 대한 실망의 엇갈림은 봉건적 질서가 야기하는 인간의 비극적 운명을 예감케 한다. 이와 같은 운명은 형걸한테도 똑같이 해당되었다. 다 같이 박성권의 아들이고 형선과는 동갑내기 형제이면서도, 그는 서출이라는 신분제도에 얽혀 자기가 좋아하던 보부와 결혼할 수 없

었다. 그 분풀이로써 보부의 신방에 날아든 돌멩이 또한 구시대에서 나 있을 수 있는 하나의 풍속적 사건이었다.

④ 형걸과 보부가 결혼하는 날, 형걸의 비감한 심정은 두 가지 행동을 유발하는데, 그 또한 중요한 사건이면서 각각 독립된 풍속으로 묘사되고 있음이 주목되었다. 형걸이 삭발을 하는 행위가 그 하나요, 또 한 가지는 두칠의 아내 쌍녜와의 충동적인 사랑이었다. 형걸의 삭발은 동명학교 문우성 교사를 중심으로 벌이는 개화의지의 표현인데, 여기서는 그것을 단순히 행동으로 표현하자는 게 목적이 아니라, 오히려 단발의 절차와 감정을 상세하게 묘사함으로써 그것을 풍속화하자는 데 목적이 있었다. 또 한 가지, 두칠의 아내 쌍녜와의 충동적인 사랑은 당시 봉건적 신분제 사회가 안고 있는 또 하나의 비극적 운명이었다. 『대하』가 이런 비극적 인물에 의해 주도되고 있다는 점은 주목할 일이다. 쌍녜와 두칠의 결혼에서, 「대하」는 이미 소작민-유랑민-종간나-절게-막서리로 이어지는 농민의 전락 과정을 소상히 밝히고 있었다. 이런 유랑민의 문제가 서출인 형걸의 신분과 결합되어 『대하』의 스토리 라인을 형성해 갈 때, 그 의도는 보다 확실해졌다.

⑤ 『대하』에 첫 자전거가 등장한 것도 새로운 상업주의를 표현하는 중요한 풍속 중의 하나였다. 칠성이네가 처음으로 자전거를 샀다. 그것은 마을에 큰 구경거리일 뿐만 아니라, 경제수단의 변화라는 점에서도 큰 의의가 아닐 수 없었다.

그는 본시 도붓도리를, 어렸을 때는 상자나 멧산자 봇다리를 지고 다니면서, 그 뒤 좀 돈푼이나 모아서는 당나귀로, 이 부근 몇 고장 장날을 빙빙 돌든 것이, 이 지음 일 년 동안 좌전으로 돌려 앉고, 이어 평양 출입을 자주 하면서, 가까이는 세매끼장사라고 제법 반찬, 미역, 쌀가마니 등속을 갖다 놓았다. 제 말로는 이왕 신작로도 났으니 이놈을 타고 바삐 평양 내왕을 할 참으로 이 자전거를 사 왔다는 것인데.62)

이상, 도보-당나귀-자전거로 이어지는 수송수단의 변천사는, 나아가서 경제 수단의 변천사를 단적으로 설명해 주고 있었다.

⑥ 한편, 나까니시 상점의 잡화상품들은 새로운 상업주의 시대의 생산형태를 풍속적으로 묘사해 주는 좋은 예가 되었다. 그것들은 미국식과 일본식 생활용품들로 혼재되어 나타나고 있는 것이 특징인데, 한쪽에서는 미국 뉴욕 솔표 석유를 파는가 하면, 또 한쪽에서는 왜유 초롱을 팔기도 하고, 곽성냥, 구두버선, 양초, 동아연초주식회사의 히로권연이 함께 진열되어 있는 풍경 또한 새로운 상업주의 시대의 풍속도였다. 신종 직업으로, 도로공부와 측량사와 달구지 짐꾼이 등장하고, 쌍녀가 운명의 기로에서 점을 치는 것과 두칠이 도로공부가 되어 원산으로 떠나는 풍경은 대조적이기조차 하였다. 국자보시에 지까다비를 신고, 감발, 양복 차림에다가 목에는 수건을 두르고 입술에 히로담배를 문 측량사의 모습이 또한 새로웠다. 사랑의 정표

---

62) 김남천, 『대하』, p.153.

로 형결과 부용이 각각 팔뚝에 문신을 새기는 것은 옛 풍속이었고, 형결이 부용한테 신분차별의 폐지를 부르짖으면서 예수의 평등사상을 고취시키는 것도 새로운 풍속도였다.

⑦ 끝으로, 즐거운 단오행사를 통하여 보여 주는 민속과, 그 날 새롭게 나타난 상업주의 풍물들은 『대하』의 풍속성을 한결 돋보이게 하고 있었다. 박리균의 신식여관, 박성균의 국숫집, 나까니시의 신종잡화, 김용구의 엿장수, 이칠성의 포목 잡화, 이것들은 과거 농촌 경제사회의 붕괴와 함께 새로 대두한 상업주의의 풍속을 보여주기에 충분하였다. 여기다가, 사흘간에 걸친 단오행사로써, 첫째 날은 부인네들의 그네뛰기, 사자춤, 학춤. 둘째 날은 남자들의 놀이로서 씨름. 마지막으로 셋째 날은 남녀가 함께 참여할 수 있는 줄다리기, 기마전, 이인삼각의 장내 일주 경기, 장애물경주 등을 벌이는데, 이것으로써 남녀노소를 불문하고 온 마을이 거족적으로 일치단결하는 공동체 사회의 한 모습을 재현해 보고자 했던 것이다.

5) 예술과 이념

김남천은 『대하』를 쓰기 위하여 『조선사회경제사』[63]의 일부분을 읽었다고 말하면서도, 한편 '풍속, 세태, 생활감정, 당시의 교육상황, 상품, 종교 등 일체는 연로한 분들을 왕방하여 주석 혹은 좌담 등을

---

63) 백남운, 『조선사회경제사』, 범우사, 1989.

통해 얻어들은 말에 의하였음'을 또한 따로 밝힌 바 있었다. 이 점으로 미루어 볼 때, 『조선사회경제사』는 자료로써의 풍속을 수집하기 위하여 읽은 것이 아니라는 점을 쉽게 간파할 수 있는데, 그것은 어쩌면 역사적 관점이나 혹은 집필 태도를 위한 것이 아니었겠는가, 하고 추측해 보는 것이다.

참고삼아, 그 책에 서술된 내용의 일부란 것을 간추려 보면 대충 이런 것들이다. 첫째, 가족의 분화와 확대에 의한 성씨제도. 둘째, 원시문화의 발전과정에 따른 생산형태. 셋째, 혼인형태의 변천사, 성씨제도, 혈연적 결합의 표상, 비손, 푸닥거리로부터, 영고, 무천, 동맹에 이르기까지의 씨족공동제전, 또는 씨족원의 상호부조 등으로 표현된 원시 씨족공동체, 이상이다. 물론, 『대하』에 묘사된 풍속들이 이상의 내용들과 그대로 일치했다는 말은 아니다. 다만, 씨족 공동체로서의 성씨 제도와 생산 기구를 중심으로, 봉건제 사회에서 새로운 상업주의 시대로 넘어오는 과정에서 드러나는 여러 가지 풍속들을 열거하는 태도가 바로 『조선사회경제사』의 서술 태도와 유사하다는 말인데, 그것은 나아가서 왕조사로서의 역사서술과 민중사로서의 역사서술을 구분하는 중대한 분기점이 되는 것이다. 『조선사회경제사』의 기본 입장은 '사회체제의 역사적 변동으로서의 현대 또는 자본주의의 이식과 발전 과정'을 파악하기 위하여 '민중의 생활과 사회구성의 발전 과정을 서술'하는 일이었다. 그것은 왕조사 편년체의 역사 서술을 탈피하려는 의도였고, 이상과 같이 씨족공동체로서의 결혼 및 생산형태를 서술하다 보면, 어느덧 왕조사의 형태를 벗어난 민중사가 될 수 있다고 그는 믿었던 것이다.

『대하』가 인물의 전형 대신 정황의 전형을 창조하고, 그 안에 이념적 인물보다는 생기발랄한 삶의 모습들이 묘사되기를 바랐던 것도, 같은 의도가 아니었던가 여겨진다. 『대하』에서 다룬 내용은, 앞서 안함광이 지적한 대로 '봉건체제의 붕괴와 초기 상업자본주의의 대두'였다. 그러나, 여기서 우리가 주목할 점은, 그것이 무엇을 썼느냐가 문제가 아니라, 그것을 쓰되 한 사람의 전형적 인물을 만들지 않고, 민중 전체가 살아 숨 쉴 수 있는 정황의 전형을 만들었다는 점이 더 중요한데, 그것이 바로 '민중의 생활과 사회구성의 발전 과정을 서술하는' 방법으로써 진정한 『대하』의 서술 태도였다고 말할 수 있다. 그것은 말할 것도 없이 풍속의 묘사를 통하여 이루어질 수 있다고 믿었으며, 그래서 『대하』가 실지로 많은 풍속들로 묘사되고 있었음을 우리는 확인하였는데, 그것들을 다시 한번 간추리면 다음과 같다.

첫째, 처첩 거느리기, 자녀들 이름짓기, 적자와 서자와의 신분적 갈등, 양반가와 혼인하기 등으로 묘사된 가부장적 가족형태로서의 풍속. 둘째, 토지매입과 고리대금업에 의한 봉건 농촌 경제수단으로서의 풍속. 셋째, 개화경, 구두, 국자보시, 개화장, 권련, 입성냥, 삽포, 나까시 사탕상점과 같은 일본식 개화와 나팔, 석유램프, 양말, 양초, 양산, 양복과 같은 미국식 개화가 혼재되어 나타나는 새로운 상업주의 생산 형태로써의 풍속. 넷째, 첫 자전거의 등장이 말해 주는 교통경제 변천사로써의 풍속. 다섯째, 사주궁합 보기, 구식의 혼례풍속, 대운동회, 단오행사, 삼십육계, 문신 새기기 등과 같은 전래의 민간 풍속, 이상이다.

이것들은 얼핏 보기에 아주 사소한 것들로서, 전체를 유기적으로 엮어내는데 별로 도움을 주지 못하였고, 또한 작품의 주제를 압축하지도 못하였지만, 그러나 또한 『대하』 전체가 이들 풍속으로 이루어졌음은 피할 수 없는 사실이었다. 그렇기 때문에, 『대하』의 풍속은 원래 구조적인 관점에서만 검토될 문제가 아니라, 그것을 발견한 의도로써 파악되어야 한다는 것이 이 글의 목표였는데, 예를 들어, 『대하』에 첫 자전거가 등장하는 장면과 같은 이색적인 풍속이 구성상의 균형을 깨뜨리면서까지 왜 갑자기 필요했겠는가를 생각해 볼 때, 그것은 즉 '의·식·주의 여러 대상의 생산 및 거기에 필요한 여러 도구의 생산'과, '노동도구의 유물을 아는 것은 기왕의 경제적 사회 형태를 판단하는 데 중요한 실마리가 된다'는 『조선사회경제사』의 생각과 그대로 일치한다고 볼 수 있다. 결말 부분의 단오절 행사도 그 점에서는 좋은 예가 되었다. 『조선사회경제사』가 우리나라 공동의 종교 제전으로 상고시대의 영고와 무천과 동맹을 자랑스럽게 기술했던 점을 상기할 때, 『대하』에서 삼 일 동안에 걸쳐 진행된 마을 사람들의 공동 축제로써의 단오행사는 결코 뜻밖의 착상이 아니었음을 실감하게 되는 것이다.

그리고 형걸이 마을을 떠나면서 『대하』는 끝을 맺는다. 형걸 외에도, 『대하』는 많은 사람들의 떠남으로 이루어져 있었다. 박성권도 원래 자기 고장을 떠나온 사람이었다. 형걸의 어머니 윤씨부인도 그랬고, 쌍례도 그랬고, 두칠이도 그랬다. 그들은 모두 어쩔 수 없는 환경 때문에 자신의 고장을 떠나온 사람들이었고, 그 어쩔 수 없는 과거의 환경을 피하여 새로운 삶을 시작하는 현장이 바로 『대하』였다. 그들의 떠남은 그래서 과거로부터의 단절이요, 또한 새로운 출발의 의미를 내포하기도 한다.

『대하』는, 프로문학이 오랜 내용 형식 논쟁을 거친 끝에 결국 내용과 형식을 함께하고자 하는 노력이었다. 그것은 다시 말하면, 예술과 이념을 동시에 획득하는 길이기도 한데, 김남천의 '인물로 된 이데 아'는 그가 제시하려는 소설의 구체적인 모습이었다. 인물이 너무 이데올로기에만 사로잡힌 이념적 행동형이어도 안 되고, 오히려 평범한 인물일지라도 그들이 자신의 환경 안에 잘 어울리도록 실감있게 그려 나가면 그게 바로 예술적인 경향소설이 된다는 것이다. '정황의 전형'이란 말이 원래 그런 뜻인데, 김남천이 인물의 전형보다 정황의 전형을 중요시한 것은 확실히 큰 변화였다. 소설에서, 이데올로기란 특별히 전형화된 어떤 개인에 의하여 강조될 성질의 것이 아니라, 어느덧 민중들의 삶 속에 용해되어 함께 살아가는 공동의 생활 방식임을 그는 터득한 것이다. 그는 소설 속에 한 사람의 전형적 인물을 만들고 싶어 하지 않았다. 그 대신 그 안에 많은 사람들의 공동체적 삶의 모습을 그리고 싶어 하였다. 그 공동체적 삶의 모습이 곧 '정황의 전형'인데, 그가 말하는 '풍속'이란 바로 이 '정황'과 같은 뜻으로 쓰인 것이다. 풍속을 구조적인 차원에서만 관찰하려 할 때, 『대하』는 구성이 허술하다, 또는 성격이 약하다는 지적을 피할 수 없는 것이 사실이었다. 그러나 그것은, 이 소설이 원래 인물의 전형을 회피하고 정황의 전형을 의도한 데서 나온 결과라는 점에 착안할 때, 『대하』를 보는 시각도 많이 달라져야 한다고 믿는다. 『대하』에서, 풍속은 소설의 형식이자 또한 내용 그 자체였다. 그 대하지변의 풍속 가운데, 『대하』는 아직 미완의 제1부일 뿐이며, 그것이 곧 '봉건체제의 붕괴와 초기 상업자본주의의 대두'에 해당되는 것이다.

이런 소설이 1930년대 후기 프로문학이 퇴조하는 시기에 나왔다는 사실과, 또한 실지로 그 안에 이념적 인물이 사라졌거나 또는 약화되었다는 이유로, 그동안 이 소설은 프로문학과는 무관한 소설이라고 여겨지던 경우도 없지 않았다. 그러나 『대하』는 어디까지나 참다운 경향소설을 위한 노력의 결과였음을 잊어서는 안 될 것이다.

프로문학은 김남천이 평생 동안 믿고 추구하던 이념이었다. 그것이 외부의 힘에 의해 차단되고 위기를 맞았을 때, 그가 나아갈 길은 자신의 이념을 포기하는 일이 아니라, 그것을 옹호하는 일이었고, 그러기 위해서는 창작의 방법을 개선하는 길뿐이었다. 그 결과, 『대하』에서 그것을 왕조사가 아닌 민중사로 서술하고자 하는 의도를 엿볼 수 있었으며, 그래서 『조선사회경제사』의 서술 태도에 착안했음을 우리는 또한 짐작할 수 있었다. 이른바 '풍속의 발견'이었다. 더구나 거기 서술된 내용들이 『조선사회경제사』 중에서도 특히 초기에 해당하는 원시 씨족공동체사회에서나 거론되던 내용들과 일치하는 것은, 『대하』 1부가 그것이 쓰인 시기로부터 삼십 년을 거슬러 올라간 긴 이야기의 시작에 불과하다는 점을 감안할 때, 더욱 그 점을 실감케 한다. 『대하』는 말하자면 '사회체제의 역사적 변동으로서의 현대 자본주의의 이식과 발전 과정'을 파악하기 위하여 그로부터 삼십 년을 거슬러 올라간 우리 '민중의 생활과 사회 구성의 발전 과정을 서술'하는 일이었는데, 다만 그 의도와 방향만을 제시한 채 그만 오늘까지 미완으로 전해오는 것이다. 이 점에서 설령, 『대하』가 구조적으로 좀 엉성하고, 성격이 약하다 하더라도, 원래 그것이 의도한 방법과 노력만으로도 이 소설은 충분히 그 가치를 인정받아 마땅하다고 보는 것이다.

5. 1930년대 후기 무산운동의 추이: 가족사 소설 3편

1) 민족주의문학 계열의 '함께 살기': 『삼대』

『삼대』는 맨 처음 김병화가 조덕기를 방문하는 데서부터 시작되어 다시 조덕기가 김병화의 사건현장을 찾아가는 것으로 끝이 난다. 그것은 이 소설이 표면적으로 조씨 일가의 가족사를 표방하면서도, 실제로는 덕기와 병화의 대립을 이야기의 축으로 삼고 있음을 입증한다. 덕기는 1930년대 당시 서울의 중산계급 출신으로, 자신의 환경을 유지, 발전시켜야 할 인물로 되어 있다. 그런가 하면, 병화는 무산계급운동자로서, 오히려 덕기의 그것을 타파하고 극복해야 할 인물이다.

원래, 가족사 소설이란 그 안에 가족원들이 벌이는 역사적 삶을 통하여 시대와 사회의 의미를 확대시켜 나가자는데 의도가 있다. 『삼대』가 할아버지 조의관의 가부장적 권위로 이어지는 아들, 손자간의 세대 차이와 그 대립, 갈등을 묘사하면서도 1930년대 당시의 사회를 문제 삼을 수 있었던 것은 당연하다. 이때 조씨 일가의 전통을 손자인 덕기가 물려받게 되는데, 바로 그런 인물과 무산계급운동자인 친구를 이 소설의 축으로 삼고 있다는 점이 또한 우리의 주목을 끄는 것이다.

병화는 원래 목사의 아들로서, 덕기와는 비슷비슷한 가정환경에서 자랐지만 그러나 "세상은 움직인다"는 믿음을 갖고 변화를 추구하는 인물이다. 그는 자신의 이데올로기를 위하여 아버지가 바라는 신학을 버렸고, 아버지와의 인륜을 끊었고, 따라서 가정을 뛰쳐나와 지금은 가난하게 살면서 무산계급운동을 하는, 말하자면 당대의 진보적 인물에 해당한다. 그는 친구인 덕기에 대해서도 부단한 비판과 함께 변화를 강권하는 쪽이다. 덕기가 하는 일이라면, 얼굴도 보지 못한 먼 조상한테 제사를 드리는 것도 못마땅했고, '미구에 할아버님이 그 유산과 함께 물려주실 시대의 꼬리에 매달려 갈' 또는 '그 시대의 꼬리를 붙들고 눌러 붙어 앉을' 것도 못마땅했고, 더 나아가서는 자기와의 오랜 우정을 동지애로 바꾸어 주지 않는 것까지도 그는 불만이었다.

　　자네가 내게로 한걸음 다가오거나, 내가 자네게로 한 걸음 양보를 하
　지 않으면⋯⋯ 그러나 피차에 어려운 일이요, 이대로 나간다면 무의미
　할 뿐 아니라, 공연히 자네에게 신세나 지는 셈쯤 될 테니까.64)

　새로운 시대를 위한 병화의 주장은 시대 단절론이다. 전통과 인륜을 단절하고, 우정을 동지애로 바꾸지 않는 한 그가 바라는 변화란 불가능하다는 것이다.

　이러한 병화에 비하여, 덕기의 시각은 훨씬 우호적이고 동정적이다. 그는 병화의 생각이 틀렸다는 것이 아니라, 도리어 옳다는 쪽이다. 그러나 변화를 하되 단절과 투쟁으로써가 아니라, 유지와 타협으로써 변화를 해야 한다는 것이고, 급진적인 개혁이 아니라, 점진적인

---

64) 염상섭, 『삼대』 『한국문학전집』 3권, 민중서관, 1959, p.399.

개혁을 주장하는 쪽이었다. 그 점은 그가 자신의 직업을 선택하는 데서도 잘 설명되고 있다. 그는 장차 형법을 전공하여 변호사가 되겠다고 한다. 당시 '조선의 형편으로서는 그것이 자기 사업으로 알맞을 것' 같아서라는 게 그 이유인데, 일제 식민지 치하에서 억압받는 민족의 고통을 대변해 줄 수 있다는 미덕에서도 그렇거니와, 자신의 부와 명예와 권력을 동시에 획득할 수 있다는 점에서도 그만한 직업이 없다는 것을 감안할 때, 과연 그가 추구하는 변화라는 것이 얼마나 안정된 가운데 이룩되어야 할 성질의 것인지를 넉넉히 짐작하게 된다.

병화의 말마따나 여기서 본문 그대로 인용하자면, '어쨌든 덕기는 무산운동에 대하여 무관심으로 냉담히 방관할 수 없고, 그렇다고 제일선에 나서서 싸울 성격도 아니요, 처지도 아니니까 차라리 일간호졸 격으로 변호사가 되어서 뒷일이나 보면 좋겠다는 생각'인데, 문제는 『삼대』의 무산계급운동이 병화에 의해 진행되는 것 같으면서도 실지로는 덕기의 이상과 같은 시각에 의해 조명되고 있다는 점이 특징이다.

> 투쟁은 극복의 전 수단은 아닐세. 포용과 감화도 극복의 유산탄만한 효과는 있는 것일세. 투쟁은 전선적, 부대적 행동이라 하면 포용과 감화는 징병과 포로를 위한 수단일세. 포용과 감화도 투쟁만큼 적극적일세.[65]

---

65) 염상섭, 『삼대』, 앞의 책, p.168.

이상은 덕기가 병화한테 보낸 격려 편지의 일절이다. 친구로서의 깊은 우정과 무산계급운동에 대한 이해를 엿볼 수 있지만, 그럼에도 불구하고 그것을 실천하고자 하는 방법에 있어서는 온건하고 점진적인 것임을 우리는 쉽게 알 수 있다. 그렇지만 이러한 무산계급운동에 대한 덕기의 원칙적인 찬성은 관념화된 의욕의 수준에 머물러 있으며, 또 식민지 치하의 대사회투쟁이 갖는 시대적 의미를 적극적으로 이해하지 못하고 있다는 한계를 지닌다. 따라서 덕기의 시각은 실천과는 무관한 동정주의적 차원에 머물게 된다.

덕기의 그와 같은 동정주의가 필순의 가족과 연결되는 과정은 자연스러운 일이다. 필순의 부친은 젊은 시절에 학교 교사였고, 삼일독립운동 당시 만세를 부르다가 해직되었고, '지금은 표면에 나선 운동자는 아니나, 병화들의 선배 격이요, 한때는 칠팔 년 전에 제1기생 격으로 감옥에도 다녀온' 사람으로, '이런 세상에서 맑은 정신, 제정신으로 살자면 그럴 수밖에' 없는 길을 걸어온, 일제 식민지시대의 지식인들이 무산계급운동자로 변신하는 과정을 대변하는 인물이다.

필순은 그런 집의 딸이었고, 덕기의 무산운동에 대한 동정주의가 그와 같은 필순에게로 쏠린 것은 당연한 귀결이었던 것이다. '남편은 감옥살이나 하고, 아내는 학교에서 떨려나고 하면 집 팔아먹고 자식까지 공장에 내세워 벌어먹는 수밖에 없는' 처지에서 마침 필순이 아버지마저도 '딸자식만은 자기의 밟은 길을 밟히지 않고 그대로 평범히 길러서 시집가기 전까지는 아들 겸 앞에 두고 벌어먹다가 몇 해 후에 시집이나 잘 보내자는 작정'을 하던 처지가 아니던가.

그러나 필순에 대한 덕기의 행동은 동정주의 이상의 운동으로 확대되지 못하는 점이 문제인데, 그것은 또한 아버지 조상훈의 실패한 사회적 성격에서 크게 벗어나지 못한 점과 맥락을 같이 한다. 덕기가 기본적으로 무산계급운동에 동조하는 것 같으면서도, 정작 그것을 적극적으로 추진해 나가지 못할 때, 필순에 대한 그의 동정주의는 결국 아버지 조상훈이 홍경애와의 사이에서 밟았던 전철과 같은 의미가 되어 버렸다.

상훈이 또한 조씨 일가의 전근대적 가부장의 시각으로 보면 패륜아요 실패자이지만, 또 다른 시각에서 새로운 시대를 열겠다는 열망은 덕기, 병화와 일맥상통하는 점이 없지 않았다.

나도 너희들의 생각하는 것이나 기분을 이해하지 못하는 것은 아니다. 사회의 현실상 앞에 눈이 어두운 것은 아니다. 그러나 나는 내가 살아온 시대상과 너희의 시대상의 귀일점을 찾으려는 것이다. 쉽게 말하자면 네 사상과 내 사상이 합치되는 소위 '제삼제국'을 바라는 것이다. 너희들은 한 걸음 나아갔고, 나는 그만큼 뒤떨어진 것은 사실이다. 그러나 너의 시대에서 또 한걸음 다시 나아가면 그때에는 도리어 내 시대의 사상 즉 내가 가지고 있는 사상의 어떠한 일부분이라도 필요하게 될지 누가 아니? 나는 그것을 믿고 그것을 찾는다.[66]

이런 상훈이 홍경애를 처음 사귈 때만 해도 그는 개화의 선구자요, 당대의 지식인이었다. 홍경애는 마침 독립운동자의 딸이었다. 불우한 독립운동자의 유가족을 돕는다는 것만으로도 상훈과 홍경애의 만남

---

66) 염상섭, 『삼대』, 같은 책, p.30.

은 떳떳한 것이었고, 민족주의를 요구하는 시대의 젊은이로서 하나의 욕구충족이 될 수도 있었던 것이다. 그러나 상훈의 시대는 아직 '봉건시대에서 지금 시대로 건너오는 외나무다리의 중턱'쯤 되었고, 또한 식민지 지배 권력이 전횡하던 시대다. 이 시점에서 상훈의 좌절은 아직 꺾일 수 없는 시대의 강한 반발을 암시한다. 그의 사회활동이 외부로부터 차단되자, 홍경애와의 만남 또한 불륜의 관계로 전락할 수밖에 없음은 당연하다. 아버지가 독립운동에 실패하고, 그녀 또한 상훈과의 사랑에 실패했을 때, 그녀가 당면한 길은 무산계급운동과의 자연스러운 합류였다.

덕기가 필순을 돕고, 사랑하는 마음을 가지면서도, 그것이 더 이상 사회적 운동으로까지 확대될 수 없었던 것은, 바로 아버지 상훈의 실패를 되풀이할 수 없는 교훈이 있었던 까닭이요, 또한 그것은 과감하게 아버지 세계를 뛰어넘겠다는 의지가 없었다는 점을 입증해주기도 한다.

『삼대』는 원래 할아버지 조의관을 가부장으로 모시는 조씨 일가의 삼대에 대한 이야기다. 전근대적 가부장으로 군림하기를 바라는 할아버지와, 그 전근대성을 벗어나 새로운 시대를 열고자 하는 아버지 상훈과, 그리고 이미 조금은 열린 시대의 어지러운 상황들을 추슬러야 할 손자 덕기의 갈등은 컸지만, 그러나 어차피 역할을 떠맡아야 할 세대는 손자였다.

이런 시점에서 덕기가 해결해야 할 문제들이란, 할아버지가 안 계신 조씨 일가를 어떻게 추슬러야 하는가, 처럼 보인다.

그러나 1930년대 서울의 중산계급 가정에서 태어나 그것을 이어받고 또 그것을 지켜나가야 할 덕기가, 시대의 요구로 밀어닥치는 무산계급운동을 어떻게 이해하고 대처해 나가는가를 「삼대」는 묻고 대답하는 것이다.

그러나 한편, 시대의 요구라고 판단한 무산계급운동을 다루면서도 그것을 끝내 중산계층의 시각에서 조명하고 해결하고자 한 것은 『삼대』의 특징이면서, 또한 이 소설의 한계이기도 한 것이다.

2) 선택적 '함께 살기': 『태평천하』

『태평천하』에는 무산계급운동의 문제가 표면적으로 드러나 있지는 않다. 그러나 이 소설 또한 할아버지 윤두섭을 중심으로 하는 윤씨 일가의 가족사 소설이라는 점과, 그것이 손자세대의 사회주의 문제를 결말의 문제로 삼고 있는 점에서는 「삼대」와 같은 범주에서 검토해 볼만한 요소를 갖는다.

그러나 이 경우, 조(祖)-부(父)-손(孫)의 시대적 의미가 분화되어 있지 않은 점은 『삼대』의 세 세대가 각각 다른 특성을 갖고 단절과 지속의 문제로 갈등을 겪는 점과는 다르다. 『삼대』의 조부는 전근대적 보수주의 성향을 대표하는 인물로서, 아들의 세대를 건너뛰어 손자인 덕기한테 자신의 가부장적 권위를 물려주었다. 그것은 아들의 세대에서 보면 전통의 단절이요, 손자 편에서 보면 계승이지만, 전체적으로 조씨 일가라는 측면에서 보면 단절의 숱한 갈등을 통해서나마 지속을 유지하고 있음을 의미하였다. 따라서 그것은 서구적 의미의 개화와 민족의 위기에 직면한 1930년대의 위기상황을 작가가 어떻게 대응하는가를 제시하였으며, 또한 그 점은 앞서 무산계급운동에 대한 대응 방식을 검토하는 자리에서 보다 확실하게 해명되었다.

『태평천하』는 조(祖)-부(父)-손(孫)의 세 세대가 확실하게 구분되어 있으면서도, 그 역할이 전적으로 조부한테만 집중되어 있는 점이 특징이다. 말하자면, 이 소설에서 드러난 인물은 조부 윤두섭뿐이다. 그리고 특히 사회주의 운동을 하는 손자 종학은 일본에서 공부하는 것으로만 되어 있을 뿐, 철저히 가려져 있는 인물이다. 더구나 조부 윤두섭은 시대의 변화를 감지할 줄 모르는 인물이요, 민족의 위기를 외면하고 자신의 이기심만을 채우는 퇴행적 인물이다. 그럼에도 불구하고 우리가 주목할 점은 『태평천하』의 일가가 이런 부정적 인물에 의한 가부장적 권위로만 지배되고 있다는 점이었다.

원래, 풍자소설이란 작가와 독자와의 철저한 약속을 전제로 했을 때만 가능하다. 윤두섭의 개인주의와 시대적 착각은 처음부터 작가가 알고 독자가 아는 것이지, 윤두섭 자신은 모르는 법이다. 자신의 잘못을 그가 알면, 그는 그 잘못을 고치거나 처음부터 그런 잘못을 저지르지 않을 것이다. 그러면 그 때는 전혀 우습지 않다. 그러나 그는 모르기 때문에 그것이 아주 옳은 일인 듯 잘못을 저지른다. 잘못이 잘못인 줄을 모르고 옳은 일처럼 자행될 때, 그것은 웃기는 일이 된다. 이때 웃기는 일이 되도록 하기 위해서 작가는 절대로 윤두섭을 현명하게 깨우쳐 주지 않는다. 멍청한 그대로를 고스란히 행동하게 할 뿐이다. 그것을 독자가 모르면 안 된다. 작가가 지금 윤두섭의 무엇이 잘못되었는지를 알고 있는 만큼 독자도 그것을 확실하게 알고 있어야 한다. 이때 무엇이 잘못되었는가를 안다는 것은 무엇이 잘되어야 할 것인가를 안다는 뜻이다. 작가는 그 잘 되어야 할 것을 지시하기 위하여 잘못된 것을 늘어놓는 것이다. 그것이 풍자가 의도하는 교훈성이요, 작가의 지성이기도 하다.

제4장 리얼리즘 소설의 전개

『태평천하』는 그 안에 말하고자 하는 내용보다 그것을 말하는 작가의 태도가 더 강조된 소설이다. 주인공 윤두섭이 구한말 자기 조상의 시대를 '저주받은 시대'로 보고, 자신의 일제시대를 '태평천하'로 여기는 것도, 작가의 입장에서 보면 잘못을 잘못이라고 지적하지 않고, 그 잘못을 사실대로 보여줌으로써 옳은 것을 깨닫게 하려는 작가의 태도가 더 강조된 예다.

『태평천하』의 위기상황은 보수와 반민족주의가 혼재된 1930년대 한반도 사회였다. 건전한 전통의 계승과 함께 보수주의를 극복하고, 올바른 민족주의의 확립을 통하여 위기의 식민지 상황을 극복해야 함은 말할 것도 없는 그 때, 윤두섭의 이기주의는 다음 네 가지로 나타났다. 하나, 족보에 도금하는 것. 둘, 향교 벼슬을 사는 것. 셋, 양반집안과 혼인하는 것. 넷, 자기 손자를 관직에 넣는 것. 이상 네 가지는 모두 시대의 요구에 위배되는 사항이어서, 반민족적 행위로 직결되는 문제였다. 그리고 주인공 윤두섭이 그 위배되는 사항들을 이루고자 열망할 때, 그것이 얼마나 퇴행적인가를 깨닫게 하였다.

이때, 손자 종학의 사회주의가 할아버지의 퇴행성을 풍자하며 긍정적 가치 준거로 부상되는 것을 우리는 주목하지 않을 수 없다. 손자 종학이 조부의 열망을 배반하고 사회주의 운동을 한 것은, 여태까지 조부의 퇴행성을 시적한 섬에 비추어 작가가 그 대안으로 제시한 시대의 상승성을 역설적으로 강조한 예다. 그것은 지금까지 작가가 보여준 모든 죄악을 대신하여 새로운 시대의 요구가 무엇인지를 구체적으로 제시한 맨 처음이요 마지막이다.

그런 쳐 죽일 놈이, 깍어죽여두 아깝쟎을 놈이! 그놈이 경찰서장 하라닝게루 생판 사회주의 허다가 뎁다 경찰서에 잡혀? 오 - 사 육시를 할 놈이, 그놈이 그게 어디 당한 것이라구 지가 사회주의를 히여? 부자 놈의 자식이 무엇이 대껴서 부랑패에 들어?[67]

이글의 표면적인 문맥으로만 보면 윤두섭은 사회주의를 저주하고 있다. 그가 저주하는 것이기 때문에 또한 사회주의는 나쁜 것으로 되어 있다. 그러나 그것을 말하는 작가의 태도는 그 반대였다. 그 태도에 따라 우리는 지금까지 윤두섭의 생각도 잘못된 것이었고, 그의 행동도 잘못된 것이었음을 확인해 왔기 때문이었다. 그것이 바로 작가와 독자와의 약속이었으며, 또한 『태평천하』가 의도한 작가의 태도였던 것이다. 잘못 판단하고, 잘못 행동하는 사람에 의해서 저주받는 사회주의는 그래서 거꾸로 작가가 옹호하는 새 시대의 이상인 것을 우리는 알 수 있는 것이다.

『태평천하』의 손자는 조부의 열망을 배반하는 것으로 끝을 맺는다. 그것은 『삼대』의 손자가 조부의 열망을 고스란히 이어받으며 끝을 맺는 점과는 대조적이다. 그 배반하고 이어받는 것이 무산운동이요, 중산층의 옹호라는 점을 염두에 둘 때 두 소설의 지향점이 무엇인가를 우리는 쉽게 파악할 수 있는 것이다.

---

67) 채만식, 『태평천하』, 『신한국문학전집』, 일조각, 1972, p.398.

3) 경향문학 계열의 '함께 살기': 『대하』

　『대하』 또한 박성권 일가의 가정사를 다룬 점에서, 그동안 가족사 소설의 범주 안에 넣고 검토한 경우가 많았다. 그러나 이 소설은 그 갈등관계가 가부장적 권위에 의해서만 야기되거나 국한되어 있지 않다는 점과, 그 안에 직접적으로 무산계급운동을 표방하는 인물이 없다는 점에서, 『삼대』나 『태평천하』와는 다르다.

　『대하』에서 박성권의 가부장적 권위는 훨씬 약화되어 있는 편이다. 그것의 박성권은 물론 조의관이나 윤두섭처럼 구시대의 인물로서 자신의 시대를 열고 나갈 만한 새로운 가치관을 갖지 못하기는 마찬가지였다. 그러나 그는 자신의 잘못된 가치관을 고집하여 가족들과 충돌하거나, 그들을 구속하지 않는 데, 그 대신 주요 인물의 기능이 가부장 중심의 아버지로부터 아들세대로 자연스럽게 넘어가 있는 점이 특징이었다. 그리고 나서 가족원들 각자가 '역사적 상승기'를 따라 점진적으로 변해가는 것을 볼 수 있는데, 말하자면 역할 분담적이요, 시대에 동참하는 의미를 갖는 것이다.

　맨 처음, 『대하』는 마을에서 벌어지는 씨족 간의 대립으로부터 시작되었다. 박리균 형제와 박성권은 같은 마을에 사는 밀양 박씨 동성이지만, 그 마을의 세력을 주도하겠다는 점에서 대립적이다. 박리균 형제는 이 마을 토박이로서 마방을 하는 가난뱅이지만, 그럼에도 불구하고 구시대의 양반의식에만 사로잡혀 있는 퇴행적 인물이었다. 그러나 박성권은 이 마을 토박이가 아닌 유랑민이라는 점에서 박리균 형제와는 입장이 달랐다. 뿐만 아니라, 그는 갑오년 이후 장사를 해서 돈을 벌었고, 부도덕하나마 고리대금업을 통하여 축재를 하였는데, 그 점에서도 붙박이 양반의식에만 사로잡혀 가난하게 사는 박리균 형제와는 다르다. 돈을 주고 참봉 벼슬을 샀다거나, 처첩을 거느리는 등 박성권도 구시대의 유물이기는 마찬가지지만, 하나는 새로운 상업주의가 대두하는 시기의 상승적 인물이라는 점과 또 하나는 같은 시기의 퇴행적 인물이라는 점에서 아주 대립적이었다.

『대하』가 이와 같이 대립적 인물의 관계를 설정해 놓고도, 결국 화합으로 끝을 맺는 점은 이 소설의 특징이기도 하거니와, 그로부터 작가가 의도하는 바를 확실하게 알게 해 준다. 박리균 형제가 박성권한테 경제적 원조를 받는 결말로, 그동안 마을에서 벌이던 오랜 주도권 다툼이 박성권의 승리로 끝났음을 의미하거니와 또한 새로운 상업주의의 지향을 의미하기도 한다. 더 나아가서 단옷날의 대운동회 행사를 통하여 온 마을 사람들이 화합을 하게 될 때, 그것은 새로운 상업주의의 대두와 함께 지속되어야 할 공동체 사회의 미풍양속을 강조한 것으로써, 여기서 또한 이 소설의 의도는 더욱 분명해진다.

『삼대』와 『태평천하』와는 달리 『대하』가 이데올로기의 전형적 인물이 없다는 점에 대해서는 앞서 지적한 바 있었다.

『대하』의 저작 의도는 그 안에 전형적 인물을 창조하는 일이 아니라, 오히려 그것을 파괴하는 일이었다. 인물이 너무 이데올로기에만 사로잡힌 이념적 행동형이어도 안 되고, 오히려 평범한 인물일지라도 그들이 자신의 환경 안에 어울리도록 실감 있게 그려나가면 그게 바로 예술적인 경향소설이 될 수 있다고 그는 믿었다. 그가 즐겨 쓰는 '정황의 전형'이란 말이 원래 그런 뜻에서 나온 말인데, 김남천이 인물의 전형보다 상황의 전형을 중요시한 것은 『대하』의 큰 특징이었다. 그의 소설에서, 이데올로기란 특별히 전형화 된 어떤 개인에 의하여 강조될 성질의 것이 아니라, 어느덧 민중들의 삶 속에 용해되어 더불어 살아가는 공동의 생활방식이어야 한다는 것이었다. 그래서 그는 자신의 소설 속에 한 사람의 전형적 인물을 만들고 싶어 하지 않았다. 그 대신 그 안에 많은 사람들의 공동체적 삶의 모습을 그리고 싶어 하였다. 그 공동체적 삶의 현장이 곧 '정황의 전형'인데, 그가 자신의 로만개조론에서 제시한 '풍속'이란 바로 이 '정황'과 같은 뜻으로 쓰임으로써, 『대하』에 풍속묘사가 지배적으로 나타난 것도 물론 그런 까닭에서 나온 연유인 것이다.

이점은 『대하』의 주요 인물의 기능이 아버지 박성권으로부터 아들 형걸한테로 자연스럽게 넘어온 데서부터 보다 확실하게 나타난다. 『대하』의 역할 분담이 『삼대』나 『태평천하』처럼 가부장적 권위로만 일관되지 않고, 형걸의 세대로 자연스럽게 넘어왔다는 뜻은, 이 소설이 역사를 추진시킨다는 점에서 훨씬 적극적으로 대처하고 있음을 말해준다. 이때 형걸이 갖는 의미를 크게 두 가지로 요약해 볼 수 있는데, 그중의 하나가 형걸과 쌍녜와 두칠의 관계로 이어지는 신분제 사회의 문제점이요, 또 하나가 형걸이 동명학교 문우성 교사와 함께 벌이는 일련의 개화의지들이다. 형걸은 박성권의 서출이었다. 그리고 쌍녜는 가난 때문에 뿌리가 뽑힌 유랑민의 딸로서, 몸값 이백 냥에 팔려 온 박성권의 종이다. 두칠이 또한 박성권의 머슴이었다. 형걸과 쌍녜와의 사랑은 소외된 계층으로서의 서출과 유랑민이 함께 어울릴 수밖에 없었던 엄숙한 봉건질서 아래서의 비극이었다. 형선의 아내 보부가 형걸을 좋아하면서도 형걸이 서출이라는 이유 때문에 그와 결혼할 수 없었던 것과 같이, 형걸이 쌍녜를 사랑하면서도 그녀가 종의 신분이라는 이유로 또한 두 사람은 결혼할 수 없었다. 처음부터 마을의 토착민인 박리균 형제와 외지로부터 흘러들어온 박성권을 문제의 대립 관계로 설정했던 『대하』가, 이와 같이 형걸과 쌍녀와 두칠로까지 신분 문제를 확대시킨 점은, 이 소설이 민중적 삶의 현장을 이룩하고자 했다는 점에서 의미 깊다.

동명학교 문우성 교사를 중심으로 묘사되는 일련의 개화풍속에서도 그 점은 마찬가지로 드러나고 있다. 그는 검소한 독신생활자로서, 적서차별 제도의 폐지, 비복해방, 미신타파, 조혼금지 등의 개화이념을 형걸에게 교육시켰는데, 그것들은 다시 형걸로부터 기생 부용한테까지 확대된다. 『삼대』나 『태평천하』의 역사 변화가 서울의 중류 이상의 가정을 중심으로 한 봉건적 가부장의 권위 아래서 이루어지고 있었던 점을 상기할 때, 이점은 변화의 주체가 훨씬 저변화 되고 다양해졌음을 입증해 준다. 요컨대, 변화의 주체가 오히려 서출이나 유랑민, 또는 종이나 기생과 같은 소외계층에서 이루어지고 있음을 말해 주는 것이다.

『대하』의 구조적 갈등은 전근대적 농경사회 체제와 새로운 상업주의가 교차되는 시기의 변화에 대한 인식이었으며, 예수교식 개화를 통한 소외 받는 계층에 대한 의식개혁과 사회변혁에 대한 인식이었다. 그러나 또한 이 소설은 「삼대」나 「태평천하」처럼 가족끼리의 세대 간의 갈등이 첨예하게 대립되지 않고, 각 세대가 변화의 방향에 따라 함께 점진적으로 변해가고 있는 점이 특징이었다. 『대하』의 인물관계가 역할 분담식이요, 변화하는 시대에 동참의 의미를 가졌다는 말이 바로 이를 두고 하는 말이다.

『대하』가 『삼대』 또는 『태평천하』처럼 무산계급운동이라거나 사회주의 운동을 표방하는 특별한 이념적 인물을 설정하지 않고도, 이와

제4장 리얼리즘 소설의 전개

같이 민중들의 공동체적 삶을 그린 것은 원래 이 작품의 제작의도였다. 그것은 전형적 인물로서의 문제적 표출이 아니라, 풍속과 정황의 전형적 묘사를 통하여 그 안에 평범한 인물들이 살아 움직이게 하면 그로부터 인물로 된 이데아가 창출될 수 있다는 논리인데, 그 점을 입증해 주기라도 하듯, 「대하」전체가 풍속묘사로 가득차 있어, 그것들을 간추리면 다음과 같다.

첫째, 처첩 거느리기, 자녀들 이름짓기, 적자와 서자와의 신분적 갈등, 양반가와 혼인하기 등의 가부장적 가족형태에서 나타난 풍속. 둘째, 토지 매입과 고리대금업에 의한 봉건 농촌 경제수단으로서의 풍속. 셋째, 개화경, 구두, 국자보시, 개화장. 권련, 입성냥, 삽포, 나까니시 사탕 상점과 같은 일본식 개화와 나팔, 석유램프, 양말, 양초, 양산, 양복과 같은 미국식 개화가 혼재되어 나타나는 새로운 상업주의 생산형태로서의 풍속. 넷째, 첫 자전거의 등장이 말해주는 교통경제 변천사로서의 풍속. 다섯째, 사주. 궁합보기, 구식의 혼례풍속, 대운동회, 단오행사, 삼십육계, 문신 새기기 등과 같은 전래의 풍속. 이상이다. 이것들은 각각 의미의 고리로 연결된다거나, 그리하여 하나의 주제를 총괄하는 의미로운 사건들로 작용하는 것이 아니라, 오히려 생활 풍속 그 자체로서의 과정과 절차가 상세하게 묘사되고 있는 점이 특징이었다. 이것들은 얼핏 보기에 아주 사소한 것들로서 전체를 유기적으로 엮어내는 데 별로 도움을 주지도 못하였고, 또한 작품의 주제를 압축하지도 못하였다. 그럼에도 불구하고 이 소설은 '사회체제의 역사적 변동으로서의 현대 자본주의의 이식과 발전과정'을 파악하기 위하여, 개화기 시대의 우리 '민중의 생활과 사회구성의 발전과정을 서술'하려는 노력이었음을 분명히 엿볼 수 있는 것이다.

염상섭의 『삼대』는 1931년, 채만식의 『태평천하』는 1938년, 김남천의 『대하』는 1939년에 각각 발표되었다. 염상섭과 채만식과 김남천, 이 세 작가는 1930년대라는 동시대를 살면서도 각각 다른 삶의 궤적을 보여주었다는 이유로, 그동안 「삼대」와 「태평천하」와 「대하」를 보는 시각도 자연 그들의 삶의 궤적과 일치시켜 보려는 경향이 없지 않았다.

염상섭은 민족주의문학 계열의 작가, 채만식은 동반작가 혹은 그 이후에 월북하지 않은 작가, 김남천은 경향문학 계열 혹은 월북작가. 흔히 우리가 알고 있는 삶의 궤적이란 그 정도인데 이런 선입견이 실제 그들의 작품을 이해하는 데 얼마나 중요한 단서가 될지는 의문이었다.

1930년대 문학의 당면과제는 경향문학과 경향문학 아닌 것의 선택, 크게 두 가지로 요약해 볼 수 있었다. 그러나, 설령 그 둘 중 어느한쪽을 선택한 경우라도, 당시의 사회적인 문제를 다룬다는 점에서 누가 그것을 회피했다거나 적극 가담했다거나 하는 것만을 물을 수는 없는 문제였다. 그것은 회피와 개입의 문제가 아니라, 문제에 대한 접근과 대처 방법의 차이였다.

이글은 바로 그 점을 해명하기 위하여 1930년대 당시에 공동의 문제로 거론된 무산계급운동 또는 사회주의운동에 관한 작가의 태도를 검토해 본 것이다.

염상섭의 『삼대』는 조씨 일가의 세대 간의 갈등을 문제 삼으면서도 처음부터 끝까지 무산계급운동의 문제를 놓치지 않은 소설이었다. 그러나 바로 그 중산계층의 가정인 조씨 일가를 중심으로 이 소설은 진행되며, 그와 같은 시각으로 무산운동을 조명하고, 시대의 변화를 추구한 점이 특징이었다. 중산계층의 시각으로 무산층을 이해하고 동정함으로써 함께 살아남기 위한 고뇌가 바로 『삼대』의 물음이자 해답이었던 것이다.

채만식의 『태평천하』는 사회주의 운동을 보는 작가의 태도가 훨씬 옹호적이었다. 그러나 다만 그 정신을 옹호할 뿐, 실제 행동이 제시되지 않았다는 점과, 그나마 그것을 간접적으로 역설하는 데 그쳤을 뿐, 그것을 강조하기 위해서는 훨씬 우회적인 방법이 동원될 수밖에 없었음을 우리는 지적하지 않을 수 없었다. 그것은 어느덧 선택의 향방이 무산운동 쪽으로 쏠린 뒤였고, 한편 그것을 제압하는 외부의 압력이 그만큼 커진 데서 생긴 비극이기도 하였다.

김남천의 『대하』는 오히려 무산운동 내지 사회주의 운동을 주장하는 인물이나 행동이 따로 설정되어 있지 않았다. 그럼에도 불구하고 작품자체가 민중적 삶의 공통체적 현장으로 제시된 점에서 훨씬 본질적인 접근이라고 볼 수 있었다. 말하자면 그것은 단순한 무산층과 중산층의 이원적 공존 형태가 아니라, 민중 전체가 함께 어우러져 살 수 있는 또 다른 함께 살기의 현장이었던 것이다.

이상 세 소설은 각각 어떤 식으로든지 동시대의 문제를 회피하지 않고, 개입하면서도 또한 공통적으로 가족사 소설의 형식을 채택하고 있는 점에서 우리의 관심을 불러일으켰다. 그것들이 설령, 동시대의 문제를 바라보는 시각에서 각각 달랐다 하더라도, 염상섭의 경우 그것을 매우 진실하고도 선명하게 문제 삼을 수 있었던 점은 주목할 만한 일이었다. 그로부터 1930년대 후기로 시간을 더해 갈수록 문제에 대한 시각이 점차 긍정적으로 변해갔음을 보게 되는데, 그것은 가부장적 권위의 약화현상과 함께, 역사변동의 주체가 훨씬 저변화 되고 다변화된 데에서 드러나고 있었다.

김남천의 이른바 예술적 경향소설을 낳기까지, 1930년대 한국소설은 이만큼의 대립과 갈등을 겪지 않을 수 없었던 것이다.

제4장 리얼리즘 소설의 전개

6. 이기영과 심훈의 농촌소설: 『고향』과 『상록수』

1) '변화'의 의미

이기영의 『고향』과 심훈의 『상록수』는 1930년대 농촌문제를 다룬 대표적인 소설이다. 이것들은 다시 두 편의 각각 다른 시각으로 구별되는 작품인데, 『고향』이 새로운 경향의 경향소설이라면, 『상록수』는 비경향의 민족주의 소설이라고 할 수 있다. 농촌 출신의 청년 지식인들이 다시 농촌으로 돌아가 농민을 계몽하고 농촌을 건설한다는 점에서 『고향』과 『상록수』는 서로 비슷하다. 그러나 그 내면을 보면 작가의 의도와 태도가 아주 다르다.

먼저, '변화'를 추구하는 태도가 각각 다르다. 두 소설은 이미 주어진 현실을 개선하고자 한다는 점에서 변화를 추구한다고 말할 수 있다. 그러나 『고향』은 그것을 역사적 관점에서 파악한다. 과거는 잘못된 것, 부정되어야 할 것으로 인식된다. 그리고 그 단절된 역사 위에 새로운 시대를 열어야 한다는 것이다. 그런가 하면 『상록수』는 변화를 현재적 관점에서 파악한다. 잘못된 과거는 부정되어야 할 것이 아니라, 개선되어야 할 대상이다. 그리하여 역사를 단절시키자는 것이 이니리, 그 역사를 개신하자는 것이다.

중심인물인 『고향』의 희준과 『상록수』의 박동혁 또는 채영신을 중심으로 이 점을 확인해 보기로 한다.

희준은 동경 유학 중에 귀국하여 농민으로 투신한다. 그는 농민의 아들이지만, 그의 조부가 읍내에 살 때 큰 객주(客主) 영업을 하였다.

조부는 약간의 재산도 축적했던 것으로 기록된다. 그러나 읍내를 떠나 농촌으로 내려앉기까지는 짤막한 비극적 사건이 개입된다. 희준이 강제로 조혼을 하여 집안에 불화가 생기고, 그 때문에 아버지가 화병으로 죽자 더 이상 객주영업을 지속할 수 없게 된 것이다. 「고향」은 이런 경제수단에 따른 신분 변화와 조혼으로 인한 구습의 폐단을 처음부터 주목한다.

『상록수』의 박동혁도 가난한 농부의 아들이다. 그도 어렵게 다니던 학업을 포기하고 농촌운동에 투신한다. 그러나 그는 자신의 역사를 뒤돌아보지 않는다. 다만 현재가 있을 뿐이다.

> 고만둘 수밖에요. 중학교 때엔 억지를 쓰고 별별 짓을 다 해 가면서 고학을 했지만 나 하나 공부를 시키려고 아버지는 올봄까지 대대로 내려오던 집 앞 논까지 거의 다 팔으셨어요. 졸업만 하면 큰 수나 날 줄 알고 계량할 것도 안 남기신 모양인데 내가 졸업이라고 한댔자 바로 취직도 하기 어렵지만 무슨 기수(技手)라는 명색이 붙는 대야 월급이라고 사오십 원 밖에 안될 테니 그걸 가지고 객지에서 물밥 사 먹어 가며 양복 해 입고 소위 교제비까지 써 가면서 수다한 식구를 먹여 살릴 수가 있겠어요? 되려 빚만 자꾸 지게 되지요. 그러니까 나머지 땅마지기나 밭날갈이를 깡그리 팔아 없애고서 거산을 하게 되기 전에 하루바삐 집으로 돌아가서 넘어진 기둥을 버티고 다시 일으켜 세울 도리를 차려야겠어요. 까딱하면 굶어 죽게 될 형편이니까요.[68]

---

68) 심훈, 『상록수』, 『한국대표문학전집』, 삼중당, 1972. p.16.

가난을 문제 삼되, 『고향』이 낡은 제도와 인습으로서의 역사적 모순에 착안하는 반면, 『상록수』는 현재적 가난 그 이상도 이하도 아니다. 그래서 『고향』이 조혼으로 인한 잘못된 역사를 단절하고자 계몽하는 것과 달리, 『상록수』는 '나머지 땅마지기나 밭날갈이를 깡그리 팔아 없애고서 거산을 하게 되기 전에 하루바삐 집으로 돌아가서 넘어진 기둥을 버티고 다시 일으켜 세울 도리'를 하는 것이다. 역사의 단절과 현실의 개선, 이 점이 곧 『고향』과 『상록수』의 거리다. 채영신도 이 점은 박동혁과 마찬가지이다.

홀로 되신 우리 어머니는 육십 노인이 딸 하나 공부를 시키느라고 입때 생선 광주리를 이고 댕기세요. 올여름엔 더위를 잡숫고 길바닥에 쓰러지신 걸 동네 사람들이 업어다가 눕혀드렸어요. 그렇건만 약 한 첩 변변히…69)

따라서 박동혁과 채영신의 계몽의식은 어디까지나 가난을 극복함으로써 현실을 타개하자는 것이요, 그러기 위해서는 먼저 농민을 계몽하여 낡은 관습을 깨우쳐야 한다는 것이다.

눈뜬 소경에게 글자를 가르쳐 주는 것은 두말할 것 없이 필요합니다. 계몽운동이 우리에게 있어서 가상 시급한 사업 중의 하나인 것도 사실입니다. 그러나 이 땅의 지식분자인 우리들이 이러한 기회에 전 조선의

---

69) 심훈, 앞의 책, p.16.

농촌, 어촌, 산촌으로 방방곡곡에 파고들어 그네들과 똑같은 생활을 하면서 어떻게 하면 그네들이 그 더할 수 없이 비참한 생활에서 벗어날 수가 있을까 하는 문제를 머리를 싸매고서 생각해 봐야 합니다.[70]

이 점에서 박동혁과 채영신은 농촌을 계몽하는 지식인이지, 농민은 아니다. 그러나 『고향』의 희준이는 그 자신이 직접 농민이 된다.

그리하여 농민들은 물론 그 자신까지 새로워지기를 희망한다. 희준이 일본에 5년 동안 가 있다가 돌아왔을 때 그의 고향이 겪은 변화는 주목할 만하다. 시가지가 조성되고, 전등과 전화가 가설되고, 원터 앞들로 사철(私鐵)이 지나가고, 전선이 거미줄처럼 얽히고, 기와집이 즐비하다. 제사공장이 생기고, 신작로가 넓어졌다. 「상록수」에는 이런 역사적 시각이 없다. 농촌은 어디까지나 피폐한 곳이고, 그래서 계몽되어야 한다는 당위론이 있을 뿐이다. 그렇지만 희준의 고향은 삶의 현장이 있다. 그 현장은 역사적 맥락 위에 얹혀 있다. 이런 도시 근대화에 비해 그동안 농촌으로 내려앉은 희준의 집은 '토굴과 같고 협착하다.' 그러나 이런 변화를 보는 희준의 시각은 긍정적이다. 회고적이라기보다 진취적이다.

태아를 비릇는 산모의 진통과 같이 묵은 것은 한편으로 씨러져 간 것 같다. 그것은 다만 묵은 것을 조상하는 것은 아니었다. 묵은 둥치에

---

70) 심훈, 앞의 책, p.4.

서 새싹이 엄돋는 것과 같다 할까? 늙은이는 더 늙고 죽어갔으나, 젊은 이들은 여름풀과 같이 씩씩하게 자라났다.[71]

　　진취적으로 변한세상 앞에 변하지 않은 것은 오히려 희준이다. 그는 자신의 변화를 갈구한다. 이에 비하면 박동혁이나 채영신은 이미 변화된 인물이요, 완성된 인물이어서 영웅적이다. 그들 앞에 세상은 계몽되어야 할 대상이고, 그래서 그들은 자신의 힘으로 세상을 다시 일으켜 세워야 한다고 믿는다. 그러나 희준은 이런 세상 앞에 왜소하다. 그가 세상을 계몽할 것이 아니라, 그런 세상 앞에 자신이 먼저 변화를 해야 한다고 믿는다.

　　희준이 스스로 변화되어야 할 것은 다음과 같은 문제들이다. 그는 먼저 조혼(早婚)의 악폐를 문제 삼아 사랑의 본질론을 제기한다. 희준은 열네 살 때 이미 그보다 두 살 위인 지금의 아내와 결혼한다. 물론 본인은 반대하였지만 부모의 강요가 워낙 심했었고, 그것은 훗날 부친이 홧병으로 사망할 만큼 큰 불행을 낳는다. 그러나 이런 불행을 그는 이혼이라는 방법으로 극복하려 하지 않는다는 점이 「고향」의 특징이다. 그것은 일시적이고도 개인적인 해결 방법은 될지언정, 사회 전체를 개선하는 힘은 될 수 없기 때문이다. 희준은 불행한 가운데 아들을 낳고, 사랑 없는 부부생활이나마 이어나간다. 그 대신 그의 조혼으로 인한 불행은 시내석 사랑과 사회 개혁이라는 두 가지 문제로 확대된다.

---

71) 이기영, 『고향』(상), 슬기, 1987. p.25.

생활은 싸움이다. 그는 어디서나 이 생각을 잊어서는 안 될 줄 알았다. 적은 자신에게도 자기 집안에도 도처에 있음을 깨달았다. 그만큼 그의 앞길은 점점 험준하여 때로는 아득한 생각을 갖게 한다. '내가 이 짐을 끝까지 질 수 있을까!'[72]

희준의 이와 같은 사회적 자각은 아내의 무지한 개인주의와 대조되기도 하고, 형 명준의 무사 안일한 소아적 태도와 대조되기도 한다. 명준이는 원래 성질이 고리타분하였다. 그는 보통학교를 졸업한 후에 말뚝처럼 꾹 집에만 처박혀 있었다. 형수는 그가 살림살이에 착실한 것을 탐탁히 하는 모양이었다.

아내와 형으로 대치되는 무사 안일주의로부터 그는 심각한 시대적 위기의식을 느끼는데, 이런 정황을 그는 빛과 어둠이라는 상징으로 제시한다.

사방으로 욱여 쌓는 어둠 속에서 최후의 일각까지 싸우고 있는 한 점의 광선! 그것은 무심한 가운데 어떤 중동을 주지 않는가! 희준은 지금 자기를 마치 이 한 점의 광선에 비기고 싶었다. 자기는 지금 묵은 인간의 어둠 속에서 겹겹으로 에워싸여 있지 않은가-- 모든 인습과 무지한 어둠 속에 리기적 흑암 속에서 홀로 싸우고 있지 않은가? 그것들은 참으로 무섭고 용맹하게 자기에게 적대한다. 그것들의 압력이 너무도 거대하기 때문에 자기는 때로 실망하고 주저하고 회피하랴 하지 않았든가?[73]

---

72) 이기영, 앞의 책, p.216.
73) 이기영, 앞의 책, p.217.

그리고 이런 자각은 곧 사회적 투쟁의지로 확대되는 것이다.

그렇다면 광명을 향하여 나가는 지금의 자기가 어둠을 무서워할 것이 무엇이냐? 자기의 주위에 어둠이 둘러싸였으므로 비로소 광명한 자기의 존재가 귀중한 의의를 가질 수 있을 것이 아니냐? 횃불을 높이켜 들고 어두운 세상을 비치어 인간의 새 길을 개척하려는 용사의 걸음이 어찌 신작로 위로 자동차를 달리는 것과 같이 순 편할 수가 있으랴?… 오! 용감한 광명의 용사여! '제가 감히 이 잔을 마실 수 있겠읍니까?'[74]

희준이 외에도 『고향』은 조혼의 폐단으로 불행해진 사람이 많은데, 이 점은 모두 근대화의 요구라는 점에서 커다란 의의를 갖는다. 국실이가 비극적 일생을 살아야 했던 것도 부모의 강요에 의해 애정 없는 결혼을 했기 때문이다. 쇠득이는 국실이를 좋아하고 국실이는 쇠득이를 싫어하지만 국실이는 결국 부모의 강요에 의해 애정이 없는 결혼을 하게 된다. 사랑이 없는 그들의 결혼 생활은 결국 마름과의 불륜관계로 이어지고, 그 결과 소작권을 박탈당하는 비극을 맞이하게 되는 것이다. 인동이와 음전이의 사랑 없는 결혼이나, 인동이와 방개가 서로 사랑하지만 결혼할 수 없었던 일들이 또한 같은 예다. 음진이는 읍내 술장사 딸인네, 희준이 노동자, 농민의 숭요성을 강조하는 말에 감화되어 인동이와 결혼하게 되고, 인동이는 술장사 딸이

---

74) 이기영, 앞의 책, p.218.

싫지만 부모가 돈 있는 집 딸과 혼인하기를 바랐기 때문에 그만 결혼한다. 인동이 서로 좋아한 사람은 방개였다. 그러나 인동이 음전이와 결혼하자 방개는 그만 장터 최접장의 손자이면서 역부를 다니는 기철이와 결혼한다. 그러나 방개와 인동이는 끝내 서로 잊지 못하여, 방개는 결국 제사공장에 취직하고, 인동이는 불행한 결혼생활을 이어가는 것이다.

이에 비하면 박동혁과 채영신의 사랑은 처음부터 이상적인 결혼으로 제시된다. 뜻을 같이하는 동지애로써 그들은 농촌활동을 시작하였고, 농촌활동이 끝나면 그들은 결혼하여 다시 학업을 계속할 것이다. 그들의 결혼은 지금도 행복하지만 그 행복은 앞으로도 보장되어 있다.

> 인제 삼개 년 계획만 더 세우고 노력하면 피차에 일터가 단단히 잡히겠지요. 후진들한테 일을 맡겨도 안심이 될 만큼 기초가 든든히 선 뒤에 우리는 결혼을 하십시다. 그리고는 될 수 있는 대로 좀 더 공부를 하면서 다시 새로운 출발을 하십시다.[75]

그래서 박동혁과 채영신의 농촌활동은 현실이 아니라 이상이요, 모두에게 선망이요 보람인 것이다.

---

75) 심훈, 앞의 책, p.49.

제4장 리얼리즘 소설의 전개

2) 농민운동과 농촌계몽

『고향』의 희준이 원터 마을에서 펼친 주요 사업은 첫째 노동야학, 둘째 청년회 개조, 셋째 농촌개발이다.

『상록수』의 박동혁과 채영신이 벌인 사업도 비슷하다. 먼저 채영신이 청석골에서 야학을 벌인다.

잠자는 자 잠을 깨고
눈먼 자 눈을 떠라.
부지런히 일을 하여
살 길을 닦아 보세[76]

이런 야학은 우매함에 대한 자각운동이요, 단순한 문맹퇴치가 목적이다. 그러나 희준의 노동야학은 노동의 신성함을 일깨우는 일이요, 새로운 노동자 계급의 탄생을 알리는 데 목적이 있다. 희준은 그동안 '대개 장사치들과 은행 회사원들의 중산계급으로서 지식 정도로도 중학 한 개를 똑똑히 마친 사람이 없는' 사람들이 모여 유흥기분에 젖어 있던 것을 고쳐 노동야학운동 시작한다.

징밀 아는 놈이나 있으면 좋게요. 모르는 놈보다도 아는 놈이 잘못 알아서 더 큰 병통이랍니다![77]

---

76) 심훈, 앞의 책, p.54.
77) 이기영, 앞의 책, p.187.

노동의 신성함에 대한 강조와 운명론의 거부, 그것은 희준의 진보론으로 이어진다.

> 그들은 오히려 원시적의 우매한 생각에 사로잡혀 있었다. 인간의 생산력이 유치하였을 때 자연에게 압박을 당하고 사회환경의 지배를 받을 때 그들은 이것을 불가항력으로 돌리는 동시에 인간을 무력하게 보고 따라서 숙명적 인생관을 갖게 되지 않았던가? 지금 이들에게 노동은 신성하다. 사람은 누구나 병신이 아닌 다음에는 노동을 해서 먹고 사는 것이 가장 옳은 일이라고 농사짓는 것과 석탄 캐는 것과 고기 잡는 것과 길쌈하는 것 같은 생산적 노동은 그것들이 우리 사람의 생활에 직접으로 필요한 것인 만큼 더욱 귀중한 일이라고 설명을 한댔자 잘 알아듣지 못한다. 그들은 놀고서도 잘사는 사람을 부러워한다. 놀면서 잘사는 까닭이 웬일인지는 몰라도 사실이 그런 것만은 거짓말이 아니다.[78]

이런 노동 신성론과 진보의 이론은 곧 그의 사회개혁의 의지를 낳는데, 이때 그가 질타하는 기성의 왜곡된 지식인들이란 대개 다음과 같은 사람들을 일컫는다. 장수철, 신문사 지국장인 그는 사십이 넘은 무기력한 선구자로 비겁하기 짝이 없고, 언변이 좋으나 실행력이 없는 인물이다. 김도원, 구한국시대부터 사립학교 선생이요 선각자인 그는 배재학당 졸업생으로 친일분자이다. 면장시절 부정행위를 저질러 파면당하고, 지금은 양조공장을 경영한다. 가난한 마을 사람들에

---

78) 이기영, 앞의 책, p.289.

게 인심 쓰는 척 술재강을 팔아 이득을 보는 악덕 사업가이다. 최목사, 기미년 통에 사상가로 숭앙받다가 어떤 불미한 일로 신도들의 신임을 잃은 그는 엡웰 청년회를 만들어 친목단체를 유지하고 있다. 희준이 청년회를 조직한 것도 이런 조직과 맞서 구시대의 낡은 사고를 청산하자는데 의도가 있다. 그는 기독교 청년회와 맞서 대결한다.

무슨 말이 다 뭐야, 거번 청년회 일만 해도 투서를 하네 밀고를 하네 그게 어디 하나님을 믿는 게야, 세상 권세를 믿는 게지. 글로 보면 모두들 건성이야. 직업 속이고 권력 속이고 목사는 간음을 했어도 그저 쉬쉬하면서 원터 사는 소작인의 젊은 과부 수동이네라든가 누구는 행실이 부정타고 출고를 시켰다지. 그리고 그 집에서 부치는 논까지 떼라고 사방으로 쑤석거린다며?79)

이와 같은 개혁의지와 함께 희준이 청년회 사업을 통해 벌인 사업이란 다음과 같은 사상 계몽이다.

그는 세계라는 무대 위에서 뒤떨어진 조선 사회를 굽어볼 때 청년의 피가 끓어올라서 하루바삐 그들로 하여금 남과 같이 따라가게 하고 싶었던 것이다. 그래서 누구보다도 먼저 고도의 동포를 진리의 경종으로 깨우치고자 그는 나오는 길로 많은 열정을 가지고 청년회를 개혁해 보

79) 이기영, 앞의 책, p.269.

려 하였으나 완전히 실패하고 그 뒤로는 농민을 상대로 농촌개발에 전력해 왔는데, 역시 오늘날까지 이렇다 하고 내세울 만한 것이 아무것도 없었다!80)

이와는 달리, 『상록수』의 동혁이 고향인 한곡리에 가서 펼친 사업은 농우회 조직, 농우회관 건립, 조기회, 금연, 금주운동이다. 뜻을 같이하는 사람으로 건배라는 청년이 있다. 건배는 '교원 노릇을 하다가 쫓겨난 뒤에 화가 난다고 만주로 시베리아로 돌아다니며 바람을 잡느라고 논마지기나 좋이 하던 걸 말끔 팔아 없앴는데 냉수를 먹고 이를 쑤시면서도 궁한 소린 당최 안 하는' 사람이다. 뒤에 지주인 강기천의 꼬임에 빠져 동혁을 배반하지만, 후회하고 돌아온다.

『고향』과 『상록수』의 공통적인 문제는 가난 극복이다. 희준이 희망하는 농촌개발이라는 것도 가난 극복을 위한 길이다. 박동혁과 채영신이 벌이는 농촌계몽도 간난을 퇴치하기 위한 것이다. 그러나 「고향」에서 가난 해결의 방법은 노동파업과 농민투쟁의 형식으로 나타난다. 『상록수』에는 투쟁이 없다. 화해와 소극적인 반항이 있을 뿐이다. 이것이 프롤레타리아 문학이고 아닌 것의 차이다.

먼저, 『고향』이 투쟁을 벌이게 되기까지의 과정을 살펴보면 다음과 같다.

---

80) 이기영, 앞의 책, p.631.

원터 마을 사람들은 그동안 제방공사, 철도부설, 제사공장 건축 등으로 농사 외에 노동을 해서 보릿고개의 춘궁을 버티었는데, 그런 일이 없는 요즈음 가난은 극심하다. '가난 때문이다. 이놈의 돈 원수를 언제나 갚나!81) 아- 돈 돈 원수에 돈….82)『고향』에서 가난은 이처럼 증오의 대상이 된다. 그리고 그것은 사회적인 문제로 제기된다. 가난을 극복하는 문제로 인순이가 제사공장에 취직을 하는데, 이 점은 농촌의 피폐와 도시 산업사회의 형성을 의미한다. 이밖에도『고향』은 농촌의 피폐화 혹은 농민의 몰락 과정을 역사적인 맥락에서 추궁한다.

원칠이가 소작농으로 전락하는 과정은 먼저 흉년이 들고, 부친상을 당하고, 상채를 얻어 쓰고, 그러자 빚더미에 밀려 결국 소작농으로 전락하는 절차를 밟는다. 국실이의 비극적 생애도 마찬가지다. 결혼 이후 부모가 죽고, 그 초상을 치르느라고 조합 돈을 얻어 쓰지만 빚더미에 눌려 결국 마름과의 불륜관계를 낳고, 그 결과 소작권을 박탈당하는 비극을 맞게 된다. 결국 극빈자로 전락하는 과정은 마찬가지다. 그러나『상록수』의 가난은 역사적 전개가 없다. 그들의 한곡리와 청석골은 지금 가난할 뿐이다. 그리고 그 가난은 고리대금업에 의한 경제적 수단의 모순에 의한 것이다. 박동혁과 채영신은 그것을 개선하는 일이 아니라, 지적하는 일을 담당했을 뿐이다.

---

81) 이기영, 앞의 책, p.45.
82) 이기영, 앞의 책, p.47.

3) 계급 구조와 모순 구조

희준의 투쟁은 마름 안승학과의 소작쟁의와 공장주와의 노동파업이라는 두 가지 대결로 나타난다.

마름 안승학의 비행은 다음 몇 가지로 요약된다.

첫째, 속물근성의 이기주의자다. 그는 군 재무계에 오래 있으면서, 민판서네 전장을 복사해 두었다가, 민판서에게 전 마름 이근수를 모함하여 내쫓게 하고 자기가 마름이 된다. 이근수를 모함하기 위하여 전에 국실이를 상관한 일까지도 들춰낸다. 이런 속물근성은 또한 황금만능주의를 드러내기도 한다.

> 너희도 돈을 벌어야 하느니라. 사회니 무어니 하고 떠들어도 결국 돈 가진 놈의 노름이야. 다 소용없어! 그저 돈이다.[83]

이런 속물주의는 곧 퇴폐 행위로 이어지고, 그것은 다시 비정상적인 가족관계를 형성하기도 한다. 그는 4남매를 두었는데, 모두 어머니가 다르다. 숙자, 그녀는 후첩으로, 안승학이 마름 자리를 얻어낼 때 민판서를 꾀어내는 역할을 맡아 안승학의 신임을 받는다. 갑숙, 그녀는 본부인인 유순경의 딸로서 지금 서울에서 살고 있다. 갑성, 그는 장터에 있는 술장사로부터 출생한다. 갑준, 그는 숫처녀 첩에게

---

[83] 이기영, 앞의 책, p.109.

서 출생한다. 갑출, 그는 숙자에게서 출생한다.

안승학의 이와 같은 비행은 결국 부인 유순경과 딸 갑숙에 의해 무너진다. 유순경과 갑숙에게서 보는 여성의 자각은 『고향』의 주요 전환점이다. 유순경이 전근대적인 질곡에서 절규할 때, 박훈의 처인 란희가 그녀를 개조시킨다.

뭬 답답해요. 옳지 못한 것을 없애랴면 옳지 못한 것과 싸워서 이기면 되지 않어요? 예전 말에도 옳은 일을 보고 하지 않으면 용맹이 없다고 했지만 불의를 보고도 그대로 있는 것이 답답한 일이지요. 가령 말하자면 위선 갑숙이 자당으로만 보더라도 남편이 그렇게 옳지 못한 일을 하시거든 다만 굴복만 하지 말고 정당하게 마주 대들어서 싸웠다면 오늘날 그처럼은 안되었을는지도 모르지 않어요. 그것은 나 한 몸을 희생하기 싫다는 이기심보다도 나와 같은 처지에 있는 수많은 불쌍한 여자 학대받는 여자를 사회적으로 향상시키랴는 인류의 정당한 생활을 위해서 말이지요.84)

둘째, 반사회적 이기주의자다. 그는 희준의 사회적 인물을 다음과 같이 비난한다. 그런가 하면 사회운동 하던 박훈이 지금 신문사에 근무하는 것을 보고도 그는 근대 지식인의 몰락으로 보는 입장이다.

----

84) 이기영, 앞의 책, p.274.

사업이 무슨 사업이야. 수신제가 연후에 치국평천하인데 이건 제가
는커녕 수신도 못 하는 위인들이 주제넘게 무슨 일이야 일이. 우리 동
리 희준이가 똑 그 사람을 닮아가지… 그 사람도 아직 이혼은 안 했지
만 참 어째서 이혼을 안 했는지 몰라. 아이구, 그 동경, 대판이고 서양
갔다 온 놈들 툭하면 이혼하는 꼴이라니! 기급할 놈들![85]

셋째, 반근대적 보수주의자다.

얘들아 아닌가 봐라. 늬들 말로 당초에 인간이 생긴 제는 아주 몇십
만 년 전이라고 한다지? 아레와 우소다 게레도모, 그렇다면 몇십만 년
이나 된 사람이 오늘까지 참 사람이 못되었다면 그게 언제 되느냐 말
야. 그러니까 사람은 도로 원숭이가 된단 말이지… 저 개명했다는 서양
놈들 봐라. 모두 털이 노란 게 원숭이 같지 않은가? 하하하[86]

넷째, 그의 보수주의는 왜곡된 양반의식을 드러내기도 한다.

그래서 사람에게도 남녀가 있고 선악이 있고 빈부가 있는데, 아니 가
난이 없으면 누가 노동을 하겠니. 모두 게을러서 제 집 안방에만 자빠
졌게.[87]

---

85) 이기영, 앞의 책, p.247.
86) 이기영, 앞의 책, p.245.
87) 이기영, 앞의 책, p.246.

갑숙과 경호의 혼인 문제를 놓고 '그까짓 장똘방이 자식'과는 혼인할 수 없다는 생각도 왜곡된 양반의식에서 나온 것이다.

『상록수』에도 악덕 지주인 강도사와 그 아들 강기천 형제가 있다. 강도사는 '합방 전 해쩌정 금부의 도사라는 벼슬'을 다녔고, 지금의 생계는 고리대금업이다. 고리대금의 경제 수단은 농촌 피폐의 제일 원인이다. 한곡리에 강도사가 있다면 채영신의 청석골에는 한낭청이 있다. 한낭청은 악덕 지주의 상징이다. 박동혁이 농우회관 건립 문제로 강도사와 대결하는 동안, 채영신은 기부금 납부 문제로 한낭청과 대립한다. 한낭청의 잔치굿에 가서 기부금을 부탁하다가 채영신은 감옥에 가고, 박동혁은 강도사의 농우회장 거부 문제로 감옥에 간다.

이런 갈등은 지주와 일제의 결탁으로부터 비롯된다. 채영신이 청석골에서 벌인 사업은 야학, 의료 봉사와 부녀회 조직이다. 이때 주재소에서 조건을 내세우는데, 장소가 비좁으니까 80명 이상 야학생을 모으지 말라는 것과, 기부금을 강제로 거두지 말라는 것이다. 채영신은 이 점을 어겼다는 것이다.

여러분 이런 공평치 못한 일이 세상에 있읍니까? 어느 누구는 자기 환갑이라고 이렇게 질탕히 노는데 배우는 데까지 굶주리는 이 얼닝들은 비바람을 가릴 집 한 간이 없어서 그나마 길바닥으로 쫓겨났읍니다. 원숭이 새끼처럼 담이나 나뭇가지에 매달려서 글 배우는 입내를 내고요, 조 가느다란 손가락의 손톱이 닳도록 땅바닥에다 글씨를 씁니다.[88]

88) 심훈, 앞의 책, p.64.

희준이 마름과 대결하는 동안 박동혁과 채영신이 일제에 대결하는 것은 각각 다른 의미를 갖는다. 『고향』이 농촌경제 구조의 모순을 파헤치는 것에 비해 『상록수』는 자칫 식민지 시대의 형식논리에 빠질 우려가 있기 때문이다.

『고향』은 다시 '있는 사람'과 '없는 사람'의 두 계층을 분리 설정하기도 한다.

> 얼른 생각하면 이 동리의 가난한 작인들은 그 집에서 분배해 주는 전장을 얻어 부치니까 서로 친할 것 같은데도 실상은 그와 정반대로 간격이 멀어졌다. 없는 사람과 있는 사람들 사이에는 마치 물에 뜬 기름과 같이 한 이웃 간에도 서로 쌓이지 않았다.[89]

새로운 상업자본주의 대두를 강조하는 것도 이런 맥락에서 이해된다. 그는 전원시대의 농촌을 그리워한다. '그 때는 그들에게도 생활이 있었다. 그들의 생활에는 시가 있었다.'고 말한다. 그것은 과거의 일이다. 그러나 지금의 피폐한 농촌을 볼 때 '단지 남은 것이라고는 쉴 새 없는 노동이 끝 창 없는 가난을 파고들 뿐 지금, 그들은 모두 그날 살기에 눈코 뜰 새가 없었다.' 양반과 상민의 차별이 없어진 것도 이즈음이다. 세도 당당한 조판서의 패망에 따른 양반의식의 퇴색은 다음과 같다.

---

89) 이기영, 앞의 책, p.88.

그때 해라 하든 양반들이 차차 혀가 꼬부라져 들어갔다. 그들은 봉건적인 자기네의 생활이 몰락하는 정도를 따라서 마을 사람들 대하는 말투가 달라졌다. 조판서 아들도 지금은 하대하는 말을 하지 못했다. 머리 위에서 바윗돌이 내리눌리는 것 같은 압력에 눌려서 그는 왕년의 호기가 여지없이 쑥 들어가고 말았다.90)

양반이 몰락한 대신 농민의 신분이 격상된다. '농민도 옛날과 같지 않게 사람대접받는 것 같다. 이야말로 개명한세상 덕이었다.' 그러자 새로운 상업주의가 대두한 것이다. 패망한 조첨지가 읍내 권상철 집에 품팔이를 갔다. 권상철의 조부는 조첨지와 친구였다. 그런데 세상이 변하여 권상철이 조첨지를 종처럼 부렸다. 이때 새로운 문제가 생긴다. 전에 없던 지주계급이 생기고, 보수주의자와 진보주의자의 구분이 생긴 것이다. 조첨지는 그 이유를 지전(紙錢)의 등장 때문이라고 본다. 그래서 조첨지는 예전 시대로 돌아가려는 보수적인 데 비해, 김선달은 막연하나마 이 세상의 변화를 노리는 진보주의자가 된다. 조첨지의 이런 보수주의와 대조시켜 김선달은 희준의 진보를 비난하는 것이다. 『상록수』에 계급의 논리가 없다는 것은 큰 차이다.

다음, 인순이의 계급의식이 형성되는 과정을 보면 다음과 같다. 먼저, 친구인 갑숙과의 비교에서 그것은 시작된다.

---

90) 이기영, 앞의 책, p.173.

그것은 우선 갑숙이가 입은 비단옷과 자기가 입은 무명옷이 서로 구별되는 것처럼![91)

그것은 자기가 일하는 공장에서 구체적으로 확인된다. 그리고 그것은 자기 집안의 문제로 확대되면서 사회적 자각을 하기에 이른다. 그것은 노동자 의식의 출발이기도 하다.

자기가 짜는 비단을 남은 저렇게 잘해 입는데 정작 자기는 입을 수가 없는 것처럼 해마다 쌀농사를 짓는 부모는 쌀은 다 어쩌고 재강죽으로 연명을 하는가?[92)

노동자는 농민과 함께 또 다른 사회적 층위를 형성한다. 그리고 노동이라는 점에서 그것들은 사회 전체의 문제로 확대된다. 노동과 가난은 반비례해야 할 성질의 것이다. 노동이 많으면 가난이 줄어들고, 노동이 적으면 가난이 늘어나야 마땅하다. 그런데 『고향』의 현실은 노동이 많은 만큼 가난도 심하다. 그 정비례가 문제인 것이다.

이것은 참으로 노동이 아닌가! 농촌에는 이와 같은 노동이 없는 대신에 거기는 기아가 대신하고 있다. 노동과 기아! 그 어느 편을 낫다 할 것이냐? 아니 그들에게도 농민만 못지않은 기아가 있고, 농민에게도 그들만 못지않은 노동이 있다. 결국 그 두 가지는 그들에게 공통된 운명

---

91) 이기영, 앞의 책, p.89.
92) 이기영, 앞의 책, p.91.

이 아닐까?93)

다음 노래가 그 점을 실감케 한다.

벼 짜고 실 켜는 여직공들아
너이들 청춘이 아깝고나
일 년은 열두 달 삼백은 예순 날
누구를 위하는 길쌈이드냐?
어머니 아버지 날 보고 싶거든
인조견 왜삼팔 날 대신 보소!
공장의 굴둑엔 연기만 솟고
이내의 가슴엔 한만 쌓이네?…94)

이쯤에서 생산자와 소비자의 계급적 관계가 형성될 수밖에 없었던 역사가 파악됨은 당연한 일이다. 길쌈으로 옷감을 생산하던 농경제 사회가 기계로 생산하는 산업사회로 변한다. 농사꾼의 딸이던 인순이가 공장에 가서 공장 노동자가 된 것이 바로 그 예다. 농경사회에서는 자기가 짠 옷감을 자기가 입었는데, 이제는 모든 물건이 만드는 사람 따로 사먹는 사람 따로 생겼다.

부르주아 계급과 프롤레타리아 계급이 탄생한 것노 ㅗ 때문이다.

---

93) 이기영, 앞의 책, p.92.
94) 이기영, 앞의 책, pp.115~116.

사람마다 돈으로만 살게 되니까 돈을 갖지 못한 사람은 돈 많은 사람 밑에 가서 품을 팔아서라도 돈을 벌어야 하고 돈을 많이 가진 사람은 그 돈을 더 늘리려고 돈 없는 노동자를 사다가 모아놓고 물건을 만들게 해서 그것을 상품으로 다시 판다는 것이다. 그래서 큰 공장이 생기고 큰 부자가 생긴다는 것이다.95)

그는 몇천 년 전부터 대대로 물려 나려오든 농민의 아들이 아닌 것 같다. 그는 전고미문인 노동자란 이름을 가졌다. 수로는 몇억만 해로는 몇천 년 동안에 농민의 썩은 거름이 노동자를 탄생하였든가? 농민의 아들 노동자는 새로 깐 병아리처럼 생기 있게 새로운 세상을 바라보는 것 같다. 그리고 이 병아리는 오히려 밤중으로 알고 늦잠이 고히 든 농민에게 새벽을 알리우는 것 같다.96)

『고향』이 무엇보다 다른 점은 갑숙의 프롤레타리아 의식화 과정을 그리고 있는 점이다. 갑숙은 마름인 안승학의 딸이고 인텔리겐챠로서 희준이나 인숙이와는 대립적인 인물인데, 이런 인물이 계급적 인식을 보이고 투쟁에 나서는 것은 처음부터 이 소설의 의도가 어디에 있는지를 짐작게 하는 부분이다. '공장이란 그렇게 자유가 없는 곳인가?' 갑숙의 변화는 이런 발견으로부터 시작된다. 그리고 희준에 대한 다음과 같은 발견에서 그 점은 심화된다.

---

95) 이기영, 앞의 책, p.329.
96) 이기영, 앞의 책, p.330.

그는 누구보다도 정당한 이론을 가진 것 같다. 그는 다만 이론을 하기 위한 이론이 아니라 용감한 실천을 통하려는 이론 같았다. 갑숙이는 그에게서 투사의 면목이 약동하는 기상을 엿보고 놀래지 않을 수 없었다. 이론을 잘 캐는 사람은 얼마든지 있을 줄 안다. 그러나 이론을 실천적으로 옮기는 사람- 아니 실천을 통한 이론에 열심하는 사람은 흔치 않다. 실천이란 말로만은 될 수 없기 때문이다. 그는 이 점에서 희준이를 존경하고 싶은 생각이 났다.[97]

이로부터 갑숙이 공장에 들어가서 투쟁을 벌이기까지는 어떤 논리가 필요한데, 그 논리가 바로 희준의 논리와 일치됨을 우리는 발견한다. 갑숙이 처음으로 희준의 집을 방문하던 날, 그녀는 희준으로부터 가난과 조혼의 피해를 발견한다. 그것은 희준이 시대가 겪는 공통의 부자유로써 또한 갑숙의 부자유이기도 하다. 자기는 물질적으로 행복한 것 같지만, '봉건적 사상과 낡은 습관과 타락한 금수철학이 그의 몸을 싸늘하게 결박'한 것 같은 부자유를 느낀다. 갑숙의 진보적인 사상은 여기서부터 시작된다.

그렇다면 이 시대는 자유를 누르랴 할 것이 아니라 먼저 부자유와 싸워야 할 것이다. 그렇다면 연애니 가정이니 하는 것은 도무지 문제 이외가 아닌가?[98]

----

97) 이기영, 앞의 책, p.332.
98) 이기영, 앞의 책, p.338.

갑숙의 희준에 대한 이해는 곧 투쟁의 길로 통하는 계기가 된다. 희준에 대한 연애감정도 이제는 동지의식으로 바뀐다. 그녀의 아버지가 어떤 사내와 결혼시키려고 하자 그만 '난 공장에나 들어갈라우.'하던 그 발언이 그 예다. 갑숙이 공장에 취직을 할 수 있었던 것도 바로 희준을 통해서다. 희준이는 인순이와 갑숙이를 모두 투쟁의 현장에 투입한 셈이다.

갑숙이는 이제 옥희라는 이름의 공장 노동자로 새롭게 태어난다. 그녀의 노동자의식이 형성되어 가는 과정을 보면 다음과 같다. 먼저, 공장에서 보고 느낀 소감이다.

> 노동자와 농민은 결국 그들의 이윤을 불리기 위하여 원료를 공급하고 상품을 생산하고 다시 소비 계급으로서 자기 자신이 만든 상품을 헐한 품삯을 받은 임금으로 사 먹어야만 되는 것 아닌가?[99]

그러자 그의 논리는 이제 본격적인 유물론적 사상으로 무장하게 되는 것이다.

> 사람은 자연을 극복하여 물질을 풍부히 함으로서만 그들의 생활을 향상하고 인간의 문화를 고상하게 발전할 수 있지 않으냐? 그것은 물질을 토재하고 물질을 해방하는 오직 단순한 이 한 점에서 출발점을 찾을 것이다. 여기에 물질의 위대한 힘이 있다. 물질을 생산하는 노동의 위

---

99) 이기영, 『고향』, 앞의 책, p.474.

제4장 리얼리즘 소설의 전개

대한 힘이 있다.[100)

갑숙이 희준으로부터 교화된 계급주의는 다시 경호에게 파급된다. 갑숙과 희준과의 사랑, 갑숙과 경호와의 사랑은 원래 순수한 연애감정이었다. 그것이 동지애로 변하기까지는 다시 투쟁의 논리가 작용하는데, 이 점이 「상록수」와 다른 점이다. 박동혁과 채영신은 이념의 동지애로부터 연애감정으로 이동한다. 따라서 그들의 농촌계몽이란 아름다운 사랑으로 포장된 한갓 이상주의일 수밖에 없는 것이다.

경호는 상업자본가 권상철이 키운 자식이면서 머슴인 곽서방의 사생아라는 비극적 출신성분을 가진다. 서울에 유학하면서 갑숙을 사랑하지만, 희준과의 사이에 끼어 다시 비극적인 사랑의 화신이 되는가 하면, 안승학의 이기주의에 끼어 다시 비극적인 삶을 사는 인물이다.

하긴 사내답게 틀지진 못하다 할지라도 선비의 재질을 타고 나서 글재주 있고 똑똑하고 의리 있고, 그리고 있는 집 자식의 티를 내지 않는 게 남 보기에도 제일 수더분하였다.[101)

경호는 일심사 중 박수월의 아들인 것처럼 되어 있지만, 실지로

---

100) 이기영, 『고향』, 앞의 책, p.475.
101) 이기영, 『고향』, 앞의 책, p.265.

는 그 동네 머슴인 곽서방의 아들이다. 박수월이 꾀어낸 과부가 한 달쯤 곽서방과 살았는데, 그때 수태만 하고 다시 박수월이 찾아간다. 박수월은 저질의 인간으로 곽서방의 씨앗을 거짓 자기의 자식인 것처럼 속여 권상철에게 양도한다. 『고향』이 경호를 구태여 이런 서출과 머슴의 신분으로 설정한 이유 또한 프롤레타리아 소설이 즐겨 채택하는 신분제 사회의 계급타파라는 중대한 문제와 관련된 것이다.

갑숙과 희준과 경호가 벌이는 사랑의 구도는 그래서 계급화 또는 투쟁화의 과정과 일치된다. 처음에 갑숙이는 경호한테 정조를 바친다. 그러나 그녀의 애정은 희준에게로 경도된다. 그러나 다시 경호와 결혼하는데, 그 과정은 모두 동지애로 해소되는 것이다. 그 갈등 관계를 보면 다음과 같다.

결국 갑숙이 경호를 받아들이지 못하는 이유도 사회적 인간의 결여에서 찾는다. '당신이 만일 나를 사랑할진대 당신은 앞으로 훌륭한 인물이 되도록 공부에 힘을 쓰셔요. 그렇지 않고 다만 가정의 행복을 바라시거든 진작 다른 데로 구혼을 하시던지![102]

실연과 자신의 비극적 출생을 안 경호는 그 뒤 제사공장에 사무원으로 취직한다. 거기서 다시 갑숙을 만나고, 그들은 이전의 연애감은 뒤로 옥희는 다시 경호에게 농민을 위한 삶을 살도록 깨우쳐 주정을

102) 이기영, 앞의 책, p.304.

420
제4장 리얼리즘 소설의 전개

청산하고 동지로서 새 생활을 시작한다. 그러나 공장 파업이 있고 두 사람이 결혼하기로 약속한다. 경호가 자기 신분문제로 심하게 고민할 때, '그럼 당신 아버지를 위해서 살아 주세요. 당신 아버지와 같은 모든 농민과 노동자를 위해서… 참으로 로빈슨 크루소와 같은 열정으로 미개한 인간을 개척해 주셔요.'라고 말한 것은 그의 프롤레타리아 의식의 전부인 머슴과 농부의 순결을 모두 갖는 것을 의미한다.

4) 극복으로서의 투쟁과 화합

희준이 벌인 농촌개발 사업은 구체적으로 두 가지다. 대외적으로 그 하나가 공장파업과 소작쟁의라면, 대내적으로 또 하나가 두레를 조직하는 일이다.

먼저, 두레를 조직한 것은 농민의 화합을 위한 것이다. 이에 맞서 안승학의 방해 공작이 심하지만 그것을 실현하기 위해 마을 청년들이 단결하고, 또 두레 덕분에 노동의 효과는 물론 마을이 화해를 이룬다. 백룡이 모친과 쇠득이 모친이 화해한 것과, 인동이와 막동이 화해한 것 등이 그 예다.

『고향』의 결말은 소작쟁의와 공장파업에 의한 노동자 농민의 승리로 끝이 난다.

먼저, 소작쟁의는 소작료를 부당하게 책정하면서부터 생긴다.

그들은 한 섬의 소작료를 왜 백 근씩이나 정했는지 모른다. 논 한 마지기에 이백 평을 잡아서 한 평에 한 근씩 하자는 것인가? 옛날의 한 섬은, 일백육십 근밖에 안 되던 것을 지금은 어디서나 이백 근씩 받는 것이 아주 불문율이 된 것 같다.[103)

농민을 괴롭히는 건 소작료뿐만이 아니다.

원칠이네 벼는 거진 열 닷 섬이나 났다. 그러나 거기서 이백 근 한 섬씩인 소작료 닷(일천 근)을 제하고 권상철의 돈 십오 원의 본전과 변리를 합한 근 이십 원 돈과 사음의 색조니 배짐 값이니 구장과 동장의 거둠새니 그리고 비롯값 새우젓값 반찬장수 외상과 술값 잔 빚 등을 요새 볏금 오륙 원을 치고 제하고 보면 겨우 사오 석도 남지 못할 것 같았다. 그래 그는 소작료와 권상철의 돈빚으로 서너 섬을 갈러 놓고 이런 예산 속으로 쳐 보고는 고만 눈이 획 돌아가며 고개가 천근같이 숙어졌다.[104)

여기에 재난이 겹친다. 홍수로 인하여 농사에 큰 타격을 입고, 농민들은 마름에게 가서 소작료를 감면해 줄 것을 요구한다. 그러나 소작료 감면은 안 되고, 도조 논만 감해주기로 했다는 통보를 받는다. 그것은 지주의 결정이 아니라, 마름의 농간에 의한 것이다. 원래 마을에는 소작농이 많고 도조 논은 적기 때문에 도조 논을 탕감해 주어봤자 지주로서는 별 손해가 없을 것이기 때문이다. 마름이 지주의 호감을 사려고 지주와 상의하지도 않고 일방적으로 내린 결정이어서,

103) 이기영, 앞의 책, p.460.
104) 이기영, 앞의 책, p.464.

제4장 리얼리즘 소설의 전개

농민들은 서명하여 직접 지주한테 호소하기로 하고 서울로 간다.

　그동안에 민판서 집에서는 간평할 타작관이 내려와서 보고 워낙 수
재가 심한데 동정하여서 그는 웬만하면 작인들이 억울하지 않도록 잘
해 주자는 것을 안승학은 그렇지 않다고 그 사람을 살살 꾀이고 칙사
대접하듯 하는 바람에 사음이 하자는 대로 따랐다.105)

　안승학은 소작료를 탕감해 주지 않는 대신 아직 익지도 않은 벼를
미리 베어 먹으라고 한다. 워낙 굶주리니까, 농민들은 그렇게 하려고
한다. 희준은 궁리 끝에 옥희의 도움을 받아 그런 위기를 넘긴다. 그
리고 안승학과 끝까지 싸우기로 한다. 여기에 갑숙이 적극 가담한 것
은 특기할 일이다.

　부모가 되는 만큼 저도 책임감을 아니 느낄 수가 없어요… 아버지
하나로 인하여 많은 사람이 무고히 고통을 당한다면 그리고 저 한 몸을
희생해서 그 많은 사람을 구할 수가 있다면 저는 그런 부모의 자식 된
죄를 대신해서라도 몸을 바쳐야 할 것 아니여요.106)

　희준과 갑숙이 사랑을 초월하여 동지애를 결성한 것도 이때부터이
다.

---

105) 이기영, 앞의 책, p.639.
106) 이기영, 앞의 책, p.642.

옥희씨 지금부터 나를 동무라고 불러 주셔요. 나는 옥희씨를 같은 동무로 사랑합니다… 인간의 감정 중에 제일 큰 것은 사랑인 줄 알아요… 그리고 부부간의 사랑 자손 간의 사랑이란 것도 이 동지에의 결합이요 결정(結晶)이 아닐까요![107]

가난에 굴복할 수밖에 없는 농민들은 결국 조생벼를 베어 먹기로 결심하는데, 이때 갑숙이 보내온 돈으로 위기를 넘긴다. 익지도 않은 벼를 베어 먹어야 한다는 것은 가난을 극복하는 일에 비추어 볼 때 정상적인 방법이 아니다. 그것은 가난을 볼모 삼아 안승학이 제시한 임시방편적 방법이기 때문에 결국 마름에게 굴복하고 마는 결과가 되고 만다. 그것을 갑숙이 해결해 준 것이다. 갑숙이 돈을 가구당 식구 수에 따라 분배하여 먹고 우선 위기를 극복한다. 안승학과의 투쟁은 다음과 같다.

올 같은 수해이기에 도지를 탕감하여 달라는 것인데 서울 있는 지주 영감은 반대하지도 않는 것을 사음 보시는 으르신네가 맘대로 지주보다도 더 욕심꾸러기 짓을 하려고 하니 말이 됩니까. 일찍이 문제를 해결해 주지 않는다면 댁에서는 아무리 네서 행세를 하고 싶어도 딸을 팔아가지고 위자료 오천 원을 받어먹으려고 하다가 코가 납작해지고 게다가 그 딸의 정조를 유린한 청년이라는 것이 중노끌이어 다니든 여자의 몸에서 애비가 누군지도 잘 알 수 업세 생겨난 사람이라면. 만일 이

---

107) 이기영, 앞의 책, p.643.

사실을 동네 사람들이 안다면 얼마나 조롱거리가 되겠읍니까.108)

만일 기어코 못 들어 주신다면 마름댁의 추태를 세상에 폭로하고 또 지주가 반대하지 않는 요구를 억압하는 사음의 사회적 죄악을 철저하게 규탄하고 응징할 결심이니 그런 줄 아십시오.109)

결국 안승학은 굴복하고, 소작인들이 승리로 끝난다.

이번에는 소작인들이 요구하는 대로 다 듣겠대유. 그 대신에 여기다 가 도장들을 찍어 달래유.110)

우리가 한 달 동안 다툰 문제는 오늘로 아마 확실하게 결말이 난 모양입니다. 이렇게 된 것은 전혀 원터 마을 소작인 일동이 끝까지 온건하게 버티어 온 결과라고 저는 굳게 자신합니다. 이 점을 지금 이 자리에서 여러분에게 감사합니다.111)

같은 시기에 읍내 제사공장에서는 갑숙과 인순과 경호가 노동쟁의를 벌이고 있다. 그 과정은 다음과 같다. 먼저, 회사 측에서 불경기를 핑계로 임시 휴업하는 사건을 벌인다. 밥 먹이고 재워 준다는 이유로 '그래도 사원들의 월급은 깎이지 않고 주주배낭은 세대도 있을 것이

---

108) 이기영, 앞의 책, p.677.
109) 이기영, 앞의 책, p.679.
110) 이기영, 앞의 책, p.685.
111) 이기영, 앞의 책, p.688.

다' 그렇게 말한 경순이 당장 해고당한다. 이 사건 이후 회사원들이 침묵의 파업소동을 벌인다. 결국 옥희가 감독과 타협하여 고두머리를 빼내고 끝내고 파업은 끝이 난다. 노동자의 승리를 의미한다.

5) 현실주의와 이상주의

『고향』의 계급 논리와 투쟁 활동에 비추어 볼 때, 『상록수』가 무엇보다 다른 점은 박동혁과 채영신의 이상적 사랑을 중심으로 꾸려 간다는 점이다. 이 점은 희준이 불행한 가정생활을 하는 점과 크게 다르다. 희준이 자신의 불행으로부터 사회적 자각을 하는 점과 달리 박동혁은 이상적 사랑으로부터 사회활동의 힘을 얻는다.

『상록수』도 사회적 자각이 없는 건 아니다. 그것은 영신이 김정근이란 청년과 혼담이 오갈 때 그에게 제시한 사랑의 조건을 보면 잘 알 수 있다.

> 첫째는 돈을 모아서 저 한 사람의 생활 안정이나 꾀하려는 정근씨의 이구의가 싫어요. (중략) 그건 퍽 영리하고도 아주 현실적인 사상인지 모르지만요 제 목구멍이나 금전밖에 무르는 호인이나 유태 사람은 되고 싶지 않아요! 저라는 개인 이외에 사회도 있고 민족도 있으니까요.112)

---

112) 심훈, 앞의 책, p.87.

그러나 같은 사회적 자각이라도 『상록수』는 계급논리와 투쟁활동이 없다. 그래서 그들 스스로도 자신의 농촌계몽활동을 제 1차 사업이라고 본다.

> 입때까지 우리가 한 일은 강습소를 짓고 글을 가르친다든지 무슨 회를 조직해서 단체의 훈련을 시킨다든지 하는 일테면 문화적인 사업에만 열중했지만 앞으로는 실제 생활 방면에 치중해서 생산을 하기 위한 일을 해 볼 작정이에요.[113)]

그들의 일차 사업이란 문화적인 사업이다. 그리고 생산이라는 사업을 제 2차 사업으로 분리 설정한다. 이 점은 『상록수』의 활동을 스스로 제한하는 결과가 된다. 『고향』은 생산이라는 사업을 위주로 한 소설이다. 소설이 그 목표를 문화와 삶의 두 가지로 구분했을 때 『고향』과 『상록수』는 이미 그 방향을 달리한 셈이다. 『상록수』의 제 1차 사업, 『고향』의 제 2차 사업, 그것은 문화사업과 생산사업이라는 차이를 갖게 되는 것이다. 이런 논리 앞에서는 사랑조차 연애와 결혼이라는 두 가지 사업으로 구분될 수밖에 없다. 연애와 결혼을 분리한 것은 그들의 사랑이 참다운 삶으로까지 인식되지 못하고 있다는 점을 입증한다.

두 사람이 육체적으로 결합이 된대도 내가 할 일이 바로 있나. 이 현실에 처한 조선의 인테리 여성으로서 따로이 해야 할 사업이 있다.

---

113) 심훈, 앞의 책, p.104.

결혼이 그 사업을 방해한다면 차라리 연애도 결혼도 하지 말아야 한다. 청상과부처럼 미스 빌링스처럼 독신으로 늙어야만 한다.

『상록수』는 일차 사업인 이 지점에서 끝나는데, 결말에서 보는 채영신의 가련한 죽음이 또한 이상주의임을 입증한다. 그들의 사업인 청년회의 승리란 결국 다음과 같다.

> 앞으로 진흥회 회원은 과거에 중변으로 쓴 돈도 금융조합에서 놓는 저리 이상으로 갚지 말고 더구나 회의 책임자로는 절대로 돈놀이를 해 먹지 못 자리에서 맹세하고 또 실행해야 합니다.114)

채영신의 건강이 악화된다. 강기천이 농우회 회장으로 당선되자 동화가 참지 못하여 회관에 방화를 하고, 그 바람에 동혁이 구속된다. 박동혁이 감옥에서 나왔을 때 채영신은 사망한 뒤였고, 그러나 그 죽음으로 인하여 그들의 결의는 단단해진다. 그들의 사랑과 민족은 마침내 이상화되는 것이다. 때맞추어 강기천이 패가망신을 하고, 배반했던 건배가 회개하여 다시 농촌으로 돌아온다. 박동혁이 기천이한테 이자 없는 빚을 갚기로 하고 『상록수』는 멋진 승리로 끝을 맺는다. 이런 결말은 선악의 구도가 야기한다. 박동혁과 채영신이 선이라면 강기천이 일행은 악이다. 선과 악이 대립하다가 선이 이기고 악이 멸망한다는 구도는 그것이 삶의 논리에 의탁하지 않았음을 의미한다. 『고향』의 현실주의, 『상록수』의 이상주의가 여기서 구분된다.

---

114) 심훈, 앞의 책, p.126.

제5장 휴머니즘 소설의 전개

1. 이상의 자의식 소설: 「날개」

1) 프롤로그 읽는 법

「날개」는 크게 두 부분으로 이루어져 있다. 화자가 자기 발언을 하는 앞의 프롤로그 부분이 그 하나라면, 뒤에 아내와의 삶으로 이어지는 본문이 또 하나다. 그러나 프롤로그와 본문은 같은 행동이나 이야기로 이어져 있지 않다. 각자 별개의 발언이요, 행동이다. 각각 다른 프롤로그의 발언과 본문의 행동이 합쳐져 소설 「날개」를 이룬다. 한편 프롤로그와 본문에 대한 독자들의 반응도 완전히 일치하지는 않는다. 가령, 프롤로그에서 우리는 '박제가 되어 버린 천재'를 기억하고, 본문에서 우리는 비생활적인 생활을 꾸려가는 '나'를 보게 된다. 그리고 그 '박제가 되어 버린 천재'와 '비생활적인 생활을 꾸려가는 나'가 서로 어떤 관계가 있는지를 알고 싶어 한다. 사실 「날개」는 우리에게 '박제가 되어 버린 천재'를 기억하게 하고, '비생활적인 생활'을 보여주고, 그것들이 서로 어떤 관계가 있는지를 궁금하게 한 것만으로도 큰 장점을 갖고 있는 소설이다. 이 세 가지 사항을 알고 싶은 만큼 우리는 언제나 「날개」를 기억하고 있을 것이기 때문이다. 「날개」의 프롤로그란, 따지고 보면 본문의 기이한 행동에 대한 작가의 문학론에 지나지 않는다. 따라서 본문의 기이한 행동이란 프롤로그에서 그가 제시한 문학관 세계관 인생관에 대한 소설적 장치가 되는 것이다. 이렇게 보면, 「날개」는 결국 내용과 형식이 유기적으로 융화되지 못하고 다만 정보는 정보대로 장치는 장치대로 분리 제시된 셈이 되고 만다. 실지로 「날개」는 그렇게 된 소설이다. 앞의 프롤로그 없이 다만 뒷부분의 기이한 행동만 있었다면 그건 참으로 몰상식한 소설이 되고 말았을 것이다. 또한 뒷부분의 소설적 장치 없이 다만 앞의 프롤로그만 제시되었다면 그건 더구나 상상도 해 볼 수 없는 궤변이 되고 만다. 그래서 「날개」는 내용과 형식이 각각 분리되어 있으면서도 그것들이 서로 유리한 쪽으로 각자를 보완해 주는 새로운 형식의 소설이 되는 것이다. 「날개」의 프롤로그는 이 점에서 그 수사와 내용을 면밀히 검토해 볼 필요가 있다. 그리고 그것이 본문의 행동과 어떻게 관련되어 있는지를 따져 보아야 할 것이다.

「날개」의 첫 문장은 이렇게 시작된다.

박제(剝製)가 되어 버린 천재(天才)'를 아시오?[1]

그것은 짧지만 매력적일 만큼 강렬한 인상을 주는데, 뜯어보면 다음 몇 가지 이유 때문이다. 첫째, '박제'와 '천재'란 단어의 절묘한 대조를 들 수 있다. 박제와 천재는 같은 발음으로 끝나면서 서로 상반된 의미를 가진 단어들이다. 박제가 만일 속이 텅 빈 모형에 불과한 것이라면, 천재는 그 반대로 속이 꽉 찬 실체가 되는 것이다. 이처럼 서로 상반된 단어들을 배합시켜 반어적인 효과를 거둘 때 그것은 동음이의어의 말재주(Pun)가 된다.

이때 우리는 그렇게 말하는 사람의 태도까지도 엿볼 수 있다. 그는

---

1) 이상, 「날개」, 임종국 편, 『이상전집』, 문성사, 1972, p.15.

지금 박제처럼 머리가 텅 빈 사람이라고 말하지만, 사실은 그렇게 말함으로써 자기가 천재라는 걸 은근히 과시하는 것이다. 그건 그렇게 말하는 사람뿐만이 아니다. 이 글을 읽는 독자들까지 마치 자기 심중을 꿰뚫은 말처럼 실감하기는 마찬가지이다. 그만큼 천재와 박제는 사람들 누구에게나 내재해 있음직한 바램이자 또한 두려움으로서의 실체이기 때문이다. 우리는 누구나 천재이고 싶지만 천재가 아니라는 비애와, 천재가 아니지만 천재이고 싶은 욕망의 대결 속에 살고 있다. 박제가 되어 버린 천재를 아느냐고 물었을 때, 그것은 소설가 이상의 물음이 아니라 곧 이 글을 읽는 사람들 자신의 물음이다. 자기 심중을 꿰뚫는 듯한 그 말이 실감나서 사람들은 감탄하는 것이지, 이상의 천재성 때문에 감탄하는 것은 아니기 때문이다.

　"박제가 되어 버린 천재를 아시오?"에 이어지는 다음 기분을 그는 '유쾌하다'고 표현하는데 이것도 주목할 만하다.

　　나는 유쾌(愉快)하오. 이런 때 연애(戀愛)까지가 유쾌(愉快)하오.[2]

　여기서 우리는 「날개」의 역설적인 수사법을 보게 된다. 박제가 되어 버린 천재는 논리적으로 볼 때 슬픈 일이거나 불쾌한 일일 수 있다. 그런데 이 글은 '유쾌하다' 말하고 있다. 이런 때 '연애까지가 유쾌하다' 말하고 있다. 이건 일반 논리에 어긋난 표현이나. 연애란 어차피 유쾌한 행사다. 그래서 '--까지가' 유쾌하다고 말하려면 연애보

---

2) 이상, 「날개」, 앞의 책, p.15.

다 훨씬 유쾌하지 못한 사건이 제시되어야 논리적으로 맞는 문장이 될 것이다. 가령, '이런 때 이별까지가 유쾌하다'고 한다면 오히려 맞을지 모른다.

그러니까 위의 세 문장은 각각 세 차례 반어법을 구사함으로서 독특한 의미를 형성한다. 처음 '박제가 되어 버린 천재'에서, 다음 그것이 '유쾌하다'에서, 그리고 '연애까지가 유쾌하다'는 데서 또 한 차례 각각 반어에 반어를 거듭함으로써, 연애의 비유적 의미에 도달한다. 연애는 일반적으로 유쾌한 사업이지만, 그에게 연애는 합일되기 어려운 부담인지 모른다. '천재가 박제로 변해 버렸오. / 그래서 나는 불쾌하오. / 이런 때 연애까지가 불쾌하오.' 이런 글은 논리적으로는 옳다 하더라도 독자들이 즐겨 읽지는 않을 것이다. 그것은 너무 당연한 말이어서 독자들의 호기심을 불러일으키지 못할 것이기 때문이다. 박제가 되어 버린 천재를 아느냐고 물었을 때 사람들은 호기심을 갖게 되며, 그런데 유쾌하다고 말할 때 사람들은 더욱 신기해하며, 연애까지 유쾌하다고 말할 때 사람들은 말도 안 되는 쾌감을 맛보기까지 한다. 「날개」의 '프롤로그'는 바로 이와 같은 반어법의 연속이다.

> 육신이 흐느적흐느적하도록 피로했을 때만 정신이 은화(銀貨)처럼 맑소. 니코틴이 내 회(蛔)배 앓는 뱃속으로 스미면 머릿속에 으례히 백지가 준비되는 법이오.3)

---

3) 이상, 「날개」, 앞의 책, p.15.

육신의 피로와 정신의 맑음, 흐느적흐느적의 무력감과 은화의 단단함, 이것들은 각각 상반된 개념 혹은 이미지의 대조를 이룬다. 이 또한 반어적 대조법이다. 니코틴이 뱃속으로 들어갔는데, 엉뚱하게 머릿속이 텅 비더라는 것이다. 그것은 두 가지 점에서 의도된 대조를 이룬다. 육체의 상징인 배와 정신의 상징인 머리를 대조시킨 것이 그 하나이고, 뱃속의 검은 니코틴과 머릿속의 하얀 백지를 대조시킨 것이 또 하나다. 표현의 구체성에 대해서도 주목할 필요가 있다.

'니코틴이 내 횟배 앓는 뱃속으로 스미면'이란 '내가 담배를 피우면'이란 말의 구체적인 표현이다. 결국 같은 말이지만 그냥 '담배를 피웠다'보다는 '니코틴이 내 횟배 앓는 뱃속으로 스몄다'고 말할 때 그 동작과 상태가 구체적으로 살아나는 법이다.

담배를 피우면 머리가 띵해지는 것도 누구나 겪는 일이다. 그러나 담배를 피웠더니 '머릿속에 백지가 준비되었다'고 말하면 그것은 곧 자기만의 독특한 표현이 아닐 수 없다. '담배를 피우다'와 '머리가 아프다'는 누구에게나 해당되는 일반적인 표현이지만, '니코틴이 횟배 앓는 뱃속으로 스민다'거나 '머릿속에 백지가 준비된다'는 개별적인 표현이다.

그 위에다 나는 위트와 패러독스를 바둑포석(布石)처럼 늘어놓소. 가증(可憎)힐 싱식(常識)의 병(病)이오.[4]

---

4) 이상, 「날개」, 앞의 책, p.15.

이것은 결국 담배 때문에 멍해진 상태에서 글을 쓴다는 말인데, 이 말을 윗글에서처럼 구체화하자 그만 글쓰기의 행위와 그렇게 해서 쓰인 자기 글의 성격까지도 아주 상세하게 드러남을 보게 된다. 줄 쳐진 원고지가 바둑판이라면 거기 놓이는 글씨는 바둑알일 테고, 그 것들을 생각 있게 써 나가니까 바둑포석처럼 늘어놓는 셈이 될 것이 다. 그리고도 그는 '글' 또는 '소설'이란 말을 한마디도 쓰지 않는 데 주목해야 한다. 그 대신 위트와 패러독스라는 말로 구체화하고 있다. '나는 바둑판같은 원고지에 소설을 쓴다'고 말하지 않고 '위트와 패 러독스를 바둑포석처럼 늘어놓는다'고 하니까, 글쓰기의 행위는 물론 그 글의 성격까지도 구체화되고 만 것이다.

위트와 패러독스란 숭고미와 달리 골계의 장르에 속하는 것들로 서, 비판과 재치를 요하는 지적인 작업의 일환이다. 자신의 그런 태 도를 곧 '가증할 상식의 병'이라 말한 것도 일종의 패러독스다. 위트 와 패러독스는 그래서 배운 자의 배운 짓이 아니고는 불가능한 행위 들이다. 그래서 자신의 글쓰기가 가히 증오할 만한 병이라는 것이다.

나는 또 여인과 생활을 설계(設計)하오. 연애기법(戀愛技法)에마저 서 먹서먹해진, 지성(知性)의 극치(極致)를 흘깃 좀 들여다본 일이 있는 말하 자면 일종의 정신분일자(情神奔逸者) 말이오.[5]

연애란 감정의 합일이다. 또는 육체의 합일이기도 하다. 완전한 연

---

5) 이상, 「날개」, 앞의 책, p.15.

애는 감정과 육체의 완전한 합일을 의미한다. 정신적으로 혹은 육체적으로 완전한 합일이 되려면 우선 연애 그 자체에 몰입해야 한다. 몰입은 자기를 버린 상태다. 그런데 그는 아직 연애 앞에 서먹서먹하다고 말한다. 그것은 몰입되지 못한 상태를 의미한다. 그리고 그렇게 될 수밖에 없는 이유로 그는 '지성의 극치를 흘깃 좀 들여다 본 일이 있음'을 지적한다. 처음부터 감정에 몰입하지 못하고 연애를 다만 논리적으로 접근한 데 대한 비유적 표현이다. '가증할 상식의 병'이라는 말이 바로 그 말이다.

> 이런 여인(女人)의 반(半) --- 그것은 온갖 것의 반(半)이오 --- 만을 영수(領收)하는 생활을 설계한다는 말이오. 그런 생활 속에 한 발만 들여놓고 흡사(恰似) 두 개의 태양(太陽)처럼 마주 쳐다보면서 낄낄거리는 것이오. 나는 아마 어지간히 인생의 제행(諸行)이 싱거워서 견딜 수가 없게 쯤 되고 그만둔 모양이오. 굿 빠이.[6]

연애는 어느덧 세상살이의 비유로까지 확대되고 있다. 여인이 세상에 대한 비유적 표현으로 쓰인 데서부터 그 점은 시작된다. 여인과의 생활을 설계하듯 그는 세상살이를 계획한다. 여인의 반이 아니라, 온갖 것의 반을 영수하겠다는 말이 그 점을 말해 준다. 완전한 연애가 불가능하듯, 그러나 그의 자아와 세계가 일치하기란 어차피 불가능한 일이다. 완전하지 못한 삶, 불완전한 생활은 그가 파악한세상의

---

6) 이상, 「날개」, 앞의 책, p.15.

본질이다. 실제로 「날개」는 어떤 여인과의 불완전한 생활을 보여주고 있다. 따라서 이런 여인과의 삶은 그의 불완전한 세계에 대한 상징적인 파악이다. 그런 생활 속에 '한 발만' 들여놓았다든지 '두 개의 태양'처럼 마주 쳐다보면서 '낄낄거린다'든지가 그 불완전성을 말해 준다. 실지로 「날개」의 방은 둘로 나뉘어 있다. '이런 이 방이 가운데 장지로 말미암아 두 칸으로 나뉘어 있었다는 그것이 내 운명의 상징이었던 것을 누가 알랴?'에서, 아내와 내가 그 방을 각각 나누어 쓰고 있다. 함께 살아야 할 방을 둘로 나누어 쓴다는 건 전체를 살지 못하고 '한 발만' 들여놓은 삶을 의미한다. 전체를 살지 못하고 한 발만 들여놓았으니 흡사 '두 개의 태양'이 된 셈이다. 태양이 두 개이고 보니, 그것은 '낄낄거리는' 상황이 아닐 수 없다. 그 뒤에 인생의 제행이 싱거워서 견딜 수 없다는 말은 본문의 '사실 나는 인간 세상이 너무나 심심해서 못 견디겠다'와 같은 표현이다. 그만큼 그는 세상과 괴리되어 있고 또 일상으로부터 유리되어 있음을 의미한다. 그래서 '굿바이'란 말이 나온다. 이 말은 누군가와 헤어지면서 하는 말이 아니다. 자조와 냉소로부터 생긴 낄낄거림, 곧 '제기럴' 쯤의 자조 섞인 감탄사로 받아들이는 게 좋다.

　꿋 빠이. 그대는 이따금 그대가 제일 싫어하는 음식(飮食)을 탐식(貪食)하는 아이러니를 실천해 보는 것도 좋을 것 같소. 위트와 패러독스와….7)

---

7) 이상, 「날개」, 앞의 책, p.15.

위트와 패러독스는 그의 문학적 행위의 한 방법이다. 세상에 대해서도 마찬가지이다. 연애가 완벽하다면 그 연애 앞에 위트와 패러독스는 필요 없다. 자아와 세계가 완벽하게 조화를 이룬다면 거기에 무슨 문제가 있고 글쓰기의 필요를 느끼겠는가. 위트와 패러독스는 원래 자기가 싫어하는 음식이지만, 그래도 탐식하는 아이러니를 실천해 보지 않을 수 없는 세상이 그의 문학을 낳는다. 20세기 문학은 거부와 비판의 정신적 산물이다. 우리 문학에서는 최소한 이상(李箱)에게서 그 시작을 보게 되는 것이다.

> 그대 자신을 위조(僞造)하는 것도 할 만한 일이오. 그대의 작품은 한 번도 본 일이 없는 기성품에 의하여 차라리 경편(輕便)하고 고매(高邁)하리다.8)

반항과 도전의 문학에 대한 정당성을 그는 반어적으로 주당한다. 그도 반어와 독설이 필요 없는 조화로운 세상을 원한다. 그러나 그의 세상은 그로 하여금 반어와 역설을 피할 수 없게 만들고 있다. 여기서 위조란 말이 가능해진다. 반어와 역설은 원래 그가 바라는 문학이 아니지만, 세상 때문에 그렇게 하지 않을 수 없다는 논리다. 기성의 문학은 반어와 독설이 아니다. 세상이 조화로워서가 아니라, 세상을 보는 안목이 지극히 안일했기 때문이다. 기성의 문학을 상식의 문학이라고 규정하는 근거가 여기 있다. 그의 위트와 패러독스는 원래 바

---

8) 이상, 「날개」, 앞의 책, p.15.

라던 바가 아니지만, 그래도 기성품에 비하면 차라리 거뜬하고 고상하리라는 믿음을 그는 갖고 있다. 상식의 문학을 거부하고 비판과 도전의 문학을 여는 목소리가 아닐 수 없다. 20세기 문학에 대한 인식이다.

> 19세기는 될 수 있거든 봉쇄(封鎖)하여 버리오. 도스토예프스키 정신(情神)이란 자칫하면 낭비인 것 같소. 위고를 불란서의 빵 한 조각이라고는 누가 그랬는지 지언(至言)인 듯싶소. 그러나, 인생 혹은 그 모형에 있어서 디테일 때문에 속는다거나 해서야 되겠소? 화(禍)를 보지 마오. 부디 그대께 고(告)하는 것이니…… '테잎이 끊어지면 피가 나오. 상(傷) 채기도 머지않아 완치될 줄 믿소. 꿋 빠이.9)

그는 지금 20세기 문학을 여는 중요한 시점에 서 있음을 자각한다. 그것은 우리 문학의 또 한 차례 근대적 자각이다. 그는 지금까지 믿어 왔던 19세기 정신을 단호히 거부한다. 19세기 정신이란 도스토예프스키나 유고 등의 도덕적 우수성으로 간주된다. 그 도덕성 앞에 그는 과감히 도전과 비판으로 맞서는 것이다. 인생을 인생이라 단정하지 못하고 모형이라 말한 점에서도 그의 냉소성을 엿볼 수 있다. 인생이 아니라, 그 모형이라고 말할 수밖에 없을 만큼 그는 인생 앞에 당당하지 못하다. 그만큼 그는 인생을 엄숙하게 본다는 의미도 된다. 이쯤에서 그의 인생에 대한 본질론과 세부론이 구분됨을 본다.

---

9) 이상, 「날개」, 앞의 책, p.15.

19세기 식의 도덕성은 그에게는 아무래도 세부론에 해당한다. 그 디테일 때문에 속아 넘어가지 말라는 당부와 함께 본질론을 제시하는 입장이기도 하다. 19세기 정신을 봉쇄하고 새로운 20세기 정신을 제기하는 일은 테잎이 끊기는 일에 비유된다. 테잎이 끊기면 어떤 식으로든지 상처가 날 것은 뻔하다. 그러나 그 상채기는 머지않아 완치될 거라는 게 그의 역사에 대한 믿음이다. 역사란 과거를 버리고 새로운 미래로 이어지는 법이다. 그것은 본질론을 유지할 때 가능하다.

> 감정은 어떤 포우즈. (그 포우즈의 원소(元素)만을 지적하는 것이 아닌지 나도 모르겠소.) 그 포우즈가 부동자세(不動姿勢)에까지 고도화(高度化)할 때 감정(感情)은 딱 공급(供給)을 정지(停止)합네다.[10]

문학은 어차피 감정의 표현이고, 그 감정은 아무래도 어떤 형태의 자기 모습을 띨 수밖에 없다. 19세기 정신도 하나의 포우즈이고, 20세기 정신도 하나의 포우즈에 지나지 않는다. 이때의 포우즈란 디테일의 문제가 아니라, 본질적인 것을 두고 하는 말이다. 원소만을 지적한다는 말이 그 뜻이다. 그 포우즈가 고정관념으로 굳어지면 안 된다는 것이다. 감정은 언제나 새로운 공급으로 변화 발전되어야 한다. 19세기 정신이 20세기까지 굳어지면 안 된다. 19세기는 어디까지나 19세기로 마감되어야 한다. 그리고 20세기에는 새로운 포우즈를 형성해야 한다.

---

10) 이상, 「날개」, 앞의 책, p.15.

이제 프롤로그의 그 끝부분을 보기로 한다.

나는 내 비범(非凡)한 발육(發育)을 회고(回顧)하여 세상을 보는 안목(眼目)을 규정(規定)하였소. 여왕봉(女王蜂)과 미망인(未亡人)――세상의 하고많은 여인이 본질적으로 이미 미망인(未亡人) 아닌 이가 있으리까? 아니! 여인의 전부가 그 일상에 있어서 개개 '미망인(未亡人)'이라는 내 논리가 뜻밖에도 여성에 대(對)한 모독(冒瀆)이 되오? 꿋 빠이.11)

이상(李箱)은 세상을 여왕봉과 미망인이라는 두 상징적인 인물로 설정한다. 이 점은 연애를 세상살이로, 여인을 세상으로, 여인과의 완전한 하나됨을 세상과의 일치로 비유하던 것과 같은 맥락이다. 여인 중에서도 여왕봉과 미망인은 일상에서 범접하기 어려운 황홀함과 권위를 가진 인물이다. 그러나 그들은 황홀하고도 엄숙한 만큼 뭔가를 많이 결여한 인물이기도 하다. 가장 완벽한 것 같으면서도 텅 빈 것 같은 그들은 어쩌면 박제가 되어 버린 천재에 비유될 것들인지도 모른다. 이것은 단지 일상의 여성을 두고 하는 말이 아니다. 그에게 여성은 어차피 세상에 비유될 만한 상징적 대상이다. 그 세상은 여왕봉이고 미망인일 만큼 불완전하다는 말에 대한 전체적 비유가 곧 「날개」의 프롤로그인 것이다. 이런 논리를 모르고 세상의 모든 여인이 곧 미망인이라는 이상의 말에 화를 낸다면 이 여인이야말로 얼마나 웃기는가? 제기럴!

----

11) 이상, 「날개」, 앞의 책, pp.15-16.

2) 폐칩된 자아

「날개」는 자아와 세계의 대립 구도를 완벽하게 작중인물의 구도로 형상화한 점이 특징이다. 아내와 내가 그 안에서 팽팽한 긴장 관계를 이루고 있다. 그러나 그것은 나와 아내를 중심으로 벌이는 일상의 가정사가 아니다. 아내는 세상에 대한 비유적 인물이다. 그 아내와 나 사이에 생긴 간극을 통해 세상에 던져진 나를 들여다보자는 것이 「날개」의 의도이다. 「날개」 안에 세상이 보이지 않는 점은 큰 성공이다. 그만큼 인물의 형상화가 완벽했음을 의미하기 때문이다. 「날개」는 원래 당대의 사회적 배경이나 제한된 현실 속에 자신의 문제를 올려놓는 식의 기성품과는 다른 소설이다. 그것들을 그는 상식의 문학이라 규정하고, 세상을 보는 안목을 새로 제시하려는 것이다. 그것이 이른바 거부와 도전으로서의 20세기 정신이다.

33번지 지번(地番)은 하나인데 그 안에 열여덟 개의 방이 있고, 그중의 일곱 번째 방 하나를 나와 아내가 쓰고 있는데, 그 방마저 반쪽으로 나뉘어 있는 점이 이 소설의 문제이다. 그에게 집은 없다. 방 하나가 고작 그의 전 세계요, 우주다. 방이란 이 넓은 우주 가운데 가장 최소 단위의 공간이다. 이 공간을 집이라 하지 않고 구태여 방이라고 한 점이 그만큼 고립된 상태를 암시한다. 집은 집단의 최소 형태로서 그에게 집이 있다면 그것은 함께 어울려 살고 있음을 뜻하지만, 방은 집단의 형태가 아니다. 방의 상징은 개인이고, 갇혀 있음을 의미한다. 그 예로 그의 방은 낮과 밤이 바뀌어 있다. 그 방에서 그는 낮에 잠자고 밤에 깨어 있다. 낮에는 고요하지만, 밤이 되면 활기차고 화려하고 냄새와 소리가 깨어난다. 그것은 일상과 대조를 이룬다. 대문은 항상 열려 있지만, 열려 있어도 그는 갈 데가 없다. 이웃과의 고립을 의미한다. 문패도 내 이름이 아니라, 아내의 이름이다. 그의 방안에서만 그는 존재하고, 그 밖에 어디서고 그는 부재다. 그 방이 그나마 반쪽으로 나뉜 것이다. 방이 반쪽밖에 안 된다는 건 그의 세계가 그만큼 불완전하다는 것을 의미한다. 그것은 곧 자아와 세계와의 관계에 대한 파악이기도 하다. 세상은 열려 있지만, 그 세계로부터 그는 고립되어 있다. 그 열림과 닫힘, 완전과 불완전한 관계를 함축하는 인물이 곧 아내다.

아내는 그에게 세계를 상징하는 유일한 인물이요, 그 세계로 열리고자 하는 유일한 통로다. 그 세상에 대한 열림과 닫힘, 완전함과 불완전함의 관계가 아내를 통해 다음 몇 가지로 나타난다. 첫째, 아내는 그에게 지고(至高)한 상대인 만큼 그는 아내에게 최악의 존재다. 그에게 아내는 한 떨기 꽃이다. 그러나 그 꽃을 '지키는' 입장이 아니라, 그 꽃에 '매어달려' 사는 거북살스러운 존재다. 그것은 완전함과 불완전함의 관계. 아내의 방은 해가 들지만, 내 방은 해가 들지 않는다. 아내의 방은 화려하지만, 내 방은 누추하다. 아내는 옷이 많지만, 나는 옷이 없다. 아내는 하루에 두 번 세수하지만, 나는 하루에 한 번도 세수하지 않는다. 그 방으로부터의 외출과 갇힘이 또한 세계와의 열림과 닫힘을 의미한다. 나와 아내의 외출은 동시에 이루어지지 않는다. 아내가 외출할 때 나는 집에 있을 수 있고, 아내가 집에 있을 때 나는 외출해야 한다. 그러나 그 외출은 두 사람 모두의 몫이 아니다. 외출은 아내의 몫이고, 나의 몫은 갇혀 있음이다. 아내는 언제나 외출하는 사람으로 상정되어 있다. 손님이 없으면 아내는 언제나 외출하고, 방안에 있는 날은 손님을 맞는다. 그러나 방안에서 손님을 맞이하는 것도 아내에게는 외출에 해당된다. 바깥세상과 만나는 것을 의미하기 때문이다. 그런가 하면 그는 갇힌 인물로 상정되어 있다. 아내가 외출한 동안 그는 언제나 그의 방안에 갇혀 지낸다. 아내에게 손님이 와서 그가 외출을 하게 되더라도 그에게 그것은 외출이 아니다. 세상과의 만남이 아니기 때문이다.

자신의 갇힘에 대하여 그는 불평이 없다고 말하는데, 이 또한 반어적 표현이다. 열리지 못함 혹은 열고 싶은 심정에 대한 간접 발언이다. 그 예로 그는 세 가지 동심의 세계를 지적한다. 첫째, 돋보기 장난이다. 갇혀 있는 동안 돋보기를 꺼내어 창밖의 볕살을 끌어모으는 일인데, 그것은 태양 끌어들이기이다. 아내의 방, 즉 바깥세상에는 태양이 비치고, 그의 방에는 태양이 비치지 않는데, 아내가 외출한 동안 그러니까 자기가 갇혀 있는 동안 그 오색영롱한 태양 빛을 끌어들이는 것이다. 둘째, 거울 보기이다. 그 거울로 그는 바깥세상을 비추어 보지 않는다. 거울이란 원래 남을 비추기 위한 것이 아니다. 자기 얼굴을 보기 위한 것이다. '거울이란 제 얼굴을 비칠 때만 실용품이다'라고 말한 데서 그의 거울 보기는 곧 자아성찰을 의미한다. 셋째, 화장품 냄새 맡기이다. 화장품 냄새는 아내의 체취이자, 세상의 파악이기도 하다. '나의 유희심은 육체적인 데서 정신적인 데로 비약한다.' 여기서 그는 돋보기 장난과 거울 보기를 육체적이라 하고, 화장품 냄새 맡기를 정신적이라 한다. 화장품 냄새는 복합적이다. 이국적인 센슈얼한 향기가 들어 있는가 하면 가지각색 향기의 합계이다. 돋보기로 바깥세상을 끌어들이고, 거울로 자기 자신을 드려다 보고, 화장품으로 복합적인 세상을 파악하고자 하는 그것들이 곧 그가 세계로 통하고자 하는 행위요, 세상으로부터의 자기 자신에 대한 파악이기도 한데, 그것들이 다만 유희적인 동심의 세계로 펼쳐질 때 「날개」의 비현실성은 불가피하다. 그의 갇혀 있음은 자기 모색이나 추구가 아니다. '나는 그러나 그런 이불 속의 사색 생활에서도 적극적인 것을 궁리하는 법이 없다.' 갇혀 있음은 사회적인 단절 그 자체다.

> 내가 제법 한 사람의 사회인의 자격으로 일을 해 보는 것도 아내에게 사설 듣는 것도 나는 가장 게으른 동물처럼 게으른 것이 좋았다. 될 수만 있으면 이 무의미한 인간의 탈을 벗어버리고 싶었다. 나에게는 인간 사회가 스스로 왔다. 생활이 스스로 왔다. 모두가 서먹서먹할 뿐이었다.12)

「날개」의 동심은 사회적 인간을 거부하는 말의 반어적 표현이다. 그에게 인간사회가 스럽고 생활이 스럽다고 말할 때, 그것은 거부의 뜻이 아니다. 인간사회와 생활과 단절된 고립감을 의미한다. 이때 직업론이 대두된다. 아내와 내가 다 같이 직업이 없다고 말할 때 그 직업은 인간사회와 생활을 의미한다. 그런데 아내한테는 그 직업이 있다. 손님을 맞는 일이다. 그러나 나는 그런 의미에서 생활을 갖고 있지 못하다. 일상과의 고립이요, 단절을 의미한다. 돈을 쓸데가 없다는 말도 생활이 없다는 뜻으로 풀이된다. 아내한테 돈을 받았으니까 돈을 번 셈이지만 그러나 그것은 경제적인 생활이 아니다. 구체

---

12) 이상, 「날개」, 앞의 책, p.19.

적으로 쓸 데가 있어야 한다. 그것이 경제적인 생활이다. 생활이 없다는 점에서 그는 완전한 고립이다. 경제적인 고립 외에 또 하나의 고립으로 그는 성(性)을 제시한다. 아내 방에 손님들이 와 있는 동안 그는 성으로부터 완전하게 고립된다. 아내가 손님들과 어떤 관계를 가질 때, 그는 그들로부터 어린아이 혹은 미숙아처럼 외면당한다. 어린아이는 어른들처럼 밥을 먹고 잠을 자지만 그래도 그들을 사회적 인간이라고 말하지 않는다. 제힘으로 돈을 벌어서 쓰지 못하고, 성과 무관하거나 혹은 그것에 미숙하기 때문이다. 그도 마찬가지다. 그도 아내처럼 밥을 먹고 잠을 잔다. 그러나 그뿐 아내의 성과 그는 무관하다. "아내는 한 번도 나를 자기 방으로 부른 일이 없다. 나는 늘 윗방에서 나 혼자서 밥을 먹고 잠을 잤다." 이 점에서 그는 사회적 인간이 아니다. 그 인간사회가 스스럽고, 생활이 스스럽다고 말할 때, 그것은 동심의 상태가 아니라, 거부의 몸짓임을 알게 된다. 그리고 그것은 삶 또는 인간사회에 대한 적극적인 도전이 아니라, 일상과의 거리감 그 자체다. 그리고 그 거리의 이쪽에 언제나 그가 있는 것이다. 그는 그 자신을 의식한다. 일상과의 거리가 멀어지면 질수록 나를 버리고 세계를 향해 달려가는 것이 아니라, 그는 제 자리에 서서 달아나는 세상을 본다. 세상을 보는 것이 아니라, 자기를 본다. 자의식의 충만이다. 외부를 향한 발걸음이 아니라, 내면을 향한 돌아봄, 그것이 20세기 정신의 또 다른 表現이다.

나는 내가 지구 위에 살며 내가 이렇게 살고 있는 지구가 질풍신뢰의 속력으로 광대무변의 공간을 달리고 있다는 것을 생각했을 때 참 허망하였다. 나는 이렇게 부지런한 지구 위에서는 현기증도 날 것 같고 해

서 한시바삐 내려버리고 싶었다.13)

그럴수록 그는 아내한테 갇혀 있는 느낌이고, 그래도 그는 불평이 있을 리 없다. 마침내 그는 외출을 시도한다. 그것은 세상과의 접촉을 시도하겠다는 의미로 파악된다. 세상과 만나는 일은 쉽지 않다.

첫 번째 외출에서 그는 돈 5원을 써 보려고 애쓰지만 쓰지 못하고 돌아온다. 경제적인 생활의 실패다. 돌아와서 자기 방으로 가려면 아내의 방을 거쳐야 한다. 아내는 이미 사내와 어울려 그녀의 삶을 살고 있다. 그래도 '어쨌든 아내의 방을 통과하지 아니하면 안 되는 것'은 그의 운명이다. 아내는 화가 났고, 그는 야단을 맞는다. 손님들이 돌아가자, 그는 아내한테 가서 돈 5원을 주고 잔다. 의사생활(擬似生活)을 시도해 보는 것이다. 돈과 성에 관한 생활을 동시에 실천했을 때 그는 쾌감을 느낀다. 외출의 피로감에서부터 아내와의 쾌감으로 이어지는 의사생활은 진짜 인간사회 또는 일상생활에 대한 또 하나의 반어적 표현이다. 그의 외출은 무려 여섯 차례나 반복된다. 두 번째 외출에서 그가 가진 돈은 2원뿐이고, 세 번째 외출에서 그는 전혀 돈이 없다. 그에게 돈은 성을 제공하고, 성은 생활을 의미하고, 생활은 외출을 요구한다. 이 점에서 그의 외출은 곧 생활을 의미한다. 처음에 돈을 쓸 줄 모르던 데서 차츰 알게 되고, 나중에는 돈이 꼭 필요하게 되기까지, 그것은 생활에 대한 발견의 과정이다. 그러나 이런 의사생활도 오래 지속되지는 못한다. 네 번째 외출에서 그는 아내로

---

13) 이상, 「날개」, 앞의 책, p.21.

제5장 휴머니즘 소설의 전개

부터 충분한 돈을 얻게 된다. 그러나 돈과 성이 충족되자, 이번에는 시간의 활용이 문제였다. 생활은 시간과 밀접한 관계를 갖는다. 시간을 맞추지 못하여 아내의 손님들과 부딪쳐야 하고, 그들과 부딪치지 않기 위하여 그는 시간을 확인하여야 한다. 그와 아내만의 생활을 갖기 위해서는 오직 아내와 손님들과의 시간을 비껴가는 길뿐이다. 이처럼 시간을 활용하려다 보니 그는 어느덧 함께 사는 삶을 살지 않을 수 없었던 것이다. 돈과 성과 시간이 맺는 등식에다가 외출과 생활이 맺는 또 하나의 등식은 「날개」의 기본 구조다. 네 번째 외출에서 이와 같은 등식은 깨어지고 만다. 아내가 그에게 아달린을 먹여 버린 것이다. 아내는 그에게 아달린을 먹임으로써 시간의 개념을 없애 버린 것이다. 그에게 오래도록 잠들게 함으로써 그의 생활을 빼앗아 버린 것이다. 그가 시간을 지키지 못하여 일찍 돌아왔을 때 아내의 생활은 깨어졌고, 그래서 아내는 그를 잠재움으로써 자신의 삶을 되찾았다. 아내가 자신의 삶을 되찾자 이번에는 다시 그의 삶이 깨어졌다. 다시 그의 반쪽 방에 갇히어 잠을 자야 하기 때문이다. 다섯 번째 외출은 이 점에서 절망적인 삶에 해당된다. 비록 의사생활이나마 아내한테 차단되자, 그의 의욕은 절망으로 바뀐다. 그래서 이번에는 아내한테 먹히던 아달린을 손수 먹어 버린다.

그랬더니 이건 참 너무 큰일 났다. 나는 내 눈으로는 절대로 보아서 안 될 것을 그만 딱 보아버리고 만 것이다. 나는 얼떨결에 그만 냉큼 미닫이를 닫고 그리고 현기증이 나는 것을 진정시키느라고 잠깐 고개를 숙이고 눈을 감고 기둥을 짚고 섰자니까 일 초 여유도 없이 홱 미닫이가 다시 열리더니 매무새를 풀어헤친 아내가 불쑥 나오면서 내 멱살을 잡는 것이다. 나는 그만 어지러워서 그냥 나둥그러졌다. 그랬더니 아내는 넘어진 내 위에 덮치면서 내 살을 함부로 물어뜯는 것이다. 아파 죽겠다. 나는 사실 반항할 의사도 힘도 없어서 그냥 넙죽 엎디어 있으면서 어떻게 되나 보고 있자니까 뒤이어 남자가 나오는 것 같더니 아내를 한 아름에 덥석 안아가지고 방으로 들어가는 것이다. 아내는 아무 말 없이 다소곳이 그렇게 안겨 들어가는 것이 내 눈에 여간 미운 것이 아니다. 밉다.[14]

아내의 생활이 고스란히 전개되고 있는 것이다. 그것은 지금까지 꾀했던 아내와의 생활이 괴리되고 있음을 말해 준다. 아내와 손님들과의 생활이 완전하면 할수록 그는 아내한테 멀어진 셈이고, 아내와 괴리되면 될수록 그만큼 그의 생활은 불완전함을 의미한다. 이런 괴리감은 「날개」의 필연적인 운명이다. 마지막 여섯 번째 외출에서 돈과 아내를 버리고 경성역을 찾아간 것은 시간의 생활을 버리지 못한 탓이다. 경성역에는 표준의 시계가 있다. 돈과 성에 관한 아내와의 생활을 버리고 났을 때, 경성역은 대낮이었고, 그는 거기서 커피를 마시고 싶었다. 그러나 커피를 마시려면 다시 돈이 필요했으므로 여기서도 그의 삶은 끝나지 않은 셈이다. 다시 아내를 떠올린 것도 경성역에서다. 돈과 성과 시간의 등식으로 맺어진 생활이 고스란히 이어지고 있는 것이다. 「날개」의 결말은 생활에 대한 극복도 아니고 좌절도 아니다. 그런 의미에서 삶에 접근해 가자는 소설이 아니라, 그런 자아와 세계와의 인식이 그 목적인 것이다.

---

14) 이상, 「날개」, 앞의 책, p.30.

제5장 휴머니즘 소설의 전개

우리 부부는 숙명적으로 발이 맞지 않는 절름발이인 것이다. 내가 아내나 제 거동에 로직을 붙일 필요는 없다. 변해할 필요도 없다. 사실은 사실대로 오해는 오해대로 그저 끝없이 발을 절뚝거리면서 세상을 걸어가면 되는 것이다. 그렇지 않을까? 그러나 나는 이 발길이 아내에게로 돌아가야 옳은가 이것만은 분간하기가 좀 어려웠다. 가야 하나? 그럼 어디로 가나?[15]

아내는 그가 파악한 운명적 세계관이요, 인생관에 대한 상징적 표현이다. 그 자아와 세계가 절름발이처럼 발이 맞지 않음은 19세기에 대한 거부와 도전의 정신이 바탕에 깔려 있음이다. 그 점을 논리적으로 설명할 수도 없거니와 설명할 필요도 없다. 다만 거부하고 또 거부할 뿐이다. 그것이 곧 절뚝거림이지만 그래도 걸어야 한다. 확실한 것은 반드시 아내한테 돌아가지 않아도 된다는 점이요, 어디론가 가기는 가야 한다는 점이다.

이때 사이렌 소리와 사람들의 푸드덕거림, 유리, 강철, 대리석, 지폐, 잉크는 기계문명으로 상징되는 20세기 문명을 일컫는다. 그리고 지금은 그것들이 '부글부글 끓고 수선을 떠는' 그야말로 현란을 극한 정오다. 그러나 지금은 없는, '내 인공의 날개가 돋았던' 겨드랑이는 19세기 사람들의 것이다. 여기에 날개를 달고 다시 20세기를 날고 싶은 작가의 욕망을 보게 된다.

---

15) 이상, 「날개」, 앞의 책, p.31.

2. 박태원과 산책자 소설: 「소설가 구보씨의 일일」

1) 도심의 산책자

「소설가 구보씨의 일일」(《조선중앙일보》, 1934.8.1-9.1)은 제목이 말해주는 그대로 이 소설은 '구보'라는 1930년대 한 지식인이 하루 동안 서울의 중심가를 배회하는, 이른바 산책자 소설이다.

작중인물인 '구보'의 나이는 스물여섯 살이다. 박태원이 이 소설을 쓸 때 실제 나이도 스물여섯 살이었다. 박태원의 의식 상태가 그대로 '구보'에게 투사되었음을 의미한다. 배회자 혹은 산책자는 근대도시의 형성과 함께 나타난 아주 독특한 도시형 인물유형이다. 소설에서 배회자가 가장 먼저 등장한 곳은 파리였다. 이후 런던, 베를린, 더블린, 페테르부르크 거리에 이어 서울 거리도 배회자의 공간으로 대두되었다. 배회자는 이러한 거리를 목적 없이 거닐면서 도시를 바라보고, 변화에 대해 이야기한다. 배회자는 방관자이면서 관찰자이고, 관찰자이면서 비판자이다.

작가의 아호 '구보'는 이 소설이 발표되고 나서 별명처럼 붙여진 이름이라고 한다. 원래는 '仇甫'였는데, 주위에서 '仇'자를 불쾌히 여겨 '九甫'로 권면하는 사람들이 많았으므로, 생각 끝에 '丘甫'로 확정하여 선언하였다.

(1) 작중인물의 산책코스에 따라 이동 장소를 표기하면 다음과 같다.

집 → 청계천변 → 광교 → 종로거리 → 화신상회 앞 → 전차 → 조흥은행 앞 → 장곡천정 → 다방 → 청계천 쪽 골목 안 골동품점 → 전찻길 → 태평동 거리 → 남대문 → 경성역 → 조선은행 앞 → 양복점 → 다방 → 종로 네거리 → 종로 경찰서 → 다료 → 대창옥 → 황토마루 → 광화문통 → 다방 → 조선호텔 앞 → 종각 뒤 술집 → 낙원정 카페 → 종로네거리 → 집

(2) 이동 경로에 따라 인물이 관찰하고, 비판하고 주목한 것들이란 매우 방관적이다.

집: 서울 수중박골(현 수송동)에서 태어났으나, 이 작품을 쓸 당시는 경성부 다옥정 7번지에 살던 것으로 되어있다. 이곳은 '종로 네거리에서 얼마 안 되는 광교 천변'이라고 한다.
↓
청계천 변을 따라 광교 쪽으로 걷다.: 오전 11-12시 무렵
↓
광교 다리 모퉁이에 이르러 갈 곳을 고민하다.:
↓
걸음을 걷기로 하고, 종로 거리를 걷는다:
↓
전차 선로를 두 번 횡단하여 화신상회 앞으로 간다.:
↓
백화점 안으로 들어간다.
↓

안전지대에 가서 전차를 기다린다. -사람들이 전차를 타니까 그도 뛰어오른다.

↓

조선은행 앞에서 내려 장곡천정을 향해 걸어간다.:

↓

장곡천정의 다방에 앉아 한 잔의 홍차를 즐긴다.: 오후 2시

↓

다방을 나와 부청 쪽으로 걸어간다.

↓

다방 옆 골목 안으로 들어가, 젊은 화가가 경영하는 골동품점에 들러본다. 화가는 없다.

↓

전찻길로 걸어 나온다.

↓

두통을 느껴 한 길 위에 서 있는다.: 어린 시절 밤새며 책을 읽다가 건강이 손상되었음을 생각하다.

↓

태평동의 거리를 걸으며 최서해를 떠올린다.: 서해의 신경쇠약. 서해의 너털웃음.

↓

남대문을 안에서 밖으로 지나가보기로 한다.: 맥없는 지게꾼들. 고독을 느끼며 사람들이 약동하는 곳으로 가고 싶은 생각. 삼등 대합실 군중 속의 고독을 피하기 위해 경성역으로 간다.

↓

454

경성역: 군중 속의 고독. 무관심. 의구심 등 온갖 혐오감을 실감하다. 개찰구 앞에서 금광부로커 두 사람을 보며 황금광시대임을 떠올리다. 중학교 때 열등생이 돈 많고 예쁜 여인과 사귀는 걸 목격.

↓

경성역을 빠져나와 다시 걷는다.

↓

조선은행 앞: 구두를 닦으라는 신기료장수의 말에 불쾌감을 느낄 만큼 피로, 불안, 신경질.

↓

길가 양복점: 친구에게 전화를 걸기 위해 전화를 빌리다. 친구를 불러내다.

↓

다방: 그가 좋아하는 '스키피'의 '아이아이아이'를 틀어주는 것에 애정을 느낀다. 벗을 만나다. 구보의 소설을 논하다. 작품 속의 인물들이 모두 늙었다는 벗의 지적.

↓

벗과 헤어지고 나서 어느 틈엔가 종로 네거리: 노는 계집의 무리들을 보고, 그들의 무지와 위태로운 세상살이의 걸음걸이를 본다.

↓

종로경찰서 앞을 지나, 다시 나료: 벗을 기다리다. 독신사의 비애와 옛 추억

↓

벗과 함께 대창옥: 설렁탕을 시키다. 무사시노칸을 구경하던 옛 여대생에 대한 추억에 젖다.

455

↓

황토마루 네거리: 벗이 떠나다. 히비야 공원 앞에서 그녀를 보내던 기억.

↓

광화문통: 쓸쓸한 길을 걸으며 그녀의 가엾은 뒷모습을 떠올리다. 후회. 벗의 조카아이들을 만나 수박 두 덩이를 사주고 돌려보내다.

↓

다방을 향해 걷는 길: 전보 배달의 자전거가 지나는 것을 보면서 자신도 우편물을 받고 싶다는 성욕의 어느 형태로서의 발현을 느낌. 어떤 단편소설의 결말로 모든 벗에게 엽서를 쓰는 자신을 떠올리다.

↓

다방: 자신을 구포씨라고 부르는 어느 생명보험회사의 외교원을 만나다.

↓

벗과 함께 조선호텔 앞을 지나 한없이 걷다.: 아내와 계집과 딸의 세 가지를 다 갖고 싶어 하는 멋의 고독을 발견한다. 벗에게 술을 사달라고 한다.

↓

종각 뒤 술집: 자주 다니던 집인데, 벗이 흥미를 가지던 여급이 없어졌다.

↓

낙원정 카페: 그 여급을 찾아왔다. 여급들과 정신병을 논하고, 노트에 서술한다.

↓

종로 네거리: 가는 비가 내린다. 잠을 못 이루고 아들을 기다릴 어머니를 생각하다. 다시 만나자는 벗의 말에 자신은 이제 새로이 창작에 들어갈 것이라고 각오하다.

↓

집

2) '구보씨'의 자아 찾기

「소설가 구보씨의 일일」의 구보도 「날개」의 '나'처럼 스물여섯 살의 사내다. 그리고 박태원과 이상이 이 소설을 쓸 때 실제 나이도 스물여섯 살이었다. 나이뿐만이 아니다. 그들 많은 소설 가운데 구보는 박태원의 의식 상태가, '나'는 이상의 의식상태가 가장 많이 투사된 인물들이다. 박태원은 구보라는 인물을 형상화할 때 먼저 작가 자신을 모델로 설정하였다. 이 세상의 누군가를 통해 구보라는 인물을 전형화한 것이 아니라, 구보를 통해 자기 자신의 의식 상태를 추적해 보고자 한 것이다. 이상도 마찬가지다. '나'는 다른 사람이 아니라, 작가 자신이다. 그가 직접 작품 속으로 들어가 '나'가 된 것이다. 구보가 박태원이고, '나'가 이상이다. 그들이 직접 작품 속을 걸어 다니면서 사랑하고 미워하는 동안 자기 안에서 무엇이 일어나고 있는가를 확인하는데, 이제 그 몇 가지 확인 방법을 보면 다음과 같다.

(1) 여인의 의미

그들은 각각 어떤 여자들과 관련되어 있고, 그 여자들과 완전한 하나 되기를 원한다. 하나 되기를 원할 만큼 지금 그들은 세상과 괴리되어 있다. 자아와 세계와의 불일치, 두 소설은 이 문제로부터 시작된다. 「날개」의 '나'는 지금 결혼한 아내와 불완전한 상태에 있고, 구보는 결혼 안 한 상태에서 장차 어떤 여자와의 완전한 만남을 노리고 있다. 그 때문에 구보의 여자들은 한 인물에 국한되지 않는다. 그의 상대는 결혼을 염두에 둔 가장 신성한 여자로부터 불행한 카페 여급에 이르기까지 다양하다. 그것은 세상의 다양성에 대한 상징적 표현이다. 여자에 대한 태도 또한 선망과 호기심으로부터 동정과 연민의 감정에 이르기까지 다양하게 걸쳐 있다. 때로 여자는 순결한 대상과 불순한 대상으로 대조되기도 한다. 그러다가 마침내는 자기 어머니에게로 회귀하는 것이 구보의 성향이다. 「날개」의 여자는 한 인물에 국한된다. 그 여자는 '나'의 아내이면서 창녀이다. 「날개」는 그런 아내로 시작되어 그런 아내로 끝맺는다. 따라서 여자에 대한 감정도 다양하지 않다. 이상에게 여자는 선망과 호기심의 대상도 아니거니와 동정과 연민의 대상도 아니다. 물론 여자의 순결함과 불순함을 대조시키지도 않는다. 「날개」의 여자는 어디까지나 내가 추구하는 세계에 대한 상징물일 따름이다.

여인과의 하나 된 삶을 그들은 완전하고도 이상적인 의미에서 '생활'이라는 표현을 쓰고 있다. 그러나 그 '생활'에 임하는 태도에서 구보와 이상은 각각 다른 양상을 드러낸다. 구보는 자꾸만 자기에게 아직 생활다운 생활이 없다고 말한다. 그래서 구보의 현재는 대단히 무의미해 보인다. 그리고 언젠가는 참다운 생활을 꾸려야 한다는 당위론에 빠져 있다. 그런가 하면 이상의 「날개」는 생활 그 자체를 거부한다. 생활이라는 것에 의미를 부여하지도 않거니와 참다운 생활을 모색하지도 않는다. 다만 현재의 생활 그 자체가 있을 뿐이다. 구보는 생활이 없다면서 뭔가 생활을 찾아다니니까 그것이 생활인 것처럼 보이지만, 이상은 그것이 진짜 생활이면서 아무것도 하는 일이 없으니까 생활처럼 보이지 않을 따름이다. 그가 하는 일이라고는 아침부터 밤까지 잠자는 일이다. 그러나 무위도식도 생활이다. 이상은 생활을 하면서 생활이 없고, 구보는 생활을 안 한다면서 생활이 있다. 그러니까 그 생활이 더 무의미해 보인다.

이때 여인과의 하나 됨을 위한 길은 '사랑'이라는 걸 그들은 모를 리 없다. 그러나 그 '사랑'에 임하는 태도에서도 구보와 이상은 각각 다른 양상을 드러낸다. 구보는 자꾸만 사랑하려 하고 사랑의 의미가 무엇인지를 자문한다. 그 대신 그에게는 아직 사랑이 없다. 이상은 사랑한다는 말을 아예 쓰지 않는다. 그 대신 '소중히 여긴다'는 말을 쓴다. 이것은 남녀가 얽혀 사는 삶을 표현하는 말로써 그 속에 이미 사랑이라는 의미를 내포한다.

'행복'이라는 점에서도 그러하다. 여인과의 하나 됨을 위한 길이 '사랑'이라면, 그 사랑으로 이루어진 '생활'에는 이미 '행복'이라는 의미가 내포되어 있는 것이다. 구보는 시종일관 그 행복을 찾아 나선다. 그것은 '생활'을 찾아 나선다는 것과 같은 의미를 갖는다. 그리고 행복이란 무엇인지, 그 의미를 끊임없이 찾고 싶어 한다. 그러나 그에게 아직 행복은 없다. '생활'이 없는 것이다. 그런가 하면 「날개」의 이상은 구태여 행복의 의미를 부여하려 하지 않는다. 그것은 생활을

459

하면서도 생활이 없다고 말하는 것과 같은 이치이다. 행복도 불행도 그에게는 아무것도 소용없고 지금 그는 다만 쾌적함을 느낄 뿐이다.

이런 여인과의 하나 되지 못한 삶이란 곧 세상과의 조화되지 못한 삶을 의미한다. 구보가 여인과 하나 됨의 행복을 추구하듯, 이상이 여인과 하나 됨의 행복을 추구하듯, 그들은 늘 세상과 괴리되어 있는 자신을 발견한다. 이런 사항들이 어떻게 나타나고 있는지 좀 더 구체적으로 살펴보기로 하자.

(2) 갇힘과 외출

「날개」의 '나'는 심리적으로 아내한테 구속되어 있는 상태다. 그래서 종속되지 않고 동등한 상태에서 완전한 하나 되기를 그는 희망한다. 그것은 상대적인 열등감이기도 하다. 「날개」는 그 결핍을 채우고자 하는 욕망충족의 표현이다. 그러나 구보는 항상 여자보다 우위에 있는 자신을 발견한다. 이 점에서 「날개」와 대조를 이룬다. 그는 언제고 자기가 허락하기만 하면 여자의 사랑을 획득할 수 있다고 믿고 있다. 그것은 상대적인 우월감이다. 이 점에서 구보는 결핍이 없는 인물이라고 말할 수 있다. 소설은 어차피 욕망의 충족 과정이라는 평범한 진리에 비추어 볼 때, 이미 꽉 차 있는 것 같은 구보는 문제적 인물일 수 없다.

아내와의 관계에서도 「날개」의 '나'는 아내의 꾸지람이 '무섭다'는 표현보다 '성가시다'는 표현을 쓴다. '성가시다'는 '무섭다'보다 훨씬 개인적인 성향을 함축하는 표현이다. '무섭다'는 그 심리적 내면에 내가 누군가를 의식하고 인정하는 태도가 보이지만, '성가시다'는 그를 꺼리고 회피하려는 자세가 엿보인다. 이 점에서 개인적인 성향이라고 말할 수 있다. 이에 비하면 구보는 세상이 성가시다는 쪽보다 세상을 무서워하는 쪽이다. 이상은 세상을 무의미하다고 하지만, 구보는 의미를 추구하고자 한다.

이상과 구보는 어떤 신경성 질환을 앓고 있는 점에서도 서로 유사점을 갖고 있다. 그렇지만 그 질병을 표현하는 태도는 각각 다르다. 구보는 환자가 아니면서 자기가 환자라고 말한다. 그러나 이상은 결코 환자가 아니라고 말하지만 환자임에 틀림없다. 그는 소아병적이다. 뭐든지 모른 척한다. 그러나 구보는 우월감에 차 있다. 뭐든지 남보다 낫다고 생각한다. 다만 자신이 우월감에 차 있는지를 모를 뿐이다. '나'는 야맹증이다. 자기가 야맹증인 것을 알기 때문에 그는 될 수 있는 대로 밝은 곳을 찾아 나선다. 구보도 시력이 나쁘다. 그러나 더 이상의 처방은 없다. 더 이상의 처방 없이 시력이 나쁘다고만 말할 때 그것은 엄살일 수도 있다. 그러면서도 그들은 다 같이 피곤해한다.

소설 속의 구보는 소설을 쓰고, 「날개」 속의 '나'는 시를 쓴다. 그러나 구보는 소설을 쓰기 위해 체험하고, 이상은 체험 속에서 어쩔 수 없이 시를 쓴다. 구보의 소설 대상은 여자이고, 이상의 시적 대상은 아내이다. 두 사람 모두에게 여자는 상대적인 상관물임이 분명하다. '외출'은 두 소실이 공유하는 원심력이사 구심점이나. 이상은 손님이 아내한테 돈을 놓고 가는 것이나 아내가 자기한테 돈을 주는 것으로부터 일종의 돈 쓰는 '쾌감'을 깨닫는다. 그것은 외출과 관련되어 있다. 원래 외출은 아내의 열린 세계에 대한 상징적 표현이다. 아내가 외출하는 대신 '나'는 늘 갇혀 있다. 아내의 외출과 돈 쓰는 쾌감은 사물의 겉과 속처럼 하나를 이룬다. '나'가 돈 쓰는 쾌감을 맛보기 위해 외출을 한다는 것도 그 점에서 상징성을 내포한다. 그러나 구보의 외출에는 상징성이 없다. 소설의 장치 그 자체가 외출이다. 외출하는 이유를 구보는 소설쓰기 위한 것이라고 한다. 그 외출에서 그는 여자를 만난다. 여자를 만나 인생을 이해하고, 그 이해가 곧 소설이라고 믿는다. 따라서 외출은 구보에게 목적의 시작이요 끝이지만, 이상에게는 중간에 필요한 방법적 도구에 지나지 않는다. 처음에 이상은 돈이 필요 없다가 나중에 외출 때문에 돈이 필요해졌다. 그러나 그는 돈이 없다. 구보도 돈이 없다. 그러나 돈의 필요성은 각각 다르다. 이상은 아내와의 쾌감을 맛보기 위해 필요하지만, 구보는 일상적인 생활인이 되기 위해 돈이 필요하다.

외출은 '귀가'를 전제로 한다. 구보의 귀가에는 어머니의 기다림이 있다. 그래서 구보는 귀가에 대해 언제나 조급해하고 당연시한다. 원점 회위의 원형적 귀결이다. 그러나 이상의 귀가에는 기다림이 없다. 아내는 그의 귀가를 바라지 않는다. 그것은 원점회귀가 아니다.

생활을, 생활을 가진 온갖 사람들의 발끝은 이 거리 위에서 모두 자기네들 집으로 향하여 놓여 있었다. 집으로 집으로, 그들은 그들의 만찬과 가족의 얼굴과 또 하루 고역 뒤의 안위를 찾아 그렇게도 기꺼이 걸어가고 있다. 문득, 저도 모를 사이에 구보의 입술을 새어나오는 탁목(啄木)의 단가(短歌)----'누구나 모두 집 가지고 있다는 애달픔이여 / 무덤에 들어가듯 / 돌아와서 자옵네'16)

외출과 귀가의 반복에도 불구하고 이상은 언제나 안방에 처박혀

제5장 휴머니즘 소설의 전개

있는 상태이고, 구보는 언제나 거리를 헤매는 상태이다. 그러나 이상은 안방에서 자꾸만 밖으로 나가려는 소설이고, 구보는 거리에서 집으로 들어가려는 소설이다. 집을 구심점으로 한 원심력적 소설이다. 가족, 여자, 독서, 창작, 이런 것들이 모두 행복의 조건인데, 모두 집 안에서 이루어져야 할 것들이다. 따라서 그의 외출은 내내 임시적인 것처럼 느껴진다.

(3) 노정의 자아

「소설가 구보씨의 일일」에서 우리는 다음 세 가지 사항을 주목할 필요가 있다. 첫째, 구보의 일과에 비친 노정(路程). 둘째, 노정에서 만난 사람 또는 목격한 사항들. 셋째, 노정에서 만난 사람이나 혹은 목격한 사항들로부터 연상된 구보의 의식세계. 「소설가 구보씨의 일일」은 이상 세 개의 층위로 되어있다. 이것들은 사실상 분리될 수 없는 문제들이다.

먼저, 구보는 집을 나와 천변 길을 광교 쪽으로 향하여 걸어간다. 이때부터 구보의 일과는 시작된다. 아침나절 느지막한 시간이다. 천변길의 다리 모퉁이를 지날 때 구보는 두통을 느낀다. 그러나 그것은 자신의 신경쇠약에서 나온 증세라는 걸 그가 다 알고 있다. 먼저 자기의 귀 기능에 의혹을 깃든다. 그리고 종로를 보며 다시 걷다가 시력을 저주한다. 이런 증세는 이상의 볼록거울 놀이나 화장품 냄새 맡

---

16) 박태원, 「소설가 구보씨의 일일」, 『소설가 구보씨의 일일』, 깊은 샘, 1994. p.52.

기와 대조된다. 이상의 경우 그것들은 일상을 거부하는 내면화의 일종인 데 비해 구보의 그것은 일상과 직접 관련된 대비다. 이상의 그것이 소아병적이고 오락적인 데 비해 구보의 그것은 성인들의 엄숙성을 내포한다.

화신백화점에 들어간다. 거기서 구보는 젊은 내외와 아이의 가족을 보고 행복이란 말을 떠올린다. 다시 밖으로 나오며 '자기는 어디 가 행복을 찾을까 생각한다.' 이 점에서도 이상의 행복론과 대조된다.

> 그러나, 이것은 행복이라든가 불행이라든가 하는 것을 계산하는 것은 아니었다. 말하자면 나는 내가 행복되다고도 생각할 필요가 없었고, 그렇다고 불행하다고도 생각할 필요가 없었다. 그냥 그날그날을 그저 까닭 없이 편둥편둥 게으르고만 있으면 만사는 그만이었던 것이다. 내 몸과 마음에 옷처럼 잘 맞는 방 속에서 뒹굴면서 축 처져 있는 것은 행복이니 불행이니 하는 그런 세속적인 계산을 떠난 가장 편리하고 안일한, 말하자면 절대적인 상태인 것이다. 나는 이런 상태가 좋았다.[17]

'행복이니 불행이니'하는 것은 이상에게 '세속적인 계산'을 의미한다. 그래서 그 대신 '가장 편리하고 안일한' 상태라는 말을 쓰는데, 그 말을 요약하면 '절대적'인 상태가 된다. 이런 차이는 삶의 방식에서 비롯된다. 이상의 「날개」는 유희본능이 지배적이다. 그러나 구보에게는 유희본능이 없다. 뭐든지 본격적으로 추구하고 행동한다.

----

17) 이상, 「날개」, 앞의 책, p.17.

제5장 휴머니즘 소설의 전개

전차 안에서, 그는 고독이 싫다. 한때 그는 고독을 즐겼지만 요즈음은 외로워지는 게 무섭다. 동전의 숫자를 보며 어떤 의미를 캐고 싶지만 그만둔다. 의미 있는 일이 곧 행복은 아니기 때문이다. 어머니가 소개해서 예전에 선본 여자를 먼빛으로 본다. 그러나 그들은 서로 사랑하는 것도, 사랑하지 않는 것도 아닌 사이임을 확인하게 되고, 그 여자가 시야에서 사라졌을 때 그만 자신의 행복을 놓치는 것 같은 느낌을 받는다. 또 하나의 새로운 여인을 발견한다. 그 여인은 구보에 얽힌 많은 여인을 연상시키며, 행복에 관한 문제를 생각게 한다.

여성에 대하여 그러한 관찰을 하는 자기는, 혹은 어떠한 여자를 아내로 삼든 반드시 불행하게 만들어 주지나 않을까, 하고 생각하였다. 그러나 여자는---. 여자는 능히 자기를 행복되게 하여 줄 것인가.[18]

이런 행복은 매우 피상적으로 보인다. 벗의 누이에 대한 짝사랑의 추억을 떠올린다. 아름답고 사랑스러웠지만, 나이가 세 살 위에라 결혼할 수 없었고, 시집가서 평범하게 잘살고 있는 그녀를 만났을 때 '구보는 가만히 한숨짓는다. 그가 그 여인을 아내로 삼을 수 없었던 것은, 결코 불행이 아니었다. 그러한 여인은, 혹은, 한평생을 두고, 구보에게 행복이 무엇임을 알 기회를 주지 않았을지도 모른다.'고 생각한다. 쐐 이상적인 것 같지만, 현실적인 발상임을 알 수 있다.

조선은행 앞에서 구보는 전차를 내려, 장곡천정을 향해 걷다가 다방

---

18) 박태원, 「소설가 구보씨의 일일」, 앞의 책, p.31.

으로 들어간다. 다방에서 그는 할 일 없는 젊은이들을 본다. 그들은 바로 구보 자신의 모습이다. 커피를 마시면서 그는 '양행비(洋行費)가 있으면 적어도 지금 자기는 거의 완전히 행복일 수 있으리라 생각한다.' 그는 어디론가 떠나고 싶다. '그것은 금전과 시간이 주는 행복이다.' 그는 시간은 많지만 돈이 없다. 이밖에 또 진정한 행복을 가져다줄 수 있는 것이 무엇일까 생각했을 때 구보는 '좋은 벗'임을 깨닫는다.

다방을 나와 부청(府廳) 쪽으로 걷는다. 다방 옆 골목 안의 골동품 가게 친구를 만나러 가지만 못 만난다. 갑자기 격렬한 두통과 피로를 느낀다. 두통과 피로는 구보의 특징이다. 길가에서 영락(零落)한 옛 동무를 만나지만, 서로 싱겁게 헤어진다.

남대문 밖으로 나가다. 경성역에서 그는 군중 속의 고독을 느낀다. 두 사내를 발견하고 금광 브로커임을 단정한다.

> 황금광시대(黃金狂時代)---
>
> 저도 모를 사이에 구보의 입술은 무거운 한숨이 새어 나왔다. 황금을 찾아, 황금을 찾아. 그것도 역시 숨김없는 인생의, 분명히, 일면이다. 그것은 적어도, 한 손에 단장과 또 한 손에 공책을 들고, 목적 없이 거리로 나온 자기보다는 좀 더 진실한 인생이었을지도 모른다.[19]

구보는 황금을 좇는 인생과 황금을 외면하고 소설 쓰기에만 매달리는 자신의 삶을 대조시킨다. 그것은 물론 자신의 소설쓰기를 높이

---

19) 박태원, 「소설가 구보씨의 일일」, 앞의 책, p.41.

사 는 심리적 저의가 깔려 있음이다. 그리고 황금광 시대를 배격하려
는 심리적 저의를 엿볼 수 있다. 그러나 그것은 소아적 문인벽에서
나온 유치한 발상이다. 「날개」의 '나'는 돈에 무관심하다. 그러나 아
내와 가까워지는 수단으로 돈이 필요함을 깨달았을 때 그는 돈의 소
중함을 인식한다. 그러나 그는 돈이 없다. 이런 수법은 돈에 무관심
한 소아병처럼 보이지만, 물질문명시대의 속성을 본질적으로 지적하
는 좋은 방법이 된다. 친하지 않은 중학교 동창을 만난다. 그 앞에
지적 우월감을 갖는다. 이상의 「날개」는 이미 파악된 세상이다. 파악
된 세상을 이미지화한 것이 「날개」다. 「소설가 구보씨의 일일」은 파
악된 세상이 아니다. 세상을 파악해 보려는 의식 그 자체다. 그 친구
에게는 애인이 있다. 그러나 구보에게는 애인이 없다. 애인이 없는
그가 애인 있는 친구를 조소한다. 이 점에서 그가 애인 없음에 대한
이야기는 우월감인 것을 알 수 있다.

> 어느 틈엔가 이런 자도 연애를 하는 시대가 왔나. 새삼스러이 그 천
> 한 얼굴이 쳐다보였으나, 그러나 서정시인조차 황금광으로 나서는 때
> 다. (중략) 구보는 맞은편에 앉은 사내의, 그 교양 없는 이야기에 건성
> 맞장구를 치며, 언제든 그러한 것을 연구하여 보리라 생각한다.[20]

여자는 친구에 비해 이여쁘고 총명해 보인다. 그린 여자가 그린 남
자의 사랑을 용납하는 이유를 생각해 보는데 그것은 황금의 위력 때

---

20) 박태원, 「소설가 구보씨의 일일」, 앞의 책, p.42.

문이라고 믿는다. 그러면서 황금의 위력을 비웃는다. 이런 태도는 피상적이다. 조선은행 앞에 왔을 때 구보는 다시 고독과 피로를 느끼고, 아까 그 다방으로 친구를 불러낸다. 개를 부를 때도 그는 휘파람을 불지 않고 '컴 히어'라고 말한다. 개는 아무한테도 사랑받지 못하여 자기가 불렀건만, 그런 개가 자기한테 오지 않는 걸 보면 그 개한테까지 사랑받지 못하는 것 같은 치욕을 느낀다. 친구는 시인이면서 기자다. '마땅히 시를 초하여야만 할 그의 만년필을 가져, 그는 매일같이 살인강도와 방화 범인의 기사를 쓰지 않으면 안 되었다.' 친구와 자기 작품에 대한 이야기를 한다. 벗은 율리시스를 말하지만, 그러나 가정적으로 실패한 사람이다. 다른 여인과 불륜을 저지르고, 사생아를 낳았기 때문이다.

여자는 돌도 안된 아이를 안고, 남자를 찾아 서울로 올라왔다. 그러나 그곳에는 그들 모자를 위하여 아무러한 밝은 길이 없었다. 이미 반생을 고락을 같이 하여 온 아내가 남자에게는 있었고, 또 그와 견주어 볼 때, 이 가정의 틈입자(闖入者)는 어떠한 점으로든 떨어졌다. 특히 아이와 아이를 비하여 볼 때 그러하였다. 가엾은 사생자는 나이 분수보다 엄청나게나 거대한 체구와, 또 치매적 안모(痴呆的 顔貌)를 가지고 있었다.[21]

이런 식으로 그의 행복의 조건은 매우 속물적이다. 총명과 용모와 본처와 후처와 아이가 있고 없음과 사생아이고 적실이고와 불구인가

---

21) 박태원, 「소설가 구보씨의 일일」, 앞의 책, p.50.

아닌가와 그런 것들이 비교의 기준이 될 때 진정한 행복을 잴 수 있는 논리의 정당성을 확보하기 어렵다. 아까 서울역에서 만난 친구는 반대로 남자가 못나고 여자가 잘생겼었다. 이런 식으로 그의 남녀 대비는 사랑의 본질에 기준하지 않고 자꾸만 외형적인 조건들만을 비교하기에 바쁘다.

종로 네거리에 서서, 구보는 집에 대한 원심력적 구심력적 반응을 보인다. 종로경찰서 앞을 지난 다료(茶寮)에서, 아직 친구가 오기를 기다리는 사이, 화사한 젊은 연인을 본다. 그들의 화려함은 자신의 암울함과 대조된다. 이상의 「날개」와 대조될 때 구보의 감정은 얇고 수시로 변한다. 이상은 그렇게 살고 있음을 이야기하는데, 구보는 어떻게 살아야 할지를 이야기한다. 그리고 그 진단이 피상적이다. 벗이 돌아왔고, 벗과 밤거리를 헤맨다. 그사이에 헤어진 여인을 생각한다. 여인은 구보의 친구와 약혼했었는데, 구보가 그로부터 빼앗아 내 주기를 바랐다. 그러나 구보가 빼어내 줄 만큼 강하지 못했기 때문에 여자는 결국 가 버렸는데 그 점을 다음과 같이 적고 있다.

사실 나는 비겁하였을지도 모른다. 한 여자의 사랑을 완전히 차지하는 것에 행복을 느껴야만 옳았을지도 모른다. 의리라는 것을 생각하고, 비난을 두려워하고 하는, 그러한 모든 것이 도시 남자의 사랑이, 열정이, 부족한 까닭이라. 여자가 울며 반하였을 때, ㄱ 말은 ㄱ 말은, 분명히 옳았다, 옳았다.[22]

---

22) 박태원, 「소설가 구보씨의 일일」, 앞의 책, p.58.

광화문통에서, 여자를 독차지하기엔 너무 남의 눈치를 많이 보고, 떠나보내기엔 너무 사랑한 것이 구보의 인간됨이라는 것이다.

광화문통 그 멋없이 넓고 또 쓸쓸한 길을 아무렇게나 걸어가며, 문득, 자기는, 혹은, 위선자나 아니었었나 하고, 구보는 생각하여 본다. 그것은 역시 자기의 약한 기질에 근원할 게다. 아아, 온갖 악은 인성(人性)의 약함에서, 그리고 온갖 불행이….23)

이런 심정은 마치 김동인의 「약한 자의 슬픔」에서 강엘리자벳드의 외침과 다를 바 없다.

길거리에서, 구보는 조카 아이들을 만난다. 조카는 불행하다. 아버지가 딴 살림을 차려 그들을 버렸기 때문이다. 그 조카들 앞에 구보는 수박을 사주며 세상의 아저씨 같은 태도를 보인다.

길거리에서, 거리의 여인을 보고 성욕을 느끼는 순간 우체부 아저씨가 지나가고, 그것들은 구보로 하여금 집에 돌아가고 싶게 만든다. 친구한테서 편지가 와 있기를 기다리는 심정이다. 성욕이 우정으로 바뀌고 그것은 다시 자기를 기다리는 어머니의 모습을 떠올리는 것으로 바뀌고, 그러나 그것마저 원고청탁서에 지나지 않을 실망으로 바뀐다.

다시 친구의 다방에서, 중학교 선배, 생명보험회사 외교원인 친구를 만난다. 통속소설과 본격소설의 차이를 구분 못 하는 친구, 구보

---

23) 박태원, 「소설가 구보씨의 일일」, 앞의 책, p.59.

가 소설가라는 이유만으로 자랑하려 드는 친구, 원고료를 물어 오는 친구, 그런 속물 친구 앞에 우월감을 느낀다.

친구와 함께 밤거리를 헤맨다. 조선호텔 앞을 지나 황금정으로, 다시 종로로, 종각 뒤 술집으로. 술집에서 다시 여급이 있는 카페 낙원정으로. 카페에서, 모두가 '꼬' 자가 붙은 여급들과 어울리다가 모두가 정신병자라는 생각에 도달한다. 여인은 당의 즉답증 환자. 자기는 다변증 환자. 누구는 음주 불감증 환자. 구보와 벗의 대화를 여급들은 이해하지 못한다. 그러나 그 무지는 필요하다.

그들의 대화의 대부분을, 물론 계집들은 알아듣지 못하였다. 그러면서도 그들은 능히 모든 것을 이해할 수 있었던 듯이 가장하였다. 그러나 그것은 결코 죄가 아니었고, 또 사람은 그들의 무지를 비웃어서는 안 된다. 구보는 펜을 잡았다. 무지는 노는 계집들에게 있어서, 혹은, 없어서는 안 될 물건이나 아닐까. 그들이 총명할 때, 그들에게는 괴로움과 아픔과 쓰라림과…. 그 온갖 것이 더하고, 불행은 갑자기 나타나 그들의 마음을 사로잡고 말게다. 순간, 순간에 그들이 맛볼 수 있는 기쁨을, 다행함을, 비록 그것이 얼마나 값없는 물건이더라도, 그들은 무지라야 비로소 가질 수 있다… 마치 그것이 무슨 진리나 되는 듯이, 구보는 노트에 초하고, 그리고 계집이 권하는 술을 사양 안 했나.[24]

---

24) 박태원, 「소설가 구보씨의 일일」, 앞의 책, p.72.

구보는 소설을 쓰기 위해서 체험을 한다. 여급을 보고 세상의 무엇인가를 깨달았다고 말할 때, 그 정보란 어디까지나 정보를 위한 정보에 지나지 않는다. 정보를 위한 정보는 깨달음이지 삶 자체일 수 없다. 이상과의 차이가 거기 있다. 이상은 세상이 무엇인지 알기 때문에 그 세상 앞에 위트와 패러독스 같은 반어법을 쓰지 않을 수 없다고 말했다. 이상과 구보의 공통점은 그들의 세계가 지적인 정보라는 점이다. 지적인 정보는 리얼리즘 문학이 추구하는 정보와 같을 수 없다. 지적인 정보는 지적인 방법으로 언어화하는 것이 좋다. 그런데 구보는 지적인 정보를 리얼리즘 방법으로 서술하고 있다. 이 점에서 「소설가 구보씨의 일일」이 깊이를 더하지 못하였다.

오전 두 시의 종로 네거리, 사람들은 피로해 보인다. '그들은 결코 위안받지 못한 슬픔을, 고달픔을 그대로 지닌 채, 그들이 잠시 잊었던 혹은 잊으려 노력하였던 그들의 집으로 그들의 방으로 돌아가지 않으면 안 된다.' 이건 구보의 귀소본능이다. 그의 귀소본능 때문에 모든 사람들이 그렇게 보인다. 귀소본능은 어머니를 떠올리게 한다. '구보는 어머니의 조그만, 외로운, 슬픈 얼굴을 생각하였다. 그리고 제 자신 외로움과 또 슬픔을 맛보지 않으면 안 된다.' 모성 콤플렉스. 벗과 헤어진다.

> 이제 나는 생활을 가지리라. 생활을 가지리라. 내게는 한 개의 생활을, 어머니에게는 편안한 잠을--- (중략) 내일, 내일부터, 내 집에 있겠소, 창작하겠소---[25)]

생활을 갖겠다는 것은 집에 있겠다는 뜻이고, 집에 있겠다는 뜻은 창작하겠다는 뜻이어서, 구보에게 있어 생활이란 곧 창작을 의미한다. 그리고 그가 말하는 창작이란 삶의 의미를 추구한다는 걸 뜻한다. 「구보씨의 일일」은 여기에 문제가 있다. 누군가가 소설을 쓰겠다고 말하면서 소설을 쓰는 것과 그냥 소설이 무엇인지 모르면서 소설을 쓰는 것과는 본질적인 차이가 있다. 이상과 구보의 거리가 거기 있다.

결국 「날개」는 이미 파악된 세상을 이미지화한 소설이고, 「소설가 구보씨의 일일」은 세상을 파악해 가는 소설이다. 파악해 간다는 뜻은 행복의 의미를 추구해 간다는 뜻이다. 무엇이 진정으로 행복한 것인가를 그는 추구한다. 그러나 바깥세상을 모두 속물시하고, 자기 혼자만 지고하다는 자만에 빠져 있기 때문에 그것은 추구가 아니라, 주장이 되어 버리고 만다.

(4) 지성과 문장

문장의 실험성에 대해서도 우리는 주목할 필요가 있다. 구보의 문장은 청산유수기도 하고, 대하지변이기도 하다. 그러나 그것이 길게 느껴지지 않는 까닭은 호흡 때문이다. 호흡에 따라 그의 문장은 알맞게 완급을 조정한다. 쉼표(,)가 그 역할을 담당한다. 「소설가 구보씨의 일일」에서, 쉼표는 의미를 강조하고 싶은 말 혹은 부분바나 찍혀 그 의미를 강조하기도 하고 주의를 환기시키기도 한다.

---

25) 박태원, 「소설가 구보씨의 일일」, 앞의 책, p.75.

어머니는 다시 바느질을 하며, 대체, 그 애는, 매일, 어딜, 그렇게, 가는, 겐가, 하고 그런 것을 생각하여 본다.26)

구보는 대체 / 매일 / 어딜 / 그렇게 / 가는 / 사람이다. 이 점에서 그는 「날개」의 '나'와 대조된다. 구보와 '나'는 다 같이 외출을 한다. '나'는 세상과 만나기 위하여 외출을 하고, 구보는 글을 쓰기 위하여 외출을 한다고 하는데, 이 또한 세상과 만나기 위한 것이다.

직업과 아내를 갖지 않은, 스물여섯 살짜리 아들은, 늙은 어머니에게 는 온갖 종류의, 근심, 걱정거리였다. 우선, 낮에 한 번 집을 나서면, 아들은 밤늦게나 되어 돌아왔다.27)

구보는 아직 아내를 갖지 않은 대신 어머니 품 안에 있다. 이 점은 다시 「날개」의 '나'와 대비된다. 「날개」의 아내는 처음부터 '나'와 세상과의 관계 안에서 설정된 상징적 인물이었다. 그러나 구보에게 아내는 상징적 인물이 아니다. 구보가 아직 아내를 만나지 못한 것은 그가 일상적인 삶에 도달하고 있지 못하고 있음을 의미하는 것으로 되어 있다. 그는 앞으로 아내를 만날 것이고, 그때는 남들처럼 정상적인 삶을 살게 될 것이고, 그래서 어머니도 근심 걱정을 하지 않게 될 것이다. 그 대신 구보에게는 지금 어머니가 있다. 어머니는 일상성의 상징이다. 그런 어머니가 아들을 이해할 리 없다. 아들은 일상

---

26) 박태원, 「소설가 구보씨의 일일」, 앞의 책, p.18.
27) 박태원, 「소설가 구보씨의 일일」, 앞의 책, p.18.

의 궤를 벗어나 있기 때문이다. 「소설가 구보씨의 일일」은 그 아들의
비일상성에 대한 추적이다. 이 소설이 처음에 어머니의 시점에서 곧
아들의 시점으로 바뀌는 것도 그 때문이다.

3. 가난의 바닥: 김유정

1) 들병이 여인들

김유정은 1933년 3월 《제1선》이라는 잡지에 맨 처음 「산골 나그네」를 발표한다. 이어 「총각과 맹꽁이」(1933), 「소낙비」(1934)를 잇따라 발표하는데, 그것들은 모두 '들병이'의 삶을 다룬 것들이다. 들병이란 동네 주막에서 술 파는 여자를 두고 나온 말이다. 술을 팔다 보면 손님들이 대부분 남자고, 어울려 술을 마시다 보면 자연 노래도 부르고 몸을 팔기도 하고, 그래서 그의 초기 작품인 「산골 나그네」에서는 '갈보'라는 말을 쓰기도 했다. '들병이'란 말을 처음 쓴 것은 그 다음 「총각과 맹꽁이」부터다. 세상이 워낙 먹고 살기가 힘들다보니 그것들이 어느새 은밀한 생계수단이 되어간 것이다. '돈 벌고 재미 보고 태 안 나고', 들병이란 직업은 그렇게 공공연한 비밀이었다.

들병이의 발견은 김유정의 짧은 시골생활에서 얻은 아주 귀한 작가체험이다. 그는 들병이의 삶을 다각도로 관찰하고 이야기함으로써 1930년대 우리 민족의 가난을 다각도로 이야기하였다. 먼저 그의 출세작 「소낙비」의 첫 장면을 보는 것으로 김유정 소설에 나타난 들병이의 삶을 파악하기로 한다.

'뜨거운 여름날의 텅 빈 마을.'

소설의 장면은 이동하는 시간과 공간이 만나는 한순간의 교차지점이다. 공간은 하늘, 산, 마을, 나무, 숲, 농촌, 구름, 햇발, 바람, 매미 소리로 가득하지만, 그리고도 작가는 '텅 비었다'고 말한다. 여기에 「소낙비」의 시간은 '음산한 검은 구름이 모여드는' 장마철, '금시라도 비 한 줄기 할 듯한' 조급함, '마을을 통째로 자실 듯이 달구는' 무더운 여름, '거칠어가는 농촌'의 시대성 등 일기의 변화에서 감지되는 정도에 불과하다. 이쯤 소설 공간을 마련해놓고, 작가는 그 안에 '어떤 인물'을 설정한다.

> 춘호는 자기 집--- 올봄에 오 원을 주고 사서 든 묵삭은 오막살이집
> ---방문턱에 걸터앉아서 바른 주먹으로 턱을 고이고는 봉당에서 저녁
> 으로 때울 감자를 씻고 있는 아내를 묵묵히 노려보고 있었다.28)

춘호와 그의 아내가 등장하는 장면이다.

인물이 등장하였으니, 이제 사건이 발생할 차례이다. 소설 속 인물은 언제나 혼자가 아니다. 반드시 두 사람 이상이다. 인물의 충돌이 곧 사건이다. 춘호와 아내는 도대체 무엇 때문에 충돌하는 걸까?

> "이봐 그래, 어떻게 돈 이 원만 안 해줄 터여?"29)

보다시피 「소낙비」에서 문제는 돈 2원 때문에 발생한다. 돈 2원이 필요하니까 당신이 좀 마련해 달라는 것이다. 돈 2원이 어디에 필요

28) 김유정, 「소낙비」, 『신한국문학전집』 10권, 어문각, 1978, p.271
29) 김유정, 「소낙비」, 앞의 책, p. 271.

할까, 아내는 구해줄까, 못 구해줄까. 구해준다면 어떻게 구해줄까, 그것이 독자들의 호기심을 끌어당기는 사건의 발생이다.

여기에 춘호 처는 '아랫도리를 단 외겹으로 두른 낡은 치맛자락'이라든지, '땟국에 전 무명 적삼은 벗어서 허리춤에 쿡 찌르고'라든지, '골바람은 지날 적마다 알몸을 두른 치맛자락을 공중으로 날린다.'든지, '검붉은 볼기짝을 사양 없이 내보인다'든지, 도대체가 점잖은 구석이라고는 없다.

춘호 처의 가는 곳을 좀 더 따라 가보기로 한다.

산에서 내려와 마을로 가는 동안, 왜 갑자기 쇠돌엄마 이야기는 하고, 이주사 이야기는 하는 걸까?

죽어도 쇠돌엄마처럼 살기 싫은데, 더구나 쇠돌엄마 하고는 연적 관계인 셈인데, 그 돈 2원 때문에 마음에 없는 행동을 해야 하다니 그것이 자존심을 상한다. 그래도 가고 있었다. 그것이 다음에 벌어질 사건에 대한 예시이기도 하다. 가서 무슨 일이 벌어질지 모르지만 어쨌든 가기 싫은 집, 가서는 안 될 집, 그럼에도 불구하고 가지 않을 수 없는 곳이 바로 쇠돌엄마 집이라는 예시이다.

춘호 처가 이주사에게 몸을 팔아 돈 이 원을 벌었다. 이 말은 다시 이주사가 돈 이 원을 주고 춘호 처를 샀다? 사고파는 주체가 바뀌었을 뿐, 돈 이원과 아내의 몸은 그대로인 것이 흥미롭다. 이 말은 다시 단편 「솥」에서 남편 근식이 '솥'을 팔아 남의 마누라를 샀다, 어떤 놈이 자기 마누라를 팔아 근식이네 솥을 사 갔다, 와 같아서 결국 '솥 하나가 없어서 마누라 몸을 팔았다'는 가난 이야기가 되는 것이다.

일상에서 이런 이야기는 지나치게 야비하다. 야비하기는 하지만 그래도 김유정은 처음부터 과감하게 이런 '들병이' 이야기를 그의 소

제5장 휴머니즘 소설의 전개

설 속에 채택하였다.

'들병이'는 김유정소설을 형성하는 가장 중요한 인물이었다.

사실상 등단작이기도 한 「산골 나그네」는 '들병이'라는 인물을 우리 문학사에 처음 문제적 인물로 제기한 작품이다.

앞서 밝힌 바와 같이 김유정은 고향 강원도 춘천의 실레마을에 가서 처음 '들병이'란 직업의 여성인물을 발견한다. 그리고 일제 식민지시대 가난을 살아가는 전형적인 인물로 처음 소설에 등장시킨다.

「가을」은 돈으로 아내를 사고파는 이야기다. 돈을 주고 아내를 사고, 돈을 받고 아내를 팔고 하다니, 이런 이야기가 어떻게 가능할까? 돈을 주고 아내를 사고판다는 것은 사람을 물건처럼 취급한다는 뜻이다. 사람이 물건처럼 취급된다는 점에서 그것은 일단 가난이 야기한 반인륜적 행위로 충격적이었다.

아내를 사고파는 일이 반인륜적이라는 걸 남편이 모를 리 없다. 그럼에도 불구하고 그것을 말리지 못한 까닭은 '내가 저를 먹여주지 못하기 때문'이다. 복만이 자기 아내를 파는 이유는 빚을 갚기(먹고 살기) 위해서라고 한다. 그 빚을 내가 갚아주지도 못할 테면서 아내 파는 일을 말릴 수가 없다는 뜻이다. 김유정 소설의 저변에는 언제나 이런 식으로 먹고사는 일의 근본문제가 깔려 있었다.

맞붙잡고 굶느니 아내는 다른 데 가서 잘 먹고 또 남편은 남편대로 그 돈으로 잘 먹고 이렇게 일이 필 수도 있지 않느냐. 복만이의 뒤를 따라가면 나는 도리어 나의 걱정이 큰 것을 알았다. 기껏 한 해 동안 농사를 지었다는 것이 털어서 쪼개고 보니까 나의 몫으로 겨우 벼 두 말 가웃이 남았다. 물론 털어서 빚도 다 못 가린 복만이에게 대면 좀

덜 날른지 모르지만 이걸로 우리 식구가 한겨울을 날 생각을 하니 눈앞이 고대로 캄캄하다.[30]

'복만이'는 아내를 판 장본인이고, '나'는 계약서를 써준 입장이다. 복만이의 빚 청산 문제가 아내를 팔지 않을 수 없는 이유로 충분하듯이 나의 '한 해 동안 농사를 지었다는 것이 털어서 쪼개고 보니까 나의 몫으로 겨우 벼 두 말 가웃'밖에 안 되는 것과 같은 이치이다. 아내를 팔아야 하는 복만이 처지나 그것을 말리지 못하는 내 처지가 1930년대 가난한 농촌현실을 그대로 반영하는 것이다.

아내를 물건처럼 사고판다는 것은 사람이 사람을 대하는 기본 예우를 몰각한 처사에 해당한다. 도덕도, 윤리의식도, 사랑도, 부부애도, 가족 구성원으로서의 일체의 행위를 생략해버린 매매의식은 그래서 비현실적일 수밖에 없다. 여기서 비현실적이란, 현실의 일상성에 비추어볼 때 어울리지 않는다는 말이 된다. 일반 상식에 비추어볼 때 그것은 정상적인 세계가 아니다. 처음부터 말이 안 되는 이야기를 말이 되는 것처럼 꾸려갈 때 역설이 채택되는 건 당연하다. 김유정 소설의 해학(Humor)이란 바로 이 점을 두고 하는 말이다.

나두 올 겨울에는 금점이나 좀 해볼까, 그렇지 않으면 투전을 좀 배워서 노름판으로 쫓아다닐까. 그런데도 밑천이 들 터인데 돈은 없고 복만이같이 내다팔 아내도 없다. 우리 집에는 여편네라고는 병든 어머니

---

30) 김유정, 「가을」, 앞의 책, p.319.

밖에 없으나 나이도 늙었지만(좀 부끄럽다) 우리 아버지가 있으니까 내
맘대론 못하고----31)

'복만이더러 네 아내를 팔지 마라 어쩌라 할 여지가 없다.'는 말을
하다가 나온 말인데, 아무리 그래도 정상적인 장면이라면 '우리 집에
여편네라고는 병든 어머니밖에' 없다는 등 그나마 '아버지가 있어서
내 맘대로도' 못한다는 둥 할 계제가 못 되는 것이다. 그러다 보니
'나도 일찍이 장가나 들어두었으면 이런 때 팔아먹을걸' 하는 소리가
나오고 만 것이다. 처음부터 말이 안 되는 이야기를 말이 되는 것처
럼 하다 보니 사건을 희화화(戲畫化)하게 된 것이다. 이 희화화가 곧
김유정의 해학이다.
'매매 계약서'가 우리를 웃긴다.

　매매 계약서
　일금 오십 원야라
　위 금은 내 아내의 대금으로써 정히 영수합니다.
　　　　　　　　　　　　　　　갑술년 시월 이십일
　　　　　　　　　　　　　　　조 복 만
　　　　　　　　　　　　　　　황 거 풍 전32)

세상의 일반적인 부부애를 정상적이라고 볼 때 「가을」의 매매계약

---

31) 김유정, 「가을」, 앞의 책, p.319.
32) 김유정, 「가을」, 앞의 책, p.320.

서는 몹시 비정상적이어서 고발장이나 마찬가지다. 정상과 비정상의 괴리가 호기심의 원천이다. 호기심이 재미를 자아낸다. 「가을」은 정상을 유보한 상태에서 비정상을 이야기한다. 비정상의 매매결혼이 정상인 것처럼 계약서를 주고받는 예가 그 점을 말해준다.

그리고 한참 나를 의심스레 바라보며 뭘 생각하더니 '그거면 고만이유. 만일 나중에 조상이 돈을 해가지고 와서 물러달라면 어떡허우?' 하고 눈이 둥그레서 나를 책망하는 것이다. 이놈이 소 장에서 하던 버릇을 여기서 하는 것이 아닌가 하도 어이가 없어서 나도 벙벙히 쳐다만 보았으나 옆에서 복만이가 그대로 써주라 하니까, '어떠한 일이 있더라도 내 아내는 물러달라지 않기로 맹세합니다.' 그제야 조끼 단춧구멍에 굵은 쌈지끈으로 목을 매달린 커가란 지갑이 비로소 움직인다.[33]

이때 '소장에서 하던 버릇'이란 소를 팔았다가 물려달라고 하는 식의 무례한 행동을 의미하는데 그만큼 자기는 소 장수하고는 다른 점잖은 사람이라는 뜻이다. 소장수하고는 다른 점잖은 사람이 소장수에게 아내를 팔고 있으니 그것이 희화화란 뜻이다. '하도 어이가 없어서'는 그런 일을 겪어보지 않아서 기가 막히다는 뜻인데, 그러나 결말에 가서 이 '절대로 그럴 리 없다'가 반전되는 데에 「가을」의 매력이 있다.

여기서 잠깐 「가을」의 돈을 대하는 태도와 사람을 대하는 태도가

---

33) 김유정, 「소낙비」, 앞의 책, p.320.

제5장 휴머니즘 소설의 전개

어떻게 다른지를 읽어본다.

> 일 원짜리 때 묻은 지전 뭉치를 꺼내 들더니 손가락에 연신 침을 발
> 라가며 앞으로 세어보고 뒤로 세어보고 그리고 이번에는 거꾸로 들고
> 또 침을 발라 셌건만 복만이가 또다시 공손히 바르기 시작하니 아마 지
> 전은 침을 발라야 장수를 하나 보다.[34]

뿐만 아니라 소장사를 아니 영득이 어머니를 오 리 밖 공동묘지 고
개까지 전송을 나간 것도 즉 나다. 고갯마루에서 꼬불꼬불 돌아내린
산길을 굽어보고 k는 마음이 적이 언짢았다. 한마을에 같이 살다가
팔려가는 걸 생각하니 도시 남의 일 같지 않다. 게다 바람은 매우 차
건만 입때 홑적삼으로 떨고 섰는 그 꼴이 가엾고--- '영득 어머니 잘
가게유.' '아재 잘 계슈.' 이 말 한마디만 남길 뿐 그는 앞장을 서서
사랫길을 살랑살랑 달아난다. 마땅히 저 갈 길을 떠나는 듯이 서두르
며 조금도 섭섭한 빛이 없다.

위 인용문은 돈에 대한 태도이고, 아래 인용문은 사람에 대한 태도
인데 두 태도가 그렇게 대조적일 수가 없다. '손가락에 연신 침을 발
라가며 (돈을) 앞으로 세어보고 뒤로 세어보고 거꾸로 들고 또 침을
발라 세는' 태도가 여간 공손하지 않다. 그런가 하면 '바람은 매우 차
건만 입때 홑적산으로 떨고 섰는 그 꼴'이나, '잘 가게유.' '잘 계슈.'
하고 달아나듯 떠나는 그 장면이나, '조금도 섭섭한 빛이 없는 표정'

---

34) 김유정, 「가을」, 앞의 책, p.320.

들이 가난한 물질사회에 패배하여 인정이 메말라버린 세태를 반영한
다.

「가을」은 처음부터 가난 때문에 돈을 주고 아내를 사고파는 이야
기다. 실제로 계약서를 쓰고, 돈을 건네고, 실물이 오가고, 매매가 이
루어졌다. 그러나 결말에서, 팔려 간 아내가 도망갔다고, 아내를 사
간 소장수가 찾아와 나를 주재소로 끌고 가는데, 그것은 이 소설의
위대한 반전이다. 결국 조복만이 처음부터 아내를 팔 목적이 아니라,
아내와 짜고 거짓 팔려가는 연극을 벌인 것이다. 가난 때문에 아내를
팔아먹는 이야기는 김유정 소설의 가장 큰 특징 가운데 하나로서, 지
금까지 읽은 들병이 소설들이 그 예다. 그런가 하면 들병이 소설들의
아내 팔아먹기가 대부분 부부간에 짜고 꾸민 연극이라는 점도 우리
는 지적하지 않을 수 없다. '아내를 팔아먹을 만큼' 가난하지만, '아
내를 사고 팔 정도'로 반윤리적이지는 않음을 의미한다. 이 점에서
김유정의 소설은 1930년대 가난을 위한 문제 제기일지언정, 가난이
야기한 인간의 타락은 아니다. 이 점은 오히려 김유정 소설의 인간주
의로 인정되어야 할 것이다.

잃어버린 돈이 아까운 게 아니라 그런 계집을 다시 만나기가 어려워
서 그런다. 번히 홀애비의 몸으로 얼굴 똑똑한 안해를 맞아다가 술장사
를 시켜보고자 벼르던 중이었다. 그래 이번에 해보니까 장사도 잘할뿐
더러 아내로서 훌륭한 계집이다. 참이지 며칠 살아봤지만 남편에게 그
렇게 착착 부닐고 정이 붙는 계집은 여지껏 내 보지 못했다. 그러기에
나도 저를 위해서 인조견으로 옷을 해 입힌다, 갈비를 들여다 구워 먹
인다, 이렇게 기뻐하지 않았겠느냐. 덧돈을 들여가면서라도 찾으려 하

는 것은 저를 보고 싶어서 그럼이지 내가 결코 복만이에게 돈으로 물러 달랄 의사는 없다. 그러니 아무 염려말고.35)

아내를 사고팔면서도 끝내 '인간'을 버리지 않음은 김유정 소설의 큰 자랑이다. 결말의 의도가 거기 있기 때문에 김유정의 아내매매는 모두 부부가 짜고 꾸민 촌극이 되고, 짜고 꾸민 연극이기 때문에 처음부터 과감하게 사고팔 수가 있으며, 그 과감한 매매행위가 읽는 이로 하여금 실감나게 하고, 그 실감이 호기심을 더한다.

김유정 소설은 가난한 농촌 이야기다. 그러나 그의 이야기는 가난한 농촌현실을 문제적 시각에서 바라본 문제 제기가 아니다. 그의 이야기는 어디까지나 가난한 농민들의 가난한 삶을 살아가는 모습 그대로이다. 그들의 가난은 더 이상 내려갈 수 없는 바닥에 닿아있고, 그래서 그들의 삶은 견고한 바닥을 살아내는 모습일 수밖에 없다. 그 가운데 인간을 추구하는 정신이 살아있다면 그것이 작가의 정신이라고 하겠는데, 위 인용문 가운데 '잃어버린 돈이 아까운 게 아니라 그런 계집을 다시 만나기가 어려워서 그런다.'가 바로 그 점을 입증한다. 아내를 산 소장수 편에서 보면 속아서 아내를 샀으니까 배신감에 분노할 일이지만, 그러나 돈보다는 사람이 너무 좋아서 사람을 찾고 싶다는 그 정신이 인간적이다.

---

35) 김유정, 「가을」, 앞의 책, p.323.

2) 만무방 사내들

「금(金) 따는 콩밭」의 첫머리는 광산의 현장 지하 굴속의 풍경을 그리는 것으로부터 시작된다.

땅속 저 밑은 늘 음침하다. 고달픈 간드렛불. 맥없이 푸리끼하다. 밤과 달라서 낮엔 되우 흐릿하였다.

겉으로 황토 장벽으로 앞뒤 좌우가 콕 막힌 좁직한 구덩이. 흡사히 무덤 속같이 귀중중하다. 싸늘한 침묵. 쿠더브레한 흙내와 징그러운 냉기만이 그 속에 자욱하다.

곡괭이는 뻔찔 흙을 이르집는다. 암팡스러이 내려쪼며 퍽 퍽 퍽--

이렇게 메떨어진 소리뿐. 그러나 간간 우수수하고 벽이 헐린다. 영식이는 일손을 놓고 소맷자락을 끌어당겨 얼굴의 땀을 훑는다. 이놈의 줄이 언제나 집힐는지 기가 찼다. 흙 한 줌을 집어 코 밑에 바짝 들이대고 손가락으로 삽삽이 뒤져본다. 완연히 버력은 좀 변한 듯싶다. 그러나 불통 버력이 아주 다 풀린 것도 아니었다. 말똥버력이라야 금이 나온다는데 왜 이리 안 나오는지. 곡괭이를 다시 집어 든다.[36]

이처럼 '간드렛불'이니 '불통버력'이니 '말똥버력이라야 금이 나온다는데'니 '줄'이니 하는 등의 광산전문 용어가 자연스럽게 구사된 점, '푸리끼하다.' '쿠더브레한 흙내' '징그러운 냉기' '메떨어진 소

---

36) 김유정, 「금(金) 따는 콩밭」, 앞의 책, p.285.

리' '줄이 집히다' '흙 한 줌을 집어 코 밑에 바짝 들이대고 손가락으로 샅샅이 뒤져본다.' 등 현장을 직접 들어가 보지 않고는 표현할 수 없는 감각적 언어들을 실감나게 표현하는 걸 보면 김유정이 누구한테서인가 듣고 쓴 간접체험만은 아니라는 생각도 든다. 광산소설을 쓰기 위해 일부러 광산을 직접 답사하고 메모했음에 틀림없다. 그만큼 김유정이 소설쓰기에 적극적이었다, 작가정신이 투철했음을 말해주는 대목이다.

> 이놈 풍찌는 바람에 애꿎은 콩밭 하나만 결딴을 냈다. 뿐만 아니라 모두가 낭패다. 세 벌 논도 못 맸다. 논둑의 풀은 성큼 자란 채 어지러이 널려있다. 이 기미를 알고 지주는 대로하였다. 내년부터는 농사질 생각 말라고 발을 굴렀다. 땅은 암만을 파도 지수가 없다. 이만해도 길은 훨씬 넘었으리라. 좀 더 지펴야 옳을지 혹은 북으로 밀어야 옳을지 우두머니 망설거린다. 금점 일에는 푸뚱이다. 입때껏 수재의 지위를 받아 일을 하여왔고 앞으로도 역시 그러해야 금을 딸 것이다. 그러나 그런 칙칙한 짓은 안 한다.37)

이 대목은 엄청난 시대의 격랑을 시사한다. '이놈 풍찌는 바람에 애꿎은 콩밭 하나만 결딴이 났다.' '세 벌 논도 못 맸다.' '논둑의 풀은 성큼 자란 채 어지러이 널려있다.' 평온한 농사터에 광산이 허황된 욕망이 불어닥친 것이다. 농경사회라는 이름으로 버텨온 시대가

---

37) 김유정, 「금(金) 따는 콩밭」, 앞의 책, p.285.

상업자본주의라는 이름으로 격동한다. 격랑은 절망적이다. '내년부터는 농사질 생각 말라고 발을 굴렀다.' 지주는 대노하였다. '땅은 암만을 파도 지수가 없다.' 김유정은 실레마을의 평온한 농촌에서 어느덧 자본의 광산으로 이동하는 대변혁을 간파한 것이다. 변화를 겪는 지주의 반발은 극렬하다.

> 갈아먹으라는 밭이지 흙 쓰고 들어가라는 거야? 이 미친 것들아! 콩
> 밭에서 웬 금이 나온다구 이 지랄들이야 그래.[38)]

농경사회의 붕괴는 곧 지주의 몰락과 직결된다. 지주의 몰락은 소작인의 몰락을 동반한다. 지주와 소작인의 사이에 자본의 농간이 끼어있다. 「금 따는 콩밭」의 영식이는 순수한 농민이다. 소작인이다. '금점 일에는 푸뚱이다. 입때껏 수재의 지위를 받아 일을 하여왔고 앞으로도 역시 그러해야 금을 딸 수 있다.' 수재의 꾐에 빠져 영식이 자기 소작 밭에 금광을 판다. 수재는 금점으로만 나도는 투기꾼이다. 수재의 상업주의가 영식의 농경사회를 꾀어내 금판을 차리기까지는 다음 세 단계쯤 심리적 설득의 과정을 겪는다.
첫째, 상업주의를 향한 욕망의 부추김이다.

> 바로 이 산너머 큰 골에 광산이 있다. 광부를 삼백여 명이나 부리는
> 노다지판인데 매일 소출되는 금이 칠십 냥을 넘는다. 돈으로 치면 칠천

---

38) 김유정, 「금(金) 따는 콩밭」, 앞의 책, p.286.

원. 그 줄맥이 큰 산허리를 뚫고 이 콩밭으로 뻗어 나왔다는 것이다. 둘이서 파면 불과 열흘 안에 줄을 잡을 게고 적어도 하루 서 돈씩은 따리라. 우선 삼십 원만 해도 얼마냐 소를 산대두 반 필이 아니냐고.[39)

둘째, 욕망의 부추김이 강화된다.

그 담날도 와서 꾀송거리다 갔다.[40)

셋째, 술의 힘을 빌려 마음을 바꾼다.

딴은 일 년 고생하고 끽 콩 몇 섬 얻어먹느니보다는 금을 캐는 것이 슬기로운 짓이다. 하루에 잘만 캔다면 한 해 줄곧 공들인 그 수확보다 훨씬 이익이다.[41)

벌써 꽤 자본주의 쪽으로 경도된 것이다. 게다가 아내의 부추김까지 가세한다.

시체는 금점이 판을 잡았다. 섣부르게 농사만 짓고 있다간 결국 비렁뱅이밖에는 더 못 된다. 얼마 안 있으면 산이고 논이고 밭이고 할 것 없이 다 금쟁이 손에 구멍이 뚫리고 뒤집히고 뒤죽바죽이 될 것이다.

---

39) 김유정, 「금(金) 따는 콩밭」, 앞의 책, p.287.
40) 김유정, 「금(金) 따는 콩밭」, 앞의 책, p.287.
41) 김유정, 「금(金) 따는 콩밭」, 앞의 책, p.287.

그때는 뭘 파먹고 사나. 자, 보아라. 머슴들은 짜위나 한 듯이 일하다 말고 훅닥하면 금점으로들 내빼지 않는가. 일꾼이 없어서 올엔 농사를 질 수 없으니 마느니 하고 동리에서는 떠들썩하다. 그리고 번동 포농이 쫓아 호미를 내어던지고 강변으로 개울로 사금을 캐러 달아난다. 그러다 며칠 뒤에는 다 비신에다 옥당목을 떨치고 희짜를 뽑는 것이 아닌가. 아내는 콩밭에서 금이 날 줄은 아주 꿈밖이었다. 놀라고도 또 기뻤다.[42]

사회변동, 시대변화를 이토록 빨리 읽어낼 수 있는 김유정의 현실인식이 놀랍다. 자본주의가 판을 치고, 농경사회가 몰락해간다. 자연경관은 금쟁이 손에 파헤쳐지고, 농민들은 금력의 노예가 되었다. 노동력이 이동한 지는 이미 오래다.

예제없이 버력은 무데기 무데기 쌓였다. 마치 사태 만난 공동묘지와도 같이 귀살적고 되우 을씨년스럽다. 그다지 잘 되었던 콩포기는 거반 버력더미에 다아 깔려버리고 군데군데 어쩌다 남은 놈들만이 고개를 나풀거린다. 그 꼴을 보는 것도 자식 죽는 걸 보는 게 낫지 차마 못 할 경상이었다. 농토는 모조리 떨어질 것이다. 그러나 대관절 올 밭도지 벼 두 섬 반은 뭘로 해내야 좋을지. 게다 밭을 망쳤으니 자칫하면 징역을 갈는지도 모른다.[43]

42) 김유정, 「금(金) 따는 콩밭」, 앞의 책, p.287.
43) 김유정, 「금(金) 따는 콩밭」, 앞의 책, p.286.

제5장 휴머니즘 소설의 전개

「금 따는 콩밭」은 1930년대 한국 농촌사회가 붕괴하고, 자본주의가 대두되는 시점의 자본화 과정을 아주 비극적으로 그린 작품이다. 콩밭을 뒤엎어 금밭이라고 외치는 젊은이들을 향해 김유정은 '금도 금이면 애써 키워온 콩도 콩'이라고 외친다. '거진 다 자란 허울 멀쑥한 놈(콩포기)들이 삽 끝에 으츠러지고 흙에 묻히고 하는 것'이 안타깝다.

「금 따는 콩밭」의 허황된 욕망은 영식이와 수재의 다음과 같은 대화로 압축되어 나타난다.

"터졌네, 터져." 수재는 눈이 휘둥그렇게 굿문을 뛰어나오며 소리를 친다. 손에는 흙 한 줌이 잔뜩 쥐었다.

"뭐." 하다가,

"금줄 잡았어, 금줄."

"응!"하고, 외마디를 뒤남기자 영식이는 수재 앞으로 살같이 달려들었다. 허겁지겁 그 흙을 받아 들고 샅샅이 헤쳐보니 딴은 재래에 보지 못하던 불그죽죽한 향토이었다. 그는 눈에 눈물이 핑돌며,

"이게 원 줄인가."

"그럼 이것이 곱색줄이라네. 한 포에 댓 돈씩은 넉넉 잡히지."

영식이는 기쁨보다 먼저 기가 탁 막혔다. 웃어야 옳을지 울어야 옳을지. 다만 입을 반쯤 벌린 채 수재의 얼굴만 멍하니 바라본다.

"이리 와 봐 이게 금이래."

이윽고 남편은 안해를 부른다. 그리고 내 뭐랬어. 그러게 해 보라고 그랬지 하고 설면설면 덤벼 오는 안해가 한결 예뻤다. 그는 엄지가락으로 아내의 눈물을 지워 주고 그리고 나서 껑충거리며 구덩이로 들어간다.

"그 흙 속에 금이 있지요."

영식이 처가 너무 기뻐서 코다리에 고래 등 같은 집까지 연상할 제, 수재는 시원스러이,

"네, 한 포대에 오십 원씩 나와유."

하고, 오늘 밤에는 정녕코 달아나리라 생각하였다. 거짓말이란 오래 못 간다. 뽕이 나서 뼈다귀도 못 추리기 전에 훨훨 벗어나는 게 상책이겠 다…44)

1930년대 한국 농촌사회에 새롭게 불기 시작한 자본주의 물결을 김유정은 이와 같이 희화적으로 포착한 것이다.

3) 동심의 지주와 소작인

「동백꽃」의 첫 장면은 이렇게 시작한다.

오늘도 또 우리 수탉이 막 쫓기었다. 내가 점심을 먹고 나무를 하러 갈 양으로 나올 때였다. 산으로 올라서려니까 등 뒤에서 푸드득 푸드득 하고 닭의 횃소리가 야단이다. 깜짝 놀라서 고개를 돌려보니 아니나 다 르랴 두 놈이 또 얼렸다.

점순네 수탉(대강이가 크고 똑 오소리 같은 실팍하게 생긴 놈)이 덩저리 작은 우리 수탉을 함부로 해내는 것이다. 그것도 그냥 해내는 것이 아

---

44) 김유정, 「금(金) 따는 콩밭」, 앞의 책, p.291.

니라 푸드득하고 면두를 쪼고 물러섰다가 좀 사이를 두고 또 푸드득하고 모가지를 쪼았다. 이렇게 멋을 부려가며 여지없이 닦아놓는다. 그러면 이 못생긴 것은 쪼일 적마다 주둥이로 땅을 받으며, 그 비명이 킥, 킥, 할 뿐이다. 물론 미처 아물지도 않은 면두를 쪼키어 붉은 선혈은 뚝뚝 떨어진다. 이걸 가만히 내려다보자니 내 대강이가 터져서 피가 흐르는 것이 두 눈에서 불이 번쩍 난다. 대뜸 지게막대기를 메고 달려들어 점순네 닭을 후려칠까 하다가 생각을 고쳐먹고 헛매질로 떼어만 놓았다.45)

닭싸움의 한 장면이다. 우리 닭과 점순네 닭이 싸우는 것이다. 점순네 닭이 우리 닭을 일방적으로 쪼고, 우리 닭은 일방적으로 쪼인다. 점순이와 나를 의도적으로 대치시킨 점이 흥미롭다. 두 사람 사이의 감정을 닭을 통해 설명한다. 싸우는데 우리 닭이 열세이고, 점순네 닭이 우세이다. 그것은 두 사람의 신분 관계를 암시한다. 뒤에 밝혀지지만 점순이는 마름 집 딸이고, 나는 소작인의 아들이다. 따라서 나와 점순이는 자연스럽게 소작인과 마름과의 관계임이 밝혀진다. 그것은 「봄봄」에서 주인과 머슴이던 것과 같은 관계이다.

「봄봄」의 점순이도 마름집 딸이었다. 나는 점순네 집 머슴이었다. 「봄봄」의 대립적 인물관계가 「동백꽃」에 와서도 그대로 이어진 것이다. 달라신 섬은 서술자의 대립관계이다. 「봄봄」에서는 '나'가 주인인 마름과 대립하는데, 「동백꽃」에서는 '나'가 마름집 딸인 점순과 대립

---

45) 김유정, 「동백꽃」, 앞의 책, p.231.

한다. 그러자 장인과 사위의 대립구조가 사라졌다. 「봄봄」에서는 장인과 사위의 대립관계가 주된 스토리 라인이었는데, 「동백꽃」에는 장인과 사위의 대립구조가 사라졌다.

「봄봄」에서 중요한 장인과 사위의 갈등구조가 왜 「동백꽃」에 와서는 사라졌을까? 대답을 유보한 채 다시 위 '나와 점순'의 대립구조를 보면 「봄봄」에 비해 「동백꽃」은 한결 동화적임을 알 수 있다. 남녀 간의 사랑을 두고 하는 말인데, 「봄봄」보다는 「동백꽃」이 훨씬 동화적이다. 같은 사랑의 문제를 처리하는데 「봄봄」은 훨씬 어른스럽고 「동백꽃」은 아이스럽다. 그런가 하면 「봄봄」의 터치는 유머러스하고 「동백꽃」의 터치는 일상적이다.

> 그리고 나의 등 뒤를 향하여 나에게만 들릴 듯 말 듯한 음성으로,
> "이 바보 녀석아!"
> "얘! 너 배냇병신이지?" 그만도 좋으련만,
> "얘! 너 느 아버지가 고자라지?"
> "뭐? 울 아버지가 그래 고자야?" 할 양으로 열벙거지가 나서 고개를 홱 돌리어 바라봤더니 그 때까지 울타리 위로 나와 있어야 할 점순이의 대가리가 어디 갔는지 보이지를 않는다.46)

앞서 「봄봄」은 각각 다른 두 개의 상반된 구조로 분리되어 있었다. 하나는 장인과 사위의 구조, 또 하나는 마름과 머슴의 구조. 장인과

---

46) 김유정, 「동백꽃」, 앞의 책, p.233.

사위의 관계가 결혼과 관련된 사랑의 구조라면, 마름과 머슴의 관계는 먹고 사는 일과 관련된 노사(勞使)의 구조라 할 수 있다. 「봄봄」이 이 두 개의 구조를 동시에 살리다 보니 그의 주된 세계가 현실적이면서도, 그 방법적 터치가 희화적일 수밖에 없었다. 그 희화화를 우리는 지금까지 '유머'라는 이름으로 거론해왔는데, 이 부분에 대해서는 뒤에 다시 이야기하겠다.

이에 비하면 「동백꽃」은 「봄봄」과 달리 '사랑의 구조'가 표면화되고 '노사의 구조'가 내면화된 경우이다. 다시 말하면 「동백꽃」은 두 개의 구조 가운데 '사랑의 구조'가 표면화된 소설이다. 그 대신 삶의 구조를 내면화하였다. 삶의 구조를 생략한 대신 닭싸움을 설정하였다. 닭싸움은 '나'와 점순의 대립 관계를 우화적으로 설명하는 아주 독특한 방법이다. 닭싸움을 거는 사람은 일방적으로 점순이 쪽이다. 싸움을 하기만 하면 점순네 닭이 일방적으로 우리 닭을 공격하고, 우리 닭은 일방적으로 당하기만 한다.

> 이걸 가만히 내려다보자니 내 대강이가 터져서 피가 흐르는 것 같이 두 눈에서 불이 버쩍 난다.[47]

이건 두 사람 신분 관계에 대한 우화적 표현이다.

> 계집애가 나물을 캐러 가면 갔지 남 울타리 엮는데 쌩이질을 하는

---

47) 김유정, 「동백꽃」, 앞의 책, p.231.

것은 다 뭐냐. 그것도 발소리를 죽여가지고 등 뒤로 살며시 와서 '얘! 너 혼자만 일하니?'하고 긴치않은 수작을 하는 것이다.48)

이것은 사랑의 감정이고 동화적 표현이다.

"이놈의 닭! 죽어라 죽어라."
요렇게 암팡스레 패주는 것이 아닌가. 그것도 대가리나 치면 모른다마는 아주 알도 못 낳으라고 그 볼기짝께를 주먹으로 콕콕 쥐어박는 것이다.49)

이것은 동심이지만 대단한 삶의 논리이다. 닭이 알을 낳아 도와주는 생계수단인데, 점순이 생계를 방해한다는 시각이 매우 경제적이다.

애! 너 배냇병신이지? 그만도 좋으련만 '얘! 너 느 아버지가 고자라지?50)

이건 동심이자 유머이다. 극렬한 닭싸움은 마침내 나의 행위로 우화화된다. 그러자 나는 점순이와 싸우는 대신 우리 닭에게 고추장을 먹인다. 점순네 닭과 싸워서 이기라는 뜻이다.

---

48) 김유정, 「동백꽃」, 앞의 책, p.231.
49) 김유정, 「동백꽃」, 앞의 책, p.232.
50) 김유정, 「동백꽃」, 앞의 책, p.233.

나는 보다 못하여 덤벼들어서 우리 수탉을 붙들어 가지고 도로 집으로 들어왔다. 고추장을 좀 더 먹였더라면 좋았을 걸, 너무 급하게 쌈을 붙인 것이 퍽 후회가 난다. 장독께로 돌아와서 다시 턱밑에 고추장을 들이댔다. 흥분으로 말미암아 그런지 당최 먹질 않는다. 나는 하릴없이 닭을 반듯이 눕히고 그 입에다 궐련 물부리를 물리었다. 그리고 고추장 물을 타서 그 구멍으로 조금씩 들이부었다. 닭은 좀 괴로운지 킥킥하고 재채기를 하는 모양이나, 그러나 당장의 괴로움은 매일같이 피를 흘리는 데 댈 게 아니라 생각하였다.

그러나 한 두어 종지 가량 고추장 물을 먹이고 나서는 나는 고만 풀이 죽었다. 싱싱하던 닭이 왜 그런지 고개를 살며시 뒤틀고는 손아귀에서 뻐드러지는 것이 아닌가. 아버지가 볼까 봐서 얼른 홰에다 감추어 두었더니 오늘 아침에서야 겨우 정신이 든 모양 같다.[51]

「동백꽃」은 기본적으로 세 가지 이야기의 복합이다.

겉으로는 닭에 얽힌 이야기지만, 그 안에 점순의 사랑 이야기가 들어있고, 그것은 다시 마름과 소작인의 복잡한 관계가 얽혀 있는 농촌 이야기가 된다. 이 말은 다시 다음과 같이 바꾸어 말할 수 있다. 「동백꽃」은 마름과 소작인이 얽혀 사는 복잡한세상 이야기인데, 그것을 점순과의 사랑 이야기로 미화시키고, 다시 그것을 닭에 관한 이야기로 입축하였다. 그 이느 쪽이든 맞는 말이지만, 「동백꽃」은 이야기 방법상 후자 쪽을 택하고 있다. 그 점은 확실히 「동백꽃」의 동화적

---

51) 김유정, 「동백꽃」, 앞의 책, p.234.

화법을 입증한다. 같은 세상이라도 그는 그것들을 어른의 눈으로 보고 말하려 하지 않는다. 가능하면 그것들을 동심에 비추어 보고 동화적 화법으로 말하려고 한다. 이때 다시 허와 실이 구분됨은 말할 것도 없다.

고놈의 계집애가 요새로 접어들어서 왜 '나'를 못 먹겠다고 고렇게 아르릉거리는지 모른다. 계집애가 나물을 캐러 가면 갔지 남 울타리 엮는데 쌩이질을 하는 것은 다 뭐냐? 별로 우스울 것도 없는데 날씨가 풀리더니 이놈의 계집애가 미쳤나 하고 '나'는 의심하였다. 그런데 고약한 그 꼴을 하고 가더니 그 뒤로는 '나'를 보면 잡아먹으려고 기를 복복 쓰는 것이다.

'나'가 점순이가 하는 말들을 곧이곧대로 믿는다면 점순이는 아마 대단히 심술궂고 나쁜 여자일지 모른다. 그래서 둘 사이는 대단히 나쁜 관계일지도 모른다. 그러나 실지로는 서로 사랑하는 사이다. 특히 점순의 그것은 자신의 사랑감정에 대한 다른 표현일 뿐이다. 다만 '점순이 나를 사랑한다'를 '점순이 나를 미워한다'고 적은 것이다. 이런 표현은 사실을 사실대로 말하지 않고 사실이 아닌 것을 사실인 것처럼 말하는 방법이다. '감추기' '어리숙해 보이기' '엉큼떨기'의 표현법이 바로 그것이다. '점순이 나를 사랑한다'고 말할 때 그것은 사실을 사실대로 말한 것이고 또한 어른의 시각이다. 그러나 같은 말이라도 '점순이 나를 미워한다'고 말할 때 그것은 미숙아의 시점이 되어 사실을 감춘 것이고, 그래서 어리숙해 보이고 엉큼해 보이기까지 하는 것이다.

이 점에서, 닭은 동심과 복잡한 농민 신분 관계를 함축적으로 표현하기에 적합하다.

「동백꽃」의 서두에서 점순네 닭을 오소리 같다고 묘사한 것은 포악한 지주를 상징한 것이다. 그녀의 닭이 실팍하게 생긴 데 비해 그의 닭은 덩치가 작다. 그건 나약한 소작인에 대한 비유적 언어다. 사나운 만큼 그녀의 닭은 '멋을 부려가며' 그의 면두를 쪼고 모가지를 쪼았다. 그러면 그의 닭은 대강이가 터져서 선혈이 뚝뚝 떨어져도 그만 당하기만 한다. 이와 같은 마름과 소작인의 부당한 관계를 「동백꽃」은 어른의 시점으로 직접 말하지 않는다. 어른의 시점으로 직접 말한다면 이 소설은 마름을 질타하고 소작인을 동정하는 도식적인 구도가 되고 말 것이다. 그러나 「동백꽃」은 어느 한쪽을 질타하고 어느 한 쪽을 옹호하지 않는다. 그것은 핍박하는 지주와 핍박당하는 소작인의 모습을 어느 쪽에 편들지 않고 고스란히 보여주고 있을 뿐이다. 이 점에서 나약한 닭이 상징하는 의미와 그것을 지켜보는 동심이 크게 작용하였다.

「동백꽃」이 제시한 마름과 소작인의 사회적 갈등은 심각할 정도다. 위의 인용문에서 지게막대기로 점순네 닭을 후려칠까 하다가 그만 헛매질을 하고 마는 것도 사실은 그가 점순네 소작농인 것을 알기 때문이다. 점순이 그를 멋대로 다그치는 것도 사실은 그녀가 그의 마름인 것을 알기 때문이다. 지주의 위력을 빌어 점순이 사랑하고 싶어 하지만, 그는 소작인이기 때문에 그 사랑을 외면할 수밖에 없다.

점순이 그에게 감자를 주면서 "느 집엔 이거 없지?"(p.231.)하고 말한다. 이 말은 두 가지 의미를 내포한다. 소작인이기 때문에 가난하니까 감자가 없을 거라는 하나와, 그러니까 그를 도와주고 싶다는 동정 어린 사랑이 또 하나다. 점순이 그 말을 할 때는 후자 쪽에 마음이 있었지만, 그가 그 말을 들을 때는 전자 쪽에 더 마음이 걸렸을 것이 뻔하다. 그러니까 점순이 감자를 준 것은 사랑의 감정이었는데, 그는 소작인의 감정으로 그것을 거절한 것이다.

설혹 주는 감자를 안 받아먹은 것이 실례라 하면, 주면 그냥 주었지 "느 집엔 이거 없지?"는 다 뭐냐. 그렇잖아도 저희는 마름이고 우리는 그 손에서 배제를 얻어 땅을 부치므로 일상 굽신거린다. 우리가 이 마을에 들어와 집이 없어서 곤란으로 지낼 제, 집터를 빌리고 그 위에 집을 또 짓도록 마련해 준 것도 점순네의 호의였다. 그리고 우리 어머니 아버지도 농사 때 양식이 딸리면 점순네한테 가서 부지런히 꾸어다 먹으면서 인품 그런 집은 다시 없으리라고 침이 마르도록 칭찬하곤 하는 것이다. 그러면서도 열일곱씩이나 된 것들이 수군수군하고 붙어 다니면 동네의 소문이 사납다고 주의를 시켜준 것도 또 어머니였다. 왜냐하면 내가 점순이하고 일을 저질렀다가는 점순네가 노할 것이고, 그러면 우리는 땅도 떨어지고 집도 내쫓기고 하지 않으면 안 되는 까닭이었다. 그런데 이놈의 계집애가 까닭 없이 기를 복복 쓰며 나를 말려 죽이려고 드는 것이다.[52]

마침내 그는 점순네 닭을 때려죽인다. 그것은 포악한 지주들에 대한 일종의 감정적 대처 방안이다. 지주와 소작인의 관계가 더 이상 이성적일 수 없을 때 소작인들의 감정은 폭발한다. "이놈아! 너 왜 남의 닭을 때려죽이니?" "그럼 어때?" "뭐 이 자식아! 누집 닭인데?" 이

---

52) 김유정, 「동백꽃」, 앞의 책, p.232.

래서 그는 꼼짝없이 불리하게 되고 말았지만, 그것들은 모두가 동심이기 때문에 아무 문제가 없다. 결국 닭으로 인해 점순은 그의 사랑을 훔치는 것이다. 닭으로 사랑을 시비 거는 것도 동심이고, 닭 때문에 골탕을 먹는 것도 동심이다. 닭에 관한 이야기와, 그 안에 담긴 사랑 이야기와, 다시 그것들이 어울려 만들어 내는 지주와 소작인의 관계는 「동백꽃」의 주요 발견이다. 다시 그것들이 동심의 세계 안에서 숨겨진 감정으로 우러날 때 이 소설은 매력을 더한 것이다.

4) 서울 따라지들

김유정의 소설은 크게 두 부류로 나뉜다. 하나는 고향 실레마을을 배경으로 한 시골 이야기, 또 하나는 서울을 배경으로 한 도회 이야기. 그 가운데 우리는 지금까지 시골 이야기를 읽었다. 그리고 다음부터는 서울 이야기를 읽을 것이다.

김유정은 강원도 춘천 실레마을에서 태어났지만 여섯 살 때 이미 서울로 올라왔다. 서울에서 어머니 아버지의 사망을 겪고, 초중등학교를 고아로 살고, 그래서 고향 실레마을을 경험한 것은 그의 나이 스물세 살을 앞뒤로 찾아가 살던 일 년 반 남짓한 시간이 전부다. 그런데 그는 서울 이야기에 비해 시골 이야기를 더 많이 썼다. 질감 좋은, 잘 쓴 작품도 시골 이야기가 더 많다. 그리고 보면 작가에게 유년 체험이라는 것이 얼마나 중요한지 짐작이 간다.

스물세 살을 전후로 그가 고향에 내려간 것은 장차 소설을 쓰기 위해서였다고 생각된다. 겉으로 드러난 이유로는 몸이 병들고, 서울생활에 지쳐 더 이상 견딜 수 없어서 내려갔다고 되어있지만, 속으로는 소설을 쓰기 위해서, 자신의 기억 속에 남아있는 유년체험을 되살리기 위해서였을 것이다.

실제로 그는 시골로 내려가기 전 이미 작가가 되기를 꿈꾸고, 친구 안회남 등과 어울려 습작을 시작했었다. 그리고 다시 시골 생활을 정리하고 서울로 올라올 때는 단편 「심청」을 탈고하여 들고 온 것으로 되어있다. 그리고 1935년 〈조선일보〉 신춘문예에 당선되는데, 그것도 시골 이야기이다. 김유정은 말하자면 그의 모든 작품을 서울에서 썼다. 시골 이야기를 써도 서울에서 썼고, 서울 이야기를 써도 서울에서 썼다. 더구나 김유정은 1935년 등단하면서부터 1937년 작고할 때까지 3년간에 걸쳐 그의 모든 작품을 집중적으로 발표하는데, 서울 이야기든 시골 이야기든 구분 없이 그의 소설은 같은 시기 같은 서울에서 집중적으로 쏟아져 나왔다.

제5장 휴머니즘 소설의 전개

4. 향수의 문학: 이효석

1) 낙향으로서의 자연

이효석의 작품세계는 크게 두 가지로 분류된다.

1920년대 후반부터 1930년대 초반에 해당되는 그의 초기 세계는 다분히 현실사회 문제에 접근되어 있으며, '동반자 작가'로 분류되었다.

동반자 작가란 조선프롤레타리아 예술 동맹(KAPT, 카프)의 조직원은 아니지만 그 이념에 동조했던 작가를 지칭한다.

1930년대를 전후한 이들의 문학은 객관현실의 구체적 형상화보다는 마르크시즘을 바탕으로 한 현실 비판의 열정이 압도적인데, 이효석과 유진오, 채만식 등이 대표적으로 꼽힌다.

초기 소설인 「도시와 유령」, 「행진곡」, 「기우」, 「노령근해(露領近海)」, 「깨뜨려지는 홍등」 등이 이에 속하며, 그것들은 유산자와 무산자의 대립, 사회적 모순의 고발, 그리고 노동자들의 비참한 삶과 기생들의 가난하고 불행한 삶을 다루고 있다.

그러나 한편 초기 소설의 이러한 경향은 일제의 탄압과 카프의 쇠퇴로 인하여 미래에 대한 전망을 상실하며, 차츰 허무주의로 기운다.

이때 이때가 함경북도 경성(鏡城)으로 낙향했을 때인데, 이를 계기로 그의 소설은 '인간 본능 탐구', 즉 성에 대한 탐닉으로 전환된다. 이러한 전환점을 이룬 작품이 「돈(豚)」이다. 「돈」을 기점으로 이효석의 소설은 동반자 작가의 성향을 버리고 개인의 정서 혹은 인간의 문제를 추구한다.

「돈(豚)」에서, '식이'를 중심으로 그려지는 농촌의 피폐한 삶은 그가 애지중지 키운 돼지의 교미를 매개로 농촌을 떠난 '분이'에 대한 그리움으로 탈바꿈한다.

이후 그의 소설은 경험 세계를 바탕으로 일상적 현실을 사실적으로 묘사하는 「일기」, 「수탉」의 세계와 진부한 일상을 버리고 자연의 세계로 도피하는 「산」, 「들」의 경향으로 분화한다.

전자의 작품은 일상의 반복성과 일상탈출 욕구와의 긴장을 간결한 문체로 형상화하고, 후자의 작품은 암울한 현실을 벗어난 자연의 세계를 인간본성과 관련해 탐구하는 것으로 평가되고 있다.

인간본성의 탐구와 자연에의 향수가 공존하는 세계를 형상화하고 있는 작품이 「메밀꽃 필 무렵」이다. 장돌뱅이 허생원을 등장시켜 낮 시장터의 허생원은 고달픈 현실을 암시하고 밤의 산길은 꿈꾸는 환상의 세계를 암시한다. 「일기」, 「수탉」의 세계와 「산」, 「들」의 세계가 「메밀꽃 필 무렵」으로 통합되는 것이다.

이효석은 인간의 근원적 욕망인 성을 매개로 고통의 현실과 환상의 세계 사이의 화해를 지향한다. 허생원과 성서방네 처녀와의 우연한 만남과 단 한 번의 정사는 인간의 원초적 삶과 본능의 세계를 상징한다.

비유와 상징, 그리고 암시를 통해 환상적 분위기를 형성하는 효석의 시적 문체 또한 큰 자랑이다.

「메밀꽃 필 무렵」의 낭만적 서정성이 외면한 농촌현실의 구체적 모습은 「개살구」와 「산협(山峽)」에서도 드러난다.

이 두 작품은 「메밀꽃 필 무렵」의 '밤의 산길'과 대조되는 속악한

제5장 휴머니즘 소설의 전개

현실의 모습을 형상화하고 있다. 인간과 인간, 인간과 자연과의 화해보다는 분열과 갈등을 드러냄으로써 효석은 순수한 자연과 성의 소중함을 강조하고 있다. 「분녀(粉女)」와 「장미, 병들다」는 각각 농촌과 도시에서의 타락되고 왜곡된 성의 모습을 보여주고 있는 소설이다.

이효석의 후기소설에는 젊은 시절의 열병과도 같았던 이국에의 동경과 에로티시즘이 스러지고 안온한 일상에 대한 소박한 염원이 자리한다.

이상과 현실 사이의 관계를 모던한 현대적 감수성으로 표현한 「낙엽기」는 일상적 삶의 소중함을 강조한다. 효석의 자전적 냄새가 풍기는 「향수」는 일상의 삶의 벗어나고 싶은 굴레가 아니라 소중한 행복의 터전이라는 사실을 깨닫는 내용이다.

이효석은 일제 식민지시대의 암울한 현실과 대비되는 순수하고 순결한 세계를 인간의 원초적 본능인 성과 결합시킨 시적 서정소설로 우리 근대 문학사의 한 페이지를 장식하고 있다. 그는 식민지 현실 너머의 낭만적 현실을 꿈꾸는 보헤미안의 기질을 유감없이 보여준다. 그의 소설은 격변의 근현대사 속에서 우리 문학이 소홀히 해 온 결손 부분을 보충해주고 있는 것이다.

2) 「메밀꽃 필 무렵」의 향수

(1) 여가의 자연

「메밀꽃 필 무렵」의 첫 장면은 장돌뱅이들의 일과가 끝나는 파장(罷場)이다.

여름 장이란 애시 당초에 글러서, 해는 아직 중천에 있건만 장판은 벌써 쓸쓸하고 더운 햇발이 벌여놓은 전 휘장 밑으로 등줄기를 훅훅 볶는다. 마을 사람들은 거지 반 돌아간 뒤요, 팔리지 못한 나뭇꾼 패가 길거리에 궁싯거리고들 있으나 석유병이나 받고 고깃마리나 사면 족할 이 축들을 바라고 언제까지든지 버티고 있을 법은 없다. 칩칩스럽게 날아드는 파리 떼도 장난꾼 각다귀들도 귀치않다. 얽둑배기요 왼손잡이인 드팀전의 허생원은 기어코 동업의 조선달을 나꾸어 보았다.[53]

장돌뱅이란 원래 일정하게 정착된 생활을 누리지 못하고 오일장(五日場)이 서는 곳을 찾아 떠돌 수밖에 없는 뜨내기들이다. 이 뜨내기들한테 펼쳐지는 여름날 오후의 무더위가 인상적이다. 그 시간적 환경의 차이에 따라 작중인물의 심경에 변화를 야기하기 때문이다.

먼저, 파장에 처한 허생원의 장돌뱅이 심정은 이런 것이다. 장돌뱅이들한테 오일장이란 닷새 만에 한 번씩만 장사를 한다는 뜻이 아니라, 실지로는 매일 장이 서는 셈이나 마찬가지다. 날짜만 다를 뿐이지 오일장은 도처에서 날마다 서기 때문이다. 비록 오늘 파장이 되었다 하더라도 그들은 내일 다음 장이 서는 곳을 찾아가면 그만이다. 따라서 장돌뱅이들의 파장이란 생계의 파업이 아니라 이 장에서 다음 장으로 옮겨 가기 위한 일상적 행위에 불과하며, 그러므로 어느 면에서는 생계의 위협이 아니라 일종의 휴식시간이 될 수 있다. 「메밀꽃 필 무렵」의 시간은 바로 그런 일상적 변화에 따른 휴식의 의미

---

53) 이효석, 「메밀꽃 필 무렵」, 『효석전집 I · 단편소설집(1)』, 춘조사, 1959, p.233.

를 띤 밤 동안이라는 점에 특징이 있다. 따라서 휴식의 밤으로 진입하는 허생원의 심경이 결코 어두울 필요만은 없는 것도 당연하다. "잘 생각했네. 봉평장에서 한번이나 흐뭇하게 사본 일 있을까. 내일 대화장에서나 한몫 벌어야겠네"54)라고 말하던 허생원의 심경이 곤궁하기는 할지언정 타산에 얽매여 짜증스런 것만은 아니다. 오히려 오늘 일이 끝나서 홀가분하고, 다음 장이 있어서 막막하지 않다는 정도의 일상적 기분이 잘 나타나 있다. 「메밀꽃 필 무렵」의 파장은 생계의 파업이 아니라 휴식의 시간으로 진입하는 유쾌한 출발의 의미를 지닌다. 일이 끝나는 그것은 그래서 허생원에게 걱정거리가 아니라 홀가분함이다.

여기다가 여름날 오후의 무더위가 흥미를 더한다. 여름은 노동자들에게 특히 뜨내기들한테는 성수기(盛需期)다. 일거리가 많다는 점에서도 그렇지만, 일상생활을 해나가는데도 훨씬 구속을 덜 받는다. 거기다가 또한 일거리가 있는 사람의 오후란 곧 휴식의 밤으로 가는 시간이어서 좋은 사람한테 더 좋은 일이 생긴 격이다. 여름날 오후의 무더위는 그래서 파장의 뜨내기들한테 홀가분한 심경을 가져다준다. 상황과 인물이 적절하게 조화를 이룬 도입부의 좋은 본보기가 아닐 수 없다.

허생원은 늙고 피폐해 있다. 연소패들을 적수로 하구야 대거리가 안 될 만큼 그의 눈에 비친 충주집은 회중지병이 되어버렸고, '반평생을 같이 지내 온' 나귀처럼 그의 모습은 가스러지고 바스러져, 희

---

54) 이효석, 「메밀꽃 필 무렵」, 앞의 책, p.233.

망이라거나 장래를 설계하기에는 너무 하찮은 존재였다. 이제 그는 '옛 처녀나 만나면 같이나 살까-거꾸러질 때까지 이 길 걷고 저 달' 볼 수밖에 없을 정도로 회고적인 삶을 사는 인물이다. 그가 할 수 있는 일이라고는 이제 과거를 돌이켜 보는 일뿐이다. 파장을 거두던 때의 홀가분함은 그 순간의 상황적 심경에 불과했다. 그 순간이 지나면 곧 그는 노년의 인생이 갖는 회고적 감정에 다시 휘말리고 만다. 그 감정은 기쁜 것일 수도 있고, 슬픈 것일 수도 있다. 그러나 그것은 다분히 상황의 지배를 받게 되는데, 허생원의 상황은 휴식의 시간에 해당되는 홀가분한 상태였다. 홀가분한 상황에서의 회고는 '단 한 번의 인연'이었던 성서방댁 처녀에 대한 유쾌한 추억을 낳는다. 그러나 그런 유쾌한 추억도 궁극적으로는 만년의 인생이 갖는 회고적인 감정에 동화되고 마는데, 그것이 바로 '옛 처녀나 만나면 같이나 살고 싶은' 안주에의 욕구다.

허생원과 충주집의 관계가 그 때문에 생긴다. 파장과 뜨내기와 술집여자, 그것은 유희본능에 의한 것이지만 그러나 허생원에게 충주집은 화중지병(畫中之餠)일 만큼의 애정적 거리감이 있다. 그리고 그 거리는 동이와 같은 젊음과 대립되면서 허생원을 열세의 위치에 세워놓는다. 이 점은 허생원으로 하여금 파장의 홀가분한 심경으로부터 다시 생리적인 회고적 심리로 접어들게 하는 계기가 된다. 허생원이 성서방댁 처녀한테 안주하고 싶은 욕구, 그것은 파장의 뜨내기들이 일의 핵심으로부터 이탈하는 순간에 공통적으로 발동한 심경으로서, 일종의 귀소(歸巢)본능이라고도 말할 수 있겠다.

이쯤에서 우리는 작가가 무슨 말을 하려고 하는지를 한 번쯤 생각하게 된다. 전혀 알 수가 없기 때문이 아니라, 뭔가 어렴풋하게나마 말하고자 하는 의도의 기미가 엿보이기 때문이다. 그러나 그것이 곧 주제는 아니다. 다만 주제의 발단 요소가 이쯤에서 싹트기 시작하는 것이다. 허생원은 일의 핵심으로부터 벗어나자 회고적인 심경에 도달했고, 그 결과 어디론가 안주하고 싶은 욕구를 보였다. 여기서 우리는 그가 돌아가고자 하는 곳이 어떤 곳인지, 그곳에 가서 무엇을 하자는 것인지를 생각하게 된다. 그 문제가 풀릴 때 우리는 비로소 작가가 무엇을 말하려고 하는지에 대해 어느 정도 짐작을 하게 되는 것이다.

허생원은 다음 날 대화장까지 가기로 되어 있지만 그렇다고 대화가 허생원의 이상향은 아니다. 그는 자신의 이상향을 일단 숨겨 두고 있다. 그 숨겨 둔 이상향이 확실하게 밝혀질 때 이 소설은 끝이 난다. 따라서 대화까지 가기로 되어 있는 허생원의 여정(旅程)은 전혀 이 소설의 테마 요인이 못 된다. 뒤에 곧 밝혀질 문제이지만 허생원의 이상향은 제천으로 암시되어 있다. 따라서 제천까지 가야 하는 이유가 「메밀꽃 필 무렵」에는 숨어 있고, 그 숨은 이유를 풀어가는 과정이 곧 이 소설의 주된 플롯이다. 이 점에서 「메밀꽃 필 무렵」은 여행구조로 되어 있다고 할 수 있다. '봉평 파장-대화-제천'을 거쳐 허생원은 자신의 이상향에 안주하고 싶은 것이다. 그러나 「메밀꽃 필 무렵」은 자신의 행선지를 미리 밝히지 않고 스토리가 진행됨에 따라 확인하는 구조로 되어 있는 점이 특징이다. 이처럼 숨겨진 의도가 밝혀짐에 따라 결말 처리가 이루어지게 되어 있는 구조는 처음부터 드러난 구조를 갖고 있는 소설보다 훨씬 미적 효과를 더한다.

이제 허생원이 장차 가고자 하는 제천이 어떤 곳인가를 보면 다음과 같다. 허생원 일행이 대화까지 가는 동안, 허생원은 지금은 헤어지고 없는 여자에 대한 추억을 하나 갖고 있다. 예컨대 봉평에서의 성서방댁 처녀를 말한다. 허생원에게 그 여자는 '단 하룻밤의 우연한 인연'이었고, 지금은 더구나 이십 년이 지난 뒤의 일이지만, 허생원은 지금도 그 여자를 잊지 못한다. 단 한 번의 인연이지만, 허생원은 아직 그 처녀와 인연을 끊지 않은 셈이다. 곁에 두고 보지 않아서 잊혀질 사랑이 아니라 두고 보지 않으니까 더욱 그립다는 점에서 허생원은 성서방댁 처녀를 잊어버린 게 아니라 계속 연연해하는 셈이다.

「메밀꽃 필 무렵」은 완전한 사랑의 테마를 구축하기 위해서 그 첫 장면부터 몇 개의 인상적인 장면을 설치했었다. 여름날 오후의 무더위로부터 시작된 휴식의 파장을 거쳐 곧 시원한 바람과 달빛 아래 메밀꽃이 피어 있는 밤이 '그런 이야기를 하기에는 격에 맞는' 배경이었다. 그 추억의 회고를 통해 허생원의 이상향은 제천이라는 사실이 밝혀지고, 그 점이 확인됨으로써 「메밀꽃 필 무렵」은 일단 하나의 완성된 구조를 갖추게 된다.

(2) 자연과 관능

이쯤에서 우리는 이 소설이 설치한 삽화와 복선의 구조를 살펴 볼 필요가 있다. 소설가는 항상 자신의 인물을 설정하고 그 인물을 통해 뭔가를 전달하려고 한다. 그 인물들은 혼자 말하기도 하고 혹은 두 사람 이상이 말을 주고받기도 하는데, 그로부터 장면(scene)이 생기고, 그 장면들은 다시 하나의 일화를 형성한다. 한 편의 소설은 여러 개의 일화를 포함한다. 그것들은 서로 엉뚱하게 여겨지기도 하지만 다시 교묘하게 연결되면 하나의 의미를 위해 불가결한 요소가 될 수도 있다.

「메밀꽃 필 무렵」은 스토리가 진행됨에 따라 처음에 설정했던 시간적 배경이 정반대로 바뀐다. 처음의 오후는 내내 밤 시간을 거쳐 다음날 새벽까지 이동한다. 이 소설은 완전한 하루 동안을 반으로 쪼개 쓰는데, 여기서 차지한 시간은 밤이되 처음에 약간의 낮을 할애하였다.

이제부터 검토할 문제는 이 소설이 이상과 같은 시간의 변화를 겪고 난 뒷부분으로서, 허생원과 동이의 관계를 통한 구조 파악이 될 것이다. 「메밀꽃 필 무렵」의 인물은 전체적으로 '허생원-조선달-동이'와의 관계로 이루어져 있다. 그러나 이런 인물들의 관계는 삼각의 갈등구조가 아니라 다만 '허생원-동이'로 이어지는 단일 구조일 뿐, 조선달은 처음부터 허생원이나 영달의 행위에 보조를 맞추는 중간자적 인물(inter-mediate character)에 지나지 않는다. 따라서 우리의 관심은 역시 '허생원과 동이'의 관계에 쏠릴 수밖에 없다.

먼저 '허생원과 동이'의 관계를 파악하는 데는 「메밀꽃 필 무렵」이 설정한 또 하나의 복선에 주의를 하지 않을 수 없다. 허생원과 나귀와 동이 사이에 생기는 또 하나의 구조를 말한다. 이 점에 대해서는 이미 많은 사람들에 의하여 충분히 검토된 바 있지만 서술상의 편의를 위해 다시 한번 그 맥락을 요약하면 다음과 같다.

① 허생원이 충주집을 사이에 두고 동이한테 애정의 갈등을 일으킨다. 그 결과 허생원이 동이를 한 대 때리지만 동이가 맞서지 않음으로써 그 관계가 악화되지는 않는다.

② 동이가 나귀의 발광에 대한 소식을 허생원한테 전해옴으로써 허생원의 갈등이 인간적 친화감으로 발전한다.

③ 허생원이 나귀의 피폐한 모습과 대조되면서 나귀와 허생원이 동일시된다.

④ 나귀의 발광이 '암샘'이었던 것으로 밝혀지고, 동시에 그것은 허생원의 충주집에 대한 본능적 욕구의 표현이라는 점으로 일치된다.

⑤ 그 본능적 욕구가 메밀꽃 핀 밤에 단 한 번의 과거체험으로 구체화된다.

⑥ 그 체험이 생애의 가장 귀중한 것으로 발전한다.

⑦ 동이가 그 귀중한 체험의 결실임이 밝혀지고, 나귀 새끼로 비유된다.

여기서 우리가 주목할 점은 나귀의 동물적 본능이 어떻게 인간의 행위와 연결될 수 있는가이다. 충주집에 대해서 '암샘'을 했다거나 새끼를 얻은 것은 나귀가 아니라 허생원이었다. 그러나 허생원이 아이를 낳았다고 말하지 않고 나귀한테 비유를 한 것은 확실히 작가의 낭만주의적 취향이었다. 이효석의 이런 점은 그동안 '동물적 성본능의 옹호'라는 시각에서 매우 만만한 비판적 대상이 되기도 하였다. 그러나 「메밀꽃 필 무렵」의 경우 그런 비판은 너무 선입견에 압도된 편견이다. 이 점을 확인하기 위해서 우리는 그동안 이 소설에 대한 구조적 이해를 꾀해 왔다. 태초부터 한 생명의 탄생이란 매우 신비스런 일이지만, 그것이 웬만큼 필연적인 조건을 구비하지 않는 한 그것은 아주 평범한 것이 되고 만다. '허생원이 이십 년 전에 우연히 어떤 처녀와 단 한 번의 인연을 맺었는데 그게 그만 결실을 거두었던 모양이더라. 오늘 어떤 청년을 만났는데 그게 그만 그 씨앗이더라'는 정도의 스토리로는 우리는 전혀 신비로움을 느끼지 못할 것이다. 이러한 평범한 내용으로부터 신비로움을 창조해 내기 위하여 작가는 처음부터 완벽한 구조적 배려에 힘썼다.

조선달 편을 바라는 보았으나 물론 미안해서가 아니라 달빛에 감동하여서였다. 이지러는 졌으나 보름을 갓 지난달은 부드러운 빛을 흐뭇이 흘리고 있다. 대화까지는 팔십 리의 밤길, 고개를 둘이나 넘고 개울을 하나 건너고 벌판과 산길을 걸어야 된다. 길은 지금 긴 산허리에 걸려 있다. 밤중을 지난 무렵인지 죽은 듯이 고요한 속에서 짐승 같은 달의 숨소리가 손에 잡힐 듯이 들리며, 콩포기와 옥수수 잎새가 한층 달에 푸르게 젖었다. 산허리는 온통 메밀밭이어서 피기 시작한 꽃이 소금을 뿌린 듯이 흐뭇한 달빛에 숨이 막힐 지경이다. 붉은 대궁이 향기같이 애잔하고 나귀들의 걸음도 시원하다. 길이 좁은 까닭에, 세 사람은 나귀를 타고 외줄로 늘어섰다. 방울소리가 시원스럽게 딸랑딸랑 메밀밭께로 흘러간다. 앞장선 허 생원의 이야기소리는 꽁무니에 선 동이에게는 확적히는 안 들렸으나, 그는 그대로 서운한 제멋에 적적하지는 않았다.55)

여름날 달밤과 바람과 메밀꽃 등이 그런 배려 중의 하나지만, 그보

---

55) 이효석, 「메밀꽃 필 무렵」, 앞의 책, pp.242-243.

다 더 중요한 것은 허생원의 '못나고 뒤틀린 반생'이다. 이런 인물이 내포할 수 있었던 인간적 힘에 대해서 우리는 주목할 필요가 있는 것이다. 늙고 피폐한 육신과 함께 못나고 뒤틀린 반생으로 살아온 허생원의 생이란 너무 무가치하게 여겨진다. 그것은 나귀, 또는 하찮은 짐승만큼이나 값이 없을 수도 있다. 한 마리의 짐승이 죽어 없어져도 그만일 만큼 허생원은 그냥 죽어갈 수도 있었다. 이런 '하찮은 존재'로 하여금 젊음을 지향하고자 하는 욕구를 충동질한 점에 이 작품의 건강함이 살아 있다. 충주댁에 대한 애정적 욕구, 젊은 총각에 대한 애정적 질투, 나귀로 비유된 애욕의 표현, 그리고 성서방댁 처녀에 대한 체험으로서의 구체성, 나아가서는 동이로 이어지는 애정의 결실, 이것들은 모두 허생원의 늙음과 대비되는 젊음으로서의 의미를 지닌다. 늙고 하찮은 존재로 설정된 허생원의 애욕은 바로 그런 자신의 존재를 극복하고자 하는 생명 의지였다. 「메밀꽃 필 무렵」의 구조를 단순히 '사랑과 혈연의 해후라는 운명의 신비로운 트릭'이라고만 웃어넘길 수 없는 근거가 여기 있다.

　「메밀꽃 필 무렵」의 허생원과 동이는 왼손잡이로서 그 혈연적 만남이 확인된다. 이 점은 또한 그 소설의 완벽한 결말이기도 하다. 충주집에서 허생원은 처음 동이를 대하자 그의 뺨을 한 대 때렸다. 그러나 동이는 대들어 맞싸우지 않음으로써 도리어 허생원을 감동시켰다. 이것이 두 번째 단계다. 허생원과 조선달과 동이가 일치된 감정으로 밤길을 걸어갈 수 있도록 한 계기가 그로부터 생기는 것이다. 밤길을 걷는 동안 허생원은 내내 자신의 과거를 회고한다. 그리고 그것은 동이의 체험과 일치한다. 이것이 세 번째 단계다. 끝으로 우리가 다시 「메밀꽃 필 무렵」의 끝부분을 돌이켜 보면, 허생원이 발을 헛디뎌 개천에 빠지고, 물에 젖은 허생원을 동이가 업고, 그 따스한 감촉으로 인간적인 화합을 꾀하는 것이다.

(3) 향수의 공간

주제를 어떻게 제시하는가, 이 말은 소설이 어떻게 끝을 맺는가라는 말과도 같다. 현대소설에서는 주제란 말이 오히려 생경하게 들릴 수도 있다. 주제란 확실히 작가가 말하고자 하는 그 무엇이긴 하지만, 현대소설일수록 말하고자 하는 그 무엇을 한 줄로 명료하게 제시하지 않고, 전체의 구조 안에 용해시켜 버리고 싶어 한다. 한 시대의 유형이나 세계관, 인생관 또는 삶의 양태를 포괄하고자 하는 장편소설에서도 그럴진대, 하물며 순간적인 감정의 충동과 심오하고 공통적인 인생의 관심사를 하나의 계기로 파악하고자 하는 단편소설이야말로 더 말할 나위가 없는 것이다. 단편소설의 고비(crisis)는 바로 단편소설 그 자체이기를 바란다. 장편소설에 있어서의 시간과 장엄한 율동을 거절하고, 그 자체가 바로 처음이자 끝이요, 형식이자 내용인 것이다. 단편소설의 주제를 한 줄로 요약할 수 없는 이유가 바로 여기에 있다.

지금까지 우리는 다음 몇 가지 사항을 확인하였다.

첫째, 그들은 파장의 뜨내기들이다. 그리고 그것은 일하는 사람들의 일하는 동안에 벌어진 사건이 아니라 휴식의 시간에 벌어진 사건이었다.

둘째, 시간적 구조에 있어서, 그것은 여름날 오후부터 이튿날 새벽까지의 밤이다. 그러나 그동안에 실질적으로 거론된 시간은 허생원의 전생애에 걸친 것이었다. 다시 말해서 그들은 그들의 휴식 시간을 통해서 그들의 일에 관한 이야기를 한 것이 아니라 자신들이 살아온 지금까지의 전 생애를 회고한 셈이다.

셋째, 그것은 제천이라는 이상향을 설정함으로써 그곳까지 가기 위한 여행구조 형태의 공간적 구조를 형성한다. 검토 과정에서 우리는 그들의 행선지에 대하여 왜 가느냐와 가서 어찌 되었는가를 묻고 싶었다. 그 답은 간단했다. 허생원의 '제천'은 사랑의 안주가 있는 곳이었다. 그것은 그들의 피폐한 삶으로부터 보상받고 싶은 안주에의 귀소본능이었다.

이쯤에서 「메밀꽃 필 무렵」의 구조를 다시 한번 정리하면 다음과 같다. 먼저, 이 소설은 파장의 뜨내기들이 일하지 않는 시간에 갖기 쉬운 귀소심리를 다뤘다. 그리고 그것은 서로 만났다가 헤어지고, 헤어졌다가 다시 만나는 구조로 되어 있다. 그것은 혈연의 만남이었고, 사랑의 만남이었다.

그렇다고 이 장면이 곧 「메밀꽃 필 무렵」의 구조적 결말을 이루지는 못한다. 「메밀꽃 필 무렵」은 그 완벽한 구조 안에 사랑의 테마를 감추고 있다. 그리고 그 사랑의 테마가 다시 완전한 구조 속에 용해될 때 우리가 얻는 감정은 휴머니티였다. 「메밀꽃 필 무렵」의 구조는 완전히 주제를 내면화한 경우였다.

지금까지 검토한 사항을 단편소설의 일반적 특징과 연결시켜 보면 다음과 같다. 세부 사항을 전체의 문제로 확대해석하려 할 때 문제가 되는 것은 역시 그로부터 작가가 말하고자 하는 이야기가 어떤 것인가, 그것을 어떻게 말하고 있는가의 문제였다.

우선, 전달하는 방법에 있어서 단편소설의 가장 두드러진 특징은

제5장 휴머니즘 소설의 전개

'시간'에 대한 작가의 태도라고 볼 수 있는데, 그것은 한마디로 시간의 압축이었다. 「메밀꽃 필 무렵」이 소모한 시간은 기껏해야 단 하룻밤 동안에 불과했다. 그러나 이 짧은 시간을 통해 그들은 그들의 전 생애를 이야기하였다. 이 점이 바로 단편소설의 효율적인 시간 활용이라 할 수 있다. 만약에 이 이야기가 장편소설 작가들의 손에 걸려들었다면, 그들은 그 전 생애를 말할 수 있는 긴 시간과 자료를 벌고 싶어할 것이다. 따라서 「메밀꽃 필 무렵」이 소모한 시간, 즉 허생원의 그 여름밤쯤이야 단 한 줄로 줄여 버리거나 아예 생략해 버릴 만큼 무의미한 시간일지도 모른다. 그토록 사소하거나 무의미한 것으로부터 단편소설은 시작되며, 그것이 또한 단편소설의 전부다. 단편소설 작가는 시간의 순서에 따라 사건을 차례차례로 나열하는 것을 꺼려한다. 다만 어떤 짧은 순간이라도 단편소설가는 놓치지 않으려고 애쓰며, 그 순간을 계기로 마련할 수 있는 모든 것을 말하고자 하는 것이다.

따라서 단편소설은 그것이 말하고자 하는 내용의 성질도 장편소설과는 다르다. 「메밀꽃 필 무렵」의 인물은 각박한 삶을 살아가는 파장의 뜨내기들이지만, 그들은 그들이 하고 있는 일에 대해서 말하고 있지 않았다. 그들은 일의 핵심으로부터 벗어나는 순간, 그 순간이 계기가 되어 생길 수 있는 감정을 즐기고 있었다. 그것은 일의 핵심으로부터 벗어난 비로 그 순간에만 중요한 것이지, 그들의 삶을 지배할 만큼 중대한 문제는 아니다. 이 점에서 단편소설이 다루는 문제는 장편소설의 그것과 다르다. 장편소설이 한 시대의 유형이나 작가의 세계관, 인생관 또는 삶의 양상을 말하고 싶어 하는 데 비하여 단편소설은 어느 특정한 시간에 그것이 계기가 되어 마련될 수 있는 감정을 포착하고자 하는데, 그럼에도 불구하고 그것이 심오한 인간사의 일부로써 공감되기를 바라는 점에서 그 중대한 의의를 찾을 수 있는 것이다.

5. 자전적 소설: 이태준

1) 고아로서의 생애

 이태준의 『사상(思想)의 월야(月夜)』는 자전적 소설이라는 점에서 주목되는데, 이 『사상의 월야』에 비추어 볼 때 이태준의 단편소설들은 대부분 이 자전적 소설에 나타난 생애와 일치하는 부분들이 많다. 특히 해방 이전의 단편들은 어린 시절의 기억을 조금씩 나누어 사진처럼 펼쳐 보인 것에 가깝다.

 이태준은 말하자면 소설을 통해 새로운 세계를 창출한다기보다 살아온 생애를 더듬어 보는 것 자체를 소설이라고 믿었던 것 같다. 이태준에게 이는 소설에 대한 믿음 이전의 삶에 대한 태도였다. 다가올 미래에 대해 상상하는 것이 생이 아니라 현재의 삶이 어쩌면 과거의 삶으로 거슬러 올라가는 것에 불과할지 모른다는 생각이다. 그에게 지나온 과거를 기록하는 현재의 소설 행위는 전혀 시대착오적이거나 회상에 머무르는 일이 아니다. 오히려 앞길을 비추는 작업과도 같았다. 그의 단편들이 대부분 자전적 요소를 지니고 있음은 이를 통해 볼 때 결코 우연이 아니다.

 시기적으로도 이태준은 단편들을 먼저 발표하고, 나중에 자전적 소설을 발표하였는데, 그러고 보니 서로 겹친 부분이 많았다. 같은 경험을 단편에서 먼저 다루고 과거 기억을 집대성한 『사상의 월야』에서 다시 다루는 경우가 발생한 것이다. 이태준은 말하자면 자신의 생애를 파먹고 파먹다가 나중에 더 파먹을 것이 없으니까 파먹고 남은 껍질들을 모아 다시 한 줄에 꿰는 작업을 벌였고 그것이 『사상의 월야』라는 생각이다.

이를 증명이나 하듯 『사상의 월야』는 단편에서와 같은 특별한 주제가 들어있지 않다는 점이 특징이다. 그저 생애를 관통하는 이야기일 뿐이다. 송빈이라는 아이의 생애를 통하여 작가가 말하고자 하는 그 '무엇'이 없다. 그런가 하면 그의 단편들은 나름의 '주제'를 가지고 있다. 그 주제가 곧 새로 창작된 부분이며 생애를 가공한 부분이다. 말하자면 그의 모든 단편은 소재 면에서 『사상의 월야』를 여러 파편으로 조각낸 것들이고, 그 조각난 파편들에다가 작품이 쓰이던 당시의 작가의식을 불어넣어 만든 것이다.

해삼위(海參威, 블라디보스토크)는 첫 번째 남은 기억의 장소지만 그의 소설적 무대로 등장한 적은 없다. 아마 너무 어리고 외국이어서 기억으로는 남았을지 모르나 삶의 현장은 아니었을 것이다. 이에 비해 배기미의 소청거리는 그의 생애가 처음 시작되는 곳이다. 이 점은 그의 자서전에서 확실하게 언급되어 있다. 그래서인지, 그의 첫 소설인 「오몽녀」도 거기서부터 시작되었고, 이후 많은 소설이 그곳을 무대로 삼고 있다. 그런 의미에서 배기미는 이태준이 다른 작가들과 구분되는 원형적 공간의 의미를 가지고 있다고 보아 과언이 아니다.

2) 자전적 소설과 창작

(1) 배기미 이전의 기억

'배기미의 소청거리'는 이태준에게 있어 가장 중요한 공간이 된다.

그 공간이 작품에서 어떻게 드러나고 있는지를 실증적으로 살피는 것이 이 장의 목표이다. 각 작품에 나타난 소청거리의 풍경은 크게 다르지 않아 한 편의 그림이 그려질 정도이다. 하지만 조금씩 달라지는 부분에서 작가의 주제 의식을 발견할 수 있는 것 또한 사실이다.

우선 배기미에 이르기 전 이태준은 몇 번에 걸쳐 거주지를 옮긴다. 그러나 그 이동의 의미가 그리 크다고 할 수는 없다. 앞서 말한 대로 너무 어린 나이였기에 기억에 오래 남아있지 않기 때문이다. (1) 철원-원산-아라사(러시아) 땅 해삼위의 조그만 어촌으로 옮겨다닌 기간은 시간으로도 2년에 불과하다.

조금이나마 이 기간을 다룬 작품에서 가장 주목할 만한 내용은 아버지에 대한 기억이다. 아버지의 호는 매헌(梅軒)이며 개화당의 한 사람으로 밤을 타서 집에 들어와 처자를 이끌고 망명의 길을 떠난다.56) 실제로 이태준의 아버지가 덕원의 관리였던 점과 비교하여 크게 어긋나는 부분은 아니다. 밤을 타서 솔가를 하여 떠나는 일화는 「꽃나무는 심어 놓고」와 「촌뜨기」에 보인다. 아버지의 가출은 단순히 아버지 대의 사건으로 끝나는 것이 아니다. 이후 이태준이 성장하기까지의 개인사에서 가출은 그의 성장의 중요한 요인이 되기 때문이다. 돌이켜 보면 그의 생애는 끊임없는 가출의 연속이었고, 그것은 아버지로부터 시작된 것이기도 하다. 특별히 이태준이 작가론의 대상으로 흥미를 끄는 이유도 이 짖은 가출과 고아의식 때문이다.

해삼위는 이태준이 그의 부모와 함께 가장 평화롭게 살던 기억의

---

56) 이태준, 『사상의 월야』, 깊은샘, 1988, 1988, pp.18-23.

맨 끝에 자리한 곳이다. 그러나 그곳은 그의 아버지가 개화당으로 몰리어 피난갔던 곳이다. 『사상의 월야』에서 해삼위에 대한 묘사는 다음과 같다.

㉮ 두만강을 건너 아라사 땅 해삼위의 해안에 있는 조그마한 어촌이다. 함경도 사람들이 '해수에'라고 부르는 블라디보스토크까지는 조금 못 미쳐, 조선 사람들끼리만 언제부터인지 십여 가호 모여 사는 이름도 똑똑지 않은 촌락이다.(p.18.)

㉯ 너이 아버지가 타국 갔다 머리 깎구 오더니 개화니 역적이니 하구 몰려 여기꺼정 왔단다.(p.20.)

㉰ 거기 가서는 구라파 직계의 문명을 시찰하면서 한편 사방에 흩어져 있는 동지들과 연락해 가지고는 서울의 한미한 세력권에서 멀리 떨어져 있는 조선사람들을 모아가지고 일본에 유신과 상응하는 이곳 유신을 일으킬 큰 뜻을 이감리는 그의 응혈진 가슴 속에 깊이 품었던 것이다.(p.21.)

㉱ 그래 환갑이 지난 노인으로 부담말로만 원산까지 오는 길도 힘들었거니와 원산서부터 탄 화륜선에서는 멀리로 며칠이 걸렸는지조차 모르게 정신을 잃었다. 그러나 와서 보니 끝까지 정신을 못 차리는 것은 누구보다도 사위였다. ……그리하여 한적한 어촌을 더듬어 나온 것이 이 조선사람들끼리의 이름도 똑똑지 못한 어촌에까지 흘러온 것이다.(p.23.)

아버지의 망명지, 아버지가 사망한 곳, 그러나 유년의 눈에 비친 아름답고 평화로운 곳, 이런 해삼위는 훗날 그의 소설에서 결국 돌아가고 싶은 안식처로 자리잡는다. 이런 의식은 그의 처녀작 「오몽녀」
에서 잘 드러난다. 오몽녀와 금돌이 사람들 몰래 서수라를 떠나 새살
림을 차리고 싶은 평화의 안식처가 바로 해삼위라는 점이 그것이다.
첫 작품에서 탈출 장소로 해삼위가 등장한다는 사실은 그의 아버지
를 따라 해삼위로 가던 가출의 심리와 거기 정착하던 안주의 의식이
깊었던 탓이다.

　㉮와 ㉺에서 알 수 있듯이 해삼위에 대한 기억은 곧 아버지에 대한
추억과 통한다. 아버지에 대한 기억은 사실 이태준 개인의 것이라기
보다 이후에 주위에서 들은 내용일 가능성이 크다. 따라서 실제보다
그의 모습이 미화되었을 가능성도 없지 않다. 덕원 감리와 개화당의
간격이 대표적이다. 이채로운 것은 그의 단편 〈석양〉의 주인공 호가
매헌이라는 점이다.

　그러나 이에 비해 어머니에 대한 기억은 우울한 분위기를 자아낸
다. 어머니는 폐병을 앓았다. 작품을 보면 「돌다리」의 어머니, 「온실
화초」의 A, 「까마귀」의 여자는 모두 폐병을 앓다가 죽는다. 배기미
소청거리에 와서 죽게 되지만 어머니의 폐병은 오랜 지병이었다. 아
버지에 대한 기억이 미화되는 측면이 없지 않은 반면 어머니에 대한
기억은 어린 시절의 기억과 직접 관련되어서 그런지 그리 밝지 않고
언급을 피하는 듯한 인상마저 준다. 배 안에서 산고를 겪는 어머니,
배기미 소청거리에서 정사하는 어머니의 모습을 매우 적극적인 상으
로 그릴 수 있음에도 불구하고 실제 작품에서는 구체적이라는 느낌
을 주지 못한다.

(2) 『사상의 월야』의 배기미

소청거리의 기억은 배기미에 닿기 전 배 안에서부터 시작된다. 항구에 닿기 전 송빈(『사상의 월야』의 주인공이자 이태준으로 짐작되는 인물)의 가족들은 밤새 폭풍우에 시달린다. 어른 아이 할 것 없이 죽음의 고비에 섰을 때 어머니는 하필 이때 산기가 동하게 된다. 죽을 고비를 넘기면서 아이를 낳는 장면이 펼쳐진다.

배 안에서의 장면이 이태준 소설에서 특징적인 이유는 그 묘사의 긴박감 때문이다. 이태준 소설에서 긴박감 넘치는 장면을 찾기는 쉽지 않다. 그러나 비가 오는 이 장면은 매우 역동적으로 그려진다. 작가의 생애를 통해 가장 격렬했던 고비 또는 긴장된 경험이었다는 짐작이 가능하다.

이날 밤이다. 비까지 뿌렸다. 파도는 점점 거세어졌다. 방아 찧듯 하는 뱃머리를 파도는 때린다기보다 집어삼키곤 하였다. 어찔하고 내려갈 때는 영영 바다 밑으로 가라앉는 것 같아 소름이 오싹해지면 배도 무슨 혼령이 있어 악을 쓰고 싸우는 듯 용하게 다시 올려솟곤 하였다. 올려솟을 때마다 배 위에 휩쓸렸던 물은 쏴르르 좌우 쪽에 폭포 쏟아지는 듯하고, 돛대에서 닝닝 바람소리와 무슨 기명 구르는 소리들, 송빈이는 무엇보다도 그 소리들이 무서웠다. 어른은 일어나 앉기만 해도 정수리가 닿는 뱃간, 여기저기서 바닷물은 뚝뚝 철철철 떨어졌다. 뒤집어쓴 이불들이 온통 희끗희끗한 소금번개 앉은 간수로 뒤집혔다. 할머니와 어머니는 사흘째나 홍삼 한쪽씩만 물고 계실 뿐인데, 하필 이 파도 제일 세찬 날 밤을 타서 어머니는 산기가 동하는 것이었다. 하필 이 날을

타서라기보다 만삭된 모체가 격렬하게 동요가 되니 견딜 수가 없어 불시에 태동이 되는 것이었다.57)

좀 긴 듯하지만 『사상의 월야』에서 폭풍우 치는 밤의 묘사를 옮겨 보았다. 파도는 바람과 비를 동반하여 배를 위협하는데 그 상황에서도 새 생명은 태어나려고 한다. 이태준의 생애 동안 이때처럼 생명과 죽음이 한 장소에서 교차한 적은 없었다. 이 밤바다의 경험이 긴박감이나 위기가 필요한 단편에서 유용하게 사용되고 있어 경험의 강도를 짐작하게 한다.

배기미에 닿기 전 이때의 경험이 훗날 「밤길」과 「바다」에서 생명과 죽음이 교차되는 절박함으로 표현된다. 「바다」는 뒤에 살피고 우선 「밤길」의 한 장면을 보자.

허턱 주안 쪽을 향해 걷는다. 얼마 안 걸어 시가지는 끝나고 길은 차츰 어두워진다. 길만 어두워지는 것이 아니라 바람이 세차진다. 핵 비를 몰아붙이며 우산을 떠받는다. 황서방은 우산을 뒤집히지 않으려 바람을 따라 빙그르 돌아본다. 그러면 비는 아이 얼굴에 흠뻑 쏟아진다. 그래도 아이는 별로 소리가 없다. 권서방더러 성냥을 그어대라고 한다. 그어대면 얼굴은 죽은 것이나 마찬가지다. 빗물 흐르는, 비비틀린 목줄에서는 아식노 발랑거리는 것이 보인다. 바람이 또 빙그르 들이분다. 바람은 갑자기 반대편에서도 친다. 우산은 그예 뒤집히고 만다. 뒤집힌 지우산은

57) 이태준, 『사상의 월야』, 깊은샘, 1988, pp.22-23.

두 번, 세 번 만에는 갈기갈기 찢어지고 말았다. 또 성냥을 켜보려 한다. 그러나 성냥이 눅어 불이 일지 않는다. 하늘은 그저 먹장이다. 한참 숨을 죽이고 들여다보아야 희끄무레하게 아이 얼굴이 떠오른다.[58]

비바람 치는 밤 풍경의 격렬함과 아이가 죽을 수도 있다는 불안한 심정이 얽힌 배기미에 닿기 전 이태준의 의식이 투사된 장면이다. 길이 어두워지고 바람이 세차지고 비까지 몰아치는 밤길 풍경이다. 『사상의 월야』에서는 이러한 풍경이 배기미에 닿기 위한 통과의례처럼 쓰인 데에 비해 「밤길」에서는 밤길의 묘사가 주제를 효과적으로 드러내는 장치가 된다. 노동자들의 어려운 삶과 폭풍우가 결정적인 대조를 이루고 있기 때문이다. 이 작품이 이태준의 작품 중 이질적으로 느껴지는 이유도 어린 시절 경험의 일단을 확대하여 하나의 작품으로, 작품의 주제로 창조하였기 때문이다.

(3) 작가의 배기미와 「오몽녀」의 배기미

『사상의 월야』를 종합하여 소청거리의 풍경을 정리하면 다음과 같다.

배기미에서는 고기를 잡을 줄 모르고는 살 수가 없다. 아이들에게는 가르킬 글방도 없다. 그래 배기미에서 빤히 올려다 보이는 소청거리로

---

58) 이태준, 「밤길」, 『이태준 전집』 3권, 깊은샘, 1988, p.38.

옮아온 것이다. (중략) 송빈이네는 여기다 집을 샀다. 그리고 곧이어 정서방과 송빈이 할머니가 나서서 음식점을 시작한 것이다. 고향을 생각해서 강원도집이라 했다.(p.32.) 이해 겨울로 송빈이 아버지를 배기미 해변으로부터 소청거리 가까이로 면례를 하였고 송빈이는 서당에 넣었다. 이듬해 봄에는 마행으로 이틀 길인 회령읍에 학교가 설립되었다는 말을 듣고 아홉 살 난 큰딸 송옥은 어머니가 친히 데리고 가서 학교 선생집에 기숙을 시키고 학교에까지 넣었다.(p.32.) 일본 우선회사의 항로가 열리자 소청거리에는 행인이 거의 없어지고 말았다(p.45.) 소청거리는 청진과 부령서 웅기로 들어오는 큰 길이 동네 가운데로 지나는 곳인데(p.31.) 웅기 이북으로 갈 사람은 배로 웅기까지 직행하였고 배기미 이북으로 갈 사람들은 배기미까지 배를 타고 왔고 배기미가 도리어 번창하게 되고 소청거리는 쓸쓸해졌고 강원도집 영업에는 이상이 생겼다.(p.45.)

이 소청거리의 풍경을 근거로 이제 다른 단편들과 『사상의 월야』를 비교해보자. 먼저, 「오몽녀(五夢女)」의 첫 부분은 다음과 같이 시작한다.

서수라(西水羅)라 하면 저 함경북도에도 아주 북단 원산, 성진, 청진, 웅기를 다 지나 제일 마지막으로 붙어 있는 항구다.
이 서수라에서 십 리쯤 북으로 들어가면 바로 두만강가요 동해변인 곳에 삼거리(三街里)라는 작은 거리 하나가 놓였다. 호수는 사십여에 불과하나 주재소가 있고 객줏집이 사오 처나 있고, 이발소가 하나 있고 궐련, 술, 과자 우편절수 등을 파는 잡화점이 하나 있고, 그리고는 색주가 비슷한 영업을 하는 집 외에는 모두 농가들이다. 그런데 이 사오 처

나 되는 객줏집에 하나인 제일 웃머리에 사는 지참봉네라고 있다.59)

배기미의 풍경이 잘 그려져 있지만 실상 「오몽녀」의 전개와 모두 관계되는 배경이다. 주재소, 색주가, 객줏집 등이 작품의 주제와 관계된다. 바닷가이지만 거센 파도나 선원들의 죽음 등은 전혀 다루어지지 않는다. 어찌 보면 바닷가라는 배경이 작품에 결정적인 요소로 작용하지 않는다고 볼 수도 있다. 이를 다르게 해석하면 작품의 배경을 배기미 소청거리로 설정해 놓고 그 안에서 작가의 상상력을 발휘했다는 의미로 생각할 수 있다. 개작본 서두에서 작가는 "모델소설이 아닌 것, 여기 나오는 현실도 지금은 딴판인 십 오육 년 전 옛날임을 말해 둔다"고 했는데 이 역시 「오몽녀」의 배경은 허구가 아니고 그 인물만이 허구였다는 고백이다. 십수 년이란 소설 창작 당시의 시간과 실제 작가가 배기미에 살았던 시간의 차이일 뿐이다.

그래서인지 『사상의 월야』에서의 소청거리와 「오몽녀」의 삼거리 풍경은 매우 유사하다.

그래 배기미에서 빤히 올려다보이는 소청거리로 옮아온 것이다. 여기는 청진과 부령서 옹기로 들어오는 큰길이 동네 가운데로 지난다. 객줏집도 있고, 잡화상도 있고, 포목전도 있고, 또 오리 혹은 십리 둘레로 적은 촌락들이 널려 있어 돌림서당도 있다. 송빈이네는 여기다 집을 샀다.60)

59) 이태준, 「오몽녀」, 『이태준 전집』 1권, 깊은샘, 1988, p.21.
60) 이태준, 『사상의 월야』, p.31.

제5장 휴머니즘 소설의 전개

객줏집과 잡화상에 대한 기억과 청진과 옹기로 이어지는 길에 동네가 위치했다는 기억이 동일하다. 굳이 소청거리에 집을 산 이유는 "'배기미는 평지라고는 소청거리에서 내려오는 길 뿐이었"(p.30.)기 때문이었다. 지참봉은 조그만 객줏집 주인이었다.

작중인물들의 이름으로도 『사상의 월야』와 「오몽녀」의 관계를 짐작할 수 있다. 『사상의 월야』를 보면 「오몽녀」의 인물들이 모두 소청거리에서 살았음직한 실제 인물들로부터 연상된 인물이다.

『사상의 월야』에서 다음과 같은 기억을 보자.

> 배기미의 아이들은 남녀 간에 석자 이름이 많았다. 사내아이면 재민돌이니 인금돌이니 하고 석자에 돌자가 많이 붙었고, 계집아이면 옥등녀(내)니 삼몽녀(내)니 하고 석자에 녀자가 많이 붙는데 녀는 으레 내로 발음하였다.[61]

오몽녀는 바로 그 삼몽녀와 비슷하고, 금돌은 인금돌과 비슷하다. 이밖에 지참봉은 그의 서당방 훈장 같은 모습이고, 남순사는 그곳 주재소에서 보던 순사가 바로 옮겨져 온 것이다. 이처럼 아펠레이숀이 비슷하도록 실제인물에서 끌어온 인물들까지도 그의 원초적인 고향에 자리잡고 있는 것이다.

이처럼, 이태준은 그의 첫 소실에서부디 그의 기억이 가 닿는 가장 먼 데이자 처음인 배기미를 쓰고 있는데, 그리고도 그것이 그 시대에

---

61) 이태준, 『사상의 월야』, p.17.

의미있는 소설로 형상화 될 수 있었던 것은, 그것이 「감자」의 영향을 받았기 때문이라고 생각한다. 「오몽녀」는 분명히 「감자」의 칠성문 밖과 같은 분위기를 갖고 있다. 김동인의 「감자」를 통해 칠성문밖의 분위기가 소설이라는 것을 처음 배웠을 때 그의 소청거리가 소설적인 무대로 떠오를 건 당연한 것이다. 그 무대 위에 그는 「감자」의 본능적인 욕망과 가난을 얹혀 놓은 것이다. 이태준의 많은 소설 가운데 「오몽녀」가 가장 주제가 이질적이고 그의 세계가 아닌 것 같은 이유는 바로 그 발상이 김동인의 것이었기 때문이다. 「감자」에서 배운 주제가 그의 고향인 소청거리에 가 담김으로써, 「오몽녀」는 그의 소설이 아닌 것 같으면서도 가장 그의 것이 된 것이다. 「감자」가 태어나기까지 김동인은 우리나라 최초의 자연주의에 대한 인식과 사명을 가졌으며, 우리 소설사가 그만한 연륜을 더하고 있던 판인데, 「오몽녀」는 바로 이런 점에서 아주 자연스럽게 우리나라 자연주의 문학에 동참하게 된 것이다. 「감자」 외에도 비슷한 계열로 「이영녀」(김우진), 「물레방아」(나도향), 「벙어리 삼룡이」(나도향), 「뽕」(나도향), 「화수분」(전영택) 같은 작품이 있다. 이후 칠성문밖 풍경이 지저분한 삶의 현장으로 일관되게 「감자」의 배경을 형성하듯, 소청거리는 소청거리대로 「오몽녀」의 어둡고도 본능적인 삶의 현장으로 성공적인 배경을 이루어 간다.

가난과 욕망을 소설의 중심내용으로 본다면 「감자」와 「오몽녀」의 공통점을 찾기는 그리 어려운 일이 아니다. 「오몽녀」가 「감자」와 비슷하다는 점은 그것이 발표되던 당시부터 지적되어 온 바이다.

각 인물이 만나서 관계를 맺는 사건의 모티브가 비슷하거니와, 결말에서 죽음을 놓고 위조문서를 작성하여 타협하는 것까지 모두 비숫하다. 복녀와 오몽녀, 그들은 다 같이 가난하여 팔려 온 여자들이며, 본능적인 욕망에 사로잡히는 인물이다. 복녀 남편과 지참봉, 그들은 각각 게으르고 무기력하여 생활력이 없는 남편들이다. 송충이 잡이 감독과 남순사, 그들은 각각 권력을 동원하여 복녀와 오몽녀의 몸을 노린다. 왕서방과 금돌, 그들은 각각 복녀와 오몽녀가 먹을 것을 훔치러 갔다가 걸려들어 애욕의 관계를 맺는다.

「감자」의 영향 때문에 「오몽녀」가 이태준의 다른 작품들과 동떨어진 주제를 갖고 있으면서도 그의 가장 원초적인 고향에서부터 시작된 작품이라는 점이 강조되어야 할 것이다. 이 원초적인 고향의식은 그의 '해삼위'로의 귀소본능에서도 나타난다.

> 그러나 오몽녀는 남순사의 첩 노릇보다는 금돌의 아내 노릇이 이름부터도 나은 것이요 정에 들어서도 그랬다. 오몽녀는 우선 남이 쌀말부터, 이부자리부터 끌어들이는 대로 받아들였다. 그리고는 금돌이와 내통을 해 동산(動産)이란 것은 놋숟갈 한 가락까지라도 모조리 배로 빼어내었다. 그리고 남순사가 오마던 자정이 가까워 올 임시에 오몽녀까지 배로 뛰어나왔다.
>
> 이들의 배는 이 밤으로 돛을 높이 달고 별빛 푸른 북쪽 하늘을 향해 달아났다.[62]

오몽녀는 금돌이를 남편으로 만족하였고, 금돌이도 물론 오몽녀를

---

62) 이태준, 「오몽녀」, 『이태준 전집』 1권, 깊은샘, 1988, pp.28-29.

아내로 만족하였다. 그들은 다시 거리로 들어가 양식도 장만하고 지참봉 모르게 세간도 빼어 내신고 해삼위로 들어가는 배를 타고 별빛 푸른 북쪽 하늘을 향해 달아난다.

(4) 「고향」과 「바다」의 소청거리

「고향」은 그의 고향의식이 민족의식으로 바뀌어 나타나는 소설이다. 동경에 가서 그는 조국을 발견하고 민족을 발견하고 내것을 발견하여, 그것이 바로 고향이라는 생각을 가진다. 동경 유학에서 돌아오기 전에는 자신의 고향이 해삼위-배기미-철원-원산-서울 등으로 많은 것을 아쉬워하고, 너무 많아서 고향이 없는 셈이라고 슬퍼하였다. 그러나 일본에 가자 많은 고향들이 조선(또는 조국)이라는 하나의 이름으로 통일되는 현상이 생긴다. 때문에 다른 작품과 비교할 때 배기미에서의 경험은 거의 나타나 있지 않으며 매우 소략하게 언급되고 있을 뿐이다.

> "나의 고향이 어데냐?"
> 윤건은 심사가 울적할 때마다 보던 책을 다다미 위에 집어 내던지고 그리운 곳을 톱파보곤 하였다.
> 함경북도 배기미냐, 서울이냐, 철원이냐, 그저 막연하게 조선 땅이냐, 그러면 배기미나 서울이나 철원에 누가 나를 기다리고 있느냐, 아무도 없다. 배기미 같지도 않다. 서울도, 철원도 아닌 것 같다.
> 그러나 그는 이 말 끝에 연달아 '조선땅이 아니다'라는 말은 해본 적이 없었다.63)

주제 면에서 「고향」은 그의 작품으로는 보기 드물게 민족의식이 엿보이는 작품이다. 고향에 대한 생각도 작품의 이러한 성격과 떼어서 생각할 수 없다. 이 작품은 조국을 문제 삼는 것이지 주인공 '나'를 중심으로 전개되지 않는다. 따라서 여기서 고향은 일본과 대비되는 의미로 사용된다.

이태준으로 짐작되는 주인공은 일본과 대조되는 곳으로서 고향을 그리워하였지만 고향에 돌아와서 경험하게 되는 고향의 형편은 자부심을 느낄만한 곳도 아니며 애정이 느껴지는 곳도 아니었다. 사람다운 사람은 다 어디로 가고, 사람답지 않던 것들만 모여서 판을 치는 조국 서울. 그것은 그의 고향으로부터 받는 또 다른 배신이다. 그리하여 그의 고향은 다시 거부와 비판의 대상이 된다.

「바다」(1936)에서, 소청은 가난한 바닷가의 마을이었다. 가끔 고기잡이를 나가 풍랑에 휩쓸려 돌아오지 못하는 사람들이 많았다. 나진이나 청진의 술집으로 팔려가는 딸들도 여럿이었다. 같은 소청거리가 배경인데, 「오몽녀」와는 이만큼 거리가 멀어져 있다.

『사상의 월야』나 「오몽녀」와 비교할 때 가난은 여전하고, 여주인공의 본능적 욕망은 사랑이라는 주제로 바뀌어 도출된다. 「오몽녀」의 육욕은 사라지고, 여주인공 옥순의 순결한 사랑이 중심에 놓인다. 옥순이는 가난한 총각 왈룡을 사랑한다. 그들은 정혼한 지 3년이지만, 가난 때문에 혼시를 치르지 못했다. 혼사에 쓸 돈을 벌기 위해 왈룡이는 바다에 나갔다가 변을 당한다. 이것이 이태준에게는 본격적인

---

63) 이태준, 「고향」, 『이태준전집』 3권, 깊은샘, 1988, p.8.

자기 문학 영역으로 들어온 것인지 모른다. 사랑이 있는 풍경이지만 그 사랑이 죽음으로 끝나는 경우를 다른 작품에서 흔히 볼 수 있다. 이 작품에서 함경도 사투리를 사용하는 이유는 「오몽녀」처럼 원초적 인 감정을 이야기하기 때문일 것이다.

「바다」에서 바다는 사납다. 죽음을 불러일으키는 바다다.

⑦ 파도는 정말 소리만 들어도 무서웠다. 비도 채찍처럼 휘어 박지만 빗소리쯤은 파도가 쿵 하고 나가떨어진 뒤에 스러지는 거품소리만도 못한 것이요. 다만 이따금 머리 위에서 하늘이 박살이 나는 듯한 우렛 소리만이 파도와 다투어 기승을 부린다.[64]

⑭ 다른 때는 이 언덕에 나서면 시오리라고는 하지만 아해 웃동리처 럼 알른거리던 배기미의 불빛도, 이날은 한정 없이 올려 솟는 파도와 그 부서지는 자욱한 안갯속에 묻혀 버리고 바다는 불똥 하나 보이지 않 는 온전한 암흑이었다. 이 암흑 속에서 물이라기보다 산이 무너지는 듯 한 파도소리, 그리고 귓등을 갈기고 젖은 옷자락을 찢어갈 듯이 덤비는 바람과 빗발, 게다가 가끔 자지러지게 우렛소리가 정수리를 내려쬡는 것이다.[65]

⑭ 밝은 때 보는 파도는 더 어마어마스러웠다. 산더미 같은 것이 불 끈 올라 솟아서는 으리으리한 절벽을 이루고 그것은 이내 거대한 야수 의 아가리처럼 희끗하는 이빨을 악물면서 와르릉 소리를 치고는 눈보 라같이 육지를 휩쓸어 나왔다.[66]

---

64) 이태준, 「바다」, 『이태준전집』 1권, 깊은샘, 1988, p.229.
65) 이태준, 「바다」, 앞의 책, pp.229-230.

㉮는 『사상의 월야』에서 해옥을 낳던 장면과 유사하다. 특히 빗소리, 바람소리 등 폭풍을 소리로 감지한다는 점에서 두 작품의 표현은 유사하다. 작가에게 폭풍의 경험은 시각적인 것보다 청각적인 쪽에 치우쳐 있음을 다시 확인할 수 있다. 실제 밤의 공포는 시각보다 청각이어야 어울린다.

㉯ 역시 마찬가지다. 암흑 속에 산이 부서지는 듯한 파도 소리 옷자락을 찢을 듯 덤비는 바람과 빗발, 거기에 우뢰가 어우러지면 곧 『사상의 월야』의 경험으로 이어진다. 여기서도 번개보다 천둥소리에 공포스러워하는 작가의 무의식을 읽을 수 있다. (다)에서는 암흑 속의 바다가 아니라 밝은 날의 바다가 그려진다. 이 부분이 「바다」의 '바다'가 갖는 고유성이라 할 수 있는데, 파도가 주는 공포가 시각적으로 묘사되고 있다. 암흑 속에서 느끼는 바다에 대한 공포는 일시적일 수 있다. 하지만 밤낮을 가리지 않고 인간을 위협하는 파도는 이 작품에서만 발견할 수 있다. 이 작품의 '바다'는 왈룡의 죽음과 옥순의 자살을 유도해낼 정도의 힘을 가지고 있는 것이다.

「바다」에서 사나운 바다만이 묘사되는 것은 아니다. 작품 안에서 고요한 바다는 폭풍우 치던 사나운 바다와 대조된다. '바다는 언제 그런 풍랑이 있었느냐는 듯이 갓난아이들로 나가 놀게 잔잔하고 하늘도 그런 풍운이 있던 것은 아득한 태조의 전설이라는 듯이 양 떼 같은 구름송이민 수평선을 둘리 피어오르는 따갑되 명랑한 여름날 아침이었다'[67]는 표현이다. 사나운 바다는 삶의 현장이고, 고요한

66) 이태준, 「바다」, 앞의 책, p.232.
67) 이태준, 「바다」, 앞의 책, p.233.

바다는 사랑의 바다다. 왈룡이 죽은 바다가 사나운 바다라면 옥순이
죽은 바다는 고요한 바다이다. 옥순은 결국 자살을 통해 사랑의 품
안으로 왈룡을 찾아간 것이다. 바다와 함께 너덜령 끝은 그들의 운
명을 바꾸어 놓는 장면처럼 험악하다. '이번에도 멀리 나갈 날씨가
아니었다. 새풍이 세었다. 갈매기들이 오리 밖을 나가 뜨지 않고 '가
충구치'끝으로만 모여들었다. 이걸 보면서도 옥순 아버지와 왈룡이
네 부자는 '너덜령'끝을 돌아 사뭇 나가기만 했던 것이다.'68)

너덜령 끝에서는 죽음을 연상한다. '이날 옥순은 채봉이가 탔을 그
윤선이 너덜령 끝에 한줄기의 연기만 남기고 사라지는 것을 보고는
그 전날 감돌이네가 복어알을 한 모랭이나 감자밭 머리에 파묻는 것
을 본 생각이 났다.69)

채봉이가 타고 떠나간 윤선에 대한 기억도 이태준의 어릴 적 경험
이라는 측면에서 주목할 만하다.

　　뚜---

　　청진서 배기미(梨津)로 들어오는 윤선(기선) 소리다. 이 배를 타고 채
봉이는 그 양복쟁이와 함께 나진으로 가고 이 배가 웅기 이북까지 갔다
돌쳐나오는 편에 옥순이는 구장과 같이 배기미로 가서 바로 그 배에 돌
쳐나오는 그 양복쟁이를 만나 청진으로 가게 되었다.70)

---

68) 이태준, 「바다」, 앞의 책, p.232.
69) 이태준, 「바다」, 앞의 책, p.237.
70) 이태준, 「바다」, 앞의 책, p.237.

제5장 휴머니즘 소설의 전개

윤선소리만 나면 송옥이 송빈이는 밥숟갈을 내던지고 뛰어나왔으나, 송빈의 할머니는 윤선이 여간 원망스럽지 않다. 애초에 사위가 타국으로 나다닌 것도 저놈의 윤선 때문이요, 남은 재산을 마자 팔아가지고 고향을 떠나 아라사로 들어갔던 것도 저놈의 윤선 때문이었다.[71]

배기미에 윤선(輪船)이 등장하는 것도 「바다」와 『사상의 월야』의 공통점이다. 「바다」에서 윤선은 가난(빚) 때문에 술집으로 팔려가는 배기미 처녀들을 실어 나른다. 윤선은 이처럼 멀리 떠나 어디로 가는 불행과 연결되어 있다.

『사상의 월야』에서도 윤선은 우리의 삶에 긍정적으로 기여하지 못한다. 보통 기차와 함께 식민지 근대화의 상징인 윤선은 고향을 등지고 떠난 기억으로만 남아있는 것이다. 고향을 등진 기억이 「바다」에서 돈에 '팔려가는' 상황으로 창작되었을 가능성은 충분하다.

「오몽녀」의 가난과 사랑과 욕망의 배반은 그때 드리워진 그늘이었음에 틀림없다. 그 유년 시절의 소청거리가 마침내 조국의 이미지로 확대되기 시작한 것은 이태준이 일본에 가서였다. 단편 「고향」에서 그는 그것을 선언하였다.

같은 방법으로 이태준은 자신의 첫 작품인 1925년의 「오몽녀」를 1939년에 다시 개작히여 발표하였다. 그리하여 그 어둡고 치치하던 유년의 소청거리를 그는 어느덧 역사의 현장으로 객관화시켰다. 이

---

71) 이태준, 『사상의 월야』, p.46.

태준의 소설은 이렇듯 고향의 원체험에 대한 재생이요 변화 그 자체인 것이다.

6. 인간과 자연, 그리고 신: 김동리

1) 샤먼의 세계

김동리는 인간을 주로 그린다. 그의 소설 속에는 사람의 모습이 들어 있다. 세상도 보이고 사람도 보이는 것이 대부분 소설의 얼굴이지만, 작품에 따라 세상이 두드러져 보이기도 하고, 인물이 커 보이기도 하는데, 김동리 소설은 유난히 인물이 커 보인다.

첫 당선작 「화랑의 후예」 때부터 김동리는 사람을 그리는 일에 열중하였다. 1935년 당시의 일이다. 맨 처음 그가 그린 인물은 '황일재'라는 아주 낡은 인물이다. 여기서 낡았다는 말은 시대에 뒤떨어졌다는 것을 뜻하는데, 그가 서 있는 지점에 비추어 볼 때 그것은 금방 드러난다. 지금 그가 서 있는 지점은 "파고다 공원에서 뒷문으로 빠지면 서울 중앙지점 하고는 의외로 번거롭지도 않은 넓은 거리가 두 갈래로 갈려져 있고, 바로 그 두 갈래로 갈려지는 길목에 중앙여관이란 간판을 걸고 동남쪽으로 대문이 난 여관이 있고, 이 여관에 소란한 차마 소리와 사람의 아우성과 입김과 먼지와 기계의 비명이 주야로 쉬지 않는 도시의 심장 속"이다. 이처럼 기계의 비명이 주야로 쉬지 않는 현대문명 속에 작중인물을 세워 놓고도 김동리는 그 세상을 그리기보다는 인물을 그리는 데만 열심이다. 황일재는 거기서 지나가는 사람의 사주와 관상을 보아주고 있다. 그것은 시대에 걸맞지 않은 짓이다. 차림새 또한 그는 '거무추레한 두루마기에 얼굴이 누르퉁퉁한' 영감이다. 그러니 끼니를 이을 수 없을 만큼 굶주릴 것은 당연하다. 끼니를 구하는 방법 또한 낙후되기 짝이 없다. '쇠똥 위에 개똥 눈 것'을 명약이라고, 쓰다 버린 '헌 책상'을 귀물이라고 팔러 다닌다. 황일재의 이런 생활방식은 현대문명에 비추어 볼 때 기벽(奇僻)에 가까울 만큼 시대에 뒤떨어져 보인다. 그러나 김동리는 처음부터 이런 인물이 자신의 시대와 발맞추어 걸어가기를 원하지 않는다. 시대가 변할수록 오히려 변하지 않는 그 무엇에 대해 그는 관심을 갖는다. 황일재는 옛 영화에 젖어 있다. 그것이 우리 조상의 옛모습이다. 그는 황진사로 불리기를 좋아한다. 지금은 비록 남의 사주나 관상을 보아주지만, 솔잎 한 줌과 네 귀 모즈러진 주역으로나마 세상의 온갖 지략과 조화를 부려보고 싶은 인물이다. 그래서 그의 정신은 오연하다. "아, 이런 수가… 온, 내 조상이 대체 신라적 화랑이구랴!" 굶어 죽어도 그는 '황우암의 육대 손'이요, '신라적 화랑의 후예'일지언정, 세상을 따라잡는 일에 급급해하지 않는다. 황일재에게 '화랑의 후예'는 그래서 '조선의 심볼'일지언정 수치가 아니다. 오히려 그것은 우리 민족의 자부심이다. 번화한 현대 도시문명 가운데서도 김동리가 이런 인물을 그릴 수 있었던 것은 그만큼 조상의 얼굴 찾기에 집착한 탓이다. 김동리 소설의 인물은 하나같이 퇴락한 인물들이다. 그렇다고 그는 이런 시대착오적 인물을 함부로 야유하거나 질타하지 않는다. 못나면 못난 대로 그는 고스란히 우리 조상이요, 우리 민족의 얼굴이라는 것이다.

「화랑의 후예」에 이어 이듬해 1936년에는 단편 「산화(山火)」가 당선된다. 「산화」는 비교적 세상의 모습을 그리고자 애쓴 흔적이 보인다. 뒷실이 일가의 가난과 그 가난을 마을의 윤참봉네와 대조시켜 삶의 현장으로 내몰고 있기 때문이다. 마을을 중심으로 지주와 소작인이 벌이는 대립 갈등은 1930년대 소설이 즐겨 채택하던 문제 가운데 하나였다. 김동리도 「산화」로 이런 공동의 관심사에 동참하고자 했음은 물론이다. 그러나 그는 곧 그것이 자신의 문학적 관심이 아님을 밝히고 「산화」를 개작하였다. 1947년에 그는 첫 창작집 『무녀도』를 내는데, 이때 개작본을 보면 그 문제에 있어 처음 당선작과 많이 달라진 것을 알 수 있다. 먼저, 지주와 소작인의 대립을 완화시키고, 고난의 원인을 가난에서 찾기보다, 운명의 탓으로 돌리는 경향을 보이고 있다. 윤참봉의 아버지에 대한 부도덕한 묘사를 삭제하고, 지주에 대한 증오심의 표출을 약화시켰는가 하면, 둘째 아들의 비행마저 삭제해 버렸다. 그 대신 한쇠 할머니의 하느님에 대한 원망이 삽입되고, 산신령에게 비는 부분을 강화시켰다. 이런 개작 과정은 김동리의 문학적 태도가 무엇인지를 입증해 준다. 가난은 원래 김동리가 파악한 우리 민족의 근원적인 현실이었다. 다만, 그 가난이 소설에서 상황적 논리로 작용을 하느냐, 하지 않느냐가 문제인데, 김동리 소설의 대부분은 그렇지 않았음에도 불구하고, 「산화」에서만 가난이 상황적 논리로 작용하고 있음을 우리는 보게 된다. 뒷실이네는 가을이면 윤참봉네로부터 미리 벼를 갖다 먹고 겨울 한철 동안은 쉴 새 없이 숯을 구어 바쳐야 하는 형편이다. 지금 그의 아내는 임신 중이다. 임신과 노동과 굶주림은 이 소설의 절대 상황이다. 거기에 악덕 지주인 윤참봉네 횡포가 중입김을 디힌다. 윤참봉네 소가 병들어 죽는 사건이 생긴다. 병든 쇠고기나마 마을 사람들은 배불리 먹기를 원한다. 윤참봉은 그것을 빌미삼아 인심을 쓰는 척하며 쇠고기를 헐값으로 팔아넘긴다. 뒷실이 아내가 병든 곰국 때문에 죽은 아이를 낳는다. 뒷실이 가족뿐 아니라, 온 마을이 중독에 걸려 시달린다. "집집마다 죽어가는 사람들이 외치는 소리가 깊어, 갈수록 산골에 울리었다."
이런 가난은 1930년대 소설의 관습적 구도일 뿐, 원래 김동리가 추구하던 문학은 아니었다. 그래서 다시 「산화」를 개작하는데, 이때 김동리 문학의 원래 모습이 드러난다. 홍화산에 원인 모를 산불이 일어난다. 뒷실이네가 홧김에 복수를 한 것인지, 아니면 누군가가 실수로 담뱃불을 놓친 것인지, 우리는 그 직접적인 원인을 묻고 싶어 한다. 그러나, 김동리에게 산불은 이유 없이 일어날 수 있는 사건이었다. 재앙은 말 그대로 운명적인 것이지 현실적일 수 없다는 생각이 그의 믿음이다. 산불은 지주인 윤참봉네 것도 아니고, 소작인인 뒷실이네 것도 아니다. 산불은 윤참봉과 뒷실이를 포함한 마을 사람들 모두의 것이다. 그래서 "홍화산에 산화가 나면 난리가 난다지요?", "난리가 안 나면 큰 병이 온다지."라는 사건도 곧 "이 몇 해 동안 통이 산제를 안 지냈거던요." "옛날 당산제를 꼭꼭 지낼 땐 이런 변이 없었거던." 이라는 인과응보로 귀착되고 만다. 산불을 보는 마음은 하나다. 그것은 인재(人災)가 아니라 천재(天災)라는 점에서, 현실 문제가 아니라, 근원적이다. 지금 윤참봉네가 조금 잘하고 잘못한 것이 문제가 아니라, 그 이전 사람들이 자연과 어떻게 친화하고 교접하였는가, 가 김동리한테는 더 관심거리다. 그래서 산불은 단지 사람들이 잘못해서 생긴 현실적 사건이 아니라, 자연으로서의 대상이요, 대자연을 살아가는 인간의 마음이 된다. 그 마음이 바로 자연을 대하는 인간의 염원이요 정성이다. 동리 소설이 현실적인 삶의 구도를 설정하고 있으면서도 그것이 현실적이지 못한 것은 그 때문이다. 인간의 운명은 자연과 하나 되는 길이다. "동양인에게 있어 자연은 곧 신(神)이다."[72] 이것이 그 당시 김동리의 믿음이었다.

제5장 휴머니즘 소설의 전개

김동리에게 있어 인간이 자연과 하나 되는 길은 죽음이다. 인간은 자연에서 낳고 다시 자연으로 돌아간다지만, 김동리에 있어 자연은 처음부터 하나가 아니다. 태어나서 살아야 하는 현실적인 자연이 있고, 죽어서 돌아가야 할 믿음으로서의 자연이 있다. 그 믿음의 자연으로 귀의하는 길이 죽음이요, 그래서 두 세계는 하나의 자연으로 합일되는 것이다. 그래서 그런지 김동리가 태어나서 살아야 할 현실적 자연은 불리한 조건뿐이다. 「바위」의 여인처럼 그들은 자연으로부터 버림받은 인물이 많다.

북쪽 하늘에서 기러기가 울고 온다. 가을이 온다. 밤이 되어도 반딧불이 날지 않고 은하수가 점점 하늘 한복판으로 흘러내린다. 아무 데서나 쓰러지는 대로 하룻밤을 새울 수 있던 집 없는 사람들에게는 기러기 소리가 반갑지 않다. 읍내에서 가까운 기차 다리 밑에는 한 떼의 병신과 거지와 문둥이들이 모여 있다. 거적으로 발을 싸고 누운 자, 몸을 모래에 묻고 누운 자, 혹은 포대로 어깨를 두르고 앉은 자, 그들은 모두 가을 오는 것이 근심스럽다.[73]

아름다운 자연이다. 그러나 그 자연을 사는 여인은 불행하다. 반가운 기러기 떼가 날아와도 반가울 수 없는 여인에게 자연은 슬

---

72) 김동리, 『자연과 인생』, 국제문화사, 1965, p.97.
73) 김동리, 「바위」, 『김동리대표작선집1 · 단편선집』, 삼성출판사, 1978, p.110. 김동리는 1963년 이전에 모두 5권의 창작집을 엮어냈는데, 그것들을 연대순으로 적어 보면 다음과 같다. 『무녀도』(을유문화사,1947) 『황토기』(수선사,1949) 『귀환장정(歸還壯丁)』(수도문화사,1951) 『실존무』(인간사, 1958) 『등신불』(정음사, 1963). 인용문에 쪽수만 표시된 작품은 1963년 이전에 출간된 창작집들의 페이지임을 밝힌다.

픈 운명이다. 여인은 문둥병으로 사람들로부터 격리되어 있고, 가난 때문에 남편은 물론 사랑스런 아들과 헤어져 있다. 극도의 가난과 병마와 외로움에 시달려야 하는 여인은 그래서 현존하는 자연으로부터 버림받은 운명이다. 이런 여인이 남몰래 복바위를 문지르는 행위는 상대적으로 인간적이다. 가장 추악한 것으로부터 가장 아름다운 것을 추구할 수 있다는 믿음은 심미주의자들의 이상으로써, 1930년대 우리 문학이 거둔 또 하나의 결실이다. '해와 하늘빛이 / 문둥이는 서러워 / 보리밭에 달 뜨면 / 애기 하나 먹고 / 꽃처럼 붉은 울음을 / 밤새 울었다.'의 '문둥이' 나, '얼마나 커다란 슬픔으로 태어났기에, 저리도 징그러운 몸뚱어리냐'의 「화사(花蛇)」도 같은 시기의 심미주의자들한테서 나온 시편들이다. 이때 징그러움이나 추악함의 본질을 그들은 살아있는 것들에 견주었고, 그 생명력을 곧 자연의 힘이라고 믿었다. 자연은 인간의 근원이다. 김동리는 추악한 문둥이를 추악하게 그리려는 데 문학의 지표를 삼고 있지 않다. 문둥이는 지금 문둥이지만, 그 문둥이는 원래 여인이었고, 어머니였고, 인간이었다. 김동리는 현재의 문둥이를 통해 본래 여인의 모습을, 어머니의 모습을, 인간의 모습을 애써 추구한다. 문둥이는 지금 문둥이가 아니라, 본래 여인이요 어머니요 인간이라는 것이 김동리의 믿음이다. 그것이 김동리의 근원에 대한 물음이다.

이미 감각도 없는 두 손으로 그는 바위를 더듬었다. 그리하여 바위를 안은 그는 만족한 듯이 그의 송장같이 검은 얼굴을 부비었다. 바위 위로는 싸늘한 눈물 한줄기가 흘러내렸다.[74]

바위에 대고 자기 얼굴을 문지르는 행위는 단지 자신의 문둥병을 낮게 해 달라는 바람이 아니다. 그것은 아들을 만나고 싶은 모정이요, 그리움이요, 인간의 정성이다. 그리하여 문둥이는 어머니가 되고, 한 인간이 되는 것이다. 그것은 지금 자연 속에 살아 숨 쉬는 다른 추악한 것들과 대조되면서 더욱 고결함을 더한다.

이에 비해 「무녀도(巫女圖)」는 인간정신의 문제근원에 깊숙이 가닿아 있다. 「산화」나 「바위」의 근원이 모자관계를 통한 혈연적 인륜인 데 비해, 「무녀도」는 같은 모자관계라도 그 추구하는 세계가 보다 정신적이다. 우선, 인물들이 각각 추구하는 자기 세계를 갖고 있다. 모화는 샤머니즘에 몰입되어 있고, 욱이는 기독교에 심취되어 있다. 그들은 윤리적인 관계로 얽혀 있으면서, 가족윤리 이상이다. 「무녀도」의 상황도 가난이고, 그 인물관계도 가족이지만, 그러나 이 소설의 갈등은 처음부터 그런 현실문제가 아니다. 모화의 세계는 샤먼의 세계다. 우리에게 그것은 비현실적인 것처럼 보이지만, 모화에게 그 세계는 엄연한 자기 현실이다. 이때 김동리는 우리와 같은 일상적 공간에 서서 모화를 바라보지 않는다. 그는 모화와 같은 공간에 서서 모화와 함께 그 세계를 산다. 「무녀도」의 세계가 현실을 일탈한 느낌이 드는 건 바로 그 때문이다.

노화는 사람을 볼 때마다 늘 수줍은 듯 이깨를 비틀며 걸을 히였다. 어린애를 보고도 부들부들 떨며 두려워했다. 때로는 개나 돼지에게도

아양을 부렸다. 그의 눈에는 때때로 모든 것이 귀신으로만 비치는 것이
었다. 그것은 사람뿐 아니라, 돼지, 고양이 개구리 지렁이 고기 나비 감
나무 살구나무 부지깽이 항아리 섬돌 짚세기 대추나무 가시 제비 구름
바람 불 밤 연 바가지 다래끼솥 숟가락 호롱불…. 이러한 모든 것이 그
와 서로 보고, 부르고, 말하고, 미워하고, 시기하고, 성내고 할 수 있는
이웃사람 같이 생각되었다. 그리하여 그 모든 것을 그는 「님」이라고 불
렀다.75)

모화의 세계에서는 자연이 인간이고, 인간이 곧 자연이다. 사람이
사람 앞에 수줍고 두렵듯이, 자연은 인간에게 곧 님이고 귀신이다.
그것이 모화가 믿는 샤먼의 세계다. 샤먼은 인간에게 있어 가장 원시
적인 형태의 자연이다. 이 샤먼의 세계를 위협하는 인물이 예수 귀신
욱이다. 모화를 위협하는 것은 현실적인 가난도 깨어진 가족윤리도
아니다. 그것은 또 다른 정신과의 마찰이다. 욱이의 등장이 그것이
다. 욱이는 모화의 아들이다. 아홉 살 때 그는 절간으로 간다. 절간을
뛰쳐나와 평양까지 가게 되고, 거기서 예수교인이 된다. 그의 사상적
편력은 말하자면 샤먼에서 불교로, 불교에서 기독교로의 변천사인데,
욱이가 모화를 만나러 온 것도 그러니까 어머니를 만나보기 위해서
가 아니라, 기독교를 전파하러 온 것이다. 「무녀도」의 갈등은 여기서
부터 시작된다.

75) 김동리, 「무녀도」, 「무녀도」, 을유문화사, 1947, pp.31-32.

"네, 하나님께서 우리 사람을 내셨으니깐요." "야아, 너 잡귀가 들렸구나!" 모화의 얼굴빛은 순간 퍼렇게 질리었다. 그리고는 더 묻지 않았다. (중략) 한참 동안 고개를 수구리고 무엇을 생각하고 있던 욱이는 고개를 들어 그 어미의 얼굴을 똑바로 바라보며 "어머니 그런 것은 하나님께 죄가 됩네다…"[76]

욱이가 우리 사람을 내셨다고 믿는 그 하느님은 모화에게 잡귀다. 그런가 하면 모화가 하느님을 잡귀라고 믿는 그 샤먼은 욱이에게 죄악이다. 「무녀도」는 그 상반된 세계끼리의 근원적인 갈등으로부터 시작된다. '아 네가 이게 웬일이냐 머나먼 길에 에미라고 찾아와서 이게 무슨 꼴이고? 이렇게 눈물을 흘리면 어머니 너무 걱정하지 마시오. 나는 죽어서 우리 아버지께로 갈 것이오.' 이때 '에미'와 '아버지'가 각각 이중적 의미를 갖는다. 모화는 욱이 앞에 어머니이고 싶지만 샤먼이고, 욱이는 죽어서 아버지한테 가겠다고 말하지만 그 아버지는 하느님이다. 그들은 결국 죽는다. 욱이는 죽어서 하느님에게 돌아가고, 모화는 죽어서 샤먼의 세계로 돌아간다. 그 어느 곳으로 가든지 죽음은 자연으로 돌아가는 통과제의다. 다만, 욱이가 모화한테 죽고, 모화의 세계를 낭이가 그림으로써 「무녀도」의 세계는 결국 샤먼의 세계로 남는 것을 우리는 주목해야 할 것이다.

---

76) 김동리, 「무녀도」, 앞의 책, pp.37-38.

2) 설화의 시간과 공간

1935년 「화랑의 후예」부터 해방이 될 때까지, 김동리는 단편 21편을 발표한다. 그 가운데 8편을 골라 첫 창작집 『무녀도』를 엮는데, 그 해가 1947년이다. 「동구앞길」, 「무녀도」, 「바위」, 「산화」, 「화랑의 후예」, 「소년」, 「완미설」, 「혼구」. 앞에서는 이 작품들 가운데 초기작 4편을 골라 연대순으로 검토해 보았다. 이 책의 '자서(自序)'를 통해 그는 말한다. "연대를 좇아 묶어 보려니까 초기의 것일수록 벅찬 제재를 즐겨 안 졌던 탓으로 다시 손 볼 데가 많아, 연대순을 버리고 되도록 경향 다른 놈을 한 편씩 골라 보기로 하였다." 이 가운데 '초기의 것일수록 벅찬 제재'를 다뤘다는 말은 실감 난다. 그 벅찬 제재란 인간의 근원에 대한 탐구를 의미한다. 그러나 그것은 아직 시작에 불과하다. 이제 그 4편을 통해 발견되는 김동리 소설의 특징을 다시 요약하고, 그로부터 이후 소설들이 얼마나 다양하게 나타나는지를 살펴보면 다음과 같다.

김동리 소설의 서술방식은 설화적이다. 그의 소설은 대부분 서술자의 공간과 작중인물의 공간이 분리되어 있다. 이때 작가와 서술자의 거리는 아주 밀착될 수밖에 없다. 「화랑의 후예」에서, 황진사에 대한 이야기가 시작되기까지는, 그 전에 나와 숙부와의 서술 공간이 상당량 필요하다. 「무녀도」에서, 모화에 대한 이야기가 시작되기까지는, 그만큼 나와 우리 집안의 내력이 필요하다. 그 〈나〉와 작가와의 거리가 밀착된 부분이 서술자 공간이다. 「황토기」에서는 쌍룡설, 상룡설, 절맥설의 세 전설이 서술자 공간을 대신해주고 있다. 「등신불(等身佛)」은 서술자가 처음부터 이야기꾼의 위치에 서 있다.

그러니까 나는 이 등신불, 또는 등신금불로 불리워지는 불상에 대해 보고 듣고 한 그대로를 여기다 적으려 하거니와, 그보다 먼저 내가 어떻게 해서 그 정원사라는 먼 이역의 고찰을 찾게 되었는지 그것부터 이야기해야겠다.[77]

이런 서술자 공간은 서사적 현재다. 그리고 작가와 서술자가 밀착되어 있는 만큼, 그 서사적 현재란 언제나 작가와 같은 시대를 의미한다. 「화랑의 후예」의 현재는 종로 3가 파고다 공원 뒤 기계문명의 소음이 들리는 도심이다. 「무녀도」의 현재는 '무녀도'가 그려진 뒤로부터 스물아홉 해가 지난 지금, 김동리가 소설을 쓰고 있는 현재적 시점이다. 이런 서사적 현재로부터 김동리 소설은 또 하나의 독립된 이야기 공간을 설정하게 되는데, 그것이 작중인물의 공간이다. 김동리 소설의 이야기 공간은 그 시간이 서술자 공간으로부터 훨씬 옛날로 거슬러 올라간다는 점이 특징이다. 「화랑의 후예」에서, 동일한 인물이라도 그 이중적 서술공간 때문에 '황일재'와 '황진사' 만큼의 간극이 생긴다. 황일재가 현재적 시점의 인물이라면, 황진사는 과거적 인물이다. 소설 전체가 이런 이야기 공간을 위주로 할 때 현실성을 확보하지 못할 것은 당연하다. 김동리의 이야기 공간은 현재적 시간이 아닌 만큼 삶의 공간일 수도 없다. 그것은 설화적인 시간 속으로 멀어져서 지칫 신화의 세계, 신비로운 이야기가 되고 만다.

「무녀도」의 어둠침침한 장면은 설화적이고도 신화적인 세계와 조

---

77) 김동리, 「등신불」, 『등신불』, 정음사, 1963. p.260.

화를 이룬다. 낭이가 그린 '무녀도'의 장면처럼 그것은 '검으스레한 묵화의 일종'이다. '어둑어둑한 산', '검은 강물', '이슥한 밤중', 그리고 '거적을 두르고 자욱이 앉아 있는 마을 여인들', '청승에 자지러져 뼈도 살도 없는 혼령으로 화한 듯 가벼이 쾌잣자락을 날리며 춤을 추는' 무당 등이 전 장면을 설화적 공간으로 만든다. 이런 어둠은 태초의 모습이다. 김동리의 소설은 과거로부터 현재로 빠져나오는 이야기가 아니라, 현재로부터 과거로 빠져들어 가는 이야기다.

작중인물도 시간을 거슬러 올라간 만큼 낡은 인물들이다. 차림새도 옛날이거니와, 생각도 그 시간대에 머물러 있다. 이런 인물들을 현재적 시간에 비추어 조롱하거나 야유하는 것이 아니라, 김동리는 스스로 찾아가 보는 것이다.

> 온종일 흙바람이 불어 한창 후원에 살구꽃이 피고 하는 어느 봄날 어스름 때였다. 이상한 나그네가 대문 앞에 닿았다. 나이 한 오십 가량이나 되어 뵈는 동저고릿바람에 갓을 쓰고 그 위에 명주 수건으로 잘라 맨, 체수가 조그마한 사내가 나귀 고삐를 잡고 서고 나귀에는 열대여섯쯤 되어 뵈는 낯빛이 몹시 파리한 소녀 하나가 안장 위에 앉아 있었다. 늙은 하인과 그 상전의 따님같이도 보였다.78)

이런 인물이 서 있는 지점도 설화적 거리만큼이나 애매하다. 낭이가 '나'의 집 사랑방에 도착한 날은 '살구꽃이 피는 봄날'이었다. 그

---

78) 김동리, 「무녀도」, 『무녀도』, 을유문화사, 1947, p.25.

제5장 휴머니즘 소설의 전개

러나, 같은 봄날이라도 그것은 묘사에 따라 아주 애매한 설화적 시간 속으로 멀어져 감을 느낀다. 그것은 '온종일 흙바람이 불어' 몽롱해진 데다가, '어느' 봄날 중에서도 '어스름 때'다. 그때 '이상한' 나그네 둘이 대문 앞에 닿고, 그들 가운데 낭이는 귀머거리다. 그 소녀가 무녀도를 그렸다는 것이다. 「무녀도」는 김동리와 같은 시대 이야기도 아니거니와, 그래서 그 안에 끼어들 수도 없다. 「무녀도」는 자기가 태어나던 해에 그려진 그림이고, 그에 대한 이야기를 어려서 할아버지한테 들었고, 그 이야기를 지금 독자들한테 전달한다는 것이다. 이것이 김동리 소설의 서술양식이다.

김동리의 설화소설은 또한 서술자의 시간이 따로 필요하다. 그것은 인과관계에 의한 시간이 아니다. 그의 소설은 현실적인 상황논리가 아니라, 인물 중심의 이야기이기 때문에 그의 시간과 공간도 서술자의 임의대로 배치될 수밖에 없다. 소설 자체의 인과관계에 따라 사건이 일어나지 않고, 설화자가 사건을 임의로 배치한다. 그것이 서술자의 시간이다. 그 때문에 김동리의 설화소설은 사건이 작중인물에 의해 매듭되지 않는다. 서술자가 그 결론을 압축하여 제시한다.

열흘쯤 지난 뒤다.(「무녀도」)

그런지 한 보름이나 지낸 뒤다.(「동구앞길」)

이튿날 마을 사람들이 이 바위 곁에 모이었다.(「바위」)

운문산 뒷골에는 오후 해가 절반이다.(「산화」)

황진사를 광화문통에서 만난 뒤, 두 달이 지난 어느 날(「화랑의 후예」)

조금 뒤 황토 언덕 위 마른 아카샤나무 사이로 시뻘건 아침 해가 솟아오를 때에는(「소년」)

그날 밤은 보름이라 그런지 달이 유난히도 밝았다.(「당고개무당」)

먼산바라기영감을 묻은 지 사흘 만에 이번에는(「먼산바라기」)

그런지 이틀째 되는 날이었다.(「진달래꽃」)

이렇듯 김동리 소설의 결말은 시간의 압축형태이다. 「무녀도」의 경우, 모화가 죽고 나서 열흘이 지났다는 말이고, 「동구 앞길」의 경우, 어린 아들 성준을 빼앗긴 지 보름이 지났다는 말이다. 그러나 이런 시간은 다분히 임의적이다. 시간이 사건의 인과관계에 관련되어 있지 않고, 다만 서술자의 임의대로 설정될 뿐이다. 보름이 지났대도 상관없고, 한 달이 지났대도 사건의 변화와는 무관하다. 처음부터 서술자 공간이 마련되었으므로, 다시 서술자가 그 공간을 마무리하는 것뿐이다. 그것은 이야기 공간으로부터 서술자 공간으로 넘어오는 하나의 방법에 불과하다. 이처럼 설화공간이 뚜렷하면 할수록 그의 소설은 현실적인 삶과 멀어져만 갈 뿐이다.

「무녀도」의 설화 공간이 극대화되면 「황토기」와 같은 비현실적 공간이 창출되기 마련이다. 그것은 말하자면 서술자의 공간이 미리 제시되지 않은 채 이야기만 멀리 설화적 공간으로 띄운 경우다. 그 안에서 억쇠와 득보라는 두 장수가 원인도 결과도 없는 싸움을 계속한다. 왜 싸웠는지, 그 결과 우리가 무엇을 얻었는지에 대해 묻고 싶지만, 이 소설은 아무 대답도 주지 않는다. 「무녀도」처럼 서술자 공간이 따로 있는 소설은 결말에 그 서술자가 다시 나타나 의미를 부여해 주기도 하지만, 「황토기」는 그렇지도 않다. 일제강점기라는 억압된 상황에서 차마 떨칠 수 없는 욕망의 분출을 상징적으로나마 발휘한다는 점에서, 이 소설을 당대적인 의미와 연결짓는 견해도 없지 않

제5장 휴머니즘 소설의 전개

다. 그러나 그런 견해는 소설 자체에서 해답을 구하지 못하고 독자의 상상력에 근거를 둔 것이기 때문에 믿을 수 없다. 억쇠와 득보의 대결은 어차피 살아있는 것들의 몸짓이다. 욕망의 문제는 반드시 현실적인 삶과 직결되어 있는 것만은 아니다. 그것은 어쩌면 보다 근원적인 문제인지도 모른다. 김동리는 그 점을 더 주목한 것이다. 먹고 사는 문제와 비교적 거리가 멀지만, 사랑은 인간의 갈등을 표출하는 데 있어 더 근원적일 수 있다. 표면적으로는 분희와 설희가 그 역할을 떠맡고 있다. 그러나 그것이 근본적인 문제는 되지 못한다. 억쇠와 득보는 처음부터 대자연 속에 내던져진 인물들이다. 그 속에서 그들이 뭔가를 잃어버린 것도 아니고, 뭔가를 찾자는 것도 아니다. 해와 달이 그대로 자연이듯, 억쇠와 득보도 자연 그대로일 뿐이다. 이때 김동리가 주목하는 것은 자연의 힘이다. 자연의 힘은 거대하다. 그 거대한 힘을 김동리는 신비롭게 여긴다. 억쇠와 득보의 대결은 이 거대한 힘을 상징한다. 그들의 대결은 인간의 대결이 아니다. 자연의 몸부림이다. 그들의 벌거벗은 몸짓이 그 점을 말해준다.

3) '물'과 '불'의 이미지

「황토기(黃土記)」는 서두에 세 개의 전설을 제시한다. 쌍용설과 상용설과 절맥설. 이런 전설은 물론 「황토기」의 이야기와 구조적으로 연결되어 있지 않다. 스토리보다는 오히려 설화적인 인물을 그리는 일에 몰두하고 있다. 이런 방법은 이미지와 이미지의 결합이다. 쌍용설의 '등천하던 황룡'이나, 그것이 '굴러떨어지는' 슬픈 운명, 그리고 '상한 용'의 '붉은 피'는 어떤 영웅적 기상과 그 기상이 꺾인 슬픈 운명을 예감케 한다. 상용설도 마찬가지다. '등천하려던 황룡 한 쌍'이 임금님의 노여움을 사고, 여의주를 잃고, 저희들끼리 서로 싸워 머리를 물어뜯고, 피를 흘리고, 그래서 흙이 붉게 물들었다는 이야기는 추락한 영웅의 슬픈 운명이다. 이런 인물은 황토의 붉은색 이미지에 힘입어 비장감을 더한다. 황토의 붉은색은 핏빛이다. 그 핏빛은 인간 욕망의 이미지요, 근원적인 힘으로 파악된다. 붉은색의 이미지는 또한 여름과 불꽃의 이미지로 확대된다.

이튿날은 여름 하고도 유달리 더운 날씨였다. 하늘에는 가지각색 붉은 구름들이 연기를 머금은 불꽃으로 피어나고 있었다.[79]

김동리에게 있어, 여름은 유난히 덥고, 그래서 구름은 붉은빛이고, 그나마 그것들은 강렬한 불꽃으로 피어나고 있다. 그것들은 생명에의 강렬한 욕구요, 불의 이미지다.

황토골 뒷산 붉은 등성이에 억쇠네 무덤 한 쌍이 더 늘던 그날 밤이었다. 억쇠가 그의 친척 몇 사람과 더불어 아직도 뜰 가운데 타고 있는 화롯불을 바라보고 있었을 바로 그 때 그의 가엾은 설희는 그 배 속에 또 하나 다른 생명을 넣고, 목에 푸른 비수가 꽂힌 채 그녀의 다난한 일생을 마치고 말았다. 설희의 몸이 채 식기도 전에, 손과, 소매와 치맛자락을 온통 피로 물들인 채, 분이는 다시 그 캄캄 어두운 홰나무 밑을

---

79) 김동리, 「황토기」, 『김동리대표작선집1 · 단편선집』, 삼성출판사, 1978, p.110. p.12.

돌아 득보를 찾아가고 있었다. 상기도 핏방울이 듣는 그녀의 오른쪽 손에는, 다시 설희네 집에서 들고 나온 식칼이 번득이고 있었다.[80]

김동리의 자연은 붉다. 황토, 붉은 등성이, 화롯불, 붉은 피, 핏방울 등 모두가 붉은색이다. 이런 '붉음'은 다시 무덤, 비수, 살인, 식칼 등과 어울려 격렬함을 더한다. 그 자연은 '불'의 이미지로 표현되는 핏빛 욕망의 현실이다. 「무녀도」의 전 장면은 '도깨비굴'처럼 음침하다. 그리고 그 안에서 벌어지는 사건은 식칼과 살인과 애욕으로 범벅된 끔찍한 갈등이다. 불의 세계다. 불은 「소년」에서 보다 원시적인 인간의 이미지로 작용하는 것을 볼 수 있다. 소년이 불을 지펴서 추위를 달래는 모습을 보면 최초의 원시인이 대자연 속에서 불과 함께 사는 모습을 방불케 한다.

옷 곁에 던져둔 짚 몇 단을 풀어헤쳐 놓고 거기 불을 붙이고는, 처음 앞으로 쪼이다 다음엔 뒤로 등을 쪼이다, 그래도 늘 한 쪽이 춥고 보니 이번에는 훨훨 타는 불꽃 위로 이리저리 건너뛰기도 하였다. 몸이 얼추 풀려가자 아랫배 밑에도 핏기가 도는 듯 시원해지고 두 팔목에 손등으로 엷은 껍질 밑으로 피가 스미듯 그저 한빛으로 새빨갛다.(「소년」, p.160.)

소년이 불과 친화하는 과정을 보면 거의 자연의 질서에 가깝다. 젖

---

80) 김동리, 「황토기」, 앞의 책, p.29.

은 몸을 말리기 위해 불을 지핀 다음, 처음엔 앞으로, 다음엔 뒤로, 그리고는 전신을 쪼인다. 불은 소년에게 따뜻함을 주는 정도가 아니다. '몸이 얼추 풀려가자' '아랫배 밑에도 핏기가 도는 듯 시원해지고' '두 팔목에 손등으로 엷은 껍질 밑으로 피가 스미듯 그저 한빛으로 새빨갛다.' 불은 소년에게 '핏기'를 넣어 준다. 핏기는 생명이다. 그런가 하면 그 '핏기가 도는' '아랫배 밑'의 시원함은 성욕이다. 소년에게 있어 성욕은 원초적 생명을 의미한다. '피가 스미듯 그저 한빛으로 새빨갛다'는 그 '붉음'은 성욕으로 표현된 생명을 암시한다. 소년은 처음에 오리를 갖고 싶어 하다가 까치 소리를 들으면서 욕망의 전환 일으킨다. 불이 그 욕망을 전환시켜 주는 구실을 하고 있다. 오리가 불에 타자 소년은 분노가 치밀었다. 오리는 물에 젖지 않는다. 그러나 윤범이 방금 물에서 건져낸 오리라 타지 않는다면서 불에 갖다 댔을 때 곧 불이 붙었기 때문이다. 그 때 까치 소리가 들린다. 까치 소리는 소년의 분노를 강렬한 식욕으로 대치시킨다. 전에 불에 탄 까치고기를 맛있게 먹어 본 일이 있기 때문이다. 오리가 죽었다고 분노하던 소년이 다시 그 오리고기를 먹는다. 식욕은 성욕과 함께 인간 본능에 값하는 원천적 욕망에 해당된다. 그리고 이런 욕망은 다음에 이어지는 붉은 핏빛의 이미지와 결합하여 본능적 욕구를 더한다. '조금 뒤 황토 언덕 위 큰 아카샤 나무 사이로 시뻘건 아침 해가 솟아오를 때에는, 두 소년은 입가에 벌건 피를 묻치며 채 익지도 않은 것을 이미 두 마리째 물어뜯고 있었다.' '황토' 위의 '시뻘건 아침 해'와 소년의 입가에 묻은 '벌건 피'는 붉은색의 조화다. 그것은 원초적 본능의 색깔이요, 욕망의 표현이기도 하다.

김동리의 현실적 자연이 원초적 욕망으로 들끓는 불의 이미지라

제5장 휴머니즘 소설의 전개

면, 죽어서 귀의하는 자연은 물의 이미지다. 모화도 물을 통해 죽음의 세계로 들어간다. 그녀의 죽음은 현실세계와의 단절이지만, 자연이라는 점에서는 합일이다. 자연에서 낳고 자연으로 돌아가는 인간의 자연스런 행마인 것이다. 그 때문에 모화의 죽음은 자살이 아니다. '넋대를 따라 점점 깊은 소를 향해 들어간다.' 모화가 물속으로 들어가는 것이 아니라, 물이 모화를 끌어들이는 것이다. 모화는 기쁜 마음으로 끌려들어 간다. 엑스터스의 상태다. 「달」의 자연은 처음부터 끝까지 물의 세계다. 달이도 물속에서 낳고 물속으로 죽어간다. 모랭이 무당과 화랑의 교접도 물의 이미지다. 달이는 물에서 살지만, 하늘에 떠 있는 달이기도 하다. 하늘에 떠 있는 달이 모랭이 몸속으로 흘러들어와 달이를 낳고, 그 달은 죽어서 다시 하늘에 떠 있는 달이 된다. 그 태어나고 죽는 것이 모두 물을 통해 이루어진다.

> 고목이 울창한 숲을 휘돌아, 봇도랑의 맑은 물은 흘러내리고, 쉴 사이 없이 물레방아 바퀴는 소리를 내며 돌아갔다. 여자의 몸에는 시원한 강물이 흘러들기 시작하였던 것이었다. 보름 지난 둥근 달이, 시작도 끝도 없는 긴 강물처럼 여자의 온몸에 흘러드는 것이었다. 끝없는 강물이 자꾸 흘러내리고 강물이 다하였을 때 여자의 배와 가슴 속엔 이미 그 달고 시원한 강물로 가득 차 있었던 것이다. 여자의 몸엔, 손끝까지, 그 희고 싸늘한 달빛이 흘리내려 미침내 여자의 몸은 달 속에 흔근히 잠기고 말았고, 그리하여 잠이 들었던 것이다.(「달」, p.31.)

달이가 죽을 때 그것은 '물을 들여다보고 무엇을 묻는 모양'이다. 그리고 '고개를 끄덕끄덕'하는 순간 물속으로 빠져 들어간다. 그 달이가 다시 '달'이 되어 하늘에 떠 있는 것이다. '세 사람은 물속의 달을 아주 잊은 것처럼 하늘의 달만 쳐다보고 있었다.'는 결말이 곧 자연과의 합일이요, 자연으로의 귀의다. 「당고개무당」에서 당고개네도 물에 빠져 죽는다. 그날 밤에도 보름달이 유난히 밝았다. 김동리에게 있어 달은 불의 변형이다. 불의 세계에서 물의 세계를 거치면 달이 된다. 불과 달은 밝음의 이미지에서 같은 대상이다. 그러나 불이 현실적인 욕망의 이미지라면, 달은 물과 불이 합일해서 이루어진 조화의 이미지다.

한편, 물과 불은 경우에 따라 격렬하게 대립하기도 한다. 이때는 불이 삶이고, 물이 죽음이던 순환적 질서가 아니다. 불이 생명을 위협하면 물이 방어하고, 그러면 물은 다시 불이 되어 그 생명을 위협한다.

이때. 모화는 분명히 식칼로 욱이의 면상을 겨누어 치려하였다. 순간, 욱이는 모화의 칼날을 왼쪽 귓전에 느끼며 그의 겨드랑이 밑을 돌아 소반 위에 차려놓은 냉수 그릇을 들어서, 모화의 낯에다 그릇 채 끼얹었다. 이 서슬에 접시의 불이 기울어져 봉창에 붙었다. 욱이는 봉창에서 방 안으로 붙어 들어가는 불길을 잡으려고 부뚜막 위로 뛰어올랐다. 그러자 물그릇을 들고 분노에 타는 모화는 욱이의 뒤를 쫓아 칼을 두르며 부뚜막으로 뛰어올랐다. 봉창에서 방안으로 붙어 들어가는 불을 덮쳐 끄는 순간, 뒷등어리가 찌르르하여 홱 몸을 돌이키려 할 때 이미 피투성이가 된 그의 몸은 허옇게 이를 악물고 웃음 웃는 모화의 품속에 안겨져 있었다.[81]

칼날은 죽음을 상징하는 불의 이미지다. 모화가 욱이를 향해 식칼을 휘두르면, 욱이는 모화를 향해 냉수를 끼얹는다. 물은 도리어 접시의 불길을 일으키고, 모화와 욱이의 대결은 불길만큼이나 치열하다. 그 불길을 덮쳐 끄는 순간, 욱이도 죽는다. 삶과 죽음의 대결은 물과 불의 대결이었고, 물이 불을 끄는 순간 결국 대결도 끝이 난다.

김동리 소설의 인물구성 단위는 가족이다. 가족관계 안에서 사건이 벌어지고, 가족을 중심으로 이야기기 진행된다. 그중에서도 특히 '모-자' 설화는 김동리 소설의 중심축을 이룬다. 「무녀도」의 '모화-욱이-낭이', 「동구앞길」의 '순녀-영준, 기준, 성준', 「바위」의 '여인-술이', 「산화」의 '뒷실댁-한쇠, 작은쇠, 죽은 아이' 등은 '모-자' 관계를 떠나서는 불가능한 이야기들이다. 그들 관계가 달라진 만큼씩 소설도 각각 그 성격을 달리하는 정도다. 「동구앞길」의 순녀는 부모 형제를 위하여 거의 팔려오다시피 된 몸이다. 논 다섯 마지기에 팔려가 아이를 셋씩이나 낳아 주었다. 그리고도 아이와 떨어져 살아야 하는 가슴 아픈 모정을 이 소설은 다루고 있다. 김동리는 원래 가난이라거나, 안잠자기 같은 낡은 소재를 즐겨 다루면서도 그런 제도나 사회적 관습에는 별 관심이 없는 점이 특징이다. 순녀의 불행한 인생을 다루면서도 그 불행이 순녀를 둘러싼 현실적인 문제로 실감되지 않는 이유가 그 때문이다. 그 집에 논 다섯 마지기가 필요했던 것은 처음부터 그 부모니 오삐 쪽이었다. 지금 순녀에게 필요한 것은 논 다섯 마지기가 아니라, 아이들이다. 기준이 성준이는 그녀가 낳고도 그

---

81) 김동리, 「무녀도」, 『무녀도』, 을유문화사, 1947, p.50.

녀와 함께 살지 못한다. 그녀로 하여금 함께 살지 못하게 한 현실을 김동리는 문제 삼는 것이 아니라, 함께 살 수 없어서 견딜 수 없는 그 간절한 모정을 그는 주목하는 것이다. 김동리의 소설적 관심은 언제나 그 지점에서 출발한다. 그것은 인륜이지만, 천륜이라고 믿는다. 김동리 소설의 소재는 인륜이다. 그러나 그 인륜을 통해 천륜을 실감하는 건 김동리 문학의 구경(究竟)이다. 「바위」의 상황도 가난이지만, 그 모정은 「동구앞길」보다 훨씬 원초적이다. 「동구앞길」에서 모자가 헤어져야 하는 이유는 가난에 얽힌 관습 때문이지만, 여기서는 가난에 질병을 더한다. 여인의 아들은 '이백원이 귀가 차면 장가를 들고 살림을 차릴 참이었다.' '그 흉악한 병마의 손이 그의 어미에게 뻗치지 않았던들 그래도 처자나 거느리고 얌전한 사람의 일생은 보냈을 것이다.' 가난은 김동리 소설의 원초적 상황이다. 그러나 그 가난이 김동리 소설의 모티브는 아니다. 1930년대 소설의 가난이 대부분 시대적이고도 사회적인 맥락에서 파악되던 것과는 달리 김동리 소설의 가난은 이처럼 개인의 운명과 연결된다. 어머니는 거처가 없이 떠돌아다니는 문둥이 거지이지만, '그것은 저잣거리보다 구걸이 쉬움이 아니라, 행여 그리운 아들을 볼까 함'에서였다.

어머니가 아들을 만나고자 하는 욕구는 제도나 관습이 아니다. 인간의 보다 근원적인 욕망을 의미한다. 그 근원적 욕망에 대한 관심이 김동리로 하여금 모자 관계를 주목하게 한다. 「산화」에서 한쇠 어머니는 가난 때문에 뱃속에 든 아이를 죽인다. 그 아이를 죽게 한 책임을 윤참봉에게 묻고는 있지만, 그래도 이 소설의 관심은 현실문제가 아니라, 한쇠 어머니에 대한 모정에 있다. 「무녀도」의 인물관계도 따지고 보면 모자 설화다. 그리고도 이 소설이 모정 이상의 문제를 제기할 수 있었던 것은 그 인물들이 각각 추구하는 세계를 갖고 있었기 때문이다. 모화는 샤먼의 세계를 추구하고, 욱이는 기독교의 세계를 추구한다. 이런 종류의 각각 다른 세계가 충돌할 때 우리는 자칫 혈연의 관계를 놓치기 쉽다. 처음에 그 집에는 모화와 그의 딸 낭이가 살고 있었다. 모녀관계일 때 그들은 행복하였다. 그러나 욱이가 끼어들면서 새로운 모자관계가 형성된다. 모자 관계는 불행하다. 서로의 세계가 훼손될 뿐 아니라, 그들 모녀 관계마저 위협을 받는다. 욱이와 낭이는 이성 동복의 남매간인데, 결국 근친상간의 관계가 형성되기 때문이다. 「당고개 무당」의 모녀설화도 모화와 같은 운명으로 귀착된다. 당고개네는 '욱이'와 '낭이' 대신 딸만 둘 있는 점이 다르다. 두 딸이 돈을 벌자, 당고개네는 무당 노릇을 할 필요가 없어졌다. 두 딸이 그것을 말린다. 샤먼에서 불교로. 무당을 포기한 대신 취운사에 나가 보지만, 당고개네는 자꾸만 몸과 마음이 아프다. '한번만 더 굿을 하게 해 다오.' 당고개네는 몰래 자신의 당집을 찾아가다가, 결국 헛발을 디뎌 다리 위에서 떨어져 죽는다. 마지막 무당에 대한 김동리의 믿음이다. 샤먼과 불교와 기독교는 일찍이 김동리가 추구하던 원초적 세계였다. 그 가운데 특히 샤먼의 세계를 김동리는 믿는다. 「등신불」까지도 만적이 불가에 몸을 담는 데는 모자 설화를 채택하지 않을 수 없다. 어머니가 만적을 데리고 사구라는 사람에게 개가를 한나. 사구에게 한 아들이 있는데 이름은 신. 어머니가 재산을 탐내어 신을 죽이고자 한다. 만적이 그것을 모면시켜 주니 신이 알고 집을 나간다. 만적이 신을 찾아 나서지만 찾지 못하고, 그 죗값을 치르기 위해 중이 된다.

김동리 소설의 가족관계는 때로 모녀관계, 부녀관계로도 나타난

561

다. 「찔레꽃」의 '어머니-순녀'는 모녀관계다. 시집간 딸이 남편을 따라 만주로 가게 되는데, 이런 이별까지도 김동리는 원초적 감정으로 파악하기를 좋아한다.

 굶으나 벗으나 스물다섯 해 동안 서로 떨어져 본 적 없던 어미와 딸 사이다. 열여덟에 시집이라고 간 것이 또한 이웃이라 출가외인이란 말도 그 새를 갈라놓진 못했다. 사남일녀 오 남매 중 어머니의 막내둥이로 제 아이를 둘이나 가진 오늘날까지 순녀는 상기 남편의 아내이기보다 어머니의 딸이었다.(「찔레꽃」, p.21.)

이런 모녀 관계는 기형적이다. 그러나, 딸이 시집가면 부모와 헤어져야 한다는 형식논리 같은 건 김동리에게 별 관심이 없다. 김동리는 인간관계를 현실윤리에 맞추어 설정하지 않는다. 헐벗고 굶주림 때문에 남편이 만주로 가 있고, 거기서 또 다른 여자가 생겨서 자기 딸이 불행해질 것이 뻔함에도 불구하고, 그래도 부모 곁을 떠나 남편 곁으로 가야 하는 그 인륜이 김동리한테는 그저 신기할 따름이다. 그래서 헤어지고 싶지 않은 모녀 관계는 김동리에게 인륜이면서 천륜이다.

 끝없이 너른 보리밭들에서 딸은 가고 어머니는 보낸다. 가는 것은 정녕 딸이요, 보내는 것은 역시 어머니에 틀림없건만, 이제 그녀들의 가슴 속은 보내는 어머니가 가는 딸이요, 가는 딸은 보내는 어머니로 되어 있다.(「찔레꽃」, p.25.)

제5장 휴머니즘 소설의 전개

「팥죽」에 오면 이런 가족관계도 어느덧 부녀관계로 바뀐다. '맹랑이와 아버지'. 김동리 소설의 가족은 결손가정이다. 그만큼 작중인물들도 비정상적이다. 팥죽의 아버지는 쉰두 살, 딸은 여섯 살, '아비딸로보다는 하라비 손녀 같다.' 그리고 어머니가 집을 나간 상태다. 이 경우 왜 어머니가 집을 나갔는지, 현실적인 이유를 김동리는 묻지 않는다. 그냥 어머니가 없고, 그래서 가난하고, 그 가난과 비정상적인 가족관계를 통해 어떤 인륜을 드러낼 수만 있다면, 그것으로 김동리에게는 소설적 관심이 된다. 「흥남철수」처럼 전쟁 속의 생존에 관한 이야기를 쓸 때도 그의 관심은 가족윤리 이상을 벗어나지 않는다. 윤노인과, 두 딸 수정이와 시정이. 여기서도 어머니가 없는 결손가정이기는 「팥죽」과 마찬가지다. 큰딸 수정이는 간질병 환자. 딸 때문에 아버지가 물에 빠져 죽고, 그 아버지 때문에 시정이 자매가 헤어져야 하는 비극으로, 이 소설은 전쟁 때문에 와해되는 한 가족의 휴먼 드라마다.

해방 직후 민족현실이라든가, 육이오 당시의 피난이라든가, 역사적 현실이 비교적 많이 반영된 소설로 「혈거부족」, 「실존무」, 「밀다원 시대」 등이 있는데, 이런 소설들조차 인물구조는 가족관계에 의거하고 있다. 「혈거부족」의 현실은 해방 직후의 서울이다. 그러나 그것은 고층 건물이 즐비한 도시문명의 현장이 아니라, '삼선교와 돈암교 사이에 놓인 그다지 높지 않은 구릉, 그러나 언덕이라기보다는 분명히 산줄기의 끝'이다. '이 산줄기를 타고, 허연 신작로가 널따랗게 커브를 그리며 돌아간 산지일대의 구멍들' 속에 그들은 살고 있다. 이런 현실은 원래 김동리가 즐겨 설정하던 자연적 배경과 일치한다. 그의 자연은 처음부터 원시적 공간이었다. 잡초 우거진 습지대나, 인간의 발길이 닿지 않는 산속이나, 산속의 절간이나, 마을에서도 외딴곳이었다. 실지로 그의 소설 속의 집은 마을과 격리된 외딴집이 많다.

이 도깨비굴 같이 묵고 헐리인 집 속에 무녀 모화와 그의 딸 낭이는 살고 있었다.(「무녀도」)

본디 당고개네가 살던 서낭당 곁의 무당집이란 아무도 돈 주고 살 사람이 없는 그만치 외지고 쓸쓸하고 허줄한 도깨비굴에 지나지 않았던 것이다.(「당고개 무당」)

벙어리네 집은 동네 위에 외따로 떨어져 있는 한머리 찌글어져 가는 오두막이었다. 군데군데 허물어진 채 동네 개들이 맘대로 넘나드는 흙담장 너머로 들여다보이는 뜰에는 잡초가 퍼렇게 엉겨 있을 뿐 세간살이 하나 눈에 띄지 않았다. 밤이 되어도 방문에 불빛조차 비치지 않을 때가 태반이었다. 낮이나 밤이나 대개는 빈집 같이만 보였다.(「먼산바라기」)

맹랑이네 집은 마을 한구석에 외따로 떨어져 있었다. '옛날 어느 홀 어머니가 살다 죽은 뒤, 늘 그냥 비어져 있던 것을 몇 해 전에 맹랑이의 아비 딸이 들게 되었던 것이다.(「팥죽」)

「혈거부족」에서, 외딴 산속의 혈거생활은 민족분단의 현실이지만 그 현실을 문제 삼지는 않는다. 여기서도 김동리의 관심은 가족의 훼손과 그로 인한 새로운 인연이다. '순녀-옥희'의 모녀와, '할머니-황생원'의 모자가 그 황폐한 자연 속에서 혈거부족이라는 가족관계를 맺는다. 순녀는 만주에서 살다가 해방이 되자 고향으로 돌아가는 중이다. 그러나 남편이 귀국길에 병사한다. 남편이 그토록 고향에 가고 싶어 했으므로 순녀는 언제든지 남편의 시신을 고향에 묻어야 한다고 생각한다. 그러나, 삶은 그녀로 하여금 고향에 갈 수 없게 만들고, 그 사이에 황생원과 새로운 인연을 맺게 된다. 「실존무(實存舞)」의 현실도 가족의 윤리와 인간적 태도에만 관심이 모아지고 있다. 그들의 가족은 전쟁 때문에 파괴된 상태다. 이 상태에서 어떻게 새로운 인연이 시작되고 옛 인연이 매듭되는지를 작가는 주목한다. 영구가 계숙의 사랑을 요구하는 자세는 몹시 일방적이다. 이런 강요는, 사랑을 사랑 그 자체로서 누리려 하지 않고, 윤리적인 차원에서만 다루려 한데서 생긴 현상이다. 그는 '찰나주의'와 '실존주의'를 구분한다. 찰나주의가 '순간적인 향락을 추궁하는 사상'이라면, 실존주의는 '인간의 존재를 기준으로 해서 우리 인간의 의지와 판단과 행동 그 자체에 절대적인 의미'를 둔다. 그러나 그 찰나주의와 실존주의는 현실적인 삶의 논리로 맞아 떨어지지 않는다는 것이다. 실존이 찰나이고, 찰나가 실존이다. 그래서 진억과 계숙이 결혼하여 아이를 낳고, 그러자 전쟁으로 헤어져야 했던 아이들이 다시 나타나곤 하는 일들은 엄숙한 실존이다. 그런가 하면 영구가 자기 아내와 이혼하고, 허락하지도 않는 계숙과의 사랑을 갈구하는 행위 또한 찰나주의지만 엄숙한 실존이다. 영구와 진억과 계숙의 관계가 현실적인 삶의 논리라면, 진억과 헤어진 아내와 자녀들과의 관계는 인륜의 문제다. 「실존무」는 그 현실직인 삶의 논리를 통해서 인륜의 문제를 주목한다는 점이 특징이다. 「실존무」는 전쟁의 사회적 조명이 아니다. 그것은 인륜의 문제다. 「밀다원 시대」의 가족은 피난지에서의 문인 예술가들이 모인 특수한 형태의 가족집단이다. 「혈거부족」의 가족은 해방과 함께 깨어진 가족들이 모여 이룬 또 하나의 부족형태였다. 여러 가족이 모여 하나의 가족을 이룬 특수 집단이지만, 그 집단은 다시 하나의 가족처럼 새로운 가족윤리를 갖게 된다. 「밀다원 시대」의 가족도 전쟁 때문에 깨어진 가족들이지만, 그 깨어진 가족들이 모여 또 하나의 특수 집단을 이룬다. 그 집단은 문인 예술가라는 가족윤리로 끈끈한 인연을 형성한다. 피난지인 부산은 그들에게 '땅끝'이고, '최후의 점'이고, '끝의 끝'이고, '막다른 끝'이다. 그들은 거기서 같은 '운명체'로서, '동지'로서 모여 있다. 이중구는 노모를 서울에 두고 온 일이 줄곧 마음에 걸린다. 그리고 아내와 아이들을 친정인 충청도로 보낸 일도 마음을 아프게 한다. 이중구가 끼어 자던 조현식의 집도 깨어진 가족들로 가득 차 있다. '조현식 부처와, 애기 둘과, 어머니와, 과수 누이에 그 애기와, 그의 오촌 조카들'이 모여 있다. 여기서 더 밀려나간 곳이 다방 「밀다원」이다. 「밀다원」 다방에는 이중구처럼 깨어진 가족들로 가득 차 있다. 이중구, 조현식, 허윤, 송시명, 길선득, 박운삼, 안정호. 그들은 벌통 속의 꿀벌처럼 밀다원 다방을 떠나지 못한다. 꿀벌의 운명처럼 그들은 자기들끼리 모여 살아야지, 그곳을 떠나거나 흩어지면 죽는다고 생각한다. 김동리는 이런 집단조차 가족의 형태로 파악하고, 그 가족 구성원들이 갖는 사랑과 미움을 가족윤리의 차원에서 이야기한다.

김동리 소설의 결손가정은 그 가족 구성원들까지 결핍된 인물을 낳는다. 신체적으로 '불구자'들이거나, 정신적으로 '못난이'들 투성이다. 「무녀도」의 낭이는 귀머거리다. 세상의 소리를 들을 수도 없거니와, 들으려 하지도 않는다. 그것은 세상과의 단절을 의미한다. 자기 세계 안에 갇혀 있는 상태다. '그러나 귀가 어느 정도로 먹은 지는 아무도 아는 사람이 없었다. 한두 번 그의 어미를 향해 어눌하나마

"우, 욱이 어디 가아서?" 이렇게 물은 적이 있었다. 세상은 자기가 필요할 때 열고, 필요 없을 때 닫으면 그만이다. 모화와 욱이도 세상과 단절되어 있다. 그들의 정신상태가 한쪽으로만 지나치게 기울어 있거나, 자기 세계 안에 갇혀 있는 인물이다. 일상적인 삶의 세계에 비추어 볼 때 그들은 정신적인 불구자들이다. 「무녀도」는 그런 불구의 세계를 극복한다거나, 보완한다는 이야기가 아니다. 그들은 어차피 현실세계와 단절되어 있다. 그 폐쇄된 공간에서 결핍된 인물들끼리 부딪치고, 결핍된 인물들끼리 어울려 사는 것이 김동리 소설이다. 욱이는 사생아이고, 욱이와 낭이는 근친상간을 저지른다.「화랑의 후예」의 황진사는 '팔병신'이다. '오년 전 저 낙동강 철교 놓을 때 다친 것'으로, '여기를 아주 분질러서 이 술을 먹고 하자니까 좀체 낫질 않고' 그래서 '그 뒤로 이 팔은 끝내 못 쓰게 된 것'이다.' 그보다 황진사는 그의 시대감각이 훨씬 뒤떨어졌다는 점에서 균형감각을 상실한 인물이다. 이런 인물에게 다시 현대적 감각을 불어넣어 주자는 것이 이 소설의 의도가 아니라, 그런 사람은 그런 사람대로 살게 놔두자는 것이 또한 이 소설의 의도이다.

「먼산바라기」의 여인도 벙어리다. 그리고 그 가족관계는 기형적이기조차 하다. '좁은 이마에 빈대코인 이 벙어리는 나이 한 설흔 가까운 늙은 처녀'. '먼산바라기는 한 쉰에서 예순 사이의 영감'. 그 외딴 집에서 그들은 마을 사람들과 격리되어 있다. 한편 먼산바라기는 정신적으로 기형적이다. 그는 마을을 피해 산속으로만 올라가는 도인의 모습이다. 그는 작중화자인 '나'와 대조되는데, '나'가 플라톤, 스피노자, 칸트, 헤겔 등에 심취한 나머지 염인증 환자가 되어 있는 것처럼, 염인증 환자라는 점에서는 먼산바라기도 마찬가지다. '나'는

6. 인간과 자연, 그리고 신: 김동리

'바바리코트 위에 삿갓'을 쓰고, 먼산바라기는 '모지랑 삿갓에 도랭이'를 둘렀다. '그렇다고 하더라도 나에게는 어떠한 인생이 있으며 어떠한 목적이 있는가. 나는 어쩌면 등신이니 팔푼이니 하는 먼산바라기보다도 더 하잘 것 없는 인생을 살아가고 있지 않은가'에서 먼산바라기는 훨씬 의미있는 인물로 귀착되는 것을 알 수 있다.

「진달래」의 가족도 결손 투성이다. 부도암의 노승은 예순이 넘고, 상좌 아이는 아직 아홉 살밖에 되지 않는다. 그리고 그들은 외손자 외할아버지의 관계다. 부도암의 가족은 그들 두 사람뿐이다. 그리고 그 암자는 큰절로부터 관심 밖의 절이라는 점이 또한 외딴집과 같다. "진달래가 필 무렵이 되면 거의 끼니를 잊다시피 하고 산으로만 돌아다닌다"는 그 소년은 거의 광적이다. 김동리는 소년의 그 광기를 주목하는데, 그것은 그들의 기형적인 가족설화에서 기인된다. 소년의 어머니는 소년이 여섯 살 때 소박을 맞는다. 이유는 그들의 비정상적인 출생 때문이다. 소년의 어머니는 노승이 십칠 세 때 이복누이와의 관계에서 생긴 불륜의 씨앗이다. 그 일로 노승은 중이 되고, 이복누이는 술집의 소실이 된다. 그런 운명의 씨앗이 소년이다. 소년이 진달래꽃을 먹는 그 광기는 진달래꽃의 붉은색과 같은 이미지다. 그것은 소년의 독한 운명을 상징한다. 할애비도 중, 어머니도 중, 손자도 중. 그 독한 운명을 견디지 못하여 소년은 꽃버섯을 먹고 진달래꽃 더미에 묻혀 죽는다. 그 독한 인연은 「역마(驛馬)」에서 더욱 비극적이다. 「역마」의 화개장터는 하동, 구례, 쌍계사의 세 갈래 길이 접하는 현실적인 공간이다. '장날이면 지리산 화전민들의 더덕 도라지 두릅 고사리들이 화갯골에서 내려오고, 전라도 황화장수들의 실바늘 면경 가위 허리끈 주머니끈 족집게 골백분 들이 또한 구례길에서 넘어오

제5장 휴머니즘 소설의 전개

고, 하동길에서는 섬진강 하류의 해물장수들이 김 미역 청각 명태 자반조기 자반고등어들을 올려오곤 하여, 산협치고는 꽤 은성한 장이 서는 곳'이다. 그러나 일단 이야기가 시작되면 이런 현실공간도 곧 설화적 공간으로 바뀐다. 그것은 삶의 공간이 아니라, 낭만적 공간이다. '주막마다 유달리 맑고 시원한 막걸리와 펄펄 살아 뛰는 물고기의 회'가 있고, '춘향전 육자배기'가 있고, 남사당굿이 있는 낭만적 공간이다. 그 현실과 낭만이 엇갈린 공간 속에 등장하는 인물은 '예순도 훨씬 넘어 뵈는 체장수와 열여섯 살쯤 나뵈는 소녀'다. 김동리의 가족은 이와 같이 언제나 기형적인 관계다. 「무녀도」의 낭이 부녀처럼, 「팥죽」의 부녀처럼, 「먼산바라기」의 부녀처럼, 그들은 설화에서나 가능한 부녀관계다. 그들은 어디론지 멀리 떠나기를 좋아한다. 「역마」의 체장수는 지금 구례에서 경상도로 가는 중이다. 경상도에 반드시 볼일이 있어서 가는 것이 아니다. 경상도 아니라도 그는 어디고 가야 한다. 한때 그는 여수에도 있었다. 그러나, 여수에서 구례로, 구례에서 목포로, 다시 광주로, 진도로, 그렇게 그는 세상을 흘러다니는 유랑인이다. 어느 날 화개장터 삼거리 주막집 옥화에게 그 체장수가 나타난다. 옥화는 체장수의 딸이다. 36년 전 그 남자 24세 때 그 어머니가 젊은 남사당의 육자배기 가락에 반하여 단 하룻밤의 인연으로 옥화를 낳는다. 한편 옥화는 구름같이 떠돌아다니는 중과 인연을 맺어 성기를 낳는다. 옥화는 성기를 중으로 팔아넘기지만, 성기는 다시 중에서 책장사, 책장사에서 엿장수로, 그렇게 그들의 삶을 지배하는 것은 운명적인 역마살이다. 「역마」의 근친상간도 비극적 운명과 관련되어 있다. 성기와 계연의 사랑은, 계연이 어머니와 이복자매라는 점에서 오이디푸스적 근친상간이다. 그들은 처음에 오누이

569

관계를 위반하고, 나중에 모자관계를 위협한다. 그것은 비극의 원초적인 모습이다. 계연의 왼쪽 귀바퀴 위에 나 있는 사마귀는 그들의 혈연관계를 입증하는 것으로, 다시 가족윤리를 지탱해 주는 역할을 한다. 옥화가 그것을 발견함으로써 가족윤리는 지탱되지만, 인간의 비극적 운명은 거기서부터 시작된다. 사마귀 때문에 그들은 다시 헤어질 수밖에 없다. 다시 역마살의 운명에 지배될 수밖에 없는 것이다. 체장사가 계연을 데리고 돌아간다. '여수 쪽으로 가시게 되면 영영 못 보겠구만요.' '사람 일을 누가 알간듸, 인연 있음 또 볼 터이지.' 그 인연을 김동리는 주목한다. 헤어져도 그것은 이별이 아니고, 만나도 그것은 영원한 만남이 아니다. 헤어지면 다시 만나고, 만나면 다시 헤어지는 것이 운명이다. 마지막 성기가 엿판을 메고 산천을 떠나야 하는 것도 바로 그 운명 때문이다. 인간의 운명은 극복되는 것이 아니다. 다만 존재할 뿐이다. 그래서 운명이다. 김동리는 그 운명을 다만 신기한 눈으로 바라볼 뿐이다. 그 운명에 순응하는 사람들을 그는 즐겨 그린다.

4) 자연으로의 귀의

「솔거」, 「정원」, 「완미설(玩味說)」에 오면, 김동리의 자연은 우리 현실과 아주 가까워진다. 먼저, 모자 관계를 골격으로 한 설화소설 대신 작중인물과 작가와의 거리가 훨씬 좁혀졌다. 「무녀도」 계열은 주로 옛날 시골 아낙네들이 주인공이어서 작가와 거리가 멀었는데, 「솔거」에서부터 작가가 직접 자신의 이야기를 하기 시작한다. 「솔거」는 원래 「불화」라는 이름으로 1937년에 발표된다. 그러자 이듬해 1938

년에는 「잉여설」을, 그 이듬해 1939년에는 「완미설」을 발표하는데, 나중에 단행본을 낼 때 「잉여설」을 「정원」으로 개명하여, 이른바 「솔거」와 「정원」과 「완미설」 3편을 완미설 연작이라고 한다. 김동리가 문학을 하게 된 동기 가운데 하나는 이웃집 소녀의 죽음과 그 충격으로 인한 것이었다고 기술한 바 있다. 이 세 소설은 바로 그 소녀를 중심으로 한 사랑과 종교와 인간의 문제를 담고 있는 점이 특징이다. 그리고 그것은 실지로, 몇 가지 점에서 비슷한 점을 갖고 있다. 주인공의 이름이 세 작품 모두 재호다. 그리고 재호와 개동이(「정원」, 「완미설」에서는 철이) 함께 기거하는 관계, 철이와 정아의 사랑(「정원」, 「완미설」), 재호와 혜룡선사의 사제관계(「솔거」, 「정원」) 등이 세 작품에서 반복적으로 나타나고 있다.

「솔거」에서 재호는 이미 소녀와 사랑에 실패한 상처를 안고 절간으로 찾아들어 그림에 몰두한다. 거기서 재호는 개동이를 만난다. 개동이는 이번에 죽은 전 공양주의 상좌로 재호에게 길 인도를 해 주던 아이다. 그는 혜룡선사에게 거사계를 받고 그의 수계상좌가 된 뒤 그의 지시대로 건강이 다소 회복될 때까지 대공암에 거처하기로 한다. 매일 암자로 돌아다니며 불상 불화들을 보게 된다. 새로 온 공양주가 개동을 구박하는 것을 보고 재호가 그 소년을 불쌍히 여긴다. 혜룡선사에게 개동을 맡기려고 백일암을 찾아가지만, 선사는 다음날 먼 길을 떠니기로 되어 있어 실패하고 돌아온다. 재호와 소년은 함께 지내면서 매일 싸운다. 그 일로 꿈에 솔거를 만난다. 솔거는 평생 단군상만 그리다가 말았다고 말한다. 그런 일이 있은 뒤 재호는 소년을 데리고 절에서 마을 쪽으로 나온다. 재호가 그림을 그리기 시작한 것은 어린 시절 소녀와의 잊지 못할 사랑 때문이다. 그림을 그리러 절에

갔다가 불화를 그리게 된다. 그에게 감명을 준 불화는 나한도다. 나한은 인간의 모습을 지니고 있기 때문이다.

제사존자 소빈타의 날개처럼 그려 내린 새하얀 눈썹과 상투처럼 머리 위에 솟아오른 육계와 북같이 생긴 둥그런 배에 혹처럼 튀어나온 배꼽과 이러한 생리상의 기형적 발달이 그의 얼굴 표정과 꼭 어울리어 조금도 부자연한 느낌을 주지 않는 것은 소빈타의 도력이나 도심에 조화시킨 때문이 아닌가고도 그에게는 생각되는 것이었다. 중생으로서의 인간이 불을 향해 화해가고 있는 과정, 부처와 인간 사이의 어떤 중간적인 동물로서 올챙이가 개구리로 변하려 할지음 올챙이의 몸에 네발이 뾰죽뾰죽 나기 시작했을 때와 같은 그러한 내적 변화에 따른 외적 현상이리라 하였다.(「솔거」, p.63.)

재호는 차차 나한에게서 아미타불의 세계로 들게 된다. 그리고 거기서 깨달은 것이 인간에 대한 애정이다. 재호가 소년을 데리고 하산하는 것은 그림에 대한 포기가 아니라, 막연한 산중 생활에서 현실적인 인간세계로의 전환을 의미한다. 처음엔 불이암의 나한도가 아니면 아무런 자극도 받지 못하던 것이 나중에는 나한도보다도 아미타불을 보는 편이 차라리 더 마음이 편했다. 특히 무우암의 아미타불상에서는 진한 초록과 빨강빛깔에 웬일인지 마음이 끌리었다.

재호와 개동이 절에서 만나는 이야기가 「솔거」라면, 「정원」은 절에서 내려온 재호와 개동이 전원생활을 하는 이야기다. 재호는 다시 그림을 그리고, 개동은 철이로 바뀌어 심부름을 해 준다. 서울에서 누이와 질녀 정아가 내려와 함께 전원생활을 즐긴다. 정아의 나이 올

제5장 휴머니즘 소설의 전개

해 열여덟, 옛날의 그 소녀와 같은 나이이다. 어느 날 철이와 정아가 사랑의 도주를 해 버린다. 그들의 사랑은 옛날 재호와 소녀와의 사랑의 재판이다. 그러나 하나는 실패한 대신 그들은 성공한다. 그런 사랑의 업원을 이 소설은 신기하게 음미해 보는 것이다.

이런 점에서 「정원」의 세계는 또 하나의 자연이다. 이때 그의 자연은 「무녀도」 계열의 근원적인 자연으로부터 실제적인 자연으로 바뀐다.

　　"종다리가 몇 마리나 되기 저렇게 시끄러울가」 철의 목소리가 들린다. 재호는 역시 하늘을 쳐다보며, 「글세, 아주 하늘은 그 놈들이 도맡았어.”하고, 고개를 돌려 철의 맑은 두 눈을 바라보았다. 철은 화구를 끌러서 스켓취를 시작하였다.(「정원」, pp.81-82.)

이 현실적인 자연 속에서도 밝음과 어둠은 뚜렷한 대조를 이룬다. 그 가운데 그는 밝음을 지향하는데, 그것이 전에 어둡기만 하던 「무녀도」 계열의 자연과 달라진 점이다.

　　철이 어느덧 수채화 한 장을 그려 내렸다. "저 건너 산과 자갈벌을 그려 봤습니다.” "애썼다……이 물빛이 좀 어둡군.” "전 오늘 따라 산이 무척 밝은 것 같아요, 그레 신 발온 걸 그리려다 보녀 물이 어두어졌구면요.” "산의 꽃은 이즘 피나?” "철쭉도 졌을 걸요.” 재호는 고개를 들어 건너편 산을 한참 바라보았다. 철도 같은 쪽을 바라보았다. "산 그리기를 잘 했다.” 재호는 문득 이렇게 엉뚱한 말을 하였다.(「정원」, pp.82-83.)

이때 철이와 정아의 사랑은 대자연 속의 화합을 의미한다. 「무녀도」 계열에서 그는 죽음을 통해 자연으로 돌아간다고 믿었다. 그러나 이제는 자연 그 현장에서 화합한다. 그러나, 철이와 정아의 사랑은 다시 재호를 외롭게 만든다. 재호에게 그것은 철이와의 이별을 의미하기 때문이다. 진정한 사랑을 위해서는 그만한 외로움의 대가를 치루어야 한다. 그것은 젊은 날의 결핍에 대한 심리적인 보상이지만, 외롭고 쓸쓸하기는 마찬가지다.

아침저녁으로 서늘한 바람이 일고, 들에는 벼 이삭이 오르는 이른 가을철로 접어들면서부터 철과 정아는 서로 더불어 들에 나가 거니는 시간이 잦게 되고 그만치 재호는 또 철을 기다리는 시간이 늘게 되었다. 세 사람이 함께 스켓취나 바람을 쏘이러 나갔어도 한 쌍의 소년 소녀는 곧잘 재호의 곁을 떠나 저이들끼리 수작하기를 즐기는 모양이어서, 문득 문득 재호는 자기가 혼자 남아 있음을 발견하고 다시금 쓸쓸한 생각이 들곤 하였다. 비록 탯줄로 맺어진 인연은 아니라고 할지라도 절간에서 같이 나온 이래, 지금까지 아내 삼아 자식 삼아 길러 온 철이 하로 하로 자기에게서 멀어져 간다는 고독과 적막을 무엇으로 위로해야 좋을지 알 수 없었다.(「정원」, pp.92.)

김동리의 일관된 관심은 인연이다. 젊은 날의 소녀와 헤어진 것도 인연과 관련된 불행이고, 지금 철이와 정아의 만남도 자기 인연의 재현이다. 재호와 철이의 만남도 인연이지만, 철이와 정아의 만남도 인연이다. 철이와 정아의 인연은 사랑이지만, 그 인연 때문에 재호는 고독과 적막을 금치 못한다. 하나의 인연은 또 하나의 불행을 낳는다. 그 인연의 신비함이 김동리의 관심이다. 그 불가해한 인연은 이제 불가의 연기설로 이어진다. 그것은 일종의 깨달음이다.

지난밤에는 십 년 전의 혜룡선사가 꿈에 보이었다. 나는 선사가 주는 솜옷이 너무 무겁고 또 늘 양복만 입던 몸에 어색하여 걸음을 걸을 수 없었다. 선사는 웃으며 그럼 부탁한다고 하였다. 처음 나는 그 말이 무슨 뜻인 줄을 몰랐다. 나는 내방에 돌아와 철(개동)과 싸우기를 시작하였다. 철의 머리를 쥐어박고 따귀를 때렸다. 그러다 나는 문득 선사의 말뜻이 깨달아졌다. 선사의 웃는 얼굴이 보이었다. 아 스님 스님 스님······ 나는 온몸이 이즈러질 듯이 흐느껴 울며 잠이 깨었다.(「정원」, pp.96.)

깨달음은 연기에 의한 윤회설이다. 나의 소녀가 정아로 되어 나타나듯이 나의 철이는 다시 나의 소녀처럼 달아나 버린다. 이제 그들은 떠나갔어도 언제 다시 만날 수 있을지 '다시금 앞길이 망막한 재호는, 그 누이가 돌아간 뒤에도 어느 때까지나 홀로 그 어두운 정원에 그냥 남아있는 것이었다.'

「완미설」에 오면 김동리는 또 다른 인연을 준비한다. 「완미설」은 그러니까 철이와 정아가 떠난 뒤의 후일담에 해당한다. 혼자서 여전히 그림을 그리며 대자연에 묻어 사는데 그 심정의 일단은 이러하다.

그가 처음 여기다 이렇게 집을 세우고 정원을 설계하고 했을 때에는 그에게도 오히려 마음속에 빛나는 한오리 보람이 있었으니, 자연이라는 운명의 진흙밭에서 한 개 모래알만 한 생의 알맹이라도 건져 보련다고, 그해 일곱 살인가 된 고아 하나로 더불어 자기의 업력을 다스리기 시작

6. 인간과 자연, 그리고 신: 김동리

했던 것이 그 뒤 십년, 그 고아는 훌륭히 장성하여 이제 그 생활의 유일한 증거요 반려가 되지 않으면 아니 될 그 지음에 이르러 일조에 이를 배반하고 저희 세간으로 돌아가 버렸던 것이니 이에 그의 일생이란 속담 그대로 닭 쫓던 개 모양이 된 셈이었다.(「완미설」, p.169.)

절에서 만난 고아 소년 하나를 두고 시작된 인연이 다시 배반으로 끝났을 때, 재호는 혼자서 '자연이라는 운명의 진흙밭에서 한 개 모래알만 한 생의 알맹이라도 건져 보련다고' 다짐하지만, 그는 다시 결혼을 준비한다. 그것은 새로운 인연의 마련을 의미한다. 그러나 결혼을 하되 늙은 기생하고 하겠다는 것은 후사의 인연을 두지 않겠다는 의미로 파악된다.

삼 년 전에 철이 그렇게 저의 세간으로 돌아간 사실 그 자체를 잘못이라고는 생각하지 않는다. 철이의 그것은 자신을 위해서 당연한 일이지만, 재호한테는 불행한 일이었다. 그 철은 이제 애기의 아버지가 되어 내 곁에서 멀지 않은 곳에 살고 있다. 허나, 역시 철은 나에게 있어 다른 사람이 아니다. 나는 철의 행복을 위하여 나의 남은 반생을 처리할 수 있으리라 믿는다. 그렇다. 과연 내가 그 이외의 세상의 다른 모든 사람들을 위하여 그들의 불행이나 혹은 행복을 운위할 자격이 없다는 것은 나의 잃은 바요, 불행일는지 모르겠다. 허나 그 한 사람을 두고 내 일생을 처리할 수 있다는 것 또한 나의 소득이요 행복이라 하지 않을 수 없다.(「완미설」, pp.179-180.)

재호는 곧 결혼하기로 되어 있다. 그러나 그것은 그의 내면생활과 아무런 관련도 없다. 도리어 외부와의 마찰을 뿌리째 없애고자 함이라 하겠다. 일상적인 삶의 방식을 따르겠다는 것이다. 재호가 한 여자와 결혼하겠다는 것은 철이와의 인륜을 끊겠다는 의미도 된다. 철이는 철이 대로 자신의 여자와 새로운 인연을 맺어야지, 그의 인연 속에 둘 필요가 없다는 것이다. 그는 그 자신의 인연만 만들지 않으면 된다. 그것이 아이를 낳지 않겠다는 의지로 이어진다. 결혼하는 데까지는 일상적인 삶이지만 그 이상의 인연을 만드는 것은 위험하다고 믿는다. 그것은 젊은 시절 소녀와의 인연, 절에서 개동이와의 인연을 통해 인연의 뼈아픈 관계를 실감했기 때문이다. 「완미설」계의 소설은 「무녀도」계처럼 자연이 음침하지도 않다. 그들은 햇빛 밝은 밖으로 나와 있다. 그것은 신선한 대자연이다. 그것은 병든 소녀로부터의 탈출이다. 소녀 대신 소년을 만난다. 그것은 불가의 인연이다. 그 인연은 애증이 겹친 상태다. 소년이 정아와 달아난다. 그것은 젊은 시절 소녀와 재호와의 결합이기도 하지만, 한편으론 새로운 이별이기도 하다. 소년이 달아난 뒤 재호는 대자연으로부터의 완벽한 홀로서기를 원한다. 그러나 곧 결혼을 통해 새로운 인연을 만든다. 그러나 그에게 결혼은 일상적인 삶일지언정 근원적인 인연은 아니다. 그는 원초적인 인연을 거부한다. 그것이 아이를 낳지 않겠다는 의지로 나타난 것이다. 인연은 인륜이 아니라, 천륜이다. 김동리의 관심은 천륜에 있다.

'탄생'과 '죽음'은 김동리 소설이 추구하는 운명의 문제와 관련되어 있다. 자연에서 낳고 자연으로 돌아간다는 그 자연은 김동리에게 있어 인간의 근원이다. 그 인간과 자연의 원형이라는 점에서 탄생과 죽음은 하나의 문제로 귀착된다. 초기작인 「산화」에서부터 어머니는 죽은 아이를 낳더니, 「생일」에서는 손자의 탄생과 할아버지의 죽음을 동시에 교차시킨다. 「바위」, 「무녀도」, 「혈거부족」. 「달」, 「살벌한 황혼」, 「흥남철수」, 「진달래」, 「밀다원 시대」, 「여수」, 「당고개 무당」, 「등신불」 등 주요 작품의 대부분이 죽음으로 끝나지 않은 것이 없다. 그 죽음은 대부분 현실적인 패배가 아니다. 영원으로의 귀의다. 그래서 그의 작중인물들은 죽어도 죽지 않은 상태가 된다. 그것은 부활이요, 재생의 의미를 갖는다. 이런 내세관은 그의 샤머니즘과 깊이 관련되어 있다. 그의 샤머니즘은 신의 세계이기도 하지만, 인간의 근원이기도 하다. 그의 인간을 끝까지 따라가 보면 그 원초적인 지점에 신의 세계가 있다. 그것이 샤먼의 세계다. 종교란 무엇인가, 기복이란 무엇인가, 아니면 불교란 무엇인가, 기독교란 무엇인가, 김동리의 소설은 이런 식의 차원에서 물을 성질의 것이 아니다. 김동리에게 있어 불교와 기독교와 샤머니즘은 원래 하나다. 성경에 기대어 쓴 소설로『사반의 십자가』, 「목공 요셉」, 「부활」 등이 있다. 불교 혹은 절간에 기대어 쓴 소설로는 「솔거」, 「진달래」, 「여수」, 「등신불」 등이 있다. 그런가 하면 샤먼에 기대어 쓴 소설로는 「무녀도」, 「달」, 「당고개 무당」 등이 있다. 김동리는 이와 같이 기독교와 불교와 샤먼의 세계를 각각 즐겨 다루었다. 그러나 인간 정신의 근원이라는 점에서 그것들은 결국 하나였다. 그보다는 오히려 「황토기」, 「역마」, 「먼산바라기」의 인물을 우리는 주목할 필요가 있다. 이런 인물들은 신비의 세계를 추구한다. 그 신비의 세계는 노장사상(老莊思想)에 바탕을 둔다. 불교든지, 기독교든지, 샤먼이든지, 그들 세계의 인물들은 원래 토속적이었다. 그런 종교와 관련된 인물들뿐이 아니다. 김동리 소설의 작중인물들은 양복 입은 사람이 없었다. 작가의 시대에 비추어 볼 때, 이 점은 그의 소설이 얼마나 많이 과거로 거슬러 올라가 있는지를 쉽게 입증해 준다. 모두가 한복 바지저고리 아니면 치마저고리를 걸친 인물들뿐이다. 그나마 그들은 아주 노쇠했거나, 미숙하거나, 그래서 일상적인 삶의 현장으로부터 일단은 밀려나 있는 인물들이다. 그만큼 그들은 가난에 절어 있거나 퇴색한 인물들로서, 원초적인 인간의 모습을 띠고 있음을 알 수 있다. 이런 인물에 비하면 「황토기」 「역마」 「먼산바라기」의 인물들은 한층 초월적이다. 한복 바지저고리를 걸치기는 그들도 마찬가지다. 그러나 그들은 원초적 인물이면서도 토속적이 아니다. 가난하면서도 그들은 가난에 찌든 인물이 아니다. 「역마」의 체장수처럼, 그들은 삶에 뿌리를 내리지 못하고 어디론가 흘러다니기를 좋아한다. 「먼산바라기」의 먼산바라기처럼 그들은 속세를 떠나 산속으로 파고들기를 좋아한다. 「황토기」의 억쇠와 득보도 그 점에서는 초월적이다. 우선 「황토기」는 그 상황부터가 현실세계로부터 일탈된 설화적 공간이다. 처음에 그것은 다음과 같은 현실세계로부터 시작된다.

> 용내를 건너 황토골 앞들에는 두레논을 매는 한 이십여 명 되는 사람이 한 일자로 하얗게 굽으려 있고, 논둑에는 동기(洞旗)를 든 사람과 풍물 치는 사람들이 너댓 나서 있다. 해는 바야흐로 하늘 한가운데서 이글거리고, 온 들과 산은 눈 가는 끝까지 푸르기만 하다. 께겡 께겡 떵땅 떵땅 괘애…… 풍물이래야 꽹과리 하나, 장고 하나, 그리고 징 한 채다. 그린데도 그들은 논메는 일괴 더불어 끈기 있게 논둑에서 논둑으로 타고 다니며 들판의 정적을 깨뜨려 가고 있다.82)

---

82) 김동리, 「황토기」, 『황토기』, 수선사, 1949, p.107.

그러나 이런 현실적인 공간도 이야기가 시작되면 곧 비현실적인 공간으로 이동한다.

그런데 그들 두레꾼들과는 동떨어져, 이쪽 산기슭 쪽에 혼자 논을 매노라고 논 가운데 허리를 굽흐리고 있는 사람이 하나 있다. 곁에서 이를 본다면, 그의 팔다리나 허리가 보통 사람보다 훨씬 크고 길 뿐 아니라 어깨나 몸집이 다 그렇게 두드러지게 장대하게 생겼고, 또한 머리털이 이미 희끗희끗 세어 있음을 알리라. 그의 이름은 억쇠다. 그는 몸이 그렇게 보통 사람보다 두드러지게 큰 것처럼 일도 동떨어진 곳에서 혼자 하고 있는 것이다.[83]

그는 농사꾼이면서 두레꾼들과는 격리되어 있다. 신체적인 조건도 보통 사람들과 다르다. 보통 이하인 것이 아니라, 보통 이상이다. 보통 사람들보다 월등하다는 점에서 비정상적이다. 하는 일도 보통 사람들과 다르다. 남들이 일할 때 그는 술을 마신다. 머리털이 희끗희끗 센 것도 그렇다. 그는 인간이 아니라, 신선이다. 그는 온종일 싸우기만 한다. 그것은 이유 있는 싸움이 아니라, 이유 없는 싸움이다. 그에게 만일 카타르시스가 필요하다면, 그것은 싸워서 이기는 길이 아니라, 싸움 그 자체에 몰두하는 일이다. 인간이 인간을 이기는 일은 욕망의 해결이 아니다. 김동리에게 있어 인간이 인간을 극복하는 길은 신선이 되는 일이다.

김동리가 추구하는 세계는 크게 두 가지다. 하나가 샤먼의 세계라

---

83) 김동리, 「황토기」, 앞의 책, p.108.

면, 또 하나는 노장(老莊)의 세계다. 그것들은 다시 자연의 세계라는 점에서 하나일 수 있다. 동양인에게 자연은 곧 신이요, 인간이라는 믿음이 김동리 문학의 출발점이다. 그의 소설이 끝내 삶의 현장 속으로 파고들기를 거부하고, 하늘 아니면 물 위에 떠다니기를 바란 것도 그 때문이다. 등천하고 싶은 용(龍), 그러나 '때마침 금오산에서 굴러 떨어지는 바위에 맞아 허리가 상한' 용, 그것이 또한 용을 꿈꾸는 자의 운명이기도 하다.

7. 시심(詩心)으로서의 소설: 황순원

1) 시로서의 출발

황순원의 문학은 시로써 시작된다. 그가 처음 시를 쓰기 시작한 것은 1930년, 16세 때이다. 이듬해 7월부터 「나의 꿈」, 「아들아 무서워 말라」, 「묵상」 등을 연이어 발표하다가 첫 시집 『방가』를 낸 것은 1934년이다. 그리고 2년 만인 1936년에 두 번째 시집 『골동품』을 엮는다. 그가 소설을 처음 발표한 것은 1937년 23세 때이다. 그해 7월에 단편 「거리의 부사(副詞)」(《창작》. 1937.7.)를, 이듬해에 단편 「돼지계(系)」(《작품》. 1938.10.)를 발표하다가 첫 창작집 『황순원 단편집』을 낸 것은 1940년이다. 이와 같이 연보를 읽어 내려가다 보면, 황순원은 처음에 시를 쓰면서도 소설도 함께 써 모았음을 알 수 있는데, 기록을 보면 이런 태도는 '시가 없어 뵈는 그 자신에 대해 소설로써 그에게도 시가 있다는 확인을 해 보인 것'으로 나타난다.

황순원은 문학의 근원은 시에 있다고 보면서도 그가 자연스럽게 소설을 쓰기 시작한 건 자신의 소설이 시심을 함의하고 있다는 걸 의미한다.

잠시 그의 초기 시편들을 보기로 한다. 「나의 꿈」, 「잡초」, 「꺼진 등대」 할 것 없이 첫 시집 『방가』에서는 낭만적 열정과 결의가 넘치는가 하면, 『골동품』에서는 촌철살인 하는 예지가 번득인다. 『골동품』에 수록된 시편들은 대단히 짧다.

별을 / 쓰느라 / 머리가 / 세었소(「갈대」)

이것이 시 한 편의 전부다. 「갈대」뿐만이 아니다.

땅의 / 해에는 / 흙점이 / 더 많다(「해바라기」)

그러나 그의 시는 짧지만 시각적으로 전체를 압축하면서도 빛나는 발견이 들어있다. 이런 예지가 부피를 더하면 소설이 되는 모양이다. "시만 가지고는 생각을 다 펴기 힘들어 소설을 쓰기 시작했다"는 말이 실감을 더한다. 그 안에 더 넉넉한 시를 담고 있는 것이 바로 황순원의 소설이라는 뜻으로 받아들이고 싶다.

2) 모성과 생명의 근원

첫 창작집 『황순원 단편집』에는 거기 수록된 작품들의 제작연도가 제시되어 있지 않다. 「거리의 부사」·「돼지계」는 이미 발표 연도가 밝혀졌지만, 「늪」, 「허재비」, 「배역들」, 「소라」, 「갈대」, 「지나가는 비」, 「닭제」, 「원정(園丁)」, 「피아노가 있는 가을」, 「사마귀」, 「풍속」은 그 생년월일이 없다. 한 작품이 채 끝나기 전에 새 소설을 시작하고 또 수징할 만큼, 문학청년 시절 그의 창작의욕은 열정적이었던 것 같다. 시와 소설을 가리지 않았던 것도 마찬가지였던 것 같다.

이 시기 그의 소설은 크게 세 가지쯤 다른 경향을 보인다.

첫째 남녀 간의 순수한 사랑 이야기, 그것은 「배역들」·「소라」·「피아노가 있는 가을」이 그 한 가닥을 이룬다. 특히 「소라」 같은 단편은 사랑이 담긴 한 편의 시어(詩語)와도 같다. 두 청춘남녀가 등대를 향해 어둠 속을 걸어간다. 청년은 '또 하나의 청년'을 만난다. '또 하나의 청년'은 청년에게 자신의 잊지 못할 옛사랑을 이야기한다. 옛사랑의 여인은 이 물속에 빠져 죽었고, 그래서 이 청년은 옛사랑의 추억에 젖어 지금 이 물가에 왔다. 죽은 여자를 만나기 위해 그는 물속으로 뛰어들겠다고 말한다. 이때 원래의 '청년'이 갑자기 물속으로 뛰어든다. 청년은 지금 어떤 여인과 물가를 걷고 있지만, 그도 '또 하나의 청년'과 같은 잊지 못할 옛사랑을 갖고 있는 것이다. 이런 이야기는 죽음만큼이나 괴롭고도 독한 사랑이 밑받침되어 있다. 청년 A의 말 못할 사연이 청년 B의 애절한 사랑으로 대치되는 수법도 감쪽같다. 그의 초기 시에서 보던 짤막한 예지들을 소설로 다시 읽는 느낌이다. 애정의 갈등이 빚어내는 인간의 내면세계와 고독을 묘사한 「배역들」도 마찬가지이다. 여기서는 다섯 명의 배역들 모두가 진정한 애정이 결여된 자신의 허무 안에서 방황한다. 이때 남성과 여성의 태도가 각각 다른 면을 보이는데, 특히 남성들이 우울하며 소극적인 반면 여성들이 명랑하고 적극적이다. 그 서로 다른 태도에서 생기는 갈등이 황순원 소설의 특징을 이룬다. 「피아노가 있는 가을」도 사랑이 없는 부부로부터 사랑을 구하는 이야기이다.

또 한 가닥은 모성(母性)에 대한 관심이다. 「늪」, 「허수아비」, 「지나가는 비」, 「사마귀」, 「풍속」 등에 끈끈하고도 오묘한 모성이 도사리고 있다. 그 모성은 사랑 이야기와 얽혀 인간의 어떤 근원을 들여다보는 것 같다. 그것은 세상의 어머니들에게서 흔히 보는 자애로움이 아니다. 그 안에 배반과 모멸과 원망이 깃들어 있다. 「늪」에서 소녀의 어머니는 아버지를 혐오하고, 그래서 소녀에게도 남자 없이 순결하게 살아 주기를 바란다. 그러나 소녀는 소년과 사랑을 맺고, 오히려 그런 어머니를 혐오한다. 황순원의 초기 소설에서 우리는 태섭과 같은 유형의 사랑에 도취한 인물을 자주 발견하게 된다. 태섭은 소녀의 가정교사이다. 소녀의 어머니는 남자 혐오증 환자로서 소녀에게도 남자를 멀리할 만큼 순결하게 살기를 요구하지만, 소녀는 마침내 사랑에 눈뜨기 시작하고, 아버지를 혐오하는 어머니에 대해 오히려 반감을 갖는다. 태섭은 이런 소녀를 사랑하게 되지만, 그러나 소녀는 다른 소년과 사랑에 빠져 어디론가 멀리 달아난다는 내용이다. 황순원의 소설은 이때부터 순수한 사랑과, 모성의 배반 같은 것이 얽혀들기 시작한다. 「허수아비」도 태섭과 같은 인물로 준근이 있다. 그는 폐병 환자로 이 사람 저 사람 만나면서 사랑하고 관찰하는 쪽이다. 준근은 남숙과 사랑하지만 자기 혐오증이 있어 결혼해도 아이를 갖지 않겠다고 한다. 남숙이 준근과 뜻을 같이하기 위하여 불임수술을 받지만 그래도 결혼하지 못한다. 준근의 부모는 명주와 결혼시키려고 하지만 명주는 극서와 사랑한다. 이런 구도에다가 또 한 가닥의 사랑을 오버랩시키는 것이 황순원 소설의 구성법이다. 서로 다른 두 개의 사랑 이야기가 겹치면서 하나의 새로운 이미지를 형성하는 것이다. 여기서 또 한 가닥이란 서울에서 온 청년이 자기 부인과 이혼하려고 한다는 이야기이다. 그 청년은 자기 부인이 죽기를 바라고 그녀의 임신한 배를 두들겨 팬다. 그러나 부인은 뱃속의 아이를 감싸쥐고 보호하여 아이를 낳는다. 이혼하고도 아이와 떨어질 수 없어 유모라도 되겠다는 식으로 모성에 대한 집착을 보인다. 그런가 하면 이 청년은 부인과 이혼 수속을 밟으면서도 부부 관계를 맺는다. 이 점을 두고 준근은 "토막으로 잘려도 하나하나 따로 살아나는 지렁이의 어

7. 시심(詩心)으로서의 소설: 황순원

느 토막인 듯도 하다"는 생각을 한다. 이 생각은 작품의 첫머리에서 지렁이를 여러 토막 내어도 각각 살아남는 장면과 같은 이미지로 작용한다. 이와 같이 황순원의 초기작은 순수한 사랑과 모성과 부부애 같은 것에 대한 호기심이 바탕을 이루고 있다. 「지나가는 비」의 매는 사생아였는데, 그녀도 또 사생아를 낳아서 버려야 하는 운명적인 여인이다. 이 점에서 이 소설도 모성에 관한 이야기이다. 태섭과 준근과 같은 유형의 인물로 섭이가 있다. 섭이는 연희를 사랑한다. 그러나 연희는 육체적으로 타락한 인물이다. 그녀는 바에 근무한다. 매도 마찬가지이다. 그녀는 그림의 모델이다. 그 반대로 결은 순결한 인물이다. 섭은 여학교 교원 자리를 두고도 출생 신분으로 인한 자기 비하 때문에 포기한다. 섭은 바에 근무하는 여급한테서 낳은 사생아이다. 매의 어머니도 불행한 여자다. 매는 그 이전 화가와 사생아를 낳아 아이를 공원에 버린 경험을 가진 여자다.

"사실은 하나예요. 이 그림을 그린 사람의 애예요. 사내애였어요. 백 날 만에 내다 버렸어요. 누구에게 알게끔 줄까두 생각해봤지만 공원에 내다 버렸어요. 후에 사생아의 어미 자식 사이를 서루 알리구 싶지 않았기 때문예요. 애가 원망스럽기만 한 그 때였어요. 그저 이걸 바라보며 원망했을 따름이죠. 그게 이번 모델을 그만두면서부터 어머니의 사랑이란 걸 느꼈어요. 이상해요. 애가 어디서나 잘 자라길 비는 마음이 됐거든요. 그래 난 이 그림을 찢어버리기로 했어요."[84]

84) 황순원, 「지나가는 비」, 『황순원전집 1 · 늪/기러기』, 문학과지성사, 2005, p.102.

결국 매도 사생아인데, 그 사생아가 다시 사생아를 낳는 운명 같은 걸 이 소설은 주목한다. 「사마귀」에서도 쌍둥이 사생아를 버리고, 모정을 견디지 못하여 괴로워하는 여인이 나온다. 이런 모정은 새끼를 잃은 어미 토끼와 대조되면서 묘한 이미지를 형성한다. 집안의 토끼 새끼가 자꾸만 없어진다. 어미 토끼가 잡아먹은 것으로 판단한다. 사마귀가 제 새끼를 잡아먹는다든지, 어미를 잡아먹는다든지, 하는 예를 연상하며 어미 토끼의 반 모성을 절감한다. 계집애는 자기 어머니가 집에 있는 동안 어머니라고 부르지 못한다. 할머니를 어머니로 불러야 하고, 인형을 어머니라 불러야 한다. 그녀의 어머니는 집에서 늘 낯선 남자를 만나야 하기 때문이다. 계집애에게 이런 상황은 어긋난 모정이기도 하고, 애욕과 모정의 갈등이기도 하다. 이 소설에도 태섭과 준근과 섭과 같은 유형으로 현이라는 화자가 개입한다. 계집애는 어머니가 낯선 사내와 노는 동안 현에게 와서 붕어와 파리와 개미를 건드리며 논다. 어머니는 고양이를 자기 딸이라고 부를 만큼 동물을 사랑한다. 이웃집에 계집애와 노는 벙어리 사내애가 있다. 부모가 아편쟁이로 죽었다. 사내애는 계집애에게 사랑의 정표로 사금파리랑 조개껍데기를 갈아 준다. 황순원의 초기 작중인물들은 이처럼 입을 열어 말하는 법이 없다. 행동만 있을 뿐이다. 그 대신 같은 작중 인물 가운데 관찰자가 하나 들어 있다. 여기서는 현이 그 역할을 맡는다. 현이 그 행동을 일방적으로 설명해 준다. 그 행동들이 상징적이다. 말없이 행동하니까, 의미를 알고 싶어지는 그런 화법이다. 어느 날 고양이가 토끼 새끼를 물고 다닌다. 고양이가 토끼새끼를 죽인 줄 알고 현은 고양이를 버리려고 잡아 들고 나간다. 가다가 술 취한 여인을 만난다. 그녀는 "요맘때가 애 버리기 꼭 좋은 때라고 하면서 자기는 사내와 계집애 쌍둥이를 낳아서 여기 가져다 버렸노라고" 모정을 견디지 못하고 괴로워한다. 이 점은 「지나가는 비」에서 사생아를 버린 매의 모정과 흡사하다. 그것은 새끼를 잃은 어미 토끼의 모정과 계집애를 버린 바람난 어미의 모정과 교묘히 대조된다. 고양이를 버리고 오다 보니 벙어리 사내애가 토끼새끼를 가지고 놀고 있다. 그러니까 처음에는 어미 토끼가 잡아먹은 줄 알았다가, 중간에 고양이가 잡아먹은 줄 알았더니, 알고 보니 사내애가 '계집애와 안 노는 동안' 몰래 꺼내 가지고 노느라고 그랬던 것이다. 사랑의 불만이 토끼를 죽이고, 그것이 다시 토끼의 모정을 훼손하는 것으로써 애정과 모정의 교묘한 착시 현상을 보게 되는 것이다.

그리고 또 한 가닥은 죽음 또는 생명에 대한 발견이다. 「갈대」, 「닭제」, 「원정」 같은 단편들이 그것인데, 여기서는 특히 민속신앙이나 질병에 대한 민간요법들을 즐겨 채택한다. 「갈대」에서 뼈를 갉아 먹는 개에 대한 이야기는 충격적이다. 소녀의 아버지는 아편쟁이로 방금 죽음 앞에 직면한 상태다. 죽은 송장인 줄 알고 개가 그 아버지를 핥는다. 죽어가는 아버지와, 공동묘지 터에서 뼈다귀를 갉아 먹는 개와, 개가 떨군 뼈다귀를 자꾸만 흙속에 파묻는 할아버지를 대조시켜 이 소설은 죽음에 대한 어떤 이미지를 형성하고 있다. "저 개가 이제 해골 백 개만 먹으믄 사람 된단다." 이런 민속신앙도 서슴없이 채택된다. "이제 아버지가 죽으믄 할아버지가 내다 묻구 그걸 또 저 개가 뼈다귈 빨아먹는단다." 죽음을 보는 소녀의 시각은 이처럼 설화적이다.

동물에 대한 이미지나 그 삶을 많이 채택한 것도 황순원 소설의 특징 가운데 하나다. 여러 동물을 주제와 관련시켜 비유적으로 설명한다. 모성애나 애정의 갈등 같은 복잡한 감정들이 동물적인 본능과 그

속성들로 비유될 때, 그것이 바로 '넉넉한 시'로서의 소설이 되어 간다. 「닭제」에서도 소년은 수탉 한 마리를 기른다. 반수영감이 그 닭을 어서 잡아먹어야지 놔두면 뱀이 돼 나갈 거라고 한다. 황순원 소설은 이처럼 민간인의 속설까지도 서슴없이 채택한다. 그 말에 소년은 제비집을 노리고 올라가던 뱀을 연상한다. 소년은 갈대밭으로 수탉을 데리고 가서 새끼로 목 졸라 죽인다. 그 곳은 반수영감의 증손녀와 교사의 조카가 연애하던 곳이다. 그 자리에서 증손녀가 흘린 빨간 댕기를 발견한다. 소년은 닭을 죽인 죄로 앓아눕는다. 그것을 두고 사람들은 죽은 수탉이 뱀이 되어 소년에게 독기를 뿜은 탓이라고 말한다. 그래서 반수영감은 복숭아나무가지와 생담배로 소년을 때리고, 교사는 침을 놓는다. 이처럼 황순원 소설에서 민간신앙과 민간요법이 차지하는 비중은 크다. 소년은 결국 갈밭으로 가서 죽은 닭이 뱀이 되지 않았음을 확인하고 낫지만, 힘이 없어 쓰러진다. 뱀 대신 그는 거기서 오래된 댕기를 본다. 반수영감의 증손녀와 교사의 조카는 목맨 수탉을 버린 뒤부터 기왓가마로 장소를 옮겨 사랑을 계속한다. 교사는 다른 수탉을 사 주어 소년을 낫게 한다. 증손녀와 조카는 안개 심한 밤을 타서 도망간다. 제비새끼들이 완전히 살아남을 보고 소년도 소생한다. 생명과 죽음에 대한 연상은 황순원의 초기소설의 근간을 이룬다. 거기다가 민간신앙과 과학과 민간요법 등을 얽어 인긴의 원초적 감정에 접근해 보는 것이다. 「원정」에서는 죽음에 임박한 아내의 불안한 심리를 고양이와 관련시켜 표현한다. 고양이와 관련된 사건은 모두 불안을 상징하는 것들이다. 그리고 고양이는 다시 비둘기가 대조된다. 어느 날 집에서 비둘기가 실종된다. 아내는 고양이가 집에 있으니까 싫어하더니, 비둘기가 없어지니까 다시 불안해하며 잃어버린 비둘기를 찾는다. 비둘기가 없어진 뒤에 남편을 대하는 아내의 태도는 이렇게 변한다.

수비둘기가 암컷 알 품는 동안 오죽 갑갑하면 다른 비둘기를 따라갔었겠느냐고 하면서 그더러 앓는 자기 옆에만 붙어 있느라고 몸도 축가고 했으니 좋아하는 찻집에라도 가라고 하였다. 그리고는 혼잣말처럼 이제는 정말 혼자 있어도 갑갑하지도 않고 무섭지도 않다고 하였다.

그리고 아내는 수술받으러 가면서도 꽃씨를 보자 내년에는 자기 손으로 꽃씨를 심을 테니 잘 두라고 말하는데, 이처럼 죽어가는 아내가 남편의 욕정을 생각하는 마음이나, 죽어가는 사람이 자신의 죽음을 모르고 내일을 기약하는 마음에서 황순원의 죽음에 관한 깊은 관심을 엿볼 수 있다.

사랑과 모성과 죽음은 그 이후에도 황순원에게 지속적으로 유지되는 관심거리였다. 특히 「별」에서처럼, 모성은 아름다움을 대변하는 상징적 장치로까지 발전한다. 「별」도 따지고 보면 죽음에 대한 깊은 관심으로부터 시작된다. 아홉 살 난 아이는 자기 누이가 죽은 어머니와 닮았다는 말이 듣기 싫다. 열한 살 누이는 밉게 생겼고, 죽은 어머니는 그보다 훨씬 예쁠 거라고 생각되기 때문이다. 이처럼 죽음 저쪽에 대한 믿음과 현실 이쪽에 대한 거부가 몇 차례 반복되는데, 그 반복이 곧 「별」의 구성이다. 누이가 만들어 준 예쁜 인형이 누이처럼 미워져서 땅 속에 묻어 버린다거나, 당나귀한테 채어 다리를 삐지만 누이의 부축을 받기 싫어 혼자서 달아나는 행위들이 그 예다. 그러나 아이가 누이를 싫어하면 할수록 누이는 어머니 같은 마음으로 동생을 감싸 주는데 그 반복은 다음과 같다.

㉮ 아이가 이복 어린애 볼기짝을 꼬집어 누이로 하여금 의붓어머니한테 야단맞게 하지만, 누이는 일러바치지 않고 동생을 비호해 준다.

㉯ 옥수수 쌍둥이 알 떼어먹기도 거부. 옥수수를 주어도 거부.

㉰ 옆집 아이와의 땅따먹기에서 누이가 도와주는데 아이가 거절.

㉱ 누이와 뒷집 예쁜 계집애가 싸우는데, 아이는 뒷집 계집애가 이기기를 바란다.

㉲ 이때 아이의 나이는 열네 살이 된다. 세월이 5년이나 흐른 것이다. 뒷집 계집애보다 더 예쁜 소녀와 사랑에 빠진다. 소녀가 입맞춤을 해 왔다. 그러나 아이는 이 소녀도 어머니가 아니라는 생각이 든다.

㉳ 누이가 친구 오빠인 호리호리한 키에 흰 얼굴을 한 청년과 연애하다 들켰다. 그것이 죽은 어머니를 욕되게 하는 일이라면 용서하지 않겠다고 마음먹는다.

㉴ 아이는 누이를 강물에 빠쳐 죽일 결심을 한다. 그러나 누이가 워낙 시키는 대로 순종했으므로, 이러다간 정말 '아무 항거 없이 어머니다운 애정으로 따라 할 것만 같은 생각이 들며, 누이가 돌아간 어머니와 같은 애정을 베풀어서는 안 된다고' 믿어 누이를 살려준다.

㉵ 누이가 시집갈 때 아이를 보고 싶어 하지만. 아이는 숨어서 나타나지 않는다. 누이가 죽었다. 그때사 누이의 얼굴이 보고 싶지만 떠오르질 않는다. 땅에 묻었던 인형을 캐 보지만, 썩어 없어진 지 오래다. 딩나귀힌데 누이를 왜 죽였냐고 원망하지만 당나귀는 뒷발로 차지도 않는다. 일부러 당나귀 위에서 떨어지지만 다리가 삐지도 않는다. 두 눈에 눈물이 어리어 별이 되지만 아무래도 누이가 어머니와 같을 수는 없다고 생각되어 눈 속의 별을 내몰았다.

막연하게나마 초기작에서 관심을 보이던 모성이 여기서는 이처럼 미화되어 하나의 객관적 세계를 형성하는데, 이 점은 그의 소설적 성장을 입증한다. 초기작에서는 소년과 소녀가 항상 사랑하는 관계로만 설정되었는데, 여기서는 누나에 대한 미움으로 바뀌면서 그것이 가능해졌다. 당나귀와 같은 짐승이 주요 인물도 등장한다거나, 아이들 공깃돌과 같은 토속적 놀이가 반복적으로 사용된 점은 역시 초기작에서부터 그가 즐겨 채택하던 방법 중 하나다.

단편소설 「마지막 잔」을 보면, 원응서와 모성애에 관해서 자주 대화했다는 기록이 나오는데, 그때도 모성애가 생명의 근원이라는 데에 의견을 같이했다고 한다.

3) 죽음

두 번째 창작집 『기러기』는 1951년에 발간된다. 여기 수록된 작품들은 모두 1940년부터 1945년까지 그야말로 일제 암흑기에 쓰인 것들이다. 그중에서 「별」과 「그늘」만은 해방 전에 발표되었지만, 나머지는 모두 "어둠 속에서 해방을 맞이하였다"고 한다. 그러니까, 그 어두운 시기에도 황순원은 다만 발표를 하지 않았을 뿐 창작활동을 계속하였음을 알 수 있다. 시도 쓰고, 소설도 쓰고, 그렇게 여기 수록된 작품들을 써 모아 가면서 황순원은 어려운 시기를 이겨낸 것이다. 「눈」이라는 아주 짤막한 단편소설 속에서 얼핏 그 시절의 모습을 읽을 수 있다.

모여 앉았댔자 별 신통한 이야기가 있을 리 없었다. 시기가 시기니만큼 우리들의 얘기는 대개가 공출과 징용에 관한 얘기였다. 모두 남의 걱정을 제 걱정처럼, 제 걱정을 남의 일처럼 얘기했다. 스러져가는 질화로의 잿불을 돋우어가며 나는 이 고향 사람들과의 이야기 속에서 아직 내 몸속 어느 깊이에 그냥 남아있는 농사꾼으로서의 할아버지와 반농사꾼으로서의 아버지의 호흡을 찾고, 그 속에 고향 사람들과 나 자신의 생명을 바라보며 고개 숙이는 것이었다.[85]

그 어려운 시기에 하필 생명이라는 단어를 찾아낸 점은 주목할 만하다. 이 시기의 소설에는 유난스레 노인들이 많이 등장한다. 노인이 많은 만큼 노인들과 관련된 죽음이나, 반대로 새로운 생명에 대한 집착을 많이 다룬다. 「병든 나비」의 정노인은 죽음을 보는 눈이 달관의 경지다. 입관에 대한 경험을 그는 몇 차례 갖고 있다. 젊었을 때 맨 처음 친구의 입관을 보고는 두렵고 꺼렸다. 사십이 가까워 어머니 아버지 입관을 보고, 작년 봄에 아내의 입관을 볼 때는 '자기가 먼저 들어가야 할 자리'라는 생각과 '편안하리라'는 생각이 들었다. 그리고 이제는 목공소에 들러 자기 관을 짜는 일에 손수 상관할 정도가 되었다. 젊었을 때는 관 짜는 집에서 찬장을 맞춘 것도 기분 나빴는데, 이제는 관 위에 반찬을 올려놓아도 아무렇지 않다. 자기 관을 맞추고 나오는 길에 국민학교 앞을 지난다. 어린 계집아이 하나가 저만금 징노인 잎에 주지앉아 소변을 본다. '그러는 정노인은 자기 몸 어느 한군데서 부르짖는 소리를 들은 듯했다. 꽃! 저게 정녕 꽃이 아닐

85) 황순원, 「눈」, 앞의 책, p.295.

까. 꽃!' 노인의 눈으로 볼 때 어린 생명은 한 송이 꽃이다. 정노인은 그 다음 날 죽는다. 「애」의 권노인은 쉰다섯이 되도록 애를 가져보지 못한다. 사십을 넘긴 아내가 그 해 겨우 애를 잉태한다. 태상에는 지네닭탕이 좋다는 말을 듣고, 날마다 지네를 잡으러 다니는 권노인의 새 생명에 대한 애착이 볼 만하다. 이 밖에도 「황노인」에서는 회갑을 맞은 노인과 유년의 친구를 대조시킴으로써 생명에 대한 또 다른 애착을 보인다. 황노인의 회갑 날, 자녀들이 풍성하게 잔치를 베풀어 주고, 손자 손녀사위들이 찾아와 인사하고, 그런 가운데 돌아가신 어머니와 마누라가 그리운 그는 이처럼 평범한 노인이다. 그 가운데, 제인(광대) 친구가 하나 있다. 잔치를 하느라고 자녀들이 광대 패를 불렀는데, 그 속에 어릴 적 친구인 노인 광대가 끼어 있었다. 그런 친구와 함께 이제는 광대라는 신분을 뛰어넘어 인간적으로 다시 만나 술을 마신다는 내용이다.

> 이런 그들의 앞에는 작은 개울이 나타나고, 개울 둑에는 감탕칠을 한 벌거숭이 두 소년이 서서 한 소년은 풀피리를 불고 한 소년은 아직 어린 되잖은 청으로 타령을 부르고 있었다.[86]

이런 이야기는 사회변천이나 신분계급을 문제 삼는 것이 아니라, 노인을 통해 다시 어린 시절로 돌아가 보는 인간의 순수한 마음을 그리는 데 더 치중하는 것이다. 「맹산 할머니」에서도 그런 외로움이

---

[86] 황순원, 「황노인」, 앞의 책, p.241.

짙게 깔려 있다. 싸리문전 골에 있는 낡은 기와집에는 각각 다른 세 사람이 살고 있다. 하숙치기 맹산 할머니와 장터 거간꾼 천식쟁이 노인과 국수집 중머리였다가 투전에 미친 젊은이다. 이 집에는 투전꾼들이 드나든다. 그런데 천식증 노인이 장티푸스에 걸리자 노름꾼들도 발을 끊고, 젊은이도 달아난다. 맹산할머니가 천식증 노인을 말없이 보살핀다. 노인은 살아나지만, 그 대신 맹산할머니가 열병에 들어 죽는다. 외롭지만 보살 같은 할머니를 그림으로써 삶과 죽음에 대한 아지 못할 신비감은 물론 어떤 휴머니즘까지도 이 소설은 드러낸다. 이미 잘 알려진 「별」도 따지고 보면 죽음과 관련시켜 아름다움을 빚어낸 이야기이고, 「독짓는 늙은이」 또한 노인과 죽음에 얽힌 이야기다. 송영감은 독을 짓는 늙은이다. 아내가 아들놈 같은 조수하고 눈이 맞아 어린 자식을 놔두고 달아났다. 송영감은 독을 짓지만 분노에 휩싸여 옹기가 잘 만들어지지 않는다. 몸이 아프지만 그러나 송영감은 독 짓기를 그만두지 않는다. 앵두나무집 할머니가 어린 자식을 남의 집에 주자고 말한다. 분노에 치밀어 거절한다. 마침내 독을 굽는데, 송영감이 만든 것이, 그중에서도 아내가 없어진 뒤에 만든 것들이 모두 튀어 깨진다. 송영감이 죽어간다. 앵두나무집 할머니에게 부탁하여 어린 자식을 남의 집에 보낸다. 죽어가면서도 독가마로 간다. 무엇인가를 찾는다. 거기에는 '터져나간 송영감 자신의 독 조각들이 흩어져 있었다.' '터져나간 독'과 분노로 '터져나갈 것 같은 인간 송영감'이 대조될 때 이 작품은 한 가닥의 휴머니즘을 창출하게 된다. 「세레나데」는 그가 즐겨 다루던 토속 신앙 혹은 미신에 대한 유년의 추억을 여러 개의 이미지로 연결시킨 작품이다. 하나, 옆집 계집애의 크고 시원하게 생긴 눈을 생각한다. 그 눈이 미운 때가 있었다. '두 손을 반쯤 쳐들고 춤추는 시늉을 하며 오늘날이야! 하고 눈을 하늘로 치뜰 때의 눈', 그것이 '무당의 짓'이라는 것이다. 둘, 한 동내 애가 대동강에 빠져죽어 무당굿을 보러 간 적이 있다. '마지막 길이로구나 소리를 눈물과 함께 가락을 놔 외면서, 힘들여 베필을 갈라나가던 여인'이 기억난다. 셋. 소경 처녀애를 만났다. 무당이 내리면서 눈이 멀었다고 한다. 눈이 멀어도 똑바로 길을 잘 찾아가는 것이 신기로워 그도 흉내 내보다가 자전거에 부딪힌 적이 있다. 그 처녀가 죽었다. 넷. 동네 애가 물에 빠져 죽었다. 넋 건지는 푸닥거리를 보았다. 아이 대신 산 닭을 물 속에 넣었다. 나중에 동네 아이들이 그 닭과 고기를 건져 어죽을 끓여 먹었다. 그들이 죽지 않으면 몹쓸 병이라도 들 것 같았다. 다섯. 맞은 편 집 둘째 며느리가 무당이 내리련다고 굿을 시작했다. 평소에 보던 조용한 모습이 아니라, 온갖 무당 짓을 다 했다. 그냥 색시 무당은 흔들거리며, '자기는 무슨 팔자로 무당이 내렸노 하며 눈물을 좍좍 흘리는 것이었다.' 돈 벌기 위한 것만도 아닌 것 같았다. 여섯. 만주로 떠나는 친구와 떠나기 전에 손금쟁이를 찾아갔다. 잘 맞추는 것 같지만 따지고 보면 뻔한 맞춤이다.

4) 해방직후의 소설

세 번째 창작집 『목넘이 마을의 개』는 이른바 해방기에 쓰인 작품들로서 1948년에 발행된다. 여기 실린 작품들은 그동안 평양에서 썼던 작품들에 비해 훨씬 세상 밖으로 나온 느낌이다. 동화적인 시점으로부터 현실적인 인간세상으로 그 시각을 달리한 것이다. 일

596

본 사람들이 물러가고 다시 새로운 정부가 들어서기까지 과도기 시대의 불안정한 사회를 구석구석 들춰보는가 하면, 시세에 따라 급변하는 인심을 꼬집기도 한다. 시로서의 소설, 소설로서의 시를 연마하던 황순원의 고향문학이 어느덧 삶의 현장으로 내몰렸을 때 생기는 어쩌면 당연한 발견인지 모른다. 일본 사람 나까무라가 버리고 간 양조장 경영권을 둘러싸고 우리나라 사람들끼리 반목질시하는 「술」의 비정함, 적산가옥을 사고 전세방을 빼앗는 데서 거짓말을 하고 사기극을 벌이는 「두꺼비」의 비정함, 그런가 하면 지주의 횡포에 대항하여 농민들이 벌이는 「황소들」의 집단운동 등이 이전의 작품세계와는 확연히 다른 모습을 보여준다. 해방 후 조국의 무질서한 사회 현실, 타락한 인간들에 대한 관찰이 비교적 현실적이어서 시적이라기보다는 산문적 성격이 강하다고 볼 수 있다. 이점은 그의 전 생애에 걸쳐 가장 현실적이었다고 판단되는데, 왜 여기서만 그런 현상이 생겼는지, 이 시기에 대한 정황이나 그의 느낌을 알고 싶다고 했을 때 그는 '해방직후의 현실 상황뿐만 아니라, 고향을 잃고 뿌리 뽑힌 삶 자체가 한 청년작가의 상상력을 그쪽으로 몰아간 것'이라고 말한다.

그건 사실이다. 그렇다고는 하더라도, 이 시기 소설들이 왜곡된 사회현상 자체보다, 그 사회적 현상에 따라 급변하는 사람들의 오묘한 심리파악을 주로 하고 있음은 이전의 소설에서 그게 벗어나고 있지 않다는 사실도 우리는 발견하게 된다. 같은 시기에 나온 「목넘이 마을의 개」만 보더라도 그가 생명이라는 것에 얼마나 많은 관심을 갖고 있는지 알 수 있다. 이때 떠돌이 개 신둥이가 마을 사람들에게 쫓기고 달아나는 사건이 일곱 번이나 반복된다. 간난이 할아버지는 숲속에서 누렁이, 검둥이, 바둑이가 섞인 신둥이의 새끼 다섯 마리를 발견하고 놀라지만, 다음 순간 곧 미소를 띠운다. 그의 놀라움은 '생명력에 대한 새로운 깨달음'에서 나온 것이다. 간난이 할아버지는 이 깨달음에 따라 신둥이의 종자를 온 마을에 퍼뜨린다. 이 점은 그토록 험난한 현실 속에서도 멸종되지 않고 대를 이어 생명을 보존해 가는 어떤 생명력에 대한 암시이기도 하다.

그동안 황순원의 소설은 크게 세 번쯤 그 관심과 화법이 달라지는 것을 볼 수 있다.

첫 번째, 단편집 『늪』, 『기러기』까지는 주로 노인이거나 어린 소년 소녀들에 관한 이야기가 많다. 다시 말하면 할아버지 손자는 있어도 아버지, 어머니에 해당하는 중간층 연령이 없다. 실제 작가를 연상시키는 인물은 더구나 없다. 처음부터 끝까지 자기 이야기가 아니라 상대방에 대한 이야기이고, 이 점에서 철저한 스토리텔링이다. 이 시기 주조는 사랑, 모성, 죽음, 또는 서정적 아름다움 같은 것들에 많이 관련되어 있다.

두 번째, 현재적 상황에다가 설화나 꿈 이야기를 곁들여 훨씬 중층적 이야기를 엮어 나간 경우다. 이때는 실제 작가를 연상케 하는 인물들이 많이 밖으로 드러나 있다. 그들은 대구 또는 부산 등지에서 피난 중인 실제 작가의 모습과 흡사하다. 주로 전쟁 이후에 쓰인 소설들이 여기 해당된다. 피난 시절 작가 자신의 곤궁한 삶에다가 어떤 일화나 옛날 설화를 삽입시켜 인간성을 재현해 보는 것이다. 이 시기의 주조는 특히 모성애와 생명 또는 생명력에 관련된 것들이 많다.

세 번째, 대부분 장편소설에서 보듯, 현재적 상황과 인간의 세계를

제5장 휴머니즘 소설의 전개

객관적으로 그린 소설들이다. 지금까지 보던 극노인이나 어린 소년·소녀들만의 이야기도 아니고, 특히 실제 작가를 연상케 하는 인물도 아닌, 역사적 삶의 현장에 놓여진 인물과 그들의 삶을 그리는 것이다. 이때의 주된 관심은 역사적 삶과 인간의 죄악과 구원의 문제들이다.

제6장 해외동포 소설

1. 재일동포 소설: 이회성

1) 성장체험과 재일동포 소설의 형성

(1) 소년기 사할린 성장

「다음이질하는 여인」[1]은 1971년 《계간예술》 18호에 발표된 작품
이다. 그러니까, 9살 때까지의 어머니에 대한 기억을 소재로 36살 때
가능한 민족적 여인상을 이회성이 재창조해 낸 셈인데, 여기서 어머
니는 그의 자필연보에 나타난 장술이(張述伊)란 실명(實名)을 그대로 적
용하여 어머니의 생애를 거의 사실적으로 채택하고 있음을 알 수 있
다. 그건 그렇더라도 소설이 곧 사실 그대로는 아닌 점을 감안할 때
장술이의 생애가 그대로 어머니의 생애라고 단정할 수는 없지만, 그
나마 이 작품 속에 드러난 여러 가지 요소들을 종합하여 재일동포 사
회의 형성배경을 미루어 짐작할 수는 있다고 본다.

어머니 장술이가 처음 일본에 건너간 것은 18세 때이다. 연대기에
맞춰 계산해 본다면 그 해는 1926년쯤이 된다. 어머니가 집을 떠난
이유는 크게 두 가지로 나타나 있다. 하나는 돈벌이를 위해서이고,
또 하나는 어머니가 없는 가정을 벗어나고 싶은 충동 때문이었디. 장
술이의 생모(生母)는 그녀가 여섯 살 때 이미 생이별을 한 상태였다.

---

[1] 이회성, 「다음이질하는 여인」, 『다음이질하는 여인』, 이호철 역, 정음사, 1972. 이후 반복되는
인용은 본문 안에 쪽수만 기록한다.

일본에 건너간 지 '3년이 지날 무렵' 그녀는 탄광에서 만난 사내와 북해도로 간다. 그리고 또 '몇 년'이 지나 사할린으로 간다. 한국-일본-북해도-사할린으로 이어지는 우리 민족의 유랑을 그대로 설명해 주는 부분이다. 어머니가 처음으로 고국 땅을 다시 밟은 것은 1939년, 이회성이 6살 때 초가을로 되어 있다. 이것은 연보에 적힌 '1940년 여름의 귀향'과 같은 사건이지만, 1년쯤 차이가 나는 것은 그것이 소설이기 때문이 아니라, 작가의 기억이 확실하지 않기 때문일 것이다. 이때 다시 사할린으로 들어가면서 어머니는 친정 부모도 함께 데리고 간다. 그러니까, 이때 친정어머니란 자기를 낳은 생모가 아니라 계모(繼母)가 되는 셈이다. 어머니의 사할린 생활은 크게 두 가지로 요약된다. 하나는 가난이고, 또 하나는 민족적 갈등이다. 가난은 그녀가 고국을 떠날 때 이미 '돈벌이'를 하러 간다는 이유를 내걸 만큼 절박한 민족적 현실이었지만, 사할린에 가서도 그것은 끝내 극복될 수 없는 문제였다. 그 위에 일제강점기라는 민족적 현실이 겹쳐 있었던 것이다.

어머니 장술이가 작고할 당시 이회성은 5남매 중의 셋째였다. 맨 위로 중학생인 형과 그 다음 소학교 6학년인 둘째 형, 그리고 셋째인 작가 자신은 소학교 3학년이었다. 밑으로 어린 여동생 둘이 더 있는데, 어머니는 여섯 번째 아이를 낳다가 산고로 사망하였다. 어린 시절 그는 '조조'라고 불릴 만큼 재주가 영악했던 것 같고, 또 성격이 민감하여 야뇨증세(夜尿症)가 있었던 것으로 적혀 있다. 소학생인 그는 몸이 약하여 언제나 어머니의 걱정거리가 되었다고 하는데, '여름에는 찬물을 먹은 정도로 위를 앓고, 겨울이 되면 줄창 기관지염을 일으켜서 목에 솜붕대를 두르고 있었다(p.60.)'고 한다. 실제로 그랬던 것처럼 이회성의 소설에서 화자는 언제나 셋째 아들이다. 이 점 또한 소설이 실제와 많이 근접해 있음을 입증해 주는 부분이다.

(2) 해방직후의 사할린 철수

「나의 사할린(私のサハリン)」[2]은 1972년 이회성의 나이 37세 때 《군상》에 발표된다. 사할린을 떠나온 지 25년 만에, 지금도 사할린에 살고 있는 사촌 동생 윤소니에게 보내는 이 편지글은 소설이 아니라는 점에서 한층 사실에 가까운 자료임을 알 수 있다. 따라서 이 글은 그의 자필 연보에서도 미처 보지 못한 사할린의 소년 시절, 사할린을 탈출하여 일본으로 귀환하던 때의 정황, 일본에 정착하여 살아가는 삶의 궤적을 비교적 상세하게 밝혀 주고 있다.

사할린에서 그는 초등학교 5년 동안 일본어 교육 그러니까 소위 '황국 신민화 교육'을 받았다고 한다. 그리고 일본의 패망과 함께 그곳 민족학급으로 학교를 옮기는데 거기서 그가 우리의 민족교육을 받은 지는 불과 반년밖에 되지 않는다. 그러나 그 민족학급에서 그는 처음으로 자신의 조국과 민족을 발견하게 된다. 그 곳 황선생은 그가 이 세상에서 처음으로 알게 된 조선인 선생이다. 황선생은 민족운동가로서 그에게 고향을 일깨워 주었고, 조국에 대한 자긍심을 심어 주었다.

가까운 친척으로 백부님댁이 있었다. 가족은 백부(伯父) 내외와 사

---

2) 이회성, 「나의 사할린」, 『축마현대문학대계(筑摩現代文學大系) 96』, 1978.

촌 형제 기소니와 윤소니가 있다. 백부는 1945년 8월 일본의 패망과 함께 소련군이 진군하던 당시 사망하고, 사촌 형 기소니는 이회성의 가족과 함께 사할린을 탈출하지만, 1960년 재일동포 북송 때 북한으로 건너간다. 그리고 사촌 동생 윤소니만 지금 백모님과 함께 사할린에 살고 있다. 이밖에 '조부의 편지에조차 답장을 하지 않았다.'고 말하는 것으로 보아 그는 사할린 철수 때 그의 외조부를 그곳에 떼어 두고 왔음을 알 수 있다. 그의 외조부란 「다듬이질하는 여인」에 나오는 '동굴' 속의 가난한 조부를 말한다. 그 조부는 1940년 장술이가 한 달 동안 경상북도 포항의 친정에 왔다갈 때 함께 모시고 간 친정 아버지이며, 사할린에 사는 동안 '동굴 속 같은 어둠 속'에서나마 '연기도 안 나는 긴 담뱃대를 입술에 물고', '곁에 고서 제본의 한서를 쌓아 놓고, 낡은 목침을 놓고' 평생을 조선인의 모습으로 살던 바로 그 인물이다. '사또꼬의 원망스러운 편지에도 나는 함흥차사였다.'고 말할 정도로 가깝게 지내던 또 한 사람이 있었던 것 같다. 사또꼬는 아버지가 재혼할 때 의모(義母)가 데리고 온 양녀(養女)였다. 처음에는 의모의 실제 딸인 줄 알았는데 알고 보니 그 전남편의 혈육일 뿐 의모와는 무관한 사이였다. 이 사또꼬로부터 이회성은 처음으로 성(性)에 눈을 떴다고 적혀 있다. 이밖에 '윤소니에 대해서 뿐만 아니라, 사할린의 친척 모두에게 나는 냉정한 행동을 해 왔다'고 말할 정도로 사할린에는 여러 친척이 있었음을 짐작게 한다.

이회성이 처음으로 '조선인'임을 실감한 것도 해방직후 사할린에서였다. 일본이 패망하고 소련군이 진주하여 일본인을 무차별 사살할 때 '까레이스키(조선인)'는 예외였다. 그래서 그 때 처음으로 이회성은 '까레이스키'를 외치면서 자신의 목숨을 구할 수 있었다고 한다.

이회성 일가의 사할린 탈출은 비밀리에 진행되었다. 그 당시 사할린에서의 귀환문제는 일본과 소련 사이에만 교환된 협정이었기 때문에 한국인에게는 그것이 적용되지 않았다. 그 때문에 한국인이 자기 조국으로 귀국하려면 먼저 일본으로 철수했다가 다시 부산으로 들어가는 수밖에 없었다. 이회성 일가도 일단 그렇게 하기 위하여 일본인으로 위장하여 사할린을 탈출할 작정이었다. 아버지는 사할린에 있는 호르므스크 일족 사이에서 대들보로 일컬어질 만큼 주요한 인물이서, 그때 일족의 의장 같은 존재에 추대되어 있었다고 한다.

(3) 청소년기 북해도

이회성이 홋카이도(北海道)에서 중고등학교를 보내던 체험은 그의 부친을 소재로 하여 쓴 소설 「인면암(人面岩)」[3]에 비교적 상세하게 재구성되어 있다.

삿포로시(札幌市)에 처음 정착했을 때 그의 집은 '도요히라가와(豊平川)변의 처마가 기울어진 이층집의 한 방'(p.70.)이었다. 홋카이도는 아버지가 젊었을 때 광부로 지내던 곳으로 인연이 있었던 것 같다. 삿포로시에서 아버지가 처음 시작한 일은 양돈업(養豚業)이다. 아버지는 소나 돼지의 중개업을 하며 생활비를 벌기 위해 매일 지방 농가를 돌아다녔다고 한다.

이회성은 집에서 리어카로 소나 돼지먹이를 나르는 일을 하면서

---

3) 이회성: 「인면암(人面岩)」, 『다듬이질하는 여인』, 이호철 역, 정음사, 1972.

학교에 다녔다. 사할린에서의 어린 시절은 몹시 나약한 아이였지만, 북해도에 와서는 노동을 한 덕분인지 무척 건강해졌다고 적고 있다. 중학교 때는 씨름부에 들어가서 개인부 우승을 기록할 정도였다. 고등학교 때는 아버지와 심한 심리적 갈등을 빚었던 것으로 기록되어 있다. 그것은 아버지에 대한 경멸과 반항 때문이었고, 또 하나는 학교에서 자기가 한국사람이라는 것을 솔직하게 말하지 못하는 괴로움 때문이었다. 그래서 그는 학교를 그만두고 싶었지만, 그럴수록 아버지는 강력히 반대하였다. 아버지의 욕망과 아들의 배반, 그들 부자간에 끊이지 않는 갈등이란 바로 그 욕망과 배반의 거리감이었다.

이회성 소설의 주요 테마 가운데 하나인 가출(家出)은 곧 이와 같은 갈등의 해소작용을 의미한다. 「인면암」의 중학생은 벌써부터 가출을 꿈꾼다. 그런가 하면 「우리들 청춘의 길목에서」[4]의 남수는 '집' 그것에서부터 벗어나려고 발버둥치고' 있다. 가출은 그 '집'으로부터 또 다른 '세계'로의 궤도수정을 의미한다.

「우리들 청춘의 길목에서」는 이 가출을 통하여 얻은 '또 다른 세계'로서 우리들에게 첫 번째 동경체험을 제공해 주고 있다. 1969년 8월 《군상》에 처음 발표된 이 소설은 그 무대와 등장인물이 어디까지나 허구일 뿐, 그대로 작가의 개인적인 생애라고 볼 수는 없지만, 그럼에도 불구하고 그 소설적 상황과 작중인물들이 그 당시 재일동포 사회를 반영한 삶의 전형임을 우리는 믿지 않을 수 없다.

그(남수)가 거처하는 곳은 도오쿄의 낡고 지저분한 서양식 아파트

---

4) 이회성, 김숙자 역, 「우리들 청춘의 길목에서」, 『죽은 자가 남긴 것』, 한림신서 일본학 총서 18, 1996.

다. 다다미 네 장 반짜리 작은 방(그 방을 그들은 1호실이라고 부른다)에 여섯 사람이 함께 기거하는 그 집은 그대로 재일동포 사회를 축약하여 보여주고 있다. 1호실 사람들에 대한 주위의 평판은 '왠지 조센진이라며 뒤에서 손가락질하는 것 같아서 견딜 수 없을' 정도였다. 그 방에 함께 기거하는 여섯 식구는 각각 다른 방법으로 자신의 삶을 유지해 가고 있는데, 그것은 밑바닥 인생을 살아야 하는 제일동포들의 비참한 현실을 그대로 반영한다.

형은 색주가에 자신의 육체를 팔아 생계를 유지하는 건달이다. 막노동의 상황에서도 결코 육체노동자이기를 거부하는 그는 결국 몸을 팔아 생계를 유지해야 하는 파렴치한일 수밖에 없다. '아아, 일본인으로 태어났으면 얼마나 좋았을까'라고 그는 재일동포일 수밖에 없는 자신의 환경을 몸으로 항변하는 인물이다. 사촌 형 이치로(一郎)는 히로시마 원폭 피해자다. 히로시마 원폭 때 가족을 모두 잃고, 결혼과 취직을 할 수 없는 채 심한 절망 속에 알코올 중독자가 되어 있다. 지로(次郎) 형은 실패한 사회주의 운동가다. 대학생 시절에는 남수에게 오스트롭스키의 『강철은 어떻게 단련되었는가?』를 권하기도 하고, '일본혁명의 성취 없이는 한국의 혁명은 수행되지 않는다'라고 외치던 운동가였지만 지금은 절망과 분노 속에 '막노동자 친구들과 어울려 오리초가부 같은 놀음'(p.62.)이나 하고 있는 실패한 운동가의 타락상을 그대로 보여주고 있다. 백종구(白鐘九)는 한국전쟁 당시 일본에 건너와, 한 때 일본 공산당원으로 활약하다가 지금은 극좌 모험주의자로 몰리어 좌절한 비분강개파이다. 일본 공산당으로부터는 조선인으로서의 올바른 운동으로 돌아가야 한다고 비난받고, 총련으로부터는 지금까지의 잘못을 자아 비판해야 한다고 질타당하는 실패한 운동가 신세가 되고 말았다. 후(風)선생은 원인을 알 수 없는 대인기피증 환자이다. 그는 1호실 방이 좁다고 밤낮으로 벽장에 들어가 잠만 자는데, 그것은 말하자면 이 방 사람들이 안고 있는 사회적 실패와 그 징후를 총체적으로 표현하는 인물이다.

이들은 모두 일정한 거취를 정하지 못하고 떠도는 막노동자들이다. 내 조국과 내 민족이라는 현실적 토대 위에 서 있지 못하고 남의 나라 남의 민족과 어울려 그 위에 기름처럼 떠도는 사람들로서 말하자면 재일동포 사회의 밑바닥 인생을 그대로 반영하고 있다.

(4) 동경의 와세다대학교 시절

「청구(靑丘)의 하숙집(宿)」[5] 에 나타난 대로라면 대학 시절의 이회성은 재일동포 2세들의 생존방식에 대해 몹시 고뇌했던 것으로 나타난다. 재일동포라는 이유로 하숙을 구하기도 어려울 지경이었고, 그나마 동포 2세의 가정교사가 되어 귀화인의 집에 겨우 들어갈 수 있는 정도였다. 그러나 그에게 아들의 교육을 맡긴 학생의 아버지를 통하여 그는 재일동포가 안고 있는 현실적인 문제를 터득한다. 그것은 동포 2세에 대한 교육열과 일본사회의 적응력이었다. 재일동포는 인간과 교육의 두 가지 면에서 모두 특수한 교육을 받아야 했던 것이다.

그런가 하면 「반쪽발이」[6]에서는 일본에 살아남기의 또 다른 방식

---

5) 이회성, 「청구(靑丘)의 하숙집(宿)」, 『죽은 자가 남긴 것』, 한림신서, 1996.
6) 이회성, 「반쪽발이」, 『다듬이질하는 여인』, 정음사, 1972.

으로 재일동포들의 귀화문제를 두고 그가 얼마나 고심했는지를 알 수 있다. 분단된 조국의 현실은 동포들의 귀국을 가로막고, 조국에 돌아갈 수 없는 마당에 국적을 그대로 유지할 것인가, 포기할 것인가는 그들이 당면한 현실적인 문제였다. 1세인 아버지는 귀화를 하겠다고 선언하는가 하면, 이미 귀화가 되어 버린 2세는 그래도 견디지 못하여 스스로 목숨을 끊어 버리는 판에 앞으로 일본사회를 살아가야 할 동포들의 거취문제를 그는 이 시기에 깨닫게 되는 것이다. 이 밖에 「죽은 자가 남긴 것」[7])에서 보게 되는 조국분단의 비극과 재일동포 사회의 분열상도 이 시기의 작가가 겪어야 했던 고독한 체험이었음을 알 수 있다.

2) 민족 동질성 확인

(1) 재일의 조건

① 생존의 기본권 문제

앞 장에서 살펴본 이회성의 생애를 통하여 우리는 민족적 차별과 가난이라는 두 가지 점에서 재일동포 사회의 위상을 파악해 볼 수 있다. 그것을 문제 심기 위하여 작가기 소설이라는 장치를 설치할 때 '집'은 재일동포사회를 압축하는 중요한 공간이었다. 가족은 집단의

---

7) 이회성, 「죽은 자가 남긴 것」, 『죽은 자가 남긴 것』, 한림신서, 1996.

최소단위로서 압축된 재일동포사회를 의미한다. 이회성 소설의 '집'
에서는 언제나 재일동포 1세인 아버지와 2세인 아들이 함께 살고 있
다. 그러나 그 '함께 살기'란 가족 간의 화합된 모습이 아니라 대립된
갈등의 관계를 말한다. 폭력적인 아버지와 그것을 이해하지 못하는
아들과의 대립적인 관계는 재일동포 1세들의 심한 민족적 차별과 사
회적 갈등을 그대로 반영한다. '집'에서 아버지는 언제나 절망적이고
도 폭력적인 인물이었다. 그래서 재일동포 2세들의 눈으로 볼 때 '한
국사람 ― 아버지가 느끼게 했던 한국 사람의 집'은 언제나 '질척질
척하고 어둡고 바닥이 없는 늪'과도 같다.

　이회성 소설의 주요 모티브 가운데 하나인 가출(家出)의 논리도 이
'집'으로부터 시작된다. "집안에서 아버지는 완전히 봉건 군주이고 폭
군이었다."? 그러나 아버지의 폭력이 아무리 일본으로부터의 멸시에
서 나온 것이라 할지라도 그 아들이 아버지를 보는 시각은 수치심일
수밖에 없다. 가출의 욕구란 이 수치심으로부터 비롯된 것인데, 그 논
리는 말하자면 아버지가 한국인이고, 한국인은 폭력적이니까, 그렇다
면 2세인 나도 폭력적이어야 할 텐데, 그건 내 모습이 아니다, 아니라
면 진짜 한국인의 모습은 무엇인가, 그 진짜 한국인의 모습인 '나'를
찾고 싶은 데서부터 시작되는 것이다. 진정한 한국인의 모습으로 살
겠다는 민족적 자존, 그리고 그 진정한 '나'를 찾아 나서겠다는 의지
의 표현이 곧 '가출'이다. '한국인이 되기 위해서라도 아버지의 집을
부정하지 않으면 안 된다. 사회에 나가서는 한국인으로 살아나갈 생
각이었다.' 아버지의 한국인으로부터 분리된 진짜 한국인으로서의
나, 그 '나'를 찾아 떠나는 '가출'로부터 이회성의 문학은 시작된다.

　'집안'에서 '사회'로, 이것이 가출의 생리인데, 그것은 아버지를 배

반하는 일이 아니라, 그 아버지를 다시 이해하게 된다는 점에 구조적 특징이 있다. '나'는 아버지의 한국인을 거부하고자 '집안'을 떠나지만, 그 '사회'에서 내가 확인한 것은 다시 아버지처럼 살 수밖에 없는 현실일 뿐이다. 그것은 재일동포들의 운명적인 현실에 대한 발견이요 확인이다. 이회성이 채택한 가출의 구조는 바로 이 민족동질성 확인을 위한 소설적 장치인 것이다. 「인면암」의 셋째아들은 중학교 때부터 가출을 꿈꾼다. '집안에서 취하지 못하는 만족을 밖에서라도 채우려고', '무엇인가 더 있을 텐데……, 집에 있으면 자지러지듯이 그런 생각에 사로잡혔다.' 집안에서의 자아는 언제나 뭔가가 결핍된 상태에 놓여 있다. 그리고 그 결핍을 그는 사회에 나가서 보상받을 수 있다고 믿는다. 이런 가출은 「우리들 청춘의 길목에서」의 남수를 통해 구체적으로 실천에 옮겨지는데, 그 '집안'을 벗어난 '사회'적 삶이라는 것이 온통 아버지를 이해하는 과정의 연속이다.

남수가 아버지의 '집'을 떠나 도쿄라고 하는 '사회'로 편입되었을 때 이미 그가 기대했던 상상은 깨져 버린다. 그러자 눈앞에 다가온 현실은 미처 깨닫지 못한 제일동포 2세들의 삶이었다. 그러나 그것은 미처 깨닫지 못한 '자신'이었을 뿐, 자기 집안에 이미 항존하고 있던 문제였다. 미처 깨닫지 못한 자기 자신을 새롭게 인식한다는 것, 이 점에서 그것은 민족 동질성의 확인이다. "우리들 청춘의 길목에서"에서, 무려 여섯 사람이나 되는 '1호실 가족'들의 다양한 절망들이 그 점을 입증해 주고 있다. 그 절망을 목격하는 순간 그는 이미 아버지의 생애 속으로 깊숙이 빠져들고 만 셈이 되는데, 그것은 단순한 사회적 관계 이상이다. 민족적 동질성이란 어쩌면 거의 운명적일 수도 있다는 믿음을 갖고 있다. 친구 하루지(春治)를 처음 만났을 때 남수가 갖는 다음과 같은 느낌이 이 점을 말해 준다.

　자기보다 어려 보이는 하루지를 보자마자 남수는 어, 하고 생각했
다. 어디선가 한 번 본 적이 있다. 어디서 만났었지? 그러나 순간적으
로 그런 느낌을 받았다 해도 두 사람이 사실은 이제까지 만난 적도 없
고 전혀 보지도 알지도 못하는 사이였던 것에는 의심의 여지가 없었
다.8)

이런 감정은 거의 본능적이라고 할 수 있다. 이런 식의 동질성 확
인은 남수가 하루지의 시골집을 찾아갔을 때도 그대로 반복되어 나
타난다. S구 H마을의 조선인 마을, 지붕에 돌을 얹은 조잡하게 지은
집들, 논을 따라서 제방 밑에 쭉 서 있는 대여섯 채 정도뿐, 그 정경
을 보는 순간 남수는 몸이 뜨겁게 달아오름을 느낀다.

　남수는 그때 아! 이것이었던가 하고 마음속으로 중얼거렸다. 하루지
를 처음 보았을 때부터 어디에선가 만난 듯한 기분이 들었다. 그것은
분명 이 조선인 마을에서 나는 특이한 냄새 때문이었을 것이다. 돼지를
기르고 밀주를 만들고 파리떼가 있는 집에서 자란 사람들이 느끼는 향
수 같은 것이 아닐까?9)

---

8) 이회성, 「죽은 자가 남긴 것」, 앞의 책, p.77.
9) 이회성, 「죽은 자가 남긴 것」, 앞의 책, p.103.

한 번도 본 적이 없는 낯선 사람과, 한 번도 간 적이 없는 낯선 마을이 늘 익숙하고 친숙하게 느껴지는 까닭은, 같은 민족의 환경에 내재되어 있는 어떤 정서를 발견했기 때문이다. 지금까지 그것은 내 안에 살아있는 어떤 정서였다. 그리고 우리 집에 살아 있는 어떤 정서였다. 그것이 다른 사람에게서 확인되고 자기와 일체감을 느끼게 될 때 그것은 어느덧 우리 민족 전체의 동질성으로까지 확대되는 것이다. 하루지는 똑똑하고, 일 잘하고, 공부 열심히 하고, 그런 점에서 남수의 선망과 호기심의 대상이었다. 그것은 내가 바라고 추구하던 인물의 모습이지만 어쩌면 내 안에 살아있는 또 다른 나의 모습인지도 모른다. 그런 하루지를 보다 가까이서 접했을 때 그는 뜻밖에도 절망적인 술주정뱅이였다. 그러고 보니 그것도 절망하고 싶은 내 모습이었다. 어쩌면 지금까지 내가 저주하던 아버지의 모습이기도 하다. 하루지는 자기 아버지한테 개처럼 맞으면서도 말없이 견딘다고 한다. 남수도 그랬다. 죽도록 아버지를 저주하면서도 그것을 말없이 견디었다. 일본사회에서 절망하는 아버지, 최소한 자기 자식만은 자기처럼 살지 않기를 바라는 아버지의 욕망, 그럼에도 불구하고 아버지처럼 살아갈 수밖에 없는 재일동포 2세들의 절망, 그 때문에 벌어지는 아버지와 아들과의 끝없는 충돌, 그래서 아버지는 아들에게 폭력을 가하고, 아들은 아버지를 저주하고, 그럼에도 불구하고 부자지간에 품고 있는 가슴 지 밑바닥의 깊온 이해, 이런 악순환의 관계가 바로 '나'로부터 '재일동포 2세'임을 확인하는 구체적인 과정이다.

그러나 이러한 역경 속에서도 그들은 한국인으로서 어떤 지표를 정확하게 설정하고 있는 점이 특징이다. 이회성의 작가의식은 단지 재일동포 2세들의 절망적인 삶을 묘사하는 데 그치지 않고, 한국인

615

으로 살아남겠다는 확실한 의지와 방향을 마련해 보려는 데 있다. 그것이 재일동포들의 가치이자 비극이기도 하다.

② 2세의 민족교육 문제

「우리들 청춘의 길목에서」의 '1호실'이 재일동포사회를 압축한 소우주였다면, 「청구의 하숙집」에서 소우주는 '고이즈미의 하숙집'이다. 이때 1호실과 하숙집은 각각 그들의 집과 대조를 이루어 집 밖의 사회적 공간이라는 의미로 확대된다. 「우리들 청춘의 길목에서」는 아들이 그 새로운 사회로 진입하기 위하여 아버지의 집을 거부하고 가출하였다. 그러나 「청구의 하숙집」에서는 거꾸로 아버지가 아들을 가출시킨다. 이때의 가출은 그것을 실천하는 쪽이나 실천하도록 요구되는 쪽이나 모두에게 공동체사회로의 편입을 의미한다. 집을 떠나야 할 운명은 어차피 재일동포 2세들의 몫이다. 이 점에서 「청구의 하숙집」은 「우리들 청춘의 길목에서」와 같이 재일동포 사회로의 진입을 의미하는 또 다른 가출에 지나지 않는다.

문제는 재일동포 2세들의 민족교육을 어떻게 할 것인가, 하는 데서부터 시작된다. 「우리들 청춘의 길목에서」가 재일동포들의 삶을 통하여 자신의 참모습을 발견한 데까지라면, 「청구의 하숙집」은 이러한 현실적 삶을 훨씬 미래적으로 전망하고 있는 점이 특징이다. 2세들을 민족학교로 보낼 것인가, 일본인 학교로 보낼 것인가는 장차 2세들로 하여금 어떻게 살게 할 것인가를 결정짓는 중요한 단서가 되기 때문에 그만큼 심각한 문제가 아닐 수 없다. 「청구의 하숙집」에서 아버지는 아들을 일본인 학교로 보내겠다고 하는데, 거기에 명백한 이유가 있는 것도 아니다. 명백하지 않은 채 다만 다음과 같은 열망을 1세들은 대부분 갖고 있을 뿐이다. 재일동포로서 1세대가 일본에 건너와 돈을 번 것은 한국전쟁 덕분이다. 그것은 일본경제가 한국전쟁 덕분에 성장한 것과 같은 이치여서 별로 떳떳하지도 못하거니와 그만큼 조국에 빚을 지고 있는 셈이다. 그러니 이제는 떳떳한 인간이 되어 조국통일에 기여해야 하겠는데, 그것은 오로지 열심히 공부하는 수밖에 없다. 이런 식의 논리다. 그러나 이런 논리는 지극히 감상적인 민족주의에 지나지 않는다. 열심히 공부하는 것과 조국에 기여하는 인물이 되는 것과를 그들은 구별하지 못하였다. 1세들은 그들이 배우지 못하여 조국을 상실하고 남의 나라에 와서 고생한다는 논리에 빠져 있을 뿐이다. 그래서 그들이 잃어버린 조국을 되찾고 행복한 삶을 살 수 있는 길은 오로지 2세들을 교육해 자신들과 같은 불행한 삶을 살게 하지 않겠다는 열망뿐이다.

그러나 이런 열망에도 불구하고 그것이 장차 2세들로 하여금 민족주의자로 살게 할 것인지 쉽게 일본사회로 편입시켜 살게 할 것인지를 구분 짓지 못한 것은 1세들의 한계였다. 「청구의 하숙집」은 이처럼 재일동포 2세들이 당면한 민족교육의 올바른 방향을 모색하는데 초점을 맞추고 있다. 영일이 아버지는 영일이를 일본인 학교로 진학시키겠다고 한다. 그러면서도 아버지는 아들을 고이즈미 하숙집으로 내보낸다. 그것은 이유가 획실히지 않은 채 다만 '강하게 키우고자 하는 열망'으로 집약된다.

애 아빠는 영일이를 고생시키자고 말씀하세요. 고생을 해야 사람이 된다고 글쎄 그래서 제 자식을 집에서 내보내 남에게 맡기라고 하신답니다. 이제 겨우 열다섯 살인데 남의 집에 맡기다니, 남편은 한 번 생각한 일은 꼭 해내고 마는 사람이라서……10)

고이즈미의 하숙생활이 재일동포 2세들에게 끼치는 의미는 승려들의 출가와도 같은 것이다. 출가를 통해서만 그들은 진정한 사람이 될 수 있다고 믿기 때문이다. 그것은 또 한 차례 '집안'으로부터 '사회'로의 편입을 의미하는 것으로, 고립된 재일동포들에게는 장차 어떤 '사회'로의 열린 삶을 살게 할 것인가가 그만큼 중요한 문제인 것이다. 여기서도 아버지는 대단히 엄격한 모습이다. 이런 엄격함은 이회성 소설의 도처에서 발견되는 아버지상인데, 그것은 때로 봉건주의라는 점에서 아들에게 불만이기도 하고, 일본에서의 환경적 요인이라는 점에서 깊은 동정을 사기도 하지만, 어쨌든 재일(在日)이라는 조건이 만들어낸 기형적인 인물임에 틀림없다.

'집안'으로부터 '사회'로, 그렇게 재일동포사회로 진입하는 순간의 고이즈미 하숙집은 또 한 차례 이상한 환각을 불러일으킨다.

분명히 어딘가에서 본 집이다. 꼭 그런 것 같다. 내가 이 집을 어디서 보았을까? 그게 언제 일이었었나…… 평범한 단층집이었다. (중략) 모양만 남은 정원수들만이 눈에 들어오는 단층집이었다. 언제 어디서 본 적이 있던가…… 옛날에 이 집을 본 일이 없음은 분명하다. 와 본 적도 없다…… 그런데 왜 이런 느낌이 들까?11)

---

10) 이회성, 「청구의 하숙집」, 앞의 책, p.134.
11) 이회성, 「청구의 하숙집」, 앞의 책, pp.120-121.

이런 환각은 「우리들 청춘의 길목에서」도 이미 두 차례나 경험한 적이 있다. 하루지를 처음 만났을 때 그의 인상에서, 하루지의 집을 처음 찾아갔을 때 마을의 분위기에서 그는 이런 환각에 빠졌다. 그때마다 그는 '왜 이런 느낌이 들까?' 하고 자신에게 묻는다. 그것은 자기 내부에 숨겨져 있던 민족의 어떤 정체가 동질의 것을 만났을 때 자기도 모르게 확인되는 무의식의 동질성이었다.

그러나, 작가는 그것을 꿈속에서의 섹스에 비유하곤 할 만큼 재일동포들의 민족주의가 환각적이라는 데에 문제가 있다. '아름다운 여자와 몸을 겹치려고 다가간다. 하지만 그녀는 단 한 번도 몸을 허락해 주지 않는다. 그 순간이 되면 어김없이 모든 것이 사라져 버리고 그녀는 항상 '속편'을 기다리게 하고 여운을 남겨 버린다.' 그의 아름다운 여자란 자기도 모르는 사이에 자기 안에서 커가고 있는 민족과도 같은 것이다. 그러나 그것은 언제나 꿈속에서만 존재하는 것으로 되어 있다. 실제로 고이즈미의 하숙집을 처음 찾아갔을 때도 그는 '꿈속을 헤매듯 하였다'고 적고 있다. 그러나 꿈속의 아름다운 여인이 깨고 나면 절대로 '아름다운 여인이 아니었구나'라는 서글픈 기분에 빠져드는 것'처럼, 꿈속을 가듯 걸어가서 찾은 집도 결코 아름다운 집이 아니었다. 그것은 재일동포들의 민족적 소망과 그 허상을 그대로 말해준 것이라 할 수 있다. '아, 겨우 찾아냈군. 그렇게 힘들게 찾아냈는데 왜 이렇게 초라하지.' 그 초라함이 작가로 하여금 어디선가 본 듯한 느낌이 들도록 어떤 민족의 동질성을 환기시켜 주었던 것이다.

재일동포사회의 민족문제를 「청구의 하숙집」에 나타난 대로 본다면 크게 두 가지 형태의 민족주의가 있다. 예컨대 장창섭의 민족주의는 적극적이고 행동적이다. 이에 비하면 이호인이나 이시다 세쓰코는 환각적인 민족주의다. 장창섭은 한국전쟁 당시 밀항하여 일본으로 건너온 사람이다. 그런가 하면 지금 형은 남한에 있고, 아버지는 북한에 살고 있다. 말하자면 온 가족이 한국전쟁 때 흩어진 경우로서, 남한에 살고 있는 형이 일본의 장찹섭을 통하여 북한의 아버지에게 편지를 교환하는 정도로 분단시대의 비극을 몸으로 겪어내는 사람들이다. 그 때문에 우리 민족은 더욱 단결하고 투쟁하여 적극적으로 조국통일을 이루어야 한다는 것이 그의 주장이다. 그런가 하면 이호인 등은 조국이 그립지만 절망스럽고, 오늘의 현실이 괴롭지만 탄식할 뿐이다. 그들은 꿈속에서 섹스를 하고 꿈속에서 살인을 하듯 조국을 갈망할 뿐 행동하지 못하는 환각주의자다. 이런 차이는 그들이 개인의 만족을 지향하느냐, 전체의 행복을 추구하느냐에 따라 달라지는데, 예컨대 환각적 민족주의가 개인주의라면 행동적 민족주의는 전체주의에 해당한다. '나에게 지금 필요한 것은 나 자신입니다. 전체와 개인에게 있어서 전체가 더 중요하다고 단언할 수 있을까요?' 이런 식은 환각주의자들의 주장이다.

이와 같은 두 개의 민족주의 앞에 작가는 어디까지나 행동적이고 적극적인 전체주의를 지향한다. 이호인과 마찬가지로 이시다 세쓰코(石田)는 재일동포 가운데 개인적 감상주의에 빠져 있는 인물의 전형이다. 이시다 양의 동인에 대한 숨 막힐 듯한 사랑을 그는 기억한다. 그러나 그 사랑이란 감상적인 민족주의에서 나온 것이기 때문에 동인은 받아들일 수 없었다. 그것을 동인은 '이시다 양과의 홀린 세상'이라고 믿고 있으며, 그 감상성을 극복하기 위하여 그는 '불행한 인간끼리의 위로만으로는 살아갈 수 없다'는 점을 강조하며 그녀와 헤어진 것이다.

어느 쪽이 옳고 그르든지 간에 그것은 우리 재일동포들이 선택해야 할 살아남기의 방식이다. 장찹섭은 자신의 살아남기 방식이 '조국을 위한 삶'의 선택이었다고 말한다. 이에 비하여 이호인은 조국이 분단된 상태에서 '우리들의 어두운 면을 한몸에 떠 업고 있는 청년'임에 틀림없지만, 그것은 어디까지나 이상적이고 감상적이어서 '움직이는 인간' '생각하는 인간'이 아니기 때문에 싫다는 것이다. 그리고 장창섭의 적극적인 민족주의는 그야말로 이런 사람까지를 포용하는 것이라고 한다.

서로 다른 두 개의 민족주의는 결국 2세들의 교육문제에서 그 해답을 모색하게 된다. 「청구의 하숙집」은 처음부터 재일동포 2세인 영일이를 일본인 학교에 보내느냐, 민족학교에 보내느냐, 하는 문제로부터 시작되었다. 이 문제에 대해서도, '일본학교로 진학한다고 해서 민족심을 잃어버리는 것은 아니다. 어떻게 주체성을 유지해 가는가 하는 것이 더 중요하다.'고 주장하는 사람과, 그러나 '지금은 민족적인 지식과 사물에 대한 견해를 키워가는 편이 좀 더 중요하다.'고 주장하는 사람이 엇갈려 있음은 물론이다. 그중에서도 작가의 선택이 후자 쪽일 것은 당연하다. 영일이로 하여금 민족학교에 가서 민족적인 지식과 견해를 키워가도록 하는 것, 그것이 바로 작가의 민족주의인 것이다.

③ 귀화 문제

분단된 조국의 현실이 재일동포사회에 던져 준 또 하나의 충격은 귀화 문제였다. 한국전쟁이 일어나고 민족이 분열되자 더 이상 조국의 품으로 돌아갈 수 없게 된 재일동포들에게, 이제 다시 어떻게 살아야 할 것인가라는 새로운 문제가 대두된 것이다. 그것은 우리 민족에 대한 환멸과 2세들의 장래 문제라는 두 가지 문제가 동시에 걸려 있는 중요한 사안이었다.

「반쪽발이」에서 이 문제는 일본에 이미 귀화한 사람과 장차 귀화하려는 사람과 귀화를 반대하는 사람이 모여 해답을 모색하고 있다.

귀화한 재일동포 가운데 대목(大木) 씨의 예가 있다. 대목진언(大木眞彦)이라고 하는 재일 한국인 청년이 어느 날 국회의사당의 정문 앞에서 분신자살을 한다. 이유는 재일 조선인에 대한 차별과 편견 때문이다. 그는 본래 한국인이지만 이미 일본에 귀화해 버린 상태였다. 죽기 전의 그는 일본의 혁명을 생각하면서, 같은 비중으로 한국의 자주통일을 모색하지 않을 수 없었다. 그러나 그것은 오히려 그에게 딜레마를 안겨 주었다. 귀화를 했으니까 자기는 일본사람인데, 그래도 한국인으로서의 차별과 편견은 여전하고, 그 대신 한국인의 편에서 보면 조국을 버린 사람만 되었으니, 말하자면 그는 '민족의 배반자'요, '조국의 상실자'가 되고 만 것이다. 그는 귀화 한국인이라는 이유로 사랑하는 사람과 결혼하지 못한 상처를 안고 있다. 그의 말대로라면 '나는 일본사람에게도 한국사람에게도 받아들여질 수 없는 인간'이 되어 버렸다. 대목(大木) 씨는 열 살 되던 해에 아버지의 주장으로 온 가족이 몽땅 귀화하였다. 이유는 '민족에의 절망'과 '생활에 대한 고려' 때문이었는데, 이에 대해 그는 아버지의 의지로 자기 상실자가 된 사람이라고 말한다. 이제 그는 한국인 학생 친목회에 나갈 때마다 '과거완료형 인간'으로 취급받는다. 그래서 그는 차라리 '현재진행형'인 재일동포를 부러워할 정도다.

제6장 해외동포 소설

장차 귀화를 결심한 사람으로는 아버지의 예가 있다. 「인면암」에서는 2세들로 하여금 조국을 버리지 말라고 그토록 당부하던 아버지였다. 그런 아버지가 한국전쟁을 겪고 나자 귀화를 결심해 버린 것이다. 아버지에게 있어서 한국전쟁은 '민족에의 환멸'과 조국에 대한 '체념의 싹'을 심어 주었다.

이제 귀화를 하기로 결심한 아버지와, 이미 귀화를 해 버린 대목(大木)씨와의 재일동포 사회에서 작가가 받는 불안은 '자기 존재가 유야무야로 되어 버릴는지도 모른다는 어두운 예감'이었다. 이때 재일동포들의 살아남기 방식으로 어떤 물음이 제기되는 것이다. 도대체 '자기란 무엇일까?'

이회성의 민족주의는 자기 정체성의 탐구정신이다. '만일 아버지 어머니가 귀화한다고 하면 가장 처참해지는 것은 조국을 버린 사람들보다도 조국을 영원히 모르게 될 2세나 3세'가 될 것을 그는 염려한다. 그 염려는 결국 '자기 자신들이 자기를 지켜 가야 한다는 믿음'을 낳게 되고, 그것은 결코 귀화하지 않겠다는 신념으로 이어진다. 이와 같은 신념에 비추어 볼 때, '귀화를 생각하는 아버지는 이미 완전한 한국인이라고 할 수 없다. 유맹(流氓)이 흔히 가는 방식을 쫓고 있을 뿐이다.' 마찬가지로 대목(大木) 씨도 스스로 자기 자신을 책임지지 못하고 타인에게 너무 의지하다가 죽음을 맞이하였기 때문에 올바른 생존의 방식이 아니라는 것이다.

그는 또 아버지에게 묻는다.

이렇게도 이상한 일이 또 있을까요? 조국을 모르는 우리가 귀화하겠다면 몰라도 모국에서 태어난 아버지가 귀화하겠다면? 우리는 무엇을 믿어야 할까요? 조국이라는 데에 긍지를 못 갖는다면 아마 일본인이 되더라도 영원히 열등감이 사라지지 않을 거예요.[12]

작가는 전적으로 귀화를 부정하는 것이 아니라, '아버지의 귀화'를 반대하는 것이라고 말한다. 재일동포 1세인 아버지의 경우, 자기 정체성에 뿌리내리지 못하고 단지 민족이나 조국의 현실에 좌절감을 느낀 나머지 생기게 되는 그것은 자칫 일본 우월의식에 지나지 않기 때문이다.

「반쪽발이」의 귀화 문제가 결국 서울로 건너오는 것으로 귀결되는 것은 작가의 민족주의가 자기 정체성의 확인이라는 데에 초점을 맞추고 있음을 의미한다. 대목(大木) 씨는 일찍이 귀화를 하고도 타인에게 의지하고 호소하려는 생존방식을 버리지 못하여 죽고 말았다. 아버지는 이제 귀화를 결심하였지만 그것이 조국현실에 대한 배반감에서 나온 것이기 때문에 불행할 것이다. 재일동포의 민족주의란 자신의 운명에 대한 감상적 옹호이어서도 안 되고 그것에 대한 거부여서도 안 된다. 자신의 삶은 자신이 살아내야 하는 것이기 때문이다. 그 삶이란 바로 자기 정체성을 확립하는 데서 확인되는 수밖에 없다는 점을 작가는 누누이 강조한다.

---

12) 이회성, 「반쪽발이」, 앞의 책, p.200.

(2) 조국 분단의 비극

같은 분단문제를 놓고, 「반쪽발이」가 재일동포들의 살아남기 방식으로서 귀화문제를 다루었다면, 「나의 사할린」은 조국분단의 비극을 아주 구체적이고도 실증적으로 제시함으로써 민족통일을 간절히 기원하고 있다. 「나의 사할린」은 소설이 아닌 사실을 바탕으로 한 편지글의 형식이어서 더욱 실증성을 더해 주는데, 작가는 이 글을 통하여 해외동포들의 이주 현황을 역사적으로 설명하고, 나아가 이런 상황에서 조국통일이 왜 필요한지, 그리고 우리가 바라는 진정한 통일이란 무엇인지를 체험적으로 말해 주고 있다. 「나의 사할린」은 1972년 이회성의 나이 37세 때 처음으로 사할린의 가족과 주고받는 편지글로써, 재일동포와 관련된 사할린 동포와 한반도 우리 민족의 장래를 통일문제와 관련시켜 조망하는 것이다.

이회성의 부모는 1920년대 후반쯤 조국을 떠나 일본에 건너간 것으로 되어 있다. 그들이 다시 사할린으로 이주해 간 것은 1930년경이다. 그 전에 이미 우리 동포가 사할린에 없었던 것은 아니다. 작가는 그것을 '이조 오백 년의 문란해진 봉건체제가 붕괴되려고 하는 시대'라고 하면서 '그 시대의 여파로 우리 동포가 사할린까지 유랑해온 것'으로 파악하고 있다. 이런 사할린의 동포가 다시 흩어지기 시작한 것은 1945년 일본의 패망과 함께였다. 이회성의 가속이 헤어진 것은 사할린으로 건너간 지 17년이 지난 1947년이다. 이제 이회성의 일가는 일본으로, 사촌인 윤소니의 일가는 사할린에서, 그리고 다시 사촌 가운데 기소니는 북한으로 흩어져 각각 떠돌이 삶을 살고 있는 것이다. 그것은 조국 상실로부터 시작되어 다시 조국 분단에 이르기까지 우리 민족이 겪고 있는 비극의 역사를 그대로 반영한다.

작가의 물음은 여기서부터 시작된다. 행복의 조건은 더불어 함께 사는 삶이어야 한다는 전제 아래 지금은 흩어져 살 수밖에 없는 우리 민족이 앞으로 어떻게 살아야 진정으로 행복한 삶이 되는 것인지를 그는 묻고 있다. 사할린의 동포들을 그 예로 든다. 사할린의 윤소니는 지금 모스크바 대학을 졸업한 지질기사이고, 소련인 부인과 두 아이가 있어 함께 살고 있다. 백모(伯母)는 호르무스크 교외의 온실이 있는 자기집에 살고 있고, 료오코는 보건국에 근무하며 올케인 오리가 페트로뷔타와도 잘 어울리고 있다. 말하자면 이제 그들도 '고독을 견딜 수 있을 만큼'은 행복하게 살고 있는 것이다.

그렇다면 이러한 '개인의 행복'과 더불어 사는 '민족의 행복'과는 어떻게 조화를 이룰 것인가. 그 조화된 만남이란 무엇을 의미하는가. 작가는 이런 식으로 통일의 방법과 목적을 설정한다. 작가는 무엇보다 감상적 통일론을 일단 거부한다. 흩어진 동포가 재회하는 것으로 행복의 조건을 삼을 수는 없다. 그것은 어디까지나 개인의 감정을 해소하는 일에 불과하기 때문이다. 전체의 문제가 해결되지 않고는 그 어떤 만남도 진정한 행복의 조건이 될 수 없다. 작가는 지금 소련인 사촌 동생을 가지고, 일본에 동화되어 있는 사촌 형이고, 러시아어로 큰아버지라고 불리우며 조카들과 볼을 부벼야 하는 상황적 인물이 되었다. 그것은 흘러간 역사 속에서 풍화되어 가는 해외동포의 현실이요 운명이다. 작가가 생각하는 통일은 인간이 행복해지기 위한 것이다. 그러나 그 경우 행복이란 민족단위의 전체문제가 해결되었을 때를 의미한다. 전체 문제가 해결되지 않고는 그 어떤 만남도 개인의 만족에 불과하다. 그것은 조국의 분열이 바로 자신과 같은 재일동포들의 불행을 자초했다고 믿는 데서부터 나온 생각이기 때문이다. 이러한 통일에의 열망을 간접적으로나마 체험해 본 것이 1970년 35세때 발표한 「사자(死者)가 남긴 것」에 그대로 나타나 있다. 조국의 분열은 마침내 재일동포사회의 분열을 초래하였다. 그리하여 재일동포사회는 어느덧 민단계인 맏아들과 무소속인 둘째 아들과 총련계인 셋째 아들과 통일론자인 아버지가 한 집안에 엉켜 반목질시할 수밖에 없는 현실이 되었다. 「사자가 남긴 것」에서 작가는 이 분열된 사회를 작은 화합의 사회로 이루어 보는 것이다. 아버지가 돌아가셨다. 장례를 치르기 위해 민단계와 총련계가 한 자리에 모였다. 그렇지만 그것은 아직 민족의 화합된 모습이 아니라, 분열되어 반목질시하는 모습 그대로다. 이때 공동장(共同葬)을 치르자는 제안은 민족통일을 위한 작은 몸짓일 수도 있다.

　　그것은 아름다운 전통입니다. 그런데 일본에 사는 동포는 이 미풍을 잃어버린 것 같습니다. 예를 들면, 동포가 죽어도 모두가 모여서 장례를 치러주는 일도 없어져 버렸습니다. 심지어는 일제 때도 사람들은 모두가 모여서 장례를 지냈다고 하는데…. 왜 이렇게 되었을까요. (중략) 그래서, 동포 분열의 비극을 없애기 위해 이 기회에 아버님의 장례를 공동장으로 하고 싶습니다.13)

---

13) 이회성, 「사자가 남긴 것」, 앞의 책, p.288.

얼핏 보기에 재일동포 사회의 화합된 모습을 자랑하는 것 같지만 사실은 이념적 대립을 한몸에 지니고 있는 상징적 표현이 아닐 수 없다. 그렇지만 이런 반목이나마 한 자리에 오래 지속될 수 있다는 건 중요한 일이다. 조총련계와 민단계가 한 데 어울려 밤샘을 한다는 것 자체가 장례라는 것 이상의 의미를 갖기 때문이다. 반목하는 만남도 만남은 만남이다. 만남이 지속되면 화합을 낳기 때문이다. '하지만 나는 그것도 괜찮다'라며 스스로 끄덕여 보았다. 어제저녁을 생각해 보면, 지금의 이 광경은 상상하기 어렵다. 어젯밤의 그 어색함은 거짓말처럼 없어지고 서로 하나로 뭉쳐진 것 같았다. 그러면서 민단측과 총련측의 공동장례식은 성사되어 가는 것이다. 그것은 장래 민족 대화합의 작은 실천이다. '공동장례식이라는 것 때문에 동포의 장례식에 얼굴을 내민 적이 없었던 사람들까지 모두' 나왔기 때문이다. 돌아가신 아버지가 후손에게 물려주신 유산은 민족 대화합의 불씨 그것이었다.

(3) 영원한 한국인 상

이회성이 추구하는 문학세계는 민족 동질성의 확인이라는 문제 하나와 재일동포들의 살아남기 방식이라는 또 하나의 문제, 이 두 가지였다. 그러나 그것들은 각각 별개인 것처럼 보이지만, 실제로는 동전의 양면과 같아서 재일동포들에게 그것은 결국 하나의 문제로 귀착된다고 볼 수 있다. 분단된 조국의 현실은 재일동포들로 하여금 귀국을 가로막는 장애가 되고, 이때 진정한 살아남기란 일본에 귀화하여 형식적인 민족의 탈바꿈을 하는 것이 아니라, 우리민족의 동질성을 고수하는 일임을 작가는 여러 차례 확인하였다.

가령, 「다듬이질하는 여인」에서 작가가 돌아가신 어머니를 회고하여 어떤 어머니 모습을 재구성한다고 할 때, 그것은 작가 자신의 어머니 모습이 아니라, 어떤 민족적인 여인상을 재구성하고 있었던 것이다. 그 때문에 작가가 어머니를 바라보는 시각은 집안에서 자식을 기르는 사랑스런 모성(母性)에 집착하는 것이 아니라, 한 시대를 살아가는 민족의 간난과 극복에 집중되어 있었다. 1972년 일본 문단에서 아쿠타가와(芥川)상을 수상한 이 소설은 실제로 작가의 생모(生母)인 장술이란 이름을 그대로 사용하여 자전적 소설의 성격을 더하고 있다. 그녀의 생애는 일제 식민지 시대라는 민족적 현실과 깊이 관련되어 있다. 그녀의 현실은 조국을 상실하고 떠도는 유민(流民)으로서의 이국적 삶과 그로 인한 경제적 빈곤으로 압축되어 있다. 작가는 이와 같은 간고한 현실 속에서 어떻게 민족적 자존을 지키느냐 하는 문제를 심각하게 고민한다. 재일동포들에게 민족의 정체성이란 그만큼 절실한 문제였다. 「다듬이질하는 여인」은 이와 같이 9살 때 돌아가신 작가 자신의 어머니를 회고하여 37세 때의 민족주의를 표현한 것이다. 그것은 가장 한국적인 여인상을 재구성하는 일이다.

장술이가 당면한 삶은 크게 세 가지 축으로 이루어져 있다. 첫째 자녀들과 관련된 어머니로서의 삶, 둘째 남편과 관련된 아내로서의 삶, 셋째 부모와 관련된 자식으로서의 삶이 그것인데, 그것들은 각각 단순한 가족관계로서의 기능적 파악이 아니라, 민족의 현실과 장래에 대한 모색이다. 자녀들과 관련된 어머니로서의 삶에서, 그녀는 일체의 감상적인 모성을 거부한다. 가난과 모멸의 민족적 현실에서 내

1. 재일동포 소설: 이회성

아들이 오직 '내 아들'이기를 소망하는 어머니는 인간존재의 근원에 바탕을 둔 냉철한 이성의 소유자로 비친다. 남편과 관련된 아내로서의 삶에서도 내 남편이 언제나 '내 남편'이기를 바라는 그녀는 다시 남편 앞에서도 냉철한 이성의 소유자일 수밖에 없다. 그런가 하면 부모와 관련된 자식으로서의 삶에서는 온정적인데, 그것은 그녀의 부모들이 한민족의 원형을 그대로 유지하고 있다는 데에 기인한다. 그녀에게 부모란 영원한 조국과도 같다. 애초에 그 부모를 두고 조국을 떠나왔고, 다시 그 부모를 사할린으로 모셔 왔고, 사할린에 살면서도 그녀의 아버지는 동굴 속 같은 방안에 '한적을 많이 쌓아 두고' 책을 읽는가 하면 그대로 '한복을 입은 채'로 사할린 일족의 정신적 지주 역할을 하고 있는 것이다.

장술이를 정점으로 한 아들과 남편과 부모가 지탱하는 삼각추, 「다듬이질하는 여인」은 그 삼각추가 빚어내는 갈등관계를 민족동질성의 확인이라는 문제에 입각하여 파악한 소설이다.

장술이는 내 아들이 '내 아들'이기 위해서 그토록 엄격했듯이, 내 남편이 '내 남편'이기 위해서 그토록 싸웠다. 내 남편이 진정한 '내 남편'이기 위해서는 그가 조선인의 모습을 지켜주는 것이었다. 그것은 나아가서 조선인의 정신을 가져주도록 요구하는 것이기도 하다. 조선인의 정신은 조선인의 모습을 낳는다. 장인 장모는 그것을 유지하고 있었다. 그러나 사위는 어느새 그것을 포기하려 하고 있다. 장술이는 자기 남편의 바로 그 점을 지적하고 책망하는 것이다. 그것은 그들이 식민지 치하의 유민이기 때문에 더욱 요구되는 사항이다. 존재의 근거를 민족에 두고 있음이 분명하다. 민족적 아이덴티티가 부정될 때 그들의 존재가치는 와해되고 만다. 이회성의 민족주의란 바로 여기서부터 시작된다. 그 남편에 대한 장술이의 소망은 본래부터 이런 민족주의에 뿌리박고 있다.

「다듬이질하는 여인」은 역사의 흐름에 따라 '흘러가는 삶'과 '역행하는 삶'을 대조시킨다. 그리하여 '흘러가는 삶'의 안이한 자세를 경계하고, 그 흐름에 '역행하는 삶'의 정신적 긴장을 요구한다. 가난은 식민지 유민들이 당면한 민족적 현실이다. 그렇다고 그 가난을 이기지 못하여 남의 집 빵을 훔쳐먹는 것은 흐름에 따라 그냥 '흘러가는 삶'이다. 장술이는 그 '흘러가는 삶'의 안이함을 거부한다. 그 흐름에 역행하는 정직한 인간이기를 그녀는 바란다. 참다운 '내 아들'이란 바로 그런 점에서 사람다운 사람, 인간다운 인간을 의미한다. 조국을 상실한 식민지치하의 남편이 민족적 갈등을 포기한 것도 '흘러가는 삶'이다. 협화회(協和會)란 일제 강점기에 '내선융화'를 위에 만들어진 조직이다. 남편은 현실적인 생존을 위해 협화회의 일을 보고 있다. 그러나 그것은 일제 당국의 요구에 따라 안일한 삶을 택한 것이기 때문에 우리 민족의 편에서 보면 '흐르는 삶'을 택한 경우가 된다. 장술이는 남편의 그 점을 책망한다. 장술이는 자기 남편이 좀 어렵고 불편하더라도 흐름에 '역행하는 삶'을 살아주기를 바란다. 흐름에 '역행하는 삶'이란 곧 민족적 아이덴티티를 유지하는 일이다. 나라를 빼앗긴 민족이 적지에 들어가 산다는 것 자체가 어쩌면 민족적 주체를 포기한 것일지 모른다. 그런데 하물며 그 안에서 자기의 주체를 지키기란 얼마나 어려운 일이겠는가. 장술이는 자기 남편이 바로 그런 주체적 인물이기를 바라는 것이다.

장술이의 이상은 자식 앞에 무서운 어머니, 남편 앞에 엄격한 아내이기를 바란다. 그리고 이때 무서움과 엄격함이란 곧 인간을 상실한 시기에 인간을 지키는 일이요, 조국을 상실한 시대에 민족을 지키는 일이다. 인간의 옹호와 민족의 수호, 그것은 조국과 민족을 상실하고 멀리 적지를 떠도는 민족에게 요구되는 어머니 상이자 곧 아내 상이기도 한 여인의 운명이었다. '흘러가지 말아요…….' 이것은 「다듬이질하는 여인」의 마지막 한 구절이다. 이 말은 살아생전의 어머니가 아버지한테 요구한 말이기도 하지만, 마지막 남편과 하직할 때 그렇게 했을 것이라고 추측해 보는 작가의 상상이기도 하다. 이회성의 민족주의란 바로 이와 같이 흘러가지 말자는 거부의 의지요 주체의 정신임을 알 수 있다.

「다듬이질하는 여인」이 가장 한국적인 어머니상을 그린 소설이라면, 「인면암」은 가장 한국적인 아버지상을 그린 것이다. 앞에것은 돌아가신 어머니를 통하여, 뒤엣것은 돌아가신 아버지를 통하여 각각 스러져가는 민족의 옛 모습을 재구성하는데, 그것은 오히려 역설적인 방법으로 이루어지고 있다. 가장 구차한 여인에게서 가장 숭고한 어머니를 재구성하고, 가장 추잡한 남성에게서 조국을 지키는 민족의 아들을 재구성한다. 그 구차함과 추잡함이 조국과 민족을 상실한 이국땅에서의 우리 민족의 환경임은 말할 것도 없다.

「다듬이질하는 여인」에서 어머니를 정점으로 한 아들과 남편과 부모가 각각 갈등 관계를 이루듯이 「인면암」에서는 아버지와 자식들이 심한 갈등 관계를 이루고 있다. 갈등이란 욕망의 결핍 상태이거나 상반된 대립 관계를 의미한다. 어머니가 아들에 대해서, 남편에 대해서 일으키는 갈등은 그들의 흘러가는 삶을 거스르고자 하는 어머니의 의지 때문이었다. 흘러가는 삶을 거스르고자 하는 의지 바로 그것이 어머니의 민족주의다. 이에 비하면 「인면암」의 아버지는 자신의 상황에 대하여 노골적으로 반항한다. "소년 시절에, 아버지처럼 무서운 사람은 없었다"로 시작되는 이 소설은 온통 아버지에 대한 부정적인 시각으로 가득 차 있다. 아버지는 '귀신같은 사람' '죽여버리고 싶은 사람' '무서운 짓을 예사로 해치우는 사람'이다. 그 무서운 짓이란 개를 잡아먹는 일, 암탉을 잡아먹는 일, 술주정, 의처증, 개는 물론 뱀이나 쥐, 달팽이, 도마뱀 등을 잡아먹는 무서운 사람이었을 뿐 아니라, 기분 나쁜 사람이기도 했다. 아버지의 이런 행동은 가만히 보면, 성격이 나빠서가 아니라 그의 환경임을 알 수 있다. 그리고 그 환경은 조선사람의 환경이다. 조선인의 행동이 조선인 아들의 눈에 부정적으로 비치는 것은 그것이 일본이라는 특수환경에 들어 있기 때문이다. 아들은 어느덧 일본 환경의 시각으로 아버지를 보고, 아버지는 일본 속에서도 아직 조선인으로 살고 있는 것이다. 그 조선인이란 개를 잡아먹는 식의 조선전래의 풍습이고, 또 하나는 가난이다. 조국을 잃어버린 유민으로서 가난한 현실과 그 속에서나마 조선인의 모습으로 살아갈 때 일본이란 환경에서 자연 이색적인 동물로 보일 건 당연하다.

「인면암」의 역설적인 방법이란 이런 아버지가 거꾸로 인간적이고도 민족적인 모습으로 이해되어 가는 과정을 의미한다. 전혀 이색적인 동물이 어느덧 조선인의 모습으로 바뀌는 것이다. 작가의 민족적 자각이란 바로 그 점을 일컫는 말이나. "아버지는 이 세상의 수소의 불평등이나 차별에 대해서 연방 서투른 일본말로 설명하려 했던 것 같다. 집이 가난한 것은 아버지의 벌이가 시원찮기 때문만이 아니라고 나는 생각하기 시작했다. 신문을 열심히 읽게 되면서부터 나대로 이 사회의 모순에 눈뜨기 시작했던 것이다. 돼지는 먹이가 적으면 불만을 터뜨린다. 먹이를 주지 않으면 꽥꽥 비명을 올린다. 그것처럼 아버지는 불만을 토하고 고함을 지르는 것이 아닐까." 그동안 아버지를 막무가내 이해하지 못하던 나는 어느덧 아버지를 이해하기 시작하는 것이다. 그것은 민족 동질성의 확인이다.

제6장 해외동포 소설

2. 연변동포 소설: 김학철

1) 역사의 동질성

한국 현대소설사의 한 가닥으로써 연변소설을 처음 발견했을 때, 우리에게 다가오는 문제는 다음 몇 가지였다. 하나, 시간과 공간을 서로 달리하는 소설들을 지금 어떻게 해석하고 자리매김할 것인가의 문제다. 가령, 연변(延邊)에서 나온 소설들 가운데는 1930년대 항일 운동을 행동으로 보여주는 것들이 많은데, 그것은 기존의 30년대 소설들이 대부분 지적인 작업으로써의 허구적 소설이 많았던 점에 비추어 연변소설은 행동적 항일문학이라는 점에서 부족한 우리 문학사의 한구석을 메꾸어 주기에 충분하였다. 그러나 그것들은 따지고 보면 대부분 1980년대에 쓰인 소설들이다. 같은 1930년대의 문제를 1930년대 당시에 쓰는 것과 훨씬 시간이 지난 1980년대에 쓰는 것과는 어떤 차이가 있을까. 더구나 그것은 남한도 북한도 아닌 연변에서 나왔다. 아직은 피압박 민족으로써 행동과 사상이 제약을 받던 1930년대, 그러나 이제는 해방이 되었고 또한 어느 정도 표현이 가능해진 1980년대, 그 50년의 시간적 거리를 이제 우리는 어떻게 이해하고 극복할 것인지 한번 생각해 볼 때가 아닌가 한다. 다시 말해서 80년대에 연변에서 쓰인 30년대 이야기들이 이미 그 때 당시에 나온 소설들과 함께 30년대 소설로서의 의의를 갖는 것인지, 아니면 비록 30년대 이야기를 다루었다고는 하지만 어디까지나 80년대 소설로서의 의의를 갖는 것인지 생각해 볼 필요가 있다는 말이다. 또 하나, 언어와 사회와 역사와의 상관관계를 어떻게 이해하고 극복할 것인가의 문제다. 그것은 궁극적으로 한국문학의 범주를 결정짓는 문제와도 직결되는데, 연변문학의 지역적 사회적 특수성이 우리에게 그런 문제를 던져 준다. 가령, 연변소설 가운데는 앞서 언급한 30년대 민족독립운동과 같은 우리의 민족적 역사적 현실과 관계없이 연변의 지역과 사회적 특수성을 배경으로 하여 나온 소설 또한 적지 않다. 말하자면 우리의 역사적 현실과는 약간 동떨어진 당대의 연변 문제를 주로 다룬 소설들이다. 그것들은 분명 한글로 쓰인 우리 민족의 소설임이 틀림없다. 그러나 다루어진 내용을 보면 자칫 우리와는 꽤 이질적인 정치와 사회가 작용한 것들이어서 과연 어떻게 그것들을 포괄하고 재배열할 것인지 의문이었다. 이런 문제는 어차피 우리의 문학 유산이 전 세계적으로 다양해지고 그만큼 문학사의 영역이 확대됨에 따라 파생되는 자연스러운 현상일지 모르지만, 연변문학의 경우 조금은 다르다고 생각한다. 역사 혹은 시대적 조건에 의해 그것들은 한동안 우리 앞에 닫혀 있었고, 또 뒤늦게나마 열린 이 시점에서는 일단 그것들을 우리 문학의 연장선상에 올려놓기에 충분한 문제의 동질성을 갖고 있기 때문이다.

이 글은 그와 같은 문제를 풀기 위한 과정의 첫 단계에 해당된다. 방법의 하나로 김학철의 장편소설 『격정시대』와 그 밖에 현존하는 연변의 작가들이 쓴 18편의 단편소설을 골랐다. 『격정시대』는 1930년대 항일 유격대원들의 행동적인 민족독립운동을 기술한 것으로써, 앞서 제기한 바로 30년대의 문제와 80년대 간의 소설사적 거리를 구명하는 작업과 직결되는 작품이라고 생각되었다. 18편의 단편소설들은 흑룡강조선민족출판사에서 1987년에 출간한 《도라지》 지(誌) 창간 열돐 기념 작품집 『격류 속에서』 중에서 단편소설만 추려 모은 것들로서, 비교적 당대의 연변사회가 낳은 특수성을 주목해 볼 만하였다. 우선은 이 소설들의 특징을 역사와 사회의 특수성에 비추어 개관해 보고자 하는 것이 이 글의 목적이다. 이런 작업들이 앞으로 연변소설 전반에 걸쳐 이루어질 때, 이 글의 궁극인 한국현대소설사와 연변소설과의 정확한 자리매김으로의 길이 열릴 수 있겠기 때문이다.

2) 항일투쟁의 현장: 『격정시대』

30년대 소설의 대부분이 지적인 작업으로써의 허구적 특성이 강한 데 비하여 『격정시대』가 행동적인 항일문학의 특성을 가졌다고 보는 데는 그만한 이유가 있었다. 그것이 거의 자전적이라고 할 만큼 자신의 항일 유격대 체험을 그대로 기록하고 있었기 때문이다. 이 점에 대해서는 작가 자신도 이미 '소설의 형식을 빌어서 엮어놓은 전기문학'이라는 표현을 쓴 바 있다. 그것은 이미 작가의 의도가 전기와 전기문학 중의 어느 쪽에 가 있었는지를 확연하게 드러내 준다. 구태여 작가의 표현을 빌리지 않더라도, 『격정시대』는 체험기 그 자체는 아니었다. 자신의 체험에다가 몇 개의 허구적 장치를 꾸며 만든 소설이었다. 이쯤에서 우리는 이 작가의 소설에 대한 믿음 하나를 발견하게 되는데, 그것은 체험의 사실직 기록과 허구라는 문제와도 관련된 것으로써, 가령 다음과 같은 것이다.

『격정시대』 안에 이런 장면이 나온다.

주인공 선장은 전쟁 중에 우연히 「발가락이 닮았다」를 읽게 된다. 일본놈인 줄 알고 죽인 우리 학도병의 소지품에서 뜻밖에 그는 그것을 발견한다. 읽으면서도, 또 읽고 나서도 쓴웃음이 절로 나왔다. 성병으로 생식기능을 상실한 한 남자가 행실이 부정한 그 아내의 낳아놓은 아이를 자기 아기로 믿으려고 애를 쓰는데 닮은 데가 하나도 없어서 무진 고민을 한 끝에 마침내 아이의 발가락이 저를 닮았다고 내 아들이 틀림없다고 좋아하는 내용이었다. 선장이는 망국의 비운은 아랑곳없이 너절한 소설을 써서 민중의 의지를 마비시키는 부르주아 문인들의 소행이 가증스러웠다.[14]

이런 문학관은 『격정시대』를 쓰는 의도가 무엇인지를 짐작게 한다. 소설은 허구의 장치가 아닌 체험의 정신이라고 믿고, 처음부터 그런 소설을 쓰고 싶었음이 확실하다. 그리고 체험의 저 밑바닥에 깔린 정신이란 망국의 비운을 의식한 것이었고, 나아가서 민중의 의지를 일깨우는 것이어야 했다. 조국과 민족을 위한 문학, 허구의 조작보다는 행동적 체험을 바탕으로 한 문학, 여기에 더 나아가서 그는 문학의 기교까지도 거부하는 입장을 보인다.

연변에 가면 하남다리 남단에서 연신다리 남단에 이르는 사이의 강변에 유보도가 있다고 한다. 그 유보도를 꽤 멋을 부려 새로 닦았다는데, 오히려 그 억지로 부린 멋 때문에 길이 조잡스럽고 통행에도 불편해졌던 모양이다. 바로 그 점을 꾸짖던 말끝에 김학철은 자신의 문학관에 대해서도 한마디 언급하는데 다음과 같다.

14) 김학철, 『격정시대』 하, 풀빛, 1988. pp.242-243.

비극은 그 설계자가 이런 천하의 졸작을 만들고 싶어 만든 게 아니라 제 딴에는 한껏 뼈물며 천하의 걸작을 만든다는 게 기교를 너무 부려서 그만 욕교반졸(欲巧反拙)로 그 꼴이 돼 버린 것이다. 그러기에 문학을 하는 사람들도 너무 지나치게 기교면에 치중을 하는 것은 좀 삼가할 필요가 있다. 주도삼배 방적의(酒到三杯方適意) 시과재사억상진(詩過再思臆傷眞)이란 말이 있다. 술은 석잔이 알맞춤하고 시는 너무 꾸미면 '참'을 그르친다는 뜻이다. 유별나게 짙은 화장을 한 여자보다도 소복단장을 한 여인이 왕왕 더 사나이들의 마음을 끈다는 이치도 만 번 곰곰이 음미해 볼 필요가 있을 것 같다. 그러니까 글에다 너무 치장을 시키느니 차라리 소박한 본바탕을 그대로 드러내는 게 더 낫지 않겠냐는 말이다.[15]

『격정시대』에 기교와 허구가 적고, 그래서 그 소박한 본바탕을 읽을 수 있도록 만든 의도가 바로 이상과 같은 그의 문학관에 힘입었음이리라고 본다. 그는 우리말을 사랑한다. 그리고 그에게 있어 모든 언어행위는 민족정신과 일치한다.

내가 규탄하려는 대상은 따로 있다. 사회주의 나라의 민족자치주에 살면서도 자기 민족의 떳떳한 말-헌법으로 보장되어 있는 말-을 쓰기를 꺼리는 괴상야릇한 종족들이 바로 그 대상인 것이다. 자기가 소수민족인 게 부끄러운가? 자기가 조선사람인 게 수치스러운가? 일제 때도 우리는 그런 구역질 나는 몰골을 적잖이 보아왔다. 우리 민족 문단에도

---

15) 김학철, 「졸작과 걸작」, 《전망》, 대륙연구소, 1991.3, p.153.

2. 연변동포 소설: 김학철

현재 이광수의 아류들이 나타나고 있을 뿐만 아니라 청출어람으로 한 술을 더 떠서 자기 자신은 말할 것도 없거니와 남더러도 회의석상에서 조선말을 쓰지 말라고 세한을 하고 있다.16)

『격정시대』는 바로 이와 같은 시기에 연변에서 나온 민족 긍지로 써의 언어라는 점에 또한 의의가 있다.

『격정시대』는 주인공 서선장이 성장하는 과정에 따라 어떻게 민족의식이 싹트고 또한 항일전선에 투신하는가를 행동으로 보여주고 있다. 이 소설은 주인공인 서선장이 사건을 주도하고 결말의 의미를 도출하는, 말하자면 서선장 개인을 중심으로 한 영웅소설은 아니다. 작가는 말한다. '일찍이 태항산의 험준한 벼랑길을 톺아 오르고 또 미끄러져 내리며 나는 꿈에도 생각을 못하였다. ……나중에 내가 살아남아서 전우들의 피 흘린 역사를 기록하게 되리라고는.'17) 그렇다. 실지로 서선장의 역할이 그랬다. '당시 조선의용군에서 나(그)의 직위가 워낙 낮았던 탓으로'18) 그는 작전을 계획하고 전투를 주도할 만한 입장은 아니었다. 그는 함께 행동하는 다수의 인물 가운데 하나였다. 따라서 그의 행동을 주목하다 보면 우리는 그의 집단을 파악하고, 그의 시대를 읽게 되고, 그의 이상을 알게 된다. 그것이 바로 '전우들의 피 흘린 역사'다. 그의 시대는 철저하게 우리 민족이 일본한테 짓밟힌 시대였다. 그 시대를 살아가는 우리 민족의 생존방식으로

---

16) 김학철, 「비굴한 몰골」, 《전망》, 대륙연구소. 1990.11, p.152.
17) 김학철, 「작가 후기」, 『격정시대』 하, 풀빛, 1988. p.305.
18) 김학철, 『격정시대』 하, 풀빛, 1988. p.305.

서 작가는 세 가지 운명의 선택을 제시한다. '그 하나는 꼬리를 치고 나가서 앞잡이 노릇을 하는 것이고, 또 하나는 나 잡아잡수하고 가만히 엎드려 있는 것이고, 그리고 마지막 하나는 분연히 떨쳐 일어나 반항을 하는 것이다.'(pp.3-305.) 『격정시대』는 철저하게 세 번째 운명을 선택한 사람들의 투쟁기록이었다. 이제 소설의 주인공인 서선장을 중심으로 그 선택적 운명을 살아가는 과정을 살펴보면 다음과 같다.

서선장의 생애는 크게 세 시기로 나뉜다. 그 시기에 따라 그는 각각 다른 민족적 자각의 과정을 겪었고, 또한 항일전선에서의 적극적인 활동을 전개하는데, 간추리면 이렇다.

하나, 고향인 원산에서 태어나고 자랄 때, 그는 세 사람의 선구자를 만난다. 한정희와 양씨동과 김영하, 이 세 사람의 관계에 의하여 마을은 새롭게 변하는데, 서선장은 전적으로 이들 세 사람의 사상과 행동을 보고 배운다.

먼저 한정희와 양씨동의 관계를 보면 이렇다. 한정희는 부르주아 대지주의 아들이고 양씨동은 어부의 아들인데, 한정희가 집안의 기대와는 달리 무정부주의자가 되어 그의 사상을 양씨동한테 전하는 입장이다. 한정희가 양씨동한테 전하는 말들을 간추려 보면 대강 이런 내용들이다.

'우리 여긴 대장 소장 그런 게 없다. 다 똑같지. 인간은 고하가 있어선 안 된다. 높고 낮은 등급이 있어서는 안 된단 말이다' '나는 네 도련님이 아니라, 형님이다' '알아듣기 쉽게 말하면……이 세상에 왕이란 것두 없애구 총독이란 것두 없애구 또 도지사나 경찰서장 따위두 다 없애구……' '그 나라란 것부터가 벌써 아무 소용 없는 군더더기다' '인간다운 인간이 사는 목적은……이 세상에서 압박과 착취를 없애구……사람들이 서로 도우며 다 같이 잘 살게 하기 위해 분투하는 데 있다. 동족의 고난에 외면을 하구 저만을 돌보는 그런 것들은……인간 축에 못 들어. 그런 것들은 인간이 아니라 인간의 탈을 쓴 개짐승이야' '넌 이 세상을 좋은 세상으루 알았니? 입을 두구두 말을 못하는 세상……조선 팔도가 송두리째 감옥이야, 살창 없는 감옥!'

그 다음 한정희와 김영하와의 관계를 보면 이렇다. 김영하는 서선장의 국민학교 때 은사로써, 평소에도 학생들에게 조선민족으로서의 긍지와 애국심을 고취시킴으로써 학생들로부터 존경을 받는 인물인데, 그들의 사상 교환 내용을 간추려 보면 다음과 같다.

'우리 민족의 급선무는 식민통치의 기반에서 벗어나는 거지요. 그렇지만 민중의 철저한 해방은 그것만으론 얻어지지를 않습니다'(한정희) '그럼 어떡해야 좋습니까?'(김영하) '나라가 독립을 하더라두……대대수의 민중이 여전히 헐벗음과 굶주림에서 벗어나지 못한다면……애써 독립한 보람이 어디 있습니까?'(한정희) '잘사는 사람두 있구 못사는 사람두 있는 것이 인간세상이 아닙니까? 이 빈부의 차이는 역대루 존재해 왔습니다……수백 년 수천 년을 두구두구말 입니다.'(김영하)

요컨대 한정희의 무정부주의에 대하여 김영하는 공산주의자였다. 그러나 이후의 한정희도 마침내 자신의 무정부주의를 포기하고 공산주의에 경도되는데, 그 원인은 이렇게 설명된다. '공산주의자들에 대항하여 싸우자면 우선 그들의 이론부터 연구하여 그 약점이라든가 빈구석이라

642

든가 또는 모순당착한 꼬투리라든가를 찾아내 가지고 거기에 근거하여 반격을 가해야만 이길 수 있다는 것을 잘 알고 있었다……그러나 혹 떼러 갔다 혹 붙인 격으로 흠을 잡아내기는커녕 도리어 제 편의 흠집을 너무 많이 발견한 것이다……그래서 무정부주의에 대한 철석같은 신념이 흔들리기 시작하였고……그동안에 한정희는 필연적인 추세로 공개 또는 반공개로 간행되는 맑스-레닌주의 서적들을 탐독하게 되었다. 그리하여 놀랍게도 마침내는 프롤레타리아 독재의 필요성을 긍정하기에까지 이르렀다.'

그런가 하면, 양씨동과 서선장은 이 마을 어부의 아들이다. 한정희와 김영하가 부르주아 출신의 지식인이었던 점에 비추어 그들은 아직 어리고 가난하였다. 특히 대지주의 아들인 한정희와 자기 학교 은사인 김영하가 그들의 편에 선다고 생각했을 때 그들은 무조건적으로 한정희와 김영하를 따를 수 있었다. 무정부주의로부터 공산주의로, 그것은 식민지시대 지식인들에게 가능한 하나의 선택이었으며, 그것이 어떻게 일반 민중한테까지 전파되었는지를 이 소설은 제시하고 있다.

이와 같은 사상이 행동으로 결집되어 나타난 사건이 1929년 2월의 원산 노동연합회 총파업이다. 그것은 라이징 썬 석유회사의 노동자파업으로부터 시작하여 원산 부두노동사들의 본격석 파업이 핵심을 이루고, 원산 일대의 공장제조소와 작업장이 마비 상태에까지 이른 사건이었다. 이때 서선장이 받은 충격은 컸고, 그것은 그의 프롤레타리아 의식을 일깨우는 단서가 되었다. 쯔루가마루(敦賀丸)의 일본인 선원들이 파업에 동조한 것을 보고 '하늘이 무너져도 유분수지,

2. 연변동포 소설: 김학철

내지인들이 불령선인의 편을 들다니! ……전 세계의 프롤레타리아는 다 한 편이라는 것을 실물교육을 통하여 다시 한번 깨닫게 되었던 것이다.'(p.192.) 그러나 여기서 다룬 파업은 그 발생원인이나 그 안에 내재한 노동문제들을 구조적으로 파헤치기 위한 작업은 아니었다. 그것은 어디까지나 나이 어린 서선장의 눈을 통하여 호기심과 충격의 대상으로 관찰되고 있는데, 『격정시대』의 서술형식이 바로 이와같이 관찰과 목격을 통한 깨달음의 과정으로 일관되고 있음을 우리는 주목할 필요가 있다. 다시 말해서 이 소설은 1930년대의 어떤 문제를 구조적으로 파헤치고 그것을 주제로 삼아 하나의 완결된 구조를 갖고자 하는 리얼리즘 소설은 아니다. 다만 그것은 경험과 관찰을 통해 시대의 위기를 파악하고 행동하는 일종의 성장소설인 것이다.

특히 한정희와 김영하와 양씨동이 원산 노동연합회 총파업에 직접적으로 개입한 점은 이 마을에 큰 변화를 가져다준다. 그중에서도 한정희는 조부 몰래 3백 원을 빼내어 파업 자금을 조달해 주는데, 그것은 대대로 이어져 내려오는 자신의 부르주아 가정을 근본적으로 거부하고 붕괴시키는 행동이었다. 그는 또한 양반혼인을 거부하고 서선장의 누나인 정실이와 결혼함으로써 그것을 구체적으로 실천한다. 그리고 총파업의 결과 김영하는 해직과 동시에 투옥되었으며, 양씨동은 만주로 탈출한다.

이상이 서선장의 주변에서 일어난 유년 체험이었으며, 그것들은 일제강점기라는 특수 상황에서만 가능한 현상이었던 것이다.

둘, 서선장은 자신의 짧은 소년 시절을 서울에서 보낸다. 그는 외칠 촌 아주머니 박숙자와 변호사 연갑수 부부의 양아들이 되어 고향 원산을 떠나 서울 생활을 시작한다. 그의 나이 열네 살 때 일이다.

그로부터 그에게는 서로 다른 두 개의 상반된 체험이 시작되는데, 하나는 박숙자 부부의 생활을 통한 부르주아 체험이고, 또 하나는 보성학교 생활을 통한 민족운동 체험이다. 서선장한테는 모두가 '난생 처음' 겪는 체험이어서 그 어느 쪽에나 현혹될 소지가 많았는데, 결국 안일한 박숙자 부부의 생활을 거부하고 고난의 독립운동 쪽을 택한 점은 주목할 만한 사항이다. 박숙자 부부의 삶은 호화롭고 풍요로웠지만 진실되지 못하다는 것이다. 그것은 특히 그들 부부가 민족적 현실을 자각하지 못하고 개인의 행복을 추구하는 일에만 탐닉한다는 점에 착안한 결과였다.

그러나, 그의 보성학교 생활은 매우 감동적인 것이었다. 그중에서도 특히 김봉구와의 만남은 한정희, 김영하, 양씨동들과 함께 민족적 자각이라는 점에서 크게 깨우침을 받는 계기가 되었다. 가령, 학생운동을 통해서 보는 시각의 차이를 예로 든다면 이런 식이다.

(학생들의 연극) 철공소에서 착취자와 피착취자 사이의 모순과 투쟁이 고조에 다다랐다가 마침내 철석같이 단결한 철공들이 승리를 거둔다는 내용

(학교 측의 반응) '학생이면 학생들답게 학원 안에서 벌어지는 일들을 다루어야지 학업하구는 아무런 인연두 없는 무슨 프롤레타리아니 계급투쟁이니, 칙쉬니, 스드라이크니, 그게 다 무슨 가당찮은 짓들인가!'

(학생들의 반응) '우리의 목적은 인류사회의 진보에 이바지할 유용한 지식을 배우려는 데 있읍니다. 인류의 모든 물질적 재부와 고귀한 문화유산은 노동에 의해서 창조됐읍니다. 그런데 우리의 학원을 그러한 노동이나 노동하는 사람과 동떨어진……무슨 지상의 극락세계 같은 것을

만들어 놓구……무슨 지상의 에덴동산 같은 것을 만들어 놓구……일본 상전들의 맘에 들 노복들을 길러내려구……지금 존경하는 우리의 교장 선생 강규황씨는……밤잠두 못주무시구 노심초사를 하구 계십니다.'

(학교 측의 반응) 학생들을 공산당으로 몰아부치고 김봉구를 출학시킨다.

이 사건을 목격한 서선장의 깨달음은 결국 친일분자들을 양산하고 마는 관제교육의 허상을 파악한 데 있었다. '김봉구도 없는 이따위 학교를 다녀선 무엇하나' 싶을 만큼 그가 받은 충격은 컸으며, 마침내 그가 학업을 포기하고 투쟁에 가담하게 되는 단서가 되었다. 때마침 김영하와 김봉구가 어울려 '황포군관학교의 조선학생들'을 읽으며 퇴학 후의 진로에 대해 논하는 것을 보고 유학이라면 으레 일본으로 가는 줄만 알았다가 새롭게 중국을 발견하였고, 그 해 광주학생사건이 발생한 것도 그에게는 큰 충격이었다.

그러나, 이보다 더 큰 충격은 윤봉길 의사의 상해 홍구공원 폭탄 투척사건이었다. 그것은 지금까지 관찰과 호기심으로만 싹틔우던 그의 민족정신을 실제 행동으로 옮기게 하는 결정적인 계기가 되었다. 그리고 나서 상해 임시정부를 발견하기까지 그는 다음과 같은 몇 가지 신선한 심경의 변화를 겪게 된다.

'이것은 바로 오늘 낮의 일이다. 자기가 동양악기점 앞에서 흘러나오는 레코드의 아름다운 선율에 귀를 기울이고 있었을 바로 그 무렵에 발생한 일이다. 그리고 그 애국용사---조선의 얼---의 나이도 씨동이 또래밖에 더 안 되었었다. 너무나 몸 가까운, 너무나 생생한 사실이었다.

그에 대면 나는 하잘 것 없는 밥병신이로구나! 하는 자비심과 그는 지금쯤 적에게 모진 악형을 당하고 있을 텐데……나는 여기 이렇게 편안히 누워 있어? 하는 자책감에 등골에 땀이 다 내돋았다.'19)

'프랑스 조계에는 우리나라 임시정부가 있단다. 그 청사에는 당당히 태극기까지 띄웠단다.'20)

'그러자 선장이의 감은 눈앞에서 푸른 하늘을 배경으로 높이 띄운 태극기가 바람에 펄럭였다. 그 펄럭이는 깃발은 흡사 선장이를 오라고 손길을 치는 것 같았다. 선장이의 넋은 그 부름을 따라 머나먼 바다 건너로 훨훨 날아갔다. 황포군관학교로 날아갔다……가자!'21)

'인간이 한세상 났다가 나랏일에 목숨을 바친다면 한세상 났던 보람이 있잖습니까. 이순신 장군처럼, 안중근처럼, 그리구 요전날 그 윤봉길이처럼'.22)

이상으로 관찰의 시기는 끝을 맺는 셈이다. 그리고 본격적인 행동의 시기로 옮겨지는데 그것이 상해에서의 생활이다.

셋, 상해에서 그가 소속한 민족운동 단체는 조선민족혁명단이었다. 그가 상해 임시정부에 가담하지 않고 조선민족혁명단인 의혈단에 가담하게 되는 과정은 운명적이라고 할 만큼 자연스러운 것이었는데, 이 점은 그의 민족주의가 얼마나 열정적이면서도 비선택적이었는지를 짐작게 한다. 그 자신도 물론 상해로 갈 때는 임시정부밖에 아는 것이 없었다. 그나마 미리 연락을 받고 가는 것이 아니라, 손수 찾아가는 것이었다. 말하자면 그것은 임시정부 그 자체가 아니라, 우리나라 독립을 위해 투쟁하는 사람들이 모인 곳이면 어디나 그만이었다. 다시 말하면 이런 식이다. 무조건 잠들 곳을 찾아가 보니 일본 여관이었고, 그것이 싫어서 옮겼더니 중국여관이었고, 그래서 또 옮기려고 찾아다니다 보니 경성식당이 있었다. 우리나라 사람을 만난 것이 반가와서 자기가 상해까지 온 뜻을 밝혔더니, 그가 법조계 복후 거리 애인리 42호 김혜숙을 소개해 주었고, 그들이 다름 아닌 조선민족혁명단이었던 것이다. 그는 자기가 속한 단체를 의심하거나 혹은 또 다른 단체를 찾아 나서지 않는다. 그는 그 곳에서 주어진 일에 충실했고 그것은 어디까지나 조국독립운동의 이름 아래에서만 가능한 것이었다. 여기서 잠깐 서선장의 경험을 변화라는 관점에서 요약하면 다음과 같다.

애인리 42호에서 그는 맨 처음 김혜숙과 전보경과 송일엽 세 사람을 만난다. 김혜숙은 그에게 임시정부의 허실을 지적하고 실질적인 투쟁방법을 가르쳐 준다. 고향 원산에서 그에게 많은 감동을 주었던 양씨동을 거기서 만난다. 양씨동은 이춘근, 김평산과 함께 독립운동 자금을 확보하기 위한 범행을 저질렀다가 수배 중이었다.

선장의 첫 행동은 독립자금을 마련하기 위하여 아편밀수업자인 신영호를 암살하는 일이었다. 그 뒤부터 반해량, 조경산과 함께 행동대원으로 활약한다. 이때의 중국군 상황은 장개석의 반공, 항일, 친일 문제가 미묘하게 얽혀서 의혈단의 방향과는 상치되는 점이 많은 시기였다. '현재 장개석의 주요한 적은 일본침략자가 아니구 중국공산당입니다. 그러니 우리에겐 대단히 불리한 국면이 조성된 셈이지요.

우리의 원수는 일본제국주의지 중국공산당이 아니잖습니까. 그런데
도 왜놈들 좋아할 일만 자꾸 하구 있단 말입니다.'23) 이즈음 서선장
은 보성학교 때 학생운동대장이었던 김봉구를 만난다. 그리고 나서
서선장은 이연선림(怡然禪林)의 화로강패에 가담한다. 윤대성(신영호 사
건), 이정호(신영호 사건) 오델로, 즉 마점산(임규룡 살해), 조경산(강녕별장
의 지도원), 양씨동(조경산의 보조원)가 주요 단원들이다. 거기서 김청산
(반일테러조직인 의영단의 지도원)으로부터 무장투쟁의 필요성과 군사과
학의 중요성을 깨닫는다.

서선장은 마침내 중앙군관학교에 입학한다. 김두봉 교관의 조선
학생 독립중대가 편성된다. 이때 김봉구가 장개석 노선에 대한 불만
을 품고 자신의 부대를 철수하는데, 그 논리적 근거는 이러하다.

'일본강도는 저 동쪽에 있단 말이요. 그런데 우리가 서쪽에를……그
반대쪽에를 가서는 무엇하오? 공산당이 우리하구 무슨 원수졌소? 그래
서 나 이번에 일선에서 아주 물러날 생각이요.'24)

1936년 중앙군관학교를 졸업하자, 서선장은 국민당 군대의 소위
로 임관된다. 그러나 이때 장학량의 서안 반란사건이 터졌고, 서선장
은 심한 고민에 빠진다. '일본 육전대를 바루 코앞에 놓아두구 수천
리 떨어진 서안으루 장학량이들 치러 가? 미쳤나!'25) 1937년 7월,

---

23) 김학철, 앞의 책, p.218.
24) 김학철, 앞의 책, p.299.
25) 김학철, 『격정시대』 하, 풀빛, 1988. p.24.

노구교에서 중일 양군이 충돌한다. 서선장이 이때 488연대 3중대 2 소대 소대장으로 첫 전투를 경험하게 된다. 8월 13일, 남경이 함락된다. 선장이 일본작가 가지 와다루씨 부부를 만난 것도 의미 깊은 체험이었다. 가지 와다루는 반전 작가로서 일본의 제국주의를 비난하는 입장이었다.

1938년 10월 10일, 조선의용대가 정식으로 발족된다. 그리고 12월 중순부터는 김청산, 방효삼, 이익선, 왕통, 김학무 등과 함께 해방구로 넘어가 팔로군에 합류하기 위하여 북진한다. 1940년 이후 조선의용대는 태항산으로 항일근거를 옮기기 시작한다. 서선장은 소상강반에서 양쯔강을 따라 한수, 황하 기슭을 타고 서안으로 이동한다. 여기서 서선장은 조선의용대와 광복군의 다른 점을 목격한다. '조선의용대 대원들의 세계관은 극히 단순하여---무릇 항일하는 사람은 다 영웅호걸이요, 안하는 년놈은 다 개돼지였다. 그러므로 광복군이 전선에서 멀리 떨어진 후방---서안에 주류하고 있으면서 실력을 보존하는 데만 마음을 쓰는 것이 매우 못마땅하게 생각되었다.'[26] 1941년, 홍군 따라 원정 2만 5천 리, 서선장은 마침내 섬서 북부에 와 있다던 김봉구를 만난다. 이후의 길잡이는 팔로군(제18집군단) 총사령부에서 지하연락망을 통하여 파견해 온 조선동지, 바로 그 김봉구 일명 호철명이 맡는다. 마침내 태항산에 도착한다. '아 태항산! 세상에두 빈궁하구 또 세상에두 부요한 태항산아, 우리는 그예 네 품속에 뛰어들었다.!' 그들은 팽덕회 대장의 지휘를 받는다. 팽덕회는 국

---

26) 김학철, 앞의 책, p.192.

민당통치구역에서 봉쇄선을 돌파하고 해방구로 들어온 조선의용대를 환영해 준다. 조선독립동맹의 전신인 화북조선청년연합회가 결성되자 서선장은 그 선전부에서 일하게 된다. 이 해 겨울 태항산 토벌작전이 개시된다. 서선장은 마점산 등과 함께 반해량 지대에 소속되어 원씨현 경내로 진출한다. 양씨동은 이태성 등과 함께 윤대성 지대에 소속되어 내구현 경내로 진출한다.

1942년 항일전쟁 여섯 해째, 고향 원산으로부터 손쌍년이 양씨동을 찾아오고, 양씨동은 그녀를 상봉하는 순간 적군한테 피살된다. 이때 서선장을 사랑하던 송일엽도 죽는다. 호가장은 일본군과 황협군에게 삼면 포위를 당한다. 치열한 호가장 전투와 함께 이 소설은 끝을 맺는다.

이상이 서선장의 체험과 행동을 중심으로 파악한 『격정시대』의 대체적인 내용이다. 비록 체험과 행동에 바탕을 두었다고는 하지만, 거기에는 또한 허구적인 면이 없는 건 아니었다. 양씨동과 손쌍년의 극적인 재회와 죽음이 그렇고, 서선장과 송일엽과의 내밀한 사랑이 또한 그 예일 것이다. 다시 그럼에도 불구하고, 이와 같은 운명적 트릭이 이 소설의 본래 의도한 바는 아니었음을 우리는 이미 확인한 바 있었다. 『격정시대』는 어디까지나 실천적인 항일민족독립운동에 바탕을 둔 문학적 기록이라는 점에서 그 의의를 찾아야 할 것이다.

3) 연변의 단편소설

연변소설의 또 다른 특징은 몇 개의 단편들을 통해서 찾아볼 수 있다. 이번에 검토되는 작품들은 주로 1987년, '흑룡강 조선민족출판사'에서 발간한 《도라지》 지(誌) 창간 열둘 기념집 『격류 속에서』에 실린 단편들이다. 그들 또한 『격정시대』와 마찬가지로 같은 1980년대에 쓰였지만, 그러나 『격정시대』가 1930년대의 역사적 체험을 되살린 것과는 달리 이번 단편들은 비교적 연변사회의 당대 체험을 다루고 있어서 주목된다. 물론, 「동트는 밀림」(남주길)과 같이 항일 유격대원들의 무산자 운동을 다룬 역사적 체험이나, 「군공메달」(김학철)처럼 미군들과 대치한 연합전선에서 보여준 아름다운 전우애가 있지만, 그 밖에 당대적 체험이란 거의가 1970년대 문화혁명 기간 동안의 지식인 체험이거나 아니면 그 이후 새 시대의 인간상을 제시하고자 하는 것들이 대부분이었다.

이 가운데 「퇴색한 사진」(강치생)은 다만 당대적 체험일 뿐 아니라, 그동안 연변에 살고 있는 우리 동포들의 수난사를 압축한 것으로 과거와 현재를 통해 그들에게 무엇이 문제인가를 알게 해 준다는 점에서 주목할 만하다.

'저수지 확장공사를 하러 나갔다가 나는 어느 조선족 여인을 만난다. 그 여인의 생애를 듣는다. 이렇다. 열 살 때 만주로 이주. 북만 수화에서 소작생활. 지주의 심한 빚 독촉과 탐욕을 이기지 못하여 조혼을 한다. 그러나 지주는 남편을 잡아갔고 곧 자신을 빼앗아 간다. 그녀는 도망쳐 나와 자살을 기도하지만, 지금의 남편이 구해 주어 재혼한다. 이야기를 다 듣고 보니 그녀는 나의 어머니였다. 그러나 나는 그 사실을 어머니가 알면 너무 가슴 아파할 것이기 때문에 말하지 못한다. 그녀의 원래 남편인 나의 아버지는 항일 유격대에 참가하여 이름을 고쳤고, 대대당지부 서기로 사업하다 문화 대혁명 때 반역자로 몰려 애매하게 이 세상을 떠났다. --- 어머님, 그 수난의 세월을 잊지 않기 위해서는 오늘을 더 복되게 꾸려야 하잖겠어요. 어머님의 자식들이나 우리나 모두 수난자의 후손이며 또 나라의 기둥이 아닙니까!'

이상을 연변사람들의 수난사라고 볼 때 그것은 크게 네 가지로 구분이 가능하다. 첫째, 한반도를 떠나 만주로 이주할 수밖에 없었던 일제시대 체험. 둘째, 가난과 지주의 횡포 속에서 살아야 했던 만주 체험. 셋째, 문화 대혁명 기간 동안의 수난 체험. 넷째, '4인 무리' 이후의 새세대 체험. 이상은 나라를 빼앗긴 사람들, 특히 조국을 떠나 만주에서 살아야 했던 연변 사람들에게는 피할 수 없는 문제로써 1980년대 연변소설의 관심은 그 어떤 식으로든지 이상 네 가지 중의 어느 한 가지 사항에 주목하고 있음을 우리는 발견하게 되는 것이다.

그중에서도 특히, 「동트는 밀림」(남주길)은 가난과 지주의 횡포 속에서 견뎌야 했던 만주 체험을 항일 유격대의 활동을 통해서 제시한 경우다.

윤봉전이 이끄는 항일 유격대원은 모두 26명이다. 혹한과 굶주림으로 시달리던 어느 날, 소대원 중의 하나인 만석이가 애인을 구해 온다. 처녀는 전부터 서로 사랑하던 사이였다. 그러나 빚 대신으로 처녀는 그 마을 지주의 바보 아들한테 시집을 가야 할 판이 되었고, 그래서 결혼 전 날 밤, 만석이 몰래 그 처녀를 빼 갖고 유격대로 돌아온 것이다. 그들은 서로 결혼하고, 전 유격대원들이 한 가속처럼 즐겁게 지낸다. 지주는 곧 착취자요, 민중은 곧 피착취자라는 공식과, 특히 착취자들의 탐욕과 피착취자들 간의 사랑은 도식적이지만, 그러나 가난한 자들의 삶이 항일 정신으로 승화되는 점은 주목된다.

2. 연변동포 소설: 김학철

그러나 이들 가운데는 이상의 역사체험보다는 1980년대를 전후한 문화혁명 안팎에서 생긴 문제들이 더 집중적으로 대두되고 있는데, 그것들을 좀 더 자세히 검토해 보면 다음과 같다.

(1) 문화혁명기의 수난

「기자의 양심」(김창대)을 보면 이렇다.

신문기자인 나는 어느 날, 「누가 진정한 죄인인가」라는 기사를 썼다가, 부사장으로부터 심한 질책을 받는다. 공격의 필봉을 공안국 부국장에게 돌렸기 때문에 큰 화를 입게 되었으니, 독자의 편에서 다시 그 글을 비판하는 글을 쓰라는 것이다. 여기서 잠깐 그 기사를 쓰게 된 배경과 내용을 적어 본다. 1977년 가을, '4인 무리'가 거꾸러지고 전국각지에 4인 무리와 그의 패거리 세력을 비판하는 운동의 열화가 타오를 때, 기자는 어느 미친 청년을 만난다. 청년은 외친다. 누가 나의 사랑을 빼앗아 갔느냐? 누가 진정한 죄인인가? 청년은 정숙이란 여자와 사랑한 사이였다. 그러나, 정숙은 딴 남자와 결혼한다. 남자는 지금 그 공안국 부국장의 조카였다. 돈과 권력이 사랑을 앗아간 것이다. '4인 무리'가 거꾸러진 오늘, 어째서 이런 억울한 일이 생기는가? 어째서 진정한 죄범은 감싸고 무고한 청년을 잡아다 미치게까지 만든단 말인가?' 이런 기사를 쓰고 기자의 양심을 끝까지 버틴다는 이야기다.

보다시피, 정치와 사랑은 연변소설의 근간을 이룬다. 그 정치적 기간을 특히 문화혁명 시기로 설정했을 때, '4인 무리' 일파는 순수한 민중들의 사랑을 파괴하는 절대 악으로 비친다. 진정한 죄인은 무고

한 민중들을 죄인으로 몰아붙인 바로 그들이라는 것이다. 지주는 악인, 소작인은 선인. 그래서 지주는 소작인을 괴롭히고, 소작인은 그로부터 괴롭힘을 당한다. 작가는 그 괴롭히는 자를 응징하고, 괴롭힘 당하는 자를 옹호해야 할 의무가 있었다. 우리 문학사에 특히 그 같은 사명을 부여받은 시대가 있었다면 아마 1920년대 프롤레타리아 문학이 성행할 무렵이었을 것이다. 그리고 오늘날 연변문학에서 그 같은 현상이 꽤 도식적으로 나타나고 있음을 보게 되는데, 여기서 우리는 그들 체험의 문제와 함께 방법적 도구로써의 구성에 대해서도 주목할 필요가 있는 것이다.

「강물은 출렁출렁」(리근전)에서도 같은 예를 보게 된다.

가령, 어려서부터 서로 사랑하는 두 청춘남녀가 있었다. 그러나, 부모의 권유로 여자가 다른 남자와 결혼한다. 남자는 실망하여 가출하고, 얼마 뒤 돌아왔을 때는 술주정뱅이 허풍쟁이 날거지가 되어 버린다. 문화혁명이 일어난다. 여자의 남편은 일반농이었기 때문에 쉽사리 반란파가 되고, 또 곧 단장으로 승격한다. 그는 마을에 내려와 있으면서 '혁명'을 한다. 아주 급선봉이었고, 마을 사람들을 몹시 괴롭혔기 때문에 미움을 받게 되는데, 어느 날 그는 산속에서 나오다가 사람들한테 맞아 죽는다. 여자는 다시 도탄에 빠졌고, 그 때 전에 사랑하던 남자가 다시 결혼해 줄 것을 요구한다. 마침내 둘이는 결혼하여 행복하게 산다.

이런 식의 이야기는 문화혁명을 배경으로 한 계급과 권력의 횡포와 사랑이 도식을 이루는 연변소설의 강력한 특징 중의 하나를 이룬다. 그러나 그런 도식성이 나아가서는 문화혁명 시기의 불합리한 힘을 고발하기에 충분한 그들의 문학적 방법임을 우리는 또한 감안하지 않을 수 없는 것이다.

「송화호의 푸른 물」(유재순)은 같은 시기의 문제를 다루고 있으면서도 한 인간이 정치적 현실로부터 어떻게 침식되고 궤멸되어 가는가를 훨씬 농도 짙게 그리고 있다.

최준은 정치 담당 교사였다. 과단성 있고 분별 있는 행동거지, 철리성이 풍부하고 물샐틈없이 짜인 그의 언어는 학생들 앞에 덕망과 인품의 화신이 되기에 충분하다. 그 같은 지성이 시대에 밀려 전락하는 과정은 이렇다. 정치과에서 로어과로, 로어과에서 역사과로. 마침내 '문화대혁명'의 첫 바람이 교정에 휘몰아치자 그는 첫 번째로 외국특무에 걸려든다. 결국 학교에서 그는 물러난 것이다. 세월은 흘렀다. '역사는 다시 바로잡히고 조국은 상처를 가시며 현대화 건설의 걸음을 떼기 시작하였다.' 그러나 이미 피폐할 대로 피폐한 그는 중년의 사내가 되어 탄부로 밀려난다. 탄광에서 외로운 죽음을 맞기까지, 그의 생애는 단순한 개인사가 아니라 정치와 시대의 물살에 떠밀려 희생당하는 한 지식인의 수난사를 고스란히 대변하는 것이다.

(2) 연변의 근대화 체험

문화혁명 이후의 연변사회는 또 한 차례 변혁의 시기를 맞는다. 이른바 80년대식 근대화라는 것인데, 이 시기에 농촌에서는 이른바 생산책임제에 따른 '신형농민'이 탄생하고, 공장에서는 산업화 시대에 따른 새로운 '산업전사'가 등장한다. 따라서 이 시기에 나타난 연변 문학도 변모하는 농촌의 모습과 새 시대에 걸맞은 새로운 인간상을 제시함은 말할 것도 없다.

「꽃 피는 마음」(리오로)은 4인 무리가 없어진 뒤에 새로 생겨난 현대화 작업의 기수들을 제시한다. 예를 들어, 길림시 유리공예품공장의 성치환 반장은 '새 장정 청년 돌격수' 2년 동안 7급공 수준에 도달하고, 신제품을 30개나 구상하여 제작하고, 그중에서도 무려 20개가 출국품으로 입선함으로써, 한 해에 한 해 반 과업을 완수하는 능력 있는 인물이다. 이에 신입사원 임순애가 감동하여 사랑이 싹튼다. "아 참다운 청춘, 보람찬 청춘, 작으나 크나 제 맡은 일터에서 부지런히 일한다면 네 가지 현대화에 공헌되리니 새세대의 노동자가 된 나도 그렇게 일하며 살리라!" 작업기술의 향상에 따라 그들의 사랑도 무르익고, 기술이 완숙했을 때 마침내 사랑도 이루어진다는 이야기다. 일의 보람이 곧 사랑으로 이어진다는 이런 이야기는 80년대 산업화에 따른 그들의 바람직한 인간상이 무엇인지를 쉽게 알게 해 준다.

　이와는 달리, 「오이꽃」(유원무)은 농촌형 인물과 도시형 인물을 대조시켜 새로운 산업화 시대의 이상적 인물을 부각시키고 있다. 고방골 나영순이가 7리평 김태만이한테 시집을 간다. 고방골은 산골이고 7리평은 버덕(도시 변두리)이라, 나영순이로서는 성공적인 결혼이다. 영순은 몹시 행복감에 젖는데, 그것은 도시 생활의 화려함과 편안함에 대한 환상 때문이었다. 그러나 막상 결혼을 했을 때, 실제 생활은 꿈과 반대였다. 김태만은 일솜씨가 걸싸고 일욕심이 많은 사람이었나. 뿐만 아니라, 서숙에 대한 욕심이 낳아서 생활에 낭만이 없었다. 김태만의 꿈은 이렇다. "여보 손잡이를 갖추면 돈이 막 굴러들어온단 말이요. 농사야 여름 한철이지만 짐실이야 여름이구 겨울이구 다 있소. 그때 가서 농사는 당신이 짓구 난 짐실이를 해 보지? 1년에 수입이 3천 원만 되겠소? 3, 4년 후에는 28형 뜨락또르를 산다는 말이요. 알만하지?" 나영순은 시장에 계란을 팔러 간다. 합작사에 가서 공정가에 팔아 버리면 그뿐이지만 한 푼이라도 더 받기 위해서 김태만은 나영순을 시장으로 보낸다. 장사가 된 나영순은 부끄럽다. 헐값에 팔아넘기고 그 돈으로 책 사고 꾸어 주고 한 푼도 남기지 않는다. 경제적으로 너무 조이는 남편 때문에 나영순은 오이꽃처럼 누렇게 뜨지만, 그러나 그 집 온실에서는 조생종 오이꽃이 피어 기쁨을 안겨 준다.

경제적 부흥에만 힘쓰는 도시적 삶과 낭만적 여유만을 구가하려는 시골의 삶이 교차되면서 겪는 한 가정의 갈등, 그것은 연변사회가 갖는 또 하나의 모습이었다.

이 밖에도 변혁기의 새세대 인물을 그린 소설은 많다.

「선 보러 가는 날」(원시회)의 춘길은 '텔레비죤 대학도 마쳤겠다, 기술원 칭호도 받았겠다, 또 해마다 선진 로동자겠다, 갈 데 없는 미래의 공장장'인 바람직한 청년이다. 그러나 80년대식 개화 멋쟁이를 부르짖는 처녀와 혼담이 깨어지고 나자 결혼이 늦어졌다. 다시 새로운 선을 보는 날이다. 새 양복을 하나 사러 갔다가 시간에 막혀 못 사고 그냥 헌 옷차림으로 나갔는데 그 때문에 깨질 뻔한 혼사가 오히려 성사되었다는 이야기다. 흔히 말하는 겉멋의 신여성이 아니라, 검소하고 실질적인 삶을 요구하는 여성이 바로 새세대의 여성상임을 제시하는 것이다.

그런가 하면 또, 「흘러간 달무리」(리태수)에서의 농약연구원 익철과 정금의 빗나간 사랑, 「망태기 영감」(박선석)에서 아들 며느리의 새로운 연애를 통해 새세대의 윤리를 터득하는 황영감의 개화, 「새 봄에 있은 일」(고신일)에서 '영달-복림' 부부와 '충국-배경녀' 부부가 벌이는 갈등을 통해 제시하는 '신형농민'의 상, 이들 모두가 문화혁명 이후의 근대화 작업의 일환으로 나타난 새 시대의 모습인 것을 우리는 알 수 있는 것이다.